▸ 国家卫生和计划生育委员会“十二五”规划教材
▸ 全国高等医药教材建设研究会规划教材
▸ 全国高等学校医药学成人学历教育（专科）规划教材
▸ 供药学专业用

药剂学

第3版

主　　编　曹德英

副 主 编　赵永星

编　　者（以姓氏笔画为序）

田　燕（大连医科大学药学院）
杜　青（河北医科大学药学院）
吴琳华（哈尔滨医科大学药学院）
张淑秋（山西医科大学药学院）
赵永星（郑州大学药学院）
徐群为（南京医科大学药学院）
黄家宇（贵阳医学院药学院）
曹德英（河北医科大学药学院）
滕　亮（新疆医科大学药学院）
潘卫三（沈阳药科大学）

人民卫生出版社

图书在版编目（CIP）数据

药剂学/曹德英主编. —3 版. —北京：人民卫生出版社，2013

ISBN 978 - 7 - 117 - 18107 - 5

Ⅰ. ①药… Ⅱ. ①曹… Ⅲ. ①药剂学-成人高等教育-教材 Ⅳ. ①R94

中国版本图书馆 CIP 数据核字(2013)第 247699 号

人卫社官网	**www. pmph. com**	**出版物查询，在线购书**
人卫医学网	**www. ipmph. com**	**医学考试辅导，医学数据库服务，医学教育资源，大众健康资讯**

药 剂 学

第 3 版

主　　编：曹德英
出版发行：人民卫生出版社（中继线 010-59780011）
地　　址：北京市朝阳区潘家园南里 19 号
邮　　编：100021
E - mail：pmph @ pmph. com
购书热线：010-59787592　010-59787584　010-65264830
印　　刷：人卫印务(北京)有限公司
经　　销：新华书店
开　　本：787×1092　1/16　　印张：33
字　　数：824 千字
版　　次：2000 年 8 月第 1 版　　2013 年 12 月第 3 版
2019 年 4 月第 3 版第 8 次印刷(总第 19 次印刷)
标准书号：ISBN 978-7-117-18107-5/R · 18108
定　　价：50. 00 元
打击盗版举报电话：010-59787491　E-mail：WQ @ pmph. com
（凡属印装质量问题请与本社市场营销中心联系退换）

全国高等学校医药学成人学历教育规划教材第三轮

修订说明

随着我国医疗卫生体制改革和医学教育改革的深入推进，我国高等学校医药学成人学历教育迎来了前所未有的发展和机遇，为了顺应新形势、应对新挑战和满足人才培养新要求，医药学成人学历教育的教学管理、教学内容、教学方法和考核方式等方面都展开了全方位的改革，形成了具有中国特色的教学模式。为了适应高等学校医药学成人学历教育的发展，推进高等学校医药学成人学历教育的专业课程体系及教材体系的改革和创新，探索医药学成人学历教育教材建设新模式，全国高等医药教材建设研究会、人民卫生出版社决定启动全国高等学校医药学成人学历教育规划教材第三轮的修订工作，在长达2年多的全国调研、全面总结前两轮教材建设的经验和不足的基础上，于2012年5月25~26日在北京召开了全国高等学校医药学成人学历教育教学研讨会暨第三届全国高等学校医药学成人学历教育规划教材评审委员会成立大会，就我国医药学成人学历教育的现状、特点、发展趋势以及教材修订的原则要求等重要问题进行了探讨并达成共识。2012年8月22~23日全国高等医药教材建设研究会在北京召开了第三轮全国高等学校医药学成人学历教育规划教材主编人会议，正式启动教材的修订工作。

本次修订和编写的特点如下：

1. 坚持国家级规划教材顶层设计、全程规划、全程质控和“三基、五性、三特定”的编写原则。

2. 教材体现了成人学历教育的专业培养目标和专业特点。坚持了医药学成人学历教育的非零起点性、学历需求性、职业需求性、模式多样性的特点，教材的编写贴近了成人学历教育的教学实际，适应了成人学历教育的社会需要，满足了成人学历教育的岗位胜任力需求，达到了教师好教、学生好学、实践好用的“三好”教材目标。

3. 本轮教材的修订从内容和形式上创新了教材的编写，加入“学习目标”、“学习小结”、“复习题”三个模块，提倡各教材根据其内容特点加入“问题与思考”、“理论与实践”、“相关链接”三类文本框，精心编排，突出基础知识、新知识、实用性知识的有效组合，加入案例突出临床技能的培养等。

本次修订医药学成人学历教育规划教材药学专业专科教材14种，将于2013年9月陆续出版。

全国高等学校医药学成人学历教育规划教材药学专业（专科）教材目录

教材名称	主编	教材名称	主编
1. 无机化学	刘　君	8. 人体解剖生理学	李富德
2. 有机化学	李柱来	9. 微生物学与免疫学	李朝品
3. 生物化学	张景海	10. 药物分析	于治国
4. 物理化学	邵　伟	11. 药理学	乔国芬
5. 分析化学	赵怀清	12. 药剂学	曹德英
6. 药物化学	方　浩	13. 药事管理学	刘兰茹
7. 天然药物化学	宋少江	14. 药用植物学与生药学	周　晔　李玉山

第三届全国高等学校医药学成人学历教育规划教材

评审委员会名单

前 言

本书是全国高等学校医药学成人学历教育（专科）规划教材。在人民卫生出版社的组织和全国高等学校医药学成人学历教育规划教材评审委员会的指导下，在第2版教材的基础上，编者根据药剂学课程的基本要求，编写了本教材。本教材适合于成人学历教育用书，可作为函授或自学课本，也可作为高等专科学校药学专业教学用书。

药剂学是药学专业的一门主要专业课，通过本课程的学习，使学生掌握药物剂型设计、制剂制备的基本理论与基本方法，掌握药物制剂质量的控制与评价方法，并能在临床上合理应用各种制剂。

本书共分二十二章，基本上按剂型编排。药物制剂的稳定性和表面活性剂两章内容与各剂型均有密切关系，因此编写在各剂型之前。为了系统介绍新剂型，将新型给药系统分成经皮给药制剂和新型胃肠道给药系统两章。新制剂的开发研究是药剂学的另一重要领域，所以将药物制剂开发研究单列一章讨论。本教材适当地编入了新剂型与新技术内容，介绍了"固体分散体、环糊精、包合物与微囊"等比较成熟的技术，并将脂质体、微球和纳米粒等微粒给药系统以"靶向制剂技术"来介绍它们的基本概念与特点。根据本专业教材的安排，本教材包括生物药剂学与药物动力学。生物药剂学主要介绍药物通过生物膜过程、吸收、分布、代谢、排泄过程与药物作用的相互关系。药物动力学介绍单室模型、重复给药、非线性动力学、给药方案设计与个体化给药、生物利用度、房室模型判断等内容，着重于基本概念及其应用。药物制剂的配伍变化也是药学工作者的主要任务之一，本书主要介绍了物理配伍变化、化学配伍变化和药物相互作用等内容。

在本教材的编写过程中得到各编者所在学校领导的大力支持，河北医科大学药学院药剂学教研室的全体老师在本书的审校中协助具体工作，在此一并表示诚挚谢意。由于编者水平有限，编写时间仓促，不足之处在所难免，恳请广大师生在使用本教材的过程中提出改进意见。

曹德英

2013年5月

目 录

第一章

绪　论

学习目标

1. 掌握药剂学的定义、任务，剂型的分类与药物传递系统，辅料在剂型中的作用。
2. 熟悉药剂学的发展，药典和 GMP 的有关内容。
3. 了解药剂学的相关学科。

第一节　概　述

一、药剂学的基本概念

1. 药剂学　药剂学（pharmaceutics）是研究药物制剂的基本理论、处方设计、制备工艺、质量控制与合理使用等内容的综合性应用技术科学。这一概念包含以下 3 方面的意义：第一，药剂学所研究的主体是药物制剂；第二，药剂学的研究内容有基本理论、处方设计、制备工艺、质量控制、合理使用等 5 方面；第三，药剂学是一门综合性应用技术科学。

2. 剂型　由合成、提取或生物技术等所得到的各种原料药物通常是气体、液态、半固体或固体粉末状等，一般情况下患者无法直接使用。因此，有必要将这些不同形态的原料药物加工成便于患者使用的给药形式（如片剂、颗粒剂、注射剂、栓剂、软膏剂、胶囊剂、口服溶液剂、滴鼻剂等）。这些为适应治疗、预防或诊断的需要而制备的药物应用形式称为药物剂型，简称剂型（dosage form）。

3. 制剂　制剂（preparations）是指根据药典或药政管理部门批准的标准，为适应诊断、治疗或预防的需要而制备的药物应用形式的具体品种，称为药物制剂，简称制剂。根据国家药典或药政管理部门批准的质量标准，同一种药物可以制成不同的剂型，例如甲硝唑可制成片剂供口服给药，也可制成注射剂用于静脉给药，还可以制成霜剂外用给药；同一种剂型可以有多种不同的药物，如片剂中有阿司匹林、硝苯地平控释片、茶碱缓释片等。同理，每种剂型也可包括许多不同的药物，如维生素 C 注射液、甲硝唑注射液、左氧氟沙星注射液等，因此，在各种剂型中都包含有许多不同的具体品种，我们将其称为药物制剂。应当说明的是，凡按医师处方专为某一患者调制并确切指明具体用法、用量的药剂称为方剂，方剂一般是在医院药房中调配制备的，研究方剂的调制理论、技术和应用的科学称为调剂学。

药剂学的宗旨是研究和制备安全、有效、稳定、可控和顺应的药物制剂。随着药学科学的不断发展，人们对药物在体内的吸收、分布、代谢、排泄等体内过程及药物的作用机制有了进一步的认识，从而为制备安全、有效的制剂和选择合理的给药途径提供理论依据。如胰岛素等多肽类药物在胃肠道中受到酶破坏而被分解，庆大霉素在胃肠道中不吸收，这类药适合制成注射剂；硝酸甘油肝脏首关作用严重，适合制成舌下含片；阿司匹林和红霉素对胃刺激性较大，制成肠溶制剂可以克服这一缺点。最初的剂型只是为了适应给药途径而设计的形态，而新剂型与新技术的发展使制剂具有功能或制剂技术的含义等。

二、药剂学的任务

药剂学的主要任务是将药物制成适于临床使用的剂型，并能批量生产出安全、有效、稳定、可控、顺应的药物制剂。从科研、生产、临床等若干方面归纳药剂学的任务主要如下。

1. 基本理论的研究　为了提高制剂的生产水平和技术含量，制成安全、有效、稳定的制剂，必须对药剂学的有关基本理论进行研究。例如，分散系物理化学理论、生物药剂学和药物动力学理论等，都显著地促进了药剂学的不断发展；关于片剂的成型理论，对于片剂的生产和质量控制有重要的指导意义；以表面活性剂形成胶束的理论来增加药物溶解度，在药剂学中已有了一定的应用，很有必要进行更为深入的理论研究；用流变学的基本方法，作为混悬液、乳浊液、软膏等剂型质量控制的客观指标，可以优化制剂的质量；把物理化学的动力学理论与药剂学制剂稳定性相结合，可以预测药物制剂的有效期，对提高药物制剂的安全性具有重要意义。

2. 新剂型的研究与开发　因为剂型是药物应用的具体形式，所以除了药物本身的性质和药理作用外，某个药物的具体剂型也直接影响着该药的临床效果。常用的片剂、胶囊、颗粒剂、溶液剂、注射剂等普通制剂，很难完全满足高效、速效、低毒、控制药物释放和发挥定向给药作用等多方面实际要求。例如普通片剂需要一日数次服药，不仅使用不便、容易漏服，而且血中药物浓度的波动较大、峰谷现象严重（峰浓度时会超过治疗浓度范围而增加毒副作用，谷浓度时又达不到有效治疗浓度而失去治疗作用）。目前已有多种缓释、控释新剂型的开发，通常是通过有效地控制药物释放，延长服药间隔、使血药浓度达到并保持在治疗浓度范围之内，减少了峰谷现象，从而降低副作用、提高疗效，并增加了患者服药的顺应性。又如多柔比星对肿瘤细胞的杀伤力很强，但它对心肌细胞的毒性也很大，会使患者无法坚持用药；若制成具有靶向性的多柔比星脂质体，可增加多柔比星对肿瘤细胞的靶向作用、降低其心肌毒性，从而达到提高疗效、降低毒性的双重作用。透皮给药系统（transdermal therapeutic systems，TTS）也是一种新剂型，它可避免口服给药可能发生的肝脏首关效应及胃肠灭活，可维持恒定的血药浓度或药理效应，达到长效、减少副作用、延长作用时间、加强用药顺应性、患者自主用药等多方面的目的。因此，积极研究与开发新的剂型是药剂学的一项非常的重要任务。

3. 新辅料的研究与开发　高分子材料在药物剂型中的应用非常广泛，制剂处方中的很多辅料都属于高分子材料，从某种意义上讲，没有辅料就没有剂型，没有新的高分子辅料也就没有新剂型。伴随着新剂型的研究与开发，制剂的种类不断增加，对辅料种类和性能的要求也越来越高。目前现有的药用辅料已经难以满足新剂型的需要。缓控释制剂及靶向制剂的不断涌现，完全依赖于性能优良的新辅料的支持。例如采用肠溶辅料丙烯酸树脂对普通片剂进行包衣，可以达到肠道释放药物，减少胃酸和部分酶对药物的破坏；又如使用生物可降解、生物相容性好的高分子辅料聚乳酸将药物制成微球、小丸等，可以植入体内给药，达到每个月用药 1 次甚至每年用药 1 次的目的；在透皮给药系统中，提高药物的透皮吸收率是其关键，所以对新型透皮吸收促进剂氮酮（azone）及植物挥发油的研究越来越多。总之，新型药用辅料对于制剂性能的改良、生物利用度的提高及药物的缓控释等都有非常显著的作用。因此，药用辅料的更新换代越来越成为药剂工作者关注的焦点。随着有关方面的研究增多，各种新型药用辅料不断问世，并在实践中得以广泛应用。

4. 新技术的研究与开发　新剂型的发展与新技术的进步是密不可分的，如微囊化技术、固体分散技术、包合技术、脂质体技术、球晶制粒技术、包衣技术、纳米技术、离子导入技术等，为新剂型的开发和制剂质量的提高奠定了技术基础。

5. 中药新剂型的研究与开发　中医药是中华民族的宝贵遗产，在继承、整理、发展和提高中医中药理论与中药传统剂型的同时，运用现代科学技术和方法，研制开发了现代化的中药新剂型，是中医药走向世界的必由之路。目前，我国已研制开发了中药注射剂、中药颗粒剂、中药片剂、中药胶囊剂、中药滴丸剂、中药栓剂、中药软胶囊、中药软膏剂、中药气雾剂等 20 多种中药新剂型，丰富和发展了中药的剂型和品种，提高了中药的疗效。中药新剂型的研究与开发仍然是我国药剂学的一项长期而艰巨的重要任务。

6. 生物技术药物制剂的研究与开发　生物技术是当今世界科学技术活动中最活跃、最具有前途的新技术，从中派生出来的医药生物技术，为新药的研制开创了一条崭新的道路，如预防乙肝的基因重组疫苗、治疗严重贫血症的红细胞生长素、治疗糖尿病的人胰岛素、治疗侏儒症的人生长激素、治疗血友病的凝血因子等特效药都是现代生物技术医药新产品（生物技术药物），它们正在改变医药科技界的面貌，为人类解决疑难病症提供了最有希望的途径。这些生物技术药物的出现，为药剂学提出了新的课题：因为生物技术药物本身普遍具有活性强、剂量小的优点和性质不稳定的缺点，要将它们用于临床治疗，必须将其制成安全稳定的制剂和使用方便的新剂型，这是摆在药剂学工作者面前的一项新的任务。

7. 制剂新机械和新设备的研究与开发　药品的生产离不开制药机械和设备，研制制剂新机械和新设备是药学研究人员的责任，对于提高我国的制剂生产效率、保证制剂质量、使制剂产品进入国际市场具有重要意义。为了获得药品质量的更大保障和安全用药，制剂生产向封闭、高效、多功能、连续化和自动化的方向发展。固体制剂生产中使用的流化床制粒机在一个机器内可完成混合、制粒、干燥甚至包衣，因此被人们习惯上称做一步制粒机，与传统的摇摆式制粒机相比大大缩短工艺过程，减少了与人接触的机会。最近又开发出的高效全自动压片机，使片剂的质量和产量大大提高。在注射剂的生产方面，入墙层流式注射灌装生产线、高效喷淋式加热灭菌器、粉针灌封机与无菌室组合整体净化层流装置等，减少了人员走动和污染机会。纳米技术与相应设备将对提高难溶性药物的生物利用度或纳米乳和纳米粒等靶向制剂的制备产生重要影响。

在药剂学中，制剂技术、药用辅料、制剂设备是保证制剂安全、有效、稳定、可控和顺应的不可缺少的三大主体，无论是化学药物、中药还是生物技术药物，在制备各种剂型时必须应用到这三大主体，必须用心学习和掌握。

三、剂型的重要性

药物剂型与给药途径、临床治疗效果有着十分密切的关系，现分述如下。

（一）给药途径与药物剂型

药物剂型的选择与给药途径密切相关。人体的很多部位、腔道、黏膜等都可以作为给药部位。主要有：胃肠道、口腔、舌下、肺部、颊部、直肠、子宫、阴道、尿道、耳道、鼻腔、咽喉、皮内、皮下、肌肉、静脉、动脉、皮肤、眼等。

药物剂型必须根据这些给药途径的特点来制备，例如，口服给药可以选择多种剂型，如溶液剂、片剂、胶囊剂、乳剂、混悬剂等；眼黏膜给药途径以液体、半固体剂型最为方便；注射给药途径须以液体剂型使用才能实现。有些剂型可多种途径给药，如溶液剂可口服、皮肤、鼻腔、直肠等多种途径给药。总之，药物剂型必须与给药途径相适应。

（二）药物剂型的重要性

良好的剂型可以发挥出良好的药效，这可以从以下几方面明显看出。

1. 剂型可改变药物的作用性质　例如，硫酸镁口服剂型用作泻下药，但5%注射液静脉滴注，能抑制大脑中枢神经，有镇静、镇痉作用；又如依沙吖啶（ethacridine）1%注射液用于中期引产，但0.1%~0.2%溶液局部涂敷有杀菌作用。

2. 剂型能改变药物的作用速度　剂型的不同可使药物的作用速度不同，例如，注射剂、吸入气雾剂等发挥药效很快，常用于急救；丸剂、缓控释制剂、植入剂等属长效制剂。医生可按疾病治疗的需要选用不同作用速度的剂型。

3. 改变剂型可降低（或消除）药物的毒副作用　茶碱治疗哮喘病效果很好，但有引起心跳加快的毒副作用，若改成栓剂则可消除这种毒副作用；缓释与控释制剂能保持血药浓度平稳，从而在一定程度上可降低药物的毒副作用。

4. 剂型可产生靶向作用　如静脉注射的脂质体新剂型是具有微粒结构的制剂，在体内能被单核－吞噬细胞系统的巨噬细胞所吞噬，使药物在肝、脾等器官浓集性分布，即发挥出药物剂型的肝、脾靶向作用。

5. 剂型可影响疗效　固体剂型如片剂、胶囊剂、颗粒剂、丸剂的处方和制备工艺不同会对药效产生显著的影响，药物晶型、药物粒子大小的不同，也可直接影响药物的释放，从而影响药物的治疗效果。

第二节　剂型的分类与药物传递系统

剂型是为适应诊断、治疗或预防疾病的需要而制备的不同给药形式，是临床使用的最终形式。剂型也是药物的传递体，将药物输送到体内发挥疗效。一般来说，一种药物可以制成多种剂型，药理作用相同但给药途径不同可能产生不同的疗效，应根据药物的性质、不同的治疗目的选择合理的剂型与给药方式。

一、剂型的分类

因为常用剂型有40余种，有必要将其按适当方法进行分类，以便于学习和掌握。

（一）按给药途径分类

这种分类方法与临床使用密切结合，亦即将给药途径相同的剂型分为一类，它能反映出给药途径与应用方法对剂型制备的特殊要求。缺点是同一种制剂，由于给药途径和应用方法的不同，可能在不同给药途径的剂型中出现，例如溶液剂可以在口服、皮肤、黏膜、直肠等多种给药途径出现。

1. 经胃肠道给药剂型　这类剂型是指药物制剂经口服用、进入胃肠道，经胃肠道吸收而发挥药效的剂型。其给药方法比较简单，如常用的散剂、片剂、颗粒剂、胶囊剂、溶液剂、乳剂、混悬剂等，容易受胃肠道中的酸（或酶）的破坏，药物一般不能简单采用这类剂型。

2. 非经胃肠道给药剂型　这类剂型是指除经胃肠道口服给药途径以外的所有其他剂型。

（1）注射给药剂型：如注射剂（包括静脉注射、肌内注射、皮下注射、皮内注射等多种注射途径）。

（2）呼吸道给药剂型：如喷雾剂、气雾剂、粉雾剂等。

（3）皮肤给药剂型：如外用溶液剂、洗剂、搽剂、软膏剂、硬膏剂、糊剂、贴剂等，给药后在局部起作用或经皮吸收发挥全身作用。

（4）黏膜给药剂型：如滴眼剂、滴鼻剂、眼用软膏剂、含漱剂、舌下片剂等，黏膜给药可起局部作用或经黏膜吸收发挥全身作用。

（5）腔道给药剂型：如栓剂、气雾剂等，用于直肠、阴道、尿道、鼻腔、耳道等，腔道给药可起局部作用或吸收后发挥全身作用。

（二）按分散系统分类

这种分类方法，便于应用物理化学的原理来阐明各类制剂特征，但不能反映用药部位与用药方法对剂型的要求，甚至一种剂型由于分散介质和制法不同，可以分到几个分散体系中，如注射剂就可分为溶液型、混悬型、乳剂型等。

1. 溶液型　这类剂型是药物以分子或离子状态存在分散于分散介质中所构成的均匀分散体系，也称为低分子溶液，如芳香水剂、溶液剂、糖浆剂、甘油剂、酯剂、注射剂等。

2. 胶体溶液型　这类剂型是药物以高分子形式分散在分散介质中所形成的均匀分散体系，也称为高分子溶液，如胶浆剂、火棉胶剂、涂膜剂等。

3. 乳剂型　这类剂型是油类药物或药物油溶液以液滴状态分散在分散介质中所形成的非均匀分散体系，如口服乳剂、静脉注射乳剂、部分搽剂等。

4. 混悬型　这类剂型是固体药物以微粒状态分散在分散介质中所形成的非均匀分散体系，如合剂、洗剂、混悬剂等。

5. 气体分散型　这类剂型是液体或固体药物以微粒状态分散在气体分散介质中所形成的分散体系，如气雾剂。

6. 微粒分散型　这类剂型通常是药物以不同大小微粒呈液体或固体状态分散，如微球剂、微囊剂、纳米囊等。

7. 固体分散型　这类剂型是固体药物以聚集体状态存在的分散体系，如片剂、散剂、颗粒剂、丸剂等。

（三）按制法分类

这种分类法不能包含全部剂型，故不常用。例如，浸出制剂是用浸出方法制成的剂型（流浸膏剂、酊剂等）；无菌制剂是用灭菌方法或无菌技术制成的剂型（注射剂）等。

（四）按形态分类

这种分类法是将药物剂型按物质形态分类，即分为：液体剂型（如芳香水剂、溶液剂、注射剂、合剂、洗剂、搽剂等），气体剂型（如气雾剂、喷雾剂等），固体剂型（如散剂、丸剂、片剂、膜剂等）和半固体剂型（如软膏剂、糊剂等）。形态相同的剂型，制备工艺也比较相近。例如：液体剂型制备时多采用溶解、分散等方法，固体剂型多采用粉碎、混合等方法，半固体剂型多采用熔化、研和等方法。

以上的剂型分类方法各有特点，但均不完善，各有其优缺点。因此，本书根据医疗、生产实践、教学等方面的长期沿用习惯，采用综合分类的方法。

二、药物传递系统

药物传递系统（drug delivery system，DDS）系指人们在防治疾病的过程中所采用的各种治疗药物的不同给药形式，在20世纪80年代以前的药剂学中称为剂型。随着科学的进步，剂型的发展已远远超越其原有的内涵，需要用药物传递（输）系统（DDS）这类术语加以表述，即原来由药物与辅料制成的各种剂型已不能完全代表现代新型给药系统的特点和含义，这里边常常含有一些新技术、新工艺或作用特点，如口腔速溶片、脉冲释药的微丸、结肠定位释药的片剂等。主要有以下几类。

1. 传统的缓控释制剂　药物的治疗作用与血药浓度的关系有显著相关性，但是过高的血药浓度可产生中毒，过低的血药浓度无治疗效果等，为合理设计剂型提供了科学依据。缓控释制剂就是在这一原理下产生的，能减少血药浓度的波动，这是DDS的初级发展阶段。

2. 靶向技术给药　当药物达到病灶部位时才能发挥疗效，其他部位的药物不起治疗作用甚至产生毒副作用。使药物浓集于病灶部位，尽量减少其他部位的药物浓度，不仅有效地提高药物的治疗效果，而且可以减少毒副作用。这对癌症、炎症等局部部位疾病的治疗具有重要意义。病灶部位可能是有病的脏器或器官，也可能是细胞或细菌等。常以脂质体、微球、微乳、纳米囊、纳米球等作为药物载体进行靶向性修饰是目前制剂研究DDS的热点之一。

3. 择时和自调式等智能给药系统　近代的时辰药理学研究指出，有节律性变化的疾病如血压、激素的分泌、胃酸等，可根据生物节律的变化调整给药系统，如脉冲给药系统、择时给药系统，已取得了较好效果。自调式释药系统（self-adjusted system）是一种依赖于生物体信息反馈，自动调节药物释放量的给药系统。对于胰岛素依赖的糖尿病患者来说，根据血糖浓度的变化控制胰岛素释放的DDS研究备受关注。

4. 透皮给药系统　1974年，起全身作用的东莨菪碱透皮给药制剂开始上市，1981年由美国FDA将硝酸甘油透皮吸收制剂批准作为新药，从此对透皮吸收制剂作为透皮药物的传递系统（transdermal drug delivery system，TDDS）得到了迅速发展。透皮给药比较安全、没有肝脏首关作用等特点，但透皮吸收量有限，因此应选择适宜的药物、适宜的透皮吸收促进剂和适宜的制备技术等。

5. 生物技术制剂　随着生物技术的发展，多肽和蛋白质类药物制剂的研究与开发已成为药剂学研究的重要领域，也给药物制剂带来新的挑战。生物技术药物多为多肽和蛋白质类，性质不稳定、极易变质；另一方面，药物对酶敏感又不易穿透胃肠黏膜，因此多数药物以注射给药。为使用方便和提高患者的顺应性，药学工作者正致力于其他给药系统的研究，如鼻腔、口服、直肠、口腔、透皮和肺部给药等。目前基因治疗也受到广泛的关注，如采用纳米粒或纳米囊包裹基因或转基因细胞是生物材料领域中的新动向。如果该研究获得成功，将使基因治疗和药物治疗向简便、实用的方向迈进，不仅可用于各种恶性肿瘤的治疗，也为许多基因缺陷性疾病和其他疾病的治疗提供全新的生物疗法，具有潜在的研究价值和广阔的应用前景。

6. 黏膜给药系统　黏膜存在于人体各腔道内，除局部用药的黏膜制剂外，作为全身吸收药物的途径日益受到重视。特别是口腔、鼻腔和肺部3种途径的给药，对避免药物的首关效应，避免胃肠道对药物的破坏，避免某些药物对胃肠道的刺激具有重要意义。

DDS的研究开发是为了提高治疗效果、降低副作用和为了某些特殊目的而研制的药物传递系统，也是目前新制剂研究的核心内容。

第三节　药剂学的分支学科

由于药剂学是以多门学科的理论为基础的综合性技术科学，在其不断发展过程中，各学科互相影响、互相渗透，已形成了许多药剂学的分支学科。现简介如下。

一、工业药剂学

工业药剂学（industrial pharmacy）是研究药物制剂在工业生产中的基本理论、处方设计、制备工艺、生产设备和质量管理的科学，是药剂学重要的分支学科。其基本任务是研究和设计如何将药物制成适宜的剂型，并能批量生产出品质优良、安全有效的制剂，以满足医疗与预防的需要。

二、物理药剂学

物理药剂学（physical pharmacy，亦称物理药学）是运用物理化学原理、方法和手段，研究药剂学中有关处方设计、制备工艺、剂型特点、质量控制等内容的边缘科学。由于药物制剂的加工过程主要是物理过程或物理化学过程，所以从20世纪50年代开始，物理药剂学逐渐发展起来，它的出现和发展使药剂学由简单的剂型制备迈向了科学化和理论化。近年来，物理化学的理论和方法在药剂学的应用日渐增多，这对物理药剂学的发展起到了进一步的促进作用。

三、生物药剂学

生物药剂学（biopharmaceutics）是研究药物在体内的吸收、分布、代谢与排泄的机制及过程，阐明药物因素、剂型因素和生理因素与药效之间关系的边缘科学。它从20世纪60年代起迅速发展，着重于药物的体内过程，在药物的处方（剂型）设计、制剂工艺以及最大限度地提高生物利用度等方面进行了大量的基础性研究，如固体制剂尤其是片剂的溶出速率问题、生物利用度问题等，为各种药物制剂的有效性和安全性提供了科学保证，它与下述的药物动力学具有密不可分的联系。

四、药物动力学

药物动力学（pharmacokinetics）是采用动力学原理和数学的方法，研究药物的吸收、分布、代谢与排泄的经时过程及其与药效之间关系的科学。它在20世纪70年代发展为一门独立的学科，已成为药剂学的重要基础学科和边缘学科，对指导制剂设计、剂型改革、安全合理用药等提供了量化的控制指标。

五、临床药学

临床药学（clinical pharmacy）是以患者为对象，研究合理、有效与安全用药的科学。它的主要内容包括：临床用制剂和处方的研究；药物制剂的临床研究和评价；药物制剂生物利用度研究；药物剂量的临床监控；药物配伍变化及相互作用研究等。临床药学的出现使药剂工作者直接参与对患者的药物治疗活动，符合医药结合的时代要求，可以较大幅度地提高临床治疗水平。

六、药用高分子材料学

药用高分子材料学（polymers in pharmaceutics）主要介绍药剂学处方中常用的合成和天然高分子材料的结构、制备、理化特性及其功能与应用等。各种药用高分子材料对研究新剂型和提高制剂质量具有极其重要的作用。从某种意义上讲，没有高分子材料就没有新剂型，没有高分子材料的发展就没有新剂型的发展。因此，了解和掌握高分子材料的基本理论与应用具有重要的意义。

第四节　辅料在药物制剂中的应用

药物制剂是由具有治疗作用的活性成分的原料和通常所谓的“无生理活性的”辅料组成，因此辅料是制剂生产中必不可少的重要组成部分，也可以说“没有辅料就没有制剂”。在药剂学中使用辅料的目的主要有以下几点。

1. 赋予制剂形态的形成 如液体制剂中加入溶剂；片剂中加入稀释剂、黏合剂；软膏剂、栓剂中加入基质；气雾剂中加入抛射剂等，使制剂具有形态特征。

2. 使制备过程顺利进行 液体制剂中为了增加溶解度或提高稳定性，可加入助溶剂、助悬剂、乳化剂等；固体制剂中为了改善物料的粉体性质，可加入助流剂、润滑剂，使固体制剂的生产顺利进行。

3. 提高药物的稳定性 如化学稳定剂（如络合剂、抗氧剂）、物理稳定剂（助悬剂、乳化剂等）和生物稳定剂（防腐剂）等。

4. 调节有效成分的作用 如使制剂具有速释性、控释性、缓释性、肠溶性、靶向性、生物黏附性、体内可降解的各种辅料。

5. 改善生理要求 为了满足生理需求，可在制剂中加入渗透压调节剂、pH 调节剂（缓冲剂）、矫味剂、止痛剂等。

辅料的使用不单纯是使制剂成型以及工艺过程顺利进行的需要，而且是多功能化发展的需要。新型药用辅料对于改善制剂性能、提高生物利用度、使药物的缓控释等都有非常显著的作用。因此，新型药用辅料的研究将向安全性、功能性、适应性、高效性等方向发展。

第五节 药典、药品标准与处方

药典（pharmacopoeia）是一个国家记载药品标准、规格的法典，一般由国家药典委员会组织编纂并由政府颁布、施行，具有法律约束力。药典收载的品种是那些疗效确切、副作用小、质量稳定可控的常用药品及其制剂，并明确规定了这些品种的质量标准，例如：含量、熔点、鉴别、杂质的含量限度及试验方法和所用试剂等；在制剂通则中还规定各种剂型的有关标准、检查方法等。作为药品生产、检验、供应和使用的依据。一个国家的药典反映这个国家的药品生产、医疗和科学技术的水平。随着医药科学和分析仪器的不断进步与新药的不断出现，对药物及制剂的质量要求也更加严格，所以药品的检验方法也在不断更新，因此，各国的药典经常需要修订。如，中国一般每 5 年修订出版 1 次，在新版药典中，不仅增加新的品种，而且增设一些新的检验项目或方法，同时对有问题的药品进行删除。在新版药典出版前，往往由国家药典委员会编辑出版增补本，以利于新药和新制剂在临床的应用，这种增补本与药典具有相同的法律效力。显然，药典在保证人民用药安全、有效，促进药物研究、生产、检验和使用上起到了十分重要的作用。

一、中华人民共和国药典

《中华人民共和国药典》，简称《中国药典》，其中收载的品种是：医疗必需、临床常用、疗效肯定、质量稳定可控、副作用小、我国能工业化生产的品种。现行版是 2010 年版，在此之前颁布了 1953 年版、1963 年版、1977 年版、1985 年版、1990 年版、1995 年版、2000 年版、2005 年版等 8 个版本。《中国药典》2010 年版分成一、二、三部，共收载中西药品种 4567 种，一部收载中药材、中成药及单味制剂 2165 种，二部收载化学药品、抗生素、生化药品、放射性药品及药用辅料2271种，三部收载生物制品131种。一、二、三部新增品种1386种，修订品种2228种，删除36种。一部新增附录14个，修订47个；二部新增附录15个，修订69个；三部新增附录18个，修订39个；现代分析技术在本药典中得到了进一步的应用。

药典由凡例、正文和附录等主要部分组成。凡例是药典使用的总说明，包括药典中各种术语的含义及其在使用时的有关规定。如正文品种的编排顺序、计量单位及浓度表示法、药典筛的标准及粉末的分级等。正文是药典的主要内容，每个品种项下列有品名、性状、鉴别、检查、含量测定、类别、规格贮藏和制剂等项。附录包括制剂通则和通用的检验方法，载有试药、试液、试纸、缓冲液、指示剂与指示液、滴定液的配制、质量标准分析方法验证指导原则、生物利用度和生物等效性试验指导原则、微囊（微球）和脂质体指导原则和稳定性指导原则等。

二、国外药典

世界上已有近40个国家编制了国家药典，另外还有区域性药典和世界卫生组织（WHO）组织编制的《国际药典》等，影响较大的主要有以下几种。

1. 美国药典/国家处方集（U.S. Pharmacopeia/National Formulary）简称USP/NF，于1820年出版第1版，现行版为2012年12月份出版的USP36-NF31。

2. 英国药典（British Pharmacopoeia）简称BP，现行版2013年1月生效。

3. 日本药局方（Pharmacopoeia of Japan）简称JP，第1版为1886年版，现行版为2012年出版的第14改正版。

4. 欧洲药典（European Pharmacopoeia） 由欧洲药品质量委员会（EDQM）编辑出版，有英文和法文两种法定文本。其缩写为Ph.Eur.。1977年出版第1版欧洲药典。现行版为2010年6月出版的第7版欧洲药典，即EP7.0，于2011年1月生效。

5. 国际药典（Pharmacopoeia Internationalis）简称Ph. Int.，是世界卫生组织（WHO）为了统一世界各国药品的质量标准和质量控制的方法而编纂的，于1951年出版了第1版。但它对各国无法律约束力，仅作为各国编纂药典时的参考标准。

6. 美国食品化学法典（Food Chemicals Codex）简称FCC，现行版FCC 8为2012年出版的第8版，是国际公认的标准各论，用于验证食品成分的纯度及特性。自1966年公布以来，FCC通过极为严格和透明的科学流程，制定、审查了多项标准，并一直敦促食品、食品成分、食品添加剂和加工助剂制造商遵循这些标准。这方面我国还存在一定差距。

三、药品标准

药品标准是国家对药品的质量、规格和检验方法所作的技术规定。药品标准是保证药品质量，进行药品生产、经营、使用、管理及监督检验的法定依据。药品的国家标准是指《中华人民共和国药典》和国家食品药品监督管理局（State Food and Drug Administration，SFDA）（国家食品药品监督管理局现已经更名为国家食品药品监督管理总局（China Food and Drug Administration，CFDA））颁布的药品标准。

我国以前有3级标准，即国家标准、部颁标准和地方标准。国家食品药品监督管理局已经对其中临床常用、疗效确切、质量可控的地方标准品种进行质量标准的修订、统一、整理和提高，升格为国家标准，并入到国家食品药品监督管理局颁布的药品标准，取消了地方标准。

四、处方、处方药与非处方药

（一）处方

处方系指医疗和生产部门用于药剂调制的一种重要书面文件，有以下几种。

1. 法定处方　国家药品标准收载的处方。它具有法律的约束力，在制备或医师开写法定制剂时，均需遵照其规定。

2. 协定处方　系指医院药剂科根据医院或某一地区日常医疗用药需要，由医院药剂科与医师协商制定的处方。它适合大量配制和贮备的药品，便于控制药物的品种与质量，可提高工作效率。协定处方制备的制剂为医院制剂，协定处方需要省药品监督管理局的审批。该处方具有法律、技术和经济的意义。

3. 医师处方　医师对患者进行诊断后，对特定患者的特定疾病而开写给药局的有关药品、给药量、给药方式、给药天数以及制备等的书面凭证。该处方具有法律、技术和经济的意义。

（二）处方药与非处方药

《中华人民共和国药品管理法》规定了“国家对药品实行处方药与非处方药的分类管理制度”，这也是国际上通用的药品管理模式。

1. 处方药（prescription drug）必须凭执业医师或执业助理医师的处方才可调配、购买，并在医生指导下使用的药品。处方药可以在国务院卫生行政部门和药品监督管理部门共同指定的医学、药学专业刊物上介绍，但不得在大众传播媒介发布广告宣传。

2. 非处方药（nonprescription drug）不需凭执业医师或执业助理医师的处方，消费者可以自行判断购买和使用的药品。非处方药经专家遴选，由国家食品药品监督管理局批准并公布。在非处方药的包装上，必须印有国家指定的非处方药专有标识。非处方药在国外又称之为“可在柜台上买到的药物”（over the counter，简称OTC）。目前，OTC已成为全球通用的非处方药的简称。

处方药和非处方药不是药品本质的属性，而是管理上的界定。无论是处方药还是非处方药，都是经过国家药品监督管理部门批准，其安全性和有效性是有保障的。其中非处方药主要用于治疗各种消费者容易自我诊断、自我治疗的常见轻微疾病。

第六节　GMP、GLP与GCP

一、GMP

GMP是Good manufacturing practice的缩写，中译文是《药品生产质量管理规范》。

GMP是在药品生产过程中，用科学、合理、规范化的条件和方法来保证生产优良药品的一整套系统的、科学的管理规范，是药品生产和管理的基本准则。适用于药品制剂生产的全过程和原料药生产中影响成品质量的关键工序，也是新建、改建和扩建医药企业的依据。药品是特殊的商品，推行和实施GMP认证制度的目的是使产品符合所期望的质量要求与标准。

该规范对药品生产的人员、厂房、设备、卫生、原料、辅料及包装材料、生产管理、包装和贴签、生产管理和质量管理文件、质量管理部门、自检、销售记录、用户意见、不良反应报告及附则等制定了具体的标准和要求。

1963年，美国率先施行GMP，此后各国积极响应，陆续制定并实施了符合各国国情的GMP条例。我国于1982年由中国医药工业公司颁发了《药品生产管理规范（试行本）》，这是我国医药工业第一次试行的GMP。在1999年，国家药品监督管理局修订并颁布了《药品生产质量管理规范（1998年修订）》，规定于1999年8月1日起全面施行。多年来，经过几次的修改与反复实践，GMP的管理规范得到了进一步完善和发展。于2010年又对GMP进行了修订，国家药品监督管理局最终修订并颁布了《药品生产质量管理规范（2010年修订）》，规定于2011年3月1日起实施新版GMP。该版GMP全面与欧美GMP接轨，为我国制剂出口奠定了基础，从整体上提高了我国制药企业的生产条件、生产水平和管理能力，是人民群众用药安全有效的重要保证。

二、GLP与GCP

GLP是Good laboratory practice的简称，即《药物非临床研究质量管理规范》。药物的非临床研究是指非人体研究，亦称为临床前研究，用于药物的安全性评价。在实验室条件下，通过动物实验进行非临床的各种毒性试验，包括单次给药的毒性试验、反复给药的毒性试验、生殖毒性试验、致突变试验、致癌试验、各种刺激性试验、依赖性试验及与药品安全性评价有关的其他毒性试验。我国的《药品非临床研究质量管理规范》于1999年发布并于1999年11月1日起试行。于2003年进行了修订，自2003年9月1日起正式施行。

GCP是Good clinical practice的简称，即《药品临床试验管理规范》。药品临床试验是指任何在人体（患者或健康志愿者）进行的药品系统性研究，以证实或揭示试验用药品的作用及不良反应等。《药品临床试验管理规范》于1999年9月1日起正式颁布施行。2003年进行修订，自2003年9月1日起施行。制定GCP的目的在于保证临床试验过程的规范，结果科学可靠，保证受试者的权益及保障其安全。

第七节 药剂学的发展

药剂学是在人类与疾病作斗争的长期实践中发展起来的。古代的劳动人民在大自然中发现了能治病的药物，最初是将新鲜的植物动物直接使用，有“神农尝百草”之说，以后为了方便使用和更好地发挥药效，将这些药物进行加工，就形成了最初的剂型。

一、我国药剂学的发展

祖国医药遗产极为丰富，在学习、继承和发扬医药遗产的同时，学习西方药剂学的理论、技术和方法，结合我国药学的实际，创造了我国药剂学的辉煌成就。

我国历史悠久，对世界文明包括医药作出了伟大的贡献。早在夏禹时代就制成了至今仍为常用的剂型——药酒。在商代（公元前1766年）已开始使用汤剂，是应用最早的中药剂型之一。夏商周时期的医书《五十二病方》《甲乙经》《山海经》中已有汤剂、酒剂、丸剂、散剂、膏剂及曲剂等剂型的记载。东汉张仲景（公元142—219年）的《伤寒论》和《金匮要略》中记载有栓剂、洗剂、软膏剂、糖浆剂等10余种剂型，并记载了可以用动物胶、炼制的蜂蜜和淀粉糊为黏合剂制成丸剂。晋代葛洪（公元281—341年）的《肘后备急方》中记载有膏剂、丸剂、锭剂和条剂等剂型。唐代的《新修本草》是我国颁布的第一部国家药典，也是世界上最早的国家药典。后来编制的《太平惠民和剂局方》是我国最早的一部国家制剂规范，比英国最早的局方早500多年。明代著名药学家李时珍（1518—1593年）编著了《本草纲目》，其中收载药物1892种，剂型61种，附方11 096则。这充分体现了中华民族在药剂学的漫长发展过程中曾经作出了重大的贡献。

二、国外药剂学的发展

国外药剂学发展最早的是埃及与巴比伦王国（今伊拉克地区），《伊伯纸草本》（Ebers纸草本）是约公元前1550年的著作，记载有700多种药物和800多个处方，剂型有散剂、膏剂、丸剂等。希腊人希波克拉底（公元前377—460年）创立了医药学；希腊医药学家格林（公元131—201年）被西方各国认为是药剂学的鼻祖（与我国汉代张仲景同期），在格林的著作中记述了散剂、丸剂、浸膏剂、溶液剂、酒剂等多种剂型，人们称之为“格林制剂”，至今还在一些国家应用。现代药剂学已有150余年的历史。1843年，Brockedon制备了模印片；1847年，Murdock发明了硬胶囊剂；1876年，Remington等发明了压片机，使压制片剂得到迅速发展；1886年，Limousin发明了安瓿，使注射剂也得到了迅速发展。

三、现代药剂学的发展

19世纪时，西方科学和工业技术蓬勃发展，制药机械的发明使药剂生产的机械化、自动化得到了迅猛发展。随着科学技术与基础学科的发展，学科的分工越来越细，从而以剂型和制备为中心的药剂学也成为一门独立学科。20世纪50年代，物理化学的一些理论应用于药剂学，建立了剂型的形成与制备理论，如药物稳定性、溶解理论、流变学、粉体学等，进一步促进了药剂学的发展。20世纪60—80年代，药物在体内过程的研究表明，药物在体内经历吸收、分布、代谢和排泄过程；体内血药浓度的经时过程、生物利用度及药效学的研究结果表明，药效不仅与药物本身的化学结构有关，而且与药物的剂型有关，甚至在一定条件下剂型对药效具有决定性影响。生物药剂学与药物动力学的发展，为新剂型的开发提供了理论依据。新辅料、新工艺和新设备的不断出现，也为新剂型的制备、制剂质量的提高奠定了十分重要的物质基础。

药剂学的发展能使新剂型在临床应用中向高效、速效、长效和减少副作用的方向发展，并且使制备过程更加顺利、方便。

学习小结

药剂学是研究药物制剂的基本理论、处方设计、制备工艺、质量控制与合理使用等内容的综合性应用技术科学。药剂学的主要任务有：基本理论的研究、新剂型的研究与开发、新辅料的研究与开发、新技术的研究与开发、中药新剂型的研究与开发、制剂新机械和新设备的研究与开发等。

药物剂型的重要性有：剂型可改变药物的作用性质、剂型能改变药物的作用速度、改变剂型可降低（或消除）药物的毒副作用、剂型可产生靶向作用、剂型可影响疗效。

辅料是制剂生产中必不可少的重要组成部分，在药剂学中使用辅料的目的主要有：赋予制剂形态的形成、使制备过程顺利进行、提高药物的稳定性、调节有效成分的作用、改善生理要求等。

药典是一个国家记载药品标准、规格的法典，一般由国家药典委员会组织编纂并由政府颁布、施行，具有法律约束力。药典收载的品种是那些疗效确切、副作用小、质量稳定可控的常用药品及其制剂，并明确规定了这些品种的质量标准。

药品生产质量管理规范（GMP）是在药品生产过程中，用科学、合理、规范化的条件和方法来保证生产优良药品的一整套系统的、科学的管理规范，是药品生产和管理的基本准则。药品是特殊的商品，推行和实施GMP认证制度的目的是使产品符合所期望的质量要求与标准。

复习题

1. 什么是药剂学？
2. 药剂学的任务是什么？
3. 辅料在药剂学中的作用是什么？
4. 简述剂型的重要性。
5. 什么是药典？药典具有什么性质？

（曹德英）

第二章

药物制剂的稳定性

学习目标

1. 掌握影响药物制剂稳定性的因素、稳定化方法及药物稳定性的试验方法。
2. 熟悉制剂中药物水解反应与氧化反应的规律及与药物结构的相关性。
3. 了解药物制剂稳定性的化学动力学基础及固体制剂稳定性的特点。

第一节 概 述

药物制剂的基本要求是安全、有效、稳定，其中药物制剂的稳定性是保证其安全、有效的前提。药物如果发生分解变质，可使疗效降低或产生毒副作用，损害患者的健康甚至危及生命，对药厂来说则可在经济上造成巨大的损失。因此，对药物稳定性的正确把握是确保药物安全性和有效性的关键。药物稳定性的研究贯穿药物制剂处方前研究、处方设计、工艺研究、药物制剂生产和上市后评价的各方面。

药物制剂稳定性的研究范围一般包括化学稳定性、物理稳定性和生物学稳定性 3 方面。化学稳定性是指药物的结构发生变化，这种变化可以是因为水解、氧化、光解、聚合等过程引起的结构变化，也可以是大分子药物的空间结构（二级结构、三级结构）发生变化，这些变化往往导致药物药理作用的改变，使疗效降低或毒副作用增加。例如，头孢菌素类抗生素水解后抗菌效价将降低或消失，而青霉素的聚合物往往是导致过敏反应的根源。

物理稳定性是指药物制剂中物理性状的稳定性，例如乳剂的分层、破裂；混悬剂的沉降、颗粒结块、结晶生长；片剂的崩解度和溶出速度改变；软膏剂的失水变硬等。

生物学稳定性是指制剂由于受到微生物的污染，导致产品染菌、长霉、腐败变质等。例如糖浆剂的发霉、乳剂的酸败等。

药物制剂稳定性是一个复杂的问题，有时伴随着化学稳定性，也可同时发生物理稳定性和生物学稳定性的问题，其结果都将导致产品质量下降甚至不合格。表 2–1 列出了对药物制剂稳定性的基本要求。

表 2-1　药物制剂稳定性的基本要求

稳定性种类	对制剂的要求
化学稳定性	制剂中全部主药在所示规格范围内，其化学特性不变，效价不变
物理稳定性	外观、嗅味、均匀性、溶解、混悬、乳化等均无物理性质的明显变化
生物学稳定性	保持无菌或微生物学检查不超标

药物制剂稳定性的研究工作包括药物降解途径的研究、降解产物的确认、各种处方因素和非处方因素对稳定性的影响及稳定性的预测等。其中对药物制剂稳定性的预测是确保药物制剂质量的重要方面，可以为药物制剂的安全使用提供依据。

第二节　药物制剂降解的化学动力学基础

化学动力学是研究化学反应速度和反应机制的学科，在物理化学中已作详细论述，药剂学中主要是应用其原理与方法来测定药物发生降解的速度，预测药品的有效期，评价药物制剂的稳定性，了解影响稳定性的因素，从而采取有效措施，防止和延缓药物制剂的降解变质。

下面就化学动力学的基本常识作一些介绍。

研究药物制剂的降解速度时，首先遇到的问题是药物浓度对反应速度的影响。对于一个简单化学反应，浓度与速度的关系遵循质量作用定律，即在恒温下反应速度与各反应物浓度的乘积成正比，故药物降解的化学动力学方程可用以下通式表示：

$$-\frac{\mathrm{d}C}{\mathrm{d}t}=kC^{n} \tag{2-1}$$

式（2-1）中：k—反应速度常数；C—反应物浓度；t—反应时间；n—反应级数；n=0 为零级反应，n=1 为一级反应，n=2 为二级反应，以此类推。

在药物的各类降解反应中，尽管有些药物的降解机制十分复杂，但多数药物及其制剂可按零级反应（zero-order reaction）、一级反应（first-order reaction）或二级反应（second-order reaction）处理，常见的反应速度表示方法及一些特征见表 2-2。

表 2-2　零级、一级、二级反应速度的方程及特征

反应级数	零级	一级	二级
微分式	$-\frac{\mathrm{d}C}{\mathrm{d}t}=k$	$-\frac{\mathrm{d}C}{\mathrm{d}t}=kC$	$-\frac{\mathrm{d}C}{\mathrm{d}t}=kC^2$
积分式	$C=C_0-kt$	$\ln C=\ln C_0-kt$	$1/C=1/C_0+kt$
k 的单位	[浓度]×[时间]$^{-1}$	[时间]$^{-1}$	[浓度]$^{-1}$×[时间]$^{-1}$
半衰期（$t_{1/2}$）	$C_0/2k$	$0.693/k$	$1/C_0k$
有效期（$t_{0.9}$）	$C_0/10k$	$0.105/k$	$1/9C_0k$

将药物降解一半所需的时间称为半衰期，记作 $t_{1/2}$；药物降解 10% 所需的时间称为十分之一衰期，记作 $t_{0.9}$，通常定义为有效期（shelf life）。药物的有效期是衡量药物稳定性的重要指标，是药物的使用期限。在药品使用说明书和质量标准中应标明药物的有效期，在药品的包装上应标明生产日期和根据有效期确定的使用期限。

由表 2-2 可以看出，零级反应速度与反应物浓度无关，药物的有效期取决于药物的降解速度常数和药物的初始浓度。

一级反应速度与反应物浓度成正比，而半衰期和有效期为一常数，与药物浓度无关。在药剂学领域里属于一级反应的现象比较多，如体内药物的代谢与消除、微生物的繁殖与灭菌、放射性元素的衰减等，大多服从一级反应。

二级反应速度与两种反应物浓度的乘积成正比，如果其中一种反应物的浓度大大超过另一种反应物，或保持其中一种反应物浓度恒定不变，则此反应表现出一级反应的特征，故称为伪一级反应（pseudo first-order reaction）。例如药物的水解反应，虽然是药物与水分子的双分子反应（二级反应），但是当溶液中的 pH 一定时，药物的降解速度只与药物的浓度成正比，即伪一级反应，因此可按一级反应动力学处理。

第三节　药物制剂的降解途径

药物制剂的降解途径主要有水解反应和氧化反应，其他如光解、异构化、聚合、脱羧等反应，在某些药物中也有发生，有时一种药物还可能同时发生两种或两种以上的反应。

一、水解反应

水解（hydrolysis）反应是药物制剂最常见的降解途径之一。酯类（包括内酯类）药物、酰胺类（包括内酰胺类）药物、含活泼卤素的药物（如酰卤等）、苷类及缩胺类药物的水溶液容易发生水解，通常酯类又较酰胺类易于水解。

药物在水溶液中，可以受 H^+ 或 OH^- 催化水解，也可以受广义酸碱催化水解，还可以由亲核试剂催化而水解。

（一）酯类药物的水解

酯类药物水解以后生成羧酸与醇。反应式如下：

$$RCOOR' + H_2O \rightleftharpoons RCOOH + R'OH$$

酯类分子中同时存在亲核基团时，由于其催化作用，可以增大水解速度，而且随着亲核性的提高，使水解速度加快。因这类亲核基团多在反应中心附近，故将这种作用称之为“邻助作用”。例如，阿司匹林极易水解，除上述原因外，还存在着邻位羧基负离子的邻助作用。

当酯类药物的酯键附近存在大体积的基团时，凭借其空间障碍对酯键具有保护作用，可以延长药物对水解的稳定性。例如异丁酰水杨酸、1-乙基丁酰水杨酸比阿司匹林稳定，就是由于结构中酯羰基连接异丙基和二乙甲基体积较大，因空间效应而降低水解速度，阿司匹林、异丁酰水杨酸和1-乙基丁酰水杨酸的水解速度比为100：10：1。

阿司匹林（乙酰水杨酸）极易水解，尤其在碱性条件下，易降解为水杨酸。其片剂处方中的润滑剂应避免使用硬脂酸镁，因为硬脂酸镁呈碱性，可以催化阿司匹林降解。处方中可加入适量酒石酸，一方面弱酸性环境有利于其稳定性，另一方面酒石酸具有一定络合作用，可以和重金属络合，以掩蔽其对阿司匹林水解的催化作用，同时在制备过程中应避免使用金属器具。

（二）酰胺类药物的水解

酰胺类药物水解以后生成羧酸与胺，反应式如下：

$$RCONHR' + H_2O \rightleftharpoons RCOOH + R'NH_2$$

一般来说，酰胺类药物比酯类药物不易水解，因为酰胺碱是平面结构，电子离域化程度高，其氮上取代基的推电子效应使羰基碳的电子云密度高，正电荷降低，因而水解的活性降低。例如水杨酰胺比水杨酸甲酯稳定得多。酰胺类药物结构中的基团R和R′的电子效应和空间效应均对药物的水解有影响。

氯霉素分子中有二氯乙酰胺基，两个强吸电子的氯原子使酰胺碱羰基碳原子的正电荷增高，有利于亲核攻击，因此，尽管氯霉素比青霉素类抗生素稳定，但其水溶液仍易分解。在pH 7以下主要是酰胺水解，生成氨基物与二氯乙酸；在pH 2~7，对水解速度影响不大，pH=6时最稳定；在pH 2以下和pH 8以上时，水解作用加速，而且pH>8还有脱氯的水解作用。氯霉素水溶液120℃加热，氨基物可能进一步发生分解，生成对硝基苯甲醇。

目前常用的氯霉素制剂主要是氯霉素滴眼液，处方有多种，其中氯霉素用pH6.4的硼酸－硼砂缓冲液配制时，有效期为9个月；如调整缓冲剂用量，使pH由原来的6.4降到5.8，可使本制剂稳定性提高。氯霉素溶液可用100℃、30分钟灭菌，水解3%~4%；以同样时间115℃热压灭菌，水解达15%，故不宜采用。

青霉素是β－内酰胺类抗生素，其酰胺键不再是平面结构，而为刚性结构，电子离域化受到限制，因而比链酰胺更易水解，在水溶液中β－内酰胺环易于开环，生成青霉酸。青霉素可以在酸性条件下直接由水分子催化而开环水解，也可在侧链的帮助下开环水解。内酰胺环的水解性与环的大小有关，小环内酰胺（如青霉素）比大环内酰胺（如利福霉素）易于水解；另外，β－内酰胺的水解性也与环的状态有关，单环β－内酰胺环比并环β－内酰胺环更稳定，例如氨曲南（azetronem，菌克单）是由美国Squibb公司开发成功的第一个单环β－内酰胺抗生素，其性质稳定，可以直接制成水溶液针剂。并环的张力大小也影响水解性，例如并五元环的β－内酰胺比并六元环的β－内酰胺更易水解。

（三）其他类型药物的水解

1. 卤烃类药物的水解　卤烃类药物如果卤原子连接在碳原子上时，一般较易水解，如氯霉素、克林霉素等；连接在氮原子上也易水解，如哈拉宗（halazomum）；连接在芳环上时则不易水解，如地西泮、氯氮䓬、氯丙嗪等。

2. 具有苷键及其类似结构药物的水解　氨基苷类抗生素具有苷键，能水解成苷元和糖，如庆大霉素；其他如阿糖胞苷、环胞苷和5-氮杂胞苷也可水解。

3. 具有缩胺类结构药物的水解　具有缩胺类结构的药物如碘解磷定容易发生水解。

二、氧化反应

氧化（oxidation）反应也是药物降解最常见的反应，失去电子为氧化，在有机化学中常把脱氢称为氧化。药物的氧化分解通常是自动氧化，即在大气中氧的影响下缓慢进行氧化。氧化过程与药物的化学结构有关，如酚类、烯醇类、芳胺类、吡唑酮类、噻嗪类药物较易氧化。药物氧化后，不仅效价降低，而且可能发生变色或沉淀，严重影响产品的质量。

药物的氧化过程一般比较复杂，常伴随有色物质的产生。金属离子往往是氧化反应的极强催化剂，光线和溶液的pH也是影响氧化反应的主要因素，因此处理易氧化药物时，要特别注意氧、光、金属离子和pH的影响，以确保药物制剂的稳定性。

（一）酚类药物的氧化

这类药物分子中具有酚羟基，如左旋多巴、肾上腺素、吗啡、阿扑吗啡、水杨酸钠等，氧化后大多生成有色物质。左旋多巴氧化后形成有色物质，最后产物为黑色素。肾上腺素的氧化与左旋多巴类似，先生成肾上腺素红，最后变成红棕色聚合物或黑色素。水杨酸钠溶液氧化后变成黄棕色或棕红色，甚至黑色。

（二）烯醇类药物的氧化

维生素C是烯醇类药物的代表，分子中含有烯醇基，极易氧化，氧化过程较为复杂。在有氧条件下，先氧化成去氢抗坏血酸，然后经水解为2，3-二酮古罗糖，进一步氧化为L-丁糖酸。维生素C的水溶液在氧化分解过程中逐渐变成微黄色、黄色直至褐色，铜离子可以催化其氧化反应，因此在维生素C注射液的制备过程中，除了加抗氧剂并在溶液和安瓿空间通入惰性气体外，还要加入金属离子络合剂。

（三）其他类型药物的氧化

饱和烃类药物的自氧化活性与其碳原子的取代有关，一般为叔碳 > 仲碳 > 伯碳。例如维生素A的自氧化，可发生在叔碳上。当饱和碳原子上连有吸电子基团时，氢的电子云转向碳原子，易发生自氧化。

烯烃和芳烃类药物比饱和烃类易于自氧化，氧化发生在双键的 α 位置上。共轭烯烃的自氧化发生在1，4位上，形成过氧化物。

醛基类药物的C—H键因碳原子上连有吸电子的氧原子，容易发生自氧化反应变成酸，例如乙醛首先形成少量过乙酸，过乙酸分解成乙酸自由基和羟基自由基，继而经链反应的形成、扩展，使乙醛逐渐氧化成乙酸。

醇类药物一般情况下较为稳定，不易自氧化，但是如果醇羟基的 β 碳原子上连有氧原子、氨基或羟基时，自氧化的可能性增加，如去氧皮质酮的羟基可发生自氧化。另外，自氧化性的大小与碳原子的状态有关，通常是叔醇 > 仲醇 > 伯醇。

胺类药物也具有自氧化的可能性，常可以被氧化成N-氧化物，如氮芥和吗啡。一般情况下，芳香胺比脂肪胺更易自氧化，例如，磺胺类药物的分子中含有芳伯氨基，能发生自氧化。

肽类药物含有硫醇，比烯醇或酚类药物更易发生自氧化。杂环类药物如氨基比林、安乃近等也可能发生自氧化。

三、其他类型反应

（一）光解

光解（photodegradation）是指药物在光线的作用下使分子活化而产生分解的反应。许多药物对光不稳定，如硝苯地平类、喹诺酮类等药物都会发生光解。硝普钠溶液剂避光放置时，稳定性良好，至少可以贮存 1 年，但在灯光下其半衰期仅为 4 小时。有些药物光解后由于生成纯态氧而产生光毒性，如呋塞米、乙酰唑胺、氯噻酮等。

光解反应有以下特点：①温度对光解速度的影响较小。对于一般的降解反应，温度每增加 10℃，反应速率增加 2~4 倍；但对光解反应来说，温度每增加 10℃，光解的反应速率仅增加 1.0~1.8 倍。②光解反应类型与药物浓度有关。例如硝苯地平在低浓度（6×10^{-5}mol/L）时，光解为伪一级反应，降解速度与药物浓度有关；但在高浓度（2×10^{-4}mol/L）时，光解为零级反应，降解速度为一常数，与初始浓度无关。

（二）异构化

异构化（isomerization）一般分为光学异构化（optical isomerization）和几何异构化（geometric isomerization）。有些药物异构化后可形成生理活性小甚至没有生理活性的异构体，因此在制备与贮存过程中应注意防止。

光学异构化是指药物的光学特性发生了变化，分为外消旋化（racemization）和差向异构化（epimerization）。外消旋化是指一个光学活性化合物转变为外消旋体的过程。如左旋肾上腺素具有活性，在 pH4 左右的水溶液中发生外消旋作用，旋光性消失，生物活性降低 50%。差向异构化是指具有多个不对称碳原子基团发生异构化的现象。如四环素在酸性条件下，4 位碳原子上出现差向异构化，生成差向异构四环素，其治疗活性比四环素低。

几何异构化是指化合物的顺式与反式之间发生了转变。含有双键的有机药物，由于存在顺式和反式几何异构体，它们的生理活性往往也不相同。例如在维生素 A 分子中存在 5 个双键，理论上有 16 个几何异构体，各异构体的生理活性互不相同，其中全反式的异构体活性最高，在 2、6 位形成顺式异构体后其活性降低。

（三）聚合

聚合（polymerization）是两个或多个分子结合形成复杂的分子。例如氨苄西林浓水溶液在贮存中发生聚合作用，一个分子的 β－内酰胺环裂开，与另一个分子反应形成二聚物，此过程可继续下去形成高聚物，据报道该高聚物是产生过敏反应的致敏原。塞替派在水溶液中易聚合失效，可用聚乙二醇 400 作溶剂制成注射剂来避免。胰岛素在偏碱性条件下也会发生聚合现象，导致含量下降。

（四）脱羧

脱羧（decarboxylation）是一些含羧基的化合物在光、热、酸或碱等条件下，失去羧基而放出二氧化碳的过程。例如对氨基水杨酸钠脱羧形成间氨基酚，进一步氧化生成有色产物。普鲁卡因的水解产物是对氨基苯甲酸，也可脱羧生成苯胺，苯胺在光线影响下氧化生产有色物质，这就是普鲁卡因注射液变黄的原因。

第四节　药物制剂稳定性的影响因素及增加稳定性的方法

影响药物制剂稳定性的因素有很多，在药剂学中可分为处方因素和非处方因素，了解这些影响因素有助于设计合理的制剂处方和制备工艺。

一、处方因素的影响及解决方法

药物制剂中除药物外，往往还需加入一些赋形剂（辅料），因此处方组成对于药物制剂的稳定性有重要影响。通常把制剂的 pH、缓冲盐浓度、溶剂、离子强度、表面活性剂、赋形剂、附加剂等作为处方因素，这些因素是可以控制和调节的。

（一）pH 的影响

处方的 pH 是影响制剂化学稳定性的重要因素，无论对药物的水解反应还是氧化反应均有影响。

1. pH 与水解反应速率的关系　pH 对速度常数的影响可用式（2–2）表示：

$$k=k_0+k_{H^+}[H^+]+k_{OH^-}[OH^-] \tag{2-2}$$

其中，k 为水解速度常数；k_0 为水分子的催化速度常数；k_{H^+}、k_{OH^-} 分别表示 $[H^+]$ 和 $[OH^-]$ 离子的催化速度常数。

当 pH 较低时，药物的水解主要为酸催化，式（2–2）可简化为：

$$\lg k=\lg k_{H^+}-pH \tag{2-3}$$

以 $\lg k$ 对 pH 作图为一直线，斜率为 –1。

当 pH 较高时，药物的水解主要为碱催化，式（2–3）可写作：

$$\lg k=\lg k_{OH^-}+\lg k_w+pH \tag{2-4}$$

以 $\lg k$ 对 pH 作图为一直线，斜率为 +1。$k_w=[H^+]\times[OH^-]$，称为水的离子积，当温度为 298.15K 时，$K_w=10^{-14}$。

根据酸和碱催化水解的动力学方程，可以得到反应速度常数与 pH 关系的图形，即 pH–速度图。在图中，曲线的最低点所对应的横坐标为最稳定 pH，以 pH_m 表示。pH_m 可用下式计算：

$$pH_m=\frac{1}{2}pk_w-\frac{1}{2}\lg\frac{k_{OH^-}}{k_{H^+}} \tag{2-5}$$

典型的 pH–lg$k$ 曲线呈 V 字形（图 2–1），但很多情况下，药物降解的 pH–lg$k$ 图呈较复杂的情况，有些没有明显的 pH_m（如枸橼酸酐的水解），有些有多个 pH_m（如多肽药物的水解）（图 2–2），这是因为很多药物有多个降解中心或为复杂的降解反应。

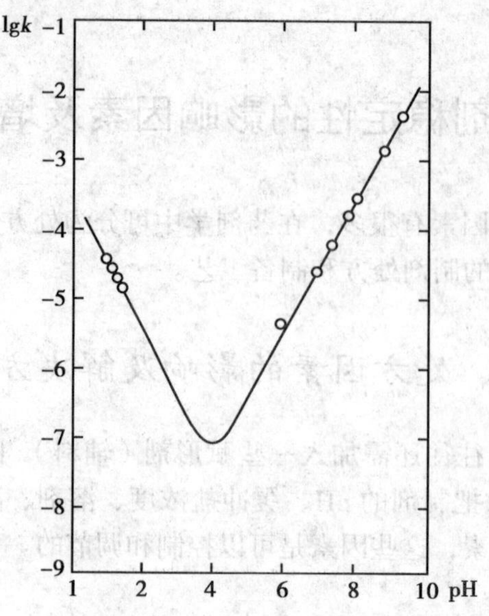

图 2-1 典型的 pH-lg*k* 图

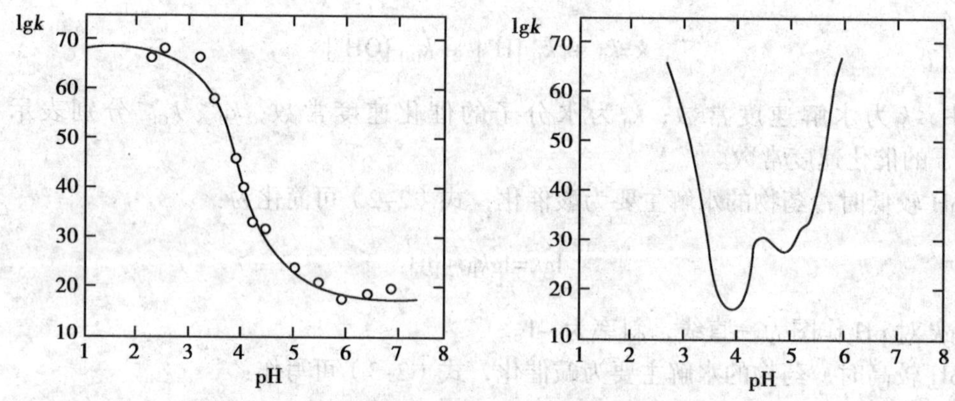

图 2-2 无典型 pH_m 和有多个 pH_m 的 pH-lg*k* 图

综上所述，对于易于水解的药物，我们可以利用 pH-lg*k* 关系图，观察到对某一药物的最稳定的 pH 范围，在设计制剂时可以将制剂的 pH 设定在该范围内。

2. pH 与氧化反应速率的关系　有些药物的氧化作用也受溶液中 H^+ 或 OH^- 的催化，这是因为一些反应的氧化 – 还原电位依赖于 pH，对此可用醌与氢醌的例子说明：

$$O\!=\!C_6H_4\!=\!O + 2H^+ + 2e^- \underset{\text{氧化}}{\overset{\text{还原}}{\rightleftharpoons}} HO\!-\!C_6H_4\!-\!OH$$

根据 Nernst 方程：

$$E=E_0+\frac{0.0592}{n}\log\frac{[H^+][Q]}{[HQ]} \tag{2-6}$$

式中 Q 代表醌，为氧化型；HQ 代表氢醌，为还原型；*E* 为实际氧化 – 还原电位，E_0 为标准氧化－还原电位，n 为氧化型变为还原型获得的电子数目。由式（2–6）可见，H^+ 浓度增加，则还原型不易变为氧化型，故还原型药物在低 pH 时比较稳定。如吗啡在 pH4 以下较为稳定，在 pH 5.5~7.0 时反应速度迅速增加。

有些药物经自氧化后仍有后续的水解反应，则 pH 对这些药物的降解速率影响更大，如维生素 C 在酸性条件下，可逆地氧化成去氢抗坏血酸，而在碱性条件下，去氢抗坏血酸将进一步水解成 2，3– 二酮 –L– 古洛糖酸，再氧化成草酸和 L– 苏糖酸，使反应变为不可逆，所以，维生素 C 注射剂的 pH 应偏酸为好。

综上所述，所有药物均有最稳定的 pH 范围，无论是易水解还是易氧化的药物，必须调整 pH 至一定的范围，以确保药物的稳定。pH 调节剂常用的是盐酸和氢氧化钠，为了不再引入其他离子而影响药液的澄明度等原因，生产上也用与药物本身相同的酸和碱来调节 pH，如氨茶碱用乙二胺，马来酸麦角新碱用马来酸，苯巴比妥钠用苯巴比妥，硫酸卡那霉素用硫酸。此外，为了保持药液的 pH 不变，常用磷酸、枸橼酸、醋酸及其盐类组成的缓冲系统来调节，但是使用这些酸碱时，要注意广义酸碱催化的影响。

调节药液 pH 时，要同时考虑药物的稳定性、溶解度和疗效 3 方面。例如大部分生物碱在偏酸性溶液中比较稳定，故注射剂常调节在偏酸范围内，但将它们制成滴眼剂时，就应调节到偏中性范围，以减少刺激性，提高疗效。一些药物的最稳定 pH 见表 2–3。

表 2–3　一些药物的最稳定 pH

药物	最稳定 pH	药物	最稳定 pH
盐酸丁卡因	3.8	甲氧苯青霉素	6.5~7.0
盐酸可卡因	3.5~4.0	苯氧乙基青霉素	6.0
溴甲胺太林	3.38	毛果芸香碱	5.12
溴丙胺太林	3.3	克林霉素	4.0
腺苷三磷酸	9.0	地西泮	5.0
羟苯甲酯	4.0	氢氯噻嗪	2.5
羟苯乙酯	4.0~5.0	维生素 B_1	2.0
羟苯丙酯	4.0~5.0	吗啡	4.0
阿司匹林	2.5	维生素 C	6.0~6.5
头孢噻吩钠	3.0~8.0	对乙酰氨基酚	5.0~7.0

（二）广义酸碱（缓冲盐）的影响

除了 H^+ 和 OH– 会催化一些药物的水解反应以外，一些广义酸碱也会加速药物的水解反应速度。根据 Brönsted–Lowry 酸碱理论，能够给出质子的物质称为广义酸，能够接受质子的物质称为广义碱。药物受广义酸碱催化而水解，称之为广义酸碱催化。在药剂学中，为了使一些药物的 pH 稳定，常使用一些缓冲剂，但它们往往会催化这些药物的水解。如醋酸盐和枸橼酸盐催化氯霉素的水解，磷酸盐对青霉素钾盐、苯氧乙基青霉素也有催化作用。

判断缓冲液是否对药物有催化作用，可用增加缓冲剂的浓度但保持盐与酸的比例不变（使 pH 恒定）的方法，配制一系列的缓冲溶液，然后观察药物的分解情况。如果分解速度随缓冲剂浓度增大而增加，则可确定该缓冲剂对药物有广义酸碱催化作用。为了减少这种催化作用，在药物处方设计时应选择没有催化作用的缓冲系统，或者降低缓冲盐的浓度。

（三）溶剂的影响

有些药物在非水溶液（乙醇、丙二醇、甘油等）中的稳定性比在水溶液中高，如苯巴比妥钠注射液、地西泮注射液；有些药物则相反，其水溶液比非水溶液稳定，如环己烷氨基磺酸钠。造成这种现象的原因是溶剂介电常数的影响，溶剂介电常数与离子间的反应速度有如下关系：

$$\lg k=\lg k_{\infty}-\frac{k'Z_AZ_B}{\varepsilon} \tag{2-7}$$

其中：k 是反应速度常数，k′ 为常数，ε 为介电常数，k_{∞}为 $\varepsilon\to\infty$时的速度常数，Z_A、Z_B 为 A、B 两种离子或药物所带的电荷。因此，以 lg$k$ 对 1/ε 作图得一直线。如果药物离子与催化水解的离子电荷相同，则所得直线的斜率为负值，这时可采用介电常数低的溶剂以降低药物分解的速度。例如 OH^- 催化水解苯巴比妥阴离子，因此用介电常数较低的 60% 丙二醇配制苯巴比妥注射液，可提高其稳定性，放置在 25℃条件下，$t_{0.9}$ 可达 1 年左右。反之，如果药物离子与催化水解的离子电荷相反，所得直线的斜率为正值，如专属碱对带正电荷药物的催化，此时若采用介电常数低的溶剂，就达不到稳定药物的目的。总之，溶剂对药物稳定性的影响比较复杂，不能笼统地采用改变介电常数或极性的方法来降低药物的水解速度，而要具体问题具体解决。

（四）离子强度的影响

制剂处方中常加入一些电解质如等渗调节剂、抗氧剂、缓冲剂等，使溶液的离子强度（ionic strength）增大，导致介质极性的增大，因此对降解速度也会有影响。离子强度对药物降解速度的影响可用式（2-8）表示：

$$\lg k=\lg k_0+1.02Z_AZ_B\sqrt{\mu} \tag{2-8}$$

式（2-8）中：μ 为离子强度；k 为降解速度常数；k_0 为溶液无限稀释时（μ=0）的速度常数；Z_A、Z_B 为药物所带电荷；常数 1.02 为温度等于 25℃时求得的常数。

根据式（2-8），对于相同离子间的反应，如果药物离子带负电，并受 OH^- 催化，加入盐使溶液离子强度增加，则降解反应速度增加，如青霉素在磷酸缓冲液中（pH=6.8）的水解速度随离子强度的增加而增加。如果药物离子带负电，而受 H^+ 的催化，则溶液离子强度增加，导致分解反应速度降低。如果药物是中性分子，因 $Z_AZ_B=0$，故离子强度增加对分解速度没有影响。

（五）表面活性剂的影响

一些易水解的药物加入表面活性剂，可使其稳定性增加。如苯佐卡因易受碱催化水解，在 5% 的十二烷基硫酸钠溶液中，30℃时 $t_{1/2}$ 为 1150 分钟（不加十二烷基硫酸钠时 $t_{1/2}$ 则为 64 分钟）。这是因为表面活性剂可在溶液中形成胶束，将苯佐卡因增溶在胶束内部，带负电的胶束周围形成一层“屏障”，阻止 OH^- 进入胶束，减少了其对酯键的攻击。但有时表面活性剂的加入会使药物稳定性下降，如吐温 -80 使维生素 D 的稳定性下降，故需经过试验正确使用表面活性剂。

（六）辅料的影响

辅料对药物稳定性产生影响的机制主要有以下几种：①起表面催化作用。②改变了液层中的 pH。③直接与药物产生相互作用。

例如硬脂酸镁是片剂中常用的润滑剂，与阿司匹林共存时可加速其水解，其原因是硬脂酸镁能与阿司匹林形成相应的阿司匹林镁盐，提高了系统的 pH，使阿司匹林的溶解度增加，分解速度加快，所以考虑到主药的稳定性，应选用滑石粉或硬脂酸作为润滑剂制备阿司匹林片。

半固体剂型如软膏、霜剂等，药物的稳定性与制剂处方的基质有关，如聚乙二醇能促进氢化可的松分解，有效期只有 6 个月。聚乙二醇作为栓剂基质，可使阿司匹林分解，产生水杨酸和乙酰聚乙二醇。

二、外界因素的影响及解决方法

外界因素与药物制剂稳定性有密切的关系，如温度、光线、空气（氧）、金属离子、湿度和水分以及包装材料等都对生产工艺的制订、包装的设计、药品的贮存和运输有重要影响。其中温度对各种降解途径均有较大影响，光线、空气（氧）和金属离子对易氧化药物的影响较大，湿度和水分主要影响固体药物的稳定性，包装材料是各种产品都必须考虑的。

（一）温度的影响

一般来说，温度升高，绝大多数化学反应速度加快。Van’t Hoff 根据实验结果，归纳出一个近似的规则：温度每升高 10℃，反应速度增加 2~4 倍，这一规则称为 Van’t Hoff 规则。不同反应增加的倍数有所不同，故上述规则只是一个粗略的估计。

Arrhenius 根据大量的实验数据，提出了温度对反应速度影响的方程：

$$k=A\mathrm{e}^{-\frac{E}{RT}} \qquad (2\text{-}9)$$

式（2-9）中：k 为速度常数；A 为频率因子；E 为反应的活化能；R 为气体常数；T 为绝对温度。这就是著名的 Arrhenius 指数定律，它定量地描述了温度与反应速度常数之间的关系，是预测药物稳定性的主要理论依据。

药物制剂在制备过程中，往往需要加热溶解或加热灭菌等操作，此时应考虑温度对药物稳定性的影响，制订合理的工艺条件。在确保灭菌质量要求的前提下，尽可能降低灭菌温度，缩短灭菌时间。那些对热特别敏感的药物，如某些抗生素、生物制品等，应根据药物的性质，设计适宜的剂型（如固体剂型），采用特殊的工艺（如冷冻干燥、无菌操作等），同时产品要低温贮存（4~8℃），以保证产品质量。

（二）光线的影响

光是一种辐射能，辐射能量的单位是光子，光子的能量与波长成反比，光线波长越短，能量越大，因此紫外线更易激发化学反应。对光敏感的药物很常见，如二氢吡啶类钙拮抗剂、氯丙嗪、异丙嗪、核黄素、氢化可的松、泼尼松、叶酸、维生素 A、维生素 B、辅酶 Q_{10} 等，这些药物会因光照而产生光解反应。

对于光敏感的药物，在设计处方时可加入抗氧剂或在包衣液中加入遮光剂，在制备过程中应避光操作，产品包装时应选择避光材料，如棕色玻璃瓶包装或在容器内衬垫黑纸，运输及贮存过程中注意避光。

（三）空气（氧气）的影响

空气中的氧气常常是药物制剂不稳定的重要原因，特别是对一些易氧化的药物，氧气会加速药物的氧化降解。空气可溶解于药物溶液中或进入容器空间，从而影响药物的稳定性。对于易氧化的药物，可以通入惰性气体、加入抗氧剂、采用真空包装以及使用非水溶剂等来提高药物的稳定性。

药剂中所说的惰性气体是指不含氧气的气体，本身无生理活性，例如二氧化碳和氮气。二氧化碳具有水溶性高的特点，有利于除去溶液中的氧气，但二氧化碳溶于水中形成碳酸，会导致溶液的 pH 发生变化，不利于易水解的药物。氮气水溶性小，对溶液的酸碱性影响小，适用于易水解的药物。

有些抗氧剂本身是强还原剂，首先被氧化，消耗氧气，从而保护主药不被氧化，如亚硫酸盐类；另一些是链反应阻化剂，能与游离基结合，中断链反应的进行而本身不被消耗，如油溶性抗氧剂；还有些能增强抗氧剂效果的物质，称为助抗氧剂（或协同剂），如枸橼酸、酒石酸、磷酸等。

抗氧剂分为水溶性抗氧剂和油溶性抗氧剂。水溶性抗氧剂包括亚硫酸钠、亚硫酸氢钠、硫代硫酸钠、焦亚硫酸钠、硫脲、巯基乙酸、二巯丙醇、半胱氨酸、蛋氨酸、维生素 C 等。油溶性抗氧剂包括没食子酸丙酯、氢醌、去甲双氢愈创木酸、对羟基叔丁基茴香醚（HBA）、二叔丁基对甲苯酚（BHT）和维生素 A。抗氧剂的标准氧化电位值 E^0 必须比药物的标准氧化电位值 E^0 大，只有这样才能有效地保护药物。例如硫脲的标准氧化电位值 E^0（–0.40V）大于肾上腺素的标准氧化电位值 E^0（–0.809V），故硫脲可以作为肾上腺素的抗氧剂。

无论抗氧剂本身还是其氧化产物均应无毒，不影响药物的质量，不与药物有相互作用。如亚硫酸钠本身无毒，但能导致维生素 B_1 降解，故不能作为维生素 B_1 的抗氧剂。

（四）金属离子

制剂中的微量金属离子主要来自原料、辅料、溶剂、容器以及操作过程中使用的工具。由于药物的自氧化反应往往属于自由基反应或自由基链反应，金属离子对自由基的形成、链反应的形成及扩展均有催化作用，主要是缩短氧化反应的诱导期，增加游离基产生的速度。催化自氧化的金属离子有铜离子、铁离子、钴离子和锰离子等，例如铜离子在 0.06×10^{-6} 时仍然对维生素 C、肾上腺素的自氧化有催化作用，从而导致药物注射剂颜色变深。

为了消除金属离子对药物制剂的影响，应注意防止这些离子的引入，如选用纯度较高的原辅料，操作过程中避免使用金属器具等，同时还可加入螯合剂掩蔽金属离子，降低其在溶液中的浓度，以增加药物的稳定性。添加的螯合剂应为生理惰性，对人体无毒，常用的有依地酸二钠和依地酸钙钠，后者适合于 pH<7 的注射剂，可以防止依地酸二钠因络合血钙而导致血钙下降，同时又确保螯合剂能与金属离子络合。此外还可加入枸橼酸、酒石酸、磷酸、二巯乙基甘氨酸等附加剂，有时螯合剂与亚硫酸盐类抗氧剂联合应用，效果更佳。

（五）湿度和水分的影响

空气的湿度与物料中所含水分对固体药物制剂的稳定性影响较大。水是化学反应的媒介，固体药物吸附了水分以后，在表面形成一层液膜，分解反应在液膜中进行，例如微量的水能加速阿司匹林、青霉素钠盐、氨苄西林的分解。

固体药物对湿度的敏感性取决于其临界相对湿度（critical relative humidity，CRH），化合物的临界相对湿度越低，对湿度越敏感，所以对于一些化学稳定性差的药物，在处方中应避免应用吸湿性辅料，制备过程中尽量不使用水，必要时还应该对环境的相对湿度进行控制，包装可选用铝塑包装等密封性好的材料，防止药物与水分接触，增加药物制剂的稳定性。

（六）包装材料的影响

药品包装不仅方便患者使用，而且在保证药品质量方面起着重要作用。包装对药物制剂的保护功能主要包括两方面。①隔离作用：包装材料应能阻隔外界的空气、光线、水分、热、异物和微生物等不进入包装内部，药物制剂中的成分也不能从包装中穿透或逸漏出去。②缓冲作用：包装在药品的运输、贮存过程中能缓解因外界的震动、冲击、挤压而造成的损坏。包装材料既要考虑能使药物隔绝外界环境以保护药物的稳定性，同时也要考虑与药物的相互作用，常用的包装材料有玻璃、塑料、橡胶及金属等。

玻璃容器理化性质稳定，不易与药物发生作用，不能使气体、水分透过，但有些玻璃能释放碱性物质或脱落不溶性玻璃碎片，因此应根据药物的性质，选用优质玻璃，对光敏感的药物采用棕色玻璃容器。

塑料容器不易破损，价格低廉，但对水分和空气有穿透性，有些可吸附药液中的物质。塑料中的添加剂可能溶解到药液中引起污染，或与药物发生化学反应。橡胶制品广泛用于药品包装材料的附件如瓶塞、垫圈和滴头等，同样存在穿透性、吸附性和溶解性等问题。用聚四氟乙烯涂于橡胶上，基本可以防止橡胶的吸附作用，也能防止橡胶中成分（如硫化剂、填充剂、防老化剂等）溶入药液中。

金属材料常用作软膏剂、眼膏剂、搽剂等的包装容器，坚固性和密封性好，但容易受药物的腐蚀。例如锡管、铝管、铅管可被氧化物或酸性药物所腐蚀，在金属表面涂上乙烯漆或纤维素漆薄层后，则可增强抗腐蚀作用；汞制剂对铝管有强烈的腐蚀性，在铝管表面涂上环氧树脂层便具有防腐性能。

鉴于包装材料与药物制剂稳定性的关系较大，因此在材料选择、包装设计及产品试制过程中，要进行“装样试验”，对各种不同的包装材料进行认真的选择比较，以保证药物制剂的包装质量。

三、增加药物制剂稳定性的其他方法

对稳定性较差的药物进行处方设计时，除了要考虑前面讨论的处方因素和外界因素外，还可以选择下列方法。

（一）改变药物结构

混悬剂中药物的降解只与溶解在溶液中的药物浓度有关，与未溶解的药物无关，因此将药物制成难溶性的盐或酯，可增加其稳定性。例如将青霉素钾盐制成溶解度小的普鲁卡因青霉素（水中溶解度为1：250），稳定性显著提高。此外，也可将药物制成复合物或前体药物，使其溶解度降低。如苯佐卡因与咖啡因形成复合物后，水解速度明显降低，稳定性随咖啡因浓度的增加而提高；氨苄西林与酮反应生产缩酮氨苄西林前体药物（海他西林），显著提高了药物的稳定性。

（二）制成固体剂型

在水中不稳定的药物，一般可以制成固体剂型以提高药物的稳定性。供口服用的可制成片剂、胶囊剂、颗粒剂等；供注射用的可制成无菌粉末，又称粉针，临用前用灭菌注射用水或生理盐水溶解后注射，如青霉素类、头孢菌素类目前基本上制成固体制剂。

（三）采用直接压片或包衣工艺

一些对湿热不稳定的药物，可以采用粉末直接压片或干法制粒后压片，避免湿法制粒时药物与水接触，以及颗粒干燥过程中受到热的影响。包衣也是解决药物稳定性的常用方法，可以避免外界因素（光、湿、热）对药物的影响，如酒石酸麦角胺，采用联合式干压包衣机，压制成包衣片后，显著提高药物的稳定性。

（四）制成微囊、微球或包合物等

采用制剂新技术，将药物制成微囊、微球或环糊精包合物后，可增加药物的稳定性。如将维生素 A 制成微囊，或用环糊精包合后，稳定性有很大提高。

第五节 药物制剂稳定性的试验方法

稳定性试验的目的是考察药物制剂稳定性，为药品的生产、包装、贮存及运输提供科学依据，同时通过试验建立药品的有效期。进行药物制剂稳定性研究时，首先应查阅原料药稳定性的有关资料，特别了解温度、湿度、光线对原料药稳定性的影响，并在处方筛选与工艺设计过程中，根据主药与辅料的性质，参考原料药的试验方法，进行影响因素试验、加速试验和长期试验。

由于不同剂型有不同特点，因此，在稳定性试验中考察项目的侧重点也不同，表 2-4 为《中国药典》2010 年版规定的原料药及常见剂型的稳定性重点考察项目。

表 2-4 原料药及药物制剂稳定性重点考察项目

剂型	稳定性重点考察项目
原料药	性状、熔点、含量、有关物质、吸湿性以及根据品种性质选定的考察项目
片剂、胶囊剂	性状、含量、有关物质、崩解时限或溶出度或释放度，胶囊剂还应检查水分，软胶囊还应检查内容物有无沉淀
注射剂	性状、含量、pH、可见异物、有关物质，还应考察无菌
栓剂	性状、含量、融变时限、有关物质
软膏剂、糊剂、凝胶剂	性状、均匀性、含量、粒度、有关物质，乳膏剂和乳胶剂还应检查分层现象
眼用制剂	如为溶液，应考察性状、可见异物、含量、pH、有关物质；如为混悬液，还应考察粒度、再分散性；洗眼剂还应考察无菌；眼丸剂还应考察粒度与无菌
丸剂	性状、含量、有关物质、溶散时限
糖浆剂	性状、含量、澄清度、相对密度、有关物质、pH

续表

剂型	稳定性重点考察项目
口服溶液剂、乳剂、混悬剂	性状、含量、有关物质，溶液剂还应考察澄清度，乳剂还应考察分层现象，混悬剂还应考察沉降体积比和再分散性
气雾剂	泄漏率、每瓶主药含量、有关物质、每瓶总揿次、每揿主药含量、雾滴分布
粉雾剂	排空率、每瓶总吸次、每吸主药含量、有关物质、雾粒分布
喷雾剂	每瓶总吸次、每吸喷量、每吸主药含量、有关物质、雾滴分布
散剂、颗粒剂	性状、含量、粒度、有关物质，散剂还应考察外观均匀度，颗粒剂还应考察溶化性或溶出度或释放度
贴剂（透皮贴剂）	性状、含量、有关物质、释放度、黏附力
冲洗剂、洗剂、灌肠剂	性状、含量、有关物质、分层现象（乳状型）、分散性（混悬型），冲洗剂还应考察无菌
搽剂、涂剂、涂膜剂	性状、含量、有关物质、分层现象（乳状型）、分散型（混悬型），涂膜剂还应考察成膜性
耳用制剂	性状、含量、有关物质，耳用散剂、喷雾剂与半固体制剂分别按相关剂型要求检查
鼻用制剂	性状、pH、含量、有关物质，鼻用散剂、喷雾剂与半固体制剂分别按相关剂型要求检查

一、影响因素试验

影响因素试验亦称强化试验（stress testing），是在高温、高湿和强光的剧烈条件下，考察影响稳定性的因素及可能的降解途径与降解产物，为制剂工艺的筛选、包装材料的选择、贮存条件的确定等提供依据。

1. 高温试验　供试品开口置适宜的洁净容器中，60℃温度下放置10天，于第5天和第10天 取样，按稳定性重点考察项目进行检测。若供试品含量低于规定限度，则在40℃条件下同法进行试验；若60℃无明显变化，不再进行40℃试验。

2. 高湿度试验　供试品开口置恒湿密闭容器中，在25℃分别于相对湿度90%±5%条件下放置10天，于第5天和第10天取样，按稳定性重点考察项目要求检验，同时准确称量试验前后供试品的重量，以考察供试品的吸湿潮解性能。若吸湿增重5%以上，则在相对湿度75%±5%条件下，同法进行试验；若吸湿增重5%以下，且其他考察项目符合要求，则不再进行此项试验。恒湿条件可在密闭容器如干燥器下部放置饱和盐溶液，根据不同相对湿度的要求，分别可以选择NaCl饱和溶液（相对湿度75%±1%、15.5~60℃），KNO_3饱和溶液（相对湿度92.5%，25℃）。

3. 强光照射试验　供试品开口放在装有日光灯的光照箱或其他适宜的光照装置内，于照度为4500lx±500lx的条件下放置10天，于第5天和第10天取样，按稳定性重点考察项目进行检测，特别要注意供试品的外观变化。

此外，根据药物的性质，必要时可设计实验，探讨pH、氧及其他条件对药物稳定性的影响，并研究分解产物的分析方法。

二、加速试验

在药物制剂的研究与开发中，能尽早发现其稳定性方面存在的问题对研究者而言非常重要。为了在较短时间内获得制剂稳定性的信息，往往采用加速试验（accelerated testing）的方法，即在超常试验条件下，通过加速药物制剂的化学或物理变化，考察药物制剂的稳定性，并初步预测样品的长期稳定性。

加速试验要求提供按市售包装的3批供试品，在温度40℃±2℃、相对湿度75%±5%的条件下放置6个月。所用设备应能控制温度±2℃，相对湿度±5%，并能对真实温度和湿度进行监测。在试验期间第1个月、2个月、3个月、6个月末各取样一次，按稳定性重点考察项目检测。

在上述条件下，如6个月内供试品经检测不符合制订的质量标准，则应在中间条件即温度30℃±2℃、相对湿度65%±5%的条件下（可用Na_2CrO_4饱和溶液，30℃时相对湿度为64.8%）进行加速试验，时间仍为6个月。

温度特别敏感的药物制剂，预计只能在冰箱（4~8℃）内保存使用，对此类药物制剂的加速试验，可在温度25℃±2℃、相对湿度60%±10%的条件下进行，时间为6个月。

乳剂、混悬剂、软膏剂、乳膏剂、糊剂、凝胶剂、眼膏剂、栓剂、气雾剂、泡腾片及泡腾颗粒宜直接采用温度30℃±2℃、相对湿度60%±5%的条件进行试验，其他要求与上述相同。

对于包装在半透性容器内的药物制剂，如低密度聚乙烯制备的输液袋、塑料安瓿、眼用制剂容器等，则应在温度40℃±2℃、相对湿度25%±5%的条件（可用$CH_3COOK \cdot 1.5H_2O$饱和溶液）进行试验。在该条件下同时可以考察液体药剂因半透性容器导致的损失。

三、长期试验

长期试验（long-term testing）是在接近药物的实际贮存条件下进行，为制定药物的有效期提供数据。长期试验法是考察药物制剂稳定性最可靠的方法，也是一个新药上市前和上市后必须考察的项目之一。要求提供按市售包装的3批供试品，在温度25℃±2℃、相对湿度60%±10%的条件下放置12个月，或在温度30℃±2℃、相对湿度65%±5%的条件下放置12个月，每3个月取样一次，分别于0个月、3个月、6个月、9个月、12个月取样，按稳定性重点考察项目进行检测。12个月以后，仍需继续考察，分别于18个月、24个月、36个月取样进行检测。将结果与0个月比较，以确定药物的有效期。

对温度特别敏感的药物，长期试验可在6℃±2℃的条件下放置12个月，按上述时间要求进行检测，12个月以后，仍需按规定继续考察，制订在低温储存条件下的有效期。

四、药物稳定性加速试验的研究方法

除上述《中国药典》规定的稳定性加速试验方法外，传统的加速试验方法有经典恒温法、分数有效期法（$t_{0.9}$ 法）、活化能估算法、温度系数法（Q_{10} 法）和线性变温法等，其中经典恒温法具有较大的应用意义，下面将重点介绍该方法。

1. 经典恒温法的理论依据　式（2–9）为 Arrhenius 方程的指数形式，将其转换为对数形式如下：

$$\lg k=-\frac{E}{2.303RT}+\lg A \tag{2-10}$$

以 $\lg k$ 对 $1/T$ 作图得一直线，直线的斜率为 $-E/(2.303R)$，由此可计算出活化能 E。若将直线外推至室温（25℃）就可求出室温时的速度常数（$k_{25℃}$），由 $k_{25℃}$ 可求出药物分解 10% 所需要的时间（即有效期 $t_{0.9}$），或室温贮存若干时间以后残余的药物浓度。

2. 实验方法及数据处理　实验设计时，除了确定含量测定方法外，还要进行预试验，以便对该药物的稳定性有一个基本的了解，然后设计实验温度与取样时间。具体操作步骤如下：①将样品分别放入各种不同温度的恒温水浴中（一般不少于 4 个温度点）。②定时取样，测定药物浓度或含量。③根据浓度或含量与时间的变化关系，确定反应级数（参考表 2–2，例如以 $\lg c$ 对 t 作图为一直线，则是一级反应）。④作图或通过计算机回归，求出各温度下的反应速度常数 k。⑤将不同温度下的 $\lg k$ 对 $1/T$ 作图或回归，求出直线方程，根据式（2–10）的 Arrhenius 方程的对数形式，从斜率可求出反应的活化能 E。⑥进一步求出室温下的反应速度常数 $k_{25℃}$，从而计算出药物制剂的有效期 $t_{0.9}$。

3. 应用实例　某药物制剂在 40℃、50℃、60℃、70℃四个温度下进行加速试验，测得各时间的浓度，确定为一级反应，用线性回归求出各温度下的速度常数，结果见表 2–5。

表 2–5　稳定性试验的数据

t（℃）	$1/T\times10^3$	$k\times10^5$（h^{-1}）	$\lg k$
40	3.192	2.66	–4.575
50	3.094	7.94	–4.100
60	3.001	22.38	–3.650
70	2.913	56.50	–3.248

将上述数据 $\lg k$ 对 $1/T$ 进行一元线性回归，得回归方程为 $\lg k=-4765.98/T+10.64$，根据直线斜率，求出该反应的活化能 $E=-(-4765.98)\times2.303\times8.319=91309.77$（J/mol）= 91.31（kJ/mol）。将室温 25℃换算成绝对温度 T=298K，代入回归方程，得到室温下的速度常数 $k_{25℃}=4.43\times10^{-6}$（$h^{-1}$），可求出 $t_{0.9}=0.105/k_{25℃}=23702.03$（h），因此该药物的有效期约为 2.7 年。

4. 注意事项　①经典恒温法以 Arrhenius 方程为基础，只有热分解反应且活化能在 41.8~125.4kJ/mol 时才适用。光化反应的活化能只有 8.36~12.5kJ/mol，温度对反应速度影响不大；某些多羟基药物，活化能高达 209~292.6kJ/mol，反应速度随温度升高而急剧增大，用热加速试验预测室温的稳定性没有实际意义。② Arrhenius 方程假设活化能 E 不随温度升高而改变，因此试验过程中如果反应级数或反应机制发生变化，引起活化能改变，则不能使用本法。③本法只考虑温度对反应速度的影响，因此其他条件（如溶液的 pH 等）都应保持恒定。

试验结果只能用于所研究的处方，不能随意推广到同一药物的其他处方。④本法适用于均相系统（如溶液），而对非均相系统（如混悬液、乳状液）不适宜。测定的有效期为暂时有效期，应与留样观察结果对照，才能确定产品的实际有效期。

五、固体药物制剂的稳定性

（一）固体药物制剂稳定性的特点

一般来说，固体制剂比液体制剂稳定，但仍然存在许多不稳定因素。固体制剂的稳定性与液体制剂相比，有以下不同的特点。

1. 复杂性　固体制剂是一个多相系统，存在着固相（药物与辅料）、液相（吸附的水分）和气相（空气和水蒸气）。当进行稳定性试验时，3 相的组成和状态发生变化，特别是水分的存在对稳定性影响很大。

2. 系统不均匀性　固体状态的药物分子相对固定，不像溶液那样可以自由移动和完全混合，因此具有系统不均匀性。如片剂、胶囊剂等，每片（粒）之间的药物含量不一定完全相同；散剂和颗粒剂可因密度与粉末粒度不同，各部分的主药含量也有差异；此外，药物的氧化作用往往仅发生在固体表面，而内部分子被保护起来，以致表里变化不一，这些都可能导致分析结果较难重现。

3. 反应速度缓慢　固体制剂中的药物一般分解缓慢，需要较长时间和精确的分析方法测定药物含量变化。虽然固体药物的分解动力学与溶液不同，但温度对反应速度的影响一般仍可用 Arrhenius 方程描述。然而当固体药物的分解出现平衡现象时，则不宜使用 Arrhenius 方程，而要用 Van't Hoff 方程来处理。

$$\ln k=-\frac{\Delta H}{\mathrm{R}T}+\alpha \tag{2-11}$$

式（2-11）中：k 为平衡常数；ΔH 为反应热；R 为气体常数；T 为绝对温度；α 为常数。

以平衡常数的对数 $\ln k$ 对 $1/T$ 作图，得一直线，将直线外推至室温，可求出室温时的平衡常数及平衡浓度，便能估计出药物在室温时的分解速度。在此类问题中，如果反应最后达到了平衡，则速度常数对预测药物制剂稳定性没有什么重要意义。

（二）固体制剂稳定性试验的特殊要求和特殊方法

前面所述的加速试验方法一般适用于固体制剂，但根据其稳定性特点，还有一些特殊要求：①水分对固体药物稳定性影响较大，因此对每个样品必须测定水分，加速实验过程中也要测定。②样品必须置于密闭容器中，但为了考察包装材料的影响，可以用开口容器和密封容器同时进行，以便比较。③对于需要测定药物含量和水分的样品都要分别单次包装。④固体剂型的药物含量应尽量均匀，以避免测定结果的分散性。⑤药物颗粒的大小对试验结果也有影响，故要用一定规格的筛子过筛，并测定其粒度。⑥试验温度不宜过高，以 60℃以下为宜。

辅料对固体制剂稳定性的影响可用下述方法考察：药物与辅料按 1∶5 配料，药物与润滑剂按 20∶1 配料。配好料后，其中一半装于小瓶并密封，另一半喷入或加入 5% 水后，同法密封。然后在温度为 5℃、25℃、50℃、60℃和光照强度 4500lx 条件下进行加速试验，定期取样测含量或薄层分析，并观察外观、色泽等变化，以判断辅料是否影响药物的稳定性。

在药厂生产中，也要按实际处方中的主药与辅料用量进行配合试验，或制成成品后再在热、光线和湿气等情况下进行加速试验。

研究药物与辅料的相互作用，常用的检测方法有热分析法、漫反射光谱法和薄层分析法等。例如使用热分析法可以比较药物、辅料、药物与辅料混合物的热分析曲线，通过熔点的改变，峰形、峰面积、峰位移等变化，了解药物与辅料之间理化性质的改变。使用漫反射光谱法可以测定药物的颜色变化及药物与辅料之间是否相互作用。将药物与辅料充分接触，发生相互作用而达平衡，以此为平衡样品，以药物与辅料的机械混合物为对照品，比较平衡样品与对照品的漫反射光谱，可推测药物与辅料之间有无相互作用，是物理吸附还是化学吸附。

学习小结

药物制剂的基本要求是安全、有效、稳定，对药物稳定性的正确把握是确保药物安全性和有效性的关键。药物制剂稳定性的研究范围有化学稳定性、物理稳定性和生物学稳定性。多数药物及其制剂的降解反应可按零级、一级或二级反应处理。将药物降解10%所需时间称为有效期（$t_{0.9}$），是药品的使用期限和衡量药物稳定性的重要指标。药物制剂降解的主要途径有水解反应和氧化反应，此外还有光解、异构化、聚合及脱羧等其他反应。

影响药物制剂稳定性的处方因素包括pH、广义酸碱、溶剂、离子强度、表面活性剂和辅料的影响；外界因素包括温度、光线、空气、金属离子、湿度和水分及包装材料的影响。针对这些影响因素可采取相应措施，设计合理的制剂处方和制备工艺。稳定性试验的目的是考察药物制剂的稳定性，为药品的生产、包装、贮存及运输提供科学依据，同时通过试验建立药品的有效期。稳定性试验方法有影响因素试验、加速试验和长期试验。固体药物制剂的稳定性有复杂性、系统不均匀性和反应速度缓慢的特点，因此其稳定性试验有特殊要求和特殊方法。

复习题

1. 研究药物制剂稳定性有何重要意义？
2. 药物制剂稳定性包括哪些内容？
3. 从化学结构上看，哪些药物易发生水解反应？哪些药物易发生氧化反应？
4. 试述处方因素对药物制剂稳定性的影响及稳定化方法。
5. 试述外界因素对药物制剂稳定性的影响及稳定化方法。
6. 影响因素试验包括哪些内容？
7. 简述用经典恒温法预测药物制剂有效期的试验设计及数据处理方法。
8. 固体制剂稳定性的特点及稳定性试验的特殊要求有哪些？

（杜　青）

第三章

表面活性剂

学习目标

1. 掌握表面活性剂的基本性质及在药剂学中的应用。
2. 熟悉表面活性剂的分类及常用表面活性剂的特性。
3. 了解表面活性剂的结构特点。

第一节 概 述

一、表面活性剂

任何纯液体在一定温度下都具有一定的表面张力。20℃时，水的表面张力为 72.75 mN/m，苯的表面张力为 28.88 mN/m。溶液的表面张力与加入溶液中溶质的种类和浓度有关，当在水中加入无机盐和糖类物质时，水的表面张力略有增加；加入低级脂肪醇或脂肪酸时，水的表面张力略有下降。这种使液体表面张力降低的性质称为表面活性，使液体表面张力降低的物质称为表面活性物质。

有些物质如肥皂中的硬脂酸钠和洗衣粉中的烷基苯磺酸钠等能使水的表面张力显著降低。通常把具有很强的表面活性，加入少量就能使液体表面张力显著降低的物质称为表面活性剂（surfactant）。表面活性剂在医药和其他领域中应用广泛，它不仅能显著降低溶液的表面张力，还具有增溶、乳化、润湿、起泡、消泡、去污、消毒和杀菌等作用，这是区别于一般表面活性物质的重要特点。

二、表面活性剂的结构特点

表面活性剂之所以能显著降低溶液的表面张力，是由其结构上的特点决定的。表面活性剂大都是一些长链的有机化合物，同时具有极性的亲水基和非极性的亲油基，因此表面活性剂分子是一种既亲水又亲油的分子，具有两亲性（即亲水亲油性），也称两亲分子。表面活性剂的亲油基通常是长度在8个碳原子以上的烃链，或者是含有杂环或芳香族基团的碳链；亲水基可以是羧酸、磺酸、氨基或胺基及其盐，也可以是羟基、酰胺基、醚键等。如肥皂是脂肪酸类（$R-COO^-$）表面活性剂，其结构中的脂肪酸碳链（R-）是亲油基，解离的脂肪酸根（COO^-）是亲水基。应注意的是两亲分子并不一定都是表面活性剂，只有那些能明显降低体系的表面张力或明显改变体系界面状态的物质才是表面活性剂。

第二节　表面活性剂的分类

表面活性剂的分类方法有多种，根据来源可分为天然表面活性剂和合成表面活性剂；根据溶解性可分为水溶性表面活性剂和油溶性表面活性剂；根据亲水基是否解离，可分为离子型表面活性剂和非离子型表面活性剂，其中离子型表面活性剂根据解离的离子性质，又可分为阴离子型、阳离子型和两性离子型表面活性剂。

一、离子型表面活性剂

（一）阴离子型表面活性剂

此类表面活性剂分子结构中起表面活性作用的部位是阴离子，带有负电荷。如肥皂、长碳链的硫酸盐等，是目前广泛应用的一类表面活性剂。

1. 肥皂类　系高级脂肪酸的盐。通式为$(RCOO^-)_nM^{n+}$，其中脂肪酸烃链R一般在C_{11}~C_{17}，以硬脂酸、油酸、月桂酸等较为常见。这类表面活性剂均具有良好的乳化性能和分散油的能力。

根据阳离子M的不同，又可分为碱金属皂、碱土金属皂和有机胺皂。

（1）碱金属皂：为可溶性皂，系脂肪酸的碱金属盐类，一般为钠盐或钾盐。常用的脂肪酸有月桂酸（C_{12}）、棕榈酸（C_{16}）、硬脂酸（C_{18}）和油酸（C_{18}不饱和酸）。如硬脂酸钾即为常用的钾肥皂。这类表面活性剂降低水相的表面张力强于降低油相的表面张力，常用作水包油（O/W）型乳化剂。使用时易被酸、碱及钙、镁盐所破坏，电解质可使之盐析，并有一定的刺激性，一般只用于外用制剂。

（2）碱土金属皂：为不溶性皂，系脂肪酸的二价或三价金属盐类，以Ca^{2+}、Mg^{2+}、Zn^{2+}、Al^{3+}等为主。脂肪酸为C_{12}~C_{18}的饱和或不饱和脂肪酸，该类皂的亲油基强于亲水基，常用作油包水（W/O）型乳化剂。

（3）有机胺皂：是脂肪酸和有机胺反应形成的皂类。常用的脂肪酸是硬脂酸和油酸，有机胺主要是三乙醇胺。硬脂酸三乙醇胺常用作O/W型乳膏剂的乳化剂。

2. 硫酸化物　系硫酸化脂肪油和高级脂肪醇硫酸酯类。通式为$ROSO_3^-M^+$。其中高级脂肪醇烃链R在C_{12}~C_{18}范围。硫酸化脂肪油的代表是硫酸化蓖麻油（也称土耳其红油），为黄色或橘黄色黏稠液体，有微臭，可与水混合，无刺激性，可作为去污剂和润湿剂使用，代替肥皂洗涤皮肤，也可用于挥发油或水不溶性杀菌剂的增溶。高级脂肪醇硫酸酯常见的有月桂醇硫酸钠（十二烷基硫酸钠）、鲸蜡醇硫酸钠（十六烷基硫酸钠）和硬脂醇硫酸钠（十八烷基硫酸钠）等。它们的乳化性很强，较肥皂类稳定，受酸和钙盐、镁盐的影响小，但能与一些高分子阳离子药物发生作用而产生沉淀，对黏膜有一定的刺激性，主要用作外用软膏的乳化剂，有时还可用作片剂等固体制剂的润湿剂和增溶剂。

3. 磺酸化物　系脂肪酸或脂肪醇经磺酸化后，用碱中和所得的化合物，通式为 $RSO_3^-M^+$，主要有脂肪族磺酸化物、烷基芳基磺酸化物和烷基萘磺酸化物。它们的水溶性、耐酸性和耐钙、镁盐的能力比硫酸化物稍差，但不易水解，即使在酸性溶液中也比较稳定。目前广泛应用的表面活性剂有十二烷基苯磺酸钠、二辛基琥珀酸磺酸钠（阿洛索-OT）、二己基琥珀酸磺酸钠等，有较好的保护胶体的性质，黏度低，去污力、起泡性和油脂分散能力都很强，为优良的洗涤剂。

（二）阳离子型表面活性剂

此类表面活性剂分子结构中起表面活性作用的部位是阳离子，带有正电荷，又称为阳性皂。分子结构的主要部分是一个五价的氮原子，故又称季铵化合物，通式为（$R_1R_2N^+R_3R_4$）X^-。其特点是水溶性大，在酸性与碱性溶液中较稳定，具有良好的表面活性作用和杀菌、防腐作用，但与大分子的阴离子药物合用产生结合而失去活性，甚至产生沉淀。此类表面活性剂毒性较大，只能外用，临床主要用于皮肤、黏膜和手术器材的消毒。常用的品种有苯扎氯铵（洁尔灭）、苯扎溴铵（新洁尔灭）和度米芬等。

（三）两性离子型表面活性剂

此类表面活性剂分子结构中与亲油基相连的亲水基同时具有正、负电荷基团，其结构为 K–R–A（R 为亲油基，K 为阳离子活性基，A 为阴离子活性基），因此随着溶液 pH 的变化，它们具有阴、阳离子的性质或两者结合在一起的特性。当溶液 pH 在等电点（pI）时，表面活性剂呈中性（K^+–R–A^-）；在等电点以上带负电（K–R–A^-），呈阴离子表面活性剂的性质，具有很好的起泡、去污作用；在等电点以下则带正电（K^+–R–A），呈阳离子表面活性剂的性质，具有很强的杀菌作用。两性离子型表面活性剂有天然的与合成的两种类型。

1. 天然的两性离子型表面活性剂　常用的是卵磷脂，主要来源于大豆和蛋黄，其分子结构由磷酸酯盐型的阴离子部分和季铵盐型的阳离子部分组成。卵磷脂的组成成分复杂，包括各种甘油磷脂，如脑磷脂、磷脂酰胆碱、磷脂酰乙醇胺、丝氨酸磷脂、肌醇磷脂、磷脂酸等，还有糖脂、中性脂、胆固醇和神经鞘脂等。在不同来源和不同制备过程的卵磷脂中，各组分的比例可发生很大的变化，从而影响其使用性能。如磷脂酰胆碱含量高时可作为 O/W 型乳化剂，而在肌醇磷脂含量高时则作为 W/O 型乳化剂。卵磷脂为透明或半透明黄色或黄褐色油脂状物质，对热十分敏感，在酸性和碱性条件下及酯酶作用下容易水解。卵磷脂不溶于水，溶于三氯甲烷、乙醚、石油醚等有机溶剂，对油脂的乳化作用很强，制得乳剂的乳滴很细且稳定、无毒，可用作注射用乳剂的乳化剂，也可作为脂质微粒制剂的主要辅料。

2. 合成的两性离子型表面活性剂　此类表面活性剂的阴离子部分主要是羧酸盐，阳离子部分为胺盐或季铵盐。由胺盐构成者为氨基酸型，由季铵盐构成者为甜菜碱型。氨基酸型在等电点（一般为微酸性）时亲水性减弱，并可能产生沉淀，而甜菜碱型则不受溶液 pH 的影响，在等电点时也无沉淀。如商品名为“Tego”的两性离子型表面活性剂是氨基酸型，杀菌力很强，毒性比阴离子型表面活性剂要小。

二、非离子型表面活性剂

此类表面活性剂在水中不解离，其分子中构成亲水基团的是甘油、聚乙二醇和山梨醇等多元醇，构成亲油基团的是长链脂肪酸或长链脂肪醇以及烷基或芳基，它们以酯键或醚键与亲水基团结合。非离子型表面活性剂的两亲性常用其分子的亲水亲油平衡值（HLB 值）表示，HLB 值越低，表示亲脂性越强；反之，表示亲水性越强。这类表面活性剂毒性低，不解离，不受溶液 pH 的影响，能与大多数药物配伍，广泛用于外用、内服制剂及注射剂，个别品种还可用于静脉注射剂。

（一）多元醇型

多元醇型非离子型表面活性剂是由脱水山梨醇、蔗糖、乙二醇和甘油季戊四醇等含有多个羟基的有机物与高级脂肪酸形成的酯。

1. 脱水山梨醇脂肪酸酯　系由山梨糖醇及其单酐和二酐与各种不同的脂肪酸反应所形成的酯类化合物，又称脂肪酸山梨坦，商品名为司盘（Span）。其结构通式见图 3-1。

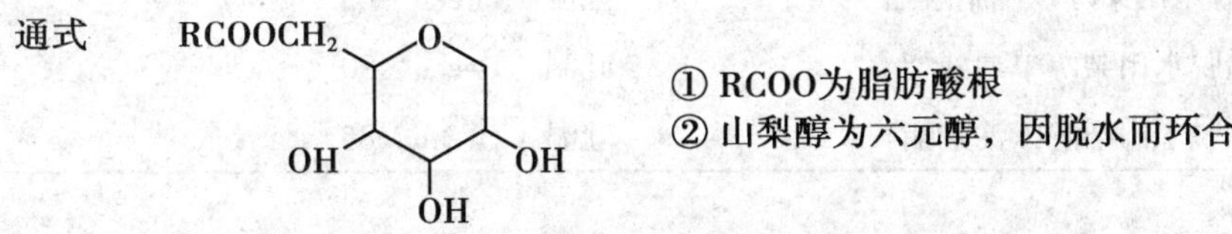

图 3-1　脱水山梨醇脂肪酸酯类结构通式

司盘类表面活性剂因所结合的脂肪酸的种类和数量不同而有不同的品种，见表 3-1。

表 3-1　各种脱水山梨醇脂肪酸酯及其 HLB 值

化学名	商品名	HLB 值
脱水山梨醇单月桂酸酯	司盘（Span）20	8.6
脱水山梨醇单棕榈酸酯	司盘（Span）40	6.7
脱水山梨醇单硬脂酸酯	司盘（Span）60	4.7
脱水山梨醇三硬脂酸酯	司盘（Span）65	2.1
脱水山梨醇单油酸酯	司盘（Span）80	4.3
脱水山梨醇三油酸酯	司盘（Span）85	1.8

司盘类为黏稠状、白色或黄色的油状液体或蜡状固体，不溶于水，易溶于乙醇，在酸、碱或酶的作用下易水解。由于亲油性较强，可用作 W/O 型乳剂的乳化剂或 O/W 型乳剂的辅助乳化剂，多用于搽剂、软膏剂，还可用于注射用乳剂的辅助乳化剂。

2. 聚氧乙烯脱水山梨醇脂肪酸酯　系在司盘类的剩余 –OH 基上结合聚氧乙烯基而制得的醚类化合物，又称聚山梨酯，商品名为吐温（Tween）。其结构通式见图 3-2。

通式：

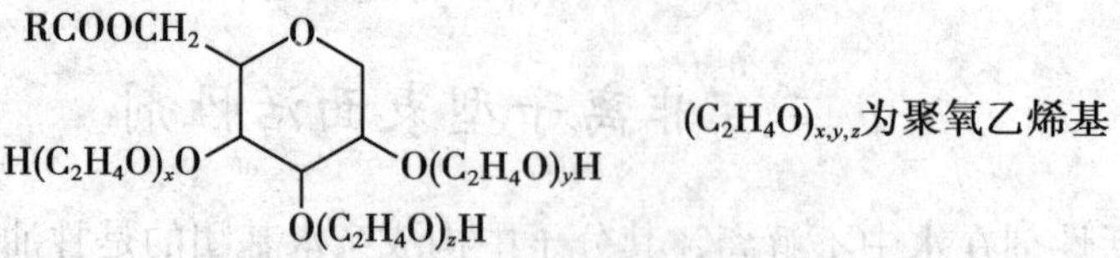

$$\text{RCOOCH}_2\text{-(脱水山梨醇环)-O(C}_2\text{H}_4\text{O)}_y\text{H},\ \text{H(C}_2\text{H}_4\text{O)}_x\text{O-},\ \text{O(C}_2\text{H}_4\text{O)}_z\text{H}$$

$(C_2H_4O)_{x,y,z}$为聚氧乙烯基

图 3-2 聚氧乙烯脱水山梨醇脂肪酸酯类结构通式

吐温类的命名与司盘类相对应，因所结合的脂肪酸的种类和数量不同而有不同的品种，见表 3-2。

表 3-2 各种聚氧乙烯脱水山梨醇脂肪酸酯及其 HLB 值

化学名	商品名	HLB 值
聚氧乙烯脱水山梨醇单月桂酸酯	吐温（Tween）20	16.7
聚氧乙烯脱水山梨醇单棕榈酸酯	吐温（Tween）40	15.6
聚氧乙烯脱水山梨醇单硬脂酸酯	吐温（Tween）60	14.9
聚氧乙烯脱水山梨醇三硬脂酸酯	吐温（Tween）65	10.5
聚氧乙烯脱水山梨醇单油酸酯	吐温（Tween）80	15.0
聚氧乙烯脱水山梨醇三油酸酯	吐温（Tween）85	11.0

吐温类表面活性剂是黏稠的黄色液体，对热稳定，但在酸、碱或酶的作用下发生水解。由于分子中增加了亲水性的聚氧乙烯，故亲水性大为增强，易溶于水、乙醇及多种有机溶剂，不溶于油。吐温类常用于 O/W 型乳剂的乳化剂，也可用作增溶剂，其增溶作用不受溶液 pH 影响，还可用作分散剂和润湿剂等。

3. 蔗糖脂肪酸酯　简称蔗糖酯，是蔗糖与脂肪酸反应生成的一大类化合物，由蔗糖分子中一个或数个羟基与脂肪酸如硬脂酸、软脂酸、棕榈酸等酯化而成。根据与脂肪酸反应生成酯的取代数不同，可分为单酯、双酯、三酯和多酯。单酯亲水性较强，双酯和三酯亲油性较强，改变取代脂肪酸及酯化度，可得到不同 HLB 值（5~13）的产品。蔗糖酯为白色至黄色粉末，随脂肪酸酯含量增加，可呈蜡状、膏状或油状，在室温下稳定，高温时可分解和发生蔗糖的焦化，在酸、碱和酶的作用下可水解成游离脂肪酸和蔗糖。蔗糖酯不溶于水，但在水和甘油中加热可形成凝胶，溶于丙二醇、乙醇及一些有机溶剂，不溶于油，主要用作分散剂和 O/W 型乳化剂。

（二）聚氧乙烯型

1. 聚氧乙烯脂肪酸酯　系由聚乙二醇与长链脂肪酸缩合而成的酯，通式为 $RCOOCH_2(CH_2OCH_2)_nCH_2OH$，其中 n 是聚合度，商品名为卖泽（Myrj）。亲油基脂肪酸和亲水基聚乙二醇以不同比例结合，可形成疏水性和亲水性不同的表面活性剂。本类产品有较强的水溶性，乳化能力强，为 O/W 型乳化剂，常用的有聚氧乙烯 40 硬脂酸酯（polyoxyethylene 40，Myrj52）。

2. 聚氧乙烯脂肪醇醚　系由聚乙二醇与脂肪醇缩合而成的醚，通式为 $RO(CH_2OCH_2)_nH$，其中 n 是聚合度，商品名为苄泽（Brij）。因聚乙二醇的聚合度和脂肪醇的种类不同而有不同的品种。如 Brij30 与 Brij35 是由不同数目的聚乙二醇与月桂醇缩聚而成，都可作为 O/W 型乳化剂；聚氧乙烯蓖麻油甘油醚（cremophor EL）的 HLB 值为 12~14，对疏水性物质有很强的增溶能力和乳化能力；其他如西土马哥（cetomacrogol）是聚乙二醇与十六醇缩合而得，平平加 O（peregol O）则是 15 单位氧乙烯与油醇的缩合物，均可用作 O/W 型乳化剂。

3. 聚氧乙烯 - 聚氧丙烯型共聚物　此类表面活性剂又称泊洛沙姆（poloxamer），商品名为普朗尼克（pluronic），是由聚氧乙烯和聚氧丙烯聚合而成，通式为 HO-（C_2H_4O）$_a$-（C_3H_6O）$_b$-（C_2H_4O）$_c$-H，其中 a 和 c 为聚氧乙烯链段的链节数，b 为聚氧丙烯链段的链节数。此类聚合物以聚氧乙烯为亲水基，聚氧丙烯为亲油基，亲油基（b）位于两个可变换的亲水基（a 和 c）之间，相对分子质量从 1000 到 10 000 以上，随着相对分子质量的增加，本品由液体变为固体，由不溶于水变为溶于水。分子中聚氧乙烯部分比例增加，水溶性增强；聚氧丙烯部分比例增加，则亲油性增强。根据共聚物比例不同，本品有各种不同分子量的产品见表 3-3。

表 3-3　常用的泊洛沙姆与对应的普朗尼克型号及其分子量

泊洛沙姆（poloxamer）	普朗尼克（pluronic）	平均分子量
124	L44	2090~2360
188	F68	7680~9510
237	F87	6840~8830
338	F108	12 700~10 400
407	F127	9840~14 600

本类表面活性剂具有乳化、润湿、分散、起泡和消泡等多种优良性能，但增溶能力较弱。泊洛沙姆 188（即普朗尼克 F68）作为一种 O/W 型乳化剂，是目前用于静脉乳剂的极少数合成乳化剂之一，具有无毒、无抗原性、无致敏性、无刺激性、化学性质稳定及不引起溶血的优良性质，制备的乳剂能够耐受热压灭菌和低温冷冻而不改变其物理稳定性。

（三）脂肪酸甘油酯

此类表面活性剂系由饱和或不饱和的脂肪酸与甘油经酯化反应制得，主要有脂肪酸单甘油酯和脂肪酸二甘油酯，分别是甘油的一个羟基或两个羟基被脂肪酸酯化后的产物。脂肪酸甘油酯外观根据其纯度可以是褐色、黄色或白色的油状、脂状或蜡状物质，熔点在 30~60℃，不溶于水，在热、酸、碱及酶等作用下易水解成脂肪酸和甘油，其表面活性较弱，HLB 值为 3~4，是弱的 W/O 型乳化剂，常用作 O/W 型乳膏的辅助乳化剂。

第三节　表面活性剂的基本性质

一、物理化学性质

（一）表面活性

表面活性剂由于独特的亲水亲油结构，使其具有特殊的作用。当水中表面活性剂浓度很低时，其在溶液表面的浓度大大高于在溶液中的浓度，表现为正吸附现象，它们在水 - 空气界面产生定向排列，分子中的亲水基伸向水而亲油基朝向空气，形成单分子层吸附，可降低溶液的表面张力，产生较好的润湿性、乳化性、起泡性等。表面活性剂的浓度、分子结构、碳链长短、不饱和度及解离程度等均可影响其表面活性的大小。

（二）表面活性剂胶束

表面活性剂形成胶束是产生增溶、乳化、去污、分散等作用的根本原因。

1. 胶束与临界胶束浓度　表面活性剂在水溶液中的浓度增加到一定程度后，在溶液表面的正吸附达到饱和，此时溶液的表面张力降到最低值，表面活性剂分子开始转入溶液内部。因其亲油基团的存在，表面活性剂分子与水分子相互间的排斥力远大于吸引力，导致表面活性剂分子自身依靠范德华力相互聚集，形成亲油基向内、亲水基向外的缔合体，称为胶束（micelles）。表面活性剂分子缔合形成胶束的最低浓度即为临界胶束浓度（critical micell concentration，CMC）。相同亲水基的同系列表面活性剂，若亲油基越大，则 CMC 越小。如 40℃时，十二烷基硫酸钠、十四烷基硫酸钠和十六烷基硫酸钠的 CMC 分别为 8.60×10^{-3}、2.40×10^{-3}、5.80×10^{-4}mol/L。表面活性剂浓度达到 CMC 后，在一定范围内，单位体积的胶束数量和表面活性剂的总浓度几乎成正比。不同表面活性剂的 CMC 除与其结构和组成有关外，还可随外部条件变化而不同，如温度、溶液的 pH 及电解质等均影响 CMC 的大小。

当表面活性剂的浓度达到 CMC 时，溶液的表面张力、电导、黏度、渗透压、密度、光散射等多种物理性质发生急剧变化，表现为增溶作用增强，乳化能力、起泡性能及去污力增大等，因此可以测定溶液物理性质发生急剧变化时的浓度即为该表面活性剂的 CMC 值。测定的性质不同以及采用的方法不同，得到的结果可能会有差异，另外，温度、浓度、电解质、pH 等因素对测定结果也会产生影响。

2. 胶束的结构　离子型表面活性剂在溶液中的浓度达到 CMC 时，胶束呈球状结构（图 3-3a），亲油基呈混乱状态指向球心，亲水基排列在球的表面，并吸引一些溶液中带有相反电荷的离子在其周围。随着溶液中表面活性剂浓度增加（20%以上），胶束不再保持球状结构，则转变成具有更高分子缔合数的棒状胶束结构（图 3-3b），表面活性剂的亲油基构成棒状胶束的内部，亲水基构成胶束的表面。这种胶束结构使表面活性剂分子的大量烃链与水接触面积减小，使其具有更高的热力学稳定性。当表面活性剂的浓度更大时，棒状胶束聚集成六角束状结构，周围是溶剂（图 3-3c）。表面活性剂的浓度继续增大，胶束合并为板状或层状结构（图 3-3d、e），表面活性剂的碳氢链从紊乱分布转变成规整排列，完成了从液态向液晶态的转变，表现出明显的光学各向异性的性质。在层状结构中，表面活性剂分子的排列已经接近双分子层结构。在高浓度的表面活性剂水溶液中，如有少量非极性溶剂存在，则可能形成亲水基指向胶束内，亲油基指向非极性液体的反向胶束，称为反胶束。

非离子型表面活性剂不解离成离子，因此形成的胶束与离子型表面活性剂胶束不同。非离子型表面活性剂的亲水基多为聚氧乙烯基，在常温下胶束呈网状；升温时聚氧乙烯基与水分子之间的氢键被破坏，发生失水，胶束则变为球状。

油溶性表面活性剂如钙肥皂、丁二酸二辛基磺酸钠和司盘类，在溶于碳氢化合物、氯化烷烃及其他低极性非水溶液中时，形成的胶束与水溶性表面活性剂胶束相反，亲油基朝向油相，亲水基则形成可被水化的内核。

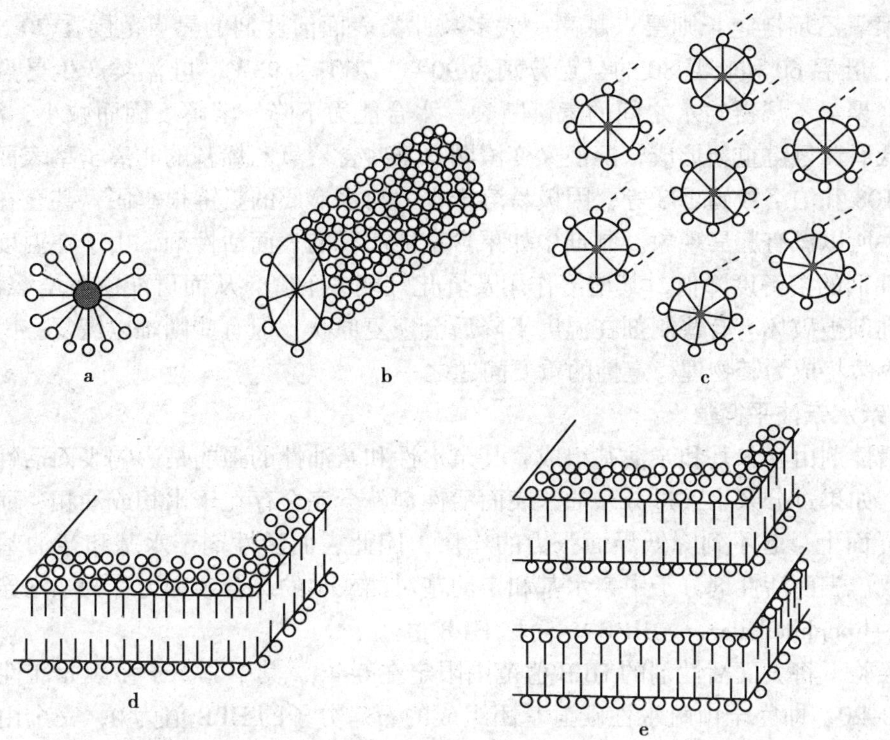

图 3-3 胶束的形态

a. 球状胶束；b. 棒状胶束；c. 束状胶束；d. 板状胶束；e. 层状胶束

3. 胶束的增溶作用　表面活性剂在水溶液中达到 CMC 后形成胶束，一些水不溶性或微溶性物质在胶束溶液中的溶解度可显著增加，形成透明胶体溶液，这种作用称为增溶（solubilization）。

非极性物质如苯、甲苯等可完全进入胶束内部而被增溶；带极性基团的物质如水杨酸、甲酚、脂肪酸等，其非极性基团（苯环、烃链等）插入胶束的内部，而极性基团（酚羟基、羧基等）则伸入胶束外层的极性区如聚氧乙烯链中；极性物质如对羟基苯甲酸由于分子两端均含有极性基团，可完全被胶束外层的聚氧乙烯链吸附而被增溶。由于胶束的大小属于胶体溶液范围，因此药物被胶束增溶后仍呈现为澄明溶液。

（三）克氏点和昙点

1. 克氏点　离子型表面活性剂在水中的溶解度随温度升高而增大，在某一特定温度时其溶解度急剧增大，这个特定温度称为克拉费特点（krafft point），简称克氏点。克氏点是离子型表面活性剂的特征值，克氏点越高的表面活性剂，临界胶束浓度越小。克氏点也是表面活性剂应用温度的下限，即只有在温度高于克氏点时，表面活性剂才能更好地发挥作用。如十二烷基硫酸钠的克氏点为 8℃，而十二烷基磺酸钠的克氏点为 70℃，在室温条件下使用时，前者用作增溶剂的效果比后者要好。

2. 昙点　某些非离子型表面活性剂在水溶液中的溶解度开始时随温度上升而增大，溶液澄明，到某一温度后，其溶解度急剧下降，使溶液变混浊，这种由澄明变混浊的现象叫起昙，转变的温度点称为浊点或昙点（cloud point）。昙点是非离子型表面活性剂的特征值。聚氧乙烯型非离子型表面活性剂在聚氧乙烯链相同时，碳氢链越长，昙点越低；在碳氢链长度相同时，聚氧乙烯链越长则昙点越高。大多数此类表面活性剂的昙点范围在70~100℃，例如吐温20、吐温60和吐温80的昙点分别为90℃、76℃和93℃。吐温类产生昙点的原因是温度升高，聚氧乙烯链与水之间的氢键断裂，水合能力下降，溶解度因而减小，溶液变浊，当温度降低后，氢键重新形成，溶液又变澄明。某些含聚氧乙烯基的非离子型表面活性剂如泊洛沙姆108和泊洛沙姆188等，因极易溶于水，与水形成的氢键很牢固，甚至在沸点也不产生混浊，所以没有起昙现象。制剂中如果含有能起昙的表面活性剂，由于在温度达到昙点时表面活性剂的溶解度降低，其增溶作用及乳化性能亦下降，从而可能使被增溶物质析出，或相应的乳剂被破坏。有些制剂在温度下降后会恢复原状，但有些则难以恢复，因此这类制剂的加热灭菌将成为其物理稳定性的重要问题之一。

（四）亲水亲油平衡值

表面活性剂由亲水基和亲油基组成，其亲水性和亲油性的强弱是影响表面活性剂性能的主要因素。如果过分亲水或过分亲油，表面活性剂就会完全存在于水相或油相，而较少排列在油－水界面上，起不到降低界面张力的作用，因此表面活性剂亲水基和亲油基的适当平衡十分重要。表面活性剂分子中亲水基和亲油基对油或水的综合亲和力称为亲水亲油平衡值（hydrophile-lipophile balance，HLB），简称HLB值。

根据经验，将表面活性剂的HLB值范围限定在0~40，其中非离子型表面活性剂的HLB值范围为0~20，即完全由疏水性碳氢基团组成的石蜡分子的HLB值为0，完全由亲水性氧乙烯基组成的聚氧乙烯的HLB值为20，既具有碳氢链又具有氧乙烯链的表面活性剂的HLB值则介于两者之间，因此，HLB值越高，表示表面活性剂的亲水性越强；反之，则表示其亲油性越强。根据HLB值就可以大致估计该表面活性剂的用途，如表3-4所示。

表3-4 不同HLB值表面活性剂的适用范围

HLB值	应 用	HLB值	应 用
1~3	消泡剂	8~16	O/W型乳化剂
3~6	W/O型乳化剂	13~16	去污剂
7~9	润湿剂与铺展剂	15~20	增溶剂

非离子型表面活性剂的HLB值具有加和性，即混合表面活性剂的HLB值可按各组分的质量分数加以计算。

$$HLB_{AB}=\frac{HLB_A W_A+HLB_B W_B}{W_A+W_B} \qquad (3-1)$$

式（3-1）中，HLB_{AB}为混合乳化剂的HLB值；HLB_A、HLB_B为A、B乳化剂的HLB值；W_A、W_B为A、B乳化剂的重量。由式（3-1）可知，混合乳化剂的HLB值是各乳化剂HLB值的算术平均值。若油的HLB值为未知，可通过实验加以确定。

例如，用45%司盘60（HLB ＝ 4.7）和55%吐温60（HLB ＝ 14.9）组成的混合表面活性剂的HLB值为10.31。

司盘和吐温类表面活性剂的HLB值见表3-1和表3-2，其余常用表面活性剂的HLB值见表3-5。

表 3-5 常用表面活性剂的 HLB 值

表面活性剂	HLB 值	表面活性剂	HLB 值
阿拉伯胶	8.0	卖泽 45	11.1
西黄芪胶	13.0	卖泽 49	15.0
明胶	9.8	卖泽 51	16.0
单硬脂酸丙二酯	3.4	卖泽 52	16.9
单硬脂酸甘油酯	3.8	聚氧乙烯 400 单月桂酸酯	13.1
二硬脂酸乙二酯	1.5	聚氧乙烯 400 单硬脂酸酯	11.6
单油酸二甘酯	6.1	聚氧乙烯 400 单油酸酯	11.4
十二烷基硫酸钠	40.0	苄泽 35	16.9
油酸钾	20.0	苄泽 30（聚氧乙烯月桂醇醚）	9.5
油酸钠	18.0	西土马哥（聚氧乙烯十六醇醚）	16.4
油酸三乙醇胺	12.0	聚氧乙烯氢化蓖麻油	12~18
卵磷脂	3.0	聚氧乙烯壬烷基酚醚（乳化剂 OP）	15.0
蔗糖酯	5~13	聚氧乙烯脂肪醇醚（乳白灵 A）	13.0
泊洛沙姆 188	16.0	聚氧乙烯辛基苯基醚	14.2
阿特拉斯 G-263	25~30	聚氧乙烯月桂醇醚（平平加 O-20）	16.0

（五）表面活性剂的配伍

表面活性剂相互之间或与其他化合物的配合使用称为配伍。如果能够选择适宜的配伍，可以增加表面活性剂的增溶能力，减少用量；如果配伍不当，则可产生物理或化学变化，影响制剂稳定性及药物的疗效。

阳离子型表面活性剂与阴离子型表面活性剂配伍时，由于两者具有相反电荷，会反应而形成沉淀，如溴化十六烷基三甲铵与十二烷基硫酸钠合用形成沉淀。离子型表面活性剂与非离子型表面活性剂配伍时，两者更容易形成混合胶束。混合胶束的 CMC 介于两种表面活性剂的 CMC 之间，或低于其中任一表面活性剂的 CMC，使表面活性增加。

阴离子型表面活性剂与许多带电荷的药物（如生物碱、局部麻醉药、拟交感神经药、拟胆碱药、安定药及抗抑郁药等）发生反应，虽然有时不产生沉淀，但会影响药物的效价或降低生物利用度。

阳离子型表面活性剂能与带负电荷的水溶性聚合物形成复凝聚物，例如可与含羧基的羧甲基纤维素钠、阿拉伯胶、果胶酸、海藻酸以及含磷酸根的核糖核酸、去氧核糖核酸等结合，生成不溶性复凝聚物而沉淀。

二、生物学性质

1. 对药物吸收的影响　表面活性剂若将药物增溶在胶束内，则药物向胶束外的扩散速度以及胶束与胃肠道生物膜融合的难易程度均会影响药物吸收。如果药物可以顺利地从胶束内扩散出去或胶束本身迅速与胃肠黏膜融合，则增加药物吸收。例如应用吐温 80 可明显促进螺内酯的口服吸收，去氧胆酸钠的浓度在 CMC 以上时可使水杨酸的胃肠转运率增加 100%~125%。

表面活性剂能溶解生物膜脂质而增加上皮细胞的通透性，从而改善药物的吸收。如十二烷基硫酸钠可促进头孢菌素钠、四环素、磺胺脒、氨基苯磺酸等药物的吸收，但长期使用可能造成肠黏膜的损害。

表面活性剂如吐温 80 和吐温 85 在胃肠中形成高黏度的团块，可降低胃排空速率，因而增加一些难溶性药物的吸收。但当聚氧乙烯类或纤维素类表面活性剂增加胃液黏度而阻止药物向黏膜面的扩散时，则药物吸收速度随黏度上升而降低。

2. 表面活性剂与蛋白质的相互作用　离子型表面活性剂与蛋白质之间可发生反应。在碱性条件下，蛋白质的羧基解离而带负电荷，能与阳离子型表面活性剂起反应；在酸性条件下，蛋白质的氨基或胍基等碱性基团解离而带正电荷，能与阴离子表面活性剂反应。表面活性剂能破坏蛋白质分子中的盐键、氢键及疏水键，从而使蛋白质各残基间的交联作用减弱，螺旋结构受到破坏，使蛋白质内部呈无序的疏松状态，最终使蛋白质发生变性。

3. 表面活性剂的毒性　一般而言，阳离子型表面活性剂的毒性最大，其次是阴离子型表面活性剂，常用于外用制剂。两性离子型表面活性剂的毒性小于阳离子型表面活性剂。小鼠口服 0.063%氯化烷基二甲基铵后显示慢性毒性作用，口服 1%二辛基琥珀酸磺酸钠仅有轻微毒性，而相同浓度的十二烷基硫酸钠则没有毒性反应。非离子型表面活性剂毒性最小，用于口服制剂一般认为是无毒的，例如成人每天口服 4.5~6g 吐温 80，连服 28 天，未见明显的毒性反应。

表面活性剂用于静脉给药的毒性大于口服给药，其中仍以非离子型表面活性剂毒性较低，如供静脉注射的泊洛沙姆 188 毒性很低，麻醉小鼠可耐受静脉注射 10%该溶液 10ml。

阴离子和阳离子型表面活性剂还有较强的溶血作用。例如 0.001%十二烷基硫酸钠溶液就有强烈的溶血作用。非离子型表面活性剂的溶血作用较轻微，在亲水基为聚氧乙烯基的非离子型表面活性剂中，以吐温类的溶血作用最小，其顺序为：聚氧乙烯烷基醚 > 聚氧乙烯芳基醚 > 聚氧乙烯脂肪酸酯 > 吐温类。在吐温类表面活性剂中溶血作用的顺序为：吐温 20 > 吐温 60 > 吐温 40 > 吐温 80，目前吐温类表面活性剂只用于某些肌内注射液中。

4. 表面活性剂的刺激性　各类表面活性剂都可以用于外用制剂，但长期应用或高浓度使用可能出现皮肤或黏膜损害。例如季铵盐类化合物浓度高于 1%即可对皮肤产生损害，十二烷基硫酸钠产生损害的浓度为 20%以上。非离子型表面活性剂对皮肤和黏膜的刺激性最小，其刺激性因品种不同而异，还与浓度大小和聚氧乙烯的聚合度有关，一般浓度越大，刺激性越大；聚氧乙烯的聚合度越高，亲水性越强，刺激性越低。

第四节　表面活性剂的应用

表面活性剂在药剂中有着广泛的应用，常用于难溶性药物的增溶，油的乳化，混悬液的润湿和助悬，可以增加药物的稳定性，促进药物吸收，是制剂中常用的附加剂。阳离子型表面活性剂还可用于消毒、防腐及杀菌等。一种表面活性剂通常都在一定程度上具有上述多种作用，但每一种表面活性剂可能在某一作用上更为突出或特别适用于某一方面。

一、增溶剂

起增溶作用的表面活性剂称为增溶剂（solubilizers），被增溶的物质称为增溶质。利用表面活性剂的增溶作用，可以增加难溶性药物的溶解度，使其达到治疗所需要的浓度。例如甲酚在水中的溶解度仅为2%左右，但在肥皂溶液中却能增加到50%；非洛地平在0.025%的吐温溶液中溶解度可增加10倍。

（一）影响增溶作用的因素

1. 增溶剂的性质　在增溶剂的同系物中，随着碳原子数增加，CMC减小，胶束聚集数增加，增溶量随之增加。有分支结构的增溶剂，其增溶作用小于相同碳原子数直链结构的增溶剂；当增溶剂的碳链中含有不饱和键或极性基团时，增溶性减弱。具有相同亲油基的各类表面活性剂对烃类及极性有机物的增溶次序为：非离子型表面活性剂 > 阳离子型表面活性剂 > 阴离子型表面活性剂。

胶束增溶体系是热力学稳定体系，也是热力学平衡体系。在CMC以上，随着表面活性剂用量的增加，增溶量也相应增加。表面活性剂的增溶能力可用最大增溶浓度（maximum additive concentration，MAC）表示，即当表面活性剂用量为1g时，增溶物质达到饱和的浓度。例如，1g十二烷基硫酸钠可增溶0.262g黄体酮，1g吐温80或吐温20可分别增加0.19g或0.25g丁香油。表面活性剂的CMC及缔合数不同，则MAC不同。CMC越小，缔合数越大，MAC就越高。

2. 增溶质的性质

（1）极性的影响：对强极性和非极性药物而言，非离子型表面活性剂HLB值越大，增溶效果越好；对极性低的药物则正好相反。例如聚山梨酯类对非极性药物维生素A的增溶作用随HLB值的增大而增强，但对弱极性药物维生素A棕榈酸酯却相反。

（2）结构的影响：同系物药物随分子量增加，其增溶量降低。药物的同分异构体对增溶也有一定的影响，如吐温20和吐温40能使对羟基苯甲酸和间羟基苯甲酸增溶，但不能使邻羟基苯甲酸增溶。

（3）解离度的影响：不解离的极性药物和非极性药物易为表面活性剂增溶，而解离药物往往因其水溶性，进一步增溶的可能性较小，甚至溶解度降低。解离药物与带有相反电荷的表面活性剂混合时，在不同配比下可能出现增溶、形成可溶性复合物和不溶性复合物等复杂情况。解离药物与非离子型表面活性剂配伍时，很少形成不溶性复合物，但pH可明显影响药物的增溶量。对于弱酸性药物，在偏酸性条件下有较大程度的增溶；对于弱碱性药物，在偏碱性条件下有较大程度的增溶；对于两性药物，则在等电点有最大程度的增溶。

（4）其他成分的影响：抑菌剂或抗菌药物在表面活性剂溶液中往往被增溶而降低其活性，在这种情况下必须增加用量。如果在表面活性剂溶液中的溶解度越高，要求的抑菌浓度就越大。例如羟苯丙酯和丁酯的抑菌浓度比甲酯或乙酯低得多，但在表面活性剂溶液中却需要更高的浓度才能达到相同的抑菌效果，因为丙酯和丁酯更容易在胶束中增溶。当制剂中存在多种组分时，对主药的增溶效果取决于各组分与表面活性剂的相互作用。例如多种组分与主药竞争同一增溶位置而使增溶量减小；或某一组分吸附或结合表面活性剂分子造成对主药的增溶量减小；但某些组分也可扩大胶束体积而增加对主药的增溶。

3. 温度对增溶作用的影响　离子型表面活性剂温度升高，分子热运动增加，使胶束产生增溶的空间加大，因而增溶量增大。对聚氧乙烯醚类非离子型表面活性剂，温度升高，聚氧乙烯基水化作用减弱，CMC 减小，胶束聚集数增加，使非极性有机化合物增溶量增加，而极性有机物在昙点以下增溶量增大，若继续升高温度，造成聚氧乙烯基脱水而卷缩，减少了极性有机物增溶空间，致使增溶量减少。

（二）表面活性剂溶液的化学稳定性

药物增溶后的稳定性可能与胶束表面的性质、结构和胶束缔合体的反应性、药物本身的降解途径、环境的 pH、离子强度等多种因素有关。例如青霉素等 β-内酰胺类药物的酸水解被阳离子型及非离子型表面活性剂抑制，却被阴离子型表面活性剂催化；而对于青霉素 V 在中性溶液中的降解，离子型和非离子型表面活性剂均既无抑制作用也无催化作用。

二、乳　化　剂

表面活性剂能使乳剂易于形成并使之稳定，故可用作乳化剂。通常 HLB 值在 8~16 的表面活性剂可用作 O/W 型乳剂的乳化剂；HLB 值在 3~8 的表面活性剂适用于 W/O 型乳剂的乳化剂。阳离子和阴离子型表面活性剂的毒性及刺激性较大，一般作为外用制剂的乳化剂；两性离子型表面活性剂可用作内服制剂的乳化剂；非离子型表面活性剂不仅毒性低，而且相容性好，不易发生配伍变化，对 pH 的改变以及电解质均不敏感，可用于外用或内服制剂，有些还可用作静脉乳剂的乳化剂，如普朗尼克 F68。

在实际应用中，使用复合乳化剂较单一乳化剂效果为好。若已知待乳化油相所需的 HLB 值，则可用式（3-1）计算，得到复合乳化剂的配比。乳化剂的选择除了以 HLB 值为依据外，主要通过实验筛选，得到理化性质理想、稳定性好的乳化剂。

三、润　湿　剂

在制备混悬剂时常遇到的一个问题是粉末不易被润湿，漂浮于液体表面或下沉，这是由于固体粉末表面被一层气膜包围，或表面的疏水性阻止了液体对固体的润湿，从而造成制剂的不稳定或给制备带来困难。加入表面活性剂后，由于其分子能定向地吸附在固-液界面，排除了固体表面吸附的气体，降低了固-液界面的界面张力和接触角，使固体易被润湿而制得分散均匀或易于再分散的液体制剂。

促进液体在固体表面铺展或渗透的作用叫润湿作用（wetting），能起润湿作用的表面活性剂叫润湿剂（wetters）。润湿剂最适 HLB 值通常为 7~9，并应有适宜的溶解度才可起润湿作用。直链脂肪族表面活性剂应在 8~12 个碳原子为宜；对于烷基硫酸盐，以硫酸根处于碳氢链的中部为佳。常用的润湿剂有聚山梨酯类、聚氧乙烯脂肪醇醚类、聚氧乙烯蓖麻油类、磷脂类、泊洛沙姆等。

四、起泡剂和消泡剂

泡沫是一层很薄的液膜包围着气体，是气体分子分散在液体中的分散体系。具有产生泡沫作用的物质称为起泡剂（foaming agents），能够使泡沫稳定的物质称为稳泡剂（foam stabilizers）。表面活性剂可以降低液体的表面张力，使泡沫稳定，因而具有起泡剂和稳泡剂的作用，它们通常具有较强的亲水性和较高的 HLB 值。有些表面活性剂的起泡能力和稳泡能力并不平行，例如肥皂和十二烷基苯磺酸钠的起泡能力都很好，但前者的泡沫较后者持久。表面活性剂作为起泡剂和稳泡剂主要应用于腔道给药及皮肤用药。例如外用避孕片加入起泡剂和稳泡剂后，可使泡腾剂产生的泡沫持久，充满腔道，增加药效。在乳剂型气雾剂中加入具有起泡及稳泡作用的表面活性剂，可使喷出的乳剂成为持久的泡沫状态，使药物在作用部位的滞留时间延长，药液不易流失，且对创面具有安抚作用。

与起泡剂相反，用来消除泡沫的物质称为消泡剂（antifoaming agents）。一些含有表面活性剂或具有表面活性物质的溶液，如中草药的乙醇或水浸出液，含有皂苷、蛋白质、树胶及其他高分子化合物的溶液，当剧烈搅拌或蒸发浓缩时，可产生稳定的泡沫，给操作带来困难。为了破坏泡沫，可加入一些表面张力小而且水溶性也小的表面活性剂，其 HLB 值通常为 1~3，与泡沫液层的起泡剂争夺液膜面，并可吸附于泡沫表面上，取代原来的起泡剂，而其本身碳链短不能形成坚固的液膜，从而使泡沫破坏。

五、去 污 剂

用于除去污垢的表面活性剂称为去污剂（detergents）。去污是一个复杂的过程，是表面活性剂对污物的润湿、渗透、分散、乳化、发泡或增溶等综合作用的结果。去污剂的最适 HLB 值为 13~16，去污能力以非离子型表面活性剂最强，其次是阴离子型表面活性剂。常用的去污剂有钠肥皂、钾肥皂、油酸钠、十二烷基硫酸钠及其他烷基磺酸钠等。

六、消毒剂和杀菌剂

大多数阳离子型和两性离子型表面活性剂都可以用作消毒剂（disinfectants），少数阴离子型表面活性剂也有类似的作用，如甲酚皂、甲酚磺酸钠等。表面活性剂的消毒或杀菌机制是由于它们能与细菌生物膜的蛋白质发生相互作用，使蛋白质变性或破坏。这些表面活性剂在水中都有比较大的溶解度，根据需要使用不同的浓度，可分别用于手术前的皮肤消毒、伤口或黏膜消毒、器械消毒和环境消毒等。如苯扎溴铵为一种常用的广谱杀菌剂，对革兰阳性和阴性菌如大肠杆菌、痢疾杆菌、真菌等经过几分钟接触即可杀灭，皮肤消毒可用 0.5%醇溶液，局部湿敷和器械消毒则分别用 0.02%和 0.05%的水溶液。

学习小结

表面活性剂是具有很强的表面活性，加入少量就能使液体表面张力显著降低的物质，此外还具有增溶、乳化、润湿、起泡、消泡、去污、消毒和杀菌等作用。表面活性剂的结构特点是同时具有极性的亲水基和非极性的亲油基，是一种既亲水又亲油的分子，具有两亲性。表面活性剂根据其亲水基是否解离，可分为离子型和非离子型表面活性剂，其中离子型表面活性剂根据解离的离子性质，又可分为阴离子型、阳离子型和两性离子型表面活性剂。

表面活性剂的物理化学性质包括表面活性、表面活性剂胶束、克氏点和昙点、亲水亲油平衡值及表面活性剂的配伍；生物学性质包括对药物吸收的影响、与蛋白质的相互作用、毒性和刺激性。表面活性剂形成胶束是产生增溶、乳化、去污、分散等作用的根本原因，临界胶束浓度（CMC）是指表面活性剂分子缔合形成胶束的最低浓度。一些难溶性物质在胶束溶液中的溶解度可显著增加，称为增溶，是表面活性剂在药剂学中的重要应用，增溶剂和增溶质的性质及溶液温度均能影响增溶作用。克氏点是离子型表面活性剂的特征值，昙点是非离子型表面活性剂的特征值。亲水亲油平衡值（HLB 值）是表面活性剂分子中的亲水基和亲油基对油或水的综合亲和力，根据 HLB 值可以大致估计表面活性剂的用途。

复习题

1. 简述表面活性剂的结构特点。
2. 简述表面活性剂的分类，每类列举出一种常用的表面活性剂。
3. 表面活性剂达到临界胶束浓度时，溶液的物理性质发生哪些变化？
4. 试述表面活性剂的理化性质。
5. 试述 HLB 值的定义及不同表面活性剂 HLB 值的适用范围。
6. 影响表面活性剂增溶作用的因素有哪些？
7. 举例说明表面活性剂在药剂学中的应用。

（杜　青）

第四章

液体制剂

学习目标

1. 掌握液体制剂的概念、特点与分类，常用低分子溶液型液体制剂的种类与处方分析，混悬剂对药物的要求、物理稳定性、稳定剂及处方分析，乳剂的形成理论、乳化剂及选择、制备方法、处方分析。
2. 熟悉液体制剂的溶剂和附加剂，胶体溶液型液体制剂的性质和制备方法，混悬剂的质量要求、制备及稳定性评价方法，乳剂不稳定性及质量评价方法。
3. 了解液体制剂质量要求及对溶剂的要求，其他液体制剂与液体制剂的包装和贮存。

第一节　概　　述

液体制剂系指药物分散在适宜的分散介质中制成的可供内服或外用的液体形态的制剂。液体制剂通常是将药物（固体或液体），以不同的分散方式（溶解、胶溶、乳化或混悬）和不同的分散程度（分子、离子、胶体、液滴或微粒状态）分散在适宜的分散介质中制成的液体分散体系。液体制剂的理化性质、稳定性、药效甚至毒性等，均与药物粒子分散度的大小有密切的关系。

为了确保液体制剂的均匀性、有效性、安全性和稳定性，液体制剂中允许加入某些附加剂如助溶剂、助悬剂、防腐剂、矫臭剂、矫味剂等，因此液体制剂是一个较复杂的体系，亦是其他剂型的基础。

一、液体制剂的特点及质量要求

1. 液体制剂的特点

（1）液体制剂有以下优点：①由于药物分散度比较大，因此吸收快，显效快；②给药途径多，可以内服，也可以外用，如用于皮肤、黏膜和人体腔道等；③易于分剂量，服用方便，特别适用于婴幼儿和老年患者；④能减少某些药物的刺激性，如调整液体制剂浓度，避免口服后由于局部浓度过高而引起胃肠道刺激作用；⑤某些固体药物制成液体制剂后，有利于提高药物的生物利用度。

（2）液体制剂有以下缺点：①药物分散度大，又受分散介质的影响，易引起药物的化学降解等变化，使药效降低甚至失效；②液体制剂体积较大，携带、运输、贮存都不方便；③水性液体制剂容易霉变，需加入防腐剂；④非均匀分散的液体制剂，药物的分散度大，分散粒子具有很大的比表面积，易产生一系列的物理稳定性问题。

2. 液体制剂的质量要求　由于液体制剂药物分散度以及给药途径不同，因此，对其质量要求亦不尽相同。一般应符合：①有效成分的浓度应准确、稳定、无刺激性；②均相液体制剂应是澄明溶液；非均相液体制剂药物粒子应分散度大，经振摇易分散均匀；③液体制剂的分散介质最好用水，依据药物性质及用药方法和目的，适当选择毒性小的有机分散介质；④口服的液体制剂应外观良好，口感适宜；外用的液体制剂应无刺激性；⑤液体制剂应具有一定的防腐能力，保存和使用过程不应发生霉变。

二、液体制剂的分类

（一）按分散系统分类

根据药物的分散粒子大小和形成的体系均匀与否，液体制剂分为以下几种。

1. 均相液体制剂　药物以分子或离子形式分散在液体分散介质中，也称为溶液剂。依据分散相分子量大小不同，又分为低分子溶液剂和高分子溶液剂。

2. 非均相液体制剂　非均相液体制剂中的固体或液体药物以多分子聚集体为分散相分散在液体分散介质中，是热力学不稳定的分散体系，包括溶胶剂、乳剂和混悬剂。

按分散相粒子大小将分散体系分为分子分散体系、胶体分散体系和粗分散体系3类，见表4–1。

表4–1　分散体系中微粒大小与特征

液体类别		分散相大小（nm）	特征
分子分散体系	低分子溶液剂	<1	以分子或离子状态分散，无界面，均相，热力学稳定体系，为澄明溶液，能透过滤纸或半透膜
胶体分散体系	高分子溶液剂	1~500	以分子状态分散，无界面，均相，热力学稳定、动力学不稳定体系，扩散慢，能透过滤纸，不能透过半透膜
	溶胶剂	1~100	以分子聚集体分散，有界面，非均相，热力学不稳定体系，扩散慢，能透过滤纸而不能透过半透膜
粗分散体系	乳剂	>100	以小液滴状态分散，有界面，非均相，热力学和动力学均不稳定体系，扩散很慢或不扩散
	混悬剂	>500	以固体微粒状态分散，有界面，非均相，热力学和动力学均不稳定体系，扩散很慢或不扩散

（二）按给药途径分类

1. 内服的液体制剂　如合剂、芳香水剂、糖浆剂、溶液剂、酊剂等。

2. 外用的液体制剂　①皮肤用的液体制剂，如洗剂、搽剂等；②五官科用的液体制剂，如洗耳剂与滴耳剂、洗鼻剂与滴鼻剂、含漱剂与滴牙剂等；③直肠、阴道、尿道用的液体制剂，如灌肠剂、灌洗剂等。

三、液体制剂常用的分散介质

液体制剂的分散介质，对溶液剂来说可称为溶剂，对溶胶剂、混悬剂、乳剂来说不是溶解而是分散，这时可称为分散剂或分散介质。溶剂对药物的溶解和分散起重要作用，对液体制剂的性质和质量影响很大。在液体制剂中，药物的分散度关系到吸收速度与疗效。一般药物在液体分散介质中的分散度愈大，吸收愈快，显效也愈快。分散度大小对制剂稳定性也产生一定的影响，分散度愈大，界面自由能愈大，制剂愈不稳定。通过控制药物的分散度可以实现控制药物吸收速度的目的，而选择适宜的分散介质则是控制药物作用的重要手段。液体制剂的溶剂应具备的条件有：①对药物具有较好的溶解性和分散性；②化学性质稳定，不与药物或附加剂发生反应；③不影响药效的发挥和含量测定；④毒性小、无刺激性、无不适的臭味。同时符合这些条件的溶剂很少，需根据药物的性质与用途等因素选择比较合适的溶剂。

实践中常以“相似者相溶”这一经验规律来预测药物在溶剂中是否能溶解。所指的相似除化学结构的相似外，主要以其极性大小作为估计的依据。溶剂极性的大小用介电常数 ε 表示，常用溶剂的介电常数列于表4–2。

表 4–2　常用的溶剂和介电常数

溶剂	介电常数 ε	溶剂	介电常数 ε	溶剂	介电常数 ε
水	80.4	乙醇	33	乙酸乙酯	6.1
甘油	56	1，2– 丙二醇	23	植物油	3.5
二甲亚砜	45	乙酸	9.7	液状石蜡	2.1

将溶剂按介电常数大小分为极性溶剂、半极性溶剂和非极性溶剂。

1. 极性溶剂由极性分子组成。由于其分子中键的极性和分子一定的构型，使分子的正、负电荷重心不重合，从而使分子具有极性。极性大小可用偶极矩或介电常数表示，偶极矩或介电常数大则分子的极性大。

（1）纯化水：为饮用水经蒸馏法、离子交换法、反渗透法或其他适宜方法制得的供药用的水，是最常用的溶剂。纯化水无药效，能与乙醇、甘油、丙二醇等溶剂以任意比例混合。纯化水能溶解绝大多数的无机盐，并能溶解生物碱盐、苷类、糖类、树胶、鞣质、蛋白质、某些合成药物、酸类和色素等有机物质。

（2）甘油：本品为黏稠液体，味甜（为蔗糖甜度的60%），毒性小，能与水、乙醇、丙二醇相互混溶，而不与三氯甲烷、乙醚及脂肪油相溶。甘油的吸水性很强，其无水物对皮肤有脱水作用和刺激性。甘油与水相比黏度较大，含甘油 30% 以上有防腐作用，可供内服或外用。其外用制剂应用较多，在内服溶液中含甘油 12%（g/ml）以上时，不但使制剂有甜味，且能防止鞣质析出。

（3）二甲亚砜：为无色澄明液体，具大蒜嗅味，有较强的吸湿性，能与水、乙醇、甘油、丙二醇等溶剂任意比例混合。本品溶解范围广，能促进药物在皮肤和黏膜上的渗透作用，但对皮肤有轻度刺激性。

2. 半极性溶剂

（1）乙醇：乙醇也是常用的溶剂，可与水、甘油、丙二醇等任意比例混合。能溶解大部分的有机物质和植物中成分，如生物碱及其盐类、苷类、挥发油、树脂、鞣质及某些有机酸和色素等，其毒性比其他溶剂小。浓度在 20% 以上即具防腐作用。但与水相比，具有成本高、本身具有药理作用、易挥发及易燃烧等缺点，因此，其制剂应密闭贮存。另外，配制稀醇液时要注意应使其凉至 20℃时再补足所需体积，因为乙醇在与水混合时，由于化学作用生成水合物而产生热效应并使体积缩小。

（2）1，2- 丙二醇：本品性质与甘油相似，但黏度较小，可作为内服及肌内注射液溶剂。丙二醇与水等量混合液能延缓某些药物的水解，增加其稳定性。丙二醇对药物在皮肤和黏膜的吸收有一定的促进作用。

（3）聚乙二醇类（PEG）：聚乙二醇分子量在 1000 以下者为液体，液体制剂中常用 PEG300~600，为透明液体，能与水、乙醇、甘油、丙二醇等溶剂以任何比例混溶，并能溶解许多水溶性无机盐和水不溶性有机药物。本品对易水解的药物具有一定的稳定作用；在洗剂中，具有与甘油类似的保湿作用。

3. 非极性溶剂　非极性溶剂不能溶解极性药物，但能溶解具有相似结构或相近分子间力的非极性药物。常用的非极性溶剂如下。

（1）脂肪油：脂肪油系指麻油、豆油、花生油等植物油，能溶解油溶性药物如激素、挥发油、游离生物碱、樟脑等，不能与水、乙醇或甘油相混合。脂肪油易酸败，也易与碱性物质起皂化反应而变质。脂肪油多为外用制剂的溶剂，如洗剂、搽剂、滴鼻剂等。

（2）液状石蜡：本品为饱和烷烃化合物，化学性质稳定，分轻质和重质两种，前者密度 0.818~0.880g/ml，40℃时黏度 3.35 mPa·s，多用于外用液体制剂。后者密度 0.845~0.905g/ml，黏度 3.45mPa·s 以上。本品在肠道中不分解也不吸收，能使粪便变软，有润肠通便作用，可作口服制剂和搽剂的溶剂。

（3）油酸乙酯：属脂肪油的代用品。本品为淡黄色或几乎无色，易流动，有似橄榄油香味的油状液体，密度（20℃）为 0.866~0.874g/ml，黏度 $\geq$ 5.15mPa·s，酸值 $\leq$ 0.5，碘值 75~85，皂化值 177~188。本品在空气中暴露易氧化、变色，故常加入抗氧剂使用。

四、液体制剂的附加剂

（一）防腐剂

1. 防腐的重要性　液体制剂易被微生物污染，尤其是含营养物质如蛋白质、糖类等，更易使微生物滋生与繁殖。即使是抗生素和一些化学合成的消毒防腐药的液体制剂，有时也会染菌、生霉，如呋喃西林溶液中曾发现有霉菌生长。这是因为各种抗菌药物对抗菌谱以外的微生物不易起作用所致。液体制剂一旦检查出长霉，就不能供临床应用。

2. 防腐措施

（1）防止污染：首先应了解微生物的生长条件及影响因素。微生物的生长需要水分、氧气、二氧化碳、氮元素以及多种矿物质；同时，制剂的 pH 对微生物的生长也有影响。霉菌可在较广泛的 pH 范围内生长，最适宜的 pH 是 4~6；细菌通常在近中性易于生长，适宜的生长 pH 为 6~8；碱性范围对霉菌、细菌都不适宜，pH 9 以上几乎没有微生物生长。由此，在整个配制过程中，尽量防止污染，如缩短生产周期和暴露时间；用具、容器及瓶塞使用前进行灭菌；药液一般趁热灌装密塞；保持生产环境的无菌以及操作者卫生等。

（2）添加防腐剂：配制过程中防止污染，并不能完全保证没有细菌污染，所以仍须加适当的防腐剂用于抑制微生物繁殖，甚至可以杀灭存在的微生物。防腐剂应具备用量小、无毒、无刺激性；可溶解性、性质稳定，贮存时不发生变化，也不与制剂中成分发生反应；不影响药液 pH 和含量测定以及色、香、味；对大部分微生物有较强的防腐力等性质。

（3）优良防腐剂的条件：①在抑菌浓度范围内对人体无害、无刺激性，内服者应无特殊臭味；②水中有较大的溶解度，能达到防腐需要的浓度；③不影响制剂的理化性质和药理作用；④防腐剂也不受制剂中药物的影响；⑤对大多数微生物有较强的抑制作用；⑥防腐剂本身的理化性质和抗微生物性质稳定，不易受热和 pH 的影响；⑦长期贮存应稳定，不与包装材料起作用。

3. 常用的防腐剂　常用防腐剂的种类、特点、应用等见表 4-3。

表 4-3　常用的防腐剂

常用防腐剂		主要特点	抑菌浓度和作用
羟苯烷基酯类亦称尼泊金类	羟苯甲酯 羟苯乙酯 羟苯丙酯 羟苯丁酯	抑菌作用随烷基碳数增加而增加，但溶解度则减小，丁酯抗菌力最强，溶解度却最小	浓度均为 0.01%~0.25%，在酸性溶液中作用较强，对大肠杆菌作用最强，但在弱碱性溶液中作用减弱，这是因为酚羟基解离所致。常用量为 0.03%~0.1%
苯甲酸及其盐	苯甲酸 苯甲酸钠	苯甲酸未解离的分子抑菌作用强，所以在酸性溶液中抑菌效果较好，最适 pH 是 4，溶液 pH 增高时解离度增大，防腐效果降低	防霉作用较尼泊金类弱，而防发酵能力则较尼泊金类强，苯甲酸 0.25% 和尼泊金乙酯 0.05%~0.1% 联合应用对防止发霉和发酵最为理想，特别适用于中药液体制剂
山梨酸及其盐	山梨酸 山梨酸钾 山梨酸钠	本品的防腐作用是未解离的分子，在 pH=4 的水溶液中效果较好，山梨酸与其他抗菌剂联合使用产生协同作用。山梨酸钾、山梨酸钠作用与山梨酸相同，水中溶解度更大，需在酸性溶液中使用	对细菌的最低抑菌浓度为 0.02%~0.04%（pH < 6.0），对酵母、真菌的最低抑菌浓度为 0.8%~1.2%
苯扎溴铵		又称新洁尔灭，为阳离子型表面活性剂，淡黄色黏稠液体，低温时形成蜡状固体，极易潮解，有特臭、味极苦，无刺激性。溶于水和乙醇，微溶于丙酮和乙醚	本品在酸性和碱性溶液中稳定，耐热压，作防腐剂常用浓度为 0.02%~0.2%

续表

常用防腐剂	主要特点	抑菌浓度和作用
醋酸氯己定	又称醋酸洗必泰，微溶于水，溶于乙醇、甘油、丙二醇等溶剂中	为广谱杀菌剂，常用量为0.02%~0.05%
其他防腐剂		桉叶油微溶于水，常用浓度为0.01%~0.05%；桂皮油为0.01%；薄荷油为0.05%

（二）液体制剂的矫味与着色

1. 矫味剂　为掩盖和矫正药物制剂的不良臭味而加到制剂中的物质称为矫味、矫臭剂。味的辨别器官是舌上的味蕾，臭的辨别器官是鼻腔中的嗅觉细胞，若嗅觉丧失，则味觉也会暂时消失，所以矫味、矫臭与人的味觉和嗅觉有密切关系。从辨味的生理学看，矫味也应能矫臭。

（1）甜味剂：包括天然的和合成的两大类。天然的甜味剂如蔗糖和单糖浆应用最为广泛，具有芳香味的果汁糖浆，如橙皮糖浆及桂皮糖浆等不但能矫味，而且也能矫臭。甘油、山梨醇、甘露醇等也可作甜味剂。天然甜味剂甜菊苷，为微黄白色粉末，无臭、有清凉甜味，甜度比蔗糖大约300倍，在水中溶解度（25℃）为1∶10，pH4~10时加热也不被水解，常用量为0.025%~0.05%。本品甜味持久且不被吸收，但甜中带苦，故常与蔗糖和糖精钠合用。合成的甜味剂有糖精钠，甜度为蔗糖的200~700倍，易溶于水，但水溶液不稳定，长期放置甜度降低。常用量为0.03%，常与单糖浆、蔗糖和甜菊苷合用，常作咸味的矫味剂。阿司帕坦，也称蛋白糖，为二肽类甜味剂，又称天冬甜精。甜度比蔗糖高150~200倍，不致龋齿，可以有效地降低热量，适用于糖尿病、肥胖症患者。

（2）芳香剂：在制剂中有时需要添加少量香料和香精以改善制剂的气味和香味。这些香料与香精称为芳香剂。香料分天然香料和人造香料两大类。天然香料有植物中提取的芳香性挥发油，如柠檬、薄荷挥发油等以及它们的制剂，如薄荷水、桂皮水等。人造香料也称调和香料，是由人工香料添加一定量的溶剂调和而成的混合香料，如苹果香精、香蕉香精等。

（3）胶浆剂：胶浆剂具有黏稠缓和的性质，可以干扰味蕾的味觉而能矫味，如阿拉伯胶、羧甲基纤维素钠、琼脂、明胶、甲基纤维素等的胶浆。如在胶浆剂中加入适量糖精钠或甜菊苷等甜味剂，则增加其矫味作用。

（4）泡腾剂：利用酸式碳酸盐与有机酸反应生成二氧化碳气体，而后者溶于水中呈酸性的特性，达到麻痹味蕾而矫味的目的。

2. 着色剂　着色剂又称色素和染料，分天然色素和人工色素两大类。着色剂能改善制剂的外观颜色，可用来识别制剂的浓度、区分应用方法、改善制剂的外观和减少患者对服药的厌恶感。尤其是选用的颜色与矫味剂能够配合协调，更易为患者所接受。可供食用的色素称食用色素，只有食用色素才可作内服制剂的着色剂。

（1）天然色素：植物性的如苋菜汁、焦糖与叶绿素；矿物性的如氧化铁等。

（2）合成色素：目前我国允许使用的人工合成色素有苋菜红、胭脂红、柠檬黄、靛蓝、日落黄、姜黄以及亮蓝。液体制剂中一般用量二十万分之一 ~ 十万分之一，通常配成1%贮备液使用。市售食用着色剂一般含有稀释剂食盐，故在使用前应先脱盐（常用透析法）。

第二节 低分子溶液型液体制剂

低分子溶液型液体制剂也称低分子溶液剂，系指小分子药物以分子或离子（直径在 1nm 以下）形式分散在溶剂中形成的均相的液体制剂。低分子溶液剂可以口服，也可外用。

在液体制剂中，低分子溶液剂中药物是以分子或离子状态分散的，分散度最大，口服后与机体的接触面最大，吸收最迅速、最完全，所以在呈现作用和疗效方面比普通固体制剂快，生物利用度高。

影响溶液中药物吸收的因素有溶液的黏度、渗透压、增溶作用、络合物的形成及药物稳定性等。此外，低分子溶液剂的均匀性有利于分剂量的准确。

低分子溶液剂包括溶液剂、糖浆剂、芳香水剂、酯剂、酊剂和甘油剂等。

一、溶 液 剂

溶液剂（solutions）系指药物溶解于溶剂中所形成的澄明液体制剂。溶液剂应是澄明液体，根据需要溶液剂中可加入助溶剂、抗氧剂、甜味剂、着色剂等附加剂。

（一）溶液剂的制备

溶液剂一般有 3 种制备方法，即溶解法、稀释法和化学反应法。化学反应法比较少用。

1. 溶解法　系指将固体药物直接溶于溶剂的制备方法，适用于较稳定的化学药物。溶解法的制备过程是：药物的称量→溶解→滤过→质量检查→包装等。

2. 稀释法　系先将药物制成高浓度溶液或易溶性药物制成贮备液，再用溶剂稀释至需要浓度即得。用稀释法制备溶液剂时应注意浓度换算，挥发性药物的浓溶液在稀释过程中应注意挥发损失，以免影响浓度的准确性。

3. 化学反应法　系指利用化学反应制备溶液剂的方法。

（二）溶液剂制备时应注意的问题

有些药物虽然易溶，但溶解缓慢，此种药物在溶解过程中应采用粉碎、搅拌、加热等措施；易氧化的药物溶解时，宜将溶剂加热放冷后再溶解药物，同时应加适量抗氧剂，以减少药物氧化损失；对易挥发性药物应在最后加入，以免在制备过程中损失；处方中如有溶解度较小的药物，应先将其溶解后再加入其他药物；难溶性药物可加入适宜的助溶剂或增溶剂使其溶解。

例 4-1　复方碘溶液

【处方】碘 50g　　碘化钾 100g　加纯化水至 1000ml

【制备】取碘化钾，加纯化水 100ml 溶解；加碘搅拌使溶，再加适量纯化水，使全量成 1000ml 即得。

【作用与用法】调节甲状腺功能，主要用于甲状腺功能亢进的辅助治疗，外用作黏膜消毒剂。口服，一日 0.1~0.5ml，2 周为一疗程。

【注解】①本品俗称卢戈液（Lugol's solution），碘在水中的溶解度为 1∶2950，加碘化钾作助溶剂使形成 KI_3，能增加碘在水中的溶解度，并能使溶液稳定；②为了使配制时药物溶解速度快，先将碘化钾加适量纯化水配制成浓溶液，然后加入碘溶解；③本品内服时可用水稀释 5~10 倍，以减少其对黏膜的刺激性；④称取碘时应选用蜡纸或玻璃纸且快速操作，以免造成碘的挥发。

二、芳香水剂

芳香水剂（aromatic waters）系指芳香挥发性药物（多半为挥发油）的饱和或近饱和的水溶液。用乙醇和水混合溶剂制成的含大量挥发油的溶液，称为浓芳香水剂。

芳香水剂应澄明，必须具有与原有药物相同的气味，不得有异臭、沉淀和杂质。芳香水剂浓度一般都很低，可作矫味、矫臭和作分散剂使用，有的也有祛痰止咳、平喘和解热镇痛等治疗作用。芳香水剂中挥发物易分解或变质而失去了原味，并可生成黏稠物而出现沉淀或黏着于瓶口，所以，芳香水剂不宜大量配制和久贮。

芳香水剂的制法根据原料不同而不同，纯挥发油和化学药物多用溶解法和稀释法，含挥发性成分的药材多用蒸馏法，也可制成浓芳香水剂，临用时加以稀释。

例 4-2 薄荷水

【处方】 薄荷油 2ml 加纯化水至 1000ml

【制备】 取薄荷油，加精制滑石粉 15g，在乳钵中研匀；加纯化水 1000ml，振摇 10 分钟后用润湿的滤纸过滤；初滤液若混浊可再行滤过，待滤液澄明，由滤纸上加纯化水至 1000ml，即得。

【作用与用法】 本品用于祛风、矫味。口服，适量。

【注解】 ①薄荷油在水中溶解度为 0.05%。②滑石粉作为薄荷油的分散剂，使其与薄荷油共研时被吸附在滑石粉颗粒周围，加水振摇时，易使挥发油均匀分布于水中以增加溶解速度。同时，滑石粉还具吸附作用，过量的挥发油在过滤时因吸附在滑石粉表面而被滤除，起到助滤作用。所以，滑石粉不宜过细。

三、糖浆剂

（一）概述

糖浆剂（syrups）系指含有药物的浓蔗糖水溶液，供口服用。纯蔗糖的近饱和水溶液称为单糖浆或糖浆。糖浆剂中的药物可以是化学药物，也可以是药材的提取物。蔗糖和芳香剂能掩盖某些药物的苦味、咸味及其他不适臭味，容易服用，尤其受儿童欢迎。

另外，蔗糖是一种营养物质，易污染微生物致使糖浆酸败、混浊，药物变质，若糖浓度高，渗透压大，微生物生长繁殖虽受到抑制，但较浓的糖浆可因贮存温度的降低而逐渐析出蔗糖结晶。为此，应加适当防腐剂以阻止或延缓微生物的繁殖。常用的防腐剂有苯甲酸和苯甲酸钠，其用量不超过 0.3%，羟苯酯（尼泊金）类，其用量不超过 0.05%。以苯甲酸为防腐剂，应加枸橼酸或醋酸调 pH3~5，对真菌、酵母菌和其他微生物均有抑制作用，否则不能抑菌。防腐剂联合使用，能增强防腐效果。某些挥发油加于糖浆剂中起矫味和防腐作用，挥发油混合使用效果更好。

糖浆剂的质量要求：糖浆剂含糖量应符合规定，糖浆剂应澄清，在贮存期间不得有酸败、异臭、产生气体或其他变质现象。含药材提取物的糖浆剂，允许含少量轻摇即散的沉淀。糖浆剂中必要时可添加适量的乙醇、甘油和其他多元醇作稳定剂。如需加入色素时，应符合有关规定，并避免对检验产生干扰。

糖浆剂根据用途不同分为：①单糖浆，其浓度为85%（g/ml）或64.7%（g/g），不含任何药物，除供制备含药糖浆外，一般作为矫味剂、助悬剂等应用。②矫味糖浆，如橙皮糖浆、姜糖浆等，主要用于矫味，有时也作助悬剂用。③药物糖浆，如枸橼酸哌嗪糖浆、磷酸可待因糖浆等，主要用于疾病的治疗。

（二）糖浆剂的制备

1. 溶解法

（1）热溶法：热溶法是将蔗糖溶于沸纯化水中，继续加热使其全溶，降温后加入其他药物，搅拌溶解、滤过，再自滤过器加纯化水至全量，分装，即得。不加药物可制成单糖浆。热溶法有很多优点，蔗糖在水中的溶解度随温度升高而增加，在加热条件下蔗糖溶解速度快，趁热容易滤过，可以杀死微生物。蔗糖内的一些高分子杂质如蛋白质等，可因加热而凝聚滤除。但加热过久或超过100℃时，使转化糖的含量增加，糖浆剂颜色容易变深。热溶法适合于对热稳定的药物和有色糖浆的制备，如单糖浆和含药糖浆。

（2）冷溶法：将蔗糖溶于冷纯化水或含药的溶液中制成糖浆剂，也可用渗漉筒制备。冷溶法的优点是对热不稳定或挥发性药物较为适宜，制备的糖浆剂颜色较浅。但制备所需时间较长，在生产过程中容易污染微生物。

2. 混合法　混合法系将药物与糖浆均匀混合制备而成，适合于制备含药糖浆。混合法的优点是方法简便、灵活，可大量配制也可小量配制。但所制备的含药糖浆含糖量较低，要特别注意防腐。

（三）举例

例4-3　单糖浆

【处方】 蔗糖850g，纯化水加至1000ml

【制备】 取纯化水450ml，煮沸；加入蔗糖，搅拌溶解后，加热至100℃；沸后趁热用脱脂棉过滤，自滤器上添加适量热纯化水至1000ml，混匀，即得。

【注解】 ①本品可用热溶法和冷溶法制备；②蔗糖原料应为精制的无色或白色的干燥结晶；③盛装本品的容器、瓶塞应经灭菌。

例4-4　磷酸可待因糖浆

【处方】 磷酸可待因5g，蔗糖650g，防腐剂适量，加纯化水至1000ml

【制备】 取磷酸可待因、蔗糖溶于适量纯化水中，全部溶解，再加纯化水至全量，即得。

【作用与用法】 镇咳药，用于剧烈咳嗽。口服，一次15~30mg，一日30~90mg；极量：口服一次100mg，一日250mg。

四、酯　　剂

（一）概述

酯剂（spirits）系指挥发性药物的乙醇溶液。凡用于制备芳香水剂的药物一般都可以制成酯剂供内服和外用。

醑剂中的药物浓度一般为5%~10%，乙醇浓度一般为60%~90%。醑剂中的挥发油容易氧化、挥发，长期贮存会变色等。醑剂应贮存于密闭容器中，但不宜长期贮存。

醑剂可以作为芳香矫味剂应用，如复方橙皮醑、薄荷醑等。也有的用于治疗，如樟脑醑、芳香氨醑等。

（二）醑剂的制备与举例

醑剂的制备方法有溶解法和蒸馏法。

1. 溶解法　系将挥发性药物直接溶解于乙醇制得。

例4-5　薄荷醑

【处方】薄荷油100ml，加90%乙醇至1000ml

【制备】取薄荷油，加90%乙醇800ml使其溶解；如不澄明，可加适量滑石粉，搅拌、滤过；自滤器上添加90%乙醇至1000ml，即得。

【注解】①本品遇水易析出薄荷油，故所用容器应干燥；②本品为芳香调味剂与祛风药，用于胃肠充气和制剂的矫味。

2. 蒸馏法　系将挥发性物质与乙醇混合后进行蒸馏，或将经化学反应所生成的挥发性物质加入蒸馏制得。

例4-6　芳香氨醑

【处方】碳酸铵30g　　浓氨溶液60ml
　　枸橼油5ml　　八角茴香油3ml
　　90%乙醇750ml　　加纯化水至1000ml

【制备】将两种挥发油与乙醇共置蒸馏瓶中，加纯化水375ml，加热蒸馏，收集馏出液约875ml，更换接收器，继续收集馏出液55ml置1000ml磨口锥形瓶中；加碳酸铵与浓氨溶液，密塞，置60℃水浴中加热，时时振摇，待溶解、放冷、过滤；滤液并入初馏液中，添加纯化水使成1000ml，摇匀，即得。

【注解】①碳酸铵为碳酸氢铵（NH_4HCO_3）与氨基甲酸铵（NH_2COONH_4）的混合物，一般为白色半透明状固体块状物；②碳酸氢铵难溶于乙醇，须在后期收集的馏出液中加浓氨溶液并于水浴上加热，使之反应生成碳酸铵，以获得较高浓度的乙醇溶液；③氨基甲酸铵亦在加热时与水作用生成碳酸铵；④在常温下上述反应需12小时后完成；⑤枸橼油与八角茴香油为芳香成分，因其不纯，往往含有少量树脂性物质，与氨混合后使成品变黄甚至呈黄棕色，故先蒸馏以除去部分杂质。

五、酊　剂

（一）概述

酊剂（tinctures）系指药物用规定浓度的乙醇浸出或溶解而制成的澄清液体制剂，亦可用流浸膏稀释制成，可供内服或外用。

酊剂的浓度除另有规定外，含有毒剧药品（药材）的酊剂，每100ml相当于原药物10g；其他酊剂每100ml相当于原药物20g。

（二）酊剂的制备

1. 溶解法或稀释法　取药材的粉末或流浸膏，加规定浓度乙醇适量，溶解或稀释，静置，必要时过滤，即得。

2. 浸渍法 取适当粉碎的药材，置有盖容器中，加溶剂适量，密盖，搅拌或振摇，浸渍规定时间，倾取上清液，再加入溶剂适量，依法浸渍至有效成分充分浸出，合并浸出液，加溶剂至规定量后，静置24小时，过滤，即得。

3. 渗漉法 照《中国药典》2010年版一部（附录Ⅰ O）进行，用适量溶剂渗漉，至流出液达规定量后，静置，过滤，即得。

酊剂在制备与贮藏过程中应注意以下两点：①乙醇浓度不同时对药材中各成分的溶解性不同，制备酊剂时，应根据有效成分的溶解性选用适宜浓度的乙醇，以减少酊剂中杂质含量，酊剂中乙醇最低浓度为30%（ml/ml）；②酊剂久贮会发生沉淀，可过滤除去，再测定乙醇含量、有效成分含量，并调整至规定标准，仍可使用。

（三）举例

例4-7 碘酊

【处方】碘20g　　碘化钾15g

乙醇500ml　　加纯化水至1000ml

【制备】取碘化钾，加纯化水20ml溶解；加碘及乙醇，搅拌使溶解，再加水适量使成1000ml，即得。

【作用与用法】消毒防腐药，用于皮肤感染和消毒。外用，用棉签蘸取少量碘酊，由中心向外涂搽局部，消毒后再用70%乙醇脱碘。

【注解】①碘极微溶解于水（1∶2950），溶解于乙醇（1∶13），碘的溶解度较小，加入碘化钾使形成可溶性络合物，起到助溶作用，能加速碘的溶解，且使碘稳定；②碘化钾在水中溶解度为1∶0.7，制备本品时先加入约1倍量纯化水使其溶解，随即加入碘和全量乙醇，可使碘溶解较快，如若开始加水过多，则不利于碘的溶解；③碘是氧化剂。本品在长期贮存过程中，受光线作用发生降解，生成乙醛、三碘乙醛、碘乙烷及乙酸等杂质。为减少光线对本品的作用，应置棕色玻璃塞瓶内，在冷暗处保存。包装不宜用橡胶、软木及金属瓶塞。

六、甘 油 剂

甘油剂（glycerine）系指药物溶于甘油中制成的专供外用的溶液剂。甘油具有黏稠性、吸湿性，对皮肤、黏膜有滋润作用，能使药物滞留于患处而延长药物局部药效，缓和药物的刺激性。甘油剂用于口腔、耳鼻咽喉科疾病。甘油吸湿性较大，应密闭保存。

甘油剂的制备可用溶解法，如碘甘油；化学反应法，如硼酸甘油。

例4-8 碘甘油

【处方】碘10g　　碘化钾10g

纯化水10ml　　加甘油至1000ml

【制备】取碘化钾加水溶解后，加碘，搅拌使溶解，再加甘油使成1000ml，搅匀即得。

【作用与用法】消毒防腐，用于口腔黏膜感染，牙龈炎、牙周炎、冠周炎及牙周炎。外用，用棉签蘸取少量本品涂于患处，一日2~4次。

【注解】①甘油作为碘的溶剂，可缓和碘对黏膜的刺激性，甘油易附着于皮肤或黏膜上，使药物滞留患处，而起延效作用；②本品不宜用水稀释，必要时用甘油稀释以免增加刺激性；③碘在甘油中溶解度约1%（g/g，16℃），加碘化钾可助溶，并可增加碘的稳定性；④配制时宜控制水量，以免增加对黏膜的刺激性。

第三节 胶体溶液型液体制剂

一、概 述

胶体溶液型液体制剂系指某些高分子化合物或难溶性固体药物以1~500nm大小的质点分散于适当分散介质中，形成的均相或非均相的液体制剂。如分散相以多分子聚集体（胶体颗粒）分散的疏水胶体溶液（溶胶剂）是多相不均匀分散体系；以单分子分散的亲水胶体（高分子物质）溶液是单相均匀分散体系。

胶体溶液型液体制剂所用的分散介质大多为水，少数为非水溶剂如乙醇、乙醚、丙酮等。在该类制剂中，应用很广泛的分散相有：天然多糖类（淀粉、树胶等）、合成或半合成的纤维素类（甲基纤维素、羧甲基纤维素钠等）、蛋白质类（明胶、胃蛋白酶等）、蛋白银、右旋糖酐、聚乙烯吡咯烷酮、枸橼酸铁铵等。

胶体可按胶粒与分散介质之间亲和力的不同分为亲液胶体与疏液胶体，当分散介质为水时称为亲水胶体（也叫高分子溶液剂）与疏水胶体（也叫溶胶剂）。

二、溶 胶 剂

溶胶剂系指难溶性固体药物的微细粒子分散在水中形成的非均相分散体系的液体制剂，又称疏水胶体溶液。溶胶剂中分散的微细粒子（胶粒）大小在1~100 nm，胶粒是多分子聚集体，有极大的分散度，但水化作用很弱，它们之间存在着物理界面，属热力学不稳定系统。将药物分散成溶胶分散状态，它们的药效会出现增大或异常。硫的粉末不被肠道吸收，但胶体硫在肠道中极易吸收，以致产生极大毒性甚至死亡。具有杀菌效果的胶体氯化银、碘化银、蛋白银等，同它们的银盐比较，没有特殊刺激性感觉。目前溶胶剂很少使用，但它们的性质对药剂学却十分重要。

（一）溶胶的构造和性质

1. 溶胶的双电层构造 溶胶剂中的固体微粒由于本身的解离或吸附溶液中某种离子而带有电荷，带电的微粒表面必然吸引带相反电荷的离子，称为反离子。大部分反离子紧密地分布在微粒的周围，并随微粒的运动而运动。吸附的带电离子和反离子构成了吸附层。少部分反离子扩散到溶液中，形成扩散层。吸附层和扩散层分别是带相反电荷的带电层称为双电层，也称扩散双电层，双电层之间的电位差称为 ζ－电位。在电场的作用下，胶粒向与其自身电荷相反的方向移动，胶粒在移动过程中电位差才表现出来，所以又称为动电电位。ζ－电位的高低决定于反离子在吸附层和溶液中分布量的多少，吸附层中反离子愈多则溶液中的反离子愈少，ζ－电位就愈低。相反，进入吸附层的反离子愈少，ζ－电位就愈高。所以 ζ－电位的高低与溶液中电解质的浓度有密切关系。由于双电层中的离子有水化作用，所以在胶粒周围形成弱的水化膜。胶粒电荷愈多，扩散层就愈厚，水化膜也愈厚。水化膜的存在使胶粒不易合并，增加溶胶的聚结稳定性。由于胶粒电荷之间的排斥作用，可防止胶粒碰撞时发生聚结。ζ－电位愈高斥力愈大，溶胶也就愈稳定。ζ－电位降低至25mV以下时，溶胶聚集速度增大，溶胶产生聚结不稳定性。

2. 溶胶剂的性质

（1）光学性质：当强光线通过溶胶剂时从侧面可见到圆锥形光束，称为丁铎尔效应，这是由于胶粒大小小于自然光波长引起光散射所产生的。溶胶剂的混浊程度用浊度表示，浊度愈大表明散射光愈强。溶胶剂的颜色与光线的吸收和散射有密切关系。不同溶胶剂对不同特定波长的吸收，使溶胶剂产生不同的颜色，氯化金溶胶呈深红色，碘化银溶胶呈黄色，蛋白银溶胶呈棕色。

（2）电学性质：溶胶剂由于双电层结构而带电荷，可以带正电荷，也可以带负电荷。在电场的作用下，胶粒或分散介质产生移动，在移动过程中产生电位差，这种现象称为界面动电现象。溶剂的电泳现象就是界面动电现象所引起的，动电电位愈高，电泳速度就愈快。其关系如下：

$$\nu=\frac{\zeta E\varepsilon}{4\pi\eta l} \tag{4-1}$$

式（4-1）中，ν 为电泳速度；E 为电极间的电压；ε 为液体的介电常数；η 为黏度；l 为电极间的距离。根据式（4-1），用电泳法可以测定溶剂的 ζ－电位。

（3）动力学性质：溶胶剂中的胶粒在分散介质中有不规则的运动，这种运动称为布朗运动。布朗运动是由于胶粒受溶剂水分子不规则的撞击产生的，胶粒愈小，运动速度愈大。溶胶粒子的扩散速度，沉降速度及分散介质的黏度等都与溶胶的动力学性质有关。由于胶粒粒子在1~100nm，不受重力作用的影响，又由于胶粒的布朗运动增加了其动力稳定性，故溶胶剂属于动力学稳定体系。其胶粒的沉降速度慢，可在较长时间内不发生沉淀。

（4）热力学性质：溶胶剂分子中以疏水基团占优势，与水的亲和作用很弱，不能形成水合物，只能以多个分子聚集成微粒，与水有明显的界面，比表面积与界面自由能大，胶粒有趋于合并使界面自由能降低的倾向，以致在长期的贮存过程中有粒子呈聚结的所谓“陈化”现象，所以胶体溶液属于热力学不稳定体系。但由于胶粒表面电荷产生静电斥力，以及胶粒荷电所形成的水化膜，增加了溶胶剂的聚结稳定性。

为了增加溶胶剂的稳定性，使胶粒不至于聚集合并，常加入天然的或合成的亲水性高分子化合物，使其吸附在疏水胶粒的表面形成保护膜，使溶液具亲水性，称为胶体的保护作用。这种在疏水胶中加入的亲水胶称为保护胶体。加入保护胶体后，溶液具亲水胶体的性质，如蛋白银为疏水性的银溶胶加入明胶溶液作保护胶后制成的液体，其稳定性与高分子溶液相似。

（二）溶胶剂的制备

溶胶剂的制备方法分为分散法和凝聚法两种。

1. 分散法　分散法就是把药物的粗大粒子分散达到溶胶粒子的分散范围。由于分散微粒分散度增加，必然出现微粒合并现象，因此需加稳定剂。

（1）机械分散法：常采用胶体磨进行制备，其粉碎能力因构造和转速不同而异，可得到所需要粒子大小的溶胶剂。

（2）胶溶法：使新生的粗分散粒子重新分散的方法。如新生成的 AgCl 粗分散粒子加稳定剂（主要是 Ag^+起作用），经再分散可制得 AgCl 溶胶剂。

（3）超声分散法：用 20 000Hz 以上超声波所产生的能量使分散粒子分散成溶胶剂的方法。

2. 凝聚法　系利用物理条件的改变或化学反应使分子或离子分散的物质，结合成胶体粒子的方法。

（1）物理凝聚法：常用的有更换溶剂法。如将硫磺溶于乙醇中制成饱和溶液，过滤，取 5ml 滤液加 20ml 纯化水，因硫磺在水中溶解度小而迅速析出，凝聚形成胶粒而分散于水中。

（2）化学凝聚法：系借助于氧化、还原、水解、复分解等化学反应，制备溶胶。如硫代硫酸钠溶液与稀盐酸作用，产生新生态硫分散于水中，形成溶胶，且具有很强的杀菌作用。

凝聚法制备溶液，控制胶粒的大小是个关键。为此，除了加稳定剂外，还应控制凝聚过程，即在稀溶液中进行。

三、高分子溶液剂

高分子溶液剂系指高分子化合物溶解于分散介质中形成的均相的液体制剂。高分子溶液剂以水为溶剂，则称为亲水性高分子溶液剂，或称胶浆剂。以非水溶剂制备的高分子溶液剂，称为非水性高分子溶液剂。高分子溶液剂属于热力学稳定系统。

（一）高分子溶液剂的性质

1. 电学性质　高分子水溶液中，高分子化合物结构的某些基团因解离而带电，有的带正电，有的带负电。带正电荷的高分子水溶液有琼脂、血红蛋白、碱性染料（亚甲蓝、甲基紫）、明胶、血浆蛋白等。带负电荷的有淀粉、阿拉伯胶、西黄蓍胶、鞣酸、树脂、磷脂、酸性染料（伊红、靛蓝）、海藻酸钠等。一些高分子化合物所带电荷受溶液 pH 的影响。蛋白质分子中含有羧基和氨基，在水溶液中随 pH 不同可带正电或负电。

在碱性溶液中（pH ＞等电点）：

$$NH_2—CHR—COOH+OH^- = NH_2—CHR—COO^- +H_2O$$

在酸性溶液中（pH ＜等电点）：

$$NH_2—CHR—COOH+H^+ = NH_3^+—CHR—COOH$$

当溶液的 pH ＞等电点时，$—COO^-$ 多，蛋白质带负电荷；pH ＜等电点时，$—NH_3^+$ 多，蛋白质带正电。在等电点时，高分子化合物不荷电，这时高分子溶液的许多性质发生变化，如黏度、渗透压、溶解度、电导等都变为最小值。高分子溶液的这种性质，在药剂学中有重要用途。高分子化合物在溶液中荷电，有电泳现象，用电泳法可测得高分子化合物所带电荷的种类。

2. 热力学性质　高分子溶液的稳定性主要是由高分子化合物水化作用和荷电两方面决定的。高分子化合物含有大量亲水基团如—COOH、$—NH_2$、—OH 等，能与水形成牢固的水化膜，可阻止高分子化合物分子之间的相互凝聚，故在水中呈现亲水性并溶于水，以单分子状态分散在水中，形成均相的热力学稳定的分散体系。

向溶液中加入少量的电解质，不会因为有反离子的作用而破坏水化膜，影响其稳定性。但加入大量的电解质，由于电解质的强烈水化作用，结合了大量的水分而破坏了水化膜，使高分子化合物凝结而沉淀，这一过程称为盐析。引起盐析作用的主要是电解质的阴离子，不同电解质的阴离子盐析能力是不同的。

破坏水化膜的另一种方法就是加入大量的脱水剂如乙醇、丙酮等，由于脱水剂与水之间的亲和性更大，破坏了水化膜，使高分子化合物凝结而沉淀出来。

3. 渗透压性质 亲水性高分子溶液与溶胶剂不同，有较高的渗透压，渗透压的大小与高分子溶液的浓度有关。

4. 凝胶性质 有些亲水胶体溶液如明胶溶液、琼脂水溶液等，当温度升高时是一种可流动的黏稠性溶液，在低温时能变成不流动的半固体状凝胶。这主要是由于呈链状分散的高分子化合物在温度降低时形成了网状结构，水分进入了网状结构的内部，形成了不流动的半固体状物，称为凝胶，形成凝胶的过程称为胶凝。当加热时网状结构被破坏，水分又从网状结构中出来，胶体溶液恢复黏稠性且可流动。这种可因温度或浓度不同而转变为原溶液的凝胶称为可逆凝胶。凝胶失去网状结构中的水分时，体积缩小，形成的干燥固体称为干胶。药剂学中的硬胶囊、微囊等，都是干胶的存在形式。

5. 触变性质 有些亲水性胶体溶液，在一定温度下静置时，胶体溶液逐渐变成为凝胶，一经振摇又成为可流动的胶体溶液，胶体的这种可逆的变化性质称为触变性，具有触变性的胶体称为触变胶（如植物油中加入硬脂酸铝形成的胶体溶液）。利用触变胶作助悬剂也可制得比较稳定的混悬液。

（二）高分子溶液的制备

制备高分子溶液多采用溶解法，包括有限溶胀和无限溶胀两个过程。先将高分子化合物用水浸泡，由于高分子化合物分子大、扩散慢，只有水分子单方向渗入到高分子化合物分子间的空隙中，与高分子中的亲水基团发生水化作用而使体积膨胀，结果使高分子空隙间充满了水分子，这一过程称为有限溶胀。由于高分子空隙间存在水分子，降低了高分子化合物分子之间的作用力（范德华力），溶胀过程继续进行，最后高分子化合物完全分散在水中而形成高分子溶液，这一过程称为无限溶胀。

不同的亲水胶体，其无限溶胀的速度和难易有所不同，大多数需要搅拌或加热才能完成。如制备明胶溶液时，先将明胶碎成小块，放于水中浸泡 3~4 小时，使其吸水膨胀，这是有限溶胀过程，然后加热并搅拌使其形成明胶溶液，这是无限溶胀过程。琼脂、阿拉伯胶、西黄蓍胶、羧甲基纤维素钠等可先将其撒在冷水中，使之吸水膨胀，然后加热使之完全胶溶。而甲基纤维素和羟丙甲基纤维素则需先将其加入到总体积 1/5~1/3 的热水（80~90℃）中，充分分散与水化后降温，再加冷水至总体积，不断搅拌使溶解。淀粉遇水能立即膨胀，但无限溶胀过程必须加热至 60~70℃才能制成淀粉浆。胃蛋白酶、汞红溴、蛋白银等高分子药物，其有限溶胀和无限溶胀过程都很快，只需将其撒于水面，待其自然溶胀后再搅拌即可形成溶液，但如果将它们撒于水面后立即搅拌则形成团块，这时在团块周围形成了水化层，使溶胀过程变得相当缓慢，给制备过程带来困难。

例 4–9 羧甲基纤维素钠胶浆剂

【处方】 羧甲基纤维素钠 5g　　糖精钠 0.5g

　　　　琼脂 5g　　加纯化水至 1000ml

【制备】 取羧甲基纤维素钠分次加入 400ml 热纯化水中，轻轻搅拌使溶；另取碎块琼脂及糖精钠加入热纯化水 400ml，煮沸数分钟，使琼脂溶解；两液合并，趁热过滤，加热纯化水至1000ml，搅匀，即得。

【注解】①羧甲基纤维素钠也可在冷水中有限溶胀，然后加热使之完全溶解；②本品在pH 3~11.5均稳定，氯化钠等盐类可降低其黏度；③本品用于助悬剂、矫味剂，外用时则不加糖精钠。

例4-10 胃蛋白酶合剂

【处方】胃蛋白酶20g　　单糖浆100ml

稀盐酸20ml　　5%羟苯乙酯乙醇液10ml

橙皮酊20ml　　加纯化水至1000ml

【制备】①将稀盐酸、单糖浆加入约800ml纯化水中，搅匀；②再将胃蛋白酶撒在液上，待自然溶胀、溶解；③将橙皮酊缓缓加入溶液中；④另取约100ml纯化水溶解羟苯乙酯乙醇液后，将其缓缓加入上述溶液中；⑤再加纯化水至全量，搅匀，即得。

【作用与用法】本品为助消化药，能消化蛋白质，用于缺乏胃蛋白酶或病后消化功能减退引起的消化不良症。口服，一日3次，一次10ml。

【注解】①影响胃蛋白酶活性的主要因素是pH，一般pH1.5~2.5。含盐酸的量不可超过0.5%，否则使胃蛋白酶失去活性，故配制时先将稀盐酸用适量纯化水稀释。②须将胃蛋白酶撒在液面上，待溶胀后再缓缓搅匀，且不得加热以免失去活性。③本品一般不宜过滤，因胃蛋白酶等电点为pH 2.75~3.00，因此在该液中pH < 等电点，胃蛋白酶带正电荷，而润湿的滤纸或棉花带负电荷，过滤时则吸附胃蛋白酶。必要时，可将滤材润湿后，用稀盐酸少许冲洗以中和滤材表面电荷，消除吸附现象。④胃蛋白酶消化力应为1∶3000，即1g胃蛋白酶应能消化凝固的卵蛋白3000g。⑤本品不宜与胰酶、氯化钠、碘、鞣酸、浓乙醇、碱以及重金属配伍，因能降低其活性。

第四节 混悬剂

一、概述

混悬剂（suspensions）也称混悬液型液体制剂，系指难溶性固体药物以微粒状态分散于分散介质中形成的非均相的液体制剂。混悬剂中药物微粒一般在0.5~10μm，小者可为0.1μm，大者可达50μm或更大。混悬剂属于热力学不稳定的粗分散体系，所用分散介质大多数为水，也可用植物油。

适宜制成混悬剂的情况：①凡难溶性药物需制成液体制剂供临床应用时；②药物的剂量超过了溶解度而不能以溶液剂形式应用时；③两种溶液混合时药物的溶解度降低而析出固体药物时；④为了使药物产生缓释作用等条件下，都可以考虑制成混悬剂。但为了安全起见，毒剧药或剂量小的药物不应制成混悬剂使用。混悬剂的质量要求应严格，药物本身的化学性质应稳定，在使用或贮存期间含量应符合要求；混悬剂中微粒大小根据用途不同而有不同要求；粒子的沉降速度应很慢、沉降后不应有结块现象，轻摇后应迅速均匀分散；混悬剂应有一定的黏度要求；外用混悬剂应容易涂布。

混悬剂在吸收前，药物颗粒必须溶解，溶解过程是否为吸收的限速过程取决于药物的溶解度和溶出速度。影响混悬剂中药物吸收的因素较溶液剂多，如混悬剂中的粒子大小、晶型、附加剂、分散溶媒的种类、黏度以及各组分间的相互作用等因素，都可影响其生物利用度。

二、混悬剂的物理稳定性

由于混悬剂分散相微粒大于胶粒，微粒的布朗运动不显著，易受重力作用而沉降，故混悬剂属于动力学不稳定体系。另外，混悬剂微粒仍然具有较大的界面能，容易聚集，所以混悬剂又属于热力学不稳定体系。疏水性强的难溶性药物的混悬剂比有一定亲水性的难溶性药物的混悬剂存在更大的稳定性问题。混悬剂的稳定性主要与下列因素有关。

（一）混悬粒子的沉降速度

混悬剂中的微粒由于受重力作用，静置时会自然沉降，沉降速度服从 Stokes 定律：

$$V=\frac{2r^2(\rho_1-\rho_2)g}{9\eta} \tag{4-2}$$

式（4-2）中，V 为沉降速度（cm/s）；r 为微粒半径（cm）；ρ_1 和 ρ_2 分别为微粒和介质的密度（g/ml）；g 为重力加速度（cm/s^2）；η 为分散介质的黏度（泊 =g/cm・s，1 泊 =0.1Pa・s）。由 Stokes 公式可见，微粒沉降速度与微粒半径的平方、微粒与分散介质的密度差成正比，与分散介质的黏度成反比。混悬剂微粒沉降速度愈大，动力学稳定性愈小。增加混悬剂的动力学稳定性、减小沉降速度的主要方法是：①尽量减小微粒半径；②增加分散介质的黏度；③减小固体微粒与分散介质间的密度差。这就要向混悬剂中加入高分子助悬剂，在增加介质黏度的同时，也减小了微粒与分散介质之间的密度差，同时微粒吸附助悬剂分子而增加亲水性，这是增加混悬剂稳定性采取的重要措施。

（二）微粒的荷电与水化

混悬剂中的微粒可因本身解离或吸附分散介质中的离子而荷电，具有双电层结构，即有 ζ－电位。由于微粒表面荷电，水分子可在微粒周围形成水化膜，这种水化作用的强弱随双电层厚度而改变。微粒荷电使微粒间产生排斥作用，加之有水化膜的存在，阻止了微粒间的相互聚结，使混悬剂稳定。向混悬剂中加入少量的电解质，可以改变双电层的构造和厚度，会影响混悬剂的聚结稳定性并产生絮凝。疏水性强的难溶性药物的混悬剂其微粒水化作用很弱，对电解质更敏感。有一定亲水性的难溶性药物的混悬剂微粒除荷电外，本身具有水化作用，受电解质的影响较小。

（三）絮凝与反絮凝作用

混悬剂中的微粒由于分散度大而具有很大的总表面积，因而微粒具有很高的界面自由能。这种高能状态的微粒就有降低界面自由能的趋势，界面自由能的改变可用式（4-3）表示：

$$\Delta G=\sigma_{S \cdot L}\cdot\Delta A \tag{4-3}$$

式（4-3）中，ΔG 为界面自由能的改变值；ΔA 为微粒总表面积的改变值；$\sigma_{S \cdot L}$ 为固液界面张力。对一定的混悬剂 $\sigma_{S \cdot L}$ 是一定的，则只有降低 ΔA，才能降低微粒的界面自由能 ΔG，这就意味着微粒间要有一定的聚集。但由于微粒荷电，电荷的排斥阻碍了微粒产生的聚集。因此只有加入适当的电解质，使 ζ－电位降低，以减小微粒间的电荷排斥力。ζ－电位降低到一定程度后，混悬剂中的微粒形成疏松的絮凝状聚集体，使混悬剂处于稳定状态。混悬微粒形成絮状聚集体的过程称为絮凝，加入的电解质成为絮凝剂。为了得到稳定的混悬剂，一般应控制 ζ－电位在 20~25mV，使其恰好能产生絮凝作用，形成的絮凝物疏松、不易结块，而且易于分散。向絮凝状态的混悬剂中加入电解质，使絮凝状态变为非絮凝状态的这一过程称为反絮凝，加入的电解质称为反絮凝剂，反絮凝剂所用的电解质与絮凝剂相同。

絮凝作用和反絮凝作用的产生，主要是由于混悬剂的微粒间有静电斥力，同时也存在着引力，即范德华力。当两个运动的微粒接近时电荷的斥力增大，引力也增大。斥力和引力以微粒间相互作用能表示，如图 4–1 所示，斥力的相互作用能为正号即 A 线，引力的相互作用能为负号即 B 线，两种相互作用能之和为 C 线。当混悬剂中两个微粒间的距离缩短至 S 点时，引力稍大于斥力，这是粒子间保持的最佳距离，这时粒子形成絮凝状态。当粒子间的距离进一步缩短时，斥力明显增加，当距离达到 M 点时斥力最大，微粒间无法达到聚集而处于非絮凝状态。受外界因素影响，粒子间的距离很容易进一步缩短达到 P 点。在此点微粒之间产生强烈的相互吸引，以至于在强引力的作用下挤出粒子间的分散介质而使粒子结饼，这时就无法再恢复混悬状态。

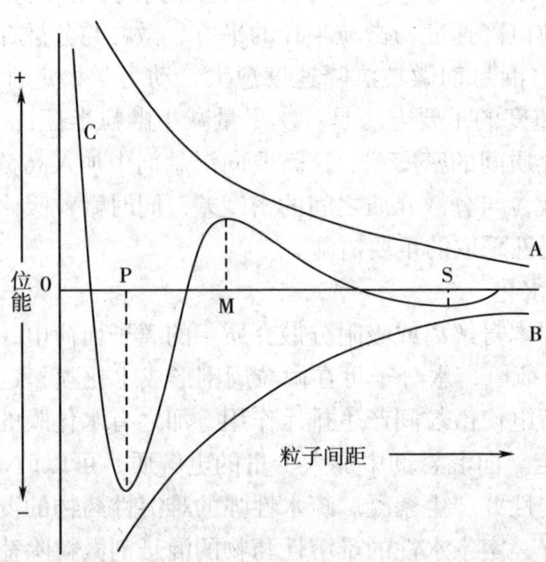

图 4–1　混悬剂中粒子间吸引与排斥位能曲线

（四）结晶增长与转型

混悬剂中的药物微粒大小不可能完全一致，混悬剂在放置过程中，微粒的大小在不断变化，小的微粒数目不断减少，大的微粒粒径不断增大，使微粒的沉降速度加快，结果必然影响混悬剂的稳定性。当药物微粒处于微米大小时，小粒子药物的溶解度就会大于大粒子的溶解度。这一规律可以用 Ostwald Freundlich 方程式表示：

$$\lg\frac{S_2}{S_1}=\frac{2\sigma M}{\rho RT}\left(\frac{1}{r_2}-\frac{1}{r_1}\right) \tag{4–4}$$

式（4–4）中，S_1、S_2 分别是半径为 r_1、r_2 的药物溶解度；σ 为固－液两相间的界面张力；ρ 为固体药物的密度；M 为分子量；R 为气体常数；T 为绝对温度。根据式（4-4）可知，当药物处于微粉状态时，小的微粒溶解度大于大的微粒溶解度。混悬剂中溶液是饱和溶液，但小微粒的溶解度大而在不断溶解，对于大微粒来说过饱和而不断地增长变大，使沉降速度加快，混悬剂稳定性降低。这时必须加入抑制剂以阻止结晶的溶解和生长，同时不仅要考虑微粒的粒度，还要考虑其大小的一致性，以保持混悬剂的物理稳定性。

许多结晶性药物如巴比妥、黄体酮、氯霉素、四环素等都具有同质多晶性即多晶型。但在多晶型中，只有一种晶型是最稳定的，而其他亚稳定型都会在一定时间内转化为稳定型。但亚稳定型比稳定型溶解度大，从剂型中溶出速度快，吸收好。混悬剂中如具有多晶型药物，可以通过液体分散介质转型，亚稳定型不断溶解而稳定型不断长大结块，从而亚稳定型转变为稳定型。这样不仅破坏了混悬剂的稳定性，还会降低药效。例如氯霉素棕榈酸酯有A、B、C与无定形4种晶型，其中B型与无定形为有效晶型。当加热80℃以上B型可转变为无效的A型；将无定形加热熔融后再自然缓慢冷却，亦可转变成A型；但在热熔后快速冷却，可转变成B型。

（五）分散相的浓度与温度

在同一分散介质中，分散相的浓度增加，混悬剂的稳定性降低。温度对混悬剂的影响更大，温度变化不仅改变药物的溶解度和分解速度，还能改变微粒的沉降速度、絮凝速度、沉降容积，从而改变混悬剂的稳定性。冷冻可破坏混悬剂的网状结构，也使稳定性降低。

三、混悬剂的稳定剂

混悬剂属于不稳定分散体系，根据其不稳定的特点，可以加入不同的稳定剂。稳定剂在体系中起润湿、助悬、絮凝或反絮凝作用。

（一）润湿剂

润湿剂系指能增加难溶性药物微粒被水润湿的附加剂。许多疏水性难溶性药物如硫磺、甾醇类、阿司匹林等不易被水润湿，加之微粒表面吸附有空气，给制备混悬剂带来困难，这时应加入润湿剂，润湿剂可被吸附于微粒表面，增加其亲水性，产生较好的分散效果。最常用的润湿剂是HLB值为7~9的表面活性剂，如聚山梨酯类、聚氧乙烯脂肪醇醚类、聚氧乙烯蓖麻油类、泊洛沙姆等。

（二）助悬剂

助悬剂系指能增加分散介质的黏度以降低微粒的沉降速度或增加微粒亲水性的附加剂。助悬剂包括的种类很多，其中有低分子化合物、高分子化合物，甚至有些表面活性剂也可作助悬剂用。助悬剂主要是增加分散介质的黏度，以降低微粒沉降速度，增加微粒的亲水性，防止结晶的转型。常用的助悬剂有以下几种。

1. 低分子助悬剂　如甘油、山梨醇、糖浆剂等低分子化合物，可增加分散介质的黏度，也可增加微粒的亲水性。在外用混悬剂中常加入甘油或山梨醇，亲水性难溶性药物的混悬剂可少加，疏水性难溶性药物的混悬剂应多加，如复方硫黄洗剂中就有甘油。糖浆剂主要用于内服的混悬剂，具有助悬和矫味作用。

2. 高分子助悬剂

（1）天然的高分子助悬剂：主要是树胶类，如阿拉伯胶、西黄蓍胶、桃胶等。阿拉伯胶可用其粉末或胶浆，用量可为5%~15%；西黄蓍胶用其粉末或胶浆，用量可为0.5%~1%。植物多糖类，如白及胶、海藻酸钠、琼脂、角叉菜胶、淀粉浆等，此外还有脱乙酰甲壳素。

（2）合成或半合成高分子助悬剂：纤维素类，如甲基纤维素、羧甲基纤维素钠、羟丙基纤维素、羟丙甲基纤维素、羟乙基纤维素等。其他如卡波普、聚维酮、葡聚糖等。此类助悬剂大多数性质稳定，受pH影响小，但应注意某些助悬剂能与药物或其他附加剂有配伍变化。

（3）硅藻土：为天然产硅胶状的含水硅酸铝。为灰黄或乳白色极细粉末，直径为1~150μm，不溶于水或酸，但在水中可膨胀，体积增加约10倍，形成高黏度并具触变性和假塑性的凝胶。在 $pH > 7$ 时，膨胀性更大，黏度更高，助悬效果更好。如炉甘石洗剂中加有硅藻土，助悬效果极好。常用量2%，当含5%时才有触变性。

（4）触变胶：利用触变胶的触变性，即凝胶与溶胶恒温转变的性质，静置时形成凝胶以防止微粒沉降，振摇后变为溶胶有利于混悬剂的使用，使用触变性助悬剂有利于混悬剂的稳定。单硬脂酸铝溶解于植物油中可形成典型的触变胶，一些有塑性流动和假塑性流动的高分子化合物水溶液常具有触变性，可选择使用。

（三）絮凝剂与反絮凝剂

使混悬剂产生絮凝作用的附加剂称为絮凝剂，而产生反絮凝作用的附加剂称为反絮凝剂。制备混悬剂时常需加入絮凝剂，使混悬剂处于絮凝状态，以增加混悬剂的物理稳定性。

絮凝剂主要是不同价数的电解质，其中阴离子絮凝作用大于阳离子。电解质的絮凝效果与离子价数有关，离子价数增加1，絮凝效果增加10倍。同一电解质可因加入量的不同，在混悬剂中起絮凝作用（降低 ζ–电位）或反絮凝作用（升高 ζ–电位）。常用的絮凝剂有枸橼酸盐、枸橼酸氢盐、酒石酸盐、酒石酸氢盐、磷酸盐及氯化物等。絮凝剂和反絮凝剂的使用对混悬剂有很大影响，应在实验的基础上加以选择。

四、混悬剂的制备

制备混悬剂时，应使混悬微粒有适当的分散度，并应尽可能分散均匀，以减小微粒的沉降速度，使混悬剂处于稳定状态。混悬剂的制备分为分散法和凝聚法。

1. 分散法　是将粗颗粒的药物粉碎成符合混悬剂微粒要求的分散程度，再分散于分散介质中制成的。

分散法制备混悬剂与药物的亲水性有密切关系，氧化锌、炉甘石、碱式硝酸铋、碱式碳酸铋、碳酸钙、碳酸镁、磺胺类等难溶性药物，因其分子中存在亲水性官能团，故相对地有一定的亲水性，制备时一般应先将药物粉碎到一定细度，再加处方中的液体适量，研磨到适宜的分散度，最后加入处方中的剩余液体使成全量。处方中的液体可以是水，也可是其他液体成分。固体药物在粉碎时，加入适当液体研磨（称为加液研磨法），可以减小药物分子间的内聚力，使药物更容易粉碎得更细，微粒可达到0.1~0.5μm。加液研磨时，可使用处方中的液体，如水、芳香水、糖浆、甘油等，通常是1份药物可加0.4~0.6份液体，能产生最大分散效果。

对于疏水性强的难溶性药物如硫磺等，其表面吸附有大量的空气，当药物细粉加于水中时，微粒表面的空气难以被水置换，故不能被水润湿，使药物漂浮于水面上，不易混悬均匀。这时可用强力搅拌或适当加热，必要时可加少量的表面活性剂或一定量的润湿剂，与药物研匀以驱逐微粒表面的空气，再加液体混匀制成混悬剂。

对于质重、硬度大的药物，可采用中药制剂常用的“水飞法”，即将药物加适量的水研磨至细，再加入较多量的水，搅拌，稍加静置，倾出上层液体，研细的悬浮微粒随上清液被倾倒出去，余下的粗粒再进行研磨，如此反复直至完全研细，达到要求的分散度为止。“水飞法”可使药物粉碎到极细的程度。

小量制备混悬剂可以用乳钵研磨。大量生产时用乳匀机、胶体磨等。

例 4-11　炉甘石洗剂

【处方】炉甘石 150g　　氧化锌 50g
甘油 50ml　　羧甲基纤维素钠 2.5g
加纯化水至 1000ml

【制备】取炉甘石、氧化锌研细，过 100 目筛，再加甘油及少量纯化水研成糊状；另取羧甲基纤维素钠加纯化水溶胀后，分次加入上述糊状液中，随加随搅拌，加纯化水至全量，搅匀，即得。

【作用与用法】本品具有收敛、杀菌作用。用于各种皮肤炎症，如丘疹、红疹、亚急性皮炎等。局部外用，用时摇匀，取适量涂于患处，一日 2~3 次。

【注解】①炉甘石系含 0.5%~1% 氧化铁（着色剂）的碱式碳酸锌（$5ZnO \cdot 2CO_2 \cdot 4H_2O$）或氧化锌，略带微红色，其作用与氧化锌相似；②羧甲基纤维素钠作助悬剂，亦可选用海藻酸盐、硅藻土等作助悬剂；③在该洗剂中，氧化锌和炉甘石在水中带负电荷，可因相互排斥而不易聚集，但在放置时因颗粒下沉而形成结块不易分散；④在此洗剂中可加入少量带相反电荷的三氯化铝因降低 ζ－电位发生絮凝，或加入带相同电荷的枸橼酸钠因增加 ζ－电位而发生反絮凝，从而避免结块致密再分散性差的现象。

例 4-12　复方硫磺洗剂

【处方】沉降硫 30g　　硫酸锌 30g
樟脑醑 250ml　　甘油 100ml
甲基纤维素 5g　　加纯化水至 1000ml

【制备】取甲基纤维素加适量纯化水制成胶浆；另取沉降硫分次加甘油研至细腻后，与上液混合；取硫酸锌溶于 200ml 纯化水中过滤，将滤液缓缓加入混合液中；再缓缓加入樟脑醑，随加随研至混悬状，添加纯化水至全量，搅匀，即得。

【作用与用法】本品具有保护皮肤、抑制皮脂分泌、轻度杀菌与收敛作用，用于干性皮脂溢出症、痤疮等。涂于患处，轻柔肌肤，3~5 分钟后，用水冲洗。

【注解】①硫磺是强疏水性物质，颗粒表面易吸附空气形成气膜而浮于液面，故加甘油作润湿剂，研磨，以破坏气膜利于硫磺分散（加液研磨法）；②樟脑醑中含有乙醇，能润湿硫磺；甲基纤维素作助悬剂；③本品可加聚山梨酯 80 作润湿剂，使成品质量更佳，但不宜用软肥皂，因为软肥皂能与硫酸锌生成不溶性的二价锌皂。

2. 凝聚法　系将分子或离子状态的药物借物理和化学方法，在分散介质中聚集成新相的方法。

（1）物理凝聚法：将分子或离子状态分散的药物溶液加入至另一不溶的分散介质中凝聚成混悬液的方法。一般将药物制成热饱和溶液，在搅拌下加至另一种药物不溶的液体中，使药物快速结晶，可制成 10μm 以下（占 80%~90%）微粒，再将微粒分散于适宜介质中制成混悬剂。

（2）化学凝聚法：系由两种或两种以上化合物经化学反应生成不溶性的药物，悬浮于液体中制成混悬剂。为了使反应生成的不溶性药物颗粒均匀细微，反应应在稀溶液中进行，并急速搅拌，如氢氧化铝凝胶、氧化镁合剂、白色洗剂等均用化学反应法制得。

例 4-13　磺胺嘧啶混悬剂

【处方】磺胺嘧啶 100g　　枸橼酸钠 50g
氢氧化钠 16g　　枸橼酸 29g
单糖浆 400ml　　4% 羟苯乙酯乙醇液 10ml
加纯化水至 1000ml

【制备】将磺胺嘧啶混悬于 200ml 纯化水中，将氢氧化钠加适量纯化水溶解后，缓缓加入磺胺嘧啶混悬液中，边加边搅拌，使磺胺嘧啶成钠盐溶解；另将枸橼酸钠与枸橼酸加适量纯化水溶解，过滤；滤液缓缓加入上述磺胺嘧啶钠溶液中，不断搅拌，析出磺胺嘧啶；最后加入单糖浆和羟苯乙酯乙醇液，加纯化水至 1000ml，摇匀，即得。

【作用与用法】用于溶血性链球菌、脑膜炎球菌、肺炎球菌等感染。口服，一次 10ml，一日 2 次，治疗脑膜炎一次 10ml，一日 4 次，服时摇匀。

五、混悬剂的质量评价

混悬剂属于不稳定体系，其质量评价指标主要是从物理稳定性方面评价，目前有以下几种方法。

1. 微粒大小的测定　混悬剂中微粒的大小不仅关系到混悬剂的质量和稳定性，也会影响混悬剂的药效和生物利用度。所以，测定混悬剂中微粒大小及其分布，是评定混悬剂质量的重要指标。显微镜法、库尔特计数法、浊度法、光散射法、漫反射法等很多方法都可测定混悬剂粒子大小。

2. 沉降体积比的测定　混悬剂的沉降体积比是指沉降物的体积与沉降前混悬剂的体积之比。测定方法：除另有规定外，用具塞量筒量取供试品 50ml 中，密塞，用力振摇 1 分钟，记下混悬物的开始高度 H_0，静置 3 小时，记下混悬物的最终高度 H，按下式计算：

$$\text{沉降体积比} = \frac{H}{H_0} \qquad (4\text{-}5)$$

沉降体积比愈大，混悬剂愈稳定，数值在 0~1。混悬微粒开始沉降时，沉降高度 H 随时间而减小。所以沉降体积比 H/H_0 是时间的函数，以 H/H_0 为纵坐标，沉降时间 t 为横坐标作图，可得沉降曲线，曲线的起点最高点为 1，以后逐渐缓慢降低并与横坐标平行。根据沉降曲线的形状可以判断混悬剂处方设计的优劣。沉降曲线比较平和地缓慢地降低可认为该处方设计优良，但较浓的混悬剂不适用于绘制沉降曲线。

3. 絮凝度的测定　絮凝度是比较混悬剂絮凝程度的重要参数，用下式表示：

$$\beta=\frac{F}{F_\infty}=\frac{V/V_0}{V_\infty/V_0}=\frac{V}{V_\infty} \qquad (4\text{–}6)$$

式（4–6）中，F 为絮凝混悬剂的沉降容积比；F_∞ 为去絮凝混悬剂的沉降容积比；β 为由絮凝所引起的沉降物容积增加的倍数。例如，去絮凝混悬剂的 F_∞ 值为 0.15，絮凝混悬剂的 F 值为 0.75，则 β=5.0，说明絮凝混悬剂沉降容积比是去絮凝混悬剂沉降容积比的 5 倍。β 值愈大，絮凝效果愈好，用絮凝度评价絮凝剂的效果、预测混悬剂的稳定性，有重要价值。

4. 重新分散试验　优良的混悬剂经过贮存后再振摇，沉降物应能很快重新分散，这样才能保证服用时的均匀性和分剂量的准确性。试验方法：将混悬剂置于 100ml 量筒内，以 20r/min 的速度转动，经过一定时间的旋转，量筒底部的沉降物应重新均匀分散，说明混悬剂再分散性良好。

5. ζ－电位测定　混悬剂中微粒具有双电层，即 ζ－电位。ζ－电位的大小可表明混悬剂存在状态。一般 ζ－电位在 25mV 以下，混悬剂呈絮凝状态；ζ－电位在 50~60mV 时，混悬剂呈反絮凝状态。可用电泳法测定混悬剂的 ζ－电位，ζ－电位与微粒电泳速度的关系为：

$$\zeta=4\pi\frac{\nu\eta l}{\varepsilon E} \qquad (4\text{–}7)$$

式（4–7）中，v 为微粒电泳速度；η 为混悬剂的黏度；l 为电极间的距离；ε 为介电常数；E 为外加电场强度。测出微粒的电泳速度，即能计算出 ζ－电位。

6. 流变学测定　主要是用旋转黏度计测定混悬液的流动曲线，由流动曲线的形状确定混悬液的流动类型，以评价混悬液的流变学性质。若为触变流动、塑性触变流动和假塑性触变流动，能有效减缓混悬剂微粒的沉降速度。

第五节　乳　剂

一、概　述

乳剂（emulsions）又称乳浊液型液体制剂，系指互不相溶的两相液体混合，其中一相液体以液滴状态分散于另一相液体中形成的非均相液体制剂。乳剂中一相液体往往是水或水溶液，另一相则是与水不相溶的有机液体，统称为“油”。分散的液滴称为分散相、内相或不连续相，包在液滴外面的液相称为分散介质、外相或连续相。一般分散相液滴直径为 0.1~100μm。由于乳剂分散相液滴表面积大，表面自由能大，因而属于热力学不稳定性体系。为了得到稳定的乳剂，除了油、水两相外，还必须加入另一种物质，即乳化剂。

1. 乳剂的基本组成　乳剂中一相为水或水性溶液称为水相，用 W 表示；另一与水不相混溶的相称为油相，用 O 表示。乳剂由水相（W）、油相（O）和乳化剂组成，三者缺一不可。根据乳化剂的种类、性质及相体积比，形成水包油（O/W）或油包水（W/O）型；也可制备复乳（multiple emulsions），如 W/O/W 或 O/W/O 型。水包油或油包水型乳剂两者性质上的区别见表 4–4。

表 4-4 O/W 和 W/O 型乳剂的区别

项目	O/W 型乳剂	W/O 型乳剂
颜色	通常为乳白色	接近油的颜色
皮肤上的感觉	开始无油腻感	有油腻感
稀释	可用水稀释	可用油稀释
导电性	导电	不导电或几乎不导电
油性染料	油相被染色（内相）	油相被染色（外相）
水性染料	水相被染色（外相）	水相被染色（内相）

2. 乳剂的类型 根据乳滴的大小，将乳剂分为普通乳和微乳。

（1）普通乳（emulsions）：普通乳液滴大小一般为 1~100μm，这时乳剂形成乳白色不透明的液体。普通乳剂中的液滴具有很大的分散度，其总界面积大，界面自由能很高，属热力学不稳定的分散体系。

（2）微乳（microemulsions）：当乳滴粒子小于 0.1μm 时，乳剂粒子小于可见光波长的 1/4，即小于 120nm 时，乳剂处于胶体分散范围，这时光线通过乳剂时不产生折射，而是透过乳剂，肉眼可见乳剂为透明液体，这种乳剂也称为纳米乳，粒径为 0.01~0.10μm。

3. 乳剂的特点 乳剂中液滴的分散度很大，药物吸收和药效的发挥很快，有利于提高生物利用度；油性药物制成乳剂能保证剂量准确，而且使用方便；水包油型乳剂可掩盖药物的不良臭味，并可加入矫味剂；外用乳剂能改善对皮肤、黏膜的渗透性，减少刺激性；静脉注射乳剂注射后分布较快、药效高、有靶向性；静脉营养乳剂是高能营养输液的重要组成部分。

乳剂可以口服、外用、肌内和静脉注射，药剂学中液体制剂、注射剂、栓剂、软膏剂、气雾剂等都有乳剂型制剂存在，所以乳剂在理论上和制备方法上对药剂学中其他剂型都有指导意义。

二、乳剂的形成条件

乳剂是由水相、油相和乳化剂组成的液体制剂，但要制成符合要求的稳定的乳剂，首先必须提供足够的能量，使分散相能够分散成微小的乳滴，其次是提供使乳剂稳定的必要条件。

（一）降低表面张力

两种互不相溶的液体混在一个容器中，密度大的液体会沉于另一液体之下。为了将一相以液滴分散于另一相中，则须借机械力的作用，如经振摇或研磨数分钟，油即以小液滴分散在水中形成乳剂，但很快会合并分层。这是因为形成乳剂的两种液体之间存在界面张力。两相间的界面张力愈大，界面自由能也愈大，形成乳剂的能力就愈小。两相液体形成乳剂的过程，也是两相液体间新界面形成的过程，乳滴愈细，新增加的界面就愈大。如边长为 1cm 的立方体总表面积为 6cm^2，若保持总体积不变而边长变为 1μm 时，则总表面积变为 60 000cm^2，表面积增加 1 万倍。乳剂的分散度越大，新界面增加得就越多，而乳剂粒子的界面自由能也就越大。这时乳剂就有很大的降低界面自由能的趋势，促使乳滴变大甚至分层，所以乳剂属于热力学不稳定分散体系。为了保持乳剂的分散状态和稳定性，必须降低界面张力，一是乳剂粒子自身形成球体，因为体积相同时以球体表面积最小；其次是在保持乳剂分散度不变的前提下，为最大限度地降低界面张力和界面自由能，使乳剂保持一定的分散状态，就必须加入乳化剂。

（二）形成牢固的乳化膜

乳化剂的重要作用之一是降低油、水之间的界面张力，与此同时乳化剂被吸附于乳滴的表面上，在降低油、水间的界面张力和界面自由能的同时，也使乳化剂在乳滴周围有规律地定向排列成膜，阻止乳滴的合并。乳化剂在乳滴周围形成的界面吸附膜称为乳化膜。

由于乳化剂结构上的特点，这层膜的两面分别为水和油所吸附，形成了油－膜间、水－膜间两个界面。每个界面间都存在着界面张力，而且两个界面间的界面张力是不相等的。同时，乳化膜必然向界面张力较大的一侧弯曲形成乳剂的内相，而界面张力较小的一侧则形成乳剂的外相。亲水性的乳化剂由于降低水－膜间的界面张力大，水成为连续相即乳剂的外相，形成 O/W 型乳剂；疏水性乳化剂由于降低油－膜间的界面张力大，油成为连续相，形成 W/O 型乳剂。因此，乳剂的类型主要取决于乳化剂在两液相中的相对润湿性与溶解度。乳化膜像屏障似地阻碍液滴合并，乳化剂在乳滴表面上排列越整齐，乳化膜就越牢固，乳剂也就越稳定，所以，乳剂的稳定性也取决于形成乳化膜的附着性和牢固性。

乳化剂种类不同，可形成以下 4 种类型的乳化膜，如图 4-2 所示。

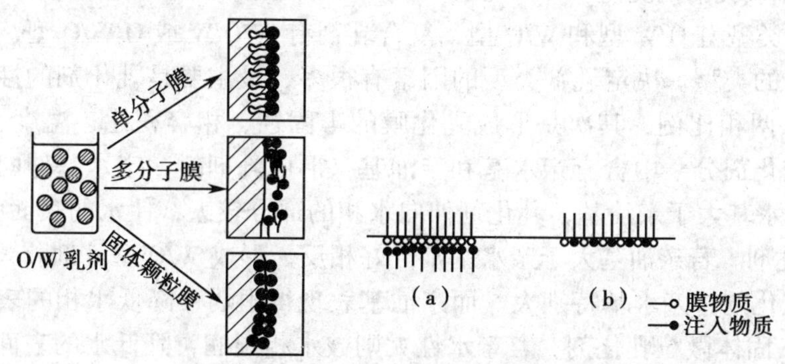

图 4-2 乳化剂形成乳化膜的类型

1. 单分子乳化膜　表面活性剂类乳化剂被吸附于乳滴表面，有规律地定向排列成单分子乳化剂层，称为单分子乳化膜，增加了乳剂的稳定性。若乳化剂是离子型表面活性剂，那么形成的单分子乳化膜是离子化的，乳化膜本身带有电荷，由于电荷互相排斥，阻止乳滴的合并，使乳剂更加稳定。

2. 多分子乳化膜　亲水性高分子化合物类乳化剂，在乳剂形成时被吸附于乳滴的表面，形成多分子乳化剂层，称为多分子乳化膜。强亲水性多分子乳化膜不仅阻止乳滴的合并，也增加分散介质的黏度，使乳剂更稳定。如阿拉伯胶作乳化剂就能形成多分子乳化膜。

3. 固体微粒乳化膜　当固体微粒很细，以至于不会因重力而沉降，且对水相和油相都有一定程度的润湿性时，该粉末亦能起到乳化剂的作用。作为乳化剂使用的固体微粒对水相和油相有不同的亲和力，因而对油、水两相表面张力有不同程度的降低，在乳化过程中固体微粒被吸附于乳滴表面，在乳滴表面上排列成固体微粒膜，起阻止乳滴合并的作用，增加乳剂的稳定性，这样的固体微粒层称为固体微粒乳化膜。如硅藻土、氢氧化镁等都可作为固体微粒乳化剂使用。

4. 复合凝聚膜　由两种或两种类型以上的不同乳化剂组成的乳化膜更牢固，制成的乳剂也更稳定。如图 4-2 中的（a）、（b）胆固醇（油溶液）在水中可以形成胆固醇的不溶性单分子膜，将十二烷基硫酸钠水溶液注入上述水层下的膜内，可使膜物质与注入物质之间结合而形成坚固的复合凝聚膜。常用的能形成不溶性单分子膜的物质有胆固醇、鲸蜡醇等；常用的水溶性物质有十二烷基硫酸钠、硬脂酸钠等，它们可形成复合凝聚膜。

（三）形成电屏障

乳剂分散相所带电荷的来源有电离、吸附和小液滴与介质间的摩擦，其主要来源是小液滴表面吸附了可以电离的乳化剂离子。如一些离子型表面活性剂用作乳化剂时，乳化剂定向排列在分散相液滴周围，其亲水基团（极性基）指向水；疏水基团（非极性基团）指向油。

若是 O/W 型乳剂，则亲水基团朝外，可因表面游离基团或表面极性基团吸附溶液中的离子，使分散相小液滴成双电层结构，并具静电斥力，起到电屏障的稳定作用。

若是 W/O 型乳剂的疏水基团朝外，或使用非离子型表面活性剂，可能是分散相小液滴与分散介质摩擦产生电荷。

一般介电常数高者带正电，如水的介电常数为 80，高于油相，故 $^{-}$O/W^{+} 小液滴带负电而 $^{+}$W/O^{-} 小液滴带正电，质点上的电荷互相排斥有利于乳剂的稳定。

（四）确定形成乳剂的类型

常用的乳剂类型有 O/W 型和 W/O 型，复合乳剂有 W/O/W 或 O/W/O 型，制备乳剂前需确定要制备乳剂的类型。决定乳剂类型的因素有很多，最主要是乳化剂的性质（乳化剂的 HLB 值）和油水两相比例，其次是形成乳化膜的牢固性、相容积比、温度、制备方法等。表面活性剂类乳化剂分子中含有亲水基和亲油基，形成乳剂时，亲水基伸向水相，亲油基伸向油相，若亲水基大于亲油基，乳化剂伸向水相的部分较大，使水的表面张力降低很大，可形成 O/W 型乳剂。若亲油基大于亲水基则恰好相反，形成 W/O 型乳剂。天然的或合成的亲水性高分子乳化剂，亲水基特别大，而亲油基表现得很弱，降低水相的表面张力大而形成 O/W 型乳剂。固体微粒乳化剂，若亲水性大则被水相湿润，降低水的表面张力大，形成 O/W 型乳剂。若亲油性大则被油润湿，降低油的表面张力大，形成 W/O 型乳剂，所以乳化剂亲油、亲水性是决定乳剂类型的主要因素。乳化剂亲水性太大，极易溶于水，反而形成的乳剂不稳定。

（五）适当的相体积比

油、水两相的容积比简称为相体积比（phase volume ratio）。从几何学的角度来看，具有相同粒径的球体，最紧密填充时，球体所占最大体积为 74%，如果球体之间再填充不同粒径的小球体，球体所占总体积可达 90%。但实际上制备乳剂时，分散相浓度一般为 25%~50%，分散相的浓度超过 50% 时，乳滴之间的距离很近，乳滴易发生碰撞而合并或引起转相，反而使乳剂不稳定。所以在制备乳剂时应考虑油、水两相的相比，以利于乳剂的形成和稳定。

三、乳 化 剂

在乳剂中能使一相液体以细小液滴的形式分散在另一相不相混溶液体中形成乳浊液的附加剂，称为乳化剂。乳化剂是乳剂的重要组成部分，在乳剂形成、增加稳定性以及药效发挥等方面起重要作用。乳化剂应具备的条件为：① 应有较强的乳化能力，并能在乳滴周围形成牢固的乳化膜；②应有一定的生理适应能力，不应对机体产生近期的和远期的毒副作用，也不应该有局部的刺激性；③受各种因素的影响小；④稳定性好。

加入乳化剂的意义为：乳化剂被吸附于乳滴的界面，使乳滴在形成过程中有效地降低表面张力或表面自由能，有利于形成和扩大新的界面，使乳剂保持一定的分散度和稳定性；同时在乳剂制备过程不必消耗更大的能量，以至用简单的振摇或搅拌的方法，就能制成稳定的乳剂。所以选择适宜的乳化剂，是制备符合要求的乳剂的必要条件。

（一）乳化剂的种类

1. 表面活性剂类乳化剂　这类乳化剂分子中有较强的亲水基或亲油基，乳化能力强，性质比较稳定，容易在乳滴周围形成单分子乳化膜，混合使用效果更高。

（1）阴离子型：硬脂酸钠（O/W）、硬脂酸钾（O/W）、油酸钠（O/W）、油酸钾（O/W）、硬脂酸钙（W/O）、十二烷基硫酸钠（O/W）、十六烷基硫酸化蓖麻油（O/W）等。

（2）非离子型：单脂肪酸甘油酯（W/O）、三脂肪酸甘油酯（W/O）、聚甘油脂肪酸酯（W/O）、蔗糖单脂肪酸酯（O/W）、脂肪酸山梨坦（W/O）、聚山梨酯（O/W）、卖泽（O/W）、苄泽（O/W）、泊洛沙姆（O/W）等。

（3）两性离子型：主要有卵磷脂。不同来源和不同制备过程得到的卵磷脂中各组分的比例可发生很大的变化，从而影响其使用性能。如在磷脂酰胆碱含量高时可作为 O/W 型乳化剂，而在肌醇磷脂含量高时则为 W/O 型乳化剂。卵磷脂外观为透明或半透明黄色或黄褐色油脂状物质，对热十分敏感，在 60℃以上数天内即变为不透明褐色，在酸性和碱性条件以及酯酶作用下容易水解，不溶于水，溶于三氯甲烷、乙醚、石油醚等有机溶剂，是制备注射用乳剂的主要辅料。

2. 天然乳化剂　天然乳化剂由于亲水性较强，能形成 O/W 型乳剂，多数有较大的黏度，能增加乳剂的稳定性，使用这类乳化剂需加入防腐剂。

（1）阿拉伯胶：是阿拉伯酸的钠、钙、镁盐的混合物，可形成 O/W 型乳剂。适用于制备植物油、挥发油的乳剂，可供内服用。阿拉伯胶使用浓度为 10%~15%，在 pH4~10 乳剂稳定。阿拉伯胶内含有氧化酶，使用前应在 80℃加热加以破坏。阿拉伯胶乳化能力强，但黏度较小，常与西黄蓍胶、果胶或琼脂等混合使用。

（2）西黄蓍胶：可形成 O/W 型乳剂，其水溶液具有较高的黏度，pH5 时溶液黏度最大，0.1% 溶液为稀胶浆，0.2%~2% 溶液呈凝胶状。西黄蓍胶乳化能力较差，一般与阿拉伯胶合并使用。

（3）明胶：O/W 型乳化剂，用量为油量的 1%~2%。易受溶液的 pH 及电解质的影响产生凝聚作用，使用时须加防腐剂，常与阿拉伯胶合并使用。

（4）杏树胶：为杏树分泌的胶汁凝结而成的棕色块状物，用量为 2%~4%。乳化能力和黏度均超过阿拉伯胶，可作为阿拉伯胶的代用品。

（5）胆固醇：为高级动物的主要固醇，存在于动物体的脑、脊髓等组织及羊毛或植物油脂中。本品为白色、类白色固体，不溶于水，但可溶于胆酸盐溶液中，微溶于乙醇，易溶于乙醚、石油醚或油脂中，熔点为147~156℃。胆固醇是一种优良的W/O型乳化剂，与其他酯类合用时，乳化能力增强。

其他天然乳化剂有白及胶、果胶、桃胶、海藻酸钠、琼脂、酪蛋白、胆酸钠等。

3. 固体微粒型乳化剂　一些溶解度小、颗粒细微的固体粉末，乳化时可被吸附于油水界面，形成乳剂。形成乳剂的类型由接触角 θ 决定，一般 $\theta < 90°$ 易被水润湿，形成O/W型乳剂，$\theta > 90°$ 易被油润湿，形成W/O型乳剂。O/W型乳化剂有氢氧化镁、氢氧化铝、二氧化硅、硅藻土等；W/O型乳化剂有氢氧化钙、氢氧化锌、硬脂酸镁等。

4. 辅助乳化剂　主要是指与乳化剂合并使用能增加乳剂稳定性的乳化剂。辅助乳化剂的乳化能力一般很弱或无乳化能力，但能提高乳剂的黏度，并能增强乳化膜的强度，防止乳滴合并。

（1）增加水相黏度的辅助乳化剂：甲基纤维素，羧甲基纤维素钠、羟丙基纤维素、海藻酸钠、琼脂、黄原胶、瓜耳胶、果胶等。

（2）增加油相黏度的辅助乳化剂：鲸蜡醇、蜂蜡、硬脂酸、硬脂醇等。

（二）乳化剂的选择依据

乳化剂的选择应根据乳剂的使用目的、药物性质、处方组成、欲制备乳剂的类型、乳化方法等综合考虑，适当选择。

1. 根据乳剂的类型选择　在乳剂处方设计时对制备乳剂类型已经确定，根据确定的乳剂类型选择所需的乳化剂。O/W型乳剂应选择O/W型乳化剂，W/O型乳剂应选择W/O型乳化剂。乳化剂的HLB值为这种选择提供了重要的依据。

2. 根据乳剂给药途径选择　口服乳剂应选择无毒的天然乳化剂或某些亲水性高分子乳化剂等。外用乳剂应选择局部无刺激性乳化剂，长期使用无毒性。注射用乳剂应选择磷脂、泊洛沙姆等乳化剂。

3. 根据乳化剂性能选择　乳化剂的种类很多，其性能各不相同，应选择乳化性能强，性质稳定，受外界因素如酸碱、盐、pH等影响小，无毒无刺激性的乳化剂。

4. 根据乳化油相所需HLB值选择使用混合乳化剂　乳化剂混合使用有许多特点，可改变HLB值以改变乳化剂的亲油亲水性，使其有更大的适应性，如卵磷脂与胆固醇混合比例为10∶1时，可形成O/W型乳剂，比例为6∶1时则形成W/O型乳剂。增加乳化膜的牢固性，如油酸钠为O/W型乳化剂，与单硬脂酸甘油酯、胆固醇等W/O乳化剂混合使用，可形成络合物，增强乳化膜的牢固性，并增加乳剂的黏度，增加乳剂稳定性。非离子型乳化剂可以混合使用，也可与离子型乳化剂混合使用，一般阴离子型乳化剂和阳离子型乳化剂不能混合使用。乳化剂混合使用，必须符合油相对HLB值的要求，乳化油相所需HLB值列于表4-5。混合乳化剂HLB值的计算公式如下：

$$HLB_{AB}=\frac{HLB_A W_A+HLB_B W_B}{W_A+W_B} \qquad (4\text{-}8)$$

式（4-8）中，HLB_{AB} 为混合乳化剂的HLB值；HLB_A、HLB_B 为A、B乳化剂的HLB值；W_A、W_B 为A、B乳化剂的重量。由式（4-8）可知，混合乳化剂的HLB值是各乳化剂HLB值的算术平均值。若油的HLB值为未知，可通过实验加以确定。

表 4–5 乳化油相所需 *HLB* 值

名称	所需 HLB 值		名称	所需 HLB 值	
	W/O 型	O/W 型		W/O 型	O/W 型
液状石蜡（轻）	4	10.5	鲸蜡醇	—	15
液状石蜡（重）	4	10~12	硬脂醇	—	14
棉子油	5	10	硬脂酸	—	15
植物油	—	7~12	精制羊毛脂	8	10
蓖麻油	4	10	蜂蜡	5	10~16
凡士林	5	12	石蜡	4	9

例如：将司盘 80（HLB=4.3）3.5g 与聚山梨酯 80（HLB=15.0）6.5g 混合，混合后 HLB 值则为：

$$HLB=\frac{4.3\times 3.5+15\times 6.5}{3.5+6.5}=11.26$$

说明司盘 80 3.5g 与聚山梨酯 80 6.5g 混合，混合后 HLB 值为 11.26，故可以作为 O/W 型乳剂的乳化剂使用。

四、乳剂的不稳定性

乳剂属于热力学不稳定体系。乳剂的不稳定性表现在分层、絮凝、转相、合并与破裂及酸败等现象。

1. 分层　乳剂的分层系指乳剂放置后出现分散相粒子上浮或下沉的现象，又称乳析。分层主要是由于分散相和分散介质之间的密度差造成的。O/W 型乳剂一般出现分散相液滴上浮；而 W/O 型乳剂的分散相液滴一般则下沉。乳滴上浮或下沉的速度符合 Stokes 公式，乳滴的粒径愈小，上浮或下沉的速度就愈慢；减小分散相和分散介质之间的密度差，增加分散介质的黏度，都可以减小乳剂分层的速度。乳剂分层也与分散相和分散介质的相比有关，通常分层速度与相比成反比，相比低于 25% 乳剂很快分层，达 50% 时就能明显减小分层速度。乳剂的分层一般是可逆的，即分层的乳剂经振摇后仍能恢复成均匀的乳剂。

2. 絮凝　乳剂中分散相的乳滴发生可逆的聚集现象称为絮凝。但由于乳滴荷电以及乳化膜的存在，阻止了絮凝时乳滴的合并。发生絮凝的条件是：乳滴的电荷减少时，使 ζ－电位降低，乳滴产生聚集而絮凝。絮凝状态仍保持乳滴及其乳化膜的完整性。乳剂中的电解质和离子型乳化剂的存在是产生絮凝的主要原因，同时絮凝与乳剂的黏度、相比及流变性有密切关系。由于乳剂的絮凝作用，限制了乳滴的移动并产生网状结构，可使乳剂处于高黏度状态，有利于乳剂稳定。絮凝状态与乳滴的合并是不同的，但絮凝状态进一步变化也会引起乳滴的合并。

3. 转相　乳剂由于某些条件的变化而改变类型称为转相，由 O/W 型转变为 W/O 型或由

W/O 型转变为 O/W 型。转相主要是由于乳化剂的性质改变而引起的，如油酸钠是 O/W 型乳化剂，遇氯化钙后生成油酸钙，变为 W/O 型乳化剂，乳剂则由 O/W 型变为 W/O 型。向乳剂中加入相反类型的乳化剂也可使乳剂转相，特别是两种乳化剂的量接近相等时，更容易转相。转相时两种乳化剂的量比称为转相临界点。在转相临界点上，乳剂不属于任何类型，处于不稳定状态，可随时向某种类型乳剂转变。

4. 合并与破裂　乳剂中的乳滴周围有乳化膜存在，但当乳化膜破坏后导致乳滴变大，称为合并。合并进一步发展而使乳剂分为油、水两相称为破裂。乳剂的稳定性与乳滴的大小有密切关系，乳滴愈小乳剂就愈稳定。乳剂中乳滴大小是不均一的，小乳滴通常填充于大乳滴之间，使乳滴的聚集性增加，容易引起乳滴的合并。所以为了保证乳剂的稳定性，制备乳剂时尽可能地保持乳滴大小的均一性。此外，分散介质的黏度增加，可使乳滴合并速度降低。影响乳剂稳定性的各因素中，最重要的是形成乳化膜的乳化剂的理化性质，单一或混合使用的乳化剂形成的乳化膜愈牢固，就愈能防止乳滴的合并和破裂。

5. 酸败　乳剂受外界因素及微生物的影响，使油相或乳化剂等发生变化而引起变质的现象称为酸败。所以乳剂中通常须加入抗氧剂和防腐剂，防止氧化或酸败。

五、乳剂的制备

（一）制备方法

由于水相、油相和乳化剂的混合次序不同，有以下几种制备方法。

1. 干胶法　即水相加到含乳化剂的油相中。制备时先将胶粉（乳化剂）与油置干燥乳钵中混合均匀，再加入一定量的水，用力沿一个方向研磨乳化成初乳，逐渐加水稀释至全量，即得。在初乳中，油、水、胶有一定比例，若用植物油，其比例为 4：2：1；若为挥发油其比例为 2：2：1；液状石蜡比例为 3：2：1。所用胶粉通常为阿拉伯胶或西黄蓍胶与阿拉伯胶的混合物。

2. 湿胶法　即油相加到含乳化剂的水相中。制备时将乳化剂先溶于水中，制成胶浆作为水相，再将油相分次加入水相中，用力沿同一个方向研磨制成初乳，再加水至全量。湿胶法制备初乳时油、水、胶的比例与干胶法相同。

湿胶法适用于制备黏稠树脂类药物的乳剂；干胶法比湿胶法更易制成乳剂，而且乳滴小而均匀。

3. 新生皂法　将油水两相混合时，两相界面上新生成的皂类为乳化剂产生乳化的方法。植物油中含有硬脂酸、油酸等有机酸，加入氢氧化钠、氢氧化钙或三乙醇胺等，在高温下（70℃以上）生成的新生皂类为乳化剂，经搅拌即形成乳剂。生成的一价皂则为 O/W 型乳化剂，生成的二价皂则为 W/O 型乳化剂。本法适用于乳膏剂的制备。

4. 两相交替加入法　向乳化剂中每次少量交替地加入水或油，边加边搅拌，即可形成乳剂。天然胶类、固体微粒乳化剂等可用本法制备乳剂。当乳化剂用量较多时，本法是一个很好的方法。

5. 机械法　将油相、水相、乳化剂混合后用乳化机械制备乳剂的方法。机械法制备乳剂时可不用考虑混合顺序，借助于机械提供的强大能量，很容易制成乳剂。

6. 微乳的制备　微乳除含有油相、水相和乳化剂外，还含有辅助成分。很多油，如薄荷油、丁香油等，还有维生素 A、D、E 等均可制成微乳。微乳的乳化剂主要是表面活性剂，其 HLB 值应在 15~18，乳化剂和辅助成分应占乳剂的 12%~25%，通常选用聚山梨酯 60 和聚山梨酯 80 等。如莪术油微乳的制备，称取 2.5% 甘油、0.2% 聚山梨酯 80，搅拌分散于 20 ml 纯化水中；另取 0.5% 卵磷脂、1.0% 普朗尼克 F68，搅拌下依次加入到水相溶液中。待卵磷脂与普朗尼克 F68 分散完全后，将 1g 莪术油逐滴加入到水相中，同时磁力搅拌，超声 6 分钟，得莪术油初乳。在搅拌下向初乳中加入纯化水至 50ml，再超声 6 分钟后，用高压乳匀机于 130 MPa 循环 3 次，即可得到莪术油微乳。

（二）制备乳剂的设备

1. 搅拌乳化装置　小量制备可用乳钵，大量制备可用搅拌机，分为低速搅拌乳化装置和高速搅拌乳化装置。组织捣碎机属于高速搅拌乳化装置。

2. 乳匀机　借助强大推动力将两相液体通过乳匀机的细孔而形成乳剂，制备时可先用其他方法初步乳化，再用乳匀机乳化，效果较好。

3. 胶体磨　利用高速旋转的转子和定子之间的缝隙产生强大剪切力使液体乳化，对要求不高的乳剂可用本法制备。

4. 超声波乳化装置　利用 10~50kHz 高频振动来制备乳剂，可制备 O/W 型和 W/O 型乳剂，但黏度大的乳剂不宜用本法制备。

（三）乳剂中药物的加入方法

乳剂是药物很好的载体，可加入各种药物使其具有治疗作用。①若药物溶解于油相，可先将药物溶于油相再制成乳剂；②若药物溶于水相，可先将药物溶于水后再制成乳剂；③若药物不溶于油相也不溶于水相时，可用亲和性大的液相研磨药物，再将其制成乳剂；也可将药物先用已制成的少量乳剂研磨至细，再与剩余乳剂混合均匀。

（四）举例

例 4–14　鱼肝油乳剂（干胶法制备）

【处方】鱼肝油 500ml　　阿拉伯胶 125g
西黄蓍胶 7g　　杏仁油 1ml
糖精钠 0.1g　　羟苯乙酯 0.5g
加纯化水至 1000ml

【制备】将阿拉伯胶、西黄蓍胶置干燥乳钵中研匀，加入鱼肝油研磨均匀；一次加入 250ml 纯化水，用力沿一个方向研磨制成初乳；加入糖精钠水溶液、杏仁油、羟苯乙酯醇液，混合均匀，再加纯化水至 1000ml，搅匀，即得。

【作用与用法】本品用于维生素 A、D 缺乏症。

【注解】①处方中鱼肝油为药物、油相；阿拉伯胶为乳化剂；西黄蓍胶为稳定剂（增加连续相黏度）；糖精钠、杏仁油为矫味剂；尼泊金乙酯为防腐剂。②本品采用干胶法制备，因此，研钵须干燥。③研磨时应用力且沿同一个方向研磨。

例 4–15　鱼肝油乳剂（湿胶法制备）

【处方】鱼肝油 400g　　羧甲基纤维素钠 10g
月桂酸甘油酯 10g　　羟苯乙酯 1g
加纯化水至 1000ml

【制备】将月桂酸甘油酯和羧甲基纤维素钠与纯化水30~40ml搅拌，使溶解成黏稠液（必要时可加热）；将上液置乳钵中，加入鱼肝油，用力沿同一方向研磨制初乳；取羟苯乙酯溶于10ml乙醇中加入初乳中，然后加适量纯化水至全量，搅拌均匀，即得。

例4–16 石灰搽剂

【处方】花生油100ml　　$Ca(OH)_2$饱和水溶液100ml

【制备】取$Ca(OH)_2$加500ml纯化水，在水浴锅上加热溶解，制成饱和水溶液；量取$Ca(OH)_2$饱和水溶液的上清液和花生油各100ml，同置500ml具塞量筒中，加盖用力振摇至乳剂生成。

【作用与用法】用于轻度烫伤，具有收敛、保护、润滑、止痛等作用。

【注解】$Ca(OH)_2$与花生油中游离脂肪酸生成的脂肪酸钙皂为乳化剂，故本处方为新生皂法制备乳剂。

六、乳剂的质量评价

乳剂属于热力学不稳定体系。由于乳剂种类不同，其作用与给药途径不同，因此难以制定统一的质量标准。目前，主要针对影响乳剂稳定性的指标进行测试，以便对各种乳剂质量作定量比较。

1. 乳滴大小的测定　乳剂粒径大小是衡量乳剂质量的重要指标。不同用途的乳剂对粒径大小要求不同，如静脉注射乳剂，其粒径应在0.5μm以下，其他用途的乳剂粒径也都有不同要求。乳剂粒径的测定方法有显微镜测定法、库尔特计数器测定法、激光散射光谱法、透射电镜法等。

2. 分层现象的观察　乳剂经长时间放置，粒径变大，进而产生分层现象，这一过程的快慢是衡量乳剂稳定性的重要指标。为了在短时间内观察乳剂的分层，用离心法加速其分层。用4000r/min离心15分钟，如不分层可认为乳剂质量稳定。此法可用于比较各种乳剂间的分层情况，以估计其稳定性。在半径为10cm离心管中以3750r/min速度离心5小时，相当于1年自然分层的效果。加速试验法，将乳剂放于5℃、35℃条件下，12小时改变一次温度，共12天进行比较观察，结果可用于评价乳剂的稳定性。

3. 乳滴合并速度的测定

（1）测定合并的速度常数：乳滴合并速度符合一级动力学规律，其直线方程为：

$$\lg N=\lg N_0-\frac{kt}{2.303} \tag{4-9}$$

式（4–9）中，N为t时间的乳滴数，N_0为t_0时的乳滴数，k为合并速度常数，t为时间。测定随时间t变化的乳滴数N，求出合并速度常数k，估计乳滴合并速度，用以评价乳剂稳定性大小。

（2）乳滴合并速度的考察：可以用升温或离心加速试验考察乳剂中乳滴合并速度。如乳剂用高速离心机离心5分钟或低速离心20分钟，比较观察乳滴大小变化；亦可将乳剂置于–5~40℃环境中，24小时为1个循环，共经24个循环；或从5℃升至35℃，经12小时为一循环，共经12个循环，进行比较观察。

4. 稳定常数的测定　乳剂离心前后光密度变化百分率称为稳定常数，用K_e表示，其表达式如下：

$$K_e=\frac{A_0-A}{A}\times 100\% \qquad (4-10)$$

式（4-10）中，K_e 为稳定常数，A_0 为未离心乳剂稀释液的吸光度，A 为离心后乳剂稀释液的吸光度。测定方法：取乳剂适量于离心管中，以一定速度离心一定时间，从离心管底部取出少量乳剂，稀释一定倍数，以纯化水为对照，用比色法在可见光某波长下测定吸光度 A，同法测定原乳剂稀释液吸收度 A_0，代入公式计算 K_e。离心速度和波长的选择可通过试验加以确定。K_e 值愈小乳剂愈稳定，本法是研究乳剂稳定性的定量方法。

第六节 按给药途径分类的液体制剂

一、洗 剂

（一）概述

洗剂（lotions）系指含药物的溶液、乳浊液、混悬液，供清洗或涂抹无破损皮肤用的液体制剂。其分散介质多为水和乙醇。应用时涂于皮肤患处或先将其涂于敷料上再施于患处，具有清洁、消毒、消炎、止痒、收敛及保护等局部作用。按分散系统分类，洗剂分为溶液型、乳剂型、混悬型及几种分散系统的混合液，以混悬型洗剂为多。

混悬型洗剂用于皮肤后，因水分蒸发产生冷却效应至使血管收缩以减轻急性炎症，残留在皮肤上的干品则有皮肤保护作用。为了加快洗剂中水分蒸发及药物的穿透性，在洗剂中常加乙醇，有时加入甘油。

（二）举例

例 4-17 白色洗剂

【处方】含硫钾 40g　　硫酸锌 40g

加纯化水至 1000ml

【制备】取以上两种成分，分别溶于 450ml 纯化水中，滤过；将含硫钾溶液缓缓加入到硫酸锌溶液中，加纯化水至 1000ml，搅匀，即得。

【作用与用法】本品为溶液型洗剂，有抑制皮脂分泌及杀疥虫作用，用于治疗痤疮、疥疮及收敛皮肤等。外用，临用前摇匀，用少量直接涂抹于患处。

【注解】将含硫钾溶液加入到硫酸锌溶液中，以避免碱式锌盐和氢氧化锌的产生。

例 4-18 苯甲酸苄酯洗剂

【处方】苯甲酸苄酯 250g　　三乙醇胺 5g

油酸 20g　　加纯化水至 1000ml

【制备】取三乙醇胺与油酸混合后，加入苯甲酸苄酯混匀，加约 250ml 纯化水乳化；最后加纯化水至全量，摇匀即得。

【作用与用法】本品用于治疗疥疮、灭头虱。

【注解】①本品为乳剂型洗剂，三乙醇胺与油酸作用生成胺皂，作为 O/W 型乳剂的乳化剂，亦可用软皂等为乳化剂。由于疥虫多寄生于表皮中角质层内，乳剂则有利于药物穿透角质层。②本品应密闭低温贮存。

二、搽　　剂

（一）概述

搽剂（liniments）系指药物用乙醇、油或适宜的溶剂制成的溶液、乳状液、混悬液，供无破损皮肤揉搽用的液体制剂。凡起镇痛、发赤、抗刺激作用的搽剂多用乙醇为分散介质，以利于施于皮肤上揉搽时增加药物的穿透性；凡起保护作用的搽剂多用油或液状石蜡为分散介质，以增加润滑性，减小刺激并有清除鳞屑痂皮的作用。

搽剂使用时涂于皮肤后搓搽，一般多用于完整的皮肤。搽剂可分为溶液型、混悬型和乳剂型搽剂。乳剂型搽剂用肥皂为乳化剂，有润滑、促渗透作用，如复方地塞米松搽剂。

盛装搽剂的容器须经灭菌，容器外应贴"不可内服"的标签以示与内服制剂的区别。

（二）举例

例 4–19　氧化锌搽剂

【处方】氧化锌 200g　　　加蓖麻油至 1000g

【制备】取氧化锌细粉，加适量蓖麻油研匀，再加蓖麻油至 1000g，混匀，即得。

【作用与用法】本品外用，具有保护皮肤、收敛和促进伤口愈合的功效，用于无明显渗出液的亚急性皮炎、湿疹、烫伤。取适量揉搽皮肤患处。

【注解】氧化锌搽剂有两种规格，即 20% 和 50%。

三、涂　　剂

（一）概述

涂剂（paints）系指含药物的水性或油性溶液、乳状液、混悬液，供临用前用纱布或棉花蘸取涂于皮肤或口腔与喉部黏膜的液体制剂。大多数为消毒、消炎药物的甘油溶液，也可用乙醇、植物油等作溶剂。甘油能使药物滞留于口腔、喉部的黏膜，有滋润作用，对咽喉炎、扁桃体炎等均起辅助治疗作用。用时以棉签蘸取药液少许，涂于患处。由于内含药物多具有腐蚀或软化角质等作用，刺激性强，故使用时应注意对正常皮肤的保护。常用于赘疣、灰指甲、癣症等。

（二）举例

例 4–20　甲醛水杨酸涂剂

【处方】甲醛溶液 50ml　　　水杨酸 15g

樟脑 15g　　　95% 乙醇 500ml

加纯化水至 1000ml

【制备】取水杨酸与樟脑加乙醇溶解，缓缓加甲醛溶液，过滤，加纯化水至全量，搅匀，即得。

【作用与用法】本品用于多汗、汗疱疹、腋臭症等，具有减少汗腺分泌、止痒、抑菌的作用。用纱布或棉花蘸取涂于皮肤等患处。

【注解】①水杨酸在水中溶解度为1∶460，樟脑为1∶800，但二者易溶于乙醇，前者1∶3，后者1∶1；②当水杨酸与樟脑溶于乙醇后，加水宜缓慢，且不断搅拌，否则易析出结晶；③由于本品含1.94％（g/ml）的甲醛，宜密闭保存，以免甲醛聚合；④本品含水杨酸，制备时忌与金属接触以免变色。

四、滴 鼻 剂

（一）概述

滴鼻剂（nasal drops）系指由药物与适宜辅料制成的澄明溶液、混悬液或乳状液，供滴入鼻腔用的鼻用液体制剂，主要供局部消毒、消炎、收缩血管和麻醉之用。近年来研究发现一些药物通过鼻黏膜给药可以起到全身治疗作用。一些因肝脏首关作用大、个体差异大而生物利用度低的药物或口服易被破坏、不被吸收的药物，鼻腔给药往往可以获得较好的治疗作用。多肽类药物降钙素口服后在胃液内迅速降解，经鼻腔喷雾给药后，生物利用度可达到注射给药的50%。

滴鼻剂多以纯化水、丙二醇、液状石蜡、植物油为溶媒，一般为溶液，也有制成乳浊液或混悬液者。水溶液易与鼻腔内分泌液相混合，容易分散于鼻黏膜表面，但维持药效时间较短。为促进吸收并防止黏膜水肿，应适当调节其渗透压、pH及黏稠度。油溶液与液状石蜡溶液刺激性小，作用持久，但不易与鼻腔黏液混合，且使用过多易被吸入肺部而引起肺炎。

正常人鼻腔黏液的pH一般为5.5~6.5，炎症或病变时呈碱性，甚至达pH 9，影响鼻腔分泌物的溶菌作用及纤毛正常活动。所以滴鼻剂以弱酸性溶液比较好，以利于溶菌酶发挥作用。碱性滴鼻剂如蛋白银溶液呈强碱性，不宜常用。

滴鼻剂应在清洁避菌的环境中配制，及时灌装于无菌的洁净干燥容器中。配制滴鼻剂所用的器具，必须经过消毒。必要时滴鼻剂内可加入适当防腐剂。一般药量为10~15ml，一次2~3滴，间隔时间4~6小时。

（二）举例

例4-21 盐酸麻黄碱滴鼻剂

【处方】盐酸麻黄碱10g　　羟苯乙酯0.3g
　　　　氯化钠6g　　　　加纯化水至1000ml

【制备】取羟苯乙酯溶于约900ml热纯化水中；加盐酸麻黄碱与氯化钠使溶解，放冷，过滤；自滤器上添加纯化水至1000ml，混匀，分装，即得。

【作用与用法】本品具有收缩血管作用，用于鼻黏膜充血、急性鼻炎、鼻窦炎及慢性肥大性鼻炎等。

【注解】氯化钠在本处方中为渗透压调节剂，羟苯乙酯为防腐剂。滴鼻。一次每鼻孔2~4滴，一日3~4次。

例4-22 复方薄荷脑滴鼻剂

【处方】薄荷脑10g　　樟脑10g
　　　　加液状石蜡至1000ml

【制备】取薄荷脑、樟脑分别置于干燥研钵中研细；分别用适量液状石蜡溶解，混合两液；添加液状石蜡至全量，混匀，即得。

【作用与用法】本品用于干燥性鼻炎、萎缩性鼻炎、感冒鼻塞，并有除臭及湿润黏膜作用。滴鼻。一次每鼻孔 1~2 滴，一日 3~4 次。

【注解】本处方尚可采用以下两种方法制备。①共熔法：将薄荷脑与樟脑共研使之共熔而液化，再加液状石蜡至全量。此法配制较快，但有时成品会出现混浊，放置后会变为澄明。②混合溶解法：即按处方量分别称取薄荷脑、樟脑，直接加入液状石蜡中，放置 1 天，稍加振摇即可溶解。

五、滴耳剂

（一）概述

滴耳剂（ear drops）系指由药物与适宜辅料制成的水溶液，或由甘油或其他适宜溶剂和分散介质制成的澄明溶液、混悬液或乳状液，供滴入外耳道用的液体制剂。一般以水、乙醇和甘油为溶剂。也有以丙二醇、聚乙二醇为溶剂的。以乙醇为溶剂的溶液，穿透性及杀菌作用较强，但有刺激性，用于鼓膜穿孔时，常能引起难以忍受的疼痛。以甘油为溶剂的制剂，作用和缓，药效持久，并有吸湿性，但穿透性较差，且易使耳道堵塞。以水为溶剂者，作用缓和，但穿透性差，因此可根据不同病情选用不同的溶剂或使用混合溶剂。由于分散系统不同，滴耳剂可分为溶液型和混悬型滴耳剂两类，混悬液的最大颗粒不得超过 50μm。

在滴耳剂的生产、包装、贮存及分装过程中，应采取适当措施确保其抑菌性，避免污染物的引入及微生物的生长。一般滴耳剂处方中可含有各种辅料，如用于调节张力、黏度或调节 pH，提高药物的溶解度，使制剂稳定且有足够抗菌活性等辅料。这些辅料不应降低制剂的药效，应无毒性或局部刺激性。滴耳剂的制备，一般按外用液体制剂进行，通过溶解、搅拌、过滤而制得。

用于耳部伤口，尤其耳膜穿孔或手术前的滴耳剂，应严格灭菌，且不可加抑菌剂并密封，单剂量包装。如药剂本身抗菌活性不足的水性滴耳剂，应密封于含适宜浓度抑菌剂的多剂量容器中。

（二）举例

例 4-23　复方硼酸滴耳剂

【处方】硼酸 90g　　乙醇 250ml
　　　　冰片 9g　　加甘油至 1000ml

【制备】取冰片加乙醇搅拌溶解；再取甘油适量加热约 100℃，缓缓加入研细的硼酸粉，随加随搅拌使溶解，放冷；将两液合并，再加甘油至 1000ml 即得。

【作用与用法】本品有消炎、止痛作用，用于治疗中耳炎。滴耳，一次 2~3 滴，一日 3 次。

【注解】硼酸在热甘油中易溶，但温度不能超过 150℃，以免甘油分解产生刺激性的丙烯醛。冰片和乙醇都易挥发，所以应将溶液放冷后，再混合以免损失。

六、滴牙剂

（一）概述

滴牙剂（tooth drops）系指用于局部牙孔的液体制剂。其特点是药物浓度较大，往往不用溶剂或仅用少量溶剂稀释，因其刺激性和毒性较大，应用时不能接触牙黏膜。滴牙剂一般不发给患者，由医护人员直接用于患者的牙病治疗。

（二）举例

例 4-24 牙痛水

【处方】 樟脑 150g　　香油 15g

水合氯醛 100g　　加乙醇至 1000ml

【制备】 取樟脑、水合氯醛和丁香油溶于适量乙醇中，再加适量乙醇至全量，混匀，即得。

【作用与用法】 用于龋齿所致疼痛的暂时止痛。外用，以药棉蘸透药水，塞入龋齿洞内。

【注解】 本品具有镇静止痛作用，可用棉球蘸取本品适量塞于患处，用于牙髓炎短时止痛。

七、含 漱 剂

（一）概述

含漱剂（gargles）系指用于口腔、咽喉清洗的液体制剂，具有清洗、防腐、除臭、杀菌、消毒及收敛等作用。多为药物的水溶液，亦有含少量乙醇和甘油的溶液。含漱剂中常加适量染料着色，表示外用漱口，不可咽下。

含漱剂的 pH 要求微碱性，有利于除去微酸性分泌物和溶解黏液蛋白。为了方便，有时配成浓溶液，临用时稀释。也可为固体粉末，临用时加水溶解。

（二）举例

例 4-25 复方硼砂溶液

【处方】 硼砂 20g　　甘油 35ml

碳酸氢钠 15g　　液化苯酚 3ml

加纯化水至 1000ml

【制备】 取硼砂用适量热水溶解，放冷至 50℃以下，再加碳酸氢钠使溶解；另取液化苯酚加于甘油中搅匀，加入上述溶液中，随加随搅拌，静置；待不发生气泡后，滤过，加水至全量，搅匀即得。

【作用与用法】 用于扁桃体炎、口腔炎、牙龈炎、喉炎等作含漱用。每日数次含漱。

【注解】 ①本品又称朵贝尔溶液，具杀菌防腐作用，用于口腔炎、咽喉炎及扁桃体炎。②硼砂在热水中易溶，与甘油可生成一部分甘油硼酸呈酸性，再与碳酸氢钠作用生成甘油硼酸钠，并放出 CO_2。制备过程中生成大量气泡，注意勿使溶液冲出容器外。生成的甘油硼酸钠及处方中的液化酚具有消毒防腐作用。③本品可加 1% 伊红溶液，以示不可内服。

八、灌 肠 剂

灌肠剂（clysters）系指灌注于直肠的水性、油性溶液或混悬液，以治疗、诊断或营养为目的的液体制剂。按用药目的不同分为 3 类。

1. 泻下灌肠剂　又称清除灌肠剂，是以清除粪便、降低肠压、使肠道恢复正常功能为目的使用的液体制剂，常用的如生理盐水、5% 软肥皂溶液，1% 碳酸氢钠等，一次用量250~1000ml，施用时温热后再缓缓灌入。使用甘油水溶液作灌肠剂时，由于甘油对肠黏膜有刺激性，故使用浓度 30%~50%，用量 15~30ml。

2. 含药灌肠剂 含药灌肠剂是指在直肠起局部作用或吸收发挥全身作用的药物液体制剂。局部可起收敛作用，全身吸收可产生兴奋或镇静作用。可用于以下几种情况：①当需要药物保留在肠中缓缓发挥作用时；②当为了避免药物在胃中破坏或对胃刺激性以及肝脏首关作用时；③当有不能口服用药的患者时，即可通过直肠给药方法来实现。由于这类灌肠剂需要较长时间保留在肠中（可加附加剂以增加黏度），故又称为保留灌肠剂。如 10% 水合氯醛溶液一次 10~20ml，加水稀释 1~2 倍后灌入。

3. 营养灌肠剂 系指患者不能经口摄取营养而应用的含有营养成分的液体制剂。属于保留灌肠剂的一种，只是其中的药物具有营养功能，须在直肠保留较长时间以利于药物吸收，如葡萄糖、鱼肝油以及蛋白质等制成的灌肠剂。

九、冲 洗 剂

冲洗剂系指用于冲洗开放性伤口或腔体的无菌溶液。用于食物或药物中毒者的初期抢救。冲洗剂多为具有防腐、收敛、清洁等作用的低浓度药物水溶液。用量一般1000~2000ml，须新鲜配制，温热后使用。

阴道用的冲洗剂要求 pH3.3~3.4，因为正常情况下阴道 pH3.8~4.7，病变的阴道多在pH5.5~7。阴道冲洗剂按其应用不同可分为：①用于降低 pH，常用 0.5%~3% 乳酸溶液；②用于除臭，常用过氧化氢溶液、过硼酸溶液；③用于收敛，常用鞣酸、明矾溶液；④用于清洁，常用生理盐水、2% 硼酸溶液；⑤用于消毒杀菌，常用 0.02%~0.1% 高锰酸钾或 0.02% 呋喃西林溶液。

学习小结

液体制剂临床应用广泛，具有药物分散度大、吸收快等特点。根据分散相粒子大小及分散状况，液体制剂分为溶液型、胶体溶液型、混悬液型、乳浊液型。液体制剂的溶剂主要有水、乙醇、甘油等，其性质和质量直接影响液体制剂的制备方法、稳定性和疗效。溶液型液体制剂主要有溶液剂、芳香水剂、甘油剂、醑剂等，一般用溶解法、稀释法、化学反应法等方法制备。胶体溶液型液体制剂包括高分子溶液剂和溶胶剂，高分子溶液一般采用溶解法制备，其稳定性与高分子的水化膜和荷电性有关。溶胶剂具有极大的分散度，分散相质点与溶剂之间存在相界面，属热力学不稳定体系。乳剂系非均相的液体制剂；乳化剂的种类包括表面活性剂类乳化剂、天然乳化剂、固体微粒类乳化剂和辅助乳化剂。乳剂不稳定，乳剂可分层、絮凝、转相、酸败、合并与破裂；乳剂的制备方法有干胶法、湿胶法、新生皂法、两相交替加入法、机械法等。混悬剂存在物理稳定性问题主要有混悬微粒的沉降、微粒的荷电与水化、絮凝与反絮凝、结晶增长与转型和分散相的浓度和温度；混悬剂的稳定剂包括助悬剂、润湿剂、絮凝剂和反絮凝剂等；混悬剂的制备分为分散法和凝聚法。

复习题

1. 增加药物溶解度的方法有哪些？
2. 乳剂的形成条件有哪些？
3. 乳剂中药物的加入方法有哪些？
4. 乳剂的不稳定性表现在哪些方面？
5. 药物在什么条件下可制成混悬剂？
6. 混悬剂的物理稳定性与哪些因素有关？

（田　燕）

第五章

灭菌法和无菌操作法

学习目标

1. 掌握灭菌法和无菌操作的基本概念，并能根据药物及物料的性质正确选择灭菌方法。
2. 熟悉各种灭菌法及其适用范围，洁净技术与无菌操作对药品生产、质量、安全性的影响。
3. 了解药品生产洁净区的洁净度划分、无菌效果验证标准，F 与 F_0 值在灭菌中的意义和应用。

灭菌是药物制剂生产制备的一个重要工艺过程。灭菌法系指用适当的物理或化学手段将物品中活的微生物杀灭或除去，从而使物品残存活微生物的概率下降至预期的无菌保证水平的方法。微生物包括细菌、真菌、病毒等。细菌的芽孢有较强的抗热性，不易杀灭，一般 100℃加热不能杀死芽孢，因此，灭菌效果应以杀死芽孢为准。灭菌方法的选择既要达到灭菌的效果，又要保持制剂的稳定。根据人体对环境微生物的耐受程度，《中国药典》对不同给药途径的药物制剂大体分为：规定无菌制剂和非规定无菌制剂（限菌制剂），对注射剂、滴眼剂（供角膜创伤或手术用）、植入制剂等要求无菌；对口服制剂、软膏剂、滴眼剂（一般用途）、眼膏剂等要求进行微生物限度检查，即活的微生物数在规定限度以下。

药剂学中灭菌措施的基本目的是，既要除去或杀灭微生物，又要保证药物的稳定性、治疗作用及用药安全。因此，选择灭菌方法时必须结合药物的性质加以全面考虑。故灭菌法的研究对保证产品质量有着重要意义。灭菌法可分类如下：

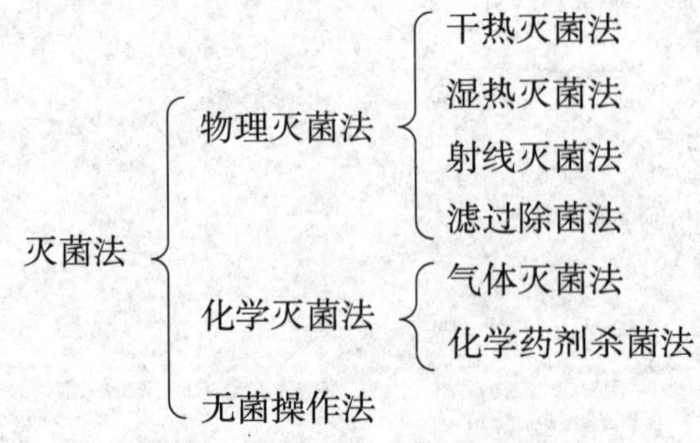

本章重点介绍物理灭菌法，其他灭菌法简要说明。

第一节　物理灭菌法

物理灭菌法包括加热（干热、湿热）灭菌法、紫外灭菌法、过滤除菌法、辐射灭菌法、超声波灭菌法等。常用的加热灭菌法是利用加热手段可以破坏蛋白质与核酸中的氢键，故导致蛋白质变性或凝固，使微生物死亡。

一、干热灭菌法

干热灭菌法是利用干热空气进行灭菌的方法，其中包括火焰灭菌法和干热空气灭菌法。本法系指将物品置于干热灭菌柜、隧道灭菌器等设备中，利用干热空气杀灭微生物或消除热原物质的方法。适用于耐高温但不宜用湿热灭菌法灭菌物品的灭菌，如玻璃器具、金属制容器、纤维制品、固体试药、液状石蜡等均可采用本法灭菌。干热灭菌温度较高，可有效地杀死细菌芽孢与繁殖体。一般 100℃以上干热 1 小时可杀死全部细菌繁殖体，140℃以上干热 3 小时，可杀死大多数耐热的细菌芽孢，并破坏热原。干热灭菌设备比较简单，有烘箱、干热炉、干热隧道等。但干热空气比热低、穿透力弱，温度不均匀，有实验证明干热 160℃，60 分钟的热效力相当于湿热 121℃，10~15 分钟的热效力。为使温度分布均匀，一些干热设备中常装有鼓风机，可加强热空气的对流，减少灭菌器内的温差。本法的缺点是穿透力弱，温度不易均匀，而且由于灭菌温度过高，不适用于橡胶、塑料及大部分药品。

二、湿热灭菌法

湿热灭菌法系指将物品置于灭菌柜内，利用高压饱和蒸汽、过热水喷淋等手段使微生物菌体中的蛋白质、核酸发生变性而杀灭微生物的方法。该法灭菌能力强，为热力灭菌中最有效、应用最广泛的灭菌方法。药品、容器、培养基、无菌衣、胶塞及其他遇高温和潮湿不发生变化或损坏的物品，均可采用本法灭菌。流通蒸汽不能有效杀灭细菌孢子，一般可作为不耐热无菌产品的辅助灭菌手段。但由于蒸汽潜热大，穿透力强，容易使蛋白质变性或凝固，所以灭菌效率比干热灭菌法高。湿热灭菌包括热压灭菌、流通蒸汽灭菌与低温间歇灭菌等。

（一）热压灭菌

热压灭菌系指在密封的容器内，使用高压饱和蒸汽进行灭菌的方法，是湿热灭菌中最可靠的灭菌方法。在 98kPa（$1kg/cm^2$）的压力下，此时温度达到 121.5℃，灭菌 15~20 分钟，能杀死所有的细菌繁殖体与芽孢，是常用的灭菌方法。该法适用于耐热压灭菌的药物，如葡萄糖注射液、氯化钠注射液、甘露醇注射液、碳酸氢钠注射液等。从安全性角度考虑，大容量注射液灭菌时应首选热压灭菌方法。该法常用作配液灌、玻璃瓶、不锈钢容器等设备的在线灭菌，医院的手术用品等也常采用该法灭菌。对于不耐热压灭菌的药品、密度较高的固体、半固体产品（如脂肪、植物油）等，不适宜选用该种方法灭菌。

1. 常用的热压灭菌设备　热压灭菌设备种类很多，有手提式热压灭菌器、卧式热压灭菌柜（图 5-1）、隧道式热压灭菌柜、水封式热压灭菌塔等。

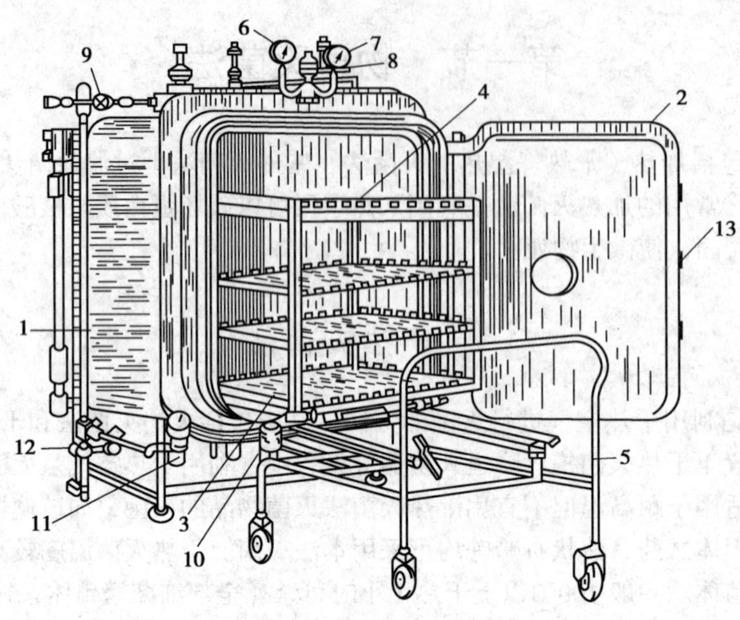

图 5-1 卧式热压灭菌柜

1. 灭菌柜外壳；2. 柜门；3. 活动格车；4. 铅丝网格架；5. 搬运车；6. 柜室压力计；7. 夹层压力计；8. 蒸汽控制阀门；9. 蒸汽旋塞；10. 排气口；11. 温度计；12. 夹套回气装置；13. 门闩

2. 热压灭菌基本程序　热压灭菌的基本程序为装瓶、升温、进蒸汽置换空气、灭菌、排汽、冷却、卸瓶。

（1）装瓶：灭菌时不可将输液瓶横卧或倒置；也不可将瓶子直接叠放，否则不但影响蒸汽流通，而且使铝盖受压松动，造成灭菌不彻底或漏气。灭菌物堆放的数量、位置、方向及搁架设计均对灭菌效果有影响，每一种产品生产前均应试验、验证灭菌条件，生产中不能随意更改装瓶条件，否则将影响灭菌效果。

（2）升温阶段：生产中均需要有一定的升温预热时间，灭菌时间是从药液真正达到所要求的温度算起的。升温是与排除灭菌柜内空气同时进行的，可先用流通蒸汽或真空法排除灭菌柜内的空气。排尽空气非常重要，空气的存在会影响到灭菌温度和效果。灭菌室空腔的升温与产品内升温曲线不同，产品内升温曲线有一滞后过程。

（3）保温灭菌阶段：当产品温度达到预定值时，此时开始保温并计算灭菌时间。以往所用的 121℃，30 分钟等灭菌条件的规定仅仅是半定量概念，因温度在保温灭菌时间内会上下浮动，F_0 值使灭菌效果的评价成为一种定量标准。目前，国内药厂已逐渐采用灭菌自动控制系统，用自动记录仪表监测和调节灭菌过程中的温度和时间。

（4）排汽与冷却阶段：灭菌完毕后，关闭蒸汽阀，停止加热，渐开排气阀，使表压下降为零。为加快灭菌周期，此时可对灭菌物喷雾冷却水。冷却水的无菌要求作为注射剂质量的一项保证措施，已受到重视。灭菌冷却水可以由以下几种方法获得：注射用水或去离子水，可经热交换器冷却；饮用水加氯或次氯酸钠灭菌制得。为使灭菌物不被破坏，灭菌的预热升温及冷却过程要尽量缩短。

3. 蒸汽类型对灭菌效果的影响 湿热灭菌效果与所用热蒸汽状态有关。蒸汽一般存在4种状态：饱和蒸汽、湿饱和蒸汽、过热蒸汽与不饱和蒸汽。①饱和蒸汽的蒸汽温度与水的沸点相当，压力越大，水的沸点越高，饱和蒸汽的温度越高。蒸汽中不含细微水滴，其热含量高、潜能大、穿透力强。饱和蒸汽的压力与温度关系见表5–1。大容量注射剂品种一般要求热压灭菌的饱和蒸汽温度为121.5℃，压力为1.05kPa。②湿饱和蒸汽为饱和蒸汽中带有微细水滴的蒸汽，这是由于在管道输送过程中热量损失形成的。其含热量较低，灭菌效果较差。③过热蒸汽是由于热压灭菌器中水分不足，液体状态的水蒸发后，再继续加热蒸汽形成的，其温度虽高于饱和蒸汽，但与干热现象相似，灭菌效果低于饱和蒸汽。④不饱和蒸汽为热压容器内空气未排尽，蒸汽内含有不同比例的空气。此时表压为蒸汽压力与空气压力之和。由于空气是热的不良导体，且无潜热放出，所以将导致灭菌实际温度降低，即灭菌效果降低。其相互关系见表5–1。

表5–1 不饱和蒸汽的温度与压力关系表

蒸汽压力（表压）		饱和蒸汽温度（℃）	含不同空气比例的不饱和蒸汽温度（℃）			
磅/in^2	kPa		20%（v/v）	40%（v/v）	60%（v/v）	80%（v/v）
0	0	100	94	86	76	61
1	0.07	102.3				
5	0.352	108.8				
10	0.703	115.6	108	100	89	72
15	1.05	121.5	114	104	92	74

（二）流通蒸汽灭菌与煮沸灭菌

流通蒸汽灭菌是在不密封的容器内用蒸汽灭菌，此时压力与大气压相等，蒸汽温度为100℃，该法亦称为无压力蒸汽灭菌。煮沸灭菌是把灭菌物放至水中煮沸，温度也是100℃。两种方法的灭菌时间一般为30~60分钟。该类方法不需特殊设备，操作简单，但不能保证杀死所有的耐热芽孢，故药液中还应考虑加抑菌剂。在生产制备过程中要采取措施，防止细菌污染。

（三）低温间歇灭菌

此法系将待灭菌制剂在60~80℃加热1小时，将其中的细菌繁殖体杀死，然后在室温或温箱中放置24小时，让其中的芽孢发育为繁殖体，再加热将其杀灭，如此循环3次以上，直至全部芽孢孵化并被杀灭为止。该法适用于不耐高温的制剂与药品，如某些特殊的乳剂或生物制品。但该法费时、灭菌效果不可靠，需另加抑菌剂。如有更好的替代灭菌方法，一般不采用该法。

（四）影响湿热灭菌的因素

湿热灭菌的时间、温度、压力的设计，一般应考虑微生物的种类与数量、药物的湿热稳定性、药液的形状以及灭菌蒸汽的性质。

1. 微生物种类与数量 微生物种类不同，其芽孢的耐热性质不同。微生物污染的数量越少，达到可靠灭菌效果所需的灭菌时间越短，这已被生物 F_0 值等研究证明，且微生物污染越厉害，热原反应越强烈，故生产过程中应尽量避免微生物污染。

2. 药物的热稳定性　灭菌一方面要保证灭菌效果，又要保证药物稳定性符合规定标准。在保证灭菌效果的前提下，应尽量缩短灭菌时间，降低灭菌温度。如维生素 C 注射液采用 100℃，灭菌 15 分钟，也可保证各项指标符合规定。但每一次灭菌时间与温度的改变均应有实验充分进行验证。

3. 药液的性质　药液的 pH 影响微生物活性，一般细菌在中性药液中活性最强，碱性中次之，酸性不利于微生物生长。有许多药液偏酸性，此时可以考虑适当降低灭菌温度，如一些偏酸性的小容量注射液常采用流通蒸汽方法灭菌。溶液介质不同，微生物的生长活性不同。一般认为：注射液中若含有营养性物质如糖类、蛋白质类，能增强微生物的抗热性。

三、紫外线灭菌法

紫外线对细菌繁殖体与芽孢均有杀灭作用。紫外线是直线传播的，穿透力较弱，玻璃可吸收紫外线，紫外线广泛用作无菌室空气灭菌及设备、桌面等物体表面的灭菌，安瓿中的药物不能用此法灭菌。常用的紫外线灯可产生紫外线，灯管需装置在距离地面 1.8~2.0 m 高处，紫外线强度与距离平方成反比。灯管必须保持无尘、无油垢，否则将使辐射强度降低。紫外线可穿透洁净的空气与纯净水，但空气中或水中悬浮物增多时，该穿透能力明显下降。细菌种类不同，对紫外线的敏感程度不同，在直接暴露状态下，一般繁殖体 3~5 分钟、芽孢约 10 分钟即可被杀灭。紫外线能灼伤人体皮肤细胞等表面组织器官，故操作者应在紫外灭菌结束后再入室。

四、过滤除菌法

本法系利用细菌不能通过致密具孔滤材的原理以除去气体或液体中微生物的方法。除菌过滤器采用孔径分布均匀的微孔滤膜作过滤材料，微孔滤膜分亲水性和疏水性两种。滤膜材质根据过滤物品的性质及过滤目的而定。药品生产中采用的除菌滤膜孔径一般不超过 0.22μm。过滤器不得对被过滤成分有吸附作用，也不能释放物质，不得有纤维脱落，禁用含石棉的过滤器。该法适用于不能加热灭菌的药液，如酶、蛋白类注射液。细菌繁殖体的大小约为 1μm，芽孢大小约为 0.5μm，实验证明，孔径小于 0.2μm 的滤器均可滤除细菌。

五、其他灭菌法

其他物理灭菌方法有辐射灭菌、微波（电磁波）加热灭菌、超声波灭菌。

辐射灭菌系指将灭菌物品置于适宜放射源辐射的 γ 射线或适宜的电子加速器发生的电子束中进行电离辐射而达到杀灭微生物的方法。本法最常用的为 ^{60}Co-γ 射线辐射灭菌。医疗器械、容器、生产辅助用品、不受辐射破坏的原料药及成品等均可用本法灭菌。γ 射线通常由放射性核素 ^{60}Co 产生，可以使有机大分子化合物电解分离，从而是杀死细菌的一种方法。此类方法设备昂贵，尚不能普及，同时辐射对药物的影响，尚待全面考察。

利用微波（电磁波）加热方法，直接对药液进行灭菌。该法灭菌温度可高达120℃，灭菌时间短，约20秒，可明显降低药物受热分解的程度，是一种新的灭菌方法。但存在安瓿破损率高、灭菌不完全、劳动保护等问题。

超声波灭菌法已在疫苗制品的灭菌中广泛应用。安瓿的清洗、灭菌也已引入超声波法，可将清洗与灭菌过程一并完成。

以上灭菌方法均有待于进一步研究，尚未在药物生产的灭菌中广泛使用。

第二节　化学灭菌法

化学灭菌法系指用化学药品直接作用于微生物而将其杀死的方法，化学杀菌剂不能杀死芽孢，仅对繁殖体有效。化学杀菌剂的效果依赖于微生物种类及数目，物体表面的光滑度或多孔性以及杀菌剂的性质。化学杀菌的目的在于减少微生物的数目，以控制一定的无菌状态。化学灭菌法可分为（化学）气体灭菌法与化学灭菌剂灭菌法。

一、气体灭菌法

气体灭菌系指用化学消毒剂形成的气体杀灭微生物的方法。本法适用于在气体中稳定的物品灭菌，可用于医疗器械或不能采用高温灭菌的物品灭菌，如塑料管道内、玻璃、金属、橡胶等固体表面、设备表面、室内空气的灭菌，也可用于包装纸箱、注射器、针头等灭菌。

常用于灭菌的气体有环氧乙烷、臭氧、过氧乙酸、甲醛、丙二醇、甘油、乳酸等气体或化合物的蒸气。最常用者为环氧乙烷。环氧乙烷的分子式为（CH_2）$_2$O，沸点为10.9℃，室温时为气体，在水中溶解度大。环氧乙烷为生物烷化剂，具有细菌毒性。环氧乙烷具有可燃性，当与空气混合后，空气中含量达到3.0%（v/v）时即可爆炸，故用惰性气体二氧化碳稀释。环氧乙烷对人的吸入毒性与氨接近，无氨样刺激臭味，但仍可损伤皮肤与眼黏膜。环氧乙烷灭菌程序如下：减压、排灭菌器内空气、输入环氧乙烷与二氧化碳（1∶9）混合气体、灭菌、抽真空排净环氧乙烷。环氧乙烷可导入水中溶解，1ml水可溶解19.5ml（20℃，101.3kPa时）环氧乙烷。灭菌时应保持一定的灭菌气体浓度与一定的温度与湿度，一般应在浓度为850~900mg/L，相对湿度为40%~60%，温度为22~25℃（3小时，45℃）的条件下灭菌。

二、化学灭菌剂灭菌法

化学灭菌剂与抑菌剂不同，前者常用于药物生产中设施与设备等物体的表面灭菌，后者常加入药物制剂中，产生抑菌作用。化学灭菌剂只能杀死繁殖体，对细菌芽孢无效。常用者有0.1%~0.2%的苯扎溴铵（新洁尔灭）溶液，2%左右的酚或甲酚皂液，75%的乙醇液等，该法常应用于其他灭菌法的辅助措施，即手部、无菌设备和其他器具的消毒等。

第三节 洁净技术与无菌操作法

一、对洁净生产厂房的要求

根据生产工艺要求对空调和空气滤过有不同的洁净标准，即工业洁净和生物洁净。工业洁净系指除去空气中悬浮的尘埃等；生物洁净系指不仅除去空气中的尘埃，而且除去细菌等以创造洁净空气的环境。药品的质量是指安全性、有效性、稳定性。药品的安全性包括药品本身的安全和异物污染引起的各种不良影响。空气净化主要针对后者而采取的各种有效措施，对药品质量的提高有着重要意义。制剂生产时必须按生产工序、生产要求划分区域，即一般生产区、控制区、洁净区、无菌区。GMP 中进一步强调了厂房设施的设计和布局的合理性，并按生产区、仓储区、质量控制区和辅助区分别细化要求。生产车间必须按生产工艺流程及所要求的洁净级别进行合理布局。GMP 将生产区域空气的洁净级别分为 A、B、C、D 四个级别。根据我国《药品生产管理规范》的规定，不同级别的洁净度要求见表 5-2。从表 5-2 中可见：所谓洁净室（区），是指需要对空气中尘粒及微生物含量进行控制的房间（区域）。

表 5-2 洁净室（区域）空气洁净级别表

洁净度级别	尘粒最大允许数 / 立方米		微生物最大允许数	
	≥ 0.5μm	≥ 5.0μm	沉降菌 / 皿	浮游菌 / 立方米
A 级	3520	20	<1	<1
B 级	3520	29	5	10
C 级	352 000	2900	50	100
D 级	3520 000	29 000	100	200

药品品种不同、生产工艺不同，对环境的洁净度有不同的要求。

1. 最终灭菌药品

（1）C 级背景下的局部 A 级：高污染风险（此处的高污染风险是指产品容易长菌、灌装速度慢、灌装用容器为广口瓶、容器须暴露 数秒后方可密封等状况）的产品灌装（或灌封）。

（2）C 级：①产品灌装（或灌封）；②高污染风险（此处的高污染风险是指产品容易长菌、配制后需等待较长时间方可灭菌或不在密闭系统中配制等状况）产品的配制和过滤；③眼用制剂、无菌软膏剂、无菌混悬剂等的配制、灌装（或灌封）；④直接接触药品的包装材料和器具最终清洗后的处理。

（3）D 级：①轧盖；②灌装前物料的准备；③产品配制（指浓配或采用密闭系统的配制）和过滤直接接触药品的包装材料和器具的最终清洗。

2. 非最终灭菌产品

（1）B 级背景下的 A 级：①处于未完全密封状态下产品的操作和转运，如产品灌装（或灌封)、分装、压塞、轧盖(轧盖前产品视为处于未完全密封状态)等;②灌装前无法除菌过滤的药液或产品的配制;③直接接触药品的包装材料、器具灭菌后的装配以及处于未完全密封状态下的转运和存放;④无菌原料药的粉碎、过筛、混合、分装。

(2)B级:①处于未完全密封状态下的产品置于完全密封容器内的转运;②直接接触药品的包装材料、器具灭菌后处于密闭容器内的转运和存放。

(3)C级:①灌装前可除菌过滤的药液或产品的配制;②产品的过滤。

(4)D级:直接接触药品的包装材料、器具的最终清洗、装配或包装、灭菌。

3. 生物制品生产操作示例

(1)B级背景下的局部A级:①无菌药品中非最终灭菌产品规定的各工序;②灌装前不经除菌过滤的制品其配制、合并等。

(2)C级:体外免疫诊断试剂的阳性血清的分装、抗原与抗体的分装。

(3)D级:①原料血浆的合并、组分分离、分装前的巴氏消毒口服制剂其发酵培养密闭系统环境(暴露部分需无菌操作);②酶联免疫吸附试剂等体外免疫试剂的配液、分装、干燥、内包装。

4. 非无菌原料药　精制、干燥、粉碎、包装等生产操作的暴露环境应当按照D级洁净区的要求设置。

不同洁净度级别应分别设置更衣、换鞋缓冲区域。人员和工艺原料要进入无菌核心区,应优先选择通过几个洁净度等级逐步增加的过程,以适应于他们所要进入的区域的不同要求。在新版GMP中,对洁净厂房等设施还有许多要求,如洁净区的内表面(墙壁、地面、天棚)应当平整光滑、无裂缝、接口严密、无颗粒物脱落,避免积尘,便于有效清洁,必要时应当进行消毒。制剂的原辅料称量通常应当在专门设计的称量室内进行。洁净区与非洁净区之间、不同级别洁净区之间的压差应当不低于10 Pa。生产特殊性质的药品,如高致敏性药品(如青霉素类)或生物制品(如卡介苗或其他用活性微生物制备而成的药品),必须采用专用和独立的厂房、生产设施和设备。青霉素类药品产尘量大的操作区域应当保持相对负压,产尘车间应保持相对负压。洁净厂房应恒温恒湿,并与生产工艺要求相适应,一般温度控制在18~26℃,相对湿度在45%~65%为宜。

二、空气净化系统

洁净室是一个密封的空间,它的空气、温度、湿度、压力和噪声的控制均通过空气净化系统来完成。该系统是目前药品生产中普遍采用的一门新技术。系统由车间、管道和一系列设备组成,它包括:初效过滤器、加热盘管、风机、冷却盘管、中效过滤器、湿度调节装置、高效过滤器、回风扇与控制回风装置。该净化系统有以下功能。①净化滤过空气:通过空气过滤器实现;②调节温度与湿度:通过加热、冷却盘管、湿度调节装置、挡水板来实现;③保持洁净室的压差:一般洁净室均需维持正压差,通过送风量大于排风量的方法达到;④控制换气次数:通过空压机及回风扇调节送风量并达到不同洁净级别所需的换气次数。

空气净化系统中最主要的设备是空气过滤装置。空气过滤器分为初效、中效、高效3种。初、中效过滤器可以滤除空气中的大、中粒子,高效过滤器可滤除微小粒子,三级连用

时可将 >0.3μm 的微粒滤除 99.97%。C 级洁净要求必须配有初效与中效过滤器，B 级与 A 级的洁净要求必须配置初、中、高效三级过滤器。过滤器根据需要可多个连贯组合。要达到高洁净度，不仅需要增加过滤器数量，还应增加换气次数。

层流技术的应用使洁净区域能达到 A 级水平。层流指具有平行线，以单一通路和单一方向通过洁净室、洁净单元或洁净台的气流。层流有水平层流与垂直层流两种类型。常规净化室空气的流动属于紊流，该状态使空气中夹带的微粒互相碰撞聚结，并使原静止的尘粒重新飞扬，室内局部空气还出现死角，因此，它只能除去部分粒子，而不易使微粒除净。紊流只能净化空气至 B 级，层流洁净室（图 5-2）使用一面墙体单向送风，另一平行墙体单向回风，可以克服紊流的缺点，很快排除微粒。

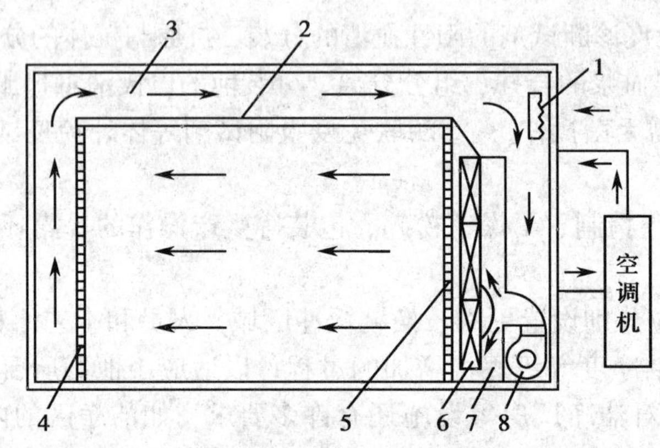

图 5-2 水平层流洁净室结构示意图

1. 新鲜空气滤过器；2. 夹板顶板；3. 回风夹层风道；4. 回风墙；5 送风墙；6. 高效空气滤过器；7. 静化单元静压箱体；8. 送风机

三、无菌操作法

无菌操作法是将整个过程控制在无菌条件下进行的一种操作方法。无菌操作所用的一切用具、材料以及环境，均需按照前述的灭菌法灭菌，操作须在无菌室或无菌柜内进行。操作人员进入洁净室之前要换上与生产操作和空气洁净度级别要求相适应的服装，无菌操作人员的工作服装需穿戴严密，不得露出头发与口鼻，双手应按规定方法洗净并消毒后方可进行操作。近年来，层流洁净台（图 5-3）等设备已在医院或药厂小批量生产无菌制剂时得到广泛应用。大量无菌制剂的工业化生产应在 A 级洁净级别的洁净室中进行。洁净室应按规定定期进行灭菌，定期、定点进行落菌试验，对灭菌效果进行测试。在无层流洁净台时，可在无菌操作柜中进行小量无菌制剂的制备。该柜周围嵌有玻璃，操作处开挖两圆孔，孔内紧密连接橡胶手套或袖套，侧面有门。柜内装有紫外线灯用于消毒或用化学剂灭菌。但该柜使用不便，已较少用。

在药物制剂中，将一些不耐热的药物制成注射剂、眼用制剂、皮试液等时，往往采用无菌操作法制备。按无菌操作法制备的产品，最后一般不再灭菌，直接使用，故无菌操作法对于保证不耐热产品的质量至关重要。

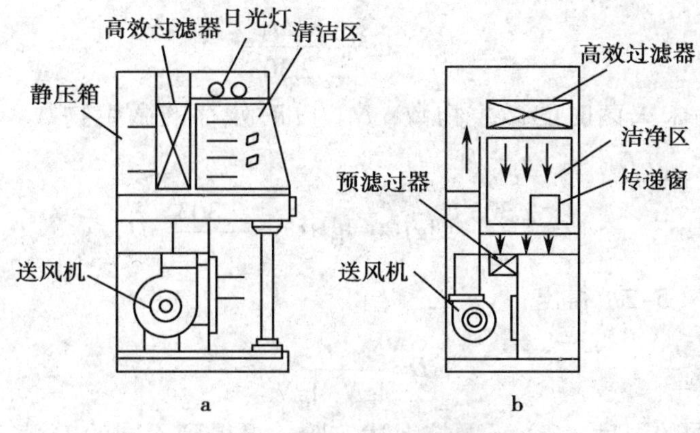

图 5-3 层流洁净台示意图

a　水平层流净化工作台；b　垂直层流净化工作台

第四节　灭菌的验证

灭菌产品的无菌保证不能依赖于最终产品的无菌检验，而是取决于生产过程中采用合格的灭菌工艺、严格的 GMP 管理和良好的无菌保证体系。灭菌工艺的确定应综合考虑被灭菌物品的性质、灭菌方法的有效性和经济性、灭菌后物品的完整性等因素。

验证是 20 世纪 70 年代引入的一个重要科学概念，我国 GMP（2010 年版）要求企业的厂房、设施、设备和检验仪器应当经过确认，应当采用经过验证的生产工艺、操作规程和检验方法进行生产并保持持续的验证状态。验证是证明任何程序、生产过程、设备、物料、活动或系统确实能达到预期结果的有文件证明的一系列活动。并规定在药品生产中应进行厂房、设施及设备的安装确认，运行确认、性能确认和产品验证。本节重点介绍热压灭菌过程、灭菌效果的验证及灭菌设备的安装确认、运行确认、性能确认和产品验证等基本概念。

一、热压灭菌过程、灭菌效果验证

灭菌产品在作无菌检查时，存在着抽样率与假阳性的问题。任何抽样都有局限性，均存在微生物污染产品不能被抽取出来的概率，这种抽不到的概率随着污染程度的降低而增大。长期以来，最终产品的无菌检查是检验灭菌有效性的唯一手段。但无菌检查不能拿 100% 的样品检查，而任何抽样标准合格的无菌产品，仍可能在临床使用时产生危害。无菌检查还存在检查限度与假阳性问题。无菌检出限度是多少？即使用最先进的无菌检查设备来进行无菌检查，仍有 1/2000 的假阳性发生，当发生阳性结果时，很难判定是产品带菌还是检验过程所受的污染。如何解决以上问题呢？目前世界上普遍采用了无菌相对标准，如用蒸汽灭菌，能使产品中微生物污染降低到原来的百万分之一。

下面介绍几个重要的微生物学概念。

1. *D* 值　*D* 值表示一定温度下将微生物杀灭 90% 或使之降低 1 个对数单位所需时间。它用于描述一定温度下某种微生物在灭菌过程中的热耐受性，是一定量参数。杀灭微生物符合一级动力学过程，即符合下列方程

$$\lg N_t=\lg N_0-\frac{kt}{2.303} \quad (5-1)$$

式（5–1）中，N_0 为未灭菌时的微生物数，N_t 为 t 时残存的微生物数。根据 D 值定义，式（5–1）可推出：

$$t=\frac{2.303}{k}(\lg 100-\lg 10)=\frac{2.303}{k}=D \quad (5-2)$$

综合式（5–1）与式（5–2）得出：

$$D=\frac{t}{\lg N_0-\lg N_t} \quad (5-3)$$

2. Z 值　在不同的温度（T）下，按上述实验，可得到不同的 D 值，以 $\lg D$ 与 T 作图得到直线，说明两者呈直线关系，得：

$$直线的斜率=\frac{\lg D_2-\lg D_1}{T_2-T_1} \quad (5-4)$$

将该斜率的负倒数定义为 Z 值，得：

$$Z=\frac{T_1-T_2}{\lg D_2-\lg D_1} \quad (5-5)$$

Z 值表示：使某一微生物下降 1 个对数单位，灭菌温度应升高的度数。当 Z 值为给定数值 10℃（温度升高）时，式（5–5）成为

$$\frac{D_1}{D_2}=10^{\frac{T_1-T_2}{10}} \quad (5-6)$$

Z 值被引入定量描述微生物对灭菌温度变化的敏感性，Z 值越大，微生物对温度变化的“敏感性”越弱，此时，企图通过升高温度来加速杀灭微生物的收效就不明显。

3. F_0 值　物理 F_0 值定义为：一定灭菌温度（T）下、Z 值为 10℃所产生的灭菌效果与 121℃，Z 值为 10℃时所产生的灭菌效果相同时的等效灭菌时间。

按此定义从式（5–6）推出

$$F_0=\Delta t\sum 10^{\frac{T-121}{10}} \quad (5-7)$$

式中 Δt 为测量温度的间隔时间，一般为 1 分钟；T 为该时所测的灭菌物料的温度。只要在灭菌过程中记录灭菌物的温度与时间，代入式（5–7），即可算出 F_0 值。目前，注射剂生产中，已用热电偶自动测定灭菌柜内温度，连接计算机自动显示单位时间内温度的变化并加以记录与计算。如果不同批次的同一药液由于各种原因导致了升温的差异，此时，F_0 值显示未达到规定值，灭菌时间可自动延长，直到达到预期的 F_0 为止。故 F_0 值对验证灭菌过程、保证灭菌效果具有重要意义。

例 1：某热压灭菌过程温度与时间记录如下（表 5–3），Δt 为 1 分钟，试计算其 F_0 值。

表 5–3　灭菌过程的温度与时间

时间（min）	0	1	2	3	4	5	6	7	8	9~39	40	41	42	43	44
温度（℃）	100	102	104	106	108	110	112	115	114	115	110	108	106	102	100

解：按表 5-3 数据，用式（5-7）计算

$$F_0=1\times\left[\left(10^{\frac{100-121}{10}}\right)+\left(10^{\frac{102-121}{10}}\right)+\left(10^{\frac{104-121}{10}}\right)+\left(10^{\frac{106-121}{10}}\right)+\left(10^{\frac{108-121}{10}}\right)+\left(10^{\frac{110-121}{10}}\right)+\left(10^{\frac{112-121}{10}}\right)+\right.$$

$$\left(10^{\frac{115-121}{10}}\right)+\left(10^{\frac{114-121}{10}}\right)+\left(10^{\frac{115-121}{10}}\right)\times30+\left(10^{\frac{110-121}{10}}\right)+\left(10^{\frac{108-121}{10}}\right)+\left(10^{\frac{106-121}{10}}\right)+\left(10^{\frac{102-121}{10}}\right)+$$

$$\left.\left(10^{\frac{100-121}{10}}\right)\right]=8.49\ (\text{min})$$

计算结果表明在 44 分钟内，在以上一系列温度下的灭菌效果相当于在 121℃灭菌 8.94 分钟内的灭菌效果。

生物 F_0 值从式（5-2）推导：

$$F_0=D_{121}\ (\lg N_0-\lg N_t) \quad (5\text{-}8)$$

式（5-8）中的 N_t 为灭菌后预期达到的微生物残存数，一般 N_t 定为 10^{-6}（原有菌数的百万分之一），即认为达到了可靠的灭菌效果，F_0 又称为“无菌保证值”。从式（5-8）还可说明一个重要概念，即被灭菌物中微生物越多，则灭菌时间越长，故生产过程中应尽量减少微生物的污染。

二、热压灭菌设备验证

在药物制剂灭菌过程中出现了许多问题。如灭菌温度表指示温度已达到 121℃时，不能保证灭菌室内每一个区域或灭菌容器内均已达到该温度；同样的灭菌时间与温度，一批产品达到了，但不能保证每批产品均达到同样的灭菌效果，故应进行灭菌设备的验证。灭菌设备的验证包括以下几方面。

1. 灭菌设备的预确认　考虑灭菌产品装量的大小、产品性质、灭菌时间及温度的性质，订购灭菌设备。设备是否具有程序控制系统，记录系统及 F_0 计算功能，应作为指标在选购时加以考虑。

2. 灭菌设备的安装确认　灭菌设备安装后需进行安装合格试验，确信目前安装的设备运作达到设计的水平。对灭菌设备，最重要的是温度监控设备的检验。当设备维修后，也应进行安装合格确认。该验证过程的所有指标均需作为文件，以备今后核对之用。

3. 运行确认及灭菌程序的验证　通过试运行对灭菌性能进行调查试验，进行所设灭菌程序的重复性试验。根据灭菌品种的种类、待灭菌品种的性质（耐热性、黏度、热穿透性）、装载方式来设定灭菌程序。

（1）空腔的热分布试验：热分布是灭菌设备性能的重要指标，它表示在灭菌过程中，灭菌柜腔室内不同位置的温差情况。要求分别进行空载测定与装载测定，使用热电偶探头（不少于 10 个）均匀分布腔室内测温。

（2）装载灭菌产品的热穿透试验：热穿透试验是灭菌设备与灭菌程序对产品适应性的一项专门试验。热穿透试验的步骤与热分布试验相仿，主要差别是温度探头应插入待灭菌产品中，然后再将其分布，分布区域等要求相同于热分布试验。此项试验得到温度、压力、升温时间、保温时间、形成灭菌的压力－温度曲线图等运行参数，从而确定某一设备（灭菌柜）

对某一产品的灭菌程序。此时灭菌柜的装载量、产品的堆放形式、摆放方向、位置均影响热穿透试验，应根据特定产品一一进行实验，以上测定均需重复3次。对于热稳定产品如生理盐水等，灭菌过程采用过度杀灭方法，程序设置的 F_0 值相当高，可使耐热孢子下降12个对数值，即 F_0 值为12。而对耐热性稍差的产品，灭菌采用减灭微生物法——存活概率法，程序设置的 F_0 值根据产品的带菌量与耐热性来确定，F_0 值通常不低于8。

（3）生物指示剂试验：该法亦称微生物孢子的挑战性试验。将已知 D 值的微生物孢子定量加入产品中，然后按程序（热穿透试验的结果）灭菌，验证在该灭菌程序下能否达到杀灭微生物的要求。生物指示剂扮演了污染微生物的角色。只有微生物的验证才是灭菌效果的最终证明。验证用的生物指示剂为非致病菌的微生物孢子，一般为嗜热脂肪芽孢杆菌。以上生物指示剂已被制成孢子混悬液，纸带状菌膜等商品投放市场，并被收载于先进工业国家的药典之中。

我国以前常用化学指示剂，将不同熔点的化学药品（升华硫熔点115℃、氨基比林107~109℃，苯甲酸121℃）封装于安瓿内，与灭菌药物一起放入灭菌柜中各部位进行温度测定。它只能判断该点温度是否达到，并不能表明灭菌的时间，也不能指示是否达到灭菌效果。用生物指示剂法则能验证蒸汽灭菌的可靠性。

三、其他灭菌方法的验证

其他灭菌方法如流通蒸汽灭菌、干热灭菌、气体灭菌、滤过灭菌、放射灭菌均需进行验证，以确证所选用的方法能达到预期灭菌效果。其验证原则、项目、程序与热压灭菌的验证大致相同，只是选用的生物指示剂种类各有不同。

第五节 无菌检查法

制剂经灭菌或无菌操作法处理后，需经无菌检查法检验证实已无微生物生存，方能使用。法定的无菌检查法包括直接接种法和薄膜过滤法。直接接种法是将供试品溶液接种于培养基上，培养数日后观察培养基上是否出现混浊或沉淀，并与阳性及阴性对照品比较。薄膜滤过法是取规定量供试品溶液经薄膜滤过器滤过后，接种于培养基上或直接用显微镜观察。其具体操作方法以及在一些特殊情况下的变动，可详见《中国药典》2010年版二部附录中的无菌检查法。薄膜过滤用于无菌检查的突出优点在于可滤过较大量的样品，滤过后的薄膜即可接种于培养基中，或直接用显微镜观察，故此法灵敏度高，不易产生假阴性结果，检测次数减少，操作比较简单。

无菌检查应在环境洁净度B级下的局部洁净度A级的单向流空气区域内或隔离系统中进行，其全过程必须严格遵守无菌操作，防止微生物污染。单向流空气区、工作台面及环境应定期按《医药工业洁净室（区）悬浮粒子、浮游菌和沉降菌的测试方法》的现行国家标准进行洁净度验证。隔离系统应按相关的要求进行验证，其内部环境的洁净度须符合无菌检查的要求。

学习小结

通过对本章内容学习，达到正确理解在药物制剂制备和生产过程中合理应用各种灭菌方法及无菌操作技术。药剂学中灭菌的基本要求，既要除去或杀灭微生物，又要保证药物成分的稳定、有效及安全，这与一般意义上微生物学的灭菌不尽相同。因此，选择灭菌方法必须把灭菌效果与药物性质结合起来一并考虑。对灭菌操作的温度、时间、压力等参数必须得到充分的认证。在灭菌条件确定后，还要进行灭菌效果的确认，以达到有效灭菌的目的。通常情况下要采用无菌试验法进行判定，保证使用的各种灭菌条件适合于要杀灭的目标菌。

无菌操作法是指整个生产过程控制在无菌条件下进行的一种技术操作。它不是一个灭菌的过程，仅能保持原有的无菌度。该方法适用于某些药品加热灭菌后，即发生变质、变色或降低含量，如注射用粉针、生物制剂、抗生素等。无菌操作所用的一切器具、材料以及生产环境，均须用适宜的灭菌方法灭菌。达到药品生产环境洁净度要求，根据GMP要求，无菌制剂的生产所需洁净区分为4个级别，分为A级：高风险操作区，如灌装区、放置胶塞和与无菌制剂直接接触的敞口包装容器的区域及无菌装配或连接操作的区域。B级：指无菌配制和灌装高风险操作A级洁净区所处的背景区域。C级和D级：指无菌药品生产过程中重要程度较低的操作步骤的洁净区。按无菌操作法制备的产品，最后一般不再灭菌，直接使用，故无菌操作法对于保证不耐热产品的质量至关重要。

复习题

1. 灭菌方法分为哪几种类别？每种类别下又有哪些具体的方法？
2. 物理灭菌法的机制是什么？
3. 干热空气灭菌法的适用范围和灭菌条件是什么？
4. 为什么湿热灭菌法比干热灭菌法的灭菌效率高？
5. 影响热压灭菌的主要因素有哪些？
6. 热压灭菌的常用设备是什么？正确的操作方法是什么？
7. 辐射灭菌的特点与适用范围是什么？
8. 紫外线灭菌的主要机制是什么？主要适用于哪些范围？
9. 化学灭菌有哪两种？常用的化学灭菌剂有哪些？
10. 灭菌操作法适用于哪类药物，如何确定被灭菌药物的性质、有效性、安全性？

（徐群为）

第六章

注射剂与滴眼剂

学习目标

1. 掌握注射剂和滴眼剂型概念、特点及质量要求，注射剂中药物、溶剂及附加剂的合理使用，注射剂生产工艺流程及对生产环境要求。
2. 熟悉注射剂中热原的性质，污染途径和除去方法，空气净化和灭菌方法在注射剂生产中的重要性，大容量注射液（输液剂）及滴眼剂渗透压调节原理、计算，等张概念。
3. 了解注射剂及滴眼剂给药方法和给药途径，注射液生产制备过程常见质量问题及解决方法，冷冻干燥技术在注射用无菌粉末制剂中的应用。

第一节　概　　述

一、注射剂的定义、分类和特点

（一）概念

注射剂（injection）系指药物与适宜的溶剂或分散介质制成的供注入体内的溶液、乳状液或混悬液及供临用前配制或稀释成溶液或混悬液的粉末或浓溶液的无菌制剂。

（二）分类

注射剂按分散系统可分为4类。

1. 溶液型注射剂　对于易溶于水而且在水溶液中稳定的药物，宜制成水溶液型注射剂，如氯化钠注射液、葡萄糖注射液等。有些在水溶液中不稳定的药物，若溶于油，可制成油溶液型注射液，如黄体酮注射液。根据分子量的大小又可将其分为低分子溶液型（如盐酸普鲁卡因注射液）和高分子溶液型（如右旋糖酐注射液）。

2. 注射用无菌粉末　注射用无菌粉剂亦称粉针，系将供注射用的无菌粉末状药物装入安瓿或其他适宜容器中，临用前加入适当的溶剂（通常为灭菌注射用水）溶解或混悬而成的制剂。例如遇水不稳定的药物如青霉素钠，门冬酰胺酶等的无菌粉末。

3. 混悬型注射剂　水难溶性药物或注射后要求延长药效作用的药物，可制成水或油混悬液，如醋酸可的松注射液。这类注射剂一般仅供肌内注射。溶剂可以是水，也可以是油或其他非水溶剂。

4. 乳剂型注射剂　水不溶性液体药物或油性液体药物，根据医疗需要可以制成乳剂型注射剂，例如静脉注射脂肪乳剂等。

（三）特点

从吗啡制成第一个注射剂的100多年来，注射剂已成为当前应用最广泛的剂型之一，因为它具有许多优点。

1. 药效迅速、剂量准确、作用可靠　药物的给药途径不经过消化系统和肝脏而直接注入人体组织或血管，不会受到消化液的破坏和食物的影响，所以剂量准确、吸收快、作用迅速。特别是静脉注射，不需经过吸收阶段，适用于抢救危重患者之用。如尼可刹米用于中枢性呼吸抑制、吗啡中毒及新生儿窒息的急救；氯解磷定静脉注射用于解救有机磷农药中毒等。

2. 适用于不宜口服的药物　某些药物如青霉素或胰岛素可被消化液破坏，庆大霉素口服不易吸收。所以这些药物只能制成注射剂，才能发挥它应有的疗效。

3. 适用于不能口服给药的患者　如昏迷、肠梗阻、严重呕吐、不能吞咽或昏迷的患者，可以注射给药和补充营养。

4. 可以产生局部作用　局部麻醉药可以产生局部定位作用，此外某些注射剂还具有延长药效的作用，有些注射剂可以用于疾病诊断。如盐酸普鲁卡因与泼尼松用于封闭疗法。

5. 靶向作用　脂质体或静脉乳剂注射后，在肝、肺、脾等器官药物分布较多，有靶向作用。

但注射剂也存在一些不足。

1. 使用不便　注射剂一般不能自己使用，应根据医嘱由技术熟练的人员注射，以保证安全。

2. 注射疼痛　注射剂注射时引起疼痛，药液的刺激性也引起疼痛。

3. 安全性不及口服制剂　近年来，注射剂安全性问题的不良事件屡有发生，尤其中药注射剂的安全性备受关注。另外，小儿肌注给药引起大腿四头肌萎缩等已引起人们的重视。

4. 制造过程复杂　要求一定的设备条件，所以生产费用较大，价格也相对较高。

二、注射剂的给药途径与质量要求

（一）注射剂的给药途径

根据医疗上的需要，注射剂的给药途径主要有静脉注射、脊椎腔注射、肌内注射、皮下注射和皮内注射等5种。给药途径不同，作用特点也不一样。常用的给药途径介绍如下。

1. 静脉注射　静脉注射分静脉推注和静脉滴注，前者用量小，一般5~50ml，后者用量大，多至数千毫升。静脉注射药效最快，常作急救、补充体液和供营养之用。静脉注射剂多为水溶液，非水溶液及混悬型注射液等一般不能作静脉注射。药物经静脉注入后，作用不能中途终止，故对静脉注射剂的质量要求应特别严格，以确保使用安全。除另有规定外，一次注射量超过15ml的注射液不得添加抑菌剂。

2. 脊椎腔注射　注射部位是脊椎四周蜘蛛膜下腔内，由于神经组织比较敏感，脊髓液循环较慢，易出现渗透压的紊乱，能很快引起头痛和呕吐，所以脊椎腔注射产品质量应严格控制，其渗透压应与脊椎液相同，pH应与脊髓液相当的水溶液相同，不得含有微粒等异物，注射量不超过10ml。

3. 肌内注射　肌内注射一次剂量一般在1~5ml，除水溶液外，油溶液、混悬液、乳浊液均可作肌内注射。但刺激性太大的药物不利于肌内注射，以免引起局部刺激。

4. 皮下注射　注射于真皮和肌内之间的松软组织内，药物吸收速度较慢，注射剂量通常为1~2ml，皮下注射剂主要是水溶液。由于皮下感受器官较多，具有刺激性的药物应尽量避免皮下注射。

5. 皮内注射　皮内注射系注于表皮和真皮之间，一次注射量在0.2ml以下，常用于过敏性试验或疾病诊断，如青霉素皮试液。

此外，尚有心内注射、穴位注射、腹腔注射、关节腔注射等。近年来一些抗肿瘤药物采用动脉内注入，直接进入靶组织，提高了药物疗效。

（二）注射剂的质量要求

由于注射剂直接注入人体内部，所以必须确保注射剂质量，以确保用药安全，注射剂的质量要求如下。

1. 无菌注射剂成品中不应含有任何活的微生物。不管用何种方法制备，都必须达到《中国药典》无菌检查的要求。

2. 热原或细菌内毒素　注射剂的重要质量指标，特别是用量大的，供静脉注射及脊椎腔注射的注射剂，均需进行热原检查，合格后方能使用。热原检查体内试验有家兔法，具体参见《中国药典》2010年版二部附录Ⅸ D。

3. 可见异物　注射剂要在规定条件下检查，不得有肉眼可见的混浊或异物。鉴于不溶性微粒引入人体所造成的危害，目前对可见异物的要求更严。具体内容参看本章质量检查部分。

4. 安全性　注射剂不能引起对组织刺激或发生毒性反应，特别是非水溶剂及一些附加剂，必须经过必要的动物实验，确保使用安全。

5. 渗透压　注射剂要有一定的渗透压，其渗透压要求与血浆的渗透压相同或接近。

6. pH　注射剂的pH要求与血液相等或接近（血液pH7.4），注射剂的pH一般控制在4~9。

7. 稳定性　注射剂多系水溶液，而且从制造到使用需要经过一段时间，所以稳定性问题比其他剂型更突出，故要求注射剂具有必要的物理稳定性和化学稳定性，确保产品在贮存期内安全有效。

8. 降压物质　有些注射液如复方氨基酸注射液，其降压物质必须符合规定，以确保用药安全。

9. 澄清度　澄清度是检查药品溶液的混浊程度，即浊度。具体参见《中国药典》2010年版二部附录Ⅸ B。

10. 不溶性微粒　用于检查溶液型静脉用注射液、注射用无菌粉末及注射用浓溶液中的不溶性微粒。鉴于微粒引入人体可造成的危害，《中国药典》2010年版二部附录Ⅸ C对标示装量100ml或100ml以上的静脉用注射液（除另有规定外）的不溶性微粒，规定每1ml中含

10μm 以上的不溶性微粒不得超过 25 粒，含 25μm 及 25μm 以上的微粒不得超过 3 粒。

第二节 注射剂的溶剂与附加剂

《中国药典》2010 年版附录中的注射剂通则下指明，注射剂的溶剂包括水性溶剂（主要为注射用水），注射用植物油（主要为供注射用大豆油）及其他非水溶剂（乙醇、1，2- 丙二醇、聚乙二醇的水溶液等）。

一、注射用水

（一）注射用水、纯化水、灭菌注射用水和制药用水

注射用水为纯化水经蒸馏所得的水。纯化水为原水经蒸馏法、离子交换法、反渗透法或其他适宜方法制得的供药用的水，不含任何附加剂。灭菌注射用水为注射用水按照注射剂生产工艺制备并经灭菌所得的水。制药用水包括纯化水、注射用水、灭菌注射用水。纯化水可作为配制普通药物制剂的溶剂或试验用水，不得用于注射剂的配制与稀释。注射用水为配制注射剂用的溶媒。灭菌注射用水主要用于注射用灭菌粉末的溶剂或注射液的稀释剂。

（二）注射用水的质量要求

注射用水的质量要求在《中国药典》2010 年版中有严格规定。除一般蒸馏水的检查项目如 pH、氨、氯化物、硫酸盐与钙盐、硝酸盐与亚硝酸盐、二氧化碳、易氧化物、不挥发物及重金属等均应符合规定外，还必须通过细菌内毒素（热原）检查。

（三）原水处理

原水的预处理是指采用适当的方法最大限度地除去水中不溶性杂质、可溶性盐类、微生物及热原等，以确保注射用水的质量。原水处理方法主要有离子交换法与电渗析法及反渗透法等。离子交换法制得的离子交换水主要供蒸馏法制备注射用水使用，也可用于洗瓶，但不得用于配制注射液，因其在除热原方面还不彻底，有时带有乳光。电渗析法与反渗透法广泛用于原水预处理，供离子交换法使用，以减轻离子交换树脂的负担。

1. 吸附过滤法　利用硅藻土、活性炭等物质的吸附性能，除去原水中的悬浮杂质、有机物、细菌以及铁、锰等杂质效果较好。硅藻土一般可将有机物除去 50% 以上，而活性炭可除去 90% 以上。

（1）活性炭滤过器：根据用水量的多少，设计滤过装置。一般在低层可填装适当厚度的石英砂（直径 20~40mm）作为支持层，上层填装颗粒状活性炭作为滤过层。操作时，原水从上部进入顺流运行，当截污过多或活性丧失时，可进行反洗和活化。

（2）砂棒滤过器：系将砂棒装入密闭砂滤器中。如 112 型铝合金滤水器　高 × 内径 × 厚为 400mm × 320mm × 10mm，内装砂棒 6 支，流量 500kg/h。适合药房应用。

一般当用水量较少，原水中只含少量有机物、细菌及其他杂质时，可采用此种滤器。进入滤器的自来水压力多控制在 1kg 左右。砂棒需用 75% 乙醇或新洁尔灭溶液浸泡消毒或灭菌后应用。

2. 凝聚法 采用明矾、硫酸铝、三氯化铁等为凝聚剂，使水中的悬浮物等杂质加速凝聚成絮状沉淀，静置4小时以上或过夜。本法并具吸附热原的作用。常用的化学凝聚剂有：明矾、硫酸铝、碱式氯化铝等。

3. 离子交换法 离子交换法是原水处理的重要方法之一，它是将上述几种处理方法得到的水，再用离子交换法处理，可得到化学纯度很高的离子交换水或称为纯化水。离子交换法设备简单、成本低廉。离子交换水常作注射剂安瓿和容器的洗涤用，可作为蒸馏法制备注射用水的水源。

离子交换法处理原水是通过离子交换树脂进行的。离子交换树脂最常用的有两种，一种是#732苯乙烯强酸性阳离子交换树脂，其极性基团是磺酸基，可用简化式 $RSO_3^-H^+$ 和 $RSO_3^-Na^+$ 表示，前者称氢型，后者称钠型。另一种是#717苯乙烯强碱性阴离子交换树脂，其极性基为季铵基团，#717阴离子交换树脂可用简化式 $R\text{–}N^+(CH_3)_3Cl$ 或 $R\text{–}N^+(CH_3)_3OH^-$ 表示，前者称氯型，后者称OH型，氯型较稳定。离子交换法处理原水，一般可采取阳床、阴床、混合床串联的组合型式。混合床为阳、阴树脂以一定比例混合而成。大生产时，为了减轻阴离子树脂的负担，常在阳床后加一脱气塔，除去产生的二氧化碳。制备交换水开始时，应对新树脂进行处理和转型，当交换一段时间后，出水质量下降，则需将树脂再生。

一般自来水通过上述离子交换系统，可以除去绝大部分阴、阳离子，对于热原和细菌也有一定的清除作用。对于交换水的质量，生产上多通过比电阻的测定来控制，一般要求比电阻在100万Ω·cm以上。这种方法具有速度快、可连续测量，便于自动化等优点。

4. 电渗析法 电渗析纯化水较离子交换经济，节约酸碱，但制得的水比电阻低，一般在5万~10万Ω·cm。电渗析的基本原理为：电渗析是依据在电场作用下离子定向迁移及交换膜的选择透过性而设计的。电渗析原理：当电极接通直流电源后，原水中的离子在电场作用下迁移，若阳离子交换膜选用磺酸型，则膜中 $R\text{–}SO_3^-$ 基团构成足够强的负电场，排斥阴离子，只允许阳离子透过，并使其向阴极运动；同理，季铵型阴离子膜带正电 $R\text{–}N^+(CH_3)_3$ 基团，排斥阳离子而只允许阴离子透过，并使其向阳极运动，这样隔室中阳、阴离子逐渐减少为淡水室，将它们并联起来即得淡水，这就是电渗析脱盐的原理。

5. 反渗透法 反渗透法是20世纪60年代发展起来的新技术。国内目前主要用于原水处理，若装置合理，也能达到注射液用水的质量要求，而且又比较经济。这一技术正在深入进行研究，它为原水处理与注射用水的制备开辟了一条新的途径。

（1）渗透和反渗透：于U型管内用一个半透膜将纯水和盐溶液分隔开，则纯水就透过半透膜扩散到盐溶液一侧，这就是众所周知的渗透过程。两侧液柱产生的高度差，即表示此溶液所具有的渗透压。但若开始时就在溶液上施加一个大于此溶液渗透压的压力，则盐溶液中的水将向纯水一侧渗透，结果水就从盐溶液中分离出来，我们把这一过程称作反渗透。

（2）反渗透法制备注射用水的原理：用反渗透法制备注射用水常用的有醋酸纤维膜和聚酰胺膜，这些反渗透膜的透过机制，因膜的类型不同而不同，至今尚无一致公认的解释。现结合醋酸纤维膜，以盐水的处理为例，重点介绍选择性吸附毛细管流动机制。

根据Gibbs吸附公式，在恒温下为：

$$\Gamma = \frac{-C}{RT}\left[\frac{\mathrm{d}\sigma}{\mathrm{d}c}\right] \tag{6-1}$$

式（6-1）中，Γ 为溶质在界面上的吸附量，σ 为溶液的表面张力，c 为溶质的浓度。

水有一定的表面张力，且随溶质浓度的不同而变化。假如溶质能提高水的表面张力，即 $d\sigma/dc>0$，则 $\Gamma<0$，称负吸附，这表明表面层溶质浓度要比溶液内部小。由于氯化钠和其他盐类能够增加水的表面张力，则在氯化钠溶液接触空气的界面上能形成一个纯水层。根据上述概念，若多孔性膜的化学结构适宜，使得它能在同盐水溶液相接触时，在膜表面选择性吸附水分子而排斥溶质，这样在膜与溶液界面上将形成一层纯水层，其厚度因膜的性质而异，有单分子层也有多分子层。有人计算该水层为 1~2 个分子的厚度。这就是纯水从盐水中分离的过程。

由此可见，反渗透法使水纯化的机制与蒸馏法是不同的。一般一级反渗透装置能除去一价离子 90%~95%，二价离子 98%~99%，同时还能除去微生物和病毒，但其除去氯离子的能力达不到《中国药典》的要求。只有二级以上的反渗透装置才能较彻底地除去氯离子。有机物的去除率和分子量有关，分子量大于 300 的几乎全部除尽，故可除去热原。反渗透法去除有机物微粒、胶体物质和微生物的机制，一般认为是机械的过筛作用。

（四）蒸馏法制备注射用水

本法是制备注射用水最常用的方法。

1. 蒸馏水器　有多种式样规格可供选择。

（1）塔式与亭式蒸馏水器：生产能力不大。过去应用较多的塔式蒸馏水器，其基本结构主要包括蒸发锅、隔沫装置和冷凝器 3 部分。制备蒸馏水时，首先在蒸发锅内放入多半锅蒸馏水或去离子水，打开进气阀，由锅炉来的蒸汽经蒸汽选择器除去夹带的水珠，再经加热蛇管进行热交换然后喷入废气排出器中，此时不冷凝气、废气（二氧化碳、氨等）则从废气排出器内的小孔排出。而回气水则流回蒸发锅内，以补充蒸发锅中的水量，过量的水则由溢流管排出。蒸发锅内的单蒸馏水由于受蛇形管加热继续蒸发，并通过由挡板和中性玻璃组成的隔沫装置，蒸气通过此隔沫层时，沸腾的泡沫和人部分雾滴被这些障碍物挡住，流回蒸发锅内，蒸气继续上升，遇到拱形水罩，雾滴再一次被截留分离。为了加强冷却效果，冷凝器分二级，上升的蒸气先在塔顶的 U 型冷凝管内冷凝落入挡水罩上，并汇集到挡水罩周围的凹槽内流入第二冷凝器，继续冷却，最后制成重蒸馏水。

（2）多效蒸馏水器：主要特点是耗能低、产量高、质量优，并有自动控制系统，是近年发展起来制备注射用水的主要设备。该机由 5 只圆柱型蒸馏塔和冷凝器及一些控制元件组成。在前 4 组塔的上半部装有盘管，互相串联起来，蒸馏时，进料水（去离子水）先进入冷凝器（也叫预热器），被由塔 5 进来的蒸汽预热，然后依次通过 4 级塔、3 级塔和 2 级塔，最后进入 1 级塔，此时进料水温度达 130℃或更高。在 1 级塔内，进料水在加热室受到高压蒸汽加热，一方面蒸汽本身被冷凝为回笼水，同时进料热水迅速被蒸发，蒸发的蒸汽即进入 2 级塔加热室，供 2 级塔热源，并在其底部冷凝为蒸馏水，而 2 级塔的进料水是由 1 级塔底部在压力作用下进入。同样的方法供给 3 级、4 级和 5 级塔。由 2 级、3 级、4 级和 5 级塔生成的蒸馏水加上 5 级塔蒸汽被第一、第二冷凝器冷凝后生成的蒸馏水，都汇集于蒸馏水收集器而成为蒸馏水。废气则自废气排出管排出，此种蒸馏水机出水温度 80℃以上，有利于蒸馏水的保存。

（3）汽压式蒸馏水器：主要由自动进水器、热交换器、加热室、蒸发室、冷凝器及蒸气压缩机等组成。也具有多效蒸馏器的优点，但电能消耗较大。

2. 注射用水的收集和保存　接收蒸馏水时，初馏液应弃去一部分，检查合格后方能收集，收集时应注意防止空气中灰尘及其他污物落入。最好采用带有无菌过滤装置的密闭收集系统。注射用水应在 80℃以上或灭菌后密封保存、65℃以上保温循环或 4℃以下的无菌状态下存放，并在制备 12 小时内使用。

3. 注射用水的检查　在生产过程中一般检查几个主要项目，例如氯化物、重金属、pH、铝盐。热原一般定期检查。具体检查方法参见《中国药典》2010 年版。此外，还可配合比电阻测定，简单快速，使用方便。

总之，用蒸馏法制备注射用水，必须注意原水的选择，我国《药品生产管理规范》规定以去离子水为水源，同时还必须注意蒸馏器的构造、操作方法与工作环境的清洁卫生，制造与输送蒸馏水的管道应定期清洗、消毒。要加强质量检查，及时发现问题，及时解决。

二、注射用油

注射用油应无异臭，无酸败味；在 10℃时应保持澄明。《中国药典》2010 年版一部关于注射用大豆油的具体规定为：碘值为 126~140；皂化值为 188~200；酸值不大于 0.2；过氧化物应符合要求。注射用油除大豆油外，还可用芝麻油、茶油等。

酸值、碘值、皂化值是评定注射用油的重要指标。酸值说明油中游离脂肪酸的多少，酸值高质量差，也可以看出酸败的程度。碘值说明油中不饱和键的多少，碘值高则不饱和键多，油易氧化，不适合注射用。皂化值表示油中游离脂肪酸和结合成酯的脂肪酸的总量多少，可看出油的种类和纯度。考虑到油脂氧化过程中，有生成过氧化物的可能性，故对注射用油中的过氧化物要加以控制。植物油是由各种脂肪酸的甘油酯所组成，在贮存时与空气、光线接触，时间较长往往发生化学变化，产生特异的刺激性臭味，称为酸败。酸败的油脂产生低分子分解产物如醛类、酮类和低级脂肪酸。这样的油就不可能符合注射用油的标准，均须加以精制，合格后才能使用。注射用油应贮于避光密闭洁净容器中，避免日光、空气接触，还可考虑加入抗氧剂等。

三、其他溶剂

对于不溶或难溶于水或在水溶液中不稳定的药物，常根据药物性质选用其他溶剂或复合溶剂。以增加药物溶解度、防止水解及增加稳定性。

1. 乙醇　适用于在水中溶解度小或不稳定，而在稀醇中稳定的药物。本品与水、甘油等可任意混合。毒性：对小白鼠的 LD_{50} 静脉注射为 1.973g/kg，皮下注射为 8.285g/kg。采用乙醇为注射用溶剂时浓度可高达 50%，如氢化可的松注射液。可供肌内或静脉注射，但浓度超过 10%肌内注射就有疼痛感。

2. 甘油　本品的黏度和刺激性均较大，不宜单独使用。与水或醇可任意混合。利用它对许多药物具有较大溶解性的特点，常与乙醇、丙二醇、水等混合应用。毒性：对小白鼠的 LD_{50} 皮下注射为 10ml/kg，肌内注射 6 ml/kg，大白鼠静脉注射 LD_{50} 为 5~6g/kg。常用浓度一般为 1%~50%。

3. 丙二醇　即 1，2- 丙二醇，与水、乙醇、甘油相混溶，溶解范围较广，有一定的刺激性，能溶解多种挥发油。在注射剂中，本品在一般情况下稳定，但高温下（250℃以上）可被氧化，丙二醇已广泛用作注射用溶剂，其特点是溶解范围较广。可供肌内、静脉等给药。采用丙二醇为溶剂的有地西泮注射液。毒性：小鼠腹腔注射的 LD_{50} 为 9.7g/kg，皮下注射 LD_{50} 为 18.5g/kg，静脉注射 LD_{50} 为 5~8g/kg。常与水制成复合溶剂使用，常用浓度为 1%~30%。

4. 聚乙二醇（polyethylene glycols，PEG）　聚乙二醇分子式可用 $HO(CH_2CH_2O)_nH$ 表示，PEG300~400，可作注射用溶剂，PEG400，相对密度 1.125，黏度 0.73 cPa·s，无色略有微臭液体，能与水、乙醇相混合，化学性质稳定，常作注射用溶剂，如塞替派注射液。毒性：PEG400 小白鼠腹腔注射 LD_{50} 为 4.2g/kg。大白鼠皮下注射 PEG400，10ml/kg，未见持久的损害，结果与丙二醇相似。PEG300 常用浓度为 1%~50%。

5. 苯甲酸苄酯　本品不溶于水和甘油，能与乙醇（95%）、脂肪油相混溶。为水不溶性溶剂。一些药物不溶于油可将其溶于苯甲酸苄酯中，以达到与油相混溶的目的。如二巯丙醇油注射液，苯甲酸苄酯不仅作为助溶剂，而且能够增加二巯丙醇的稳定性。

6. 二甲基乙酰胺（dimethylacetamide，DMA）　本品为澄明的中性液体，能与水、乙醇任意混合，极易溶于有机溶剂和矿物油中。毒性：对小白鼠腹腔注射 LD_{50} 为 3.266g / kg，但连续使用时，应注意其慢性毒性。

四、注射剂的附加剂

为了提高注射剂的有效性、安全性与稳定性，注射剂中除主药外还可添加其他物质，这些物质统称为“附加剂”。常用的附加剂见表 6-1。

表 6-1　常用注射剂附加剂

附加剂	浓度范围（%）	附加剂	浓度范围（%）
增溶剂、润湿剂或乳化剂		**螯合剂**	
聚山梨酯 20	0.01~50	EDTA-2N	0.01~0.05
聚山梨酯 40	0.01	**抗氧剂**	
聚山梨酯 80	0.01	亚硫酸	0.1~0.2
聚维酮	0.2~1.0	亚硫酸氢钠	0.1~0.2
蛋黄卵磷脂	1.2	焦亚硫酸钠	0.1~0.2
卵磷脂	0.5~2.3	硫代硫酸钠	0.1
脱氧胆酸钠	0.21	硫脲	0.05~0.1
泊洛沙姆 188	0.2	二丁基羟基甲苯（BHT）	0.005~0.02
聚氧乙烯蓖麻油	1~65	丁基羟基茴香醚（BHA）	0.005~0.02
pH 调节剂及缓冲剂		**抑菌剂**	

续表

附加剂	浓度范围（%）	附加剂	浓度范围（%）
盐酸	q.s	三氯叔丁醇	0.25~0.5
氢氧化钠	q.s	苯甲醇	1~2
醋酸，醋酸钠	0.22，0.8	羟苯丁酯、丙酯	0.015，0.01
枸橼酸、枸橼酸钠	0.5，4.0	酚	0.5~1.0
乳酸	0.1	硫柳汞	0.01
酒石酸，酒石酸钠	0.65，1.2	**局麻剂**	
混悬剂		盐酸普鲁卡因	1.0
甲基纤维素	0.03~1.05	利多卡因	0.5~1.0
羧甲基纤维素钠	0.01~0.75	苯甲醇	1~2
明胶	2.0	**渗透压调节剂**	
		氯化钠	0.5~0.9
		葡萄糖	4~5

表 6-1 中所列增溶剂、润湿剂或乳化剂、在注射剂中用得较多的是聚山梨酯 80，但用于静脉注射的只有卵磷脂、泊洛沙姆 188，卵磷脂作为乳化剂用于静脉注射用脂肪乳剂中。pH 调节剂及缓冲剂的加入一方面是为了达到产品所需要的稳定 pH，同时也是某些药物溶解度所要求的。助悬剂在混悬型注射剂中是不可缺少的，常用 0.5% 羧甲基纤维素钠。抗氧剂、螯合剂、抑菌剂只有在必要时加入，一般绝大多数注射剂均不需要加入抑菌剂；凡采用低温灭菌、滤过除菌或无菌操作法制备的注射液，多剂量装的注射液，应加入适宜的抑菌剂，以确保用药安全。但剂量超过 5ml 的注射液添加抑菌剂，必须特别慎重选择。供静脉或椎管用注射液，除特殊规定外，一般均不得加入抑菌剂。注射用附加剂应符合药典或药政部门颁布的标准要求，并有相应的质量标准。

第三节 热 原

一、热原的含义

热原（pyrogens）是微生物的代谢产物。从广义的概念说，是指微量即能引起恒温动物体温异常升高的物质的总称。大多数细菌都能产生，致热能力最强的是革兰阴性杆菌所产生的热原，真菌甚至病毒也能产生热原。

含有热原的输液注入人体，大约半小时以后，就使人体产生发冷、寒战、体温升高、出汗、恶心呕吐等不良反应，有时体温可升至 40℃，严重者出现昏迷、虚脱，甚至有生命危险。大多数细菌都能产生热原，革兰阴性杆菌产生的热原比革兰阳性杆菌强 8 倍，革兰阳性球菌最弱，酵母菌、霉菌、病毒、立克次体也能产生热原。

二、热原的组成

热原是微生物产生的一种细菌内毒素（enolotoxin），它存在于细菌的细胞膜和固体膜之间。内毒素是由磷脂、脂多糖和蛋白质所组成的复合物，其中脂多糖是内毒素的主要成分，具有特别强的热原活性，因而大致可以认为内毒素 = 热原 = 脂多糖。脂多糖的化学组成因菌种不同而异。热原的分子量一般为 1×10^6 左右。

三、热原的性质

1. 耐热性　一般说来，热原在 60℃加热 1 小时不受影响，100℃也不会发生热解，在 180℃ 3~4 小时，250℃ 30~45 分钟或 650℃ 1 分钟可使热原彻底破坏。虽然已经发现某些热原具有热不稳定性，但在通常注射剂灭菌的条件下，往往不足以破坏热原，这点必须引起注意。

2. 滤过性　热原体积小，为 1~50nm，故一般滤器均可通过，即使微孔滤膜也不能截留；但活性炭可以吸附热原。

3. 水溶性　热原能溶于水。

4. 不挥发性　热原本身不挥发，但在蒸馏时，往往可随水蒸气雾滴带入蒸馏水，故应设法防止。

5. 其他　热原能被强酸、强碱所破坏，也能被强氧化剂如高锰酸钾或过氧化氢所破坏，超声波也能破坏热原。

四、热原产生的途径

1. 从注射用水中带入　这是注射剂出现热原的主要原因。蒸馏器结构不合理，操作不当，注射用水贮藏时间过长都会产生热原。故应使用新鲜注射用水，最好随蒸随用。

2. 从原辅料中带入　容易滋长微生物的药物，如葡萄糖因贮存年久或包装损坏，常致污染热原。用生物方法制造的药品如右旋糖酐、水解蛋白或抗生素等常因热原未除尽而引起发热反应。

3. 从容器、用具、管道和设备等带入　在生产中严格对使用的仪器、设备及管道等进行清洗，经验证合格后方能使用。

4. 制备过程中的污染　制备过程中，由于室内卫生条件差，操作时间长，装置不密闭，均增加污染细菌的机会而可能产生热原。

5. 从输液器具带入　有时输液本身不含热原，但仍发现热原反应，这往往是由于输液器具不洁，污染所致。

五、热原的除去方法

1. 高温法　对于注射用的针筒或其他玻璃器皿，在洗涤干燥后，于 250℃加热 30 分钟以上，可以破坏热原。

2. 酸碱法 玻璃容器、用具还可用重铬酸钾硫酸清洁液或稀氢氧化钠处理，可将热原破坏。

3. 吸附法 常用的吸附剂有活性炭，活性炭对热原有较强的吸附作用，同时有助滤脱色作用，所以在制备注射剂中使用较广。常用量为0.1%~0.5%。此外还可用活性炭与白陶土合用除去热原。

4. 超滤法 一般用孔径为3.0~15 nm超滤膜除去热原。如超滤膜过滤10%~15%的葡萄糖注射液可除去热原。Sulliven等采用超滤法除去 β－内酰胺类抗生素中的内毒素等。

5. 离子交换法 国内有用#301弱碱性阴离子交换树脂10%与#122弱酸性阳离子交换树脂8%成功地除去丙种胎盘球蛋白注射液中的热原。

6. 凝胶滤过法 国内有用二乙氨基乙基葡聚糖凝胶（分子筛）和交联葡聚糖100等除热原。凝胶可以再生，可反复使用，制备无热原去离子水。

7. 反渗透法 通过三醋酸纤维膜除去热原，是近几年发展起来的新方法。

第四节 滤 过

一、概 述

滤过系指将固－液混合物强制通过多孔性介质，使固体沉积或截留在多孔性介质上，而使液体通过，从而达到固－液分离的操作。通常，多孔性介质称滤过介质或滤材，截留于滤过介质上的固体称为滤饼，通过滤过介质的液体称为滤液。滤过的目的视需要而定，若有效成分可溶于溶剂形成溶液，则滤除溶液中不溶性固体杂质，获取含有可溶性成分的澄清液体，如注射剂、某些浸出制剂的滤过等；若有效成分为固体的沉淀物或结晶，则滤过后取其被截留的固体，如重结晶等。

二、滤过机制与影响因素

1. 滤过机制 根据固体粒子在滤材中被截留的方式不同，将滤过过程分类为介质滤过和滤饼滤过。

（1）介质滤过：系指药液通过滤过介质时固体粒子被滤过介质截留而达到固－液分离的操作。介质滤过的滤过机制如下。①表面（筛析）截留作用：固体粒子的粒径大于滤过介质的孔径，粒子被截留在滤过介质表面，滤过介质起了一种筛网的作用。常用的筛析作用的介质有微孔滤膜、超滤膜和反渗透膜等，因此这种滤过也称膜滤过或表面滤过。如果要求绝对不许有大于某一尺寸的微粒通过，则必须采用介质滤过。②深层截留作用：分离过程发生在介质的“内部”，粒径小于滤过介质孔径的固体粒子在滤过过程中进入到介质的一定深度，并被截留在介质的深层而分离的作用。当固体粒子通过滤过介质内部弯弯曲曲的不规则孔道时，可能是由于惯性、重力、扩散等作用而沉积在空隙内部搭接形成所谓“架桥”或滤渣层，也可能由于静电电力或范德华力而被吸附于孔隙内部。如砂滤棒、垂熔玻璃漏斗、多孔陶瓷、石棉滤过板等遵循深层截留作用机制，这种滤过称深层滤过。

膜滤过和深层滤过的滤过速度与阻力主要由滤过介质所控制，如果药液中固体粒子含量少于0.1%时属于介质滤过。这种情况多数以收集澄清的滤液为主要目的进行滤过，如注射液的滤过，除菌滤过等。

（2）滤饼滤过：固体粒子聚集在滤过介质表面之上，滤过的拦截作用主要由所沉积的滤饼起作用，这种滤过叫滤饼滤过。若药液中固体含量大于1%时，由于滤过介质的架桥作用，滤过开始时在滤过介质上形成初始滤饼层，在继续过滤过程中，逐渐增厚的滤饼层起拦截颗粒的作用。滤过的速度和阻力主要受滤饼的影响，如药材浸出液的滤过属于滤饼滤过。

2. 滤过的影响因素　由于过滤器孔径不可能完全一致，滤过开始时，较大的滤孔可能使部分细小团体颗粒通过，因此初滤液常常不澄清。随着滤过的进行，固体颗粒沉积在滤材表面和深层，由于架桥作用而形成致密的滤渣层，液体由间隙滤过。将滤渣层中的间隙假定为均匀的毛细管束，那么液体的流动遵循Poiseuille公式。

$$V=\frac{P\pi r^4 t}{8\eta L} \tag{6-2}$$

式（6-2）中，V表示液体的滤过容量，P表示滤过时的操作压力（或滤床面上下压差），r表示毛细管半径，L表示滤层厚度，η为滤液黏度，t为滤过时间。显而易见，滤过的影响因素可归纳为：①操作压力越大则滤速越快，因此常采用加压或减压滤过法。但压力过大时或滤过时间过长，小微粒有可能漏下。②滤液的黏度越大，则过滤速度越慢。由于液体的黏度随温度的升高而降低，为此常采用趁热滤过。③滤材中毛细管半径对滤过的影响很大，毛细管越细，阻力越大，不易滤过，特别是软而易变形的滤渣层容易堵塞滤材的毛细孔，常用活性炭打底，增加孔径，减少阻力。④滤速与毛细管长度成反比，故沉积滤饼的量越多，则阻力越大，滤速越慢，常采用预滤过，以减少滤渣厚度。

为了提高滤过效率，以防止孔隙被堵塞，保持一定孔（空）隙率，减少阻力，可使用助滤剂。助滤剂是一种特殊形式的滤过介质，具有多孔性、不可压缩性，在其表面可形成微细的表面沉淀物，阻止沉淀物接触和堵塞滤过介质，从而起到助滤的作用。常用的助滤剂有：纸浆、硅藻土、滑石粉、活性炭等。加入助滤剂的方法有两种：①先在滤材上铺一层助滤剂，然后开始滤过；②将助滤剂混入待滤过液中，搅拌均匀，可使部分胶体被破坏，滤过过程中形成一层较疏松的滤饼，使滤液易于通过并滤清。

三、滤　过　器

凡能使悬浮液中的液体通过又将其中固体颗粒截留以达到固－液分离目的的多孔物质都可作滤过介质，它是各种滤过器的关键组成部分。因此，滤过介质的选用直接影响滤过器的生产能力及滤过效果。粗滤时常用的滤过介质有：滤纸、棉、绸布、尼龙布、涤纶布等。精滤时常用的滤过介质有：垂熔玻璃、砂滤棒、石棉板、微孔滤膜等。下面介绍常用滤过器及其性能，以便合理选用。

1. 砂滤棒　国内主要产品有两种。一种是苏州产的硅藻土滤棒（简称苏州滤棒），主要成分为SiO_2。根据自然滴滤速度分3种规格，即粗号、中号、细号，其速度依次为＞500ml/min，

500~300ml/min，＜300ml/min。此种滤过器质地较松散，一般使用于黏度高，浓度较大滤液的滤过。另一种是唐山生产的多孔素瓷滤棒（简称唐山滤棒），系白陶土烧结而成，此种滤器质地致密，滤速慢，特别适用于低黏度液体的滤过。

砂滤棒易于脱砂，对药液吸附性强，吸留药液多，难以清洗，且有改变药液 pH 的情况。本品价廉易得，滤速快，适用于大生产粗滤之用。砂滤棒使用后要进行处理。

2. 垂熔玻璃滤过器 这种滤过器系用硬质玻璃细粉烧结而成。通常有垂熔玻璃漏斗、垂熔玻璃滤球和垂熔玻璃滤棒 3 种。规格有 1–6 号，由于厂家不同，代号不同。现最常用的垂熔玻璃滤过器产品规格如表 6–2 所示。垂熔玻璃滤过器在注射剂生产中常作精滤或膜滤前的预滤。型号的选择，以甲厂为例，3 号多用于常压滤过，4 号可用于减压或加压滤过，6 号作无菌滤过。

垂熔玻璃滤器的特点是：①化学稳定性，除强碱与氢氟酸外几乎不受化学药品的腐蚀，对药液的 pH 无影响；②滤过时无介质脱落，对药物无吸附作用；③易于清洗，可以热压灭菌。清洗时先用水抽洗，并以1%~2%硝酸钠硫酸浸泡处理。缺点是：价格较贵，脆而易破，操作压力不能超过 98kPa。

表 6–2 垂熔玻璃滤过器规格表

甲厂		乙厂	
滤板号	游板孔径大小（μm）	滤板号	游板孔径大小（μm）
1	180~120	G1	20~30
2	40~80	G2	10~15
3	15~40	G3	4.5~9
4	5~15	G4	3~4
5	2~5	G5	1.5~2.5
6	2 以下	G6	1.5 以下

3. 微孔滤膜滤过器 微孔滤膜是用高分子材料制成的薄膜滤过介质。在薄膜上分布有大量的穿透性微孔，孔径为 0.025~14μm，分成多种规格。微孔滤膜的特点是：①孔径小、均匀、截留能力强，不受流体流速、压力的影响；②质地轻而薄（0.1~0.155 mm）而且空隙率大，滤速快，与同样截留指标的其他滤过介质相比，滤速快 40 倍；③滤膜是一个连续的整体，滤过时无介质脱落；④不影响药液的 pH；⑤滤膜吸附性少，不滞留药液；⑥滤膜用后弃去，药液之间不会产生交叉污染。由于微孔滤膜的滤过精度高，广泛应用于注射剂生产中。主要缺点是：易于堵塞，有些纤维素类滤膜稳定性不理想。

为了保证微孔滤膜的质量，对制好的膜进行必要的质量检查，通常主要测定孔径大小、孔径分布、流速等。孔径大小一般用气泡点法，每种滤膜都有特定的气泡点，它是滤膜孔隙度额定值的函数，是推动空气通过被液体饱和的膜滤器所需的压力。在未达到此压力之前，滤孔仍滞留着液体，当压力不断增加达到克服滤膜上较大孔中液体的表面张力时，则液体就从孔中排出，使气泡出来，这个压力值就是气泡点。通过实验测定气泡点，可以算出薄膜孔径的大小。我国《药品生产质量管理规范》规定，微孔滤膜使用前后均要进行气泡点试验。

（1）微孔滤膜种类：①醋酸纤维素膜，适用于无菌滤过，检验分析测定，如滤过低分子量的醇类、水溶液、酒类、油类等。② 硝酸纤维素膜，适用于水溶液、空气、油类、酒类除去微粒和细菌，不耐酸碱，溶于有机溶剂，可以在 120℃、30 分钟热压灭菌。③醋酸纤维与硝酸纤维混合酯膜，性质与硝酸纤维素膜类同，但实验表明，可适用于 pH3~10、10％~20％乙醇、50％甘油、30％~50％丙二醇，而 2％聚山梨酯 80 对膜有显著影响。④聚酰胺（尼龙）膜，适用于滤过弱酸、稀酸、碱类和普通溶剂，如丙酮、二氯甲烷、醋酸乙酯的滤过。⑤ 聚四氟乙烯膜，用于滤过酸性、碱性、有机溶剂的液体，可耐 260℃高温。⑥耐溶剂专用微孔膜，除 100％乙醇、甲酸乙酯、二氯乙烷、酮类外，有耐溶剂性，可作为酸性、碱性溶液，一般溶液的滤过。⑦聚偏氟乙烯膜（PVDF），滤过精度 0.22~5.0μm，具有耐氧化性和耐热的性能，适用 pH1~12。A 型，一般型 < 50℃（压差 0.3MPa），高温型 < 80℃（压差 0.2MPa）；B 型，< 90℃（压差 0.2MPa）。⑧其他还有聚碳酸酯膜、聚砜膜、聚氯乙烯膜、聚乙烯醇醛、聚丙烯膜等多种滤膜等。

（2）微孔滤膜滤过器：微孔滤膜的孔径小，滤过时必须加较大压力，因此微孔滤膜滤器要求密封性好，防止滤过时漏气或漏液；滤膜的质地很薄，应有足够空隙率的支撑板；而支撑板能耐受灭菌而不与薄膜粘连，质地牢固可耐受一定压力。如单层板式微孔薄膜滤过器，其大小有 ϕ90mm、ϕ142mm、ϕ293mm。滤器器材有聚乙烯、聚碳酸酯、不锈钢、聚四氟乙烯等。微孔滤膜滤过器的安装方式有两种，即圆盘形膜滤器（单层板式压滤器）和圆筒形膜滤器。

圆盘形膜滤器由底盘、底盘圆圈、多孔筛板（支撑板）、微孔滤膜、板盖垫圈及板盖等部件所组成。滤膜安放时，反面朝向被滤过液体，有利于防止膜的堵塞。安装前，滤膜应放在注射用水中浸渍润湿 12 小时（70℃）以上。安装时，滤膜上还可以加 2~3 层滤纸，以提高滤过效果。圆筒形膜滤器由一根或多根微孔滤过管组成，将滤过管密封在耐压滤过筒内制成。此种过滤器面积大，适于大量生产。

（3）微孔滤膜在医药方面的应用：①用于需要热压灭菌的水针剂、大输液的生产中，滤除药液中污染的少量微粒，提高药剂的澄明度合格率。使用时将滤膜串联在常规滤器后作为终端的滤过用，如葡萄糖、维生素 C 注射液等。常用的微孔滤膜孔径 0.8~0.65μm。②用于对热敏药物除菌滤过，如胰岛素、辅酶 A、血清蛋白、丙种蛋白等。可作除菌滤过用的孔径为 0.3μm 或 0.22μm。③微孔滤膜针头滤过器用于静脉注射，防止细菌和微粒注入人体内产生的不良反应。

4. 板框压滤机　板框压滤机由多个滤板和滤框交替排列组成，滤框的作用为积集滤渣和承挂滤布，滤板表面制成各种凸凹形，以支撑滤布和有利于滤液的排除。常用于滤过黏性，颗粒较大的浸出液。此滤过器滤过面积大、截流固体多、经济耐用、滤材可以任意选择、适于大生产，主要缺点是清洁较麻烦。

5. 压滤器　可用加压或减压的方法将滤液压入滤器内，通过包有滤布或滤纸的多孔性空心圆柱滤过。固体留于外层，滤液自上端压出。下端进口处可接洗液，滤完后即将洗液压入进行冲洗。将多孔空心圆柱换成陶瓷质的砂滤棒也可使用。这种滤过器使用方便，操作简单。缺点是滤过表面积小，滤过效率不太高。

第五节 注射剂的制备

本节介绍注射体积为1~50ml的液体注射剂，即小体积注射剂（small volume injection）的制备。包括溶液型、混悬型、乳状型3类。药物制成什么类型的注射液取决于药物的理化性质及临床治疗的需要。药物在水中易溶且稳定者，首先制成水溶液型，药物水难溶者则制成油溶液、混悬剂或乳状型。不同类型的注射液不仅性状不同，起效及作用持续时间也不同，一般来说，溶液型比混悬型起效快而持续时间短，而水溶液比油溶液起效快而持续时间短，水混悬液比油混悬液起效时间快而持续时间短。

注射剂生产过程包括原辅料的准备、配制、灌封、灭菌、质量检查、包装等步骤。注射剂生产工艺流程见图6-1。总流程图由四部分组成，其中环境区域划分为控制区与洁净区，但对可灭菌产品洁净区可划为控制区。各区的具体要求将在注射剂车间设计中详细讨论。

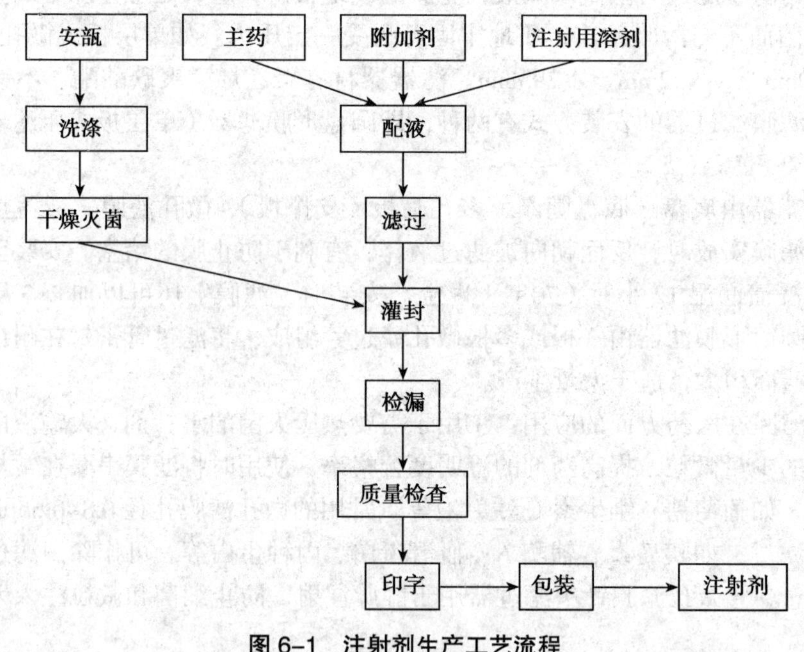

图6-1 注射剂生产工艺流程

一、注射剂车间的设计与生产管理

注射剂车间的设计，目前已发展成为一种综合的建筑物设计，它涉及管道、下水、通风、照明以及一些特殊设备的安装等各方面。在设计时，要熟悉生产流程，对房间布局、上下工序衔接，结构材料性能等一系列问题应进行系统周密的考虑，特别是近年来由于层流技术的发展，使设计高度洁净的注射剂车间已成为可能。因此，我们要根据不同生产情况，按照不同要求进行设计，这样才能使注射剂车间的设计收到合理的经济效果，符合《药品生产质量管理规范》（GMP）的要求。为此，首先应对洁净技术与洁净室的标准有深入了解，以使注射剂车间设计科学化、规范化，符合生产的需要。

（一）注射剂车间的设计要求

1. 位置选择　注射剂车间应选择环境安静，空气比较洁净的地方。近马路的房子因尘土飞扬，不宜使用。如有楼房，配液室宜在楼上，因低层易受污染。周围环境应开旷宽敞，阳光充足，无泥土外露，有草坪，不种花。

2. 房间布局　房间设计布局走向要合理，人流、物流要分开，人的走向应有更衣室和卫生设施，保证进入室内人员的清洁卫生，还应有足够的缓冲间。物的走向可设计成机器传送线，也可人工传送，但室间应设计传送橱。注射剂生产车间按生产工艺及产品质量要求可分为一般生产区、控制区、洁净区。一般生产区指无空气洁净度要求的生产或辅助房间。控制区指对空气洁净度或菌落数有一定要求的生产或辅助房间。一般规定为 >C 级或 C 级。洁净区指有较高洁净度或菌落数要求的生产房间。一般规定为 B 级或 A 级。以上各生产区内具体工序安排见表 6–3。根据上述各区的特点，房间的设计与土建工程要合理安排与周密设计。洁净区应有安全出口及火灾报警消防设施。洁净度要求较高的房间宜布置在内侧或中心位置。对某些无菌作业，可根据工艺特殊要求，在设备上附设局部层流装置或采用超净工作台。控制区要求温度 18~28℃，相对湿度 50%~65%，洁净区要求温度 18~24℃，相对湿度 45%~65%，亮度不应低于 300lx，噪声不得超过 80dB。

表 6–3　注射剂生产不同级别洁净区的适用范围

洁净度级别	适用范围
B 级	生产无菌而又不能在最后容器中灭菌药品的配液（指灌封前需无菌滤过）；能在最后容器中灭菌的大体积注射液的配制及小体积（<50 ml）注射药液的配制、滤过、灌封，注射用药品原料的精制、烘干、分装，能在最后容器中灭菌的大体积（>50ml）注射液的滤过、灌封；粉针剂的分装、压塞；无菌制剂，粉针剂原料的精制、烘干、分装等
A 级	适用于无菌药品、原料药和生物制品：生产无菌而又不能在最后容器中灭菌药品的配液（指灌封前需无菌滤过）及灌封：能在最后容器中灭菌的大体积注射液的配制（>50 ml）注射药液的滤过、灌封；粉针剂的分装、压塞；无菌制剂，粉针剂原料的精制、烘干、分装；生物制品灌装前不经过滤的制品，其配液、灌封、冻干、加塞等

此外，车间的设计还应考虑原辅料的外包装处理，原辅料、中间体和半成品的贮存，设备及器具的清洁等问题。

3. 内部结构　室内墙壁要平直，无缝隙，无死角，无颗粒性物质脱落，内墙饰面材料可用环氧树脂漆，天棚呈弧形，易清洗，易消毒。室内电气线路，抽气管道应全部嵌入夹墙内，墙壁与天棚及地板连接处，亦应砌成弧形，便于刷洗。地板可用水磨石或环氧树脂涂面，光滑、平整、耐腐蚀。A 级洁净室不宜设置地漏。要求较高的洁净室采用空调，不设计窗户。门要求光滑，关闭严密。开启方向朝洁净度高的房间，门框应无门槛。

洁净室是注射剂车间的核心，也是注射剂生产的关键部位，对此应该较深入地了解洁净室的分类与设计。

（二）层流洁净室和洁净台在注射剂生产中的应用

近年来在制剂生产中，层流洁净台已广泛使用。为了节约设备费用，也可在 B 级的洁净室中安装 A 级的洁净台。在生产线的关键地区，如水针的灌封处及无菌粉针的分装部分，安置层流洁净工作台，用于防护操作人员、生产设备及周围环境的污染。实践证明，加设局部层流装置与在相同条件下未装局部层流装置的操作岗位相比，粒子计数前者为后者的10%。

（三）注射剂车间的生产管理

1. 洁净室的管理　进入洁净室的人员应经淋浴、更衣、风淋后才能入内。B级与A级洁净室内人员所穿的服装及各种物料、用具均需通过缓冲间或传递窗，经清洁、灭菌后才能进入。洁净室人员所穿工作服的色泽或式样应有特殊规定。无菌衣应为上下连体式，直连袜、帽，特别是头发要彻底洗净并不得外露。

洁净室每日要清洁消毒，以消毒清洁剂擦拭门窗、地面、墙面、室内用具及设备外壁，并每周进行室内消毒（如用甲醛蒸熏消毒）。

洁净室应按规定要求进行监测，主要监测项目有温度、湿度、风速、空气压力（室内外压差）、微粒数、菌落数等。高效滤过器每年测试一次风量，当风量降至原风量的70%时，应及时更换。通过监测以保证各项指标符合要求，确保产品质量。

2. 工艺规程　每种产品必须制定工艺规程，工艺规程应全面规定该产品的处方、工艺操作、质量标准、注意事项等内容。随着生产技术的发展，要定期修订，以发挥其对生产的指导作用，严格遵守工艺操作规程，保证产品质量。

3. 生产记录　注射剂每道生产工序必须有详细的生产记录，这项工作是技术分析的基础资料，应根据工艺程序、操作要点和技术参数等内容设计、编号。操作人员在填写原始记录时，要内容真实，及时完整，签名负责，并保存一定时间备查。生产记录具体形式参看《药品生产质量管理规范实施细则》。

二、注射剂的容器和处理方法

（一）注射剂容器的种类和式样

注射剂的容器是由硬质中性玻璃制成的安瓿或其他式样的容器（如青霉素小瓶、输液瓶等）。由于塑料工业的发展，注射剂的包装也有采用塑料容器的。为了减少污染，可使用塑料的一次性注射器。

安瓿的式样目前采用有颈安瓿与粉末安瓿两种，其容积通常为1ml、2ml、5ml、10ml、20ml几种规格，此外还有曲颈安瓿。安瓿多为无色，琥珀色安瓿可滤除紫外线，适用于对光敏感的药物。但琥珀色安瓿玻璃的颜色主要是由于氧化铁的存在，痕迹量的氧化铁有可能被浸提而进入产品中，如果产品中含有的成分能被铁离子催化，则不能使用琥珀色玻璃容器，所以这种颜色的容器现在应用不多。

粉末安瓿系供分装注射用粉末或结晶性药物之用。故安瓿瓶口颈粗或带喇叭口，便于将药物装入。这种安瓿瓶的瓶身与颈同粗，在颈与身的连接处吹有沟槽，以便临用时锯开，灌入溶剂溶解后使用，此种安瓿使用不便。近年来开发一种可同时盛装粉末与溶剂的注射容器，容器分两隔室，下面隔室装无菌药物粉末，上面隔室盛装溶剂，中间用特制的隔膜分开，用时将顶上的塞子压下，使隔膜打开，溶液流入下隔室，将药物溶解后使用。这种注射用容器特别适用于一些在溶液中不稳定的药物。

目前国内使用易折安瓿，即在安瓿上有一环或刻痕，用时不用锉刀就很容易折断，损坏率低，使用方便。此种安瓿又叫刻痕色点曲颈易折安瓿。

（二）安瓿的质量要求与注射剂稳定性的关系

安瓿用来灌装各种性质不同的注射剂，不仅在制造过程中需经高温灭菌，并且要在各种不同的环境下长期贮藏。因此，药液与玻璃表面在长期接触过程中能互相影响，往往使注射剂发生变质的现象，如pH改变、沉淀、变色等。

若玻璃容器含有过多的游离碱，将增高注射液的pH，可使酒石酸锑钾、胰岛素、肾上腺素、生物碱盐等对pH敏感的药物变质，如酒石酸锑钾由于pH升高而分解产生三氯化二锑沉淀，使产品毒性增加。玻璃容器若不耐水腐蚀，则在盛装注射用水时可能会产生“脱片”现象。不耐碱或不耐侵蚀的容器，在装入磺胺嘧啶钠、碳酸氢钠、乳酸钠、氯化钙等碱性较大的注射液时，往往灭菌后或长期贮存时发生“小白点”、“脱片”甚至产生混浊现象。如耐热性能差则在熔封或加热灭菌后往往发生爆裂、漏气等现象。玻璃安瓿的清洁度不良，特别是黏着于瓶壁的麻点或玻屑等不易洗净，而在灌封及热压灭菌后往往脱落而成废品。此外，外形规格差别大的安瓿，不利于机械自动化生产，如颈丝粗细相差过大，在灌封机上灌封时就会产生玻璃屑，或封口不严产生毛细孔或出现“爆头”现象。

综上所述，玻璃容器应达到下面的要求：①安瓿玻璃应无色透明，以便于检查澄明度、杂质以及变质情况；②应具有低的膨胀系数、优良的耐热性，以耐受洗涤和灭菌过程中所产生的热冲击，使之在生产过程中不易冷爆破裂；③要有足够的物理强度以耐受当热压灭菌时所产生较高的压力差，并避免在生产、装运和保存过程中所造成的破损；④应具有高度的化学稳定性，不改变溶液的pH，不易被注射液所侵蚀；⑤熔点较低，易于熔封；⑥不得有气泡、麻点及砂粒。

（三）安瓿的检查

为了保证注射剂质量，安瓿要经过一系列检查。一般必须通过物理和化学检查。

1. 物理检查　主要检查安瓿外观、尺寸、应力、清洁度、热稳定性等，具体要求及检查方法可参照中华人民共和国国家标准（安瓿）规定。

2. 化学检查　主要是玻璃容器的耐酸性、耐碱性检查和中性检查，可按有关规定的方法进行。

3. 装药试验　必要时特别当安瓿材料变更或研制新的注射液，在理化性能检查合格后，尚需作装药试验，证明药液与容器之间无相互作用或对注射剂的质量无影响方能应用。

（四）安瓿的洗涤

一般质量好的安瓿可直接洗涤，但质量差的安瓿需要先灌瓶蒸煮，进行热处理。一般使用离子交换水，质量较差的安瓿需用0.1%的盐酸或5%醋酸水溶液，灌满后，以100℃30分钟热处理，目的是使瓶内灰尘和附着的砂粒等杂质经加热浸泡后落入水中，容易洗涤干净，同时也是一种化学处理，让玻璃表面的硅酸盐水解，微量的游离碱和金属离子溶解，使安瓿的化学稳定性提高。安瓿的洗涤方法有甩水洗涤法和加压喷射气水洗涤法两种。

1. 甩水洗涤法　甩水洗涤法是将安瓿经灌水机灌满滤净的水，再用甩水机将水甩出，如此反复3次，以达到清洗的目的。此法洗涤安瓿的清洁度一般可达到要求，生产效率高、劳动强度低，符合大生产需要。但洗涤质量不如加压喷射气水洗涤法好，一般适用于5ml以下的安瓿。

2. 加压喷射气水洗涤法　加压喷射气水洗涤法是目前生产上认为有效的洗瓶方法，特别适用于大安瓿的洗涤，它是利用已滤过的蒸馏水与已滤过的压缩空气由针头喷入安瓿内交替喷射洗涤。压缩空气的压力一般为294.2~392.3kPa（3~4kg / cm^2），冲洗顺序为气 – 水 – 气 – 水 – 气，一般4~8次。此种方法洗涤水和空气的滤过是关键问题，特别是空气的滤过。因为压缩空气中有润滑油雾及尘埃，不易除去，滤得不净反而污染安瓿，以致出现所谓“油瓶”。压缩空气先经冷却，然后经贮气筒，使压力平衡，再经过焦炭（或木炭）发泡沫塑料、砂棒等滤过，使空气净化。洗涤水和空气也可用微孔滤膜滤过。近年来国内有采用无润滑空气压缩机，此种压缩机出来的空气含油雾较少，滤过系统可以简化。最后一次洗涤用水，应用通过微孔滤膜精滤的注射用水。

（五）安瓿的干燥和灭菌

安瓿洗涤后，一般要在烘箱内用120~140℃干燥。盛装无菌操作或低温灭菌的安瓿则须用180℃干热灭菌1.5小时。大量生产时，多采用由红外线发射装置与安瓿自动传送装置两部分组成的隧道式烘箱，隧道内平均温度200℃左右，有利于安瓿连续化生产。采用适当的辐射原件组成的远红外干燥装置，温度可达250~350℃，一般350℃经5分钟能达到安瓿灭菌的目的。为了防止污染，还有一种电热红外线隧道式自动干燥灭菌机，并附有局部层流装置。安瓿在连续的层流洁净空气的保护下，经过350℃的高温，很快就完成了干热灭菌，而且安瓿极为洁净。灭菌好的空安瓿存放柜应有净化空气保护，安瓿存放时间不应超过24小时。

三、注射液的配制与滤过

（一）注射剂处方设计

1. 溶液型注射剂　溶液型注射剂多以水为溶剂，处方拟订主要涉及药物溶解度及稳定性。增加溶解度的方法包括加入非水溶剂、增溶剂、助溶剂及pH调节剂。水溶液中的药物主要是水解与氧化，加入非水溶剂不仅增加溶解度，而且也能抑制某些药物水解。而调节pH不仅影响药物溶解度，而且影响其稳定性（降解与氧化）及注射刺激性，因此调节pH需要兼顾三方面。防止氧化的措施，除调节pH偏酸性外还需加入抗氧剂、金属离子络合剂及灌封前后充入惰性气体。

2. 混悬型注射剂　该类型注射液要求药物粒度应小于15μm，含15~20μm者不应超过10%。混悬液的处方拟订主要涉及的是药物颗粒的润湿、沉降与聚集等物理稳定性的问题。润湿性差的药物，如醋酸可的松，普鲁卡因青霉素，简单的振摇很难使其团块分散均匀，而且振摇产生的泡沫被这些不润湿的粉末稳定化，需要较长时间才能消除。增加这些药物润湿性的措施是降低固 – 液之间的界面能，可通过加入合适的润湿剂来解决。

降低混悬剂颗粒沉降速度的有效方法是加入亲水胶体物质，通过增加介质黏度来降低沉降速度。对那些临用前配制的混悬注射剂，要求加入的亲水性胶体物质能迅速形成黏性溶液。

混悬液还存在聚集问题。疏松的聚集（絮凝）比单个颗粒沉降快，但沉淀较疏松，容易分散，比单个离子（反絮凝）的混悬液更为有利。制备这种絮凝体系，通过控制润湿剂的用量或加入絮凝剂来达到。

3. 乳状液型注射剂　理想的乳状液型注射剂乳滴应为 1~10μm，如果静脉注射，乳滴应小于 1μm 并且在贮存中保持不变。处方拟订主要是乳化剂及稳定剂的选择。注射剂中乳化剂的使用要注意其毒性。此外，还可加入亲水胶体，防止乳滴分层、聚集与粒径改变。

注射液如属于多剂量注射液或采用无菌操作及无菌过滤生产，为抑制微生物的生长需要加入抑菌剂。值得注意的是，常用的一些抑菌剂注射时有刺激或超量使用有毒性，因此必须仔细选择并标明最大使用浓度，而且当注射量超过 5ml 时，添加抑菌剂要慎重。

此外，作为注射剂还要考虑注射时的安全性问题，除上述提到的毒性外，还有注射时的刺激性。刺激性的原因是多方面的，如 pH、渗透压、药物本身性质等，应针对情况解决。pH 引起的刺激性可通过调节注射液的 pH 解决。渗透压引起的刺激性应通过加入等渗调节剂加以解决，药物本身的刺激性可加入止痛剂克服。

（二）注射液的配制

1. 原辅料的质量要求与投料计算　供注射用的原料药，必须符合《中国药典》或国家药品标准所规定的各项检查与含量限度。注射用原辅料，生产前还需作小样试制，检验合格后方能使用。有时甚至同一药厂的原料，由于批号不同，制成注射液的质量优劣也不同。所以小样试制是大生产前的必要步骤，否则将使生产造成重大损失。

在配制前，应先将原料按处方规定计算其用量，如果注射剂在灭菌后含量有下降时，应酌情增加投料量。在称量计算时，如原料含有结晶水时应注意换算，在计算处方时应将附加剂的用量一起算出，然后分别准确称量。称量时应两人核对。

2. 配制用具的选择与处理　大量生产用夹层配液锅，同时应装配轻便式搅拌器，夹层锅可以通蒸汽加热，也可通冷水冷却。此外还可用玻璃、不锈钢配液缸、搪瓷桶、耐酸耐碱陶瓷及耐热的无毒聚氯乙烯、聚乙烯等容器。

3. 配制方法　配液方式有两种，一种是将原料加入所需的溶剂中，一次配成所需的浓度即所谓稀配法，原料质量好的可用此法。另外还有全部原料药物加入部分溶剂中配成浓溶液，加热滤过，必要时也可冷藏后再滤过，然后稀释至所需浓度，此法叫浓配法，溶解度小的杂质在浓配时可以滤过除去。配制所用注射用水其贮存时间不得超过 12 小时。

根据医疗需要，常需配制一些剧毒药品注射液，配制时要特别细心，有些仪器宜分开使用，以免交叉污染。对于不易滤清的药液可加 0.1%~0.3% 活性炭或通过铺有炭层的布氏漏斗。也可加入纸浆或纸浆混炭滤过，效果较好。但使用活性炭时要注意其对药物的吸附作用，特别对小剂量药物如生物碱盐等的吸附，要通过加炭前后药物含量的变化，确定能否使用。活性炭在酸性溶液中吸附作用较强，在碱性溶液中有时出现“胶溶”或脱吸附作用，反而使溶液中的杂质增加，故活性炭最好用酸处理并活化后使用。药液配好后，要进行半成品的测定，一般主要包括 pH、含量等项，合格后才能滤过灌封。

配制油性注射液一般先将注射用油在 150~160℃，1~2 小时灭菌，冷却后进行配制。

（三）注射液的滤过

1. 滤过机制及影响因素　详见本章第四节。

2. 滤器的种类与选择　常用滤器有垂熔玻璃滤器、砂滤棒、板框压滤器、膜滤器等多种。由于各种滤器用途不完全相同，故须了解它们的性能，合理选用，才能达到理想的滤过效果。详见本章第四节。

3. 滤过装置　注射剂的滤过通常有高位静压滤过、减压滤过及加压滤过等方法，具体装置有以下几种。

（1）高位静压滤过装置：此种装置适用于生产量不大、缺乏加压或减压设备的情况，特别在有楼房时，药液在楼上配制，通过管道滤过到楼下进行灌封。此法压力稳定，质量好，但滤速稍慢。

（2）减压滤过装置：此法适应于各种滤器，设备要求简单，但压力不够稳定，操作不当，易使滤层松动，影响质量。一般可采用先经滤棒和垂熔玻璃滤球预滤，再经膜滤器精滤。此装置可以进行连续滤过，整个系统都处在密闭状态，药液不易污染。但进入系统中的空气必须经过滤过。

（3）加压滤过装置：加压滤过多用于药厂大量生产，压力稳定、滤速快、质量好、产量高。由于全部装置保持正压，如果滤过时中途停顿，对滤层影响也较小，同时外界空气不易漏入滤过。但此法需要离心泵和压滤器等耐压设备，适于配液、滤过及灌封工序在同一平面的情况。无菌滤过宜采用此法，有利于防止污染。我国《药品生产质量管理规范》已将滤膜使用前后作严密性检查列入有关规定。

此外，还可根据灌注速度的需要，在贮液缓冲瓶下安装一个自动控制系统。在有楼房的情况下，往往先在楼上用加压滤过器进行预滤后，将滤液盛装在贮液缸中，再以高位静压通过微孔薄膜滤器精滤，可取得满意的效果。总之，滤过装置应因地制宜，保证质量。

四、注射液的灌封

灌封包括灌注药液和封口两步，灌封应在同一室内进行。灌注后立即封口，以免污染。灌封室是灭菌制剂制备的关键地区，其环境要严格控制，达到尽可能高的洁净度，具体要求参看注射剂室的设计。

药液灌封要求做到剂量准确，药液不沾瓶，不受污染。灌装标示装量为不大于50ml的注射剂注入容器的量要比标示量稍多，以抵偿在给药时由于瓶壁黏附和注射器及针头的吸留而造成的损失，保证用药剂量。易流动液体可增加少些，黏稠液体宜增加多点，注射剂增加装量表可在《中国药典》2010年版二部附录中查到。为使灌注容量准确，在每次灌注以前，必须用精确的小量筒校正注射器的吸取量，然后试灌若干支安瓿，合乎规定时再行灌注。

安瓿封口要严密不漏气，颈端圆整光滑，无尖头和小泡。封口方法分拉封和顶封两种。由于拉封封口严密，不会像顶封那样易出现毛细孔，故目前规定用拉封。粉末安瓿或具有广口的其他类型安瓿都必须拉封。灌封操作分手工灌封和机械灌封。

（一）手工灌封

手工单针灌注器有竖式和横式两种，为竖式灌注器有双针或多针灌注器，原理是一样的。单向活塞是控制药液向一个方向流动的活塞，当唧筒向上提，筒内压力减少，下面活塞开放，将注射液吸入，同时上面的活塞关闭。当唧筒下压，压力增大，上面活塞开放，将注射液注入，而下面活塞关闭。一吸一往，反复操作，进行灌注。容量调节螺丝可上下移动，以控制唧筒拉出的距离，决定抽取药液的容量。

灌注针头一般是用拉尖的玻璃管或不锈钢针头。由于玻璃管的毛细管作用而呈缩水现象，故可防止药液沾瓶，但若灌注不当药液仍可沾瓶，在安瓿熔封时会造成焦头，影响澄明度。近来有采用软针头灌注。手工封口多采用拉封法，按火焰多少，又可分为单火焰和双火焰法，后者速度快，操作容易掌握，封口安瓿长短一致，质量较高。火焰可用煤气、汽化汽油产生，同时吹以压缩空气或氧气助燃。熔封时火焰要调节好，防止鼓泡、封口不严等现象。

（二）机械灌封

药厂多采用机械灌封，机械灌封主要由灌封机来完成，现将我国使用较多的安瓿自动灌封机简单介绍如下。灌封机上的灌注药液由四个动作协调进行：①移动齿挡送安瓿；②灌注针头下降；③灌注药液入安瓿；④灌注针头上升后安瓿离开，同时灌注器吸入药液。四个动作顺序进行，而且必须协调，这主要通过主轴上的侧凸轮和灌注凸轮来实现。药液容量调节，是由容量调节螺旋上下移动而完成的。灌液部分还有自动止灌装置，自动止灌器的作用是防止在机器运转过程中，遇到个别缺瓶或安瓿用完尚未关车的情况下，不使药液注出而污损机器和浪费。灌封中可能出现的问题主要有：剂量不准确、封口不严、出现大头（鼓泡）、瘪头、焦头等。焦头是经常遇到的问题，产生焦头的原因有：灌药时给药太急，溅起药液在安瓿壁上，封口时形成炭化点；针头往安瓿里注药后，针头不能立即缩水回药，尖端还带有药液水珠，也会产生焦头；针头安装不正，尤其安瓿往往粗细不匀，给药时药液沾瓶；压药与针头打药的行程配合不好，造成针头刚进瓶口就注药或针头临出瓶口时才注完药液；或者是针头升降轴不够润滑，针头起落迟缓等，也会造成焦头。应分析原因，加以解决。

（三）通气问题

对于某些不稳定产品，安瓿内要通入惰性气体以置换安瓿中的空气，常用的有氮气和二氧化碳。高纯度的氮气可不经处理，纯度差的氮气可先通过缓冲瓶，然后经硫酸、碱性焦性没食子酸、1%高锰酸钾溶液处理。二氧化碳可用装有浓硫酸、硫酸铜溶液、1%高锰酸钾溶液与50%甘油溶液的洗气瓶处理。通气时安瓿先通气，再灌注药液，最后又通气。通气效果可用测氧仪进行残余氧气的测定。二氧化碳易使安瓿爆破，可以考虑预热，并在熔封上方加一保温挡板。惰性气体的选择要根据品种决定，例如一些碱性药液或钙制剂，则不能使用二氧化碳。

（四）注射剂生产的联动化

注射剂生产从割瓶到灭菌、包装，经过多道工序，因此将这些工序联接起来，组成联动机，是当前注射剂生产中迫切需要解决的问题。我国现已制成洗、灌、封联动机和割、洗、灌、封联动机，使生产效率有很大提高，但灭菌包装还没有联动化。目前有些联动机，在洗涤、干燥灭菌、灌封各部分装上局部层流装置，可以用于生产无菌产品，有利于提高产品质量。

五、注射剂的灭菌和检漏

（一）注射剂的灭菌

注射剂的常用灭菌法、操作原理、使用范围及操作要点在第五章灭菌与无菌技术中已经讨论。灭菌与保持药物稳定性是矛盾的两方面，温度高、灭菌时间长，容易把微生物杀死，但却不利于药物的稳定。因此我们在选择灭菌方法时，必须注意这两方面，根据具体品种的性质，选择不同的灭菌方法和时间，必要时采用几种灭菌方法联合使用。对热不稳定的产品，在避菌条件较好的情况下生产的注射剂，一般1~5ml安瓿可用流通蒸汽100℃，30分钟灭菌；10~20 ml安瓿使用100℃，45分钟灭菌。灭菌时间还可根据情况延长或缩短，要求按灭菌效果

F_0 值大于 8 进行验证。不同批号或相同色泽、不同品种的注射剂，不得在同一灭菌区同时灭菌。注射剂从配制到灭菌，必须在规定时间内完成（一般 12 小时）。流通蒸汽灭菌 100℃，30 分钟能否彻底灭菌，尚有争论。因此，凡能耐热的产品，宜采用 115℃，30 分钟热压灭菌。

（二）检漏

安瓿如果有毛细孔或微小的裂缝存在，则微生物或污物可以进入安瓿或者安瓿内药物泄漏出来，并损坏包装。当贮存时，温度的变化将导致安瓿内容物的膨胀和收缩，如果有孔隙存在，则安瓿内外的物质交换就会增强。

检漏一般应用灭菌检漏两用灭菌器。灭菌完毕后稍开锅门，从进水管放进冷水淋洗安瓿使温度降低，然后关紧锅门并抽气，灭菌器内压力逐渐降低，如有漏气安瓿，则安瓿内空气也被抽出。当真空度达到 85.3~90.6kPa（640~680mmHg）后，停止抽气。将颜料溶液吸入灭菌锅中至盖过安瓿后，然后关闭色水阀，放开气阀，再将色水抽回贮器中，开启锅门，将注射剂车架推出，淋洗后检查，剔去带色的漏气安瓿。也可在灭菌后，趁热立即于灭菌锅内放入颜色水，安瓿遇冷内部压力收缩，颜色水即从漏气的毛细孔进入而被检出。此外，还可将安瓿倒置或横放于灭菌器内，灭菌与检漏同时进行。这些方法均较简便，可根据情况选用，还可用仪器检查安瓿裂隙。

六、注射剂的质量评价

（一）可见异物检查

关于注射液中不溶性微粒污染造成的危害，详见本章第七节输液部分。可见异物检查，不但可以保证用药安全，而且可以发现生产中的问题。例如，白点多为原料或安瓿产生；纤维多半因环境污染所致；玻璃屑往往是由于割口灌封不当所造成。

《中国药典》（2010 年版）对可见异物检查的方法有灯检法和光散射法。一般常用灯检法，也可采用光散射法。灯检法不适用的品种（如用深色透明容器包装或液体色泽较深的品种）应选用光散射法。

注射液除另有规定外，取供试品 20 支（瓶），除去不透明标签，擦净污渍，置仪器上瓶装置上，启动仪器并记录检测结果，应不得检出可见异物。如经确认检出可见异物的不超过 1 支（瓶），另取 20 支（瓶）同法复试，均不得检出。

（二）热原检查

热原检查目前各国药典法定的方法仍为家兔法。选用家兔作为实验动物，是因为家兔对热原的反应和人是相同的。具体实验方法和结果判断标准参见《中国药典》2010 年版二部附录。实验的关键是动物状况、房屋条件和规范操作。为此，目前已采用直肠热电偶代替直肠温度计，热电偶在整个实验中固定在直肠内，其温度可在仪表中显示出来，因而免除肛表多次插入的测量操作。国内生产的 ZRY 型热原检测仪基本上符合这种要求，具有分辨率高、读数精确的优点，同时可测量 32~64 只动物，能满足一般热原测定的需要。

鲎试验法：家兔法费时，操作烦琐，近年来发展了体外热原试验法即鲎试验法，其原理是利用鲎（*Limus polyphemus*）的变形细胞溶解物（amebecyte lysate）与内毒素间的凝集反应。因为鲎细胞中含有一种凝固酶原和一种凝固蛋白原，前者经内毒素激活而转化成具有活性的凝固酶，使凝固蛋白原转变为凝固蛋白而形成凝胶。试验时取一定量的鲎试剂

（pyrogent）（一般 0.1~0.2 ml），加入一定量的供试品（一般 0.1~0.2ml），放入洁净的无热原试管中，于 37℃水浴中培育 60 分钟，观察结果。同时还应用已知一定浓度的标准内毒素分别以注射用水和样品稀释，并加入一定量的热原试剂作阳性对照，内毒素用国家标准单位 EU 表示。注射用水稀释者用于检查热原试剂的敏感性，用样品稀释者用于考察检品是否对鲎试验有干扰。此外还要用细菌内毒素检查用水，同时作阴性对照。试验结果判断如下：将试管从水浴中轻轻取出，缓缓倒转 180° 时，管内凝胶不变形，不从管壁滑脱者为阳性，记录为“+”；凝胶不能保持完整从管壁滑脱者为阴性，记录为“–”。供试品两管均为“–”表明供试品无细菌内毒素。有人比较家兔法与鲎试验法的灵敏性，结果表明鲎试验法能检出 0.000 1μg 的内毒素，而家兔法只能检出 0.001μg 的内毒素，故认为鲎试验法比家兔法灵敏度高 10 倍。鲎试验法特别适用于某些不能用家兔进行热原检测的品种，如放射性药剂、肿瘤抑制剂等。由于鲎试验法实验操作简单，实验费用少，结果迅速可靠，因而特别适用于生产过程中的热原控制。但其对革兰阴性菌以外的内毒素不够灵敏，故尚不能代替家兔热原试验法。有关鲎试验法的具体操作详见《中国药典》2010 年版附录细菌内毒素检查法。

（三）不溶性微粒

除另有规定外，依照《中国药典》2010 年版二部附录可见异物检查法。

（四）无菌检查

任何注射剂在灭菌操作完成后，必须抽出一定数量的样品进行无菌试验，以检查制品的灭菌质量。通过无菌操作制备的成品更应注意无菌检查的结果。具体检查方法参看《中国药典》2010 年版二部附录。

（五）降压物质检查

有些注射剂品种如生物制品要求检查降压物质，以猫为实验动物。可参照《中国药典》2010 年版二部附录规定的方法进行。

（六）其他

注射剂的装量检查，按《中国药典》规定的方法进行。此外，鉴别、含量测定、pH 测定、毒性试验、溶血刺激性试验等按具体品种要求进行检查。

七、注射剂的印字和包装

包装对保证注射剂在贮存期的质量具有重要作用，应该认真做好。在包装前先要印字，印上注射剂的名称、规格及批号。印字可用手工或印字机。手工印字，可用刻好字的蜡纸反放在涂有油墨的橡胶板或其他适宜的材料上，将安瓿在蜡纸上轻轻滚过即可。用印字机可使印字速度大大提高，而且质量较好。目前不少生产单位已制成了印字、装盒、贴签及包装等联成一体的印包装联动机，大大提高了安瓿的印包效率。

注射剂的贮存条件取决于药物及制剂的性质，这通常是经过稳定性的考察来确定。

八、注射剂的举例

例 6–1 2%盐酸普鲁卡因注射液

【处方】 盐酸普鲁卡因 20.0g

氯化钠　　4.0g
0.1mol / L 盐酸　　适量
注射用水加至 1000ml

【制法】取注射用水约 80%，加入氯化钠，搅拌溶解，再加盐酸普鲁卡因使之溶解，加入 0.1mol/L 的盐酸溶液调节 pH 4.0~4.5，再加水至足量，搅匀，滤过分装于中性玻璃容器中，用流通蒸汽 100℃，30 分钟灭菌，瓶装者可适当延长灭菌时间（100℃，45 分钟）。

本品为局部麻醉药，用于封闭疗法、浸润麻醉和传导麻醉。

【注解】①本品为酯类药物，易水解。保证本品稳定性的关键是调节 pH，本品 pH 应控制在 4.0~4.5。灭菌温度不宜过高，时间不宜过长。②氯化钠用于调节等渗，实验表明还有稳定本品的作用。未加氯化钠的处方 1 个月分解 1.23%，加 0.85% 氯化钠的仅分解 0.4%。③光、空气及铜、铁等金属离子均能加速本品分解。④极少数患者对本品有过敏反应，故用药前询问患者过敏史或做皮内试验（0.25% 普鲁卡因溶液 0.1ml）。

例 6-2　维生素 C 注射液（抗坏血酸）

【处方】维生素 C　　104g
依地酸二钠　　0.05g
碳酸氢钠　　49g
亚硫酸氢钠　　2g
注射用水加至 1000ml

【制法】在配制容器中，加配制量 80% 的注射用水，通二氧化碳饱和，加维生素 C 溶解后，分次缓缓加入碳酸氢钠，搅拌使完全溶解，加入预先配制好的依地酸二钠溶液和亚硫酸氢钠，搅拌均匀，调节药液 pH 6.0~6.2，添加二氧化碳饱和的注射用水至足量，用垂熔玻璃漏斗与微孔滤膜滤过，溶液中通二氧化碳，并在二氧化碳或氮气流下灌封，最后用 100℃流通蒸汽 15 分钟灭菌。

维生素类药，参与机体新陈代谢，减轻毛细血管脆性，增加机体抵抗能力，用于预防及治疗维生素 C 缺乏症（坏血病）等。

【注解】①维生素 C 分子中有烯二醇式结构，故显强酸性。注射时刺激性大，产生疼痛，故加入碳酸氢钠，使维生素 C 部分地中和成钠盐，以避免疼痛。同时碳酸氢钠起调节 pH 的作用，以增强本品的稳定性。②维生素 C 的水溶液与空气接触，自动氧化成脱氢抗坏血酸。脱氢抗坏血酸再经水解则生成 2，3- 二古罗糖，即失去治疗作用，此化合物再被氧化成草酸及 L- 丁糖酸。成品分解后呈黄色，原因可能由于维生素 C 自身氧化水解生成糠醛或原料生产中带入产品的杂质糠醛，糠醛在空气中继续氧化聚合而呈黄色。③影响本品稳定性的因素还有空气中的氧、溶液的 pH 和金属离子特别是铜离子。因此生产上采取充填惰性气体、调节药液 pH、加抗氧剂及金属络合剂等措施。但实验表明抗氧剂只能改善本品色泽，对稳定制剂的含量没有作用，亚硫酸盐和半胱氨酸对改善本品色泽作用较显著。④本品质量优劣，关键是维生素 C 原料的质量，碳酸氢钠质量也很重要，故原辅料质量要严格控制。⑤温度影响本品的稳定性。用 100℃、30 分钟灭菌，含量减少 3%；而 100℃、15 分钟灭菌只减少 2%，故以 100℃、15 分钟灭菌为好。但操作过程应尽量在避菌条件下进行，以防污染。

例 6-3　醋酸可的松注射液

【处方】醋酸可的松微晶　　25g

硫柳汞　0.01g
氯化钠　3g
聚山梨酯 80　1.5g
羧甲基纤维素钠（30~60cPa·s）　5g
注射用水加至 1000ml

【制法】①硫柳汞加于 50% 量的注射用水中，加羧甲基纤维素钠，搅匀，过夜溶解后，用 200 目尼龙布滤过，密闭备用。②氯化钠溶于适量注射用水中，经 G4 垂熔漏斗滤过。③将①项溶液置水浴中加热，加②项溶液及聚山梨酯 80 搅匀，使水浴沸腾，加醋酸可的松，搅匀，继续加热 30 分钟。取出冷至室温，加注射用水调至总体积，用 200 目尼龙布过筛两次，于搅拌下分装于瓶内，扎口密封。用 100℃，30 分钟振摇下灭菌。

第六节　静脉输液

一、概　述

静脉输液（intravenous infusion）是指由静脉滴注输入体内的大体积注射液，注射量从 100ml 至数千毫升。由于其用量和给药方式与普通注射剂不同，故质量要求、生产工艺等均有一定特点，本节就输液有关内容进行讨论。

（一）输液的种类

1. 电解质输液　用于补充体内水分、电解质，纠正体内酸碱平衡等。如氯化钠注射液、复方氯化钠注射液、乳酸钠注射液等。

2. 营养输液　糖类输液、氨基酸输液、脂肪乳输液等。

3. 胶体输液　多糖类、明胶类、高分子聚合物等，如右旋糖酐、淀粉衍生物、聚维酮等。

（二）输液的质量要求

1. 输液除无菌外，还必须无热原。
2. pH 尽量与血浆等同，若因稳定性等原因，可允许在 4~9。
3. 渗透压应为等渗或偏高渗，不能用低渗溶液输入静脉内。
4. 不得添加抑菌剂。
5. 澄明度符合要求。

（三）临床上输液渗透压的计算

临床上用渗量（Osm）或毫渗量（mOsm）作为体液渗透压的单位，1000mOsm = 1Osm。计算的原理是根据稀溶液的依数性，即渗透压大小由溶液中溶质的质点数目所决定。1mOsm 为 1 毫摩尔分子（mmol）（非电解质）或 1 毫摩尔离子（电解质）所产生的渗透压。因此，不离解的非电解质，如葡萄糖 1 毫摩尔（1mmol）= 1mOsm。能解离的电解质，如一价离子 Na^+ 或 Cl^-，二价离子，如 Mg^{2+} 或 SO_4^{2-} 1mmol = 1mOsm。显然 1mmol 的 NaCl = 2mOsm，而 1mmol 的 $CaCl_2$ = 3mOsm。溶液中不同离子的浓度，若以 mmol/L 表示，则单位容量中阳离子的毫摩尔数必然与阴离子的毫摩尔数相等。故离子浓度用 mmol/L 表示比较方便。正常人体液的渗透压平均为 298mmol/L，正常范围为 280~310mmol/L。因此，从临床的观点来看，凡输液的渗透压为298mmol/L，则认为与血浆等渗。所以制备等渗输液，需要基本上符合上述要求。

二、输液的生产工艺

（一）输液车间的一般要求

根据《药品生产质量管理规范》规定，输液生产必须有合格的厂房或车间，并有必要的设备和经过训练的人员，才能进行生产。一般输液生产线分为：一般洗涤、配液灌封、温度18~28℃，相对湿度50%~65%，室内正压 > 4.9Pa（$0.5mmH_2O$），而洗瓶机、传送机、灌装机、盖膜、盖胶塞等关键部分，采用局部层流净化，要求在C级背景的A级层流下进行，这就为提高输液质量提供了保证。

（二）输液瓶的质量要求和清洁处理

输液瓶口内径必须符合要求，光滑圆整，大小合适，否则将影响密封程度，在贮存期间可能污染细菌。输液瓶应当用硬质中性玻璃制成，物理化学性质稳定，其质量要符合国家标准。除玻璃输液瓶外. 现在已开始采用聚丙烯塑料瓶。此种输液瓶耐水、耐腐蚀，具有无毒、质轻、耐热性好、机械强度高、化学稳定性强的特点，可以热压灭菌。也可用塑料袋为输液容器，它由无毒聚氯乙烯制成。

输液瓶洗涤洁净与否对澄明度影响较大，洗涤工艺的设计与容器原来的洁净程度有关。通常有直接水洗、酸洗、碱洗等方法，一般认为用重铬酸钾清洁液洗涤效果较好。因为它既有强力的消灭微生物及热原的作用，还能对瓶壁游离碱起中和作用。但其主要缺点是对设备腐蚀性大，操作不便，劳动保护要求高。

（三）非PVC复合膜包装

1. 非PVC复合膜结构　目前国内外普遍采用的非PVC多层共挤输液膜主要是3层共挤输液膜，是由3层不同熔点的塑料材料如聚丙烯（PP）、聚乙烯（PE）、聚酰胺（PA）及多种弹性材料苯乙烯－乙烯－丁烯－苯乙烯（SEBS），在A级洁净条件下共挤出膜的。

（1）内层：为完全无毒的惰性聚合物，化学性质稳定，不脱落或降解出异物。通常采用聚丙烯（PP）、聚乙烯（PE）。

（2）中层：为致密材料，具有优良的水气阻隔性能。如聚丙烯（PP）、聚酰胺（PA）。

（3）外层：主要是提高软袋的机械强度。目前市场上软袋所采用的材料通常有聚丙烯（PP）、聚酰胺（PA）等。

另外，从膜生产工艺上要求，3层材料的熔点不同，从内到外逐渐升高，利于由内向外热合，使其更加严密牢固，这也是优于PVC材料（高频焊接由外向内进行）的一方面。PP材料具有良好的水气阻隔性能，与各种药液有很好的相容性，能保证药液的稳定性。

2. 非PVC复合膜的特性　非PVC复合膜的成分中不含增塑剂，无DEHP渗漏的危险。对热稳定，可在121℃高温蒸汽灭菌，不影响透明度。对水蒸气透过性极低，使输液浓度保持稳定，可保证产品的储存期。气体透过性极低，即使是很不稳定的输液也可保存得很好。惰性极好，不与任何药物产生化学反应，并且对大部分的药物吸收极低。柔软性强，可自行收缩，药液在大气压力下，可通过封闭的输液管路输液，消除空气污染及气泡造成的栓塞危险。同时，有利于急救及急救车内加压使用。机械强度高，可抗低温，不易破裂，易于运输、储存。该软袋上的胶塞与袋内的药液被隔膜隔开，不会发生因胶塞热脱产生的颗粒落到溶液中。使用过的输液袋的处理非常容易，焚烧后只产生水、二氧化碳等氧化物，对环境无害，与燃烧天然材料时相似（如木头）。软袋体积小，重量轻，便于运输贮藏，也是产品受青睐的原因之一。

3. 非 PVC 复合膜输液袋在输液生产中的特点　非 PVC 复合膜输液袋的容积 50~3000ml。形状与大小简便易调，而且可以制作成单室、双室及多室输液。在输液生产线上根据产品要求就可以完成调整。种类繁多，更换简单，完全适应临床的各种需要。在生产中可以完成膜的清洗、印刷、袋成型、焊接袋口、灌装、充气或抽真空、封口，而且生产线可以完成在线检漏和澄明度的检测。适应小批量，多品种，多规格、多剂量的现代输液发展特点。

4. 非 PVC 复合膜在药物包装中的应用　在更换包装材料及推出新产品之前，应进行稳定性试验以及整体包装效果的考察。随着非 PVC 复合膜软袋的广泛应用，国外制药企业对膜材料的相容性、稳定性等方面进行了大量的实验。实验结果表明：非 PVC 复合膜软袋其迁移性、水蒸气透过性、毒性试验、溶血作用及细菌内毒素试验均符合美国药典、日本药典及欧洲药典等标准，适合于大多数药物的包装，如大输液的常规输液、透析液、甲硝唑、环丙沙星等治疗性输液，甚至氨基酸、血浆代用品、脂肪乳也可以使用。因此，非 PVC 复合膜是一种理想的输液包装材料。

（四）橡胶塞和隔离膜的质量要求和清洁处理

输液瓶所用橡胶塞对输液澄明度影响很大。其质量要求如下：①富于弹性及柔软性；②针头刺入和拔出后应立即闭合，能耐受多次穿刺而无碎屑脱落；③具有耐溶性，不致增加药液中的杂质；④可耐受高温灭菌；⑤有高度的化学稳定性；⑥对药液中药物或附加剂的吸附作用应达最低限度；⑦无毒性，无溶血作用。

输液橡胶塞质量正在逐步提高，硅橡胶塞质量较好但成本高，丁腈橡胶塞的质量还需进一步研究。国外还有氯丁橡胶塞（neopene）、聚异戊二烯橡胶塞（polyisoprene）。我国目前广泛使用的合成橡胶塞如丁基橡胶、三元乙丙橡胶、顺丁橡胶、氯化丁腈橡胶、丁苯橡胶等，已逐步达到不用隔离膜衬垫。

隔离膜国内主要使用涤纶膜，其特点是：对电解质无通透性，理化性能稳定，用稀酸（0.001mol/L）或水煮均无溶解物脱落，耐热性好（软化点 230℃以上）并有一定的机械强度，灭菌后不易破碎。涤纶膜的处理：将直径 38mm 的薄膜逐张分散，以药用乙醇浸泡或放入蒸馏水中并于 112~115℃加热处理 30 分钟或煮沸 30 分钟，再用滤清的注射用水动态漂洗备用。操作中要严格控制环境，防止污染。对于某些碱性药液如碳酸氢钠，可考虑使用聚丙烯薄膜。

（五）输液的配制

原辅料的质量好坏，对输液质量的影响较大。注射用水一般用前述流程制备，配液必须用新鲜注射用水，要注意控制注射用水的质量，特别是热原、pH 与铝盐，原料应选用优质注射用原料。输液配制，通常加入 0.01%~0.5% 的针用活性炭，具体用量视品种而异，活性炭有吸附热原、杂质和色素的作用，并可作助滤剂。根据经验，活性炭分次吸附较一次吸附好。配制用具与安瓿注射剂基本相同。

（六）输液的滤过

输液滤过方法、滤过装置与安瓿剂基本相同，滤过多采用加压滤过法，效果较好。滤过材料一般用陶瓷滤棒、垂熔玻璃滤棒或板框式压滤机进行预滤，也可用微孔钛滤棒或滤片，还可用由超细玻璃纤维或超细聚丙烯纤维加工制成的预滤膜预滤。精滤目前多采用微孔滤膜滤过。

（七）输液的灌封

输液灌封由药液灌注、加膜、盖橡胶塞和轧铝盖四步组成。灌封是制备输液的重要环节，必须按照操作规程，四步连续完成。特别是薄膜位置要放端正，否则失去隔离作用。同时要严格控制室内的洁净度，防止细菌粉尘的污染。药液维持50℃为好。目前药厂生产多用旋转式自动灌封机、自动翻塞机、自动落盖轧口机完成整个灌封过程，实现了联动化机械化生产，提高了工作效率和产品质量。灌封完成后，应进行检查，对于轧口不紧而松动的输液，应剔出处理，以免灭菌时冒塞或贮存时变质。

（八）输液的灭菌

为了减少微生物污染繁殖的机会，输液从配制到灭菌以不超过4小时为宜。根据输液的质量要求及输液容器大且厚的特点，输液灭菌开始应逐渐升温，一般预热20~30分钟。如果骤然升温，能引起输液瓶爆炸。待达到灭菌温度115℃、68.64kPa（0.7kg/cm^2）维持30分钟，然后停止升温，待锅内压力下降到零，放出锅内蒸汽，使锅内压力与大气相等后，才缓慢（约15分钟）打开灭菌锅门，绝对不能带压操作，否则将产生严重的人身安全事故，后果不堪设想，应引起高度重视，不能麻痹大意。为了减少爆破和漏气，也有在灭菌温度时间达到后用不同温度的无盐热水喷淋逐渐降温，以降低输液瓶内外压力差，保证产品密封完整。对于塑料输液袋的灭菌，可采用109℃、45分钟灭菌，由于灭菌温度较低，生产过程更要注意防止污染。为了防止灭菌时输液袋膨胀破裂，有些采用外加布袋，或在灭菌时间达到后，通入压缩空气驱逐锅内蒸汽，待冷却后，再打开灭菌器取出。关于灭菌条件，近年来有些国家规定，对于大容器要求F_0值大于8分钟，常用12分钟。

（九）输液的质量检查

1. 澄明度与微粒检查　输液澄明度按《中国药典》规定的方法，用目检视，应符合关于澄明度检查判断标准的规定。《中国药典》（2010年版）规定了注射液中不溶性微粒检查法，本法包括光阻法和显微计数法。①光阻法：可采用光阻微粒分析仪。《中国药典》规定，标示装量为100ml或100ml以上的静脉用注射液，除另有规定外，每1ml中含10μm及10μm以上的微粒不得超过25粒，含25μm及25μm以上的微粒不得超过3粒；②显微计数法：将药物溶液用微孔滤膜滤过，然后在显微镜下测定微粒的大小及数目，《中国药典》规定，标示装量为100ml或100ml以上的静脉用注射液，除另有规定外，每1ml中含10μm及10μm以上的微粒不得超过12粒，含25μm及25μm以上的微粒不得超过2粒。

2. 热原、无菌检查　对于输液，热原和无菌检查都非常重要，必须按《中国药典》规定方法进行检查。

3. 酸碱度及含量测定　根据具体品种要求进行测定。

（十）输液的包装

澄明度合格的产品，贴上印有品名、规格、批号的标签，以免发生差错。装箱时注意装严装紧，便于运输。

三、输液存在的问题及解决方法

当前输液生产中主要存在3个问题，即细菌污染、热原反应和澄明度问题。

（一）染菌

有些输液染菌后出现霉团、云雾状、混浊、产气等现象，也有些即使含菌数很多，但外观上没有任何变化。如果使用这种输液，将会造成严重后果，能引起脓毒症、败血病、内毒素中毒甚至死亡。输液染菌的原因，主要是由于生产过程中严重污染，灭菌不彻底、瓶塞不严松动、漏气等造成。输液制备过程要特别注意防止污染，因为有些芽孢菌需经 120℃，灭菌 30~40 分钟，而某些放线菌要经过 140℃，灭菌 15~20 分钟才能杀死。染菌越严重，这些耐热芽孢菌类污染的可能性就越大。同时，输液多为营养物质，细菌易于滋长繁殖，即使最后经过灭菌，但大量细菌尸体存在，也能引起发热反应。因此，根本办法是尽量减少生产过程中的污染，同时还要严格灭菌，严密包装。

（二）热原反应

输液的热原反应，临床上时有发生，关于热原污染的途径及防止办法可参阅本章第三节注射剂热原项下。但使用过程中的污染必须引起注意，据有人统计，在 25 例热原反应中有 84% 属于输液器和输液管道引起。因此，一方面要加强生产过程的控制，同时更应重视使用过程中的污染。国内现已规定使用一次性全套输液器，包括插管，导管，调速、加药装置，末端滤过，排除气泡及针头等，并在输液器出厂前进行了灭菌，为使用过程中解决热原创造了有利的条件。

（三）可见异物与不溶性微粒

1. 可见异物与不溶性微粒的危害　近年来，注射液特别是输液中异物与微粒污染所造成的危害，已引起人们普遍的关注。较大的微粒可造成局部循环障碍，引起血管栓塞；微粒过多，造成局部堵塞和供血不足，组织缺氧而产生水肿和静脉炎等。

2. 不溶性微粒产生的原因及解决办法　微粒产生的原因是多方面的。

（1）空气洁净度不够。

（2）工艺操作中的问题。

（3）橡胶塞与输液容器质量不好，在贮存期间污染药液。

（4）原辅料质量的影响。

四、输液举例

例 6-4　葡萄糖注射液

【处方】			
	注射用葡萄糖	50g	100g
	1% 盐酸	适量	适量
	注射用水加至	1000ml	1000ml

【制法】 按处方量将葡萄糖投入煮沸的注射用水中，使成 50%~60% 的浓溶液，加盐酸适量，调节溶液 pH 至 3.8~4.0，同时加浓溶液量的 0.1%（g/ml）的活性炭，混匀，加热煮沸约 15 分钟，趁热滤过脱炭。滤液加注射用水稀释至所需量，测定 pH 及含量合格后，反复滤过至澄明即可灌装封口，115℃，30 分钟热压灭菌。

5%、10% 葡萄糖注射液，具补充体液、营养、强心、利尿、解毒作用，用于大量失水、血糖过低等症。25%、50% 溶液，因其渗透压高，能将组织内体液引到循环系统内由肾排出，用于降低眼压及因颅内压增加引起的各种病症。

【注解】①葡萄糖注射液有时产生云雾状沉淀，一般是由于原料不纯或滤过时漏炭等原因造成，解决办法一般采用浓配法，滤膜滤过，并加入适量盐酸，中和胶粒上的电荷，加热煮沸使糊精水解，蛋白质凝聚，同时加入活性炭吸附滤过除去。②葡萄糖注射液另一个不稳定的表现为：颜色变黄和 pH 下降。有人认为葡萄糖在酸性溶液中，首先脱水形成 5- 羟甲基呋喃甲醛，5- 羟甲基呋喃甲醛进一步聚合而显黄色。影响本品稳定性的主要因素是灭菌温度和溶液的 pH。因此，为避免溶液变色，一方面要严格控制灭菌温度与时间，同时调节溶液的 pH 在 3.8~4.0 较为稳定。

五、营 养 输 液

由于某种原因，患者一切所需营养完全由非胃肠途径输入体内，这种疗法称为胃肠外的全营养液，它对于某些疾病的治疗有着重要的意义，特别对于不能口服的危重患者，起到挽救生命的作用。糖、脂肪、蛋白质是人的三大营养成分，而营养输液就是根据这种需要考虑的，主要有碳水化合物的输液、静脉注射脂肪乳剂、复方氨基酸输液。

（一）复方氨基酸注射液（输液）

氨基酸是构成蛋白质的成分，也是生物合成激素和酶的原料，在生命体内具有特殊的生理作用。因此，近年来都积极开展复方氨基酸注射液的研究。

例 6-5　复方氨基酸注射液

【处方】

L- 赖氨酸盐酸盐	19.2g	L- 缬氨酸	6.4g
L- 蛋氨酸	6.5g	L- 组氨酸盐酸盐	4.7g
L- 亮氨酸	10.0g	L- 苯丙氨酸	8.6g
L- 异亮氨酸	6.6g	L- 苏氨酸	7.0g
L- 精氨酸盐酸盐	10.9g	L- 色氨酸	3.0g
甘氨酸	6.0g	L- 半胱氨酸盐酸盐	1.0g
亚硫酸氢钠	0.5g	注射用水加至	1000ml

总氨基酸浓度按游离碱计为 8.33%，含氮量 13.13mg/ml，pH 6.0。

另外，还有 18 种氨基酸输液。除上述 11 种外，还有谷氨酸、天冬氨酸、半胱氨酸、酪氨酸、丙氨酸、丝氨酸和脯氨酸。

（二）静脉注射脂肪乳剂

静脉注射脂肪乳剂输液是一种浓缩的高能量肠外营养液，是以植物油脂为主要成分，加乳化剂与注射用水而制成的水包油型乳剂，可供静脉注射，能完全被机体代谢与利用。制备静脉注射脂肪乳剂的关键是选用高纯度原料、毒性低、乳化力强的乳化剂，采用合理的处方、严格的制备技术和必要的设备，制得油滴大小适当、粒度均匀、质量稳定的脂肪乳剂。

1. 质量要求　注射用乳剂除应符合注射剂各项规定外，还必须符合下列条件。

（1）微粒直径 80% <1μm，微粒大小均匀，不得有大于 5μm 的微粒。

（2）成品耐受高压灭菌，在贮存期内乳剂稳定，成分不变。

（3）无副作用，无抗原性，无降压作用与溶血作用。

2. 原料和乳化剂的选择　原料一般选用植物油，如大豆油、麻油、红花油、棉子油等，所用油必须复合药典的要求。静脉注射用脂肪乳剂的乳化剂常用的有卵磷脂、豆磷脂及普朗尼克 F68（Pluronic F68）等数种，一般以卵磷脂为好。稳定剂常用油酸钠。由于卵磷脂极不稳定，应在 –20℃条件下保存，有效期 6 个月，现购现用。

3. 处方及制法

例 6–6　静脉注射脂肪乳剂

【处方】	大豆油（注射用）	150g
	大豆磷脂（精制品）	15g
	甘油（注射用）	25g
	注射用水加至	1000ml

【制法】 将大豆油和已用注射用水稀释的甘油溶液分别经 0.22μm 孔径的微孔滤膜滤过。另将乳化剂大豆磷脂加入 55℃的新鲜注射用水中，搅拌使分散均匀，将前述两液加入，搅拌，使成乳剂，用 40μm 的滤膜滤过，然后经高压乳匀机匀化两次，再经 10μm 滤膜滤过，最后在氮气流条件下装瓶密封，用旋转式灭菌器 121℃，15 分钟灭菌，质检包装。

成品经过显微镜检查观察，测定油滴分散度，并进行溶血试验、热原试验、降压试验、油及甘油含量、过氧化值、酸价、pH 等项质量检查。

（三）维生素和微量元素

对于静脉营养，维生素、微量元素是不可缺少的，因为它们是某些辅酶的组成部分，在物质代谢中起着重要的作用。经研究，有人提出此种营养液中需维生素 13 种，其中水溶性维生素 9 种，脂溶维生素 4 种。

为了满足机体生理上的需要，全静脉营养输液中还需微量元素，据报道，人体需 14 种微量元素。

六、血浆代用液

血浆代用液在有机体内有代替血浆的作用。但不能代替全血，对于血浆代用液的质量，除符合注射剂有关质量要求外，代血浆应不妨碍血型试验，不妨碍红细胞的携氧功能，在血液循环系统内可保留较长时间，易被机体吸收，不得在脏器组织中蓄积。胶体输液是主要的血浆代用品。现叙述如下。

（一）右旋糖酐

右旋糖酐的通式为（$C_6H_{10}O_5$）n。右旋糖酐按分子量不同分为中分子量（4.5 万 ~7 万）、低分子量（2.5 万 ~4.5 万）和小分子量（1 万 ~2.5 万）3 种。分子量愈大，排泄愈慢，一般中分子右旋糖酐 24 小时排出 50%左右，低分子则排出 70%。

中分子右旋糖酐与血浆有同样的胶体特性，可以提高血浆胶体渗透压，增加血容量，维持血压。用于治疗低血容量性休克，如外伤性与出血性休克。

低分子右旋糖酐也有扩容作用，但作用时间短。它还能改变红细胞的电荷，使红细胞获得一层有阴电荷的多糖外衣。由于相同电荷相斥，故可防止红细胞相互黏着，同时也可防止红细胞与毛细血管的黏附。因此，可避免血管内红细胞凝聚，减少血栓形成，增加毛细血管的流量，改善微循环。

例 6-7 右旋糖酐注射液（dextran injection）

【处方】 右旋糖酐（中分子量） 60g

氯化钠 9g

注射用水加至 1000ml

【制法】 将注射用水适量加热至沸，加入计算量的右旋糖酐，使浓度为 12%~15%，搅拌使溶，加入 1.5%的活性炭，保持微沸 1~2 小时，加压滤过脱炭，浓溶液加注射用水稀释成 6%的溶液，然后加入氯化钠，搅拌使溶，冷却至室温，取样，测定含量和 pH。pH 宜控制在 4.4~4.9，再加活性炭 0.5%，搅拌，加热至 70~80℃，滤过，至药液澄明后灌装，用 112℃，30 分钟灭菌。

【注解】 因右旋糖酐经生物合成制备，易夹杂热原，故活性炭用量较大。同时因本品黏度高，需在较高温度下滤过。本品灭菌一次，其分子量下降 3000~5000，受热时间不能过长，以免产品变黄。本品在贮存过程中易析出片状结晶，主要与贮存温度和分子量有关。

（二）羟乙基淀粉注射液

羟乙基淀粉注射液，又名 706 代血浆，是将淀粉经酸水解后再在碱性条件下与环氧乙烷反应（羟乙基化）而成。引入羟乙基使水解淀粉在输入血管后不易被水解，而在血液循环系统中，以原形保持较长时间，其平均分子量以 2.5 万 ~4.5 万为宜，过大则易在体内蓄积，过小则易从血管中排出。

第七节 注射用无菌粉末及冻干制品

一、概 述

注射用无菌粉末简称粉针。凡是在水溶液中不稳定的药物，既不能制成水溶性注射剂，更不能在溶液中加热灭菌，如青霉素 G、一些医用酶制剂及血浆等生物制剂，均需制成注射用无菌粉末。近年来也有将中药注射剂研制成粉针剂以提高其稳定性，如双黄连粉针、茵栀黄粉针等。注射用无菌粉末可分为两种，一种是将原料精制成无菌粉末，在无菌条件下直接进行分装。另一种是将药物制成灭菌水溶液，进行无菌分装，然后进行冷冻干燥，在无菌条件下密封制成注射用粉末，也称冻干制品。

根据生产工艺条件和药物性质不同，将冷冻干燥法制得的粉末称为注射用冷冻干燥制品，而用其他方法如灭菌溶剂结晶法、喷雾干燥法制得的粉末称为注射用无菌分装产品。冷冻干燥不仅在制剂工业生产上非常重要，而且在医学上也得到广泛应用。

注射用无菌粉末的生产必须在无菌室内进行，特别是一些关键工序，更应严格要求，可采用层流洁净装置，保证无菌无尘。

注射用无菌粉末的质量要求与注射用水溶液基本一致，其质量检查都应符合《中国药典》（2010 年版）关于注射用药物的各项规定及注射用灭菌粉末的各项检查。

二、注射用冷冻干燥制品

冷冻干燥是将需要干燥的药物溶液预先冻结成固体，然后在低温低压条件下，从冻结状态不经过液态而直接升华除去水分的一种干燥方法。凡是对热敏感、在水溶液中不稳定的药物，可采用此法制备。冷冻干燥的优点是：①不耐热药物可避免因高热而分解变质；②所得制品质地疏松，加水后迅速溶解，恢复药液原有的特性；③含水量低，一般为1%~3%，同时进行真空干燥，制品不易氧化，有利于长期贮存；④制品中的微粒物质比用其他方法生产者少，因为污染机会相对减少；⑤制品剂量准确，外观优良。冷冻干燥制品也存在不足之处，如溶剂不能随意选择，需特殊设备，成本较高。

（一）冷冻干燥原理与设备

冷冻干燥的原理是冷冻干燥的依据，而设备是冷冻干燥的必要条件。

冷冻干燥是将含有大量水分的物料（溶液或混悬液）先冻结至冰点以下（通常为-10~-40℃）的固体，然后在高真空条件下加热，使水蒸气直接从固体升华出来进行干燥的方法。

1. 冷冻干燥原理　冷冻干燥可用水的三相图加以说明，如图6-2。图中OA线是冰和水的平衡曲线，在此线上冰、水共存；OC线是水和水蒸气的平衡曲线，在此线上水、汽共存；OB线是冰和水蒸气的平衡曲线，在此线上冰、汽共存；O点是冰、水、汽的平衡点，在这个温度和压力时冰、水、汽共存，这个温度为0.01℃，压力为613.3Pa（4.6mmHg）。从图6-2可以看出，当压力低于613.3Pa（4.6mmHg）时，不管温度如何变化，只有水的固态和气态存在，液态不存在。固相（冰）受热时不经过液相直接变为气相；而气相遇冷时放热直接变为冰。根据平衡曲线OC，对于冰，升高温度或降低压力都可打破汽固平衡，使整个系统朝着冰转化为汽的方向进行，冷冻干燥就是根据这个原理进行的。

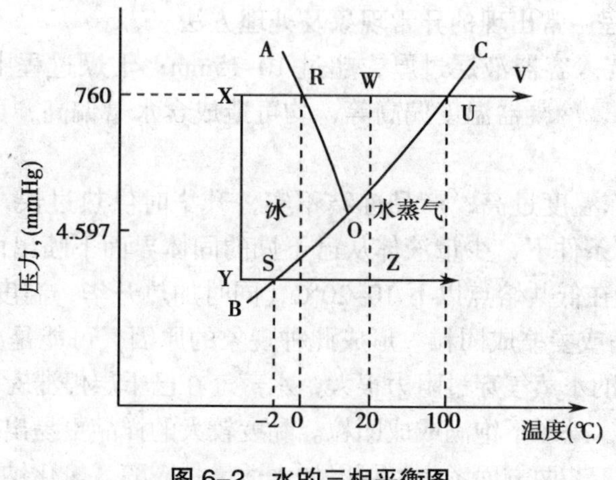

图6-2　水的三相平衡图

2. 冷冻干燥机　冷冻干燥机（简称冻干机）按系统分，由制冷系统、真空系统、加热系统和控制系统四部分组成。按结构分，由冻干室、冷凝器、冷冻机、真空泵和阀门、电器控制元件等组成。为了减少水蒸气升华时的阻力，冷冻干燥时物料的厚度不宜过厚。一般不宜超过 12mm，整个干燥时间需要 12~24 小时。

（二）冷冻干燥的工艺

冷冻干燥的工艺条件对保证产品质量极为重要，对于新产品，一般包括：

1. 测定产品低共熔点　新产品冻干时，应先测出其低共熔点，然后控制冷冻温度在低共熔点以下，以保证冷冻干燥的顺利进行。低共熔点是在水溶液冷却过程中，冰和溶质同时析出结晶混合物（低共熔混合物）时的温度。

2. 冷冻干燥工艺过程　制品的冻干前处理基本上与水性注射剂相同，但分装时溶液厚度要薄些，需采取各种措施增加蒸发表面，通过试制探讨各步工艺操作的条件。

（1）预冻：制品在干燥之前必须进行预冻，如果不经过预冻而直接抽真空，当压力降低到一定程度时，溶于溶液中的气体迅速逸出而引起类似“沸腾”现象，部分药液可能冒出瓶外。预冻温度应低于产品共熔点 10~20℃。如果预冻温度不在低共熔点以下，抽真空时则有少量液体“沸腾”而使制品表面凹凸不平。预冻方法有速冻法和慢冻法。

（2）升华干燥：升华干燥法有两种，一种是一次升华法，另一种是反复预冻升华法。

1）一次升华法：此种升华法适用于低共熔点 -10~-20℃的制品，而且溶液浓度、黏度不大，装量厚度在 10~15mm 的情况。

2）反复冷冻升华法：此方法适用于某些熔点较低或结构比较复杂黏稠如蜂蜜、蜂王浆等产品。这些产品在升华过程中，往往冻块软化，产生气泡，并在制品表面形成黏稠状的网状结构，从而影响升华干燥、影响产品外观。为了保证产品干燥顺利进行，可用反复预冻升华法，例如某制品低共熔点为 -25℃，可速冻到 -45℃左右，然后将制品升温。如此反复处理，使制品晶体结构改变，制品表层外壳由致密变为疏松，有利于水分升华。此法可缩短冷冻干燥周期，处理一些难以冻干的产品。

（3）再干燥：当升华干燥阶段完成后，为尽可能除去残余的水，需要进一步干燥。再干燥的温度根据制品性质确定，如 0℃、25℃等。制品在保温干燥一段时间后，整个冻干过程即告结束。

（三）冷冻干燥过程中常出现的异常现象及处理方法

1. 含水量偏高　装入容器液层过厚，超过 10~15mm；干燥过程中热量供给不足，使蒸发量减少；真空度不够，冷凝器温度偏高等，均可造成含水量偏高，可采用旋转冷冻及其他相应的办法解决。

2. 喷瓶　主要预冻温度过高，产品冻结不实，升华时供热过快，局部过热，部分制品熔化为液体，在高真空条件下，少量液体从已干燥的固体界面下喷出而形成喷瓶。为防止喷瓶，必须控制预冻温度在低共熔点以下 10~20℃，同时加热升华，温度不要超过共熔点。

3. 产品外形不饱满或萎缩成团粒　形成此种现象的原因，可能是冻干时，开始形成的已干外壳结构致密，升华的水蒸气穿过阻力很大，水蒸气在已干层停滞时间较长，使部分药品逐渐潮解，以致体积收缩，外形不饱满或成团粒。黏度较大的样品更易出现这类现象。解决办法主要从配制处方和冻干工艺两方面考虑，可以加入适量甘露醇、氯化钠等填充剂，或采用反复预冷升华法，改善结晶状态和制品的通气性，使水蒸气顺利逸出，产品外观即可得到改善。

（四）举例

例 6-8　注射用阿糖胞苷

【处方】 盐酸阿糖胞苷　　　　500g

5%氢氧化钠溶液	适量
注射用水加至	1000ml

【制法】在无菌操作室内称取阿糖胞苷 500g，置于适当无菌容器中，加无菌注射用水约 95ml，搅拌使溶，加 50%氢氧化钠溶液调节 pH 至 6.3~6.7，补加灭菌用水至足量，然后加配制量 0.02%的活性炭，搅拌 5~10 分钟，用无菌抽滤漏斗铺二层灭菌滤纸滤过，再用经灭菌的 G6 垂熔玻璃漏斗精滤，滤液检查合格后，分装于 2ml 安瓿中，低温冷冻干燥约 26 小时后，无菌熔封即得。

三、注射用无菌分装制品

将符合注射用要求的药物粉末在无菌操作条件下直接分装于洁净灭菌的小瓶或安瓿中，密封而成。青霉素分装车间不得与其他抗生素分装轮换生产。

（一）注射用无菌粉末物理化学性质的测定

为了制订合理的生产工艺，首先对药物的物理化学性质进行研究，主要测定物料的热稳定性、临界相对湿度、粉末晶形和粉末松密度（比容）。

1. 物料热稳定性的测定　测定物料稳定性的目的是，确定产品最后能否进行灭菌处理。例如，结晶青霉素在 150℃ 1.5 小时，170℃ 1 小时，效价均无损失，因此，本品在干燥状态是耐热的，故生产上目前最后经 120℃ 1 小时的灭菌是比较安全的。

2. 临界相对湿度的测定　青霉素钾盐临界相对湿度为 81%，而青霉素钠盐为 71%，故后者比前者更易吸湿，流动性差，装量不准。因此，生产上分装室的相对湿度必须控制在分装产品的临界相对湿度以下，以免吸潮变质。

3. 粉末晶形检查　粉末晶形与制备工艺有密切关系，如喷雾干燥法制得的多为球形，机械分装易于控制。而溶剂结晶者有针形、片状或各种形状的多面体等，针形粉末分装时最难掌握。青霉素钾盐系针状结晶，为了解决分装装量问题，生产上将分离后的湿晶体，通过螺旋挤压机使针状结晶断裂，再通过颗粒机，然后真空干燥，就能符合分装要求。

此外，还应测定粉末的松密度（比容），即单位体积内药物的重量，如青霉素钾盐其比容在 400mg/ml 以上时，则分装易于控制。

（二）生产工艺

1. 原材料准备　安瓿或小瓶及胶塞均按本章第六节所述方法处理，但均需进行灭菌。玻瓶可用电烘箱 180℃干热灭菌 1.5 小时，胶塞洗净后要用硅油进行硅处理，再用 125℃干热灭菌 2.5 小时，灭菌好的空瓶存放柜应有净化空气保护，瓶子存放时间不超过 24 小时。无菌原料可用灭菌结晶法。喷雾干燥法制备，必要时需进行粉碎，过筛等操作，在无菌条件下制得符合注射用的灭菌粉末。

2. 分装　分装必须在高度洁净的无菌室中按照无菌操作法进行。用人工或机器分装，目前使用分装机械有插管分装机、螺旋自动分装机、真空吸粉分装机等。分装好后小瓶立即加塞并用铝盖密封，安瓿用火焰熔封。分装机宜有局部层流装置。

3. 灭菌和异物检查　对于能耐热的品种如青霉素，一般可按前述条件进行补充灭菌，以确保安全。对于不耐热的品种，必须严格无菌操作，产品不能灭菌。异物检查一般在传送带上，用目检视。

4. 印字包装 目前生产上均已实现机械化。此外，青霉素类分装车间应与其他车间严格分隔并专用，防止交叉污染。

（三）无菌分装工艺中存在的问题

1. 装量差异 药粉因吸潮而黏性增加，导致流动性下降，药粉的物理性质如晶形、粒度、比容及机械设备性能等因素均能影响装量差异。应根据情况采取相应措施。

2. 澄明度问题 采用此种工艺，由于药物粉末经过一系列处理，以致污染机会增多，往往使粉末溶解后出现毛屑、小点，以致澄明度不合要求。因此应从原料的处理开始，主要环境控制，严格防止污染。

3. 无菌度问题 成品无菌检查合格，只能说明抽查那部分产品是无菌的，不能代表全部产品完全无菌。由于产品系无菌操作法制备，稍有不慎就有可能使局部受到污染，而微生物在固体粉末中繁殖又较慢，不易为肉眼所见，危险性更大。为了保证用药安全，解决无菌分装过程中的污染问题，国内外正在采用层流净化装置，为高度无菌提供了可靠的保证。

4. 贮存过程中的吸潮变质 对于瓶装无菌粉末，这种情况时有发生，原因之一是由于天然橡胶塞的透气性所致。因此，一方面对所有橡胶塞要进行密封防潮性能测定，选择性能好的橡胶塞。同时铝盖压紧后瓶口烫蜡，防止水气透入。

第八节 注射剂新产品的试制研究

临床上注射给药仍是不可替代的一种给药途径，因此不断研究和开发可将各种药物制成注射剂的制剂技术将是注射剂研发工作中的重点。而水不溶性或难溶性药物的可注射给药系统的研究及靶向给药仍是现今研究的热点，目前，脂质体、微球、微囊等制剂已有成功的产品商业化。处于后期研究的有毫微粒（纳米粒）及 IDD 技术（微粒及微滴技术）的制剂，给药装置研究及相应的制剂研究，如无针注射液。无针注射剂一直是人们希望开发的一种新颖的释药系统，它可有助于患者（尤其是小儿）克服恐针感，使医务人员和患者均迅速学会使用并实现如口服制剂似的自我给药，以适应今后自我医疗的需要。

注射剂是医疗最常用的剂型之一，随着制药工业的发展，开发新产品已成为制剂研究的一项基本任务。

一、注射剂处方与工艺设计前的基础工作

制剂新产品不仅是高科技产品，而且需要多学科共同研究才能完成，涉及医学和药学的基础与各科专业。在设计注射剂的处方与工艺前，必须通过文献检索或者从共同研究的其他学科合作者处取得有关资料，包括原料药物的分子结构、相对分子质量、是否有结晶水、有无异构体、溶解度与溶解速度、化学稳定性、分析方法及分解产物的分析方法等。另外，还需要药物的动物药效学研究结果与毒理学研究结果或文献资料，以及吸收、分布与消除和生物利用度、体内动力学参数等资料。

以上各项资料，往往在开始注射剂的研究之前不能全部得到，有的只有最基本的信息，很多性质尚需我们针对初步设想进行试验来取得。对药物的含量测定方法也往往受到所设计处方中其他附加剂的干扰，需进一步研究。另外，吸收、分布、代谢和体内动力学参数等很可能尚在研究期间，需在研究过程中与各学科的研究人员不断交流。

二、注射剂类型、注射途径与剂量的确定

对于一般固体药物，首选的是水性溶液型注射剂。因溶液型注射剂易保证澄明度，分剂量准确，吸收快，技术上的难度也低于制成混悬型注射剂，且溶液型注射剂可通过各种途径给药。但若溶解度较低，在通常一次给药容量中所含药物达不到要求的剂量，并经药剂学中增加溶解度的技术措施后仍无法达到要求时，则可制成混悬型注射剂。若被研究的药物在体内的半衰期很短，需设计成缓释制剂，则也可制成混悬型注射剂，但只能肌内注射。如何防止此类注射剂在灭菌和存放过程中药物粒子逐渐长大，仍存在一定的技术难度。

有的药物肌内注射刺激性很大，可考虑静脉注射。但静脉注射也应考虑药物有无溶血作用，或是否与血红蛋白发生沉淀，以及在什么条件下可不产生溶血等。也可考虑加入止痛剂制成肌内注射剂。

若固体药物水溶液极不稳定，不易或不能制成满意的溶液型注射剂，则应考虑制成注射用无菌粉末或冻干制品。

对于水不混溶的油类药物，若可通过增加溶解度的技术，在通常注射容量中能够达到所需用药剂量时，则制成溶液型注射剂，否则制成乳浊液型注射剂。

一次用药剂量的确定，应根据动物实验的药效学与毒理学研究结果，换算后确定人用剂量，并在Ⅰ期临床试用后，根据需要再作调整。

三、注射液处方与工艺设计的实验研究

一个品质优良的产品，必须符合有效、安全、稳定的要求。

混悬型和乳浊型注射剂的关键问题是物理稳定性，如何在尽可能保持原有分散度的要求下，经受住灭菌条件，不被破坏，并在存放过程中仍能符合要求，可根据混悬剂与乳剂物理稳定性的有关理论来设计研究其处方与工艺。但所选附加剂必须毒性小，符合注射用要求。本节主要针对溶液型注射剂进行讨论。

溶液型注射剂通常遇到的问题是要增加溶解度和提高稳定性，在解决这两个问题时，还要始终考虑安全性问题。

1. 溶解度的测定与增加溶解度的方法　药物在水中溶解度不能达到要求时，必须考虑如何增加溶解度。增加溶解度的方法，本章第四节已有叙述。用调节 pH 成盐是最简单的方法，若为难溶性弱酸弱碱性药物，此为首选方法。其次是复合溶剂法，即要寻找最适配比。以上两法选用的酸、碱或非水溶剂，必须考虑毒性尽可能小，允许用于注射者，特别是要静脉注射者，可查阅有关毒理学资料。至于加入助溶剂与增溶剂，因它们本身具有的药理作用和毒性，选择范围很小，特别是助溶剂使用要慎重。

文献提供的溶解度资料往往不能满足我们研究的需要，一般只提供在水、乙醇、甲醇、

丙酮、三氯甲烷等中的溶解性，后三者不能作注射用，因此若醇不合需要，必须寻找可供注射的其他物质。首先进行预试来确定选用哪种增加溶解度的方法，如成盐或用复合溶剂，则在不同的盐和不同的溶剂体系间应作对比。选定认为满意的体系后，应设计一组实验得出溶解度曲线，如为复合溶剂则应得出不同浓度时的药物溶解量，以便处方设计时确定用何种浓度。一般选用主药的浓度不应近饱和，应留有足够的余地，需考虑到冬季运输或寒冷处（2~5℃）贮存不致析出。主药浓度的选定尚与注射容量有关，如肌内注射以 1~2ml 为好，尽可能不超过 5ml。从工艺的角度考虑，2ml 的产品比 5ml 的产品生产效率高，也能降低成本，运输使用也方便。此外，尚应考虑到制备过程是否易于操作，如甘油、丙二醇等浓度达 50% 时，虽溶解性能良好，但稠度太大不易操作，注射时剂量也不易准确，熔封时也更易出现焦头等问题。

2. 提高药物稳定性与稳定性考察　注射液要灭菌，最常用的是高温法。药物以分子状态分散在溶剂体系中，这对于药物的稳定性非常不利，水解与氧化是经常需要解决的问题。

影响水解与氧化的因素本书已有叙述。根据所研究药物存在的问题，应选择有关因素，如 pH、温度、氧、溶剂体系等。对于 pH 的确定应有 pH- 速度图的实验结果，对热稳定性应设计热压灭菌或流通蒸汽灭菌条件下，测定灭菌前后的含量和充惰性气体与否对灭菌前后药物含量的影响，以及可供选择的基本确定的溶剂体系灭菌前后的含量对比等试验结果。此外，尚应有光照的影响试验数据。

在以上试验结果的基础上，可初步确定处方的溶剂体系、pH 范围、是否需加抗氧剂等其他附加剂，以及工艺中是否需通惰性气体，灭菌采用哪种条件，是否需要避光。至于 pH 调节剂一般以缓冲体系为好，便于控制，附加剂与缓冲剂的具体品种也应进行比较。处方中所加物质应在解决问题的原则上愈少愈好，如需通二氧化碳气体的品种，缓冲剂可用碳酸氢钠。至于是否需要加止痛剂、等渗调节剂等，可根据具体品种对注射部位（肌内、血管等）的刺激性试验结果来确定。

在解决溶解问题时，尚需考虑其溶解速度，必要时可在保证稳定性的条件下加热溶解。是否有多晶型存在也与溶解速度有关，应注意所用原料的一致性，这些也应通过试验加以确定。否则投入生产后可能无法按时溶解完成，以致无法进入下一道工序，造成生产事故。

在解决了以上必须考虑的问题后，可进入稳定性考察，包括加速试验与长期试验，定时检查外观澄明度、含量、分解产物的出现与否及其限度。若经 40℃，相对湿度 75% 条件存放 6 个月仍符合要求，则可相当于室温 25℃贮存两年。若能达到这一要求，则研制产品的试验室制剂工作基本完成。对于一类新产品，必须进行药效及毒理学试验，包括致畸、致癌、致突变等动物实验。药效、毒理学等试验结果直接与我们设计的处方有关，溶剂和附加剂均可对其产生明显影响，因此必须考虑到对药效与安全性的影响，尽量选用安全、无生物活性、不影响药效的附加剂。

四、注射剂的安全性和渗透压的调节

1. 注射剂的安全性　注射剂的安全性一方面指注射剂本身的毒性、溶血性，另一方面指局部刺激性、疼痛性。在试制过程中，要进行这方面的实验。毒性试验一般包括急性毒性试验和亚急性毒性试验，前者以小鼠、兔、猫和犬为实验动物。亚急性毒性试验一般用小鼠和犬。犬一般用人的5倍剂量，而小鼠则用人的10倍剂量实验。刺激性试验一般选用家兔，在其后腿股四头肌处注射观察。

刺激性、疼痛性产生的原因，有些是药物本身就具有刺激性，但多数是由于pH与渗透压不适当引起的。渗透压过低还能导致溶血。注射液的pH不能超过人的生理耐受范围，一般pH可为4~9。小容量静脉注射液，由于血液有缓冲作用，pH可适当放宽，一般可在3~10。而大量输入时，如过酸过碱，将会引起酸碱中毒，故以接近血液pH（7.4）为宜。特别是脊髓腔注射，由于脊髓液少，仅60~80ml，循环又慢，易受酸碱影响，因此，此类注射剂pH更应符合生理要求。此外，pH还与注射液的化学稳定性及药物溶解性有关，所以规定注射液的pH，要把三者统一起来考虑。

渗透压是指两种不同浓度的溶液被一理想的半透膜隔开，这种半透膜只透过溶剂而不透过溶质，溶剂从低浓度溶液一侧向高浓度溶液转移，这种促使溶剂转移的力就是渗透压。如果注射液渗透压过高或过低时．肌内注射也能产生刺激性，且影响吸收。0.9%氯化钠溶液和血浆具有相同的渗透压，故为等渗溶液。肌内注射可耐受0.45%~2.7%的氯化钠溶液，即相当于0.5~3个等渗度的溶液。对于静脉注射，则着眼于对红细胞的影响。认为红细胞为一半透膜，在低渗溶液中，水分子穿过细胞膜进入红细胞内，使红细胞胀破，造成溶血现象，渗透压小于0.45%氯化钠溶液时，将有溶血现象产生。大量注入这类低渗溶液，将使人感到头胀、胸闷，严重者可发生麻木、寒战、高热、尿中出现血红蛋白。当然，大量静脉注射不致溶血的低渗溶液也是不允许的。注入高渗溶液时，红细胞内水分渗出而使红细胞萎缩，但只要注射速度缓慢，由于血液可自行调节而使渗透压很快恢复正常，所以不致发生不良影响。至于脊髓腔内注射，由于易受渗透压的影响，必须调至等渗。

2. 渗透压调节　根据前面的讨论，设计注射剂处方时，对于低渗的溶液必须进行调节，常用渗透压调整的方法如下。

（1）冰点降低数据法：血浆的冰点为–0.52℃，因此任何溶液，只要其冰点降低为–0.52℃，即与血浆等渗。表6–4列出一些药物的1%水溶液的冰点降低数据，根据这些数据可以计算该药物配成等渗溶液的浓度。

表6–4　一些药物水溶液的冰点降低与氯化钠等渗当量

名称	1%（g/ml）水溶液冰点降低（℃）	1g药物氯化等渗当量（E）	等渗浓度溶液的溶血情况		
			浓度%	溶血%	pH
硼酸	0.28	0.47	1.9	100	4.6
盐酸乙基吗啡	0.19	0.15	6.18	38	4.7
硫酸阿托品	0.08	0.10	8.85	0	5.0
盐酸可待因	0.09	0.14	6.33	47	4.4
氯霉素	0.06				
依地酸钙钠	0.12	0.21	4.5	0	6.1
盐酸麻黄碱	0.16	0.28	3.2	96	5.9

续表

名称	1%（g/ml）水溶液冰点降低（℃）	1g药物氯化等渗当量（E）	等渗浓度溶液的溶血情况		
			浓度%	溶血%	pH
无水葡萄糖	0.10	0.18	5.05	0	6.0
葡萄糖（含水）	0.09	0.16	5.51	0	5.9
氢溴酸后马托品	0.097	0.17	5.67	92	5.0
盐酸吗啡	0.086	0.15			
碳酸氢钠	0.381	0.65	1.39	0	8.3
氯化钠	0.58		0.9	0	6.7
青霉素G钾		0.16	5.48	0	6.2
硝酸毛果芸香碱	0.133	0.22			
吐温80	0.01	0.02			
盐酸普鲁卡因	0.12	0.18	5.05	91	5.6
盐酸丁卡因	0.109	0.18			

例6-9 用氯化钠配制100ml等渗溶液，问需要多少氯化钠？

从表6-4中查得，1%氯化钠溶液的冰点降低为0.58℃，设氯化钠在等渗溶液中的浓度为X，则：1%：X%=0.58：0.52，解之得X=0.9%，即配制100ml的等渗氯化钠溶液需0.9g氯化钠。

例6-10 配制100ml 2%盐酸普鲁卡因溶液，需要加多少氯化钠，使成等渗溶液？

$$W=\frac{0.52-a}{b} \tag{6-3}$$

W：配成等渗溶液所需加入药物的量（%，g/ml）。

a：未经调整的药物溶液的冰点下降度数。

b：用以调整等渗的药物1%（g/ml）溶液的冰点下降度数。

按本例要求查表6-4，得a=0.12×2=0.24℃，b=0.58℃，代入式（6-3）得：

$$W=\frac{0.52-0.24}{0.58}=0.478\%$$

即需加入0.48%的氯化钠，可使2%的盐酸普鲁卡因溶液成为等渗溶液。

对于成分不明或查不到的冰点降低数据的注射液，可通过实验测定冰点降低数据，再依上法计算。计算时选用药物的冰点降低值，其浓度应与配制溶液的浓度相近，结果更为准确。

（2）氯化钠等渗当量：即与1g药物呈等渗效应的氯化钠量。例如盐酸普鲁卡因的氯化钠等渗当量为0.18，即1g的盐酸普鲁卡因于溶液中，能产生与0.18g氯化钠相同的渗透压效应。若处方中只有一种药物时，调解渗透压时应补加氯化钠的量：$X=0.9\%V-EW$。当处方中有几种药物时，此时若仍为低渗液，应补加氯化钠的量应为：

$$X=0.9\%V-\sum_{i=1}^{n}E_iW_i \tag{6-4}$$

式（6–4）中，V 为配制溶液的毫升数，X 为配成 V ml 等渗溶液所需加氯化钠的克数，W_i 为 V ml 等渗溶液中药物的克数，$\sum_{i=1}^{n} E_i W_i$ 为药物的氯化钠等渗当量之和。例如头孢噻吩钠（cephalotin sodium）的氯化钠等渗当量为 0.24，若配制 2% 的头孢噻吩钠溶液 100ml，欲使其等渗，需加入氯化钠为 0.9%×100–0.24×2=0.42g 氯化钠。渗透压调节剂常用氯化钠与葡萄糖。

（3）等渗溶液与等张溶液：如前所述，等渗溶液（isoosmotic solution）是指渗透压与血浆相等的溶液。因为渗透压是溶液的依数性之一，可用物理化学实验方法求得，因而等渗是个物理化学概念。但是，根据这个概念计算出某些药物如盐酸普鲁卡因、丙二醇、尿素、甘油等的等渗浓度，然后配制成等渗溶液，结果发生不同程度的溶血，因而提出等张的概念。所谓等张溶液（isotonic solution）是指与红细胞膜张力相等的溶液，在等张溶液中既不会发生红细胞体积改变，更不会发生溶血，所以等张是个生物学概念。

红细胞膜对于许多药物的水溶液来说可视为理想的半透膜，即它只能让溶剂分子出入，而不让溶质分子通过，因此，许多药物的等渗浓度与等张浓度相同或相近。如 0.9% 的氯化钠溶液，既是等渗溶液又是等张溶液。但对有些药物如上述盐酸普鲁卡因、甘油、尿素等，红细胞就不是理想的半透膜，因它们能迅速自由地通过细胞膜，同时促使细胞膜外水分进入细胞，使红细胞胀大破裂，引起溶血。关于促使水分进入细胞的机制目前尚不完全清楚。这类药物一般加入适量氯化钠或葡萄糖后即可避免溶血。例如 2.6% 的甘油溶液与 0.9% 的氯化钠溶液具有相同的渗透压，但是 2.6% 的甘油 100% 溶血，所以是不等张的，如果制成含 10% 甘油、4.6% 木糖醇、0.9% 氯化钠的复方甘油注射液，实验表明不产生溶血现象，红细胞也不胀大变形。

一个药物的等张浓度可用溶血法进行测定。将人的红细胞放在各种不同浓度的氯化钠溶液中（从 0.36% 到 0.45%），则出现不同程度的溶血。同样，将人的红细胞液放入某种药物不同浓度的溶液中，也将出现不同程度的溶血。将两种溶液的溶血情况比较，对溶血情况相同者认为它们的渗透压也相同。

根据渗透压的大小与物质的量浓度成正比的原理，可列出下式：

$$P_{NaCl}=i_{NaCl}\cdot C_{NaCl};\quad P_D=i_D\cdot C_D \tag{6-5}$$

式（6–5）中：P 为渗透压；C 为物质的量浓度；D 代表药物；i 为渗透系数。如果 $P_{NaCl}=P_D$ 则下式成立：

$$\frac{1.86\times 100\text{ml 溶液中 NaCl 的克数}}{58.45}=\frac{i_D\times 100\text{ml 溶液中某药物的克数}}{\text{药物的分子量}} \tag{6-6}$$

式（6–6）中，1.86 是氯化钠的渗透系数，58.45 是氯化钠的分子量。根据式（6–6）可以算出 i_D 值，则不难算出药物的等张浓度。例如用上述溶血法测得无水氯化钙的 i_D 值为 2.76，则可求出相当于 0.9% 氯化钠的氯化钙重量：

$$\frac{1.86\times 0.9}{58.45}=\frac{2.76\times X}{110.99}\qquad X=1.15\text{g}$$

计算结果表明 1.15% 即为无水氯化钙的等张浓度。

应该指出，上述方法测得的渗透系数称为溶血法的 i 值，它与用物理化学方法求得的值比较，有些药物大体一致，有些药物偏高，有些偏低。而溶血法测得的结果更接近实际。

由此可见，在新产品试制中，即使所配溶液为等渗溶液，为了用药安全，亦应进行溶血试验，必要时加入等张调节剂，以防止溶血。故明确等张概念，测定等张浓度，对于指导合理安全用药具有一定的实际意义。

3. 注射剂的无痛化　有些注射剂，为了解决其在医疗上的需要和药物稳定性，而不能兼顾最合适的酸碱度和渗透压。同时有些药物本身就具有刺激性。在这些情况下，对于肌内或皮下注射的药物，可酌加局部止痛剂。常用止痛剂有：苯甲醇、利多卡因或0.5%三氯叔丁醇等。其中苯甲醇为常用，但1%以上有溶血现象发生，故使用浓度不要过高，一般不作静注，苯甲醇会引起注射部位硬结。

第九节　滴　眼　剂

一、概　　述

（一）滴眼剂的概述及发展

滴眼剂（eye-drop）为直接用于眼部的外用液体制剂。以水溶液为主，包括少数水性混悬液，也有将药物做成片剂，临用时制成水溶液。眼用液体药剂按用法可分为滴眼剂及洗眼剂。工业生产只有滴眼剂。少数洗眼剂如生理氯化钠溶液，2%硼酸溶液由医院药剂科配制，供临床眼部冲洗用，不发给患者自用。滴眼剂起眼部的杀菌、消炎、散瞳、麻醉等作用。有的在眼球内部，有的在眼球外部发挥作用。

（二）滴眼剂的质量要求

滴眼剂虽然是外用剂型，但质量要求类似注射剂，对pH、渗透压、无菌、澄明度等都有一定的要求。

1. pH　pH对滴眼剂有重要的影响，由pH不当而引起的刺激性可增加泪液的分泌，导致药物迅速流失，甚至损伤角膜。正常眼可耐受的pH为5.0~9.0。pH 6~8时无不舒适感觉，小于5.0和大于11.4有明显的感觉。眼对碱性比较敏感，较强酸更能使眼损伤。滴眼剂的pH应兼顾药物的溶解度和稳定性的要求，滴眼剂的用量不大，由于眼泪的稀释与缓冲作用，刺激时间一般较短。至于pH对药物吸收及药效的影响，也应考虑。

2. 渗透压　眼球能适应的渗透压范围相当于浓度为0.6%~1.5%的氯化钠溶液，超过2%就有明显的不适。低渗溶液应该用合适的药物调成等渗，例如氯化钠、硼酸、葡萄糖等。眼球对渗透压的感觉不如对pH敏感。

3. 无菌　眼部有无外伤是滴眼剂无菌要求严格程度的界限。用于眼外伤的眼用制剂要求绝对无菌，包括手术后用药在内。正常人的泪液中可能因含有溶菌酶，故有杀菌作用，同时泪液不断地冲洗眼部，使眼部保持清洁无菌。角膜、巩膜等也能阻止细菌侵入眼球内。因此，对于眼部有外伤的患者，所用的滴眼剂要绝对无菌。《中国药典》2010年版规定，眼内注射溶液、眼内插入剂、供外科手术用和急救用的眼用制剂，均不得加抑菌剂或抗氧剂或不适当的缓冲剂，且应包装于无菌容器内供一次性使用。一般滴眼剂要求没有致病菌，不得有铜绿假单胞菌和金黄色葡萄球菌。一般滴眼剂是一种多剂量剂型，患者在多次使用时，很易染菌，所以要加抑菌剂，使它在被污染后于下次再用之前恢复无菌。因此，滴眼剂的抑菌剂要作用迅速，要在1~2小时达到无菌。

4. 澄明度　滴眼剂的澄明度要求比注射剂要低些。一般玻璃容器的滴眼剂按注射剂的澄明度检查方法检查，但有色玻璃或塑料容器的滴眼剂应在光照度2000~3000lx下用眼检视，溶液应澄明，特别不得有玻璃屑。混悬型滴眼剂进行药物颗粒细度检查时，所处在的光照度应为4000lx，含15μm以下的颗粒不得少于90%，50μm的颗粒不得超过10%，且不得检出大于90μm的粒子，不应有玻璃屑，颗粒应易摇匀，不得结块。

5. 黏度　滴眼剂的黏度适当增大可使药物在眼内停留时间延长，从而增强药物的作用，同时黏度增加后减少刺激作用，也能增加药效。合适的黏度为4.0~5.0cPa · s。

6. 稳定性　眼用溶液类似注射剂，也要注意稳定性问题。

二、眼用药物吸收途径及影响吸收的因素

（一）眼的结构

眼由眼睑、眼球、眼附属器三部分组成。

1. 眼睑　眼球外被眼睑覆盖，眼睑的闭合起到保护眼球，协助泪液铺展和降低泪液蒸发等作用。

2. 眼球　眼球壁由3层同心膜组成（图6–3）。外层为纤维膜，前面约1/5部分呈透明状，称为角膜，无血管。其余部分为不透明的巩膜，含有少量血管。角膜与巩膜共同构成眼球的外层，起保护作用。

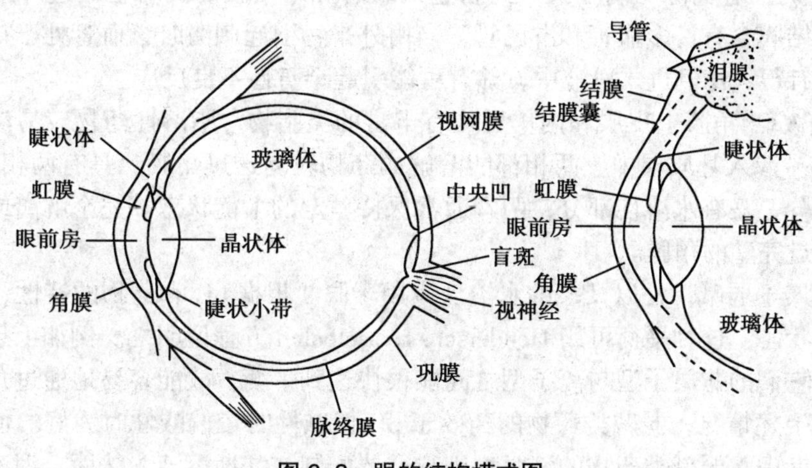

图6–3　眼的结构模式图

中层为血管膜，由前向后分为虹膜、睫状体及脉络膜。瞳孔位于虹膜中心。虹膜、睫状体及脉络膜三部分组成眼色素层。

内层为视网膜，光线经角膜进入眼球，经折光装置折射落于视网膜上成像。折光装置由房水、晶状体和玻璃体组成。房水还具有转运营养物质和代谢物及为无血管的角膜提供营养的功能。

3. 眼附属器　结膜覆盖着眼球前部除角膜以外的外表面，并与眼睑内表面相连，其上下翻转处构成结膜囊，眼用溶液即滴于此处。依解剖学位置，结膜又分为球结膜、睑结膜和穹

隆结膜三部分。结膜内血管分布丰富，药物通过结膜可吸收进入体循环。

（二）药物吸收途径

药物溶液滴入结膜囊内主要经过角膜和结膜两条途径吸收，但何者为主要吸收途径，要视药物而定。一般认为滴入眼中的药物首先进入角膜内，药物透过角膜至前房，进而至虹膜。药物经结膜吸收途径通过巩膜，可达眼球后部。

眼用溶液滴入给药，大部分药物是在结膜的下穹隆中，借助于毛细管力、扩散力和眨眼反射等，使药物进入角膜前的薄膜层中，并由此渗入到角膜中。角膜前薄膜系由脂肪外层、水性中层和黏蛋白内层组成，外层与内层较薄，中层较厚。它与水性或脂性的眼用制剂均能相容。

虽然理论上药物尚可通过眼以外的部位给药，但在血液与眼之间存在着血管壁和各种厚度的眼组织构成的与主动转运有关的血液－房水屏障，能阻止某些药物在眼前段达到有效治疗浓度。有些药物若全身给药，往往要达中毒剂量才能达到有效治疗浓度。因此，作用于眼的药物，多数情况下仍以局部应用为好。

（三）影响吸收的因素

1. 药物从眼睑缝隙的损失　人正常泪液容量约为 7μl，若不眨眼，可容纳 30μl 左右的液体。一般的滴眼药 1 滴为 50~75μl，估计约有 70% 的药液从眼溢出而造成损失，若眨眼将有 90% 的药液损失。溢出的药液大部分沿着面颊流下，或从排出器官进入鼻腔或口腔中，然后入胃肠道。这也是某些作用强烈的眼用制剂用药后有明显全身作用的机制之一。故若每次增加滴眼液的用量，将使药液较多流失。

2. 药物外周血管消除　滴眼液中药物进入眼睑和眼结膜的同时也通过外周血管迅速从眼组织消除。结膜含有许多血管和淋巴管，当由外来物引起刺激时，血管处于扩张状态，透入结膜的药物有很大比例进入血液中，并有可能引起全身性不良反应。

3. pH 与 p*Ka*　角膜上皮层和内皮层均有丰富的类脂物，脂溶性药物较易渗入，水溶性物质则比较容易渗入基质层中。两相都能溶解的药物较易透过角膜。具有两相溶解的药物，既有脂溶性部分，又有水溶性部分，两者通常保持一定的平衡状态。完全解离或完全不解离的药物不能透过完整的角膜。

许多药物属于弱碱，常以其盐的水溶液应用于眼。根据 pH 和药物的特性，游离碱和盐处于某种平衡状态。这种平衡可用 Henderson–Hasselbalch 方程说明之。例如毛果芸香碱、阿托品等，由于它们的非离子型与离子型之间能很快达到平衡，故能容易地通过角膜吸收进入玻璃体。基于上述情况，弱碱类药物的药效于 pH 偏碱性时较偏酸性时为好。但从药物的稳定性和溶解度考虑，弱碱类药物的滴眼剂则往往要配制成酸性溶液。然而，泪液的中和作用可迅速将它转至生理 pH 范围（pH=7.4 左右），此时就有足够的游离碱出现并渗入角膜中。

滴眼剂与角膜接触的时间可达 5~6 分钟。用显微镜观察应用荧光素钠后，若角膜上皮有创伤，可见到基质层有染色；若内皮层亦有创伤，则可见到玻璃体中有明显的荧光素钠染色。由此可见，角膜创伤时对药物的透过发生了很大的改变。

水溶性药物容易通过巩膜，而脂溶性药物则不易通过。药物的 p*K*a 也影响到溶液中游离盐基的量。p*K*a 值高的药物在碱性溶液中有较多的游离盐基存在。

4. 刺激性　眼用制剂的刺激性较大时，不仅给患者增加痛苦，而且由于局部刺激，能使结膜的血管和淋巴管扩张，增加了药物从外周血管的消除，并能使泪腺分泌增多，泪液能将药物稀释，并通过泪液系统洗刷进入鼻腔或口腔，从而影响药物的吸收利用，降低药效。

5. 表面张力　滴眼剂的表面张力对其与泪液的混合及对角膜的渗透均有较大影响。表面张力越小，越有利于滴眼剂与泪液混合，也有利于药物与角膜的接触，使药物容易渗入。

6. 黏度　增加黏度，可使滴眼剂中的药物与角膜接触时间延长，例如0.5%甲基纤维素（4cPa·s）溶液对角膜接触时间可延长3倍。从而有利于药物的吸收。增加黏度，还可以降低药物的刺激性，如氯霉素滴眼液（润舒）中加入玻璃酸钠。

三、滴眼剂的制备工艺

滴眼剂一般有下列3种制备工艺。

1. 药物性质稳定者

原辅料－配液－滤过－滤液（灭菌）
无菌操作分装－质量检查－印字包装
洗瓶（塞）－灭菌

2. 主药不耐热的品种，全部无菌操作法制备。

3. 对用于眼部手术或眼外伤的制剂，必须制成单剂量包装制剂。如用安瓿，按注射剂生产工艺进行，保证完全无菌。洗眼液按输液生产工艺制备，用输液瓶包装。

下面对滴眼剂的生产工艺予以说明。

（一）滴眼剂的容器与处理

过去滴眼瓶通常是玻璃制的，现在药厂生产的滴眼瓶大多用塑料制。塑料瓶由吹塑制成，当时封口，不易污染。塑料滴眼瓶可按下法清洗处理：切开封口，用真空灌装器将滤过灭菌蒸馏水灌入滴眼瓶中，然后用甩水机将瓶中的水甩干，如此反复3次，洗涤液经检查澄明度符合要求，甩干，必要时用气体灭菌。然后避菌存放备用。

（二）药液的配滤

滴眼剂要求无菌，小量配制可在避菌柜中进行，工厂大量生产，要按注射剂生产工艺要求进行。所用器具洗净后干热灭菌，或用杀菌剂（用75%乙醇配制的0.5%度米芬溶液）浸泡灭菌，用前再用新鲜蒸馏水洗净。操作者的手宜用75%乙醇消毒，或戴灭菌手套，以避免细菌污染。

滴眼剂的配制与注射剂工艺过程几乎相同。对热稳定的药物，配滤后应装入适宜的容器中，灭菌后进行无菌灌装。对热不稳定的药物，可用已灭菌的溶剂和用具在无菌柜中配制，操作中应避免细菌的污染。

（三）药液的灌装

大生产用减压灌装法为多。灌装方法要随瓶的类型和生产量的大小而改变。下面介绍间歇式减压灌装情况：将已清洗并灭菌的滴眼剂空瓶，瓶口向下，排列在一平底盘中，将盘放入一个真空灌装箱内，由管道将药液从贮液瓶定量地放入盘中，密闭箱门，抽气使成一定负压，瓶中空气从液面下小口逸出。然后经洗气装置通入空气，恢复常压。药液即灌入瓶中，取出盘子，立即封口并旋紧罩盖即可。

四、滴眼剂的处方设计与附加剂选用

拟订滴眼剂处方要考虑到药物的溶解度、稳定性、刺激性、无菌度等问题，这些问题可从下列几方面得到解决。

（一）pH 的调整

确定眼用溶液的 pH，主要从刺激性、溶解度和稳定性着手。为了避免过强的刺激性和使药物稳定，有时选用适当的缓冲液作眼用溶剂，这样可使滴眼剂的 pH 稳定在一定范围内，保证对眼无害，又能抵抗包装玻璃的碱性。常用的缓冲液如下：①磷酸盐缓冲液，以无水磷酸二氢钠 8g 配成 1000ml 溶液，无水磷酸氢二钠 9.47g 配成 1000ml 溶液，按不同比例配合得 pH 5.91~8.04 的缓冲液（表 6–5），其等量配合的 pH 为 6.8 最常用；②硼酸盐缓冲液，先配成 1.24%的硼酸溶液及 1%硼砂溶液，再按不同量配合可得 pH 6.77~9.11 的缓冲液（表 6–6）。

（二）渗透压的调整

眼球对渗透压有一定的耐受范围，渗透压的调整不必很精密，低渗溶液最好调至等渗，因治疗有时需要用高渗溶液，眼泪能使滴眼剂浓度下降，所以刺激感觉是短暂的。眼泪的冰点降低值与血液一样。眼用溶液最常用的等渗调节剂为氯化钠、硼酸、葡萄糖、硼砂、氯化钾、甘油等。等渗的计算法见本章第八节。

表 6–5　磷酸盐缓冲液

pH	0.8% NaH_2PO_4（ml）	0.947% Na_2HPO_4（ml）	使 100 ml 溶液等渗应加 NaCl 的克数（g）
5.91	90	10	0.479
6.24	80	20	0.472
6.47	70	30	0.465
6.64	60	40	0.459
6.81	50	50	0.452
6.98	40	60	0.446
7.17	30	70	0.439
7.38	20	80	0.432
7.73	10	90	0.425
8.04	5	95	0.422

表 6–6　硼酸盐缓冲液

pH	1.24% H_3BO_4（ml）	1.91% $Na_2BO_7 \cdot 10H_2O$（ml）	使 100 ml 溶液等渗应加 NaCl 的克数（g）
6.77	97.0	3.0	0.22
7.09	94.0	6.0	0.22

续表

pH	1.24% H_3BO_4（ml）	1.91% $Na_2BO_7 \cdot 10H_2O$（ml）	使 100 ml 溶液等渗应加 NaCl 的克数（g）
7.36	90.0	10.0	0.22
7.60	85.0	15.0	0.23
7.87	80.0	20.0	0.24
7.94	75.0	25.0	0.24
8.08	70.0	30.0	0.25
8.20	65.0	35.0	0.25
8.41	55.0	45.0	0.26
8.60	45.0	55.0	0.27
8.69	40.0	60.0	0.27
8.84	30.0	70.0	0.28
8.98	20.0	80.0	0.29
9.11	10.0	90.0	0.30

（三）无菌度的保持

滴眼剂为多剂量制剂，在使用过程中无法始终保持无菌，因此选用适当的有效的抑菌剂是十分重要的。不但要求抑菌剂有效，还要求作用迅速，在患者两次使用的间隔时间内达到抑菌。能符合这类要求的抑菌剂不多，虽然有机汞类和季铵盐类作用比较迅速，但是要求有一个合适的 pH 范围并须注意配伍禁忌。最好经过筛选来选用适当的抑菌剂。实验的条件要求在 1 小时内能将铜绿假单胞菌及金黄色葡萄球菌杀死，当然可能污染的致病菌不只这两种，但是这两种危害最大，而且铜绿假单胞菌的抗药能力很强，以它作为标准就可以保证安全。用于眼用溶液的抑菌剂要求对眼无刺激，因此适用的品种数量不多，按其化学组成可分下列几类：①有机汞类为常用的抑菌剂，如硝酸苯汞，其有效浓度为 0.002%，0.005%，在 pH6.0~7.5 时作用最强，与氯化钠、碘化物、溴化物等有配伍禁忌。另外还有硫柳汞，稳定性较差。②季铵盐类，如苯扎氯铵、苯扎溴铵、消毒净以及醋酸氯己定等阳离子界面活性剂的抑菌力都很强，也很稳定，但这类化合物的配伍禁忌很多，在 $pH < 5$ 时作用减弱，遇阴离子表面活性剂或阴离子胶体化合物失效。最常用的是苯扎氯铵，其有效浓度为 0.001%~0.002%，对硝酸根离子、碳酸根离子、蛋白银、水杨酸盐、磺胺类的钠盐、荧光素钠、氯霉素等有配伍禁忌。③醇类，常用的三氯叔丁醇在弱酸中作用好，与碱有配伍禁忌，常用浓度 0.35%~0.5%。苯氧乙醇的配伍禁忌很少，但单独用效果不好，对其他类抑菌剂有良好的协同作用，常用浓度为 0.5%。苯氧乙醇对铜绿假单胞菌有特殊的抑菌力，常用浓度为 0.3%~0.6%。④酯类，常用的为羟苯酯类，即尼泊金类，常用的有甲酯、乙酯与丙酯。乙酯单独使用其有效浓度为 0.03%~0.06%，甲酯与丙酯混合用，其浓度分别为 0.16%（甲酯）及 0.02%（丙酯），在弱酸中作用力强，但某些患者感觉有刺激性。⑤酸类，常用的为山梨酸，微溶于水，最低抑菌浓度为 0.01%~0.08%，常用浓度为 0.15%~0.20%，对真菌

有较好的抑菌力，适用于含有聚山梨酯的眼用溶液。

单一的抑菌剂经常因为处方的 pH 不适合，同时由于其与其他成分有配伍禁忌，不能达到速效的目的，尤其是杀灭铜绿假单胞菌，效果不理想。采用复合的抑菌剂可发挥协同作用。

（四）黏度的调整

适当增加滴眼剂的黏度，可以使滴眼剂的刺激性减低，药物在眼内停留时间延长，这两方面都能提高疗效。滴眼剂合适的黏度是 4.0~5.0 cPa·s。常用的增黏剂是甲基纤维素（MC）、聚乙烯醇（PVA）、聚维酮（PVP）、羟丙基甲基纤维素（HPMC）等。甲基纤维素与某些抑菌剂有配伍禁忌，如羟苯酯类、氯化十六烷基吡啶等，但与酚类、有机汞类、苯扎溴铵无禁忌。羧甲基纤维素钠不常用，因其与生物碱盐及醋酸氯己定有配伍禁忌，其他如聚乙烯醇及聚维酮也可选用。

（五）稳定剂、增溶剂、助溶剂等的添加

参见第四章等有关章节，具体情况区别对待。

（六）刺激性实验

按“新药临床前研究指导原则”进行，新的滴眼剂必须进行这项实验。

在解决上述问题的基础上拟订出试制的滴眼剂处方，先试制一小批，观察其溶解度、稳定性、刺激性。如无问题，通过试验证明有效，就可确定处方。

近年来已开发了眼用凝胶制剂，可以显著延长药物的作用时间，提高生物利用度。凝胶中含有高分子聚合物，常用卡波姆，可以增加药液的黏度，具有延长药物作用时间和最适的流变学性质，一般高分子物质含量不高，95%以上是水。临床研究证明，临睡前用 4%盐酸毛果芸香碱的卡波姆凝胶可以降低眼压，维持作用 24 小时，用于治疗青光眼可取得较好的疗效，每天一次可以起到一般眼药水每天 4 次的作用。

例 6–11　氯霉素滴眼液

【处方】氯霉素　2.5g
氯化钠　9.0g
羟苯甲酯　0.23g
羟苯丙酯　0.11g
蒸馏水加至 1000ml

【制法】取蒸馏水适量加热近沸，加入羟苯甲酯、羟苯丙酯搅拌使溶解，加入 60℃左右的蒸馏水，使总量约为 900ml，加入氯霉素搅拌使溶，过滤，自滤器上添加蒸馏水至足量，100℃、30 分钟灭菌，无菌操作精滤至澄明度合格，分装于滴眼瓶中。

【注解】①氯霉素溶解度为 1∶400，0.25%已达饱和，因此溶解时用 60℃的水加速溶解，但温度不宜过高，以免分解。②用氯化钠调节渗透压较硼酸盐缓冲体系稳定性好，且刺激性小。③羟苯酯类在水中溶解度小，溶解速度慢，因此用近沸水溶解，使其能迅速溶解。④有的处方中加入 0.2%的玻璃酸钠，可增加黏性，润滑干涩的眼。

五、滴眼剂的包装

滴眼剂的包装形式很多，应按具体条件选用。药房内配制的洗眼剂，按输液包装处理就可合格。滴眼剂的包装，应以眼外伤的有无为前提，有眼外伤的要严格无菌，不用多剂量包装，包装容量要小，用过一次就废弃。在包装材料上，也要根据具体情况来选择，目前用于滴眼剂包装的材料有玻璃、橡胶和塑料。中性玻璃对药液的影响小，是最好的包装材料，配有滴管的小瓶，可使滴眼剂保存时间较长。塑料瓶包装价廉、不易碎、轻便，但是塑料瓶会吸收或吸附某些药物如抑菌剂，使其浓度降低，不能抑菌，也可能会吸收或吸附某些主药，使含量降低，对于高浓度的药物影响不大。塑料瓶有一定的透气性，不适宜盛装对氧敏感的药物溶液。

学习小结

注射剂是内容丰富、工艺性强、要求非常严格的重要剂型之一。本章首先介绍注射剂的一般概况，其中注射剂的特点和质量要求为重点内容。其次介绍了注射剂组成的3个重要因素，即注射剂的溶剂、注射用原料药物和附加剂、注射剂的容器。只有具备这3个重要因素，才能制备成注射剂。注射剂溶剂重点是注射用水，其次是注射用油。原料药物及附加剂主要掌握常用种类和剂量使用范围要求。容器主要掌握安瓿的种类及其处理原则。在介绍注射剂的制备过程中，应予掌握制备注射剂的工艺流程和步骤。学习并了解注射剂中热原、净化和灭菌，这些内容既是注射剂中的重要内容，也是药剂学中一个重要操作单元。对热原知识的学习主要是了解热原的性质、污染途径和除去方法。输液属大容量注射剂的范畴，但质量要求和工艺过程与一般注射剂不同，主要是熟悉输液的制备流程，种类及质量要求，容器、胶塞的处理。滴眼剂属无菌制剂，其制备过程虽与注射剂基本相同，但也有其特点，为此本章单独介绍，其主要内容包括质量要求，制备方法，渗透压的调节，等张概念。

复习题

1. 注射剂与其他药物制剂相比有哪些特点？注射剂有哪些给药途径？对注射剂的要求是什么？

2. 注射用水、纯化水、制药用水与无菌注射用水有什么区别？对注射用水有哪些质量要求？

3. 热原的组成是什么？对人体有什么危害？热原具有什么性质？热原污染的途径是什么？如何除去热原？

4. 检查热原有哪些法定方法？各自的原理、特点与适用范围是什么？

5. 进行注射剂配制时要注意哪些问题？常见的滤过方式、滤过机制和影响滤过的因素有哪些？

6. 注射剂应检查哪些质量项目，标准是什么？

7. 冷冻干燥的原理是什么？冻干机组的一般组成是什么？什么是最低共熔点？如何测定？冻干的一般过程是什么？

8. 滴眼剂的质量要求是什么？滴眼剂最适的pH范围、渗透压和黏度范围是多少？

9. 滴眼剂处方设计的主要原则是什么？常用的附加剂有哪些不同的种类？滴眼剂中常用的缓冲剂有哪些？常用的抑菌剂有哪些？

（徐群为）

第七章

粉体学简介、散剂、颗粒剂、胶囊剂与丸剂

学习目标

1. 掌握粉体学、密度、空隙率、休止角、临界相对湿度的概念，掌握散剂、颗粒剂、丸剂的概念和特点，掌握胶囊剂的概念、特点和分类方法，硬胶囊和软胶囊的组成、辅料的选择和制备工艺。
2. 熟悉粒径大小和粒子分布的表示方法及粉体的吸湿性和润湿性，熟悉散剂、颗粒剂、丸剂的制备方法及质量检查。
3. 了解粉体学性质测定的方法，粉体学在固体制剂中的应用。

第一节　粉体学简介

一、概　　述

制备散剂、颗粒剂与胶囊剂的原料多为粉体状态。粉体是指固体细小粒子的集合体，它既包括药剂学中的粉末（粒径 < 100μm），又包括颗粒（粒径 > 100μm）。由于组成粉体的每个粒子的大小、粒度分布以及粒子形状不同，使粉体整体的性质发生变化。粉体学（micromeritics）是研究粉体的基本性质及其应用的科学。粉体学应用于制剂工业已有40余年的历史，为固体制剂的处方设计、生产过程、质量控制以及产品包装等提供了重要的理论依据和技术方法。

药品中含有固体药物的剂型在制备的单元操作中都与粉体性质紧密相关。粉体粒子大小、形态与密度影响物料混合的均匀度；粉体的堆密度、流动性影响分剂量的准确性；粉体的可压性影响片剂的成型难易；粉体的润湿性、空隙率、比表面积与固体制剂的崩解、药物溶出有直接关系。

二、粉体的性质

（一）粒子径与粒度分布

组成粉体的单元粒子可以是一个个的结晶粒子，称为一级粒子（primary particle），也可能是由若干个一级粒子相互结合而构成的颗粒，称为二级粒子（second particle）。单个粉体粒子形态有球形、立方形、长方形，但多数为不规则形态，球形和规则形粒子径可通过测直径或特征长度表示，但对不规则粒子，由于粒子径的测定方法不同，表现出的物理意义也不同。

1. 粒子径的表示方法

（1）定方向径（Green diameter）：对形态不规则粒子，全部沿同一方向测定，即以任一方向做粒子的外接平行线，以平行线间的距离长短表示粒径，常用显微镜法测定，见图 7–1a、b。

（2）等价径（equivalent diameter）：用一个具有相同体积或相同投影面积的球体代表形态不规则的粒子，并用此球体的径代表被测粒子的径，用这种方法测得的粒径称为等价径。等价径分为投影面积径（projecting area diameter）与体积等价径（equivalent volume diameter），前者指与粒子的投影面积相同圆的直径，如图 7–1c 所示。一般采用显微镜—标准量板测定：将粉体铺于标准量板上，置显微镜下观察，量板上刻有标准“圆”，目测并估计与粒子投影面积相当的“圆”，得到相应粒子的投影面积径。体积等价径指与被测粒子体积相同的球体直径。用库尔特计数器测定，经处理而换算成球形粒子体积 $V=\pi D^3/6$。

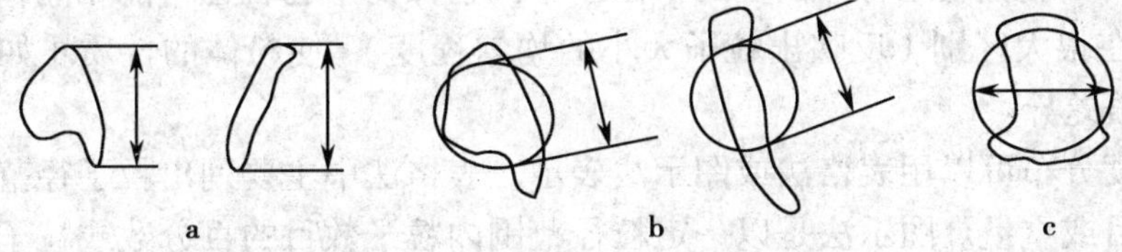

图 7–1 粒子径的表示方法

a. 定方向径；b. 投影面积径；c. 体积等价径

（3）有效径（effective diameter）：相当于在适宜介质中具有相同沉降速度的球形颗粒的直径，由于该粒径可根据 Stocks 方程计算，故又称为 Stocks 径。Stocks 方程见式（7–1）。

$$d=\sqrt{\frac{18\eta}{(\rho_1-\rho_2)\cdot g}\cdot\frac{h}{t}} \tag{7–1}$$

式（7–1）中：ρ_1、ρ_2– 分别表示被测粒子与分散介质的密度；η– 介质的黏度；h– 等速沉降距离；t– 沉降时间。

（4）筛分径（sieving diameter）：又称细孔通过相当径，指粒子通过粗筛网且被截留在细筛网时，粗细筛孔直径的算术或几何平均值。见式（7–2）和式（7–3）。

$$\text{算术平均径 } d=(a+b)/2 \tag{7–2}$$

$$\text{几何平均径 } d=\sqrt{a\cdot b} \tag{7–3}$$

式中：*a*– 粒子通过的粗筛网直径；*b*– 粒子被截留的细筛网直径。

《中国药典》2010 年版所用药筛为国家标准的 R40/3 系列。标准筛用“目”来表示筛孔的大小，“目”是指每英寸（1 英寸等于 2.54cm）长度内所编织筛孔的数目（表 7–1）。

表 7–1 《中国药典》2010 年版用标准药筛

筛号	筛孔内径（平均值）	目号
一号筛	2000μm ± 70μm	10 目
二号筛	850μm ± 29μm	24 目
三号筛	355μm ± 13μm	50 目
四号筛	250μm ± 9.9μm	65 目
五号筛	180μm ± 7.6μm	80 目
六号筛	150μm ± 6.6μm	100 目
七号筛	125μm ± 5.8μm	120 目
八号筛	90μm ± 4.6μm	150 目
九号筛	75μm ± 4.1μm	200 目

2. 粒度分布（particle size distribution） 粉体是由各种粒径范围的粒子所组成，粒径仅用平均粒径或中间粒径代表是有片面性的。由于不同粉体的平均粒径可能相同，但其中的粒子大小分布却存在很大区别（反映出粒子大小的均匀程度），使粉体的性质（如相对密度、流动性等）有显著差异。

粉体的粒度分布可以用表格法或图示法表示。表格法中主要列出粒子径范围和各粒子径范围的粒子数目或重量。图示法是以一定粒径范围内粒子数目的百分数或粒子重量的百分数为纵坐标，粒径范围为横坐标作图，可以直观粒子分布情况，见图 7–2、图 7–3。

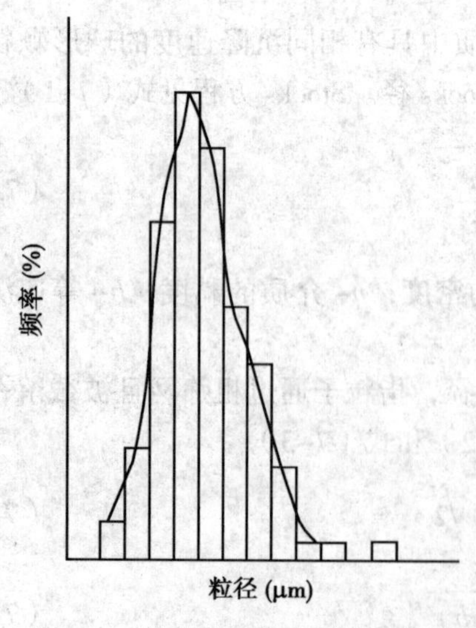

图 7–2 粒度分布直方图和分布曲线

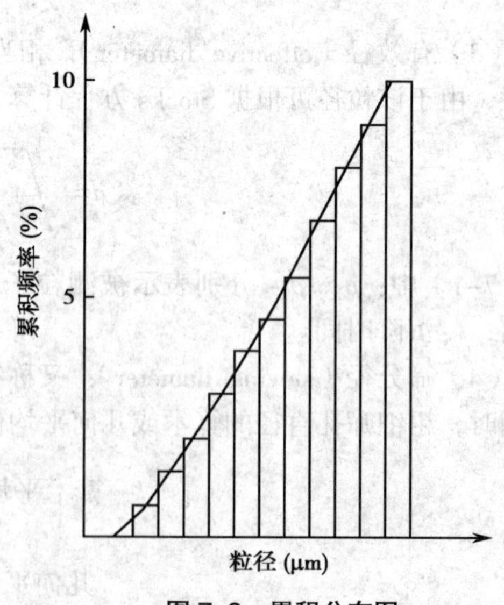

图 7–3 累积分布图

（二）粒子形态

粉体中粒子的形态是多样的，可以粗略地描述为球形（spherical）、片状（platy）、纤维状（fibrous）、针状（ncedle-like）、鳞状（flaky）等。目前常用数学方式较精确地描述粒子的几何形状。

1. 形状指数（shape index）

（1）球形度（degree of sphericility）：表示粒子投影面接近于球体的程度。

$$\varphi=\frac{\text{粒子投影面相当径}}{\text{粒子投影面最小外接圆直径}} \tag{7-4}$$

（2）圆形度（degree of circularity）：表示粒子投影面接近于圆的程度。

$$\varphi_c=\pi d_H/L \tag{7-5}$$

式（7-5）中：d_H- 投影面积圆相当径；L- 粒子的投影周长。

2. 形状系数（shape factor） 表示待测粒子的实际形状偏离理想形态的系数。形状系数愈大，偏离理想形状愈远，形状愈不规则。

以粒径为 d，实际体积为 V，实际面积为 S 的粒子的各形状系数表示如下。

（1）表面积形状系数 ϕ_s（surface shape factor）

$$\phi_s=S/d^2 \tag{7-6}$$

（2）体积形状系数 ϕ_v（volume shape factor）

$$\phi_v=V/d^3 \tag{7-7}$$

（3）比表面积形状系数 ϕ（specific surface volume factor）

$$\phi=\phi_s/\phi_v \tag{7-8}$$

（三）粒子的比表面积（specific surface area）

粒子的比表面积表示方法分为体积比表面积和重量比表面积。

1. 体积比表面积　指单位体积粉体的表面积（S_v，cm^2/cm^3）

$$S_v=6/d \tag{7-9}$$

2. 重量比表面积　指单位重量粉体的表面积（S_w，cm^2/g）

$$S_w=6/d\rho \tag{7-10}$$

式（7-9）和式（7-10）中：d- 粒子径；ρ- 粉体的粒密度。

由于大多粉体的粒子有裂缝或孔隙，有的粒子表面粗糙，因此，粉体的真正比表面积既应包括其外表面积，也应包括粒子裂缝及孔隙中的内表面积。常用的测定法有气体吸附法和气体透过法。

（四）粉体的密度与孔隙率（density and porosity）

1. 粉体的密度　指单位体积粉体的质量。如前所述，由于粉体粒子内部和粒子间存在裂缝、空隙和孔隙，因此，测定粉体体积的方法不同，表示出的密度含义也不相同。

（1）真密度（true density）：指粉体质量（W）除以真实体积（V_t，不包括粒子内外空隙）之值。

$$\rho_t=W/V_t \tag{7-11}$$

（2）粒密度（granule density）：指粉体质量（W）除以包括开口与封闭细孔在内的粒子体积（V_g）所得的密度。

$$\rho_g=W/V_g \tag{7-12}$$

（3）堆密度（bulk density）：指粉体质量（W）除以该粉体所占容积的体积（V）求得的密度。

$$\rho_b=W/V \tag{7-13}$$

测定堆密度时，可将粉体装入量筒中，并经多次振动直至体积不再变化，此时测定体积而求得的密度又称为振实密度。一些药物与辅料的堆密度、真密度见表 7-2。

表 7-2 一些药物与辅料的堆密度、真密度

药物名称	堆密度	真密度
重质碳酸镁	0.39	3.0[b]
轻质碳酸镁	0.07	3.0[b]
苯巴比妥	0.34	1.3[a]
磺胺噻唑	0.33	1.5[a]
滑石粉	0.48	2.7[b]

注：[a] 为氦置换法测得；[b] 为液体置换法求得

2. 粉体的孔隙率 指粉体粒子间的空隙和粒子本身孔隙所占的总体积与粉体总体积之比值。

$$E_T=1-V_p/V_b \tag{7-14}$$

式（7-14）中：E_T- 粉体的总空隙率；V_b- 粉体的总体积；V_p- 粉体粒子的体积。

粉体的孔隙率与粒子形态、表面状态、粒子的大小及分布等密切相关，是对粉体的加工性质及其制剂质量有较大影响的参数。

（五）粉体的流动性（fluidity）

粉体的流动性与粒子的形状、大小、表面状态、孔隙率、含湿量以及粒子间摩擦力等因素有关。粉体的流动性对散剂的分包，颗粒剂、胶囊剂与片剂的重量差异，以及正常的生产操作影响较大。评价与测定粉体流动性的常用方法有休止角和流出速度的测定。

1. 休止角（angle of repose） 当粒子在粉体堆积层的自由斜面上滑动时，同时受到重力和粒子间摩擦力的作用，当这些力达到平衡时处于静止状态。堆的斜边与水平线的夹角即休止角，用 θ 表示。休止角可以直接测定，见图 7-4，也可以测定粉体层的高度和圆盘半径后计算而得，由式（7–15）求得。

$$\tan\theta = h/r \quad (7\text{–}15)$$

式（7–15）中：h– 堆高；r– 堆底半径。

一般认为：$\theta \leqslant 30°$，粉体流动性好；$30°<\theta \leqslant 40°$ 流动性较好；$\theta>40°$，流动性差。

2. 流出速度（flow rate） 指粉体通过一定孔径流出的速度。测定方法如图 7–5。流出速度快，流动性好，反之流动性差。

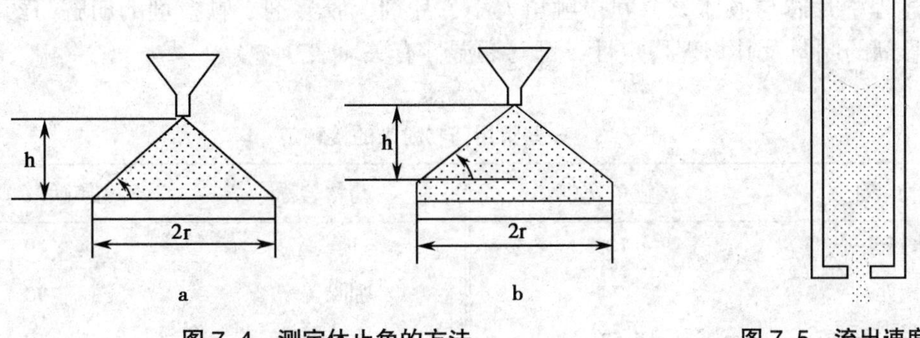

图 7–4　测定休止角的方法

a. 固定漏斗法；b. 固定圆锥底法

图 7–5　流出速度测定

（六）粉体的润湿性与吸湿性

1. 润湿性（wetting） 是指固体界面由固 – 气界面变成固 – 液界面的现象。

（1）粉体的润湿：当一滴液体置于固体表面上并达到平衡时，可能会出现图 7–6 所示的情况，液滴在固液接触边缘的切线与固体平面之间的这个夹角称接触角（θ）。当液滴在固体表面铺成薄层时，θ=0°，称为完全润湿；液滴在固体表面呈一完整的球形，θ=180°，称为完全不润湿；$0°<\theta<90°$，称为可以润湿；$90°<\theta<180°$，称为不能润湿。

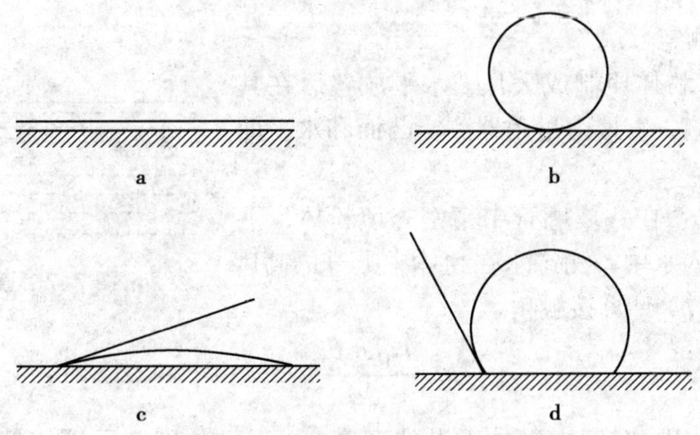

图 7–6　液滴在固体表面的形状

a. θ=0°；b. θ=180°；c. $0°<\theta<90°$；d. $90°<\theta<180°$

若将固体粉末置于液体中，固 – 液之间一样存在接触角。固体的润湿性也可以用接触角 θ 来表示，它与固（s）、液（l）、气（g）三相的界面张力有如下关系（Young's 方程）:

$$\sigma_{s/g}=\sigma_{s/l}+\sigma_{l/g}\cdot\cos\theta \quad (7\text{–}16)$$

式（7–16）中：$\sigma_{s/g}$– 固 – 气界面张力；$\sigma_{s/l}$– 固 – 液界面张力；$\sigma_{l/g}$– 液 – 气界面张力；θ–接触角。

对于液体，固体极性愈大，接触角愈小；对于固体，液体表面张力愈低，则接触角愈小。表面活性剂由于能降低液体的表面张力而使接触角减小。

粉体的润湿在制剂生产中有着十分重要的意义。如药物粉末与润湿剂、液体黏合剂、软材，包衣过程中片芯与液体衣料间接触角大小，片剂、胶囊剂、颗粒剂的崩解与药物溶出，尤其是混悬剂的制备及其物理稳定性，都与润湿性有关（表 7–3）。

表 7–3　一些常用药物粉末的接触角

药物名称	接触角 θ（°）	药物名称	接触角 θ（°）
水杨酸	103	地高辛	49
阿司匹林	74	吲哚美辛	90
对氨基水杨酸	57	异烟肼	49
氨苄西林（无水物）	35	泼尼松	63
氨苄西林三水化物	21	泼尼松龙	43
巴比妥	70	磺胺嘧啶	71
异戊巴比妥	102	磺胺甲基嘧啶	58
苯巴比妥	70	茶碱	48
咖啡因	43	甲苯磺丁脲	72
地西泮	83		

（2）接触角的测定方法

1）直接法：将粉体压制成大片，水平放置后在其表面中心轻轻滴液滴，直接由量角器测定凸面和水平面的夹角（图 7–7）。

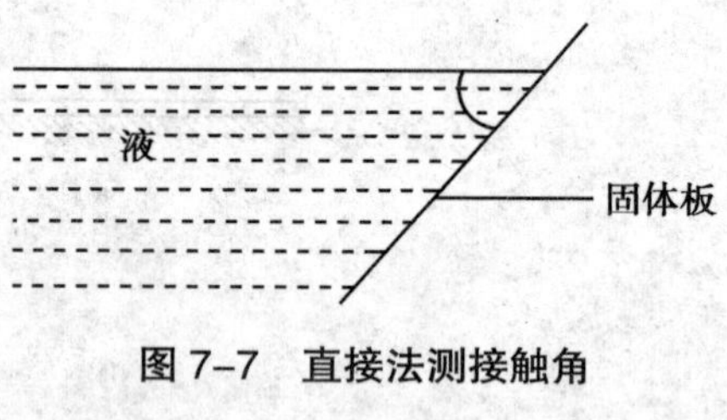

图 7–7　直接法测接触角

2）管式透过法：在一玻璃管中精密充填粉体，下端用滤纸封口后浸入水中，测定水在粉体中上升的高度与时间，由式（7–17）计算接触角。

$$h^2=\frac{r\gamma_L\cos\theta}{2\eta}\cdot t \quad (7\text{–}17)$$

式（7–17）中：h–t 时间内液体上升的高度；$\gamma_L \cdot \eta$– 分别表示液体的表面张力与黏度；r– 粉体层内毛细管半径。

2. 吸湿性（moisture absorption） 是指固体表面吸附水分的现象。

固体药物置于空气中或在密封不严的情况下，容易吸附一些水分子。当空气中的水蒸气分压大于固体药物中水分产生的饱和水蒸气压时，药物则会吸附大量的水分子而发生潮解；

当空气中的水蒸气分压小于药物本身水分产生的饱和水蒸气压时，药物则全部或部分失去结晶水，即发生风化。药物的吸湿、潮解和风化能力取决于药物的性质，图 7-8 和图 7-9 分别代表水溶性药物和水不溶性药物的吸湿平衡曲线，看出二者差异很大。粉体药物的吸湿性致使其流动性下降，固结甚至液化，影响到粉体的物理和化学稳定性。

（1）水溶性药物的吸湿：水溶性药物一般在较低的相对湿度下不吸湿，但当相对湿度增加到某一定值时，水溶性药物的吸湿量迅速增加，此时的相对湿度称为临界相对湿度（critical relative humidity，CRH）。CRH 为水溶性药物的特征值，其值愈大，愈不易吸湿，反之则易吸湿。

在复方制剂中，水溶性物质的混合物吸湿性更强，根据 Elder 假说："混合物的临界相对湿度大约等于各个药物的临界相对湿度的乘积。"即：

$$CRH_{AB}=CRH_{A}\cdot CRH_{B} \tag{7-18}$$

式（7-18）中：$CRH_{A}\cdot CRH_{B}$- 分别表示 A 物质与 B 物质的临界相对湿度；CRH_{AB}-A、B 物质混合物的临界相对湿度。

式（7-18）表明混合物的临界相对湿度低于其中任何一个组分的临界相对湿度，因此更易吸湿，一些常见药物的 CRH 值列于表 7-4。

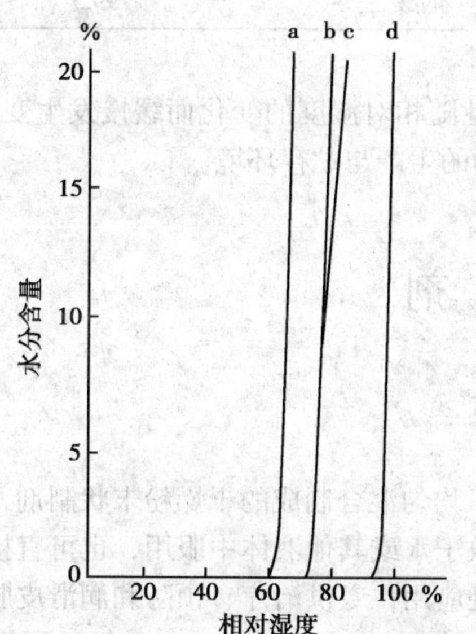

图 7-8　水溶性药物的吸湿平衡曲线

a. 尿素；b. 枸橼酸；c. 酒石酸；d. 对氨基水杨酸钠

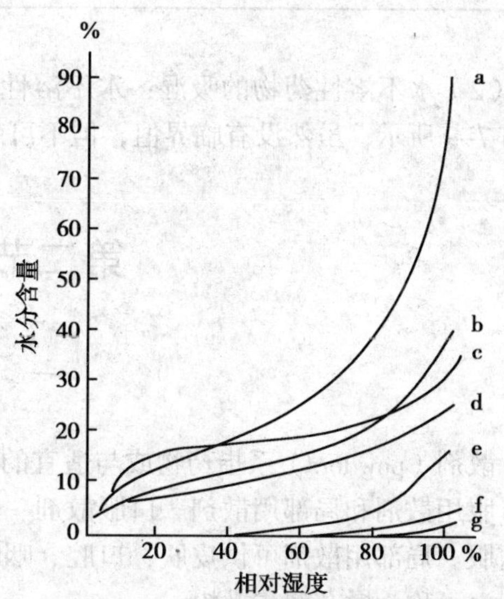

图 7-9　水不溶性药物的吸湿平衡曲线

a. 合成硅酸铝；b. 淀粉；c. 硅酸镁；d. 天然硅酸铝；e. 氧化镁；f. 白陶土；g. 滑石粉

表 7-4　部分水溶性药物的临界相对湿度（37℃）

药物名称	CRH 值（%）	药物名称	CRH 值（%）
果糖	53.5	枸橼酸钠	84
溴化物（二分子结晶水）	53.7	氯化钾	82.3

续表

药物名称	CRH 值（%）	药物名称	CRH 值（%）
盐酸毛果芸香碱	59	蔗糖	84.5
硫代硫酸钠	65	米格来宁	86
重酒石酸胆碱	63	硫酸镁	86.6
尿素	69	安乃近	87
枸橼酸	70	苯甲酸钠	88
苯甲酸钠咖啡因	71	对氨基水杨酸钠	88
抗坏血酸钠	71	盐酸硫胺	88
酒石酸	74	氨茶碱	92
氯化钠	75.1	安替比林	94.8
盐酸苯海拉明	77	葡醛内酯	95
水杨酸钠	78	半乳糖	95.5
乌洛托品	78	维生素 C	96
葡萄糖	82	烟酸	99.5

（2）水不溶性药物的吸湿：水不溶性药物的吸湿性随相对湿度的变化而缓慢发生变化，如图 7–9 所示，虽然没有临界值，但不可忽视此类药物的生产与贮存环境。

第二节　散　　剂

一、概　　述

散剂（powders）系指药物或与适宜的辅料经粉碎、均匀混合制成的干燥粉末状制剂，分为口服用散剂和局部用散剂。口服散剂一般溶于或分散于水或其他液体中服用，也可直接用水送服。局部用散剂可供皮肤、口腔、咽喉、腔道等处应用；专供治疗、预防和润滑皮肤的散剂也可称为撒布剂或撒粉。

供制散剂的组分均应粉碎成细粉。除另有规定外，口服散剂能通过六号筛的细粉量应不少于 95%（150μm，100 目）；局部用散剂能通过七号筛的细粉量不少于 95%（125μm，120 目）。

散剂具有以下特点：①粉粒粒径小，比表面积大，药物溶解、吸收迅速，起效快；②易于分散，外用覆盖面积大，起到保护、吸收分泌物和收敛作用；③剂量可调整，尤其适合小儿和老人服用；④制法简单，包装、运输、贮存、携带方便。

由于药物经粉碎后比表面积增大，其臭味、刺激性及化学活性等相应增加，某些挥发性成分易散失，故刺激性强，遇光、热、湿不稳定的药物一般不宜制成散剂。

二、散剂的制备

散剂的制备过程一般按下面流程进行（图 7–10）。

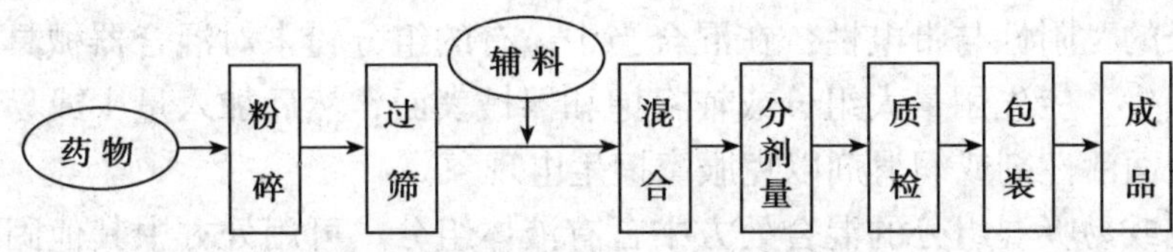

图 7–10 散剂制备工艺流程

（一）粉碎与筛分

1. 粉碎（crushing） 是将大块物料借助机械力破碎成适宜大小的颗粒及粉末的过程。制备散剂用的固体原辅料，除细度已达到规定要求外，均需进行粉碎。其目的是减小药物粒径，增加药物的比表面积，促进药物的溶解吸收，提高制剂生物利用度；改善粉末流动性，保证不同药物粉末混合的均匀性；减少外用时因颗粒大而带来的刺激性。

2. 筛分（sieving） 是借助筛网孔径将不同粒度的物料进行分离的操作。筛分目的是获得较均匀的粒子群，这对药物的混合度、流动性、充填性有明显的影响。《中国药典》2010年版除对药筛分等（见表 7–1）规定外，还规定了粉末的分等要求，见表 7–5。

表 7–5 粉末分等

粉末细度	规定
最粗粉	指能全部通过一号筛，但混有能通过三号筛不超过 20% 的粉末
粗粉	指能全部通过二号筛，但混有能通过四号筛不超过 40% 的粉末
中粉	指能全部通过四号筛，但混有能通过五号筛不超过 60% 的粉末
细粉	指能全部通过五号筛，并含能通过六号筛不少于 95% 的粉末
最细粉	指能全部通过六号筛，并含能通过七号筛不少于 95% 的粉末
极细粉	指能全部通过八号筛，并含能通过九号筛不少于 95% 的粉末

（二）称量与混合

按处方量将各组分准确称量，然后进行混合的操作，目的是使处方中各组分的含量均匀，以保证各制剂的含量符合要求。

混合的原则及注意事项如下。

（1）各组分的比例：组分间比例相差过大时，不易混合均匀，此时应采用等量递加混合法（又称配研法）进行混合，即先将量小的药物研细，再加入等体积的量大细粉混合，如此倍量增加直至全部混匀。

“倍散”是在小剂量的剧毒药中加入一定量的稀释剂，经配研法混合制成的稀释散。一般剂量在 0.01~0.1g，可配成十倍散（即以 9 份稀释剂与 1 份药物细粉混合）；0.01~0.001g 配成百倍散；0.001g 以下配成千倍散。配制倍散常用的稀释剂有糖粉、乳糖、淀粉、糊精、沉降碳酸钙、白陶土、磷酸钙等。为了便于观察混合是否均匀，可以酌加胭脂红、亚甲蓝等着色剂。

（2）各组分的密度：各组分的密度差异较大时，由于密度小者易上浮，密度大者易下沉而不能混匀。操作时应先将密度小的组分置于容器中，再加密度大者进行混合。

（3）各组分的黏附性与带电性：在混合当中，有的组分粉末对混合器械具有黏附性，影响混合且造成损失，应先用量大组分或辅料饱和器械表面，然后加入量少或易被吸附者；混合时加入少量表面活性剂或润滑剂以克服摩擦生电现象。

（4）含液体或易吸湿组分的混合处方中含有液体组分，可用处方中其他固体组分或吸收剂吸收至不润湿为度。常用的吸收剂有磷酸钙、白陶土、蔗糖、葡萄糖等；含有结晶水的组分（硫酸钠和硫酸镁结晶）在研磨时因出水而湿润，可用等摩尔无水物代替；吸湿性强的组分（氯化铵），应在其临界相对湿度以下迅速混合并密封防潮；因混合而吸湿性增强的组分（如对氨基苯甲酸钠与苯甲酸钠，单独存在时不吸湿，但两者混合则吸湿）应分别包装。

（5）低共熔现象：有些组分药物混合时熔点降低，如果熔点降低至室温则易出现润湿或液化现象。低共熔现象的发生与药物自身及混合比例量有关，润湿或液化的程度取决于混合物的组成及温度。可根据共熔后对药理作用及临床疗效的影响，采取相应的解决措施。

（三）分剂量

分剂量是将混合均匀的物料按剂量要求进行分装的过程。分剂量的方式分重量法和容量法，重量法准确，适合于含有细料和毒剧药物的散剂；容量法分剂量快捷，可实现工业化连续生产，但散剂的物理性质（密度、流动性等）以及操作速度均能影响其准确性。

（四）包装与贮存

散剂的比表面积大，容易被氧化；环境湿度过高，散剂易吸湿、潮解、结块、霉变等。因此，散剂的包装应注意防潮与密封，贮存于阴凉干燥处，避免高温和光照。

三、散剂的质量检查及举例

（一）外观

应干燥、疏松、混合均匀、色泽一致。

（二）粒度

取供试品 10g，精密称定，置七号筛。照《中国药典》2010 年版粒度和粒度分布测定法（附录Ⅸ E 第二法单筛分法）检查，精密称定通过筛网的粉末重量，应不低于 95%。

（三）外观均匀度

取供试品适量，置光滑纸上，平铺约 5cm²，将其表面压平，在亮处观察，应色泽均匀，无花纹与色斑。

（四）干燥失重

除另有规定外，取供试品，照《中国药典》2010 年版干燥失重测定法（附录Ⅷ L）测定，在 105℃干燥至恒重，减失重量不得过 2.0%。

（五）装量差异

取单剂量包装的散剂 10 包（瓶），除去包装，分别精密称取每包（瓶）内容物的重量，求出内容物的装量与平均装量。装量差异限度应符合表 7–6 的规定。

表 7–6　散剂装量差异限度

平均装量或标示装量	装量差异限度
0.1g 及 0.1g 以下	± 15%
0.1g 以上至 0.5g	± 10%
0.5g 以上至 1.5g	± 8%
1.5g 以上至 6.0g	± 7%
6.0g 以上	± 5%

凡规定检查含量均匀度的散剂，一般不再进行装量差异的检查。

（六）无菌

用于烧伤或创伤的局部用散剂，照《中国药典》2010 年版微生物限度检查法（附录Ⅺ J）检查，应符合规定。

例 7–1　痱子粉

【处方】 薄荷脑 6g　　　樟脑 6g
氧化锌 120g　　　硼酸 150g
滑石粉 718g　　　制成 1000g

【制备】 取薄荷脑、樟脑研磨使液化，加适量滑石粉充分研匀，依次加入氧化锌、硼酸及剩余的滑石粉，研匀，过 120 目筛，混匀，即得。

【注解】 本品有吸湿、止痒及收敛作用，适用于汗疹、痱子等。将患部洗净，撒布适量。

例 7–2　复方颠茄散

【处方】 颠茄浸膏 10g　　　碳酸氢钠 300g
淀粉 90g　　　制成 1000 包

【制备】 取颠茄浸膏加适量乙醇研匀，再分次加入淀粉研匀，自然干燥或于 50℃以下烘干，过 100 目筛，与等量碳酸氢钠混合，再加入剩余量碳酸氢钠混合均匀，分包，即得。

【注解】 本品具制酸、镇痛作用，用于胃肠痉挛引起的疼痛。常用量口服一次 1~2 包；极量口服一次 5 包。

第三节　颗　粒　剂

一、概　述

颗粒剂（granules）系指药物与适宜的辅料制成具有一定粒度的干燥颗粒状制剂。

颗粒剂可分为可溶性颗粒（通称为颗粒）、混悬颗粒、泡腾颗粒、肠溶颗粒、缓释颗粒和控释颗粒等。供口服用。

与散剂比较，颗粒剂具有以下优点：①飞散性、附着性、聚结性、吸湿性均较小；②根据需要可制成色、香、味俱全的颗粒剂，服用方便；③加入附加剂、或对颗粒进行包衣，使颗粒具有泡腾性、防潮性、缓控释性及肠溶性。由于颗粒剂粒度范围较大，在混合与分剂量时易产生分层现象，导致剂量不准确。

二、颗粒剂的制备

颗粒剂的制备流程如下（图 7-11）。

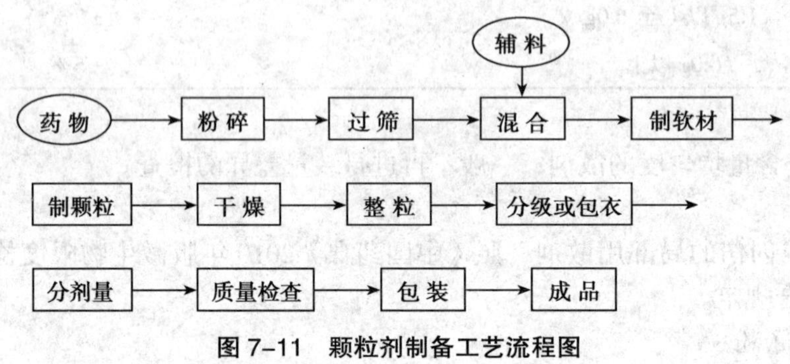

图 7-11　颗粒剂制备工艺流程图

（一）制软材

将药物与辅料（淀粉、糊精、乳糖、蔗糖等）、必要时加入崩解剂（淀粉、纤维素的衍生物等）充分混合，加入润湿剂或黏合剂制软材。制软材按片剂中湿法制颗粒法的技术操作。

（二）制湿颗粒

用机械挤压的方式使软材通过具有一定大小的筛孔而制粒，即常用的挤出制粒法。近年来研发出许多新的制粒设备，应用较广的是流化床制粒设备与方法。该设备可以一次完成物料的混合、制粒、干燥过程，称之为“一步制粒”。

（三）颗粒的干燥

喷雾或流化床制粒可以直接得到干燥颗粒。而其他方法制得的颗粒须用适宜的方法加以干燥，以尽快除去水分，防止颗粒受压与结块，常用设备有厢式干燥器、流化床干燥器等。

（四）整粒与分级湿颗粒

在干燥过程中，常出现颗粒间的粘连甚至结块，以厢式干燥法最为严重。通过对干颗粒进行整粒，使已粘连、结块的颗粒分开，并用一、五号筛进行分级，除去不符合规定的粉末与粒子，得到大小均匀的颗粒。对需要包衣的颗粒采用薄膜包衣法，使颗粒达到稳定，缓控释或肠溶目的。

（五）分剂量

是将颗粒按剂量要求进行分装的过程，机械化生产多用容量法分剂量。为了保证剂量的准确性，应使颗粒均匀一致，流动性好，控制工作间的相对湿度与温度，避免其吸湿。

三、颗粒剂的质量检查及其包装贮存

颗粒剂的质量检查，除检查药物含量外，《中国药典》2010 年版还规定了粒度、干燥失重、溶化性、装量差异等检查项目。

（一）外观

干燥，颗粒均匀，色泽一致，无吸潮、结块、潮解等现象。

（二）粒度

除另有规定外，照《中国药典》2010年版粒度和粒度分布测定法（附录Ⅸ E第二法双筛分法）检查，不能通过一号筛与能通过五号筛的总和不得超过供试量的15%。

（三）干燥失重

除另有规定外，照《中国药典》2010年版干燥失重测定法（附录Ⅷ L）测定，于105℃干燥至恒重，含糖颗粒应在80℃减压干燥，减失重量不得超过2.0%。

（四）溶化性

可溶性颗粒应取供试品10g，加热水200ml，搅拌5分钟，可溶颗粒应全部溶化或轻微混浊，但不得有异物；泡腾颗粒应取单剂量包装的颗粒6袋，分别置盛有200ml水的烧杯中，水温为15~25℃，应迅速产生气体而成泡腾状，5分钟内6袋颗粒均应完全分散或溶解在水中。

混悬颗粒或已规定检查溶出度或释放度的颗粒剂，可不进行溶化性检查。

（五）装量差异

单剂量包装的颗粒剂，其装量差异检查方法参照《中国药典》2010年版，并应符合表7-7的规定。

表7-7　颗粒剂装量差异限度

平均装量或标示装量	装量差异限度
1.0g及1.0g以下	±10%
1.0g以上至1.5g	±8%
1.5g以上至6.0g	±7%
6.0g以上	±5%

四、颗粒剂举例

例7-3　复合维生素B颗粒

【处方】盐酸硫胺1.20g　　核黄素0.24g
盐酸吡多辛0.36g　　烟酰胺1.20g
泛酸钙0.24g　　枸橼酸2.0g
蔗糖粉995g　　制成1000g

【制备】将核黄素分次用蔗糖粉稀释后混合，再加入盐酸硫胺、烟酰胺混合均匀；将盐酸吡多辛、泛酸钙、枸橼酸溶于适量蒸馏水中，加入上述药粉中制软材，过16目筛制粒，湿颗粒于60~65℃干燥，干颗粒过16目筛整粒，再经五号筛除细粉，分装，检查，包装。

【注解】用于营养不良，厌食、脚气病及因缺乏维生素B所致的各种疾患的辅助治疗。

开水冲服，一日2次，一次1包。

例7–4 感冒退热颗粒

【处方】大青叶435g　　板蓝根435g

连翘217g　　拳参217g

【制备】以上4味，加水煎煮2次，每次加10倍量水、各煎1.5小时，合并煎液，滤过，滤液浓缩至相对密度约为1.08（60℃）的清膏，冷至室温，加乙醇使含醇量达60%，静置，取上清液浓缩至相对密度为1.30~1.32（60℃）的稠膏，加蔗糖粉、糊精及适量乙醇制软材，14目筛制颗粒，湿颗粒于50℃干燥（约1000g），干颗粒过14目筛整粒，再过五号筛除细粉，分装，检查，包装，即得。或取上清液浓缩成相对密度为1.09~1.11（60℃）的清膏，加糊精、甜菊素适量，混匀，喷雾干燥（约250g），用一号筛、五号筛选粒，分装，检查，包装，即得无糖颗粒。

【注解】清热解毒，疏风解表。用于上呼吸道感染，急性扁桃体炎、咽喉炎等属外感风热、热毒壅盛证，症见发热、咽喉肿痛。开水冲服。一次1~2包，一日3次。

第四节 胶囊剂

一、概述

（一）胶囊剂的定义与特点

胶囊剂（capsules）系指将药物或有辅料充填于空心胶囊或密封于软质囊材中的固体制剂。

胶囊剂具有以下特点：①药物盛装于胶囊壳中能掩盖药物的不良嗅味，提高药物稳定性。②药物起效快。药物是以粉末或颗粒状态充填于胶囊中，与片剂、丸剂比较，制备时不受黏合剂和机械压力影响，在胃肠道中崩解、释药迅速，吸收好。③液状药物制成固体剂型，油类或液态药物充填于软质胶囊中形成固体制剂，服用、携带方便。④可延缓或定位释药。将药物颗粒用不溶性高分子膜材料包裹（膜透过型）或将药物分散在不溶性高分子膜材中（骨架型）装入胶囊，达到缓释长效作用；制成肠溶胶囊使药物定位释放于小肠；多肽类、蛋白质类药物，以及治疗结肠疾患类的药物可以制成结肠靶向胶囊剂。

下列情况不宜制成胶囊剂：①药物的水溶液或乙醇溶液，因能使胶囊壁溶化；②易溶性、刺激性药物，胶囊崩解后使局部药物浓度过高而刺激胃黏膜；③易风化、易吸湿的药物，前者可使胶囊壁软化，后者使胶囊壁干燥脆裂。

（二）胶囊剂的分类

胶囊剂主要分为硬胶囊、软胶囊和肠溶胶囊，多供口服用。

1. 硬胶囊（hard capsules）系将药物或加适宜辅料制成均匀粉末或颗粒充填于空心胶囊中的胶囊剂。

2. 软胶囊（soft capsules）系将一定量的液体药物，或将固体药物溶解或分散在适宜赋形剂，再密封于球形或椭圆形的软质囊材中的胶囊剂。

3. 肠溶胶囊（enteric capsules）系将硬胶囊或软胶囊用适宜的肠溶材料制备而得，或药物经肠溶材料包裹后充填于胶囊而制备的胶囊剂。

另外还有缓释胶囊（sustained-release capsules）、控释胶囊（controlled-release capsules）、结肠靶向胶囊（colon-targeted capsules）。这些胶囊剂或是药物经分散在载体材料中，或被包裹在高分子聚合物膜内，或是将药物用 pH 依赖性高分子处理后装入普通空心胶囊内，起到缓释、控释和靶向给药的临床效果。

二、胶囊剂的制备

（一）硬胶囊剂的制备

硬胶囊剂的制备工艺流程如图 7-12 所示。

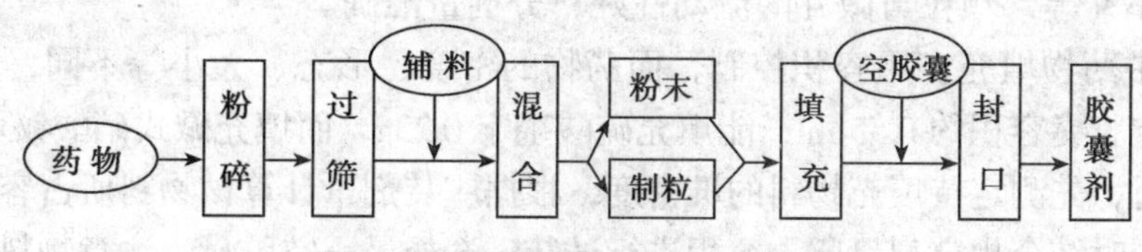

图 7-12　硬胶囊剂制备工艺流程

1. 空胶囊的制备

（1）空胶囊的组成：明胶是制备空胶囊的主要材料，为动物的皮、骨经水解而制得。用酸法水解制得的明胶称为 A 型明胶，其等电点 pH7~9；用碱法水解制得的明胶称为 B 型明胶，其等电点 pH4.7~5.2。以骨骼为原材料制成的明胶，质地坚硬，性脆，透明度差；以猪皮为原料制得者，可塑性与透明度均好，目前多用骨、皮混合胶。明胶的冻力强度与黏度是影响空胶囊质量的主要参数，冻力强度可反映胶的坚固度或拉力，质量越纯，分子量越大，含水解产物越少，其冻力强度越高，所制成的空胶囊有较坚固的拉力与弹性。明胶分子量愈大，黏度愈大，一般明胶的黏度控制在 4.3~4.7mPa·S，黏度过大，制得的空胶囊厚薄不均，表面不光滑；黏度过小，干燥需时间长，壳薄而易破损。

为增加空胶囊的可塑性，常加入甘油、山梨醇、纤维素衍生物（CMC-Na、HPC）、天然胶等增塑剂；加入食用着色剂具有使产品美观、易于识别、保护光敏药物的作用。加入水溶性色素空胶囊呈透明状，也可加二氧化钛、硫酸钡或沉降碳酸钙等遮光剂；十二烷基硫酸钠可使胶液表面张力降低，膜柱湿润均匀，空胶囊厚度适中，并可增加光泽度。硅油可改善空胶囊的机械强度、抗湿性与抗酶作用，防腐剂多使用尼泊金类。

（2）空胶囊的制备：空心胶囊的生产经溶胶、蘸胶、干燥、拨壳、切割及整理 6 道工序，由自动化生产线来完成。生产环境的温度应为 10~25℃，相对湿度为 35%~45%，空气净化度 10 000 级。空胶囊可用 10% 环氧乙烷与 90% 卤烃的混合气体进行灭菌，并用食用油墨在其表面印字。

（3）空胶囊的规格和质量要求：空胶囊的规格共有 8 种。常用的为 0~5 号，号数由小到大，容积则由大到小，如表 7-8 所示。

表 7-8 空胶囊的号数与容积

空胶囊号数	0	1	2	3	4	5
容积（ml）	0.75	0.55	0.40	0.30	0.25	0.15

空胶囊呈圆筒状，系由帽和体两节套合。囊体应光洁、色泽均匀、切口平整、无变形、无异臭。松紧度、脆碎度、崩解时限（10 分钟内全部溶化或崩解）应符合规定。贮存环境不宜超过 37℃，相对湿度不超过 50%，即应密闭，置阴凉干燥处保存。

2. 内容物、填充与生产设备

（1）内容物与填充：硬胶囊剂的内容物可以是粒度大小均匀的粉末，流动性差的可以加适量润滑剂、助流剂、稀释剂，常用的有微粉硅胶、硬脂酸镁、滑石粉、二氧化硅、干燥淀粉、微晶纤维素、蔗糖粉等；也可以填充药物与辅料制成的颗粒、普通小丸、速释小丸、缓释小丸、控释小丸等，颗粒与微丸的流动性好，分剂量准确。

硬胶囊剂中药物填充多用容积控制，而药物的密度、形态、大小等不同，所占容积差异很大，如 1 号空胶囊容积约 0.55 ml，能填充硫酸奎宁 0.23g，而填充碱式硝酸铋可达 0.65g。选择空胶囊规格时，先测定待填充物料的堆密度，根据应装剂量计算该物料所占容积，以确定空胶囊的大小，同时结合规定剂量所占容积进行试装，选择最小空胶囊，注意物料填充的松紧度应适中。药物填充完毕，即套胶囊帽，目前多使用锁口式胶囊，密闭性良好，不必封口；使用非锁口式胶囊时，封口常用材料是与制备空胶囊时相同浓度的明胶液（明胶 20%、水 40%、乙醇 40%）；也可将加热金属棒压于囊帽，使囊帽与囊身融合，即点封；或用锁口胶囊卡封。

（2）填充设备：生产用硬胶囊填充机有 MG2 插管式连续填充机，圆盘冲换式间歇填充机，Accofil 真空吸管式连续填充机等，设备可归纳为 a、b、c、d 四种类型，如图 7-13 所示。

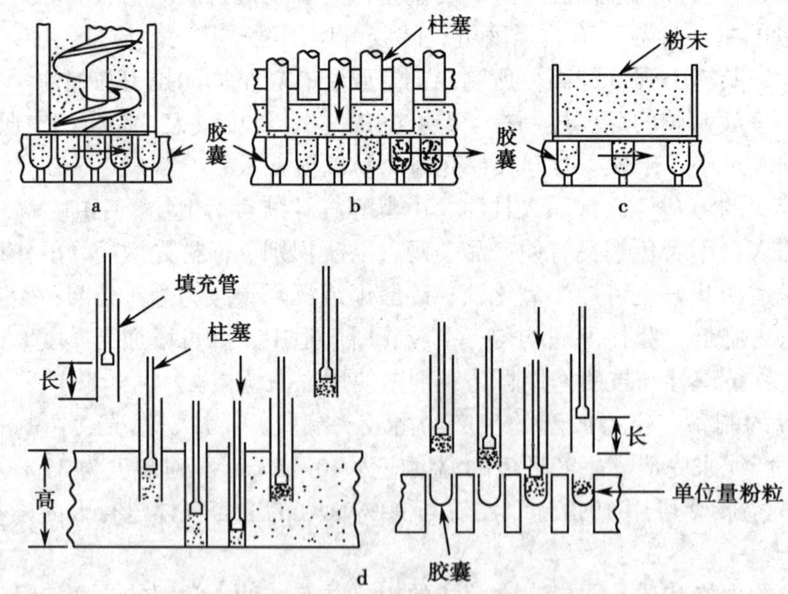

图 7-13 硬胶囊药物填充机类型

a、b 型是螺丝钻、柱塞上下运动式填充，适合于不易分层、复方组分或流动性较差的物料；c 型是自由流入式填充，适合颗粒状、流动性好的物料；d 型是预制后填充，适合于聚集性强的针状结晶或易吸湿的物料，如阿司匹林加微晶纤维素后制成小丸，再填充于空胶囊中

（二）软胶囊剂的制备

1. 囊壳的组成　软胶囊囊壳具有弹性与可塑性，囊壳主要含明胶、增塑剂、防腐剂、遮光剂和色素等成分。囊壳弹性与干明胶、增塑剂（甘油、山梨醇或二者的混合物）、水的重量比例有关，干明胶：甘油：水以1：（0.4~0.6）：1为宜。对引湿性强的药物应采用冻力强度高、黏度小的明胶液。

2. 内容物的性状与要求

（1）软胶囊中可以填装各种油类以及对明胶无溶解作用的液体药物及药物溶液，液体药物含水量不应超过5%。

（2）可填装药物混悬液，少数为固体物。当药物混悬在与水混溶的介质中时，可在胃中迅速分散，吸收面积大；当药物混悬在油性介质中时，因药物被油性介质包裹，药物的溶出可能会受到影响。混悬液常用的分散介质有PEG400或植物油，在油状介质中通常需加入10%~30%的油蜡混合物作助悬剂，确保在填装软胶囊时药物的均匀分散状态，使剂量准确。油蜡混合物组成为氢化植物油1份、蜂蜡1份，熔点为33~38℃的短链植物油4份；以PEG400作分散介质，可用1%~15% PEG4000~6000为助悬剂，常加入5%~10%甘油或丙二醇改善对囊壁的硬化作用。为提高生物利用度，使药物能均匀地分散在介质中，需将药物粉碎（小于100μm），并在填装前用胶体磨研匀。

（3）含低分子量的水溶性和挥发性的有机化合物（如乙醇、酸、胺以及酯等），均能使囊壁软化或溶解，醛类可使明胶变性；乳剂与囊壁接触后因失水而使乳剂破裂，囊壁变软。因此，上述情况不宜制成软胶囊剂。

（4）由于酸性液体内容物会使明胶水解而泄漏，碱性液体能使囊壳溶解度降低，因此pH控制在2.5~7.0为宜。

3. 软胶囊剂的制备方法分为滴制法和压制法两种。

（1）滴制法：系将明胶溶液与油状药物通过滴丸机（图7–14）的喷头，使两种液体按不同速度喷出。明胶液将定量的油状液包裹后，滴入另一不相混溶的冷却液中，明胶液因表面张力而形成球形，并逐渐凝固。

1）胶液的制备：取明胶量1.2倍的蒸馏水及胶水总量25%~30%（夏季酌减）的甘油，水浴加热至70~80℃，混匀，加入明胶搅拌，熔融，保温1~2小时，静置待泡沫上浮，保温过滤，备用。

2）提取或精制药液。

3）制胶丸：将药液与明胶液经滴丸机喷头滴入冷却液（如液状石蜡、植物油、硅油等）中，并由收集器收集。明胶液处方组成：明胶：甘油：水=1：（0.3~0.4）：（0.7~1.4），黏度一般在3~5°E（用Engler黏度计在25℃时测得值）。以鱼肝油为例：药液、胶液及冷却液（液状石蜡）的密度分别为0.9g/ml、1.12g/ml、0.836g/ml。胶液与药液在60℃保温，喷头处温度为75~80℃，冷却液为13~17℃，滴丸车间温度控制在15~20℃。

4）整丸与干燥：从收集器中取出胶丸，先用纱布拭去表面的液状石蜡，在20~30℃冷风干燥，再用石油醚洗涤两次，乙醇洗涤一次后于30~35℃烘干，水分控制在12%~15%。

（2）压制法：系将明胶、甘油与水制成胶板，再将药物置于两块胶板之间经钢模压制而成。生产时采用自动旋转轧囊机（图7–15）。该机由涂胶机箱、鼓轮制出的两条胶板连续不断地向相反方向移动，在接近旋转模时，两胶板靠近，此时药液由填充泵经导管至楔形注入器，定量注入胶板之间，向前转动中被压入模孔、轧压、包裹成型，剩余的胶板即自动切断分离。胶板在接触模孔的一面需涂润滑油，所以用石油醚洗涤胶丸，再于 21~24℃放置，相对湿度 40% 条件下干燥。

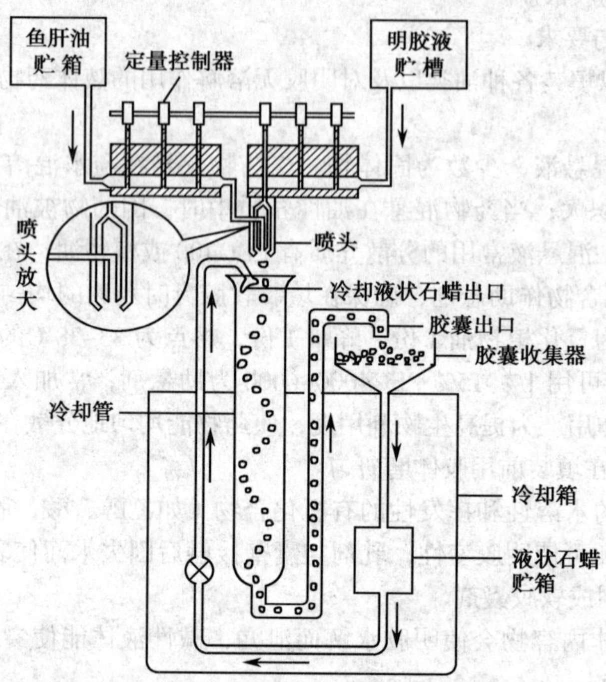

图 7-14 滴制法生产胶丸示意图

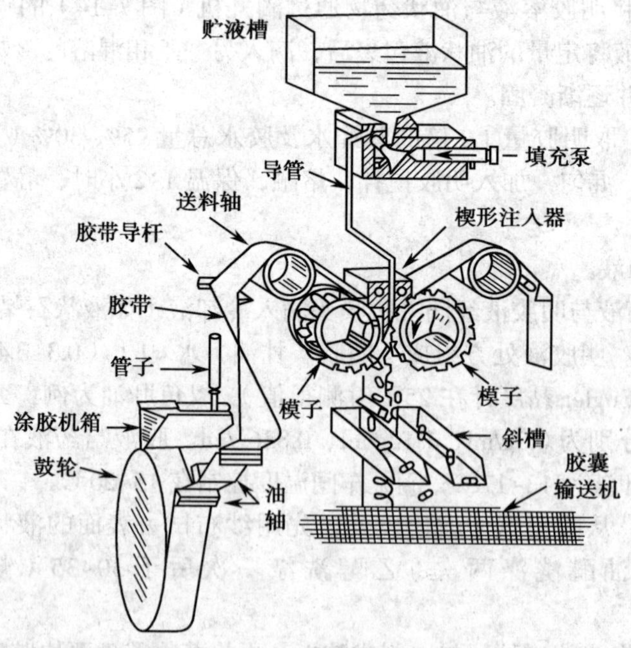

图 7-15 自动旋转轧囊机示意图

（三）肠溶胶囊剂的制备

1. 肠溶硬胶囊剂　系在明胶壳表面包被肠溶衣料，如采用阳离子型的甲基丙烯酸酯衍生物 Eudragit E 作隔离层，再用阴离子型的甲基丙烯酸酯衍生物 Eudragit L 乳化包衣，衣层牢固，不损坏囊表面。也有采用 Eudragit E 作隔离底层，防胶囊变脆，以 Eudragit L 作中间衣层，为润滑底层，最后包 PEG 润滑层，提高了胶囊的润滑性，这些材料对胶囊的崩解、内容物分布及生物利用度无不利影响。此外，亦有采用 PVP、HMC、CAP 等材料包衣。

2. 肠溶软胶囊剂　将明胶溶于包衣材料（如多羧酸改性纤维素衍生物）的碱性水溶液中，制成软胶囊，干燥后，在 10℃以下的 5%~15% 酸液中浸 3 分钟，水洗，干燥，即得。上述软胶囊溶液中，明胶占 60%~70%，包衣材料占 10%~20%，增塑剂（山梨醇，甘油等）占 10%~20%。

三、胶囊剂的质量检查与贮藏

（一）质量检查

胶囊剂的质量应符合《中国药典》2010 年版“制剂通则”项下对胶囊剂的要求。

1. 外观　应整洁，不得有粘结、变形、渗漏或囊壳破裂现象，并应无异臭。硬胶囊剂的内容物应干燥、均匀、松紧适度。

2. 水分　中药硬胶囊剂水分不得过 9.0%。

3. 装量差异　照装量差异检查法检查，应符合表 7–9 中装量差异限度规定。

表 7–9　胶囊剂装量差异限度

平均装量	装量差异限度
0.30g 以下	± 10%
0.30g 及 0.30g 以上	± 7.5%

4. 崩解时限　除另有规定外，照《中国药典》2010 年版崩解时限检查法（Ⅹ A）检查，均应符合规定。凡规定检查溶出度或释放度的胶囊剂，可不进行崩解时限的检查。

（二）包装与贮藏

胶囊剂易受温度与湿度的影响，一般宜选用密闭性能良好的玻璃容器、透湿系数小的塑料容器或泡罩式复合铝塑包装。中药硬胶囊剂包装盒内应放干燥剂。除另有规定外，胶囊剂应密封贮存，其存放环境温度不高于 30℃，湿度应适宜，防止受潮、发霉、变质。

四、举　例

例 7–5　速效抗感冒胶囊

【处方】对乙酰氨基酚 300g　　维生素 C　100g
胆汁粉 100g　　咖啡因 3g

马来酸氯苯那敏 3g　　　　制成 1000 粒

【制备】①取上述各药物分别粉碎，过 80 目筛；②将 10% 淀粉浆分成 a、b、c 3 份，a 份加食用胭脂红少许制成红浆；b 份加食用橘黄少量（最大用量为万分之一）制成黄浆；c 份不加色素为白浆；③将对乙酰氨基酚分成 3 份，一份与马来酸氯苯那敏混匀加红浆；另一份与咖啡因混合加白色浆；第三份与胆汁粉、维生素 C 混匀加黄浆，分别制软材，用 14 目尼龙筛制粒，于 70℃干燥至水分在 3% 以下，整粒；④将上述 3 种颜色颗粒混匀，装入空胶囊，即得。

【注解】抗感冒药。用于感冒引起的鼻塞、头痛、咽喉痛、发热等。口服。一次 1~2 粒，一日 3 次。

例 7-6　心痛宁胶囊

【处方】丹参 732g　　　　三七 142g
人参须 94g　　　　红花 48g
人工牛黄 6g　　　　冰片 1.3g
蟾蜍 0.79g　　　　水牛角浓缩粉 47g
制成 1000 粒

【制备】以上八味，取丹参加水煎煮 2 次，第一次加 8 倍量水煎 2 小时，第二次加 7 倍量水煎 1 小时。合并两次滤液，减压浓缩至相对密度 1.30~1.32（60℃）。另取人参须、三七、红花粉碎并过成 100 目细粉，与丹参稠膏混匀，60℃干燥，粉成 80 目细粉，再与人工牛黄、水牛角浓缩粉、冰片、蟾蜍细粉混匀，装入空胶囊，即得（每粒 0.4g）。

【注解】开窍醒神，活血散淤，止痛。用于冠心病，心绞痛，胸闷，心悸。口服。一次 2 粒，一日 3 次。

例 7-7　硝苯地平胶丸

【处方】硝苯地平 5g　　　　聚乙二醇 400　220g
制成 1000 丸

【制备】将硝苯地平与 1/8 量的聚乙二醇 400（PEG400）混匀，用胶体磨研细，加入剩余量的 PEG400 混合。另配明胶液（明胶 100 份、甘油 55 份、水 120 份），在室温 25 ± 2℃、相对湿度 40% 条件下，药液与明胶液用压丸机轧制（每丸重 225mg），于 28 ± 2℃、相对湿度 40% 条件下干燥 20 小时，即得。

【注解】使血管平滑肌松弛，降低血压。治疗轻、中、重度高血压。一次 1~2 粒，一日 3 次。口服或舌下含化。硝苯地平系光敏性药物，生产中应避光。本品不溶于植物油，因而采用 PEG400 为介质。PEG400 易吸湿使胶丸壁硬化，故干燥后囊壁仍应保留约 5% 水分。

第五节　丸　剂

一、概　述

丸剂系指药物与适宜的辅料以适当方法制成球状或类球状固体制剂，包括滴丸、糖丸、小丸等。中药丸剂系指一种或多种药材细粉或药材提取物加适宜的黏合剂或其他辅料制成的球形或类球形制剂。按黏合剂及大小不同，可分蜜丸、水丸、水蜜丸、糊丸、浓缩丸和微丸。按制备方法不同又可分为搓丸、泛制丸及滴制丸3类。

中药丸是最古老的剂型之一，具有作用缓和持久，可通过包衣掩盖药物不良气味和防止氧化、变质、受潮，服用方便以及生产设备简单、方法简便等特点。古代文献早有记载“丸者缓也”。中药丸剂中成分绝大部分是植物性粉末，粉末中有效成分大部分被包裹在尚未击破的细胞内，因此中药丸剂口服后经崩解，在消化道内扩散、溶出、吸收，故药效持久，特别适用于治疗慢性疾患和营养调理的药物。但有服用量较大、小儿吞服困难、生物利用度低等缺点。

二、常用的辅料

（一）黏合剂

1. 蜂蜜　蜂蜜具有较好的黏合作用，且兼有滋补、润肺止咳、润肠通便、解毒调味的功效。因蜜源产地不同，品质有差异。优良的蜂蜜为乳白色或淡黄色、半透明、带光泽、有香味、浓稠的液体。蜂蜜内含还原糖不得少于64%，其能防止有效成分的氧化变质。蜂蜜相对密度应在1.349以上。为除去其中水分、杂质，杀死微生物和破坏酶，以增强其黏合力及保障制成的丸剂能耐久贮藏，生蜂蜜在使用前需加热炼制。根据炼制程度不同，有嫩蜜、中蜜、老蜜3种规格。

制备蜜丸时，可根据品种、气候等具体情况选用。若选用不当，则势必造成蜜丸过软或过硬，甚至出现返砂、皱皮等现象。用泛丸法制备水蜜丸时，炼蜜应加开水稀释后为水蜜（水与蜜的比例为3∶1）使用。

药材细粉选用炼蜜为黏合剂制成的丸剂统称为蜜丸。若用水蜜为黏合剂制成的丸剂称为水蜜丸。

2. 米糊或面糊　以米、糯米、小麦、神曲等的细粉加水加热制成糊，或蒸熟成糊。用米糊或面糊等作黏合剂制成的丸剂称为糊丸。

3. 蜂蜡　用蜂蜡熔化后与药材细粉混合，放冷后粉碎成细粉，用水泛制成丸，称为蜡丸。常将有毒或刺激性强的药物制成蜡丸，以保证用药安全和减少刺激性。但由于蜡丸生物利用度低，故目前少用。

4. 清膏或浸膏　含纤维较多或体积较大的药材，可采用煎煮、水蒸气蒸馏、渗漉等方法，取煎液、漉液浓缩成清膏或浸膏兼作黏合剂。

用药材或部分药材提取的清膏或浸膏与药材细粉或适宜的辅料用水、蜂蜜或水蜜为黏合剂制成的丸剂称为浓缩丸（浸膏丸）。根据所用黏合剂不同，又分为浓缩水丸、浓缩蜜丸和浓缩水蜜丸。浓缩丸是一种较理想的丸剂，它具有有效成分含量高、疗效好、剂量小、易吸收、体积小、便于服用携带等优点，但吸湿性较强。

5. 饴糖或液状葡萄糖　主要成分是麦芽糖，味甜，有还原性和吸湿性，黏性中等。

此外，单糖浆、甘油水（10%甘油、90%水）、阿拉伯胶浆等也可用作丸剂的黏合剂。

（二）润湿剂

药材细粉本身有黏性时，仅需用润湿剂以诱导其黏性，使之粘结成丸，有的润湿剂还能促进某些有效成分的溶解，以提高疗效。常用的润湿剂有水、黄酒、醋、稀药汁以及糖液等。

（1）水：系指蒸馏水或冷沸水，能润湿或溶解药粉中的黏液质、糖及胶类等而产生黏性。

（2）酒：一般指黄酒（含醇量为12%~15%），酒能润湿药粉中的树脂、油树脂等成分而增加黏性。若用水为润湿剂致黏性太强时，常以酒代之。

（3）醋：以米醋为主（含醋酸3%~5%），醋既能润湿药物产生黏性，而且还有助于碱性成分的溶解而提高疗效。

（4）稀药汁：处方中不易研碎的药材可取其榨汁或煎汁，将汁稀释后应用于药粉而产生黏性，既是主药又是润湿剂。

（5）糖液：系指不同浓度的蔗糖水溶液。

药材细粉用水等作润湿剂而产生黏合作用制成的丸剂称为水丸。

（三）吸收剂

常用丸剂处方内的药材粉末作为药汁或浸膏及挥发油类的吸收剂或小剂量药物的稀释剂，亦可用惰性无机物如氢氧化铝凝胶粉、碳酸钙、氧化镁、碳酸镁或甘油磷酸钙等作吸收剂。另外，淀粉、糊精、乳糖等也是较好的吸收剂。

（四）崩解剂

中药丸剂中加入适量的崩解剂，以利于其进入人体后崩解和释放。常用的崩解剂有：CMS-Na、CC-Na、L-HPC、HPMC、微晶纤维素、淀粉、琼脂粉等。

三、中药丸剂的制备及实例

常用的制备方法为搓丸法、泛丸法。

（一）搓丸法

将药材细粉与适量黏合剂混合制成湿度适宜的可塑性丸块后，分剂量制成丸剂的方法。

1. 原辅料的准备　除另有规定外，药材原料需经粉碎并通过六号筛或五号筛（80~100目）。所用的辅料主要是黏合剂，按适当方法加以处理，备用。

2. 制丸块　将混匀的药材粉末（或加有辅料）放入捏合机中，加入黏合剂研和，这是丸剂制造中的重要工序，要求制成不粘手、不粘器壁、不松散、湿度适宜的可塑性丸块。此时关键在于蜜的炼制程度及药料与蜜的用量比。药料与炼蜜的比例及下蜜的温度，视药材质地、药粉粗细及含水量等具体情况而有所不同。药料与炼蜜一般按1：1（g/g），但也有1：1.2。炼蜜应趁热加入药粉中，一般夏季下蜜温度在60℃左右，秋、冬季在70~80℃为佳，但处方中含有树脂类、胶类及挥发性药材时应在60℃左右加入。

3. 制丸条　用手工将丸块分段，搓成长条，或用螺旋丸条机挤出成条。要求粗细均匀，表面光滑无裂缝，内面充实无空隙。

4. 分割和搓圆　手工制丸可用搓丸板，切割并搓圆成型。大量生产时用双滚筒轧丸机将丸条按丸重等量切割成“毛丸”并搓圆。工厂生产多用滚筒式制丸机。这是一种联合制丸设备，由搓条部分和制丸部分组成，可将丸块制条分割和搓圆成型。

目前有一种连续式制丸机，自丸块开始，经分割、搓圆到丸粒成型出料结束。

5. 干燥和整理　根据丸剂性质选择不同温度、不同方法进行干燥，一般丸剂（如浓缩丸）可在80℃以下干燥；如含有芳香挥发性成分则应在60℃以下干燥，蜜丸一般不干燥，直接用消毒蜡纸包装。制成的丸剂往往大小不一，可用人工挑选整理，或用筛丸机、选丸机筛选，获得大小均匀的丸剂。整理工序可在丸粒干燥前进行，以便及时将过大或过小的丸粒返工。

（二）泛丸法

泛丸是我国独有的中药制备技术之一，是指药材粉末加入润湿剂后逐渐制成适宜大小丸剂的方法，如水丸、水蜜丸、浓缩丸、微丸、糊丸等的制备。

1. 手工泛丸　少量泛丸可用涂漆光滑的竹匾和一把小竹帚进行手工泛制，基本操作过程是：起模→成丸（筛选）→盖面→干燥→包衣。"起模"是制备水泛丸的关键操作。有些情况下可用砂糖等粒状物作为丸核制作泛丸。

为使药丸表面光洁、色泽均匀，在成丸的最后一次加药粉时应改用通过八号筛的粉末或用极细药粉与水或其他润湿剂混合的浆液；或单纯用水湿润；再滚动磨光。这道工序称为"盖面"。

盖面后的药丸通常先在通风处自然干燥1~2小时，除另有规定外，水蜜丸、水丸或浓缩丸一般在80℃以下干燥，含芳香挥发性成分或多量淀粉成分的丸剂（包括糊丸），干燥温度应在60℃以下。若为不宜加温的丸粒，则应阴干或用其他适当的方法干燥。

2. 机械泛丸　该法用包衣锅和喷雾器代替竹匾和竹帚进行泛丸。其操作简单，产量很高。

机械泛丸的操作过程：可先将少量药材细粉放入包衣锅内，启动包衣锅慢速转动，用喷雾器将水或其他润湿剂喷入，制成丸核；然后再喷水，加药粉，使丸核逐渐增大，变成丸模，继而反复加水润湿和加药粉，丸模体积逐步增大，加水量与药粉量也随丸粒的增大而增加，直到制成药丸。筛选出合格丸粒后，放在包衣锅内充分滚动，加少量水润湿（亦可加极细药粉与水或其他润湿剂的混合浆），继续滚动直至丸面光洁，色泽一致，形状圆整为止。

有时需要上衣、打光者（如水丸、糊丸及浓缩丸等），可在润湿的丸粒上（或加明胶溶液作黏合剂）撒上极细的药粉（如朱砂粉、滑石粉、红曲粉、青黛粉、雄黄粉、百草粉以及磁石粉等）或其他包衣材料（糖衣、薄膜衣、肠溶衣），使丸粒不断滚动，待全部细粉均匀黏附在丸面上，包衣完成后，撒入川蜡粉，继续转动30分钟即得。包衣前必须将水泛丸充分干燥，以免包衣时发生裂丸。

（三）应用实例

例7-8　牛黄解毒丸（大蜜丸）

【处方】牛黄5g，雄黄50g，石膏200g，大黄200g，黄芩150g，桔梗100g，冰片25g，甘草5g

【制备】将以上8味，除牛黄、冰片外，雄黄水飞成极细粉，其余石膏等5味粉碎成细粉，将牛黄、冰片研细，遇上述细粉配伍，过筛，混合。每100g粉末加炼蜜100~110g制成大蜜丸，即得。

【性状】本品为棕黄色大蜜丸；有冰片香气，味微甜而后苦、辛。

【功能与用法】清热解毒。用于火热内盛，咽喉肿痛，牙龈肿痛，口舌生疮，目赤肿痛。口服，一次1丸（每丸重3g），一日2~3次。

【注解】①本方源于明代王肯堂《证治准绳》；②方中牛黄、冰片、雄黄需单独粉碎后与其他细粉配研，混匀，药粉黏性适中，故采用炼蜜制丸，即得；③采用 HPLC 法测定黄芩含量，每丸含黄芩以黄芩苷（$C_{21}H_{18}O_{11}$）计，不得少于 20.0mg。

例 7–9　安神补心丸（浓缩丸）

【处方】 丹参 300g，五味子（蒸）150g，石菖蒲 100g，安神膏 560g

【制法】 以上 4 味，安神膏系取合欢皮、菟丝子、墨旱林及女贞子（蒸）4 份、首乌藤 5 份、地黄 2 份、珍珠母 20 份，混合，加水浸煮 2 次，第 1 次 3 小时，第 2 次 1 小时，合并浸液，滤过，滤液浓缩至相对密度为 1.21（80~85℃）。将丹参、五味子、石菖蒲粉碎成细粉，按处方量与安神膏混合制丸，干燥、打光或包糖衣，即得。

【性状】 本品为棕黄色浓缩丸或糖衣丸；味涩，微酸。

【功能与用法】 养心安神。用于阴血不足引起的心悸失眠、头晕耳鸣。口服，一次 15 丸（每 15 丸 2 g），一日 3 次。

【注解】 ①本品为浓缩丸，取部分药粉与部分药材提取成膏做黏合剂制丸，减少服用量，同时适合大生产；②药理实验研究表明安神膏水浸剂对实验动物有镇静、降低或调节血压的作用，利于药物吸收、起效快。

四、质 量 评 价

1. 外观　应圆整均匀，色泽一致。蜜丸应细腻滋润，软硬适中。

2. 水分限度　照《中国药典》2010 年版水分测定法（附录Ⅸ H）测定。除另有规定外，蜜丸及浓缩蜜丸中所含水分不得超过 15.0%；水蜜丸与浓缩水蜜丸不得超过 12.0%；水丸、糊丸和浓缩水丸不得超过 9.0%。蜡丸不检查水分。

3. 重量差异　根据中药丸剂是按丸服用（每丸有标示重量）还是按重量服用而有不同的限度要求和检查方法。按丸服用的丸剂，照《中国药典》2010 年版一部附录Ⅰ A【重量差异】检查。

包糖衣的丸剂应检查丸芯的重量差异并符合规定，包糖衣后不再检查重量差异，其他包衣丸剂应在包衣后检查重量差异并符合规定；凡进行装量差异检查的单剂量包装丸剂，不再进行重量差异检查。

4. 装量差异　单剂量包装的丸剂，装量差异应符合《中国药典》2010 年版一部附录Ⅰ A 表 3 的规定。

5. 溶散时限　是丸剂特有的检查项目，使用的检查仪器和方法与片剂崩解时限相同，但判断标准不同。“溶散”的标准，是指丸剂在试验液（水）中溶化、崩散，碎粒全部通过吊篮筛网，或虽未通过筛网但已软化没有硬的“芯”可作合格论。检查溶散时限一般均加挡板，只有丸剂黏附挡板妨碍检查时可不加挡板重新检查。

除另有规定外，小蜜丸、水蜜丸和水丸应在 1 小时内全部溶散；浓缩丸和糊丸应在 2 小时内全部溶散；微丸的溶散时限按所属丸剂类型的规定判定；蜡丸照肠溶衣片崩解时限检查法检查；大蜜丸不检查溶散时限。

6. 微生物限度检查　照《中国药典》2010 年版微生物限度检查法（附录Ⅻ C）检查，应符合规定。

五、包装与贮存

中药丸一般含多量的植物纤维、浸出物、蜂蜜或糖类，容易吸湿、长霉或滋生昆虫。所以包装和贮存时应密封、防潮、防霉、防虫蛀。

包装场地应有良好的环境卫生，较低的湿度，并注意个人卫生（特别是手的清洁）。一般小型丸剂，如水丸、滴丸、糊丸和水蜜丸等，有的按粒服用的，应以数量分装；有的按重量服用的，则以重量分装；通常采用玻璃瓶（或管）或聚氯乙烯薄膜袋包装，也常用纸袋包装。常用的包装设备和操作工序也与散剂、颗粒剂或片剂的大同小异。

大、小蜜丸及浓缩丸通常先用消毒蜡纸包裹，装入蜡浸过的纸盒内，或包装后再浸蜡密封防潮。有些名贵的、享有盛名的古方药丸采用蜡壳包装，即将药丸密封在一个用蜂蜡或白蜡制成的圆球中。蜡壳包装性质稳定，通透性差，能长期保持药丸的原来性状和品质（如含水量、柔软度、香味等），是一种理想的、优质的包装。只是制作蜡壳费时、费工、产率低、成本高。目前仅用于个别的传统产品或出口产品。

水丸、水蜜丸和糊丸通常可密闭贮存在干燥阴凉处，而大蜜丸、滴丸则应密封贮存在干燥阴凉处。凡含有挥发性、芳香性物质的丸剂则一律应密封贮存。

学习小结

本章首先介绍粉体的基本概念、基本性质，以及粉体性质的测定方法。

粉体是无数个固体粒子的集合体。粒子是粉体运动的最小单元，单个粒子为一级粒子，而单一粒子的聚集体即为二级粒子。相应的，粉体的性质可分为第一性质和第二性质。第一性质是指单个粒子的性质，包括粒子大小、形状、比表面积等；第二性质是指粒子集合体的性质，如堆密度、孔隙率、流动性、充填性、吸湿性、润湿性、黏附性、黏着性和压缩性等。多数固体制剂的加工和质量控制与粉体性质密切相关，因此在学习本章过程中，结合固体制剂处方设计和制备工艺，更有利于加深对本章内容的理解。

散剂、颗粒剂、胶囊剂、丸剂是常用的固体剂型。这些固体制剂与液体制剂相比具有物理、化学稳定性好；生产成本低，包装运输方便；服用与携带方便等特点。本章分别介绍了具体剂型（散剂、颗粒剂、胶囊剂、丸剂）、常用辅料、制备工艺与设备以及质量要求。由于胶囊剂随着其充填包装设备的发展，在制剂应用方面所占比重取得较大的提高，所以在各种具体的固体剂型中着重介绍了胶囊剂的分类、特点、制备工艺以及质量要求。建议在学习时对胶囊剂的发展及胶囊剂与其他制剂的联系予以关注。

复习题

1. 请说明粒子径有哪些测定方法？其原理和测定范围有何不同？
2. 请比较水溶性药物和水不溶性药物的吸湿性。
3. 散剂有哪些特点？

4. 颗粒剂的质量检查有哪些？
5. 胶囊剂有哪些特点？哪些药物不宜制成胶囊剂，并说明理由。
6. 影响软胶囊成型因素有哪些？
7. 中药丸剂的常用黏合剂有几类？请举例说明。

（潘卫三）

第八章

片剂

学习目标

1. 掌握片剂的概念、种类、质量要求，片剂常用的各种辅料，片剂的制备工艺及包衣技术。
2. 熟悉片剂的脆碎度，崩解时限，溶出度和释放度的测定。
3. 了解制粒后干燥仪器的使用，不同包衣设备的使用。

第一节　概　述

一、片剂的概念和特点

（一）片剂的概念

片剂（tablets）是指药物与适宜的辅料混匀压制而成的圆片状或异形片状的固体制剂，它是现代药物制剂中应用最为广泛的重要剂型之一。特别是近几十年以来，国内外药学工作者对片剂的成型理论、崩解溶出机制以及各种新型辅料进行了不断研究，片剂的生产技术和加工设备也得到了很大的发展，全粉末直接压片、流化喷雾制粒、全自动高速压片机、全自动程序控制高效包衣机等新技术、新工艺和新设备已经广泛地应用于国内外的片剂生产实践，从而使片剂的品种不断增多、质量不断提高，较好地满足了广大人民群众临床用药的需求。

（二）片剂的特点

从上述片剂的概念中可以明显看出：片剂是将药物粉末（或颗粒）加压而制得的一种密度较高、体积较小的固体制剂，生产的机械化、自动化程度较高，因而产品的性状稳定，剂量准确，片剂成本及售价都较低；其运输、贮存、携带及应用也都比较方便，可以根据不同需要制成速效、长效、咀嚼、口含等不同的类型，例如分散（速效）片、控释（长效）片、肠溶包衣片、泡腾片、植入片、咀嚼片及口含片等，也可以制成两种或两种以上药物的复方片剂，最大限度地以不同的剂型或不同的方式满足临床医疗或预防的不同实际需要。

二、片剂的种类和质量要求

（一）片剂的种类

根据用法、用途以及制备方法的差异，目前已经有各种类型的片剂在临床上使用。除了最常用的口服普通（压制）片（compressed tablets）以外，这些片剂品种繁多、形式各异，主要包括含片、舌下片、口腔（贴）片、咀嚼片、分散片、可溶片、泡腾片、阴道片、阴道泡腾片、缓释片、控释片与肠溶片等，现分述如下。

1. 含片（troches） 系指含于口腔中，药物缓慢溶解而产生持久局部作用的片剂。含片中的药物应是易溶性的，主要起局部消炎、杀菌、收敛、止痛或局部麻醉作用。可在局部产生较高的药物浓度，从而发挥较好的治疗作用。其硬度一般较大，以便于含服，如常用的复方草珊瑚含片等。含片应进行释放度检查。

2. 舌下片（sublingual tablets） 系指置于舌下能迅速溶化，药物经舌下黏膜吸收而发挥全身作用的片剂。舌下片中的药物与辅料应是易溶性的，主要适用于急症的治疗。由于舌下片中的药物未经过胃肠道，所以可以避免药物受胃肠液酸碱性的影响以及酶的破坏，同时也避免了肝脏对药物的破坏作用（首关作用），如硝酸甘油舌下片用于心绞痛的治疗，吸收迅速、起效很快。

3. 口腔贴片（buccal tablets） 系指粘贴于口腔，经黏膜吸收后起局部或全身作用的片剂。口腔贴片应进行溶出度或释放度检查。

4. 咀嚼片（chewable tablets） 系指于口腔中咀嚼或吮服使片剂溶化后吞服，在胃肠道中发挥作用或经胃肠道吸收发挥全身作用的片剂。咀嚼片口感、外观均应良好，一般应选择甘露醇、山梨醇、蔗糖等水溶性辅料作填充剂和黏合剂。咀嚼片的硬度应适宜。因常加入蔗糖、薄荷油等甜味剂及食用香料调整口味，较适合于小儿服用。另外，崩解困难的药物制成咀嚼片还可加速崩解和吸收。

5. 分散片（dispersible tablets） 系指在水中能迅速崩解并均匀分散的片剂（在21℃ ±1℃的水中3分钟即可崩解分散并通过180μm孔径的筛网）。分散片中的药物应是难溶性的。分散片可加水分散后口服，也可将分散片含于口中吮服或吞服。分散片应进行溶出度检查。

6. 可溶片（solution tablets） 系指临用前能溶解于水的非包衣片或薄膜包衣片剂。可溶片应溶解于水中，溶液可呈轻微乳光。可供外用、含漱等用，如复方硼砂漱口片等。

7. 泡腾片（effervescent tablets） 系指含有碳酸氢钠和有机酸，遇水可产生气体而呈泡腾状的片剂。泡腾片中的药物应是易溶性的，加水产生气泡后应能溶解。有机酸一般用枸橼酸、酒石酸、富马酸等。因为泡腾片崩解时产生气泡，其现象比较直观有趣，所以非常适于儿童使用，同时也比较适于那些直接吞服药片有困难的患者。

8. 阴道片与阴道泡腾片 系指置于阴道内应用的片剂。阴道片和阴道泡腾片的形状应易置于阴道内，可借助器具将阴道片送入阴道。阴道片为普通片，在阴道内应易融化、崩解并释放药物，主要起局部消炎杀菌作用，也可给予性激素类药物。具有局部刺激性的药物，不得制成阴道片。阴道片应符合普通片的规定。阴道泡腾片应符合泡腾片规定。

9. 缓释片（sustained release tablets） 系指在水中或规定的释放介质中缓慢地非恒速释放

药物的片剂，如非洛地平缓释片等。缓释片应符合缓释制剂的有关要求（《中国药典》2010年版二部附录），并应进行释放度检查。

10. 控释片（controlled release tablets） 系指在水中或规定的释放介质中缓慢地恒速或接近恒速释放药物的片剂，如硫酸吗啡控释片等。控释片应符合控释制剂的有关要求（《中国药典》2010年版二部附录），并应进行释放度检查。

缓释片和控释片已经愈来愈受到医药界的高度重视，因为它代表了现代药物制剂的一个重要发展方向。目前，国内外药剂工作者正在进行着深入的研究和广泛的开发，其主要技术关键是：要在实际工业化生产中，采用性能稳定、优良的药用辅料以及比较先进的制药设备。

11. 肠溶片（enteric coated tablets） 系指用肠溶性包衣材料进行包衣的片剂。为防止药物在胃内分解失效、对胃的刺激或控制药物在肠道内定位释放，可对片剂包肠溶衣；为治疗结肠部位疾病等，可对片剂包结肠定位肠溶衣。肠溶片除另有规定外，应进行释放度检查。

12. 植入片（implant tablets） 指埋植到人体皮下缓缓溶解、吸收的片剂。一般为长度不大于8 mm的圆柱体，灭菌后单片避菌包装。由于其生产技术的难度较大及相关辅料的限制，该剂型目前在国内的生产和应用较少。一般来说，植入片植入体内后可缓缓释药，维持疗效几周、几个月至几年，因而，需要长期使用药物制成植入片较为适宜。如1个月、3个月、4个月、6个月醋酸亮丙瑞林植入片，用于进展期前列腺癌的姑息治疗。

（二）片剂的质量要求

根据《中国药典》2010年版二部附录“制剂通则”的规定，片剂的质量要求主要有以下几方面：①硬度适中；②色泽均匀，外观光洁；③符合重量差异的要求，含量准确；④符合崩解度或溶出度的要求；⑤小剂量的药物或作用比较剧烈的药物，应符合含量均匀度的要求；⑥符合有关卫生学的要求。

第二节　片剂的常用辅料

从总体上看，片剂是由两大类物质构成的，一类是发挥治疗作用的药物（即主药），另一类是没有生理活性的一些物质，它们所起的作用主要包括：填充、黏合、崩解和润滑作用，有时还起到着色、矫味及美观作用等。在药剂学中，通常将这些物质总称为辅料（excipients或adjuvants）。根据它们所起作用的不同，常将辅料分成如下4大类：填充剂（fillers）或稀释剂（diluents）、黏合剂（adhesives）、崩解剂（disintegrants）和润滑剂（lubricants）。

除了上述四大辅料以外，片剂中还加入一些着色剂、矫味剂等辅料以改善口味和外观。但无论加入何种辅料，都应符合药用的要求，都不能与主药发生反应，也不应妨碍主药的溶出和吸收，更不能带来不利于人体健康的其他物质。目前已知乳糖能降低戊巴比妥、螺内酯的吸收，淀粉能延缓水杨酸钠的吸收，碳酸钙能影响四环素类药物的吸收。因此，应当根据主药的理化性质和生物学性质，结合具体的生产工艺，通过体内外试验，选用适当的辅料，以保证人民用药的有效性和安全性。

一、填充剂或稀释剂

填充剂的主要作用是用来填充片剂的重量或体积，从而便于压片。常用的填充剂有淀粉类、糖类、纤维素类和无机盐类等。由压片工艺、制剂设备等因素所决定，片剂的直径一般不能小于6mm、片重多在100mg以上，如果片剂中的主药只有几毫克或几十毫克时，不加入适当的填充剂将无法在工业上制成片剂，因此，填充剂在这里起到了较为重要的、增加体积助其成型的作用。

1. 淀粉（starch）比较常用的是玉米淀粉，它的性质非常稳定，与大多数药物不起作用，价格也比较便宜，吸湿性小、外观色泽好，在实际生产中，常与可压性较好的糖粉、糊精混合使用，这是因为淀粉的可压性较差，若单独使用，会使压出的药片过于松散。

2. 糖粉（powdered sugar） 糖粉系指结晶性蔗糖经低温干燥粉碎后而成的白色粉末，其优点在于黏合力强，可用来增加片剂的硬度，并使片剂的表面光滑美观；其缺点在于吸湿性较强，长期贮存会使片剂的硬度过大，崩解或溶出困难，除口含片或可溶性片剂外，一般不单独使用，常与糊精、淀粉配合使用。

3. 糊精（dextrin） 是淀粉水解中间产物的总称，其化学式为（$C_6H_{10}O_5$）$_n$ · XH_2O，其水溶物约为80%，在冷水中溶解较慢，较易溶于热水，不溶于乙醇。习惯上亦称其为高糊（高黏度糊精），即具有较强的粘结性，使用不当会使片面出现麻点、水印或造成片剂崩解或溶出迟缓；同理，在含量测定时如果不充分粉碎提取，将会影响测定结果的准确性和重现性，所以，很少单独大量使用糊精作为填充剂，常与糖粉、淀粉配合使用。

4. 乳糖（lactose） 是一种优良的片剂填充剂，由牛乳清中提取制得，在国外应用非常广泛，但因价格较贵，在国内应用得不多。常用含有1分子水的结晶乳糖（即 α－含水乳糖），无吸湿性，可压性好，性质稳定，与大多数药物不起化学反应，压成的药片光洁美观。由喷雾干燥法制得的乳糖为非结晶乳糖，其流动性、可压性良好，可供粉末直接压片使用。

5. 可压性淀粉（compressible starch） 亦称为预胶化淀粉（pregelatinized starch），是新型的药用辅料，英国、美国、日本及中国的药典皆已收载，我国于1988年研制成功，现已大量供应市场。国产可压性淀粉是部分预胶化的产品（全预胶化淀粉又称为 α－淀粉），与国外常用的Starch RX1500相当。本品是多功能辅料，可作填充剂，具有良好的流动性、可压性、自身润滑性和干黏合性，并有较好的崩解作用。若用于粉末直接压片时，硬脂酸镁的用量不可超过0.5%，以免产生软化效应。

6. 微晶纤维素（microcrystalline cellulose，MCC） 微晶纤维素是纤维素部分水解而制得的聚合度较小的结晶性纤维素，具有良好的可压性，有较强的结合力，压成的片剂有较大的硬度，可作为粉末直接压片的“干黏合剂”使用。另外，片剂中含20%微晶纤维素时崩解较好。国外常用的产品为Avicel，根据粒径的不同有若干不同的规格，使用起来比较方便。国产微晶纤维素目前已在国内药厂得到广泛应用，但其质量有待于进一步提高，产品规格也有待于丰富。

7. 无机盐类 主要是一些无机钙盐，如硫酸钙、磷酸氢钙及药用碳酸钙（由沉降法制得，又称为沉降碳酸钙）等。其中硫酸钙较为常用，其性质稳定，无嗅无味，微溶于水，与多种药物均可配伍，制成的片剂外观光洁，硬度、崩解均好，对药物也无吸附作用。在片剂辅料中常使用二水硫酸钙。但应注意硫酸钙对某些主药（四环素类药物）的吸收有干扰，此时不宜使用。

8. 甘露醇（mannitol） 呈颗粒或粉末状，在口中溶解时吸热，因而有凉爽感，同时兼具一定的甜味，在口中无砂砾感，因此较适于制备咀嚼片，但价格稍贵，常与蔗糖配合使用。

二、黏合剂和润湿剂

某些药物粉末本身具有黏性，只需加入适当的液体就可将其本身固有的黏性诱发出来，这时所加入的液体就称为润湿剂；某些药物粉末本身不具有黏性或黏性较小，需要加入淀粉浆等黏性物质，才能使其黏合起来，这时所加入的黏性物质就称为黏合剂。因为它们所起的主要作用实际上都是使药物粉末结合起来，所以也可以将润湿剂和黏合剂总称为结合剂（binders）。

1. 蒸馏水（distilled water） 蒸馏水是一种润湿剂。应用时，由于物料往往对水的吸收较快，因此较易发生湿润不均匀的现象，最好采用低浓度的淀粉浆或乙醇代替，以克服上述不足。

2. 乙醇（ethanol） 乙醇也是一种润湿剂。可用于遇水易于分解的药物，也可用于遇水黏性太大的药物。随着乙醇浓度的增大，湿润后所产生的黏性降低，因此，醇的浓度要视原辅料的性质而定，一般为30%~70%。中药浸膏片常用乙醇做润湿剂，但应注意迅速操作，以免乙醇挥发而产生强黏性的团块。

3. 淀粉浆（starch paste） 淀粉浆是片剂中最常用的黏合剂，常用8%~15%的浓度，并以10%淀粉浆最为常用；若物料可压性较差，可再适当提高淀粉浆的浓度到20%，相反，也可适当降低淀粉浆的浓度，如氢氧化铝片即用5%淀粉浆作黏合剂。淀粉浆的制法主要有煮浆和冲浆两种方法，都是利用了淀粉能够糊化的性质。所谓糊化（gelatinization）是指淀粉受热后形成均匀糊状物的现象（玉米淀粉完全糊化的温度是77℃）。糊化后，淀粉的黏度急剧增大，从而可以作为片剂的黏合剂使用。具体说来，冲浆是将淀粉混悬于少量（1~1.5倍）水中，然后根据浓度要求冲入一定量的沸水，不断搅拌糊化而成；煮浆是将淀粉混悬于全部量的水中，在夹层容器中加热并不断搅拌（不宜用直火加热，以免焦化），直至糊化。因为淀粉价廉易得且黏合性良好，所以凡在使用淀粉浆能够制粒并满足压片要求的情况下，大多数选用淀粉浆这种黏合剂。

4. 羧甲基纤维素钠（carboxymethylcellulose sodium，CMC-Na） CMC-Na是纤维素的羧甲基醚化物，不溶于乙醇、三氯甲烷等有机溶媒；溶于水时，最初粒子表面膨化，然后水分慢慢地浸透到内部而成为透明的溶液，但需要的时间较长，最好在初步膨化和溶胀后加热至60~70℃，可大大加快其溶解过程。用作黏合剂的浓度一般为1%~2%，其黏性较强，常用于可压性较差的药物，但应注意是否造成片剂硬度过大或崩解超限。

5. 羟丙基纤维素（hydroxypropylcellulose，HPC） HPC是纤维素的羟丙基醚化物，含羟丙基53.4%~77.5%（其羟丙基含量为7%~19%的低取代物称为低取代羟丙基纤维素，即L-HPC，见崩解剂），其性状为白色粉末，易溶于冷水，加热至50℃发生胶化或溶胀现象；可溶于甲醇、乙醇、异丙醇和丙二醇中。本品既可做湿法制粒的黏合剂，也可作为粉末直接压片的黏合剂。

6. 甲基纤维素和乙基纤维素（methylcellulose，MC；ethylcellulose，EC） 二者分别是纤维素的甲基或乙基醚化物，含甲氧基 26.0%~33.0% 或乙氧基 44.0%~51.0%。其中，甲基纤维素具有良好的水溶性，可形成黏稠的胶体溶液而作为黏合剂使用，但应注意：当蔗糖或电解质达一定浓度时本品会析出沉淀。乙基纤维素不溶于水，在乙醇等有机溶媒中的溶解度较大，并根据其浓度的不同产生不同强度的黏性，可用其乙醇溶液作为对水敏感药物的黏合剂，但应注意本品的黏性较强且在胃肠液中不溶解，会对片剂的崩解及药物的释放产生阻滞作用。目前，常利用乙基纤维素的这一特性，将其用于缓控释制剂中（骨架型或膜控释型）。

7. 羟丙基甲基纤维素（hydroxypropylmethyl cellulose，HPMC） 这是一种最为常用的薄膜衣材料，因其溶于冷水成为黏性溶液，故亦常用其 2%~5% 的溶液作为黏合剂使用。制备 HPMC 水溶液时，最好先将 HPMC 加入到总体积 1/5~1/3 的热水（80~90℃）中，充分分散与水化，然后在冷却条件下不断搅拌，加冷水至总体积。本品不溶于乙醇、乙醚和三氯甲烷，但溶于 10%~80% 的乙醇溶液或甲醇与二氯甲烷的混合液。

8. 其他黏合剂 5%~20% 的明胶溶液，50%~70% 的蔗糖溶液，3%~5% 的聚乙烯吡咯烷酮（polyvinylpyrrolidone，PVP）的水溶液或醇溶液，可用于那些可压性很差的药物，但应注意：这些黏合剂黏性很大，制成的片剂较硬，稍稍过量就会造成片剂的崩解超限。

三、崩 解 剂

崩解剂是使片剂在胃肠液中迅速裂碎成细小颗粒的物质，除了缓（控）释片以及某些特殊用途的片剂以外，一般的片剂中都应加入崩解剂。由于它们具有很强的吸水膨胀性，能够瓦解片剂的结合力，使片剂从一个整体的片状物裂碎成许多细小的颗粒，实现片剂的崩解，所以十分有利于片剂中主药的溶解和吸收。

1. 干淀粉（dry starch） 是一种最为经典的崩解剂，含水量在 8% 以下，吸水性较强且有一定的膨胀性，较适用于水不溶性或微溶性药物的片剂，但对易溶性药物的崩解作用较差，这是因为易溶性药物遇水溶解产生浓度差，使片剂外面的水不易通过溶液层面透入到片剂的内部，阻碍了片剂内部淀粉的吸水膨胀。在生产中一般采用外加法、内加法或“内外加法”来达到预期的崩解效果。所谓外加法，就是将淀粉置于 100~105℃条件下干燥 1 小时，压片之前加入到干颗粒中，因此，片剂的崩解将发生在颗粒之间；内加法就是在制粒过程中加入一定量的淀粉，因此，片剂的崩解将发生在颗粒内部。显然，内加一部分淀粉，然后再外加一部分淀粉的“内外加法”，可以使片剂的崩解既发生在颗粒内部又发生在颗粒之间，从而达到良好的崩解效果，通常外加崩解剂量占崩解剂总量的 25%~50%，内加崩解剂量占崩解剂总量的 75%~50%（崩解剂总量一般为片重的 5%~20%）。

2. 羧甲基淀粉钠（carboxymethyl starch sodium，CMS-Na） 是一种白色无定形的粉末，吸水膨胀作用非常显著，吸水后可膨胀至原体积的 300 倍（有时出现轻微的胶粘作用），是一种性能优良的崩解剂，价格亦较低，其用量一般为 1%~6%（国外产品的商品名为“Primojel”）。

3. 低取代羟丙基纤维素（L-HPC） 这是国内近年来应用较多的一种崩解剂。由于具有很大的表面积和孔隙度，所以它有很好的吸水速度和吸水量，其吸水膨胀率在 500%~700%

（取代基占 10%~15% 时），崩解后的颗粒也较细小，故很利于药物的溶出。一般用量为 2%~5%。

4. 交联聚维酮（crospovidone，PVPP） 亦称交联聚乙烯吡咯烷酮，是白色、流动性良好的粉末；在水、有机溶媒及强酸强碱溶液中均不溶解，但在水中迅速溶胀并且不会出现高黏度的凝胶层，因而其崩解性能十分优越，已为英、美等国药典所收载，国内产品现已研制成功。

5. 交联羧甲基纤维素钠（croscarmellose sodium，CCNa） 是交联化的纤维素羧甲基醚（大约有 70% 的羧基为钠盐型），由于交联键的存在，故不溶于水，但能吸收数倍于本身重量的水而膨胀，所以具有较好的崩解作用；当与羧甲基淀粉钠合用时，崩解效果更好，但与干淀粉合用时崩解作用会降低。

6. 泡腾崩解剂（effervescent disintegrants） 泡腾崩解剂是一种专用于泡腾片的特殊崩解剂，最常用的是由碳酸氢钠与枸橼酸组成的混合物。遇水时，上述两种物质连续不断地产生二氧化碳气体，使片剂在几分钟之内迅速崩解。含有这种崩解剂的片剂，应妥善包装，避免受潮造成崩解剂失效。

四、润 滑 剂

在药剂学中，润滑剂是一个广义的概念，是助流剂、抗黏剂和（狭义）润滑剂的总称，其中：①助流剂（glidants）是降低颗粒之间摩擦力从而改善粉末流动性的物质；②抗黏剂（antiadherent）是防止原辅料黏着于冲头表面的物质；③（狭义）润滑剂是降低药片与冲模孔壁之间摩擦力的物质，这是真正意义上的润滑剂。因此，一种理想的润滑剂应该兼具上述助流、抗黏和润滑 3 种作用，但在目前现有的润滑剂中，尚没有这种理想的润滑剂，它们往往在某一个或某两个方面有较好的性能，但其他作用则相对较差。按照习惯的分类方法，一般将具有上述任何一种作用的辅料都统称为润滑剂。

1. 硬脂酸镁（magnesium stearate） 硬脂酸镁为疏水性润滑剂，易与颗粒混匀，压片后片面光滑美观，应用最广。用量一般为 0.1%~1%，用量过大时，由于其疏水性，会造成片剂的崩解（或溶出）迟缓。另外，本品不宜用于阿司匹林、某些抗生素药物及多数有机碱盐类药物的片剂。

2. 微粉硅胶（aerosil） 本品为优良的片剂助流剂，可用作粉末直接压片的助流剂。其性状为轻质白色无水粉末，无臭无味，比表面积大，常用量为 0.1%~0.3%，但因其价格较贵，在国内的应用尚不够广泛。

3. 滑石粉（talc powder） 滑石粉主要作为助流剂使用，它可将颗粒表面的凹陷处填满补平，减低颗粒表面的粗糙性，从而达到降低颗粒间的摩擦力、改善颗粒流动往的目的（但应注意：由于压片过程中的机械震动，会使之与颗粒相分离），常用量一般为 0.1%~3%，最多不要超过 5%。

4. 氢化植物油（hydrogenated vegetable oil） 本品以喷雾干燥法制得，是一种润滑性能良好的润滑剂。应用时，将其溶于轻质液状石蜡或已烷中，然后将此溶液喷干颗粒上，以利于均匀分布（若以已烷为溶剂，可在喷雾后采用减压的方法除去已烷）。

5. 聚乙二醇类与月桂醇硫酸镁 二者皆为水溶性滑润剂的典型代表。前者主要使用易溶于水的聚乙二醇4000和聚乙二醇6000，制得的片剂崩解溶出不受影响且得到澄明的溶液；后者为目前正在开发的新型水溶性润滑剂。

第三节 片剂的制备工艺

按照制备工艺的时间顺序，片剂的制备工艺主要包括：粉碎、过筛、混合、制粒、干燥与压片等。关于粉碎、过筛、混合前3个工艺过程详见第七章第二节散剂，这里主要介绍制粒、干燥与压片等几个工艺过程。

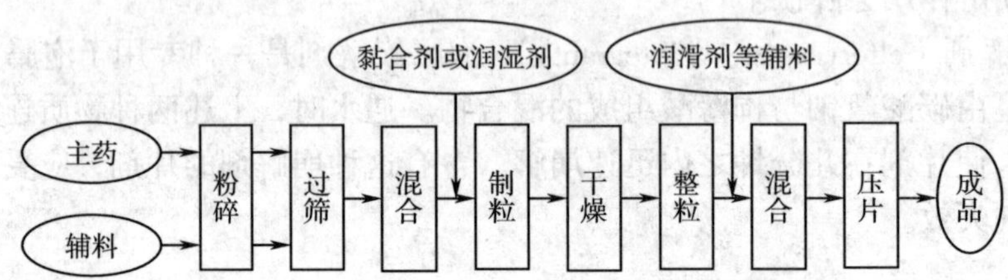

为了掌握片剂的各种制备方法，必须了解片剂制备的两个重要前提条件，即：用于压片的物料（颗粒或粉末）应该具有良好的流动性和良好的可压性。首先，片剂是在较大的压力下压制成型的，在加压的初期，颗粒（或粉末）被挤紧，发生移动或滑动，从而接触更为紧密；随着压力的增加，颗粒间的距离和间隙进一步缩小并产生塑性或弹性变形，同时也有部分颗粒被压碎（比表面积急剧增加）并填充于颗粒的间隙当中；当达到一定压力时，颗粒间的距离已非常小（10^{-8}~10^{-7}m），分子间的引力（内聚力）足以使颗粒固结成为整体的片状物。因此，若想制得良好的片剂，用于压片的物料（颗粒或粉末）就必须具有良好的可压性。这种可压性实际上就是指物料在受压过程中可塑性的大小，可塑性大即可压性好，亦即易于成型，在适度的压力下，即可压成硬度符合要求的片剂；反之，则需选用可压性较好的辅料来调整或改善原物料的可压性，才能压成合格的片剂。其次，除了可压性的要求外，在片剂的生产中还要求物料具有良好的流动性，否则，它们将难以顺利地流入压片机的模孔，或者流入量忽多忽少，造成片剂重量差异过大及含量不均匀。因此，良好的流动性和可压性是制备片剂的两个重要前提条件。为了满足这两个前提条件，产生了不同的制备方法。例如，某些药物呈立方体结晶（如氯化钾等），具有良好的流动性和可压性，经干燥即可直接压片；而另一些药物呈鳞片状结晶，可压性及流动性都很差，需加入适当辅料及黏合剂（胶浆），制成流动性和可压性都较好的颗粒后再压片，一般称其为湿法制粒压片，在本书中，我们将重点介绍这种湿法制粒压片，这也是国内采用最广泛的一种片剂制备方法；同时也对干法压片等制备方法做一简略的介绍。

一、湿法制粒压片

本法可以较好地解决压片时粉末状物料的流动性差、可压性差的问题，这里按照制软材、制粒、干燥、整粒、压片的生产工艺流程分别加以介绍。

（一）制软材

将处方量的主药和辅料粉碎并混合均匀后，置于混合机内，加入适量的润湿剂或黏合剂，搅拌均匀，制成松、软、黏、湿度适宜的软材。黏合剂的用量与原料的理化性质及黏合剂本身的黏度皆有关。一般情况下，黏合剂的用量多、湿混的强度大、时间长，将使制得的颗粒密度较大或硬度较大。在国内目前的生产实际中，多凭生产操作者的经验来掌握软材的干湿程度，即：轻握成团，轻压即散。近年来已有人采用仪表测量混合机内颗粒的动量扭矩，自动控制软材制备的终点，从而保证了软材的质量，加强了生产的科学性。

（二）制粒

最简单、最直观的办法，就是将软材用手工或机械的方法挤压通过筛网，例如用摇摆式颗粒机，即可制得湿颗粒。其工作原理如下：将软材置于颗粒机上部的加料斗中，加料斗下部装有 6 条绕轴往复转动的、钝六角形棱柱状的滚轴，滚轴下装有筛网并紧贴滚轴。开机后，这些滚轴连续不断地进行往复转动，将软材挤压搓过筛网而制成湿颗粒。通常将软材通过筛网一次即可制得颗粒，有时也可使软材二次或三次通过筛网，这样可使颗粒更为均匀且细粉较少，同时也可减少黏合剂的用量，缩短下一步的干燥时间。当采用这种多次过筛制粒的方法时，第一次应该用较粗的筛网，然后再用较细的筛网。

目前市售的筛网有尼龙筛网、镀锌筛网和不锈钢筛网，可根据生产的实际需求加以选择。一般地说，尼龙筛网不会影响药物的稳定性，但有弹性，当软材较黏时过筛较慢，制成颗粒的硬度亦较大。另外，尼龙筛网较易破损。镀锌筛网无上述缺点，但有时会有金属屑脱落，影响某些药物的稳定性。不锈钢筛网较好。除了上述这种最传统的过筛制粒的方法以外，近二十年来已有许多新的制粒方法及其设备应用于生产实践，其中最典型的就是流化沸腾制粒法，亦称为“一步制粒法”——物料的混合、粘结成粒、干燥等过程在同一设备内一次完成。显然，这种方法生产效率较高，既简化了工序和设备，又节省了厂房和人力，同时制得的颗粒大小均匀，外观圆整，流动性好，压成的片剂质量也很好。因此，国内已有不少药厂采用了这种较为先进的制粒方法，这里以间歇式流化制粒机为例，简要介绍这种方法的工作原理。见图 8–1。

流化室呈倒锥形，底部装有 60~100 目的不锈钢筛网，它支撑物料（药物与辅料的粉末）并将热空气均匀分配。当预先净化并加热至 60℃左右的热空气经底部筛网进入流化室后，筛网上的物料即被这种强热空气吹起，呈现出沸腾状态（即流化状态），几分钟后，喷入润湿剂或黏合剂溶液，物料中的粉末被湿润并黏合聚结成一定大小的颗粒，水分则随气流蒸发逸出。此过程连续不断地进行，即可得到大小均匀、含水量适宜的干燥颗粒。为了防止粉尘飞扬，设备顶部装有回收细粉的装置（滤袋）。这种流化沸腾制粒法的缺点是动力消耗较大，另外，当处方中含有密度差别较大的多种组分时，可能会造成片剂的重量差异较大或含量不均匀。

与流化制粒相类似的另一种先进的制粒方法是喷雾干燥制粒法。该法是将待制粒的药物、辅料与黏合剂溶液混合，制成含固体量为 50%~60% 的混合浆状物，用泵输送至离心式雾化器的高压喷嘴，在喷雾干燥器的热空气流中雾化成大小适宜的液滴，热风气流将其迅速干燥而得到细小的、近似球形的颗粒并落入干燥器的底部。此法进一步简化了操作，成粒过程只需几秒至几十秒，速度较快，效率较高。一般需使用离心式雾化器，并由其转速等控制液滴（颗粒）的大小。

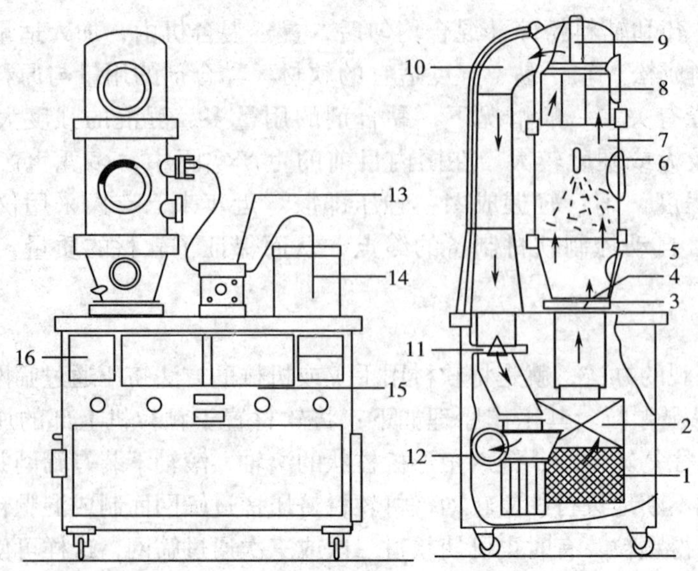

图 8-1 流化沸腾制粒机操作系统

1. 进风过滤；2. 加热器；3. 压力环；4. 分布板；5. 料斗；6. 喷嘴；7. 流化室；8. 袋滤器；9. 摇振气缸；10. 出风口；11. 排气风门；12. 风机；13. 输液泵；14. 贮槽；15. 控制面板；16. 四针记录仪

高速搅拌制粒也是近年来发展较快的另一种湿法制粒方法。这种方法是使物料的混合、制粒在密闭的不锈钢容器内一次完成，机内设有双速搅拌桨和双速切（粉）碎刀片，搅拌桨使物料充分地混合并按一定的方向翻腾，然后加入黏合剂溶液，在连续不断的搅拌下，黏合剂被分散、渗透到粉末状的物料之中，这些（被润滑的）粉末再相互粘结起来而形成稍大一些的颗粒，再经高速旋转的粉碎切片的粉碎作用，即可形成大小适宜、近似球形的颗粒。这种颗粒粒度均匀、流动性很好，能够满足高速压片机的要求，从而提高片剂的质量和压片效率，减轻工人的劳动强度，缩短工时（造粒时间一般只需 8~10 分钟），黏合剂的用量也比通常的方法少 20%~25%。与流化沸腾制粒法相比，本法制得的颗粒密度稍大并且没有粉尘飞扬的缺点，当然也不存在细粉的回收问题。因此，高速搅拌制粒法将在片剂的生产中得到愈来愈加广泛的应用。

（三）湿颗粒的干燥

1. 干燥的概念和方法　干燥是利用热能去除湿物料中水分或其他溶剂的操作过程，在制剂的生产中需要干燥的物料多数为湿法制粒所得的物料，但也有固体原料药以及中药浸膏等。

干燥方法可按不同的情况进行分类：①按操作方式，可分为连续式干燥和间歇式干燥；②按操作压力，可分为真空干燥和常压干燥；③按热量传递方式，可分为传导干燥、对流干燥、辐射干燥、介电加热干燥等，其中：传导干燥是将热能通过与物料接触的壁面以传导方式传给物料，使物料中的湿分气化并由周围空气气流带走而达到干燥目的的操作；对流干燥是将热能以对流方式由热气体传给与其接触的湿物料，物料中的湿分受热气化并由气流带走而达到干燥目的的操作，此时热空气既是载热体，又是载湿体；辐射干燥是将热能以电磁波的形式发射，入射至湿物料表面被吸收而转变为热能，将物料中的湿分加热气化而达到干燥目的的操作；介电加热干燥是将湿物料置于高频电场内，由于高频电场的交变作用使物料中的水分加热、湿分气化而达到干燥目的的操作。目前在制药工业中应用最普遍的是对流干燥。

（1）常压箱式干燥：是将湿颗粒平铺于干燥盘内（薄厚应适度，一般不超过10cm），然后置于搁板上。热空气以水平方向通过最上层湿颗粒的表面，然后流经侧面的加热器，使之每通过一次湿颗粒后得到再次加热，以保证干燥室内上、中、下各层干燥盘内的物料干燥均匀。这样，每次都得到补充加热的空气依次流过以下各层搁板，最后由出口排出，也可部分地或全部地进入下一循环。

箱式干燥投资少，适用于小批量的生产或用于干燥时间要求比较长的物料以及易生碎屑或有爆炸危险的物料，但是这种方法的缺点也是显而易见的，主要有：劳动强度大，热能利用率低，操作条件不良，物料干燥不均匀；尤其是干燥速度过快时，很容易造成外壳干而颗粒内部残留水分过多的"虚假干燥"现象，给下一步的制片工艺带来不利影响，有时也会造成可溶性成分在颗粒之间发生"迁移"而影响片剂的含量均匀度。因此，下述的流化床干燥法已在国内很多药厂普遍使用。

（2）流化床干燥：这种方法与流化制粒的工作原理相同，但上宽下窄的流化室底部筛网上放置的是待干燥的湿颗粒，这些湿颗粒在强热空气的吹动下，上下翻腾，处于流化状态（沸腾状态），快速地与热气流进行热交换，蒸发的水分则随着上升的热气流带走，这种传热、传质的过程，在流化室内连续不断地进行，从而实现了湿颗粒的干燥；另外，由于颗粒在流化室内翻腾，流动性很强，在流化室下部形成连续的、进动性的流化沸腾层（逐渐向出口方向移动），约20分钟，打开出口闸门，干颗粒既可由此放出，也可在出口处装备电磁振动筛，使干颗粒过筛后收集于适宜的容器中，这样就实现了连续化的流化干燥与制粒相互联接的自动化生产。

流化干燥法效率高，速度快，时间短，对某些热敏感物料亦可采用，操作方便，劳动强度小，自动化程度高，所得产品干湿程度均匀，流动性良好。与箱式干燥相比，由于在干燥过程中颗粒上下翻腾，互相并不紧密接触，所以一般不会发生可溶性成分的"迁移"现象，片剂的含量均匀度较好。除了上述这些优点以外，也有其不足之处，比如设备不易清洗、细颗粒比例较高等。

（3）喷雾干燥：喷雾干燥的蒸发面积大、干燥时间非常短（数秒至数十秒），温度一般为50℃左右，对热敏物料及无菌操作时较适合。干燥的制品多为松脆的颗粒，溶解性好。喷雾干燥器内送入的料液及热空气经过除菌高效滤过器滤过可获得无菌干品，如抗生素粉针的制备、奶粉的制备都可利用该干燥方法。

（4）红外干燥：红外干燥是利用红外辐射元件所发出来的红外线对物料直接照射加热的一种干燥方式。红外线是介于可见光和微波之间的一种电磁波，其波长范围在0.72~1000μm的广阔区域，波长在0.72~5.6μm区域的称近红外，5.6~1000μm区域的称远红外。

红外线辐射器所产生的电磁波以光的速度辐射至被干燥的物料，当红外线的发射频率与物料中分子运动的固有频率相匹配时，引起物料分子的强烈振动和转动，在物料内部分子间发生激烈的碰撞与摩擦而产生热，因而达到干燥的目的。红外线干燥时，由于物料表面和内部的物料分子同时吸收红外线，故受热均匀、干燥快、质量好。缺点是电能消耗大。

（5）微波干燥：属于介电加热干燥器。把物料置于高频交变电场内，从物料内部均匀加热，迅速干燥的方法。工业上使用的频率为915MHz或245MHz。水分子是中性分子，但在强外加电场力的作用下极化，并趋向于外电场方向一致的整齐排列，改变电场的方向，水分子又会按新的电场方向重新整齐排列。若外加电场不断改变方向，水分子就会随着电场方向不断地迅速转动，在此过程中水分子间产生剧烈的碰撞和摩擦，部分能量转化为热能。微波干燥器内是一种高频交变电场，能使湿物料中的水分子迅速获得热量而气化，从而使湿物料得到干燥。微波干燥器加热迅速、均匀、干燥速度快、热效率高；对含水物料的干燥特别有利；微波操作控制灵敏、操作方便。缺点是成本高，对有些物料的稳定性有影响。因此，常用于避免物料表面温度过高或防止主药在干燥过程中的迁移时使用。

（6）冷冻干燥：是利用固体冰升华去除水分的干燥方法，详见第六章注射剂的有关内容。

2. 干燥的基本原理及影响因素

（1）干燥的基本原理：在干燥过程中，水分从物料内部移向表面，再由表面扩散到热空气中。当热空气与湿物料接触时，热空气将热能传给物料，这个传热过程的动力是二者的温度差；湿物料得到热量后，其中的水分不断气化并向热空气中移动，这是一个传质过程，其动力为二者的水蒸气分压之差。换言之，当物料表面产生的水蒸气压 p_w 大于热空气中的水蒸气分压 p 时（$p_w-p>0$ 时），物料表面的水蒸气必然扩散到热空气中，在热空气不断地把热能传递给湿物料的同时，湿物料的水分不断地气化并扩散至热空气并由热空气带走，而物料内部的湿分又源源不断地以液态或气态扩散到物料表面，这样就使湿物料中的湿分不断减少而达到干燥的效果。显然，干燥过程得以进行的必要条件是被干物料表面所产生的水蒸气分压 p_w 大于干燥介质（热空气）的水蒸气分压 p，即 $p_w-p > 0$；如果 $p_w-p = 0$，表示干燥介质与物料中水蒸气达到平衡，干燥即行停止；如果 $p_w-p < 0$，物料不仅不能干燥反而吸潮。

为了达到有效的干燥，必须选用适宜的空气。空气是绝干空气和水蒸气的混合物，可称为湿空气。因此，采用热空气作为干燥介质的目的不仅是为了提供热能，而且是为了降低干燥介质的水蒸气分压 p 以提高吸湿能力。

相对湿度（relative humidity，RH）是指在一定温度及总压下，湿空气中的水蒸气分压 p 与饱和空气中的水蒸气分压 p_s 的比值，常用百分数表示：饱和空气的 RH=100%，未饱和空气的 RH < 100%，绝干空气的 RH=0%。因此相对湿度直接反映空气中湿度的饱和程度。

（2）物料中水分的性质：研究物料中水分的性质对提高干燥速率很有帮助。

1）平衡水与自由水：根据物料中所含水分能否被干燥除去，可划分平衡水和自由水。平衡水（equilibrium water）系指在一定空气状态下，物料表面产生的水蒸气压与空气中水蒸气分压相等时，物料中所含的水分叫平衡水，是干燥除不去的水分；自由水（free water）系指物料中所含大于平衡水分的那一部分水，也称为游离水，是在干燥过程中能除去的水分。各种物料的平衡水量随空气中相对湿度（RH）的增加而增大，见图 8-2。

2）结合水分与非结合水分：结合水分（bound water）系指主要以物理化学方式与物料结合的水分，它与物料的结合力较强，干燥速度缓慢。结合水分包括动植物物料细胞壁内的水分、物料内毛细管中水分、可溶性固体溶液中的水分等。非结合水分（nonbound water）系指主要以机械方式结合的水分，与物料的结合力很弱，干燥速度较快。

（3）干燥速率及其影响因素：干燥速率是在单位时间内、单位干燥面积上被干燥物料所能气化的水分量。即水分量的减少值，其单位为 kg/（m^2·s）。

从物料含水量随时间变化的干燥速率曲线图（图 8-3）可知：从 A 到 B 为物料短时间的预热段；在含水量从 X' 减少到 X_0 的范围内，物料的干燥速率不随含水量的变化而变化，保持恒定（BC 段），称为恒速干燥阶段。

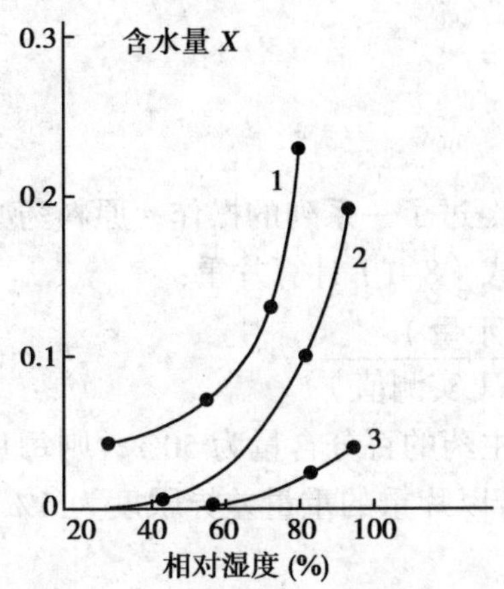

图 8-2 几种物料的平衡水量随 RH 的变化曲线

1. 皂土 2. 淀粉 3. 乙基纤维素

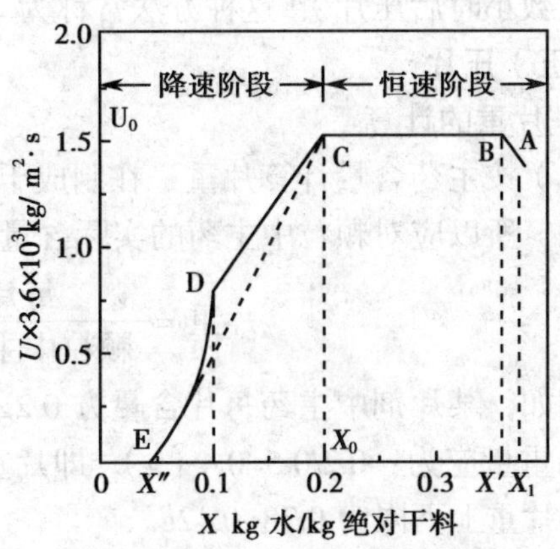

图 8-3 干燥速率曲线

在含水量低于 X_0 直到平衡水分 X^* 为止，干燥速率随含水量的减少而降低（CD 段），称为降速干燥阶段。恒速干燥阶段与降速干燥阶段的分界点称为临界点（C 点），该点所对应的含水量 X_0 为临界含水量。

因为上述不同干燥阶段的干燥机制不同，所以干燥速率的影响因素也不相同。

在恒速干燥阶段，物料中水分含量较多，物料表面的水分气化并扩散到空气中时，物料内部的水分及时补充到表面，保持充分润湿的表面状态，因此物料表面的水分气化过程完全与纯水的气化情况相同，此时的干燥速率主要受物料外部条件的影响，取决于水分在物料表面的气化速率，其强化途径有：①提高空气温度或降低空气中湿度（或水蒸气分压 p），以提高传热和传质的推动力；②改善物料与空气的接触情况，提高空气的流速，使物料表面气膜变薄，减少传热和传质的阻力。

在降速干燥阶段，当水分含量低于 X_0 之后，物料内部水分向表面的移动已不能及时补充表面水分的气化。因此，随着干燥过程的进行，物料表面逐渐变干，温度上升，物料表面的水蒸气压低于恒速段时的水蒸气压，因而传质推动力（p_w-p）下降，干燥速率也降低，其速率主要由物料内部水分向表面的扩散速率所决定，内部水分的扩散速率主要取决于物料本身的结构、形状、大小等。其强化途径有：①提高物料的温度；②改善物料的分散程度，以促进内部水分向表面扩散。而改变空气的状态及流速对干燥的影响不大。

（四）整粒与总混

在上述的干燥过程中，某些颗粒可能发生粘连，甚至结块。因此，要对干燥后的颗粒给予适当的整理，以使结块、粘连的颗粒散开，得到大小均匀一致的颗粒，这就是整粒的过程。一般采用过筛的办法整粒，所用筛网要比制粒时的筛网稍细一些；但如果干颗粒比较疏松，宜选用稍粗一些的筛网整粒，此时如果选用细筛，则颗粒易被破坏，产生较多的细粉，不利于下一步的压片。

整粒完成后，向颗粒中加入润滑剂（外加的崩解剂亦在此时加入），然后置于混合筒内进行“总混”。如果处方中有挥发油类物质，可先从干颗粒内筛出适量细粉，吸收挥发油，然后再与干颗粒混匀；如果处方中主药的剂量很小或对湿、热很不稳定，则可先制成不含药的空白干颗粒，然后加入主药（为了保证混合均匀，常将主药溶于乙醇喷洒在干颗粒上，密封贮放数小时后压片），这种方法常称为“空白颗粒法”。

（五）压片

1. 片重的计算

（1）按主药含量计算片重：在制成干颗粒时，由于经过了一系列的操作，原料药必将有所损耗，所以应对颗粒中主药的实际含量进行测定，按式（8–1）计算片重：

$$片重=\frac{每片含主药量（标示量）}{颗粒中主药的百分含量（实测值）} \tag{8–1}$$

例如，某片剂中主药每片含量方 0.2g，测得颗粒中主药的百分含量为 50%，则每片所需颗粒的重量应为：0.2/0.5=0.4（g），即片重应为 0.4g，若以片重的重量差异限度为 5% 计算，本品的片重上下限为 0.38~0.42g。

（2）按干颗粒总重计算片重：在药厂中，已考虑到原料的损耗，因而增加了投料量，则片重的计算可按公式（8–2）计算（成分复杂、没有含量测定方法的中草药片剂只能按此公式计算）：

$$片重=\frac{干颗粒重+压片前加入的辅料量}{预定的应压片数} \tag{8–2}$$

2. 压片机　有单冲压片机和多冲旋转压片机两大类。单冲压片机仅适用于很小批量的生产和实验室的试制，因而这里仅做简单的介绍。如图 8–4 所示，单冲压片机主要由转动轮、冲模冲头及其调节装置、饲粉器 3 部分组成：①转动轮是压片机的动力部分，可以电动也可以手摇，压力为 1~5t，压片时的撞击噪声较大（由上冲单向加压），产量也很小，约为 100 片 / 分钟；②冲模冲头指的是上冲、下冲和模圈，是直接实施压片的部分，并决定了片剂的大小、形状和硬度；调节装置调节的是上、下冲的位移幅度，其中压力调节器负责调节上冲下降到模孔中的深度，深度愈大，则加压时上下冲间的距离愈近，压力愈大；片重调节器负责调节下冲下降的位置，位置愈低，模孔中容纳的颗粒愈多，则片重愈大；出片调节器负责调节下冲抬起的高度，使之恰好与模圈的上缘相平，从而把压成的片剂顺利地顶出模孔；③饲粉器负责将颗粒填充到模孔中，并把上述下冲顶出的片剂推至收集容器中。

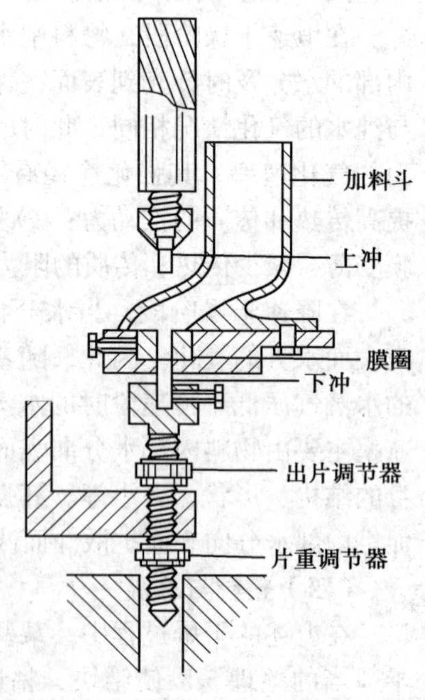

图 8–4　单冲压片机主要构造示意图

多冲旋转式压片机是目前生产中使用的压片机，有 19 冲、33 冲、55 冲等多种型号，压力分布均匀（上、下冲同时加压），饲粉方式合理，机械噪声很小，生产效率较高。从压片机的发展历史看，初期的19冲压片机为单流程，即仅有一套压轮（上、下压轮各1个），每付冲旋转一圈只可压成一个药片，因而产量较低，每分钟为350~750片，大规模生产中已极少使用；目前国内生产中使用较多的33冲旋转式压片机为双流程，它有两套压轮，每付冲旋转一圈可压成两个药片，产量较高，每分钟可生产1000~1600片，又由于两套压轮交替加压，减少了机器的振动和噪声。双流程旋转式压片机的冲数皆为奇数，51冲、55冲压片机是效率更高的高速压片机，目前已在国内药厂应用。

多冲旋转式压片机的压片过程可以归纳如下。①填充：当下冲运行到饲粉器下方时，颗粒填入模孔，当下冲继续运行至片重调节器时略有上升，推出多余的颗粒并由刮板刮去；②压片：下冲稍稍下降之后便运行至下压轮的上方，上冲亦同时到达上压轮的下方，上、下冲同时加压，将模孔内的颗粒挤压成片状；③推片：压片后，上、下冲分别沿着各自的轨道上升（上冲稍快），当下冲运行至推片调节器的上方时，片剂被推出模孔并被刮板推至收集容器中。如此反复进行，便实现了片剂的连续化生产。为了防止压片时粉末飞扬，新型的旋转式压片机一般都带有吸粉捕尘装置。

二、干法压片

干法压片一般包括结晶压片法、干法制粒压片法和粉末直接压片法3种。

（一）结晶压片法

某些流动性和可压性均好的结晶性药物，只需适当粉碎、筛分和干燥，再加入适量的崩解剂、润滑剂即可压成片剂，如氯化钾、氯化钠、硫酸亚铁等。

（二）干法制粒压片

某些药物的可压性及流动性皆不好，应该采用制粒的办法加以改善，但是这些药物对湿、热较敏感，不够稳定，所以可改用干法制粒的方式压片。即：将药物粉末及必要的辅料混合均匀后，用适宜的设备将其压成固体（块状、片状或颗粒状），然后再粉碎成适当大小的干颗粒，最后压成片剂。通常是采用液压机将药物与辅料的混合物压成薄片状固体，也可采用特制的、具有较大压力的压片机先压成大型片子（亦称为“压大片法”），再破碎成小的颗粒后压片。最近国内研制成功了滚压式干法制粒机，采用强力挤压的方法，可直接将物料（药物与辅料的混合物）制成干颗粒，这种滚压式干法制粒压片的工艺流程与工作原理见图8–5。

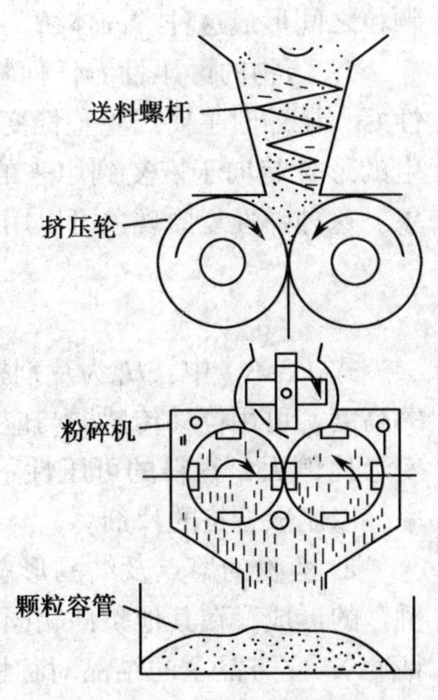

图8–5　滚压式干法制粒压片工艺流程及工作原理示意图

（三）粉末直接压片

避开制粒过程，将药物粉末直接压成片剂的方法是近二十年来片剂制备工艺中一项引人瞩目的新工艺。它有许多突出的优点，如：省时节能、工艺简便、工序减少、适用于湿热条件下不稳定的药物等。只是它对辅料有特殊的需求，因为绝大多数药物粉末不具有良好的可压性和流动性，需加入辅料来弥补这些不足。因而要求所用的辅料具有相当好的可压性和流动性，并且在与一定量的药物混合后，仍能保持这种较好的性能。国外已有许多用于粉末直接压片的药用辅料，如各种型号的微晶纤维素、喷雾干燥乳糖、磷酸氢钙二水合物、可压性淀粉、微粉硅胶（优良的助流剂）等。目前，国外约有 40% 的片剂品种采用了这种新工艺。国内的发展相对滞后，主要是受到辅料和压片机这两方面的制约：第一，国内仅有微晶纤维素可作为粉末直接压片的干黏合剂使用，助流剂也只有微粉硅胶一个品种；第二，国内的压片机还不适合于粉末直接压片：饲粉器中的粉体由于密度不同可能分层，也可能发生流动时快时慢或形成空洞的现象，因此压片机的饲粉器应加振荡装置，实施强制饲粉；另外，粉末直接压片时，产生的粉尘较多，因此压片机上应加吸粉捕尘装置。可以相信，随着我国医药科学技术的发展、药用辅料的开发以及压片机的改进，粉末直接压片这种新工艺必将在国内得到更加广泛的应用。

三、片剂的成型及其影响因素

片剂成型是一个物理压缩过程。模孔中的颗粒受到上、下冲的挤压后，首先发生相对移动或滑动（例如小颗粒挤入到大颗粒的空隙当中），从而排列得更加紧密合理；然后，颗粒被迫发生塑性或弹性变形，使体积进一步缩小，同时，亦有部分颗粒破碎而生成大量新的、未被污染（未吸附空气）的颗粒，具有较大的比表面积和表面自由能，因此表现出较强的结合力，加之静电力的作用，终于使原来松散堆积的颗粒固结成具有一定孔隙率的片状物——这就是片剂。另外，物料受压时产生的热量及颗粒间相互摩擦所产生的热量，会使相邻颗粒的接触点局部升温而发生熔融现象。当压力解除后，在这些部位发生重新结晶而形成“固体桥”，使众多的相邻颗粒借助于这种“固体桥”而联接起来。这种固体架桥现象也是片剂成型的重要因素之一，固体桥愈多，片剂的硬度愈大。此外，可溶性成分的重结晶也可在相邻颗粒之间形成这种“固体桥”。综上所述，可以归纳出影响片剂成型的主要因素有以下几点。

1. 药物的可压性　任何物质都兼有一定的塑性和弹性，若其塑性较大，则称其为可压性好，压缩时主要产生塑性变形，易于固结成型；若弹性较强，则可压性差，即压片时所产生的形变趋向于恢复到原来的形状，致使片剂的结合力减弱或瓦解，发生裂片和松片等现象。这种弹性复原现象可以用弹性复原率定量地加以测定，其计算公式如下：

$$\text{弹性复原率} = H_t - H_o / H_o \times 100\% \qquad (8\text{–}3)$$

式（8–3）中：H_t 为片剂推出模孔后的高度，可用卡尺方便地量出；H_o 为片剂被加压时的高度，可用位移传感器与应变仪联合应用而测得。弹性复原率大，说明压缩时发生的弹性变形比例大，物料的可压性不好，应该在处方中增加易于塑性变形的辅料，减小弹性复原率，以制成合格的片剂。

2. 药物的熔点及结晶形态　由上述片剂成型理论已知，药物的熔点较低有利于“固体桥”的形成，在其他条件相同时，药物的熔点低，片剂的硬度大（但熔点过低，压片时容易粘冲）；立方晶系的结晶对称性好、表面积大，压缩时易于成型；鳞片状或针状结晶容易形成层状排列，所以压缩后的药片容易分层裂片，不能直接压片；树枝状结晶易发生变形而且相互嵌接，可压性较好，易于成型，但缺点是流动性极差。

3. 黏合剂和润滑剂　一般而言，黏合剂的用量愈大，片剂愈易成型，但应注意避免硬度过大而造成崩解、溶出的困难；润滑剂在其常用的浓度范围以内对片剂的成型影响不大，但由于润滑剂往往具有一定的疏水性（如硬脂酸镁），当其用量继续增大时，会过多地覆盖于颗粒的表面，使颗粒间的结合力减弱，造成片剂的硬度降低。

4. 水分　颗粒中含有适量的水分或结晶水，有利于片剂的成型。这是因为干燥的物料往往弹性较大，不利于成型，而适量的水分在压缩时被挤到颗粒的表面形成薄膜，起到一种润滑作用，使颗粒易于互相靠近，从而片剂易于形成。另外，这些被挤压到颗粒表面的水分，可使颗粒表面的可溶性成分溶解，当压成的药片失水后，发生重结晶现象而在相邻颗粒间架起了“固体桥”，从而使片剂的硬度增大。当然，颗粒的含水量也不能太多，否则会造成粘冲现象。

5. 压力　一般情况下，压力愈大，颗粒间的距离愈近，结合力愈强，压成的片剂硬度也愈大。但当压力超过一定范围后，压力对片剂硬度的影响减小。加压时间延长有利于片剂成型，并使之硬度增大。单冲压片机属于撞击式压片，加压时间很短，所以极易出现裂片（顶裂）现象；旋转式压片机的加压时间较长，因而不易裂片；近年来发展的“多次压片机”，可使加压时间由 0.05 秒延长到 0.22 秒，因而极少出现裂片。

四、片剂制备中可能发生的问题及解决办法

（一）裂片

片剂发生裂开的现象叫做裂片，如果裂开的位置发生在药片的顶部（或底部），习惯上称为顶裂，它是裂片的一种常见形式。压力分布的不均匀以及由此而带来的弹性复原率的不同，是造成裂片的主要原因。经验表明：压制成的片剂由模孔中推出后，一般不能放回到原模孔中，因为它已经发生了径向的和轴向的弹性复原，这种弹性复原与所受到的压力大小成正比，压力越大，弹性复原率越大。以单冲压片机为例，直接受到上冲加压的上层颗粒将压力向下传递，但是这些颗粒状固体物料对压力的传递与液体对压力的传递是不相同的，它既受到颗粒之间的摩擦阻力，又受到模孔壁与颗粒之间的摩擦阻力，造成不可避免的压力损失，所以从上至下，颗粒所受压力逐渐减弱。这种从上至下压力分布不均匀的现象，使成型后的片剂在上、中、下的不同部位潜藏了不同的弹性复原能力，其中上层所受的压力最大，所以具有最大的弹性复原率，再加上片剂的上部首先移出模孔，脱离了模孔的束缚，因此，在弹性复原率最大的上表面极易发生弹性复原而出现顶裂现象。用旋转式压片机压片时，片剂的上、下两个表面受压较大（相对于中层、中上层或中下层而言），因此也会发生顶裂。

由此可见，解决裂片问题的关键是换用弹性小、塑性大的辅料，从整体上降低物料的弹性复原率。另外，颗粒中细粉太多、颗粒过干、黏合剂黏性较弱或用量不足、片剂过厚以及加压过快等，也可造成裂片。

（二）松片

片剂硬度不够，稍加触动即散碎的现象称为松片。前面所讨论的影响片剂成型的因素，都直接决定了片剂的硬度，亦即决定了片剂是否会松片，这里不再赘述。

（三）粘冲

片剂的表面被冲头粘去一薄层或一小部分，造成片面粗糙不平或有凹痕的现象，一般即

为粘冲；若片剂的边缘粗糙或有缺痕，则可相应地称为粘模。造成粘冲或粘模的主要原因有：颗粒不够干燥或物料易于吸湿、润滑剂选用不当或用量不足以及冲头表面锈蚀或刻字粗糙不光等，应根据实际情况，确定原因加以解决。

（四）片重差异超限

即片剂的重量超出药典规定的片重差异允许范围，产生的原因及解决办法是：①颗粒流动性不好，流入模孔的颗粒量时多时少，引起片重差异过大，应重新制粒或加入较好的助流剂如微粉硅胶等，改善颗粒流动性；②颗粒内的细粉太多或颗粒的大小悬殊，致使流入模孔内的物料时重时轻，应除去过多的细粉或重新制粒；③加料斗内的颗粒时多时少，造成加料的重量波动也会引起片重差异超限，所以应保持加料斗内始终有1/3量以上的颗粒；④冲头与模孔吻合性不好，例如下冲外周与模孔壁之间漏下较多药粉，致使下冲发生“涩冲”现象，必然造成物料填充不足，对此应更换冲头、模圈。

（五）崩解迟缓

除了缓释、控释等特殊片剂以外，一般的口服片剂都应在胃肠道内迅速崩解。因此，《中国药典》规定了崩解度检查的具体方法，并根据国内的实际生产状况，对普通口服片剂、包衣片剂以及肠溶衣片剂规定了不同的崩解时限。若某一品种超出了这一限度，即称为崩解超限或崩解迟缓。要对这一问题加以解决，必须对崩解机制及其影响因素有所了解。

1. 崩解机制　简介片剂的崩解机制比较复杂，下述前3种崩解机制比较容易理解：①有些片剂中含有较多的可溶性成分，遇水后这些可溶性成分迅速溶解，形成很多溶蚀性孔洞，致使片剂难以继续维持其片状形式而蚀解溃碎；②有些片剂之所以能固结成片状，与其中的可溶性成分在颗粒间形成“固体桥”有关，当水分透入片剂后，这些“固体桥”溶解，结合力消失，片剂作为一个整体就难以继续存在，从而发生崩解；③有些片剂中含有遇水可产生气体的物质，例如：泡腾片中含有的碳酸氢钠与枸橼酸，遇水后产生二氧化碳气体造成片剂的崩解。对多数片剂而言，均需另外加入干淀粉等崩解剂才能发生崩解，Lowenthal W. 曾对这一问题做过较全面的综述，这里简介如下两种机制。①吸水膨胀：崩解剂在干燥状态时具有吸水性，当水分透入片剂中的毛细管网络（即纵横分布的孔隙）时，这些崩解剂将吸收水分并发生体积膨胀，使片剂的结合力被瓦解，从而发生崩解现象。例如干淀粉的吸水膨胀率为78%左右，而低取代羟丙基纤维素（L-HPC）的吸水膨胀率为500%~700%，如此大的体积膨胀，足以克服片剂的结合力而使其崩解。②润湿热：片剂吸水后，其中的成分被湿润产生润湿热，这种润湿热使片剂中的空气膨胀，从而造成片剂的崩解。然而，此机制并未阐明崩解剂在崩解中所起的作用，所以尚未得到普遍的认同。

综上所述，崩解机制比较复杂，尚需作进一步的研究。上述各种崩解机制都有其不够完善之处，除泡腾崩解以外，崩解过程应该是上述各种崩解机制综合作用的结果。在此基础上，讨论影响崩解的因素，将对提高片剂的质量具有一定的指导意义。

2. 影响崩解的因素　水分的透入是片剂崩解的首要条件，而水分透入的快慢与片剂内部的孔隙状态有关：尽管片剂的外观为一压实的片状物，但实际上它却是一个多孔体，在其内部具有很多孔隙并互相联接而构成一种毛细管的网络，它们曲折回转、互相交错，有封闭型的，也有开放型的。水分正是通过这些孔隙而进入到片剂内部的，其规律可用下述的毛细管理论加以说明。

$$L^2=R\gamma\cos\theta/2\eta \cdot t \tag{8–4}$$

式（8–4）是液体在毛细管中流动的规律，式中：L 为液体透入毛细管的距离，θ 为液体与毛细管壁的接触角，R 为毛细管的孔径，γ 为液体的表面张力，η 为液体的黏度，t 为时间。由于一般的崩解介质为水或人工胃液，其黏度变化不大，所以影响介质（水分）透入片剂的四个主要参数是：毛细管数量（孔隙率）、毛细管孔径（孔隙径 R）、液体的表面张力 γ 和接触角 θ。对这四个参数产生影响的因素都会对片剂的崩解产生影响，现分别阐述如下。

（1）原辅料的可压性：可压性强的原辅料被压缩时易发生塑性变形，片剂的孔隙率及孔隙径 R 皆较小，因而水分透入的数量和距离 L 都比较小，片剂的崩解较慢。实验证明，在某些片剂中加入淀粉，往往可增大其孔隙率，使片剂的吸水性显著增强，有利于片剂的快速崩解，其原因就在于淀粉的可压性较差。但不能由此推断出淀粉越多越好的结论，因为淀粉过多则可压性过差，会使片剂难以成型。

（2）颗粒的硬度：颗粒（或物料）的硬度较小时，易因受压而破碎，所以压成的片剂孔隙率和孔隙径 R 皆较小，因而水分透入的数量和距离 L 也都比较小，片剂的崩解较慢；反之，则崩解较快。但也不能使颗粒的硬度过大，否则将会造成压片困难或形成麻面等不良现象。

（3）压片力：在一般情况下，压力愈大，片剂的孔隙率及孔隙径 R 较小，透入水的数量和距离 L 均较小，片剂崩解较慢。因此，压片力应适中，否则片剂过硬，难以崩解。但是，也有些片剂的崩解时间随压力的增大而缩短，例如，非那西丁片剂中以淀粉为崩解剂，当压力小时，片剂的孔隙率大，崩解剂吸水后有充分的膨胀余地，难以发挥出崩解的作用；而适当压力增大时，孔隙率较小，崩解剂吸水后没有充分的膨胀余地，从而充分地发挥出崩解作用，因此崩解较快。

（4）表面活性剂：由式（8–4）可知，当接触角 θ 大于 90° 时，$\cos\theta$ 为负值，水分不能透入到片剂的孔隙中，即片剂不能被水所湿润，所以难以崩解。这就要求药物及辅料具有较小的接触角 θ；如果 θ 较大，例如疏水性药物阿司匹林接触角 θ 较大，则需加入适量表面活性剂，改善其润湿性，降低其接触角 θ，使 $\cos\theta$ 值增大（L 值亦随之增大），从而加快片剂的崩解。但是，这里需要注意：表面活性剂会降低表面张力 γ，由式（8–4）可知，水的透入距离 L 将会减少，所以，对于易被水湿润的药物（θ 较小），如果加入表面活性剂，不必要地降低了液体的表面张力 γ，将不利于水分的透入。因此，不能认为任何片剂加入表面活性剂都可以加速其崩解。

（5）润滑剂：片剂中常用的疏水性滑润剂也可能严重地影响片剂的湿润性，使接触角 θ 增大，水分难以透入，造成崩解迟缓。例如，硬脂酸镁的接触角为 121°，当它与颗粒混合时，将吸附于颗粒的表面，使片剂的疏水性显著增强，使水分不易透入，崩解变慢，尤其是硬脂酸镁的用量较大时，这种现象更为明显。同样，疏水性润滑剂与颗粒的混合时间较长、混合强度较大时，颗粒表面被疏水性润滑剂覆盖得比较完全，因此片剂的孔隙壁将具有较强的疏水性，使崩解时间明显延长。因此，在生产实践中，应对润滑剂的品种、用量、混合强度、混合时间加以严格的控制，以免造成片剂的崩解迟缓。

除了以上影响因素外，还有以下几个因素影响片剂的崩解。

（6）黏合剂：黏合力越大，片剂崩解时间越长。一般而言，黏合剂的黏度强弱顺序为：动物胶（如明胶）>树胶（如阿拉伯胶）>糖浆>淀粉浆。在具体的生产实践中，必须把片剂的成型与片剂的崩解综合加以考虑，选用适当的黏合剂以及适当的用量。

（7）崩解剂：就目前国内现有的崩解剂品种而言，一般认为低取代羟丙基纤维素（L-HPC）和羧甲基淀粉钠（CMS-Na）的崩解效果较好，这与干淀粉作为崩解剂普遍应用的实际状况并不矛盾，因为在崩解度能够符合药典要求的情况下，干淀粉因价廉、易得，仍不失为一种良好的崩解剂。另外，崩解剂的加入方法不同，也会产生不同的崩解效果。

（8）片剂贮存条件：片剂经过贮存后，崩解时间往往延长，这主要与环境的温度、湿度有关，亦即：片剂缓缓地吸湿，使崩解剂无法发挥其崩解作用，片剂的崩解因此而变得比较迟缓。

（六）溶出超限

片剂在规定的时间内未能溶出规定量的药物，即为溶出超限或称为溶出度不合格，这将使片剂难以发挥其应有的疗效。因为片剂口服后，必须经过崩解、溶出、吸收等几个过程，其中任何一个环节发生问题都将影响药物的实际疗效。上述几个过程可以图解如下。

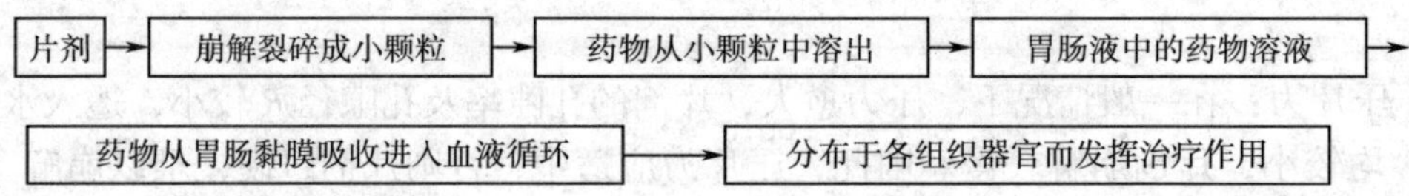

未崩解的片剂，其表面积十分有限，溶出量很小，溶出速度也很慢；崩解后，形成了众多的小颗粒，所以总表面积急剧增加，药物的溶出量和溶出速度一般也会大大加快。但是，对于难溶性药物而言，虽然崩解度合格却并不一定能保证药物快速而完全溶出，也就不能保证具有可靠的疗效。因此，继1990年版《中国药典》规定了45种片剂进行溶出度检查之后，从2005年版开始《中国药典》中大多数固体制剂需要进行溶出度检查，对片剂生产质量的提高起到了极大的促进作用。

对于片剂和多数固体剂型（如散剂、胶囊剂和丸剂等）来说，下述Noyes-Whitney方程（溶出理论）可说明剂型中药物溶出的规律。Noyes-Whitney方程的形式是：

$$dC/dt = kSC_s \tag{8-5}$$

式（8-5）中：dC/dt为溶出速度；k为溶出速度常数；S为溶出质点暴露于介质的表面积；C_s为药物的溶解度。

此式表明，药物从固体剂型中的溶出速度与溶出速度常数k、药物粒子的表面积S、药物的溶解度C_s成正比。因此可采取以下一些方法加以改善药物的溶出速度（当然，上述能够促使崩解加快的因素一般也能加快溶出，但是，对于许多难溶性药物来说，这种溶出加快的幅度不会很大）。

1. 可采用药物微粉化的方法来增加表面积S，从而加快药物的溶出速度。

2. 制备研磨混合物　疏水性药物单独粉碎时，随着粒径的减小，表面自由能增大，粒子易发生重新聚集的现象，粉碎的实际效率不高；与此同时，这种疏水性的药物粒径减小、比表面积增大，会使片剂的疏水性增强，不利于片剂的崩解和溶出。如果将这种疏水性的药物与大量的水溶性辅料共同研磨粉碎制成混合物，则药物与辅料的粒径都可以降低到很小。又由于辅料的量多，所以在细小的药物粒子周围吸附着大量水溶性辅料的粒子，这样就可以防止细小药物粒子的相互聚集，使其稳定地存在于混合物中；当水溶性辅料溶解时，细小的药物粒子便直接暴露于溶出介质，所以溶解（出）速度大大加快。例如，将疏水性的地高辛、氢化可的松等药物与20倍的乳糖球磨混合后干法制粒压片，溶出速度大大加快。

3. 制成固体分散物　将难溶性药物制成固体分散物，使药物以分子或离子形式分散在易溶性的高分子载体中，是改善溶出速度的有效方法。例如，用吲哚美辛与PEG6000（1∶9）制成固体分散物后，再加入适宜辅料压片，其溶出度可得到很大的改善。

4. 吸附于“载体”后压片　将难溶性药物溶于能与水混溶的无毒溶剂（如PEG400）中，然后用硅胶一类多孔性的载体将其吸附，最后制成片剂。由于药物以分子的状态吸附于硅胶，所以在接触到溶出介质或胃肠液时，很容易溶解，因此大大加快了药物的溶出速度。

关于药物的理化性质如溶解度、晶型、粒度等对溶出的影响，已在生物药剂学中阐述，这里不再重复。

（七）片剂含量不均匀

所有造成片重差异过大的因素，皆可造成片剂中药物含量的不均匀。此外，对于小剂量的药物来说，混合不均匀和可溶性成分的迁移是片剂含量均匀度不合格的两个主要原因。

1. 混合不均匀　混合不均匀造成片剂含量不均匀的情况有以下几种：①主药量与辅料量悬殊时，一般不易混匀，此时应该采用逐级稀释法进行混合，或者将小量的药物先溶于适宜的溶剂中，再均匀地喷洒到大量的辅料或颗粒中（一般称为溶剂分散法），以确保混合均匀；②主药粒子大小与辅料悬殊，极易造成混合不匀，所以应将主药和辅料进行粉碎，使各成分的粒子都比较小并力求一致，以确保混合均匀；③粒子的形态如果比较复杂或表面粗糙，则粒子间的摩擦力较大，一旦混匀后不易再分离，而粒子的表面光滑，则易在混合后的加工过程中相互分离，难以保持其均匀的状态；④当采用溶剂分散法将小剂量药物分散于空白颗粒时，由于大颗粒的孔隙率较高，小颗粒的孔隙率较低，所以吸收的药物溶液量有较大差异。在随后的加工过程中由于振动等原因，大小颗粒分层，小颗粒沉于底部，造成片重差异过大以及含量均匀度不合格。

2. 可溶性成分在颗粒之间的迁移　这是造成片剂含量不均匀的重要原因之一。为了便于理解，今以颗粒内部的可溶性成分迁移为例，介绍迁移的过程：在干燥前，水分均匀地分布于湿粒中；在干燥过程中，颗粒表面的水分发生气化，使颗粒内外形成了湿度差，因而，颗粒内部的水分将不断地扩散到外表面；水溶性成分在颗粒内部是以溶液的形式存在的，当内部的水分向外表面扩散时，这种水溶性成分也被转移到颗粒的外表面，这就是所谓的迁移过程。在干燥结束时，水溶性成分就遗留在颗粒的外表面，造成颗粒内外含量不均，外表面可溶性成分含量较高，内部可溶性成分含量较低。当片剂中含有可溶性色素时，这种现象表现得最为直观：湿混时虽已将色素及其他成分混合均匀，但由于颗粒干燥后，大部分色素迁移到颗粒的外表面（内部的颜色很淡），压成的片剂表面会形成很多“色斑”。为了防止“色斑”出现，最根本的办法是选用不溶性色素，例如使用色淀（即将色素吸附于吸附剂上再加到片剂当中）。上述这种颗粒内部的可溶性成分迁移，在通常的干燥方法中是很难避免的，而采用微波加热干燥时，由于颗粒内外受热均匀一致，可使这种迁移减少到最小的程度。

上述颗粒内部的可溶性成分迁移所造成的主要问题是片面上产生色斑或花斑，对片剂的含量均匀度影响不大。但是，如果在颗粒之间发生可溶性成分迁移，将大大影响片剂的含量均匀度；尤其是采用箱式干燥时，这种颗粒之间的可溶性成分迁移现象最为明显：颗粒在盘中铺成薄层，底部颗粒中的水分将向上扩散到上层颗粒的表面进行气化，这就将底层颗粒中的可溶性成分迁移到上层颗粒之中，使上层颗粒中的可溶性成分含量增大。当使用这种上层含药量大、下层含药量小的颗粒压片时，必然造成片剂的含量不均匀。因此当采用箱式干燥时，应经常翻动颗粒，以减少颗粒间的迁移，但这样做仍不能防止颗粒内部的迁移。

采用流化（床）干燥法时，由于湿颗粒各自处于流化运动状态，并不相互紧密接触，所以一般不会发生颗粒间的可溶性成分迁移，有利于提高片剂的含量均匀度，但仍有可能出现色斑或花斑，因为颗粒内部的迁移仍是不可避免的。另外，采用流化干燥法时还应注意：由于颗粒处于不断的运动状态，颗粒与颗粒之间有较大的摩擦、撞击等作用，会使细粉增加，而颗粒表面往往水溶性成分较高，所以这些被磨下的细粉中的药物（水溶性）成分含量也较高，不能轻易地弃去，也可在投料时就把这种损耗加以考虑，以防止片剂中药物的含量偏低。

第四节 包 衣

一、包衣的目的和种类

包衣一般是指在片剂（常称其为片芯或素片）的外表面均匀地包裹上一定厚度的衣膜。它是制剂工艺中的一种单元操作，有时也用于颗粒或微丸的包衣，主要是为了达到以下一些目的：①控制药物在胃肠道的释放部位，例如：在胃酸、胃酶中不稳定的药物（或对胃有强刺激性的药物），可以制成肠溶衣片，这种肠溶衣的衣膜到小肠中才开始溶解，从而使药物在小肠这个部位才释放出来，避免了胃酸、胃酶对药物的破坏；②控制药物在胃肠道中的释放速度，例如：半衰期较短的药物制成片芯后，可以用适当的高分子成膜材料包衣，通过调整包衣膜的厚度和通透性，即可控制药物释放速度，达到缓释、控释、长效的目的；③掩盖苦味或不良气味，例如：小檗碱入口后很苦，包成糖衣片后，即可掩盖其苦味、方便服用；④防潮、避光，隔离空气以增加药物的稳定性，例如：有些药物很易吸潮，用羟丙基甲基纤维素（HPMC）等高分子材料包以薄膜衣后，即可有效防止片剂吸潮变质；⑤防止药物的配伍变化，例如：可以将两种药物先分别制粒、包衣，再进行压片，从而最大限度地避免二者的直接接触；⑥改善片剂的外观，例如：有些药物制成片剂后，外观不好（尤其是中草药的片剂），包衣后可使片剂的外观显著改善。

包衣的种类一般分成两大类：糖衣和薄膜衣，其中薄膜衣又分为：胃溶型、肠溶型和水不溶型 3 种。无论包制何种衣膜，都要求片芯具有适当的硬度，以免在包衣过程中破碎或缺损；同时也要求片芯具有适宜的厚度与弧度，以免片剂互相粘连或衣层在边缘部断裂。

二、包衣的方法与设备

（一）滚转包衣法

这种包衣过程是在包衣锅内完成的，故也称为锅包衣法，它是一种最经典而又最常用的包衣方法，其中包括普通锅包衣法（普通滚转包衣法）和改进的埋管包衣法及高效包衣锅法。

普通锅包衣法的机器设备外形见图 8–6，其主要构造包括：莲蓬形或荸荠形的包衣锅、动力部分和加热鼓风及吸粉装置等三大部分。包衣锅的中轴与水平面一般呈 30°~45°，根据需要角度也可以更小一些，以便于药片在锅内能与包衣材料充分混合。药片在锅内借助于离心力和摩擦力的作用，随锅内壁向上移动，上升到药片的重力克服了离心力的束缚以后，将滚落下来。此过程连续不断地进行，在包衣锅口附近形成旋涡状的运动。可见在包衣锅的不同部位，药片具有不同的运动速度，其中在底部和旋涡部时的速度较慢。因此，在实际操作中，要在加入包衣材料后加以搅动，否则可能使包衣衣层的重量和厚薄不一致。在生产实践中也常常采用加挡板的方法来改善药片的运动状态，以达到最佳的包衣效果，比如，在锅的底部加装适当形状的三块挡板（对称分布，互成 120° 角）。

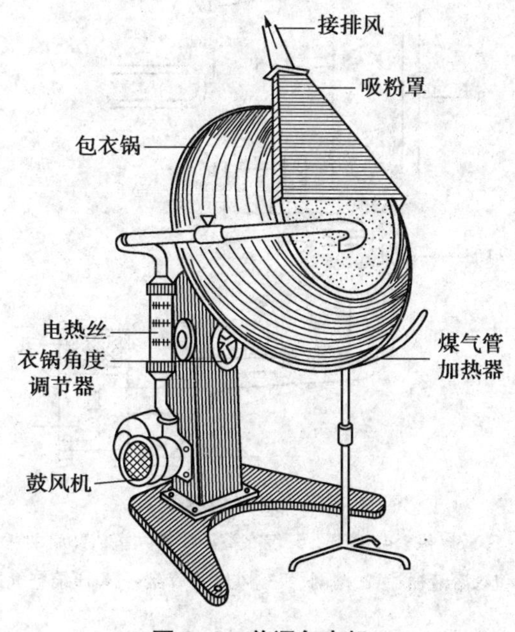

图 8–6 普通包衣机

动力部分主要由电机及调速装置组成，通过皮带轮驱动包衣锅的转动。

加热鼓风及吸粉装置中的加热方式有两种，一种是使空气经过电热丝预热后由锅口处吹入锅内（鼓热风）；另一种是采用电热丝直接对锅体加热，这种方式升温快，但锅体受热不够均匀，可能对包衣质量产生不利影响，故一般是采用鼓热风与直接加热的联合方式进行加热。必要时，也可由鼓风机吹入冷风，以调节锅内物料的干燥速度。吸粉装置在锅的上方，用于防止粉尘飞扬。

埋管包衣法是在包衣锅的底部装有输送包衣溶液、压缩空气和热空气的埋管，包衣溶液在压缩空气的带动下，由下向上喷至锅内的片剂表面，并由下部上来的热空气干燥，所以可以大大减轻劳动强度，加速包衣及其干燥过程，提高劳动生产率。

高效包衣锅法近年来已应用于国内的生产实践，其结构原理为：包衣锅为短圆柱形并沿水平轴旋转，四周为多孔壁，热风由上方引入，由锅底部的排风装置排出，具有密闭、防爆、防尘、热交换效率高的特点，并且可根据不同类型片剂的不同包衣工艺，将参数一次性地预先输入微机（也可随时更改），实现包衣过程的程序化、自动化、科学化，特别适用于包制薄膜衣。

（二）流化包衣法

本法的基本原理与流化制粒法相类似：快速上升的空气流吹入包衣室内，使流化床上的片剂悬浮于这种空气流中，上下翻腾处于流化（沸腾）状态，故亦称为流化包衣法或沸腾包衣法；与此同时，喷入的包衣溶液会均匀地分布于片剂的表面，溶媒随热空气迅速挥散，从而在片剂的表面留下薄膜状的衣层。经过一定时间，即可制得包有薄膜衣的片剂。本法于1953年由Wurster首创，20世纪60年代末开始应用于生产，其设备示意图见图8–7。

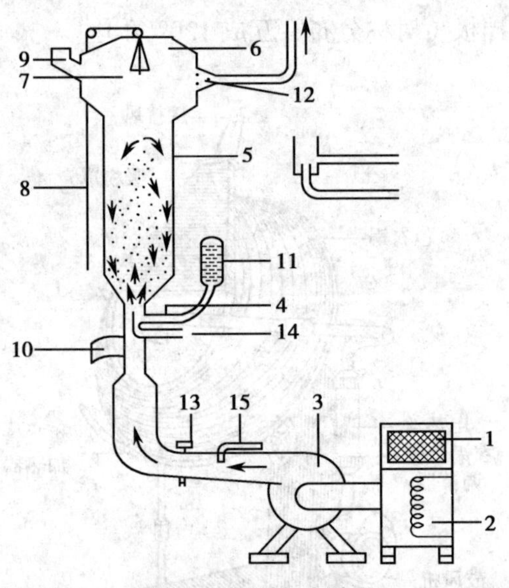

图8–7　悬浮包衣装置

1. 空气滤过器；2. 预热器；3. 鼓风机；4. 喷嘴；5. 包衣室；6. 扩大室；7. 启动塞；8. 启动拉绳；9. 进料室；10. 出料口；11. 包衣溶液桶；12. 栅网；13. 风量调节器；14. 压缩空气进口；15. 温度计

与滚转包衣法相比，悬浮包衣法具有如下一些优点：①自动化程度高，不像糖衣锅包衣那样，必须具有特别熟练的操作技艺，当喷入包衣溶液的速度恒定时，则喷入时间与衣层增重将有线性关系，即衣层厚度与衣层增重量的立方根值成正比，这对于自动控制具有特别重要的意义；②包衣速度快、时间短、工序少，包制一般的薄膜衣只需1小时左右即可完成，适合于大规模工业化生产；③整个包衣过程在密闭的容器中进行，无粉尘，环境污染小，并且节约原辅料，生产成本较低。当然，采用这种包衣方法时，要求片芯的硬度稍大一些，以免在沸腾状态时被撞碎或缺损，但应注意：片芯的硬度也不宜过大，否则会造成崩解迟缓。

具体的操作方法简介如下：①由进料口装入一定数量的药片，关闭进料口，开启鼓风机，调节风量，使药片在包衣室内呈现持续的悬浮运动状态；②开启包衣溶液桶的活塞，压缩空气，将包衣溶液由喷嘴喷雾到上下翻腾的药片表面；关闭包衣溶液的进口，开启空气预热管、吹入热空气，使包衣室内达到50~60℃，药片被迅速干燥，然后再循环进行上述②、③的过程，……，直到合格为止。在实际工作中，由进气和排气的温差就可以判断和控制溶剂的蒸发速度，从而合理地调节包衣溶液的喷入量：如果排气温度过低，表明包衣室内溶剂量过大，应减少包衣溶液的喷入量；反之，表示喷入量不足。

（三）压制包衣法

一般采用两台压片机联合起来实施压制包衣，两台压片机以特制的传动器连接配套使用。一台压片机专门用于压制片芯，然后由传动器将压成的片芯输送至包衣转台的模孔中（此模孔内已填入包衣材料作为底层），随着转台的转动，片芯的上面又被加入约等量的包衣材料，然后加压，使片芯压入包衣材料中间而形成压制的包衣片剂。本方法的优点在于：可以避免水分、高温对药物的不良影响，生产流程短、自动化程度高、劳动条件好，但对压片机械的精度要求较高，目前国内尚未广泛使用。

三、包衣的材料与工序

无论采用上述何种包衣方法，都离不开包衣材料，而包衣材料的不同又决定了包衣工序的不同。例如：包糖衣时，需要糖浆和滑石粉等包衣材料，其工艺较为费时、复杂；包薄膜衣时，需要羟丙基甲基纤维素（HPMC）等包衣材料，其工艺较为快速、简单。因此，下面我们将根据所包衣层的不同（糖衣或薄膜衣），分别介绍包衣的材料及其工序。

（一）糖衣

包糖衣在相当程度上依赖操作者的经验和技艺，在操作细节方面，因人、因地（生产厂）而异，但就一般情况而言，包糖衣主要分为以下几个步骤。

1. 包隔离层　其目的是为了形成一层不透水的屏障，防止糖浆中的水分浸入片芯。可供选用的包衣材料有：10% 的玉米朊乙醇溶液、15%~20% 的虫胶乙醇溶液、10% 的邻苯二甲酸醋酸纤维素（CAP）乙醇溶液以及 10%~15% 的明胶浆或 30%~35% 的阿拉伯胶浆，但后两者的防潮效果不够理想。选用 CAP 时应控制好此层的厚度，否则会影响在胃中的崩解（因为 CAP 是肠溶性的），因此，最好采用玉米朊包制隔离层。因为包隔离层使用的是有机溶剂，所以应注意防爆防火，采用中等干燥温度（40~50℃），每层干燥时间约 30 分钟，一般包 3~5 层。

2. 包粉衣层　为了尽快消除片剂的棱角，多采用交替加入糖浆和滑石粉的办法，在隔离层的外面包上一层较厚的粉衣层。操作时一般采用高浓度的糖浆（65%~75%，g/g）和过 100 目的滑石粉，洒一次浆、撒一次粉，然后热风干燥 20~30 分钟（40~55℃），重复以上操作 15~18 次，直到片剂的棱角消失。为了增加糖浆的黏度，也可在糖浆中加入 10% 的明胶或阿拉伯胶。

3. 包糖衣层　粉衣层的片子表面比较粗糙、疏松，因此应再包糖衣层使其表面光滑平整、细腻坚实。操作要点是加入稍稀的糖浆，逐次减少用量（湿润片面即可），在低温（40℃）下缓缓吹风干燥，一般包制 10~15 层。

4. 包有色糖衣层 包有色糖衣层与上述包糖衣层的工序完全相同，目的是为了片剂的美观和便于识别，区别仅在于在糖浆中添加了食用色素。每次加入的有色糖浆中色素的浓度应由浅到深，以免产生花斑，一般需包制 8~15 层。

5. 打光 其目的是为了增加片剂的光泽和表面的疏水性。一般用四川产的米心蜡，常称为川蜡；用前需精制，即加热至 80~100℃熔化后过 100 目筛，去除悬浮杂质，并掺入 2% 的硅油混匀，冷却后刨成 80 目的细粉使用，每万片用 3~5kg。

（二）薄膜衣

采用悬浮（流化）包衣技术和设备是包薄膜衣的最佳方法，但目前国内主要是采用滚转包衣法在普通包衣锅内进行包衣（国外采用此法时，所用的设备多为高效包衣机或埋管包衣机，生产效率较高，环境污染较少）。其生产工艺如下：①在普通包衣锅内装入适当形状的挡板，以利于片芯的转动与翻动。②将筛除细粉的片芯放入锅内，加入一定量薄膜衣材料的溶液（最好以喷雾的方式加入），使片芯表面均匀湿润。③吹入缓和的热风使溶剂蒸发（温度最好不要超过 40℃，以免干燥过快，出现“皱皮”或“起泡”现象；当然也不能干燥过慢，否则会出现“粘连”或“剥落”现象）。如此重复上述操作若干次，但重复操作时的薄膜衣材料溶液的用量要逐次减少，直至达到一定的厚度为止。④大多数的薄膜需要一个固化期，其时间的长短因材料、方法、厚度而异，一般是在室温（或略高于室温）下，自然放置 6~8 小时使之固化完全。⑤为使残余的有机溶剂完全除尽，一般还要在 50℃下干燥 12~24 小时。

因为大多数薄膜衣材料常需采用有机溶媒溶解，这就给包衣工序带来了不安全因素及环境污染、劳动保护等一系列问题。为此，采用流化包衣机或具有密闭系统的高效包衣机，可有效地避免这些问题，并可降低生产成本，提高生产效率。另外，亦可将不溶于水的薄膜衣材料制成微粒混悬状态的水性分散体，或制成类似于乳剂状态的假胶乳（水包油型）进行包衣。此法可以革除有机溶媒，减少环境污染，降低生产成本，国外已有这类产品出售，国内目前正在进行研制，拟用于缓控释片剂的薄膜包衣。

包制薄膜衣的材料主要分为胃溶型、肠溶型和水不溶型 3 大类，现分述如下。

1. 胃溶型 即在胃中能溶解的一些高分子材料，适用于一般的片剂薄膜包衣。

（1）羟丙基甲基纤维素（HPMC）：这是一种最为常用的薄膜衣材料（在本章第二节曾作为黏合剂被介绍过），它的成膜性能很好，制成的膜无色、无味、柔软、抗裂，并在光、热、空气及一定温度下很稳定，不与其他辅料反应。本品不溶于热水，能溶于 60℃以下的水中；不溶于无水乙醇，但溶于 70% 以下的乙醇水溶液中，也能溶于异丙醇与二氯甲烷的混合溶媒中，生产中常用较低浓度的 HPMC 进行薄膜包衣，其参考处方见表 8-1。目前，国产 HPMC 在国内药厂中已经得到了广泛的应用，但其产品规格单一，尚难以适应不同厂家、不同片剂的实际需要；具有较强适用性的进口产品（其主体成分即为 HPMC，同时配以适当的增塑剂和着色剂），使用时只需将现成的固体粉末加入到乙醇－水的溶剂中搅拌 45 分钟，即可进行喷雾包衣操作，非常方便，片剂的增重也只有 2%~3%。

（2）羟丙基纤维素（HPC）：常用本品的 2% 水溶液包制薄膜衣，操作简便，可避免使用有机溶媒，缺点是干燥过程中产生较大的黏性，影响片剂的外观，并且具有一定的吸湿性。

表 8–1 羟丙基甲基纤维素包衣液的参考处方

辅料	1 号处方	2 号处方	3 号处方
2%~3%HPMC（30%~70% 乙醇溶液）	100ml	100ml	100ml
吐温 -80	1ml	1ml	1ml
蓖麻油	1ml	1ml	1ml
丙二醇或 PEG400	1ml	1ml	1ml
滑石粉	2~4g	2~4g	
钛白粉	2~4g		
色素	适量		
氧化铁			适量
打光剂	适量	适量	适量

注：1 号处方适用于色泽片，2 号处方适用于本色片，3 号处方适用于棕色片

（3）丙烯酸树脂Ⅵ号：本品是丙烯酸与甲基丙烯酸酯的共聚物，与德国 Rohm 公司著名产品 Eudragit E 的性状相当（Eudragit L 型和 S 型是肠溶性的），是目前国内较为常用的胃溶型薄膜衣材料，可溶于乙醇、丙酮、二氯甲烷等，不溶于水，形成的衣膜无色、透明、光滑、平整、防潮性能优良，在胃液中迅速溶解。

（4）聚乙烯吡咯烷酮（PVP）：PVP 也可用于包制薄膜衣，易溶于水、乙醇及胃肠液，但包衣时易产生粘结现象，成膜后也有吸湿软化的倾向。

2. 肠溶型　是指在胃酸条件下不溶、到肠液环境下才开始溶解的高分子薄膜衣材料。最常用的肠溶衣材料见表 8–2，包制方法与包薄膜衣的方法相同，也可在包糖衣至粉衣层后包肠溶衣，最后再包糖衣层和打光。

3. 水不溶型　是指在水中不溶解的高分子薄膜衣材料。

（1）乙基纤维素：不溶于水，易溶于乙醇、丙酮等有机溶媒，成膜性良好，主要是利用膜的半透性来控制药物的释放，因而广泛用于缓释控释制剂（既可用作控释性包衣材料，也可作为阻滞性骨架材料而使用）。一般是将其制成水分散体的形式使用，如上述的苏丽丝（乙基纤维素水分散体的商品名，含乙基纤维素约 30%，黏度 0.1Pa・s 以下）等。

（2）醋酸纤维素：本品与上述的乙基纤维素类似，亦不溶于水，易溶于三氯甲烷、丙酮等有机溶媒，成膜性良好；包衣后，衣膜具有半透性，是渗透泵式控释制剂最常用的包衣材料，已收载于美国药典（23 版）；亦可以通过加致孔剂的方法来控制药物的释放，达到缓控释的效果。一般随着醋酸纤维素中乙酰基含量的减少，水的渗透性增大，熔点上升，例如国产二醋酸纤维素的熔点为 260℃（同时分解）。

除了以上各类薄膜衣材料以外，在包制薄膜衣的过程中，尚须加入其他一些辅助性的物料，如增塑剂、遮光剂等。常用增塑剂有丙二醇、蓖麻油、聚乙二醇、硅油、甘油、邻苯二甲酸二乙酯或二丁酯等，常用的遮光剂主要是二氧化钛；常用的色素主要有苋菜红、胭脂红、柠檬黄及靛蓝等食用色素（为防止片面出现花斑，应使用“色淀”，目前已有国产品出售）。

综上所述，通过薄膜包衣不仅可以达到传统包糖衣的所有目的，并且可以达到缓释、控释的目的。因此，随着新的包衣机械、新的薄膜衣材料的开发、引进和采用，这种能耗低、工序少、时间短、片剂增重小的薄膜包衣方法必将在我国制剂工业中得到迅速发展。

表 8-2　常用肠溶性包衣材料一览表

材料名称	来源成分	性状	包衣性能
邻苯二甲酸醋酸纤维素（CAP）	由纤维素的部分醋酸酯与邻苯二甲酸酐作用而成的半酯	本品为白色至淡黄色，微具醋酸臭，溶于丙酮及丙酮与水、丙酮与乙醇的混合溶剂中，在 pH5.0~6.5 及以上溶于水。本品含水较多时，会渐渐水解，逸出醋酸，影响肠溶效果（水分在 4% 以下时较稳定）。由于稳定性不够好及包衣时需用大量有机溶媒，故目前已不常用	本品溶液的黏度随浓度成对数增加，应用混合溶剂时，可以找到一个最低黏度的混合溶剂混合比；添加增塑剂可提高其黏度，但添加量在 30% 以下无大变化。常用苯二甲酸二乙醇为增塑剂，常用量为 20%~25%；其肠溶性受衣膜厚度影响较大
邻苯二甲酸羟丙甲基纤维素（HPMCP）	为 HPMC 与邻苯二甲酸作用而成的半酯（有 HP-50，HP-55 等）	白色粒状，溶于丙酮、丙酮与乙醇的混合溶剂中，比 CAP 稳定，分解成游离苯二甲酸的速度为 CAP 的 1/5，经长时间放置不产生醋酸臭	其常用浓度为 8.5%，包衣时黏度适当，不粘连，易于操作，如所用低沸点溶剂，则可得平滑的薄膜衣；增塑剂可用 1.5% 的邻苯二甲酸二乙酯或二丁酯，其肠溶性能很好
聚乙烯醇酯（PVAP）	为聚合度 700~2000 的聚乙烯醇与邻苯二甲酸作用而成的半酯	溶于丙酮、丙酮与乙醇的混合液	比 CAP 透湿性低，衣膜不具半透性，其水溶性不受膜的厚度影响
苯乙烯马来酸共聚物（StyMA）	为下式酸及酸酐的混合物：$-[(CHCOOH)_2-CH_2-CHC_6H_5]_n-$	白色或黄色粉末，溶于醇类、酮类，在碱性水溶液中溶解速度较快，微溶于 pH=7 的水溶液	比 CAP 有较好的耐胃液性，47℃放置 1 个月或室温放置 2 年，崩解时间稍长，其常用浓度为 15%。常用 1.8% 邻苯二甲酸二乙酯或二丁酯为增塑剂，也可用低聚合度 PEG 为增塑剂
丙烯酸树脂（甲基丙烯酸与甲基丙烯酸甲酯的共聚物 Eudragit L）： 肠溶型Ⅰ号 肠溶型Ⅱ号 肠溶型Ⅲ号	其结构为 $-[C(CH_3)COOH-CH_2-C(CH_3)COOCH_3CH_2]_n-$ 根据酸和酯的比例不同有 Ⅰ号（为水分散体，与 Eudragit L 30D 相似）Ⅱ号（与 Eudragit L100 相似） Ⅲ号（与 Eudragit S100 相似） （国外 Eudragit L 含酸 50%，而：Eudragit S 含酸 33%，一般是两种型号混合，调节两者用量，可以调节溶解 pH，相对分子质量在 10 万 ~20 万）	Ⅰ号树脂为乳胶液（亦称为水分散体），可用水稀释应用，稀释时放热，应剧烈搅拌，加入电解质等会发生凝聚。Ⅰ号树脂中含 30%（质量分数）的成膜材料，同时含 3% 的三醋酸甘油作为增塑剂，用等量水稀释即可使用。 Ⅱ号和Ⅲ号树脂均可溶于甲醇（乙醇）- 二氯甲烷（1∶1）的混合溶剂中，不溶于烃的氯化物、苯、水及 pH 低于 5 的酸性缓冲液中，可溶于微碱性缓冲液中（pH7 以上）。Ⅱ号树脂的溶解速度比Ⅲ号快（国外 L 型和 S 型溶解 pH 都偏碱性一侧，L 型能溶于含有盐类的中性溶液，S 型易溶于碱，两者互有相容性，可任意调节配比使用）	所形成的衣膜透湿性低，比虫胶好，故也可用作包制防潮层或薄膜衣，防潮层厚 2~5μm，薄膜衣的衣层厚度约为 10μm。最常用其包制肠溶衣，厚 25~30μm，即 1cm^2 的片剂表面使用 12.5% 的溶液 25 mg；本品溶液的黏性较强，包衣时要撒滑石粉以防止操作困难，衣层中含滑石粉 80% 以下或硬脂酸镁 67% 以下时，对膜的溶解速度基本没有影响，但大于上述界限时，溶解速度会变慢，甚至在强碱性环境中也不溶解；当片芯中含有碱性化合物时，其耐胃液性会下降，如含酸性物时，肠溶性可能会下降，遇到这些情况应加以注意。一般本品的使用浓度为 14%（生产上亦用 8% 的乙醇溶液），邻苯二甲酸二丁酯为增塑剂（浓度为 1.25%），溶于异丙醇、乙醇的混合溶剂中应用。其膜的溶解性如下： pH5.8　pH6.8　pH7.4　pH8.0 Ⅱ号 10.5min 溶胀　2min 溶解　2min 溶解　1min 溶解 Ⅲ号 10.5min 溶胀　4min 溶解　2min 溶解　1.5min 溶解

第五节 片剂的质量检查、处方设计及举例

一、片剂的质量检查

（一）外观性状

片剂的外观性状应完整光洁，色泽均匀，无杂斑，无异物，并在规定的有效期内保持不变，因为良好的外观可增强患者对医药产品的信任，故应严格控制。

（二）重量差异

片重差异过大，意味着每片中主药含量不一，对治疗可能产生不利影响，《中国药典》2010年版二部附录对片剂重量差异限度的要求见表8–3。具体的检查方法如下：取20片，精确称量每片的片重并求得平均片重，然后以每片片重与平均片重比较，超出表8–3中差异限度的药片不得多于2片，并不得有1片超出限度1倍。糖衣片、薄膜衣片（包括肠衣片）应在包衣前检查片芯的重量差异，符合表8–3的规定后方可包衣；包衣后不再检查片重差异。另外，凡已规定检查含量均匀度的片剂，不必进行片重差异检查。

表8–3 《中国药典》规定的片重差异限度

片剂的平均质量（g）	片重差异限度（%）
<0.30	± 7.5
≥ 0.30	± 5.0

（三）脆碎度

《中国药典》2010年版二部附录对片剂的脆碎度规定了如下的检查方法，本法适用于检查非包衣片的脆碎情况及其他物理强度，如压碎强度等。

1. 仪器装置　内径约为286mm，深度为39mm，内壁抛光，一边可打开的透明耐磨塑料圆筒，见图8–8，筒内有一自中心向外壁延伸的弧形隔片（内径为80mm ± 1mm，内弧表面与轴套外壁相切），使圆筒转动时，片剂产生滚动）。圆筒固定于水平转轴上，转轴与电动机相连，转速为每分钟25转 ±1转。每转动一圈，片剂滚动或滑动至筒壁或其他片剂上。

图8–8 脆碎度检查仪

2. 检查法　片重为 0.65g 或以下者取若干片，使其总重约为 6.5g；片重大于 0.65g 者取 10 片。用吹风机吹去脱落的粉末，精密称重，置圆筒中，转动 100 次。取出，同法除去粉末，精密称重，减失重量不得过 1%，且不得检出断裂、龟裂及粉碎的片。本试验一般仅作 1 次。如减失重量超过 1% 时，可复检 2 次，3 次的平均减失重量不得过 1%，并不得检出断裂、龟裂及粉碎的片。

如供试品的形状或大小使片剂在圆筒中形成不规则滚动时，可调节圆筒的底座，使与桌面成约 10° 的角，试验时片剂不再聚集，能顺利下落。

对于形状或大小在圆筒中形成严重不规则滚动或特殊工艺生产的片剂，不适于本法检查，可不进行脆碎度检查。

对于吸水制剂，操作时应注意防止吸湿（通常控制相对湿度小于 40%）。

（四）崩解时限

2010 年版《中国药典》二部附录对片剂的崩解时限规定了如下的检查方法，本法用于检查固体制剂在规定条件下的崩解情况。

崩解系指口服固体制剂在规定条件下全部崩解溶散或成碎粒，除不溶性包衣材料或破碎的胶囊壳外，应全部通过筛网，但已软化或轻质上漂却无硬心者，可作符合规定论。表 8-4 汇总了 2010 年版《中国药典》规定的各种片剂的崩解时限。

表 8-4　2010 年版《中国药典》规定的片剂的崩解时限

片剂	崩解时限（min）
压制片	15
泡腾片	5
舌下片	5
含片	10
糖衣片	60
薄膜衣片	30
肠溶衣片	人工胃液中 2 h 不得有裂缝、崩解或软化等，人工肠液中 1h 全部溶散或崩解并通过筛网

凡规定检查溶出度、释放度或融变时限的制剂，不再进行崩解时限检查。

检查法采用升降式崩解仪，主要结构包括：一个能升降的金属支架（上下移动距离为 55mm ± 2mm，往返频率为每分钟 30~32 次）和下端镶有筛网的 6 根玻璃管吊篮并附有挡板。

将吊篮通过上端的不锈钢轴悬挂于金属支架上，浸入 1000ml 烧杯中，并调节吊篮位置，使其下降时筛网距烧杯底部 25mm，烧杯内盛有温度为 37 ± 1℃的水，调节水位高度使吊篮上升时筛网在水面下 15mm 处。

[普通片剂的检查]　除另有规定外，取药片 6 片，分别置上述吊篮的玻璃管中，启动崩解仪进行检查，各片均应在 15 分钟内全部崩解。如有 1 片崩解不完全，应另取 6 片，按上述方法复试，均应符合规定。

[薄膜衣片的检查] 按上述装置与方法检查，并可改在盐酸溶液（9→1000）中进行检查，应在30分钟内全部崩解。如有1片不能完全崩解，应另取6片，按上述方法复试，均应符合规定。

[糖衣片的检查] 按上述装置与方法检查，应在1小时内全部崩解。如有1片不能完全崩解，应另取6片，按上述方法复试，均应符合规定。

[肠溶衣片的检查] 按上述装置与方法，先在盐酸溶液（9→1000）中检查2小时，每片均不得有裂缝、崩解或软化现象；继而将吊篮取出，用少量水洗涤后，每管各加入挡板1块，再按上述方法在磷酸盐缓冲液（pH6.8）中进行检查，1小时内应全部崩解。如有1片不能完全崩解，应另取6片，按上述方法复试，均应符合规定。

含片，除另有规定外，按上述装置和方法检查，各片均应在10分钟内全部崩解或溶化。如有1片不能完全崩解，应另取6片复试，均应符合规定。

舌下片，除另有规定外，按上述装置和方法检查，各片均应在5分钟内全部崩解或溶化。如有1片不能完全崩解，应另取6片复试，均应符合规定。

可溶片，除另有规定外，水温为15~25℃，按上述装置和方法检查，各片均应在3分钟内全部崩解或溶化。如有1片不能完全崩解，应另取6片复试，均应符合规定。

结肠定位肠溶片，除另有规定外，按上述装置和方法检查，各片在盐酸溶液（9→1000）及pH6.8以下的磷酸盐缓冲液中均应不释放或不崩解，而在pH7.8~8.0的磷酸盐缓冲液中1小时内应全部释放或崩解。如有1片不能完全崩解，应另取6片复试，均应符合规定。

[泡腾片的检查] 取1片，置250ml烧杯中，烧杯内盛有200ml水，水温为15~25℃，有许多气泡放出，当片剂或碎片周围的气体停止逸出时，片剂应崩解、溶解或分散在水中，无聚集的颗粒剩留。除另有规定外，按上述方法检查6片，各片均应在5分钟内崩解。如有1片不能完全崩解，应另取6片复试，均应符合规定。

（五）溶出度或释放度检查

根据《中国药典》的有关规定，溶出度检查用于一般的片剂，而释放度检查适用于缓控释制剂，其主要原因在于：崩解度检查并不能完全正确地反映主药的溶出速度和溶出程度以及机体的吸收情况。要想真实地了解机体的吸收情况，最可靠、最根本的办法是对该制剂进行体内的血药浓度测定，考察其生物利用度。但这种测定耗时长、费用大、比较复杂，实际上也不可能直接作为片剂质量控制的常规检查方法，所以通常采用溶出度或释放度试验代替体内试验。必须指出，只有在体内吸收与体外溶出存在着相关的或平行的关系时，溶出度或释放度的检查结果才能真实地反映体内的吸收情况，达到控制片剂质量的目的。如果尚未进行体内试验（例如新研制的片剂）或者体内外试验不相关，那么溶出度试验只能提供一种具有“否定”意义的信息，不能推出“肯定”的结论。也就是说，如果溶出度不好，其体内吸收也不会好；如果溶出度良好，其体内吸收可能好，也可能不好，因为药物的吸收还受很多其他因素的影响，如生物学因素、药物本身理化性质等。如果经实验证明：片剂的体外溶出或释放与体内吸收具有相关性，那么溶出度或释放度的测定将具有十分重要的意义，并且完全可以作为片剂生产和检验中一种常规的检查方法，从而控制片剂的质量。过去认为只有难溶性药物才有溶出度的问题，但近年来的研究证明，即使是易溶性的药物也会因制剂的处方和生产工艺的不同而导致药物的溶出有很大差异，甚至同一厂家不同批号的产品之间也存在着这种差异，这将对其疗效和生物利用度发生不良的影响。因此，有相当数量的易溶性药物制剂，在发达国家药典中亦规定了进行溶出度的检查，而且品种和数量不断增加，大有取代崩解度检查的趋势。2010 年版《中国药典》二部附录对片剂的溶出度概念和测定方法作出了如下规定。

溶出度系指药物从片剂或胶囊剂等固体制剂在规定溶剂中溶出的速度和程度。凡检查溶出度的制剂，不再进行崩解时限的检查。

溶出度的常用测定装置可用于片剂或胶囊剂。根据搅拌装量和容器大小不同，将溶出度的测定方法分为转篮法、桨法、小杯法等。

1. 转篮法 《中国药典》规定为第一法，转篮的结构如图 8-9（a）所示。

（1）转篮：分篮体与篮轴两部分，均为不锈钢金属材料（所用材料不应有吸附反应或干扰试验中供试品有效成分的测定）制成。篮体 A 由不锈钢网（丝径为 0.25mm，孔径 0.40mm）焊接而成，呈圆柱形，转篮内径为 20.2mm ± 1.0mm，上下两端都有金属封边。篮轴 B 的直径为 9.75mm ± 0.35mm，轴的末端连一金属片，作为转篮的盖；盖上有通气孔（孔径 2.0mm）；盖边系两层，上层外径与转篮外径同，下层直径与转篮内径同；盖上的 3 个弹簧片与中心呈 120° 角。

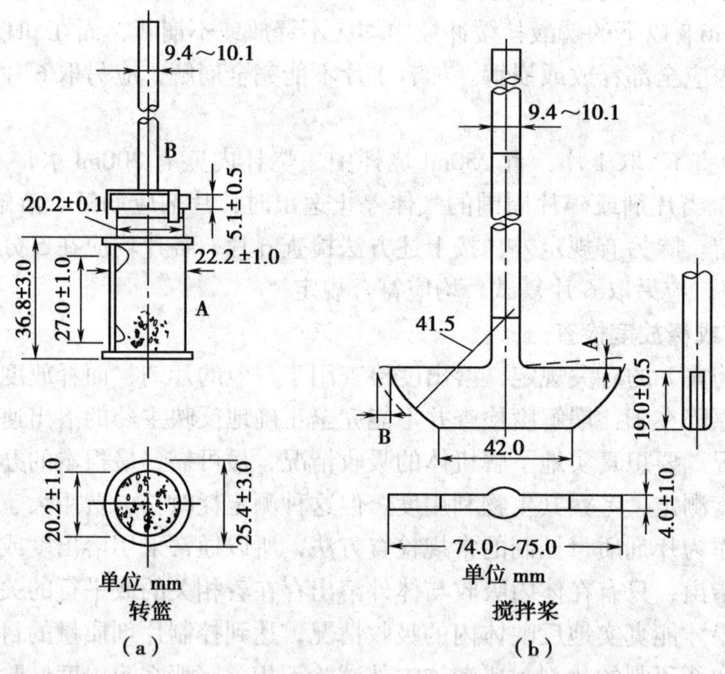

图 8-9 溶出仪的转篮（a）和搅拌桨（b）

（2）操作容器为 1000ml 的圆底烧杯，内径为 102mm ± 4mm，高 168mm ± 8mm；溶出杯上配有适宜的盖子，防止溶液蒸发；盖上有适当的孔，中心孔为篮轴的位置，其他孔供取样或测量温度用。溶出杯置于适当的恒温水浴中。

（3）电动机与篮轴相连，由速度调节装置控制电动机的转速，使篮轴的转速在各品种项下规定转速的 ±4% 范围之内。运转时整套装置应保持平稳，均不能产生明显的晃动或振动（包括装置所处的环境）。转篮旋转时与溶出杯的垂直轴在任一点的偏离均不得大于 2mm，且摆动幅度不得偏离轴心 1.0mm。

（4）仪器应装有 6 套操作装置，可一次测定 6 份供试品。

测定法测定前，应对仪器装置进行必要的调试，使转篮底部离烧杯底部的距离为 25mm ± 2mm。除另有规定外，量取经脱气处理的溶剂 900ml，注入每个操作容器内，加温使溶剂温度保持在 37℃ ±0.5℃。取供试品 6 片（粒、袋），分别投入 6 个转篮内，调整转速使其稳定，将转篮降入容器中，立即开始计时，除另有规定外，在规定取样点吸取溶液适量（取样位置应在转篮顶端至液面的中点，距溶出杯内壁 10mm 处；在多次取样时，所量取溶出介质的体积之和应在溶出介质的 ±1% 之内，如超过总体积的 1% 时，应及时补充溶出介质，或在计算时加以校正），立即经不大于 0.8μm 微孔滤膜滤过，并使用惰性材料制成的滤器，以免吸附活性成分或干扰分析测定，自取样至滤过应在 30 秒钟内完成。取澄清滤液，照各药品项下规定的方法测定，算出每片（粒、袋）的溶出量。

结果判断

符合下述条件之一者，可判为符合规定：①6 片（粒、袋）中，每片（粒、袋）的溶出量按标示量计算，均不低于规定限度（Q）；②6 片（粒、袋）中，如有 1~2 片（粒、袋）低于 Q，但不低于 Q–10%，且其平均溶出量不低于 Q；③6 片（粒、袋）中，如有 1~2 片（粒、袋）低于 Q，其中仅有 1 片（粒、袋）低于 Q–10%，但不低于 Q–20%，且其平均溶出量不低于 Q 时，应另取 6 片（粒、袋）复试；初、复试的 12 片（粒、袋）中有 1~3 片（粒、袋）低于 Q，其中仅有 1 片（粒、袋）低于 Q–10%，但不低于 Q–20%，且其平均溶出量不低于 Q。

以上结果判断中所示的 10%、20% 是指相对于标示量的百分率（%）。

2. 桨法 《中国药典》规定为第二法。搅拌桨的形状尺寸如图 8–9（b）所示，由不锈钢金属材料制成，搅拌桨的下段及桨叶部分可使用涂有合适的惰性物质的材料（如聚氟乙烯）。桨杆旋转时与溶出杯的垂直轴在任一点的偏差均不得大于 2mm；搅拌桨旋转时，A、B 两点的摆动幅度不得超过 ± 0.5mm。

测定法测定前，应对仪器装置进行必要的调试，使转篮底部离烧杯底部的距离为 25mm ± 2mm。除另有规定外，量取经脱气处理的溶剂 900ml，注入每个操作容器内，加温使溶剂温度保持在 37℃ ± 0.5℃。取供试品 6 片（粒、袋），分别投入 6 个操作容器内 [用于胶囊剂测定时，如胶囊上浮，可用一小段耐腐蚀的金属线轻绕于胶囊壳或装入沉降篮（呈圆柱形，内径为 12.0mm ± 0.2mm，长 25~26mm，由 10 根丝径为 1mm ± 0.1mm 的不锈钢丝焊接而成。周围以间隔为 3.5~4.0mm 的不锈钢丝螺旋缠绕，上下两端以 2 根不锈钢丝十字形固定，一端可开关）]，立即启动旋转并开始计时，取样点应在桨叶上端距液面中间，离烧杯壁 10mm 处。除将转篮换成搅拌桨外，其他装置和要求与第一法同。除另有规定外，在规定取样点吸取溶液适量，立即经 0.8μm 微孔滤膜滤过，自取样至滤过应在 30 秒钟内完成。取澄清滤液，照各药品项下规定的方法测定，算出每片（粒、袋）的溶出量。

结果判断同第一法。

3. 小杯法 《中国药典》规定为第三法。

（1）搅拌桨由不锈钢制成。桨上部直径为 9.75mm ± 0.35mm，桨杆下部直径为 6.0mm ± 0.2mm，将杆旋转时与溶出杯的垂直轴在任一点的偏差均不得大于 2mm；搅拌桨旋转时 A、B 摆动幅度不得超过 ± 0.5mm。

（2）操作容器为 250ml 的圆底烧杯，内径为 62mm ± 3mm，高为 126mm ± 6mm，烧杯上有一有机玻璃盖，盖上有一开口，为放置搅拌桨、取样及测温用。其他要求同第一法（2）。

（3）电动机与桨杆相连，转速可任意调节在每分钟25~100转，稳速误差不超过每分钟 ±1转。动转时整套装置应保持平稳，不得晃动或振动。

测定法测定前，应对仪器装置进行必要的调试，使桨叶底部距溶出杯的内底部15mm±2mm。除另有规定外，量取经脱气处理的溶剂100~250ml注入每个操作容器内（用于胶囊剂测定时，如胶囊上浮，可用以小段耐腐蚀的细金属丝轻绕于胶囊外壳），取样点应在桨叶上端距液面中间，离烧杯壁6mm处。以下操作同第二法。

结果判断同第一法。

（六）含量均匀度检查

含量均匀度系指小剂量口服固体制剂、半固体制剂和非均相液体制剂的每片（个）含量偏离标示量的程度。一般片剂的含量测定是将10~20个药片研碎混匀后取样测定，所以得到的只是平均含量，易掩盖小剂量药物由于混合不匀而造成的每片含量差异。因此，2010年版《中国药典》二部附录对含量均匀度的测定方法作出如下规定：取供试品10片（个），照各药品项下规定的方法，分别测定每片以标示量为100的相对含量X，求其均值$\overline{X}$和标准差S以及标示量与均值之差的绝对值A（$A=|100-\overline{X}|$）；如$A+1.80S \leqslant 15.0$，即供试品的含量均匀度符合规定；若$A+S > 15.0$，则不符合规定；若$A+1.80S > 15.0$，且$A+S \leqslant 15.0$，则应另取20片（个）复试。根据初、复试结果，计算30片（个）的均值$\overline{X}$、标准差S和标示量与均值之差的绝对值A；如$A+1.45S \leqslant 15.0$，即供试品的含量均匀度符合规定；若$A+1.45S > 15.0$，则不符合规定。

如该药品项下规定含量均匀度的限度为 ±20%或其他值时，应将上述各判断式中的15.0改为20.0或其他相应的数值，但各判断式中的系数不变。

二、片剂的处方设计与举例

下面我们通过实例，可以更清楚地了解片剂制备的过程，并可由处方分析更深刻地认识各种辅料在片剂中的作用，从而获得独立进行处方设计与片剂制备的能力。

（一）性质稳定、易成型药物的片剂

例8–1 复方磺胺甲噁唑片（复方新诺明片）

【处方】	磺胺甲噁唑（SMZ）	400g
	甲氧苄啶（TMP）	80g
	淀粉	40g
	10%淀粉浆	24g
	干淀粉	23g（4%左右）
	硬脂酸镁	3g（0.5%左右）
	制成1000片（每片含SMZ 0.4g）	

【制备】将SMZ、TMP过80目筛，与淀粉混匀，加淀粉浆制成软材，以14目筛制粒后，置70~80℃干燥后于12目筛整粒，加入干淀粉及硬脂酸镁混匀后，压片，即得。

【注解】这是最一般的湿法制粒压片的实例，处方中SMZ为主药，TMP为抗菌增效剂，常与磺胺类药物联合应用，从而使药物对革兰阴性杆菌（如痢疾杆菌、大肠杆菌等）有更强的抑菌作用。淀粉主要作为填充剂，同时也兼有内加崩解剂的作用；干淀粉为外加崩解剂；淀粉浆为黏合剂；硬脂酸镁为润滑剂。

（二）不稳定药物的片剂

例 8-2　复方阿司匹林片

【处方】阿司匹林　268g

对乙酰氨基酚（扑热息痛）　136g

咖啡因　33.4g

淀粉　266g

淀粉浆（15%~17%）　85g

滑石粉　25g（5%）

轻质液状石蜡　2.5g

酒石酸　2.7g

制成 1000 片

【制备】将咖啡因、对乙酰氨基酚与 1/3 量的淀粉混匀，加淀粉浆（15%~17%）制软材 10~15 分钟，过 14 目或 16 目尼龙筛制湿颗粒，于 70℃干燥，干颗粒过 12 目尼龙筛整粒，然后将此颗粒与阿司匹林混合均匀，最后加剩余的淀粉（预先在 100~105℃干燥）及吸附有液状石蜡的滑石粉，共同混匀后，再过 12 目尼龙筛，颗粒经含量测定合格后，用 12mm 冲压片，即得。

【注解】处方中的液状石蜡为滑石粉的 10%，可使滑石粉更易于黏附在颗粒的表面上，在压片震动时不易脱落。车间中的湿度亦不宜过高，以免阿司匹林发生水解。淀粉的剩余部分作为崩解剂而加入，但要注意混合均匀。在本品中加其他辅料的原因及制备时应注意的问题如下：①阿司匹林遇水易水解成水杨酸和醋酸，其中水杨酸对胃黏膜有较强的刺激性，长期应用会导致胃溃疡，因此，本品中加入阿司匹林量 1% 的酒石酸，可在湿法制粒过程中有效地减少阿司匹林水解；②本品中 3 种主药混合制粒及干燥时易产生低共熔现象，所以采用分别制粒的方法，并且避免阿司匹林与水直接接触，从而保证了制剂的稳定性；③阿司匹林的水解受金属离子的催化，因此必须采用尼龙筛网制粒，同时不得使用硬脂酸镁，因而采用 5% 的滑石粉作为润滑剂；④阿司匹林的可压性极差，因而采用了较高浓度的淀粉浆（15%~17%）作为黏合剂；⑤阿司匹林具有一定的疏水性（接触角 θ 73°~75°），因此必要时可加入适宜的表面活性剂，如吐温 80 等，加快其崩解和溶出（一般加入 0.1% 即可有显著的改善）；⑥为了防止阿司匹林与咖啡因等的颗粒混合不匀，可采用液压法或重压法将阿司匹林制成干颗粒，然后再与咖啡因等的颗粒混合。总之，当遇到像阿司匹林这样理化性质不稳定的药物时，要从多方面综合考虑其处方组成和制备方法，从而保证用药的安全性、稳定性和有效性。

（三）小剂量药物的片剂

例 8-3　硝酸甘油片

【处方】乳糖　88.8g

糖粉　38.0g

17% 淀粉浆适量

10% 硝酸甘油乙醇溶液　0.6g（硝酸甘油量）

硬脂酸镁　　　　　　　　　　1.0g

制成 1000 片（每片含硝酸甘油 0.5mg）

【制备】 首先制备空白颗粒，然后将硝酸甘油制成 10% 的乙醇溶液（按 120% 投料）拌于空白颗粒的细粉中（30 目以下），过 10 目筛二次后，于 40℃以下干燥 50~60 分钟，再与事先制成的空白颗粒及硬脂酸镁混匀，压片，即得。

【注解】 这是一种通过舌下吸收治疗心绞痛的小剂量药物的片剂，不宜加入不溶性的辅料（除微量的硬脂酸镁作为润滑剂以外）；为防止混合不匀造成含量均匀度不合格，采用主药溶于乙醇再加入（当然也可喷入）空白颗粒中的方法。在制备中还应注意防止振动、受热和吸入，以免造成爆炸以及操作者的剧烈头痛。另外，本品属于急救药，片剂不宜过硬，以免影响其舌下的速溶性。

学习小结

片剂作为现代药物制剂中应用最为广泛的重要剂型之一，是指药物与适宜的辅料混匀压制而成的圆片状或异形片状的固体制剂。其根据用法、用途以及制备方法的差异，可分为含片、舌下片、口腔（贴）片、咀嚼片、分散片、可溶片、泡腾片、阴道片、阴道泡腾片、缓释片、控释片与肠溶片等不同种类。片剂的常用辅料分成如下四大类：填充剂或稀释剂、黏合剂、崩解剂和润滑剂。除了上述四大辅料以外，片剂中还加入一些着色剂、矫味剂等辅料。按照制备工艺的时间顺序，片剂的制备工艺主要包括：粉碎、过筛、混合、制粒、干燥与压片等，其制备方法包括湿法制粒压片，干法压片，粉末直接压片。影响片剂成型的主要因素有多种，比如药物的可压性，所用的黏合剂和润滑剂，水分等。制备片剂中出现的诸如裂片、松片、粘冲、片重差异、崩解迟缓等问题，需要适当调整工艺和技术加以解决。另外，在必要时将片剂进行包衣的技术也是十分重要及关键的。可见，制剂学中片剂的学习和应用之处相当广泛。

复习题

1. 片剂的种类有哪些？其质量要求是什么？
2. 请分别列举片剂中 5 种常用的填充剂、黏合剂和崩解剂。
3. 片剂的制备中可能发生的情况有哪些？如何解决这些问题？
4. 常用的包衣方法有哪些？用于包衣的设备有哪些？
5. 2010 年版《中国药典》片剂溶出度的检查中，所收录的溶出度测定方法有哪些？
6. 如何进行片剂含量均匀度的检查？片剂含量均匀度合格的标准是什么？

（潘卫三）

第九章

软膏剂与硬膏剂

学习目标

1. 掌握软膏剂的概念、特点、质量要求、常用基质及制备方法。
2. 熟悉硬膏剂、眼膏剂、凝胶剂的概念、特点、质量要求，凝胶膏剂的概念、特点。
3. 了解硬膏剂的制备方法，凝胶膏剂的质量要求，水凝胶剂的制备方法。

第一节 软 膏 剂

一、概 述

软膏剂（ointments）系指药物与油脂性或水溶性基质混合制成的均匀的半固体外用制剂。根据药物在基质中的分散状态，软膏剂又可分为溶液型软膏剂和混悬型软膏剂。溶液型软膏剂是指药物溶解或共熔于基质或基质组分中制成的软膏剂；混悬型软膏剂是指药物细粉均匀分散于基质中制成的软膏剂。药物溶解或分散于乳状液型基质中形成的均匀的半固体外用制剂则称为乳膏剂（creams）。乳膏剂由于基质不同，可分为水包油型乳膏剂和油包水型乳膏剂。与之相类似的还有糊剂（pasters）。糊剂是指大量的固体粉末（一般25%以上）均匀地分散在适宜的基质中所组成的半固体外用制剂，可分为单相含水凝胶性糊剂和脂肪糊剂。

软膏剂能在长时间内紧贴、黏附或铺展在用药部位，具有润滑皮肤、保护创面和局部治疗作用（如抗感染、消炎、止痒、止痛和麻醉等），有些药物则能透过皮肤吸收而产生全身作用。

软膏剂应用历史悠久。近年来随着石油、化工及医药科学的发展，新基质和新型高效皮肤渗透促进剂的出现促进了软膏剂的发展，并将其研究、应用和生产推向了一个更高的水平。《中国药典》2010年版（二部）收载软膏剂56种，其中乳膏剂40种。

软膏剂的类型按分散系统分为3类：溶液型、混悬型和乳剂型。

软膏剂的一般质量要求包括：①均匀、细腻，涂于皮肤上无粗糙感；②具有适当的黏稠性，易涂布于皮肤或黏膜上，不融化，黏度随季节变化应很小；③性质稳定，无酸败、异臭、变色、变硬等现象，乳膏剂不得有油水分离及胀气现象；④无刺激性、过敏性及其他不良反应；⑤用于大面积烧伤或严重损伤皮肤的软膏剂应无菌。

二、软膏剂的基质

基质（bases）是软膏剂形成和发挥药效的重要组成部分。基质不仅是软膏的赋形剂与载体，同时对软膏剂的质量与疗效均有重要影响。理想的基质应该是：①无刺激性和过敏性，无生理活性，不妨碍皮肤正常生理功能；②性质稳定，与主药和附加剂不发生配伍变化，长期贮存不变质；③稠度适宜，润滑，易于涂布；④具有吸水性，能吸收伤口分泌物；⑤易洗除，不污染衣服；⑥具有良好的释药性能。目前还没有一种基质能同时具备上述要求。在实际应用时，应根据治疗目的和药物性质，混合使用各种基质。软膏剂的基质主要分为：油脂性基质、乳剂型基质及亲水或水溶性基质。

（一）油脂性基质

油脂性基质包括烃类、类脂、动植物油脂及硅酮类等疏水性物质。其共同的特点是滑润、无刺激性，能与较多的药物配伍，不易长菌，此类基质涂于皮肤能形成封闭性油膜，促进皮肤水合作用，对表皮增厚、角化、皲裂有软化保护作用，但释药性差，不易洗除，主要用于遇水不稳定的药物制备软膏剂。

油脂性基质中以烃类基质凡士林为常用，固体石蜡与液状石蜡用于调节稠度，类脂中以羊毛脂与蜂蜡应用较多，羊毛脂可增加基质吸水性及稳定性。植物油常与熔点较高的蜡类熔合成适当稠度的基质。

1. 烃类　系指从石油中得到的各种高级烃的混合物，其中大部分属于饱和烃。

（1）凡士林（vaselin）：由液体烃类和固体烃类组成的半固体状物，熔程为38~60℃，凝固点在48~51℃。有黄、白两种，后者由前者漂白而成。本品化学性质稳定，无嗅味，无刺激性，能与多种药物配伍，特别适用于遇水不稳定的药物。凡士林仅能吸收约5%的水，故不适用于有多量渗出液的患处。加入适量羊毛脂、胆固醇或某些高级醇类可提高凡士林吸水性能。凡士林吸水性能可用水值来表示，水值是指常温下每100g基质所能吸收水的克数。

（2）固体石蜡（paraffin）：为固体饱和烃混合物，熔程为50~65℃，用于调节基质的稠度。固体石蜡与其他原料熔合后不会单独析出，故优于蜂蜡。

（3）液状石蜡（liquid paraffin）：为各种液体饱和烃的混合物，用于调节基质的稠度，也可用作乳剂型基质的油相。

2. 类脂类　系指高级脂肪酸与高级脂肪醇化合而成的酯及其混合物，有类似脂肪的物理性质，但化学性质较脂肪稳定，且因具一定的表面活性作用而有一定的吸水性能，多与油脂类基质合用。

（1）羊毛脂（lanolin，wool fat）：为淡黄色、黏稠、微具特臭的半固体，是羊毛上脂肪性物质的混合物，主要成分是胆固醇类的棕榈酸酯及游离的胆固醇类，熔程为36~42℃，具有良好的吸水性，可吸收二倍的水而形成W/O型乳剂型基质。常与凡士林合用，以改善凡士林的吸水性与渗透性。为取用方便，常吸收30%的水分以改善黏稠度，称为含水羊毛脂。

（2）蜂蜡（beeswax）与鲸蜡（spermaceti）：蜂蜡有黄、白之分，后者由前者精制而成。蜂蜡的主要成分为棕榈酸蜂蜡醇酯，熔程为62~67℃。鲸蜡主要成分为棕榈酸鲸蜡醇酯，熔程为42~50℃。两者均含有少量游离高级脂肪醇而具有一定的表面活性作用，属较弱的W/O型乳化剂，在O/W型乳剂型基质中起调节稠度与增加稳定性的作用。

3. 油脂类　是指从动物或植物脂肪油中得到的高级脂肪酸甘油酯及其混合物。从动物中得到的脂肪油，现已很少使用。植物油是不饱和脂肪酸甘油酯，长期贮存易氧化，需加油溶性抗氧剂。常用的植物油有麻油、花生油和棉子油，例如以花生油或棉子油670g与蜂蜡330g加热熔合而成“单软膏”。植物油在软膏中作润滑剂或降低其他基质的熔点。氢化植物油是在催化作用下加氢而成的饱和或近饱和的脂肪酸甘油酯，较植物油稳定，不易腐败，亦可作为软膏基质。

4. 二甲基硅油　二甲基硅油（dimethicone）又称硅油或硅酮（silicones），是一系列不同分子量的聚二甲硅氧烷的总称。本品为一种无色或淡黄色的透明油状液体，黏度随分子量的增加而增大，无臭、无味。化学性质稳定，疏水性强，在非极性溶剂中易溶，能与羊毛脂、硬脂醇、鲸蜡醇、硬脂酸甘油酯、聚山梨酯类、山梨坦类等混合。硅油具有良好的润滑作用与涂布性，对皮肤无刺激性、过敏性。常与其他油脂性原料合用制成防护性软膏，也可作用乳膏的润滑剂。本品成本较高，对眼有刺激性，不宜作眼膏基质。

（二）乳剂型基质

乳剂型基质与乳剂相仿，由水相、油相和乳化剂3种组分组成。形成基质的类型及原理与乳剂相似。常用的油相多数为固体，主要有：硬脂酸、石蜡、蜂蜡、高级醇（如十八醇）等，为调节稠度可加入液状石蜡、凡士林或植物油等。

乳剂型基质有水包油（O/W）型与油包水（W/O）型两类。乳化剂的作用对形成乳剂基质的类型起主要作用。W/O型乳剂基质较不含水的油脂性基质易于涂布，油腻性小，且水分从皮肤表面蒸发时有和缓的冷却作用，故有“冷霜”之称。O/W型乳剂基质无油腻感，易于洗除，故有“雪花膏”之称。乳剂型基质不阻止皮肤表面分泌物的分泌和水分蒸发，对皮肤的正常功能影响较小。O/W型基质制成的软膏若用于分泌物较多的皮肤病（如湿疹）时，其吸收的分泌物可重新透入皮肤（反向吸收）而使炎症恶化，故需正确选择适应证。

一般乳剂型基质特别是O/W型基质软膏中药物的释放和透皮吸收较快。但是，O/W型基质外相含水量多，在贮存过程中可能霉变，常须加入防腐剂。同时水分也易蒸发失散而使软膏变硬，故常需加入甘油、丙二醇、山梨醇等作保湿剂，一般用量为5%~20%。遇水不稳定的药物不宜用乳剂型基质制备软膏。

乳剂型基质常用的乳化剂包括以下几类。

1. 皂类　有一价皂、二价皂、三价皂等。

（1）一价皂：常为一价金属离子钠、钾或铵的氢氧化物、硼酸盐或三乙醇胺、三异丙胺等的有机碱与脂肪酸（如硬脂酸或油酸）作用生成的新生皂，为O/W型乳化剂。硬脂酸为最常用的脂肪酸，其中一部分（硬脂酸总量的15%~25%）与碱反应形成新生皂，未皂化的部分存在于油相中，可增加基质的稠度。此类基质易被酸、碱、钙、镁离子或其他电解质破坏，因此不宜与酸性或碱性药物配伍。一价皂为阴离子型乳化剂，忌与阳离子表面活性剂及阳离子型药物配伍。

（2）多价皂：系由二、三价的金属（钙、镁、锌、铝）氧化物（或氢氧化物）与脂肪酸作用形成的多价皂，为 W/O 型乳化剂。

2. 脂肪醇硫酸（酯）钠类　常用的有月桂醇硫酸钠（sodium lauryl sulfate，SLS），又名十二烷基硫酸酯钠（sodium dodecyl sulphate，SDS），是阴离子型表面活性剂，为优良的 O/W 型乳化剂。本品的常用量为 0.5%~2%。水溶液呈中性，对皮肤刺激性小。本品与阳离子型表面活性剂作用形成沉淀并失效。

3. 高级脂肪酸及多元醇酯类

（1）十六醇及十八醇：十六醇（鲸蜡醇，cetyl alcohol），熔点 45~50℃，十八醇（硬脂醇，stearyl alcohol），熔点 56~60℃，为弱的 W/O 型乳化剂。均不溶于水，但有一定的吸水能力，吸水后可形成 W/O 型乳剂型基质。十六醇和十八醇用于 O/W 型乳剂型基质中，可增加乳剂的稳定性和稠度。

（2）硬脂酸甘油酯（glyceryl monostearate）：即单、双硬脂酸甘油酯的混合物，为白色蜡状固体，熔点不低于 55℃，不溶于水，为弱的 W/O 型乳化剂。与较强的 O/W 型乳化剂合用时，可增加乳剂型基质的稳定性。

（3）脂肪酸山梨坦与聚山梨酯类：均为非离子型表面活性剂，脂肪酸山梨坦，即司盘类，HLB 值为 4.3~8.6，为 W/O 型乳化剂。聚山梨酯，即吐温类，HLB 值为 10.5~16.7，为 O/W 型乳化剂。均可单独制成乳剂型基质，但为调节 HLB 值而常与其他乳化剂合用。无毒、中性、热稳定，对黏膜与皮肤的刺激性小，并能与酸性药物、电解质配伍。但聚山梨酯类非离子型表面活性剂与碱类、重金属盐、酚类及鞣质均有配伍变化，且能严重抑制一些消毒剂、防腐剂的效能，可适当增加防腐剂用量予以克服。

4. 聚氧乙烯醚的衍生物类

（1）平平加 O（peregol O）：即以十八（烯）醇聚乙二醇 -800 醚为主要成分的混合物，对皮肤无刺激，为非离子型 O/W 型乳化剂。但单用本品不能制成乳剂型基质，为提高其乳化效率，增加基质稳定性，可用不同辅助乳化剂配比制成乳剂型基质。

（2）乳化剂 OP：即以聚氧乙烯（20）月桂醚为主的烷基聚氧乙烯醚的混合物。亦为非离子 O/W 型乳化剂，对皮肤无刺激性。本品耐酸、碱、还原剂及氧化剂，性质稳定。常与其他乳化剂合用。本品不宜与酚羟基类化合物（如苯酚、间苯二酚、麝香草酚、水杨酸等）配伍，以免形成络合物，破坏乳剂型基质。

部分乳膏基质处方见表 9-1。

表 9-1　部分乳膏基质处方

处方 1	处方 2	处方 3	处方 4	处方 5	处方 6	处方 7
硬脂酸 100g	硬脂酸 12.5g	硬脂醇 220g	硬脂酸 60g	蜂蜡 50g	十六醇 50g	硬脂酸 114g
蓖麻油 100g	地蜡 80.0g	白凡士林 250g	白凡士林 60g	石蜡 50g	凡士林 125g	蓖麻油 100g
液状石蜡 100g	液状石蜡 410.0ml		硬脂醇 60g	白凡士林 50g	液状石蜡 125g	液状石蜡 114g

续表

处方 1	处方 2	处方 3	处方 4	处方 5	处方 6	处方 7
	白凡士林 67.0g		液状石蜡 90g	液状石蜡 250g		
	单硬脂酸甘油酯 17.0g			单硬脂酸甘油酯 120g		
三乙醇胺 8g	双硬脂酸铝 10.0g	SDS 15g	油酸山梨坦 16g	油酸山梨坦 20g	平平加 O 25g	三乙醇胺 8ml
	氢氧化钙 1.0g		Tween80 44g	Tween 80 10g		乳化剂 OP 3ml
甘油 40g		丙二醇 120g	甘油 100g		甘油 50g	甘油 160ml
	羟苯乙酯 1.0g	羟苯丙酯 0.4g	山梨酸 2g	羟苯乙酯 1g	羟苯乙酯 1g	羟苯乙酯 1g
蒸馏水 452g	蒸馏水 401.5ml	蒸馏水 394.6g	蒸馏水 568g	蒸馏水 449g	蒸馏水 724g	蒸馏水 500ml

【注解】

处方 1：三乙醇胺与部分硬脂酸形成有机铵皂起乳化作用，其 pH 为 8，HLB 值为 12。可在乳剂型基质中加入 0.1% 羟苯乙酯作防腐剂。必要时加入适量单硬脂酸甘油酯，以增加油相的吸水能力，达到稳定 O/W 型乳剂型基质的目的。

处方 2：处方中氢氧化钙与部分硬脂酸作用形成的钙皂及双硬脂酸铝（铝皂）均为 W/O 型乳化剂，水相中氢氧化钙为过饱和态，应取上清液加至油相中。

处方 3：处方中的十二烷基硫酸钠用做主要乳化剂，而硬脂醇与白凡士林同为油相，前者还起辅助乳化及稳定作用，后者防止基质水分蒸发并留下油膜，有利于角质层水合而产生润滑作用，丙二醇为保湿剂，羟苯丙酯为防腐剂。

处方 4：处方中聚山梨酯 80 为主要乳化剂，油酸山梨坦（Span 80）为反型乳化剂（W/O 型），以调节适宜的 HLB 值而形成稳定的 O/W 乳剂型基质。硬脂醇为增稠剂，制得的乳剂型基质光亮细腻，也可用单硬脂酸甘油酯代替得到同样效果。

处方 5：处方中油酸山梨坦与硬脂酸甘油酯同为主要乳化剂，形成 W/O 型乳剂型基质，聚山梨酯 80 用于调节适宜的 HLB 值，起稳定作用。单硬脂酸甘油酯、蜂蜡、石蜡均为固体，有增稠作用。单硬脂酸甘油酯用量大，制得的乳膏光亮细腻，且本身为 W/O 型乳化剂。蜂蜡中含有蜂蜡醇，也能起较弱的乳化作用。

处方 6：其他平平加类乳化剂经适当配合也可制成优良的乳剂型基质，如平平加 A-20 及乳化剂 SE-10（聚氧乙烯 10 山梨醇）和柔软剂 SG（硬脂酸聚氧乙烯酯）等配合，制得较好的乳剂型基质。

处方 7：处方中少量硬脂酸与三乙醇胺反应生成的有机铵皂及乳化剂 OP 均为 O/W 型乳化剂，为调节 HLB 值还可加入适量反相乳化剂，如油酸山梨坦或以单硬脂酸甘油酯取代部分硬脂酸，可制得更稳定而细腻光亮的 O/W 型乳剂型基质。

（三）水溶性基质

水溶性基质无油腻性，可与水溶性物质或渗出液混合，易洗除，释药快。可用于润湿或糜烂性创面，也可用于腔道黏膜或防油保护性软膏。缺点是润滑性比较差。本类基质中水分易蒸发且易霉变，须加保湿剂及防腐剂。

常用的基质有甘油明胶、纤维素衍生物以及聚乙二醇（polyethyleneglycol，PEG）类。聚乙二醇为高分子聚合物，PEG 700 以下均是液体，PEG 1000、1500 及 1540 是半固体，PEG 2000 至 6000 是固体。固体 PEG 与液体 PEG 经适当比例混合可得半固体的软膏基质，且较常用，可随时调节稠度。由于其较强的吸水性，此类基质用于皮肤常有刺激感，久用可引起皮肤脱水干燥感，不宜用于制备遇水不稳定药物的软膏，对季铵盐类、山梨糖醇及羟苯酯类等有配伍变化。

三、软膏剂的制备及举例

软膏剂的制备，按照软膏类型、制备量及设备条件不同，采用的方法也不同。一般有研磨法、熔融法与乳化法 3 种方法。溶液型或混悬型软膏常采用研磨法或熔融法，乳膏剂采用乳化法。制备软膏的基本要求是，必须使药物在基质中分布均匀、细腻，以保证药物剂量与药效，这与制备方法的选择特别是药物加入方法的正确与否关系密切。

（一）制备方法及设备

油脂性基质的软膏主要采用研磨法和熔融法。

1. 研磨法　基质为油脂性的半固体时，可直接采用研磨法（水溶性基质和乳剂型基质不宜用）。一般在常温下将药物与基质等量递加混合均匀。此法适用于小量制备，且药物为不溶于基质者。用软膏刀在陶瓷或玻璃的软膏板上调制，也可在乳钵中研制。

2. 熔融法　大量制备油脂性基质时，常用熔融法，特别适用于含固体成分的基质。先加温熔化高熔点基质后，再加入其他低熔点成分熔合成均匀基质，然后加入药物，搅拌均匀，冷却即可。药物不溶于基质，必须先研成细粉筛入熔化或软化的基质中，搅拌混合均匀，若不够细腻，需要通过研磨机（如三滚筒软膏机）进一步研匀，至无颗粒感，使软膏细腻均匀。

3. 乳化法　将处方中的油脂性和油溶性组分一起加热至 80℃左右成油溶液（油相），另将水溶性组分溶于水后一起加热至 80℃成水溶液（水相），使温度略高于油相温度，油水两相混合，不断搅拌，直至乳化完成并冷凝。油水两相的混合方法有 3 种：①油水两相同时加入，搅拌成乳，适用于连续或大批量的制备；②内相加入外相中；③外相加入内相中，在混合过程中通过乳剂的转相而成乳，所得乳膏细腻、均匀、稳定，适合多数乳剂系统。大量生产时，由于油相温度不易控制均匀冷却，或二相混合时搅拌不匀而使形成的基质不够细腻，因此在温度降至 30℃时再通过胶体磨等使其更加细腻均匀。也可使用旋转型热交换器的连续式乳膏机。乳化法中油相和水相的添加方式、添加速度、搅拌条件、乳化温度与时间、乳化器的结构等均可影响乳膏的质量。

（二）药物加入的一般方法

1. 药物不溶于基质或基质的任何组分中时，必须将药物粉碎至细粉（眼膏中药粉细度为 75μm 以下）。若用研磨法，配制时取药粉先与适量液体组分，如液状石蜡、植物油、甘油等研匀成糊状，再与其余基质混匀。

2. 药物可溶于基质某组分中时，一般油溶性药物溶于油相或少量有机溶剂，水溶性药物溶于水或水相，再吸收混合或乳化混合。

3. 药物可直接溶于基质中时，则油溶性药物溶于少量液体油中，再与油脂性基质混匀成为油脂性溶液型软膏。水溶性药物溶于少量水后，与水溶性基质成溶液型软膏。

4. 具有特殊性质的药物，如半固体黏稠性药物（如鱼石脂或煤焦油），可直接与基质混合，必要时先与少量羊毛脂或聚山梨酯类混合，再与凡士林等油性基质混合。若药物有共熔性组分（如樟脑、薄荷脑）时，可先共熔再与基质混合。

5. 中药浸出物为液体（如煎剂，流浸膏）时，可先浓缩至稠膏状再加入基质中。固体浸膏可加少量水或稀醇等研成糊状，再与基质混合。

（三）举例

1. 乳剂型基质软膏处方例

例 9–1 水杨酸乳膏

【处方】 水杨酸 50g　　硬脂酸甘油酯 70g　　硬脂酸 100g
白凡士林 120g　　液状石蜡 100g　　甘油 120g
十二烷基硫酸钠 10g　　羟苯乙酯 1g　　蒸馏水 480ml

【制法】 将水杨酸研细后通过 60 目筛，备用。取硬脂酸甘油酯、硬脂酸、白凡士林及液状石蜡加热熔化为油相。另将甘油及蒸馏水加热至 90℃，再加入十二烷基硫酸钠及羟苯乙酯溶解为水相。然后将水相缓缓倒入油相中，边加边搅，直至冷凝，即得乳剂型基质；将过筛的水杨酸加入上述基质中，搅拌均匀即得。

本品用于治手足癣及体股癣，忌用于糜烂或继发性感染部位。

【注解】 ①本品为 O/W 型乳膏，采用十二烷基硫酸钠及单硬脂酸甘油酯（1∶7）为混合乳化剂，其 HLB 值为 11，接近本处方中油相所需的 HLB 值 12.7。制得的乳膏剂稳定性较好。②在 O/W 型乳膏剂中加入凡士林可以克服应用上述基质时有干燥的缺点，有利于角质层的水合而有润滑作用。③加入水杨酸时，基质温度宜低，以免水杨酸挥发损失，而且温度过高，当本品冷凝后常会析出粗大药物结晶。还应避免与铁或其他重金属器具接触，以防水杨酸变色。

2. 水溶性基质软膏处方例

例 9–2

【处方】 聚乙二醇 3350　400g　聚乙二醇 400　600g

【制法】 将两种聚乙二醇混合后，在水浴上加热至 65℃，搅拌至冷凝，即得。

【注解】 若需较硬基质，则可取等量混合后制备。若药物为水溶液（6%~25% 的量），则可用 30~50g 硬脂酸取代同重聚乙二醇 3350，以调节稠度。

3. 油脂性基质软膏处方例

例 9–3 清凉油

【处方】 樟脑 160g　　薄荷脑 160g　　薄荷油 100g　　桉叶油 100g
石蜡 210g　　蜂蜡 90g　　氨溶液（10%）6.0ml　　凡士林 200g

【制法】 先将樟脑、薄荷脑混合研磨使其共熔，然后与薄荷油，桉叶油混合均匀、另将石蜡、蜂蜡和凡士林加热至 110℃（除去水分），必要时滤过，放冷至 70℃，加入芳香油等，搅拌，最后加入氨溶液，混匀即得。

本品用于止痛止痒，适用于伤风，头痛，蚊虫叮咬。

【注解】本品较一般油性软膏稠度大些，近于固态，熔程在46~49℃，处方中石蜡、蜂蜡、凡士林三者用量配比应随原料的熔点不同加以调整。

四、软膏剂的质量评价

《中国药典》2010年版在制剂通则项下规定，软膏剂应作粒度、装量、无菌和微生物限度等项目检查。另外，软膏剂的质量检查还可包括主药含量、物理性质、刺激性、稳定性等的检测以及软膏中药物释放、吸收的评定。

（一）粒度

除另有规定外，混悬型软膏剂取适量的供试品，涂成薄层，薄层面积相当于盖玻片面积，共涂3片，照粒度和粒度分布测定法（《中国药典》2010年版二部附录ⅨE第一法）检查，均不得检出大于180μm的粒子。

（二）装量

照最低装量检查法（《中国药典》2010年版二部附录ⅩF）检查，应符合下列规定（表9-2）。

表9-2　软膏剂装量要求

标示装量	平均装量	每个容器装量
20g（ml）以下	不少于标示装量	不少于标示装量的93%
20g（ml）~50g（ml）	不少于标示装量	不少于标示装量的95%

（三）无菌

用于烧伤或严重创伤的软膏剂与乳膏剂，照无菌检查法（《中国药典》2010年版二部附录ⅪH）检查，应符合规定。

（四）微生物限度

除另有规定外，照微生物限度检查法（《中国药典》2010年版二部ⅪJ）检查，应符合规定。

（五）主药含量测定

测定方法多采用适宜的溶剂将药物溶解提取，再进行含量测定。测定方法必须考虑和排除基质对提取物含量测定的干扰和影响。测定方法必须符合方法学要求。

（六）物理性质

1. 熔点　一般软膏以接近凡士林的熔程为宜。测定方法可采用药典法或显微熔点测定仪测定，由于熔点的测定不易观察清楚，需取数次平均值来评定。

2. 黏度和流变性测定　牛顿流体（如液状石蜡、二甲基硅油等）以其单纯黏度即能说明其流动性质；而非牛顿流体（如凡士林等）除黏度外，尚伴随着塑变值、塑性黏度、触变指数等流变性，这些因素的总和统称为稠度。稠度可用插度计测定，插度计插入样品以

0.1mm 的深度为一单位，称为插入度。例如凡士林的插入度在 0℃时不得小于 100，在 37℃时不得大于 300；O/W 型乳剂型基质 25℃时的插入度多在 200~300 较适宜。

（七）刺激性

软膏剂涂于皮肤或黏膜时，不得引起疼痛、红肿或产生斑疹等不良反应。药物和基质引起过敏反应者不宜采用。软膏剂刺激性的测定方法是将少量供试品涂在去毛的家兔皮肤上、眼黏膜上，人体的手臂、大腿内侧皮肤上，观察 24 小时有无发红、起泡、充血或其他过敏现象。

（八）稳定性

可采用加速试验法考察软膏剂的稳定性。将软膏剂均匀装入密闭容器中填满，分别置恒温箱（39 ± 1℃）、室温（25 ± 3℃）、冰箱（5 ± 2℃）中至少贮存 1~3 小时，检查其稠度、酸碱度、形状、均匀性、霉败现象以及药物含量的改变等。乳膏剂应进行耐热、耐寒试验，将供试品分别置于 55℃恒温 6 小时及 - 15℃放置 24 小时，应无油水分离。

（九）药物释放度及吸收的测定方法

1. 释放度检查法　释放度检查方法很多，这里介绍的是表玻片法。在表玻片（直径 50mm）与不锈钢网（18 目）之间装有一个铝塑质的软膏池，半固体的制剂装入其中，这 3 层可用 3 个夹子固定在一起。有效释药面积为 46cm^2，采用药典中的桨法测定。国外文献介绍的释放度测定方法有渗析池法、圆盘法等。虽然这些方法不能完全反映制剂中药物吸收的情况，但作为药厂控制内部质量标准，有一定的实用意义。

2. 体外试验法　有离体皮肤法、凝胶扩散法、半透膜扩散法和微生物法等，其中以离体皮肤法较接近应用的实际情况。

离体皮肤法：在扩散池（常用 Franz 扩散池）中将人或动物皮肤固定，测定在不同时间由供给池穿透皮肤到接受池溶液中的药物量，计算药物对皮肤的渗透率。

3. 体内试验法　将软膏涂于人体或动物的皮肤上，经一定时间后进行测定。测定方法有体液与组织器官中药物含量的分析法、生理反应法、放射性示踪原子法等。

第二节　硬　膏　剂

一、概　　述

硬膏剂（plasters）是将药物溶解或混合于半固体或固体的黏性基质中，摊涂于纸、布或兽皮等裱褙材料上，供贴敷于皮肤上的外用剂型。中药硬膏剂称为膏药，我国很早即应用。晋代葛洪《肘后备急方》中即载有膏药的制法和应用，清代吴师机《理瀹骈文》为膏药专著。至今膏药使用仍较广泛。国外很久前就有油酸铅硬膏，19 世纪以后，以橡胶基质制成的硬膏剂逐渐增多。

硬膏剂按其基质组成可分为以下几类：①以铅肥皂为基质，主要是以高级脂肪酸铅盐为基质，如用豚脂或植物油与一氧化铅作用而制成的铅硬膏；以植物油、红丹为原料熬炼成的黑膏药以及用植物油、碱式碳酸铅为原料制成的白膏药等。②以橡胶混合物为基质，如橡胶硬膏（通称胶布或橡皮膏）。③以树脂（如松香）与植物油加热熔合，再掺入药料混合而成，又称无丹膏药，如红膏药。④以动物胶为基质，如以药物掺加于骨胶中制成的头痛胶。

硬膏剂可起保护、封闭及治疗作用，如橡皮膏可在皮肤上起固定敷料、保护创伤的作用，含有药物的硬膏剂则兼有外治和内治的作用，用于治疗疮、疖以及跌打损伤、风湿痹症等。硬膏剂的作用一般比软膏剂持久。

二、硬膏剂的制备

目前，硬膏剂中以黑膏药及橡胶硬膏应用较广，其生产工艺过程分述如下。

（一）黑膏药

膏药系指饮片、食用植物油与红丹（铅丹）或官粉（铅粉）炼制成膏料，摊涂于裱褙材料上制成的供皮肤贴敷的外用制剂。前者称为黑膏药，后者称为白膏药。黑膏药是中药膏药中最常用的一类，其基质是以植物油与红丹经高温炼制而成的铅硬膏。黑膏药一般为黑褐色坚韧固体，用前须烘热，软化后贴于皮肤上。

1. 基质原料的选择

（1）植物油：应选用质地纯净、沸点低、熬炼时泡沫较少、制成品软化点及黏着力适当的植物油。麻油较好，其制成品外观光润，质量较理想；其他碘价在100~130，皂化价在185~206的半干性油如棉子油、豆油、菜油、花生油、混合油等也可应用，但炼油时一般较易产生泡沫，应加以注意。

（2）红丹：又称章丹或铅丹，主要成分为Pb_3O_4，含量应在95%以上。本品为橘红色非晶状粉末，使用前应炒去水分，过筛使成细粉，否则容易聚成颗粒，不易与油充分反应。

2. 制备方法 黑膏药的制备工艺、处方用量等各地区不尽相同，一般分为以下几个步骤。

（1）药材的提取：膏药中的药物往往种类多且用量大，须按药材性质分类处理。大部分不具挥发性的动、植物药材（粗料）切碎后，用油加热提取有效成分，除去药渣后备用。处方中芳香挥发性药物、矿物类、树脂类以及其他较贵重的药物（细料），如麝香、冰片、乳香、没药、丁香、肉桂、朱砂、雄黄等应研成细粉，在摊涂前掺加于制成的膏药中。

药材与油高温加热，有效成分可能破坏较多。此外，不少有效成分如生物碱盐类等不能被油提取。如果选用适宜的溶剂和方法提取药材的有效成分，可以减少分解损失，提高提取率。例如将部分药材用乙醇提取，浓缩制成浸膏后再加入膏药中，其制品经临床验证效果较好，值得进一步研究。

（2）炼油：炼油可使油脂在高温条件下氧化、聚合，增高黏度以适合制膏要求，即将去药渣的油继续加热熬炼．温度控制在270~300℃。炼油程度应老嫩适宜，以取油少许，滴于水中能聚结成珠而不散为度（滴水成珠）。过嫩则制成膏药质软，黏着力强，贴后不易剥离；过老则制成的膏药松脆，黏着力小，容易脱落。

（3）下丹：是指在炼成的油中加入红丹反应生成脂肪酸铅盐的过程，此外铅盐还可促进油脂进一步氧化、聚合、增稠而成膏。下丹时将炼油送入下丹锅中，在搅拌中加热，在不低于270℃时徐徐加入红丹，继续搅拌使红丹与油充分化合，并成为黑褐色的稠厚液体，反应程度适宜（可取少量样品滴于水中，数秒钟后取出，膏不粘手，不脆，稠度适当）即得。一般500g植物油用丹150~210g，冬季可少用些，夏季多用些。如用量过多则膏药变老，脆性大；过少则嫩，膏药流动性大。实验证明，测定膏药的软化点（用环球式软化点测定仪）可以作为膏药老嫩程度的参考标准，一般软化点高表示老，软化点低表示嫩。油与红丹化合的温度，各地经验不一，一般认为以316℃为佳。采用湿法低温下丹，延长反应时间的方法有助于提高膏药的质量。油、丹反应时作用剧烈，产生大量泡沫，应防止溢出锅外。

膏药在熟炼过程中温度可达300℃以上，易于着火，同时产生大量浓烟及刺激性气体，因此生产场所宜选在郊区空旷处，并应有良好的通风、防空气污染及防火设备。

（4）去“火毒”：油丹化合制成的膏药若直接应用，常对局部产生刺激性，轻则出现红斑、瘙痒，重则发泡溃疡，这种刺激因素俗称“火毒”。通常将炼成的膏药以细流倾入冷水中并剧烈搅拌，待冷却凝结后取出反复揉搓，挤除内部水分制成团块，供摊涂；亦可将膏药置冷水中浸渍较长时间，这类操作过程称“去火毒”。所谓“火毒”很可能是油在高温时氧化及分解生成的具刺激性的低分子分解产物。“火毒”的成分及去除的机制尚待研究。

（5）摊涂：将去“火毒”的膏药用文火加热熔化，离火稍凉（不超过70℃），加入细料药物并混合均匀，按规定量涂于衬背材料上，膏面可衬纸或折叠，放入纸盘或袋中，于干燥处避热贮存。

3. 质量要求　膏药的膏体应油润细腻、光亮、老嫩适度、摊涂均匀、无飞边缺口，加温后能粘贴于皮肤上且不移动。黑膏药应乌黑、无红斑。

除另有规定外，膏药应进行以下相应检查。

（1）软化点：照膏药软化点测定法（《中国药典》2010年版一部附录Ⅻ D）测定，应符合各品种项下的有关规定。

（2）重量差异：取供试品5张，分别称定每张总重量，剪取单位面积（cm^2）的裱褙，称定重量，换算出裱褙重量，总重量减去裱褙重量，即为膏药重量，与标示重量相比较，应符合表9–3中的规定。

表9–3　黑膏药重量差异要求

标示重量	3g及3g以下	3g以上至12g	12g以上至30g	30g以上
重量差异限度	±10%	±7%	±6%	±5%

（二）橡胶硬膏

橡胶硬膏是指提取物或和化学药物与橡胶等基质混匀后，涂布于背衬材料上制成的贴膏剂。橡胶膏剂的制备方法常用的有溶剂法和热压法。常用溶剂为汽油、正已烷，常用基质有橡胶、热可塑性橡胶、松香、松香衍生物、凡士林、羊毛脂和氧化锌等。也可用其他适宜溶剂和基质。

橡胶硬膏可直接贴于皮肤上应用，不需预热软化，不易污染皮肤或衣物，而且基质化学惰性，不易与药物发生作用。但膏层较薄，疗效维持时间一般没有黑膏药长。

橡胶硬膏由三部分组成：①裱褙材料，一般采用漂白细布；②膏面覆盖物，有硬质纱布，玻璃纸或塑料薄膜等，用以避免相互黏着及防止挥发性药物的挥散；③膏料层，由橡胶基质、治疗药物及其他辅助成分所组成。

1. 含药橡胶硬膏的制备　包括药料提取、制膏料、涂膏、加衬、切割、包装等几个步骤。以伤湿止痛膏为例说明如下。

（1）处方与药料提取：处方为乳香、没药、生马钱子、生川乌、生草乌、丁香各1kg；肉桂、荆芥，老鹤草、防风、五加皮、积雪草、骨碎补各2kg；白芷、山柰、干姜各3kg；樟脑2kg；冬绿油、颠茄流浸膏各1.5kg；薄荷脑、冰片各1kg；芸香浸膏1.25kg。

以上22种药料中，薄荷脑、冰片、樟脑、冬绿油、颠茄流浸膏及芸香浸膏直接掺于基质膏浆内；其他16种药料共研粗粉，用90%乙醇浸出，制成流浸膏备用。

（2）制膏料：膏料是橡胶硬膏的主要组成部分，包括基质与药料。

基质处方：生橡胶、松香各16kg；羊毛脂4kg；凡士林1.5kg；液状石蜡1kg；氧化锌20kg；汽油45kg。

将生橡胶切成条状，用滚筒压胶机压成网状胶片，摊在铁丝网上去静电放冷，然后浸入汽油中，密闭浸泡使橡胶充分溶胀，移入配料锅中搅拌，陆续加入熔融滤过的羊毛脂、凡士林、液状石蜡等油料以及氧化锌、松香，搅拌至成均匀基质，加入药物浸膏及其余药物，继续搅拌至膏料均匀，总搅拌时间约需9小时。制成的膏浆移入滤胶机，压过80目铜丝筛网，滤去杂质即可供摊涂之用。

基质的主要成分是天然橡胶，汽油为溶剂。加入松香可增加膏体黏性，氧化锌为填充剂，具有系拉膏料与裱褙材料粘牢的性能，本身有缓和的收敛和消毒作用，并能与松香酸生成锌盐，可减低松香酸对皮肤的刺激作用。凡士林、羊毛脂、液状石蜡等为常用的软化剂，能使生胶软化，增加可塑性，便于加工；可改善膏料的黏性，增加成品的耐寒性，以防膏料硬固失去黏性。软化剂的用量应恰当，当处方中含有挥发油或挥发性药物（如樟脑、薄荷脑等）较多时，其用量应酌量减少。近年来，合成增塑剂苯二甲酸二丁酯、苯二甲酸二辛酯等已在橡胶硬膏中作为软化剂，效果良好，且具耐寒、耐热等性能，值得试用。此外，一般原料中不得含有水分，否则制成成品后容易干燥，失去黏性。

（3）涂膏：将膏料置涂料机滚筒前的白细布上，利用上下滚筒装置将膏料均匀涂布在缓慢移动的布面上。涂膏量可调节两滚筒间的距离来控制。涂过膏料的胶布经过封闭的加热干燥和溶剂回收装置进行干燥，并卷于滚筒上。

（4）加衬、切割及包装：先将胶布置切段机上切成一定宽度，再移置卷筒装置上，将两条胶布胶面相对，中间夹一层硬质纱布或塑料薄膜，使压格在一起并卷成圆筒。最后用切段机切割成长方形块，再用塑料袋或纸袋包装。

本品用时贴于患处，能祛风散寒、舒筋活血、止痛。主治关节炎、风湿痛、扭伤等症。

橡胶硬膏除用上述溶剂法外，尚有用热压法制备者，如伤湿膏类含药橡胶硬膏可将胶片用处方中的挥发油浸泡使溶胀，加入油脂性基质及其他药料等，充分炼压，放入烘箱（60℃以上）20~30分钟，即可保温（80℃）涂布。此法可节约汽油，无需回收装置，但条件不易掌握，成品也欠光滑。

橡胶硬膏使用时，亦有与膏药“火毒”类似的反应，主要有如下3种类型：剥离反应、过敏反应及刺激反应。为了减轻或消除贴膏后引起的皮肤反应，长期以来进行了大量的研究工作，其中主要是基质的改进和各种透湿性橡皮膏的研制。近年来，除在橡皮膏基质中加入抗组胺剂或其他添加剂来减轻皮肤反应外，亦有采用合成橡胶或其与天然橡胶的混合物为基质，增黏剂一般均采用氢化松香、松香甘油酯或β－蒎烯树脂。聚丙烯酸树脂类代替天然橡胶生产橡皮胶，不需添加增黏剂、填充剂，对皮肤刺激性小，具透湿性，且可以制成透明的或透X线的胶带，具有发展前景。为了改善橡皮膏的透湿性，近年来发展有多孔或微孔橡皮膏。多孔橡皮膏一般是在黏性膏料层上打孔，利用裱褙材料的透气性，达到透气透湿的目的。微孔橡皮膏的工艺是多种多样的，其中半干膏料层转移的方法，系将膏料层先涂于防粘纸上，不待完全干燥即转移膏料层至无纺布上，然后完全干燥，膏料层受热收缩，在膏面上留下许多微孔。此外，尚发展了非编织物（无纺布）、轻质合成织物、多孔性聚合薄膜为裱褙料，也可减轻橡皮膏的刺激反应。

2. 质量评价

（1）外观：膏料应涂布均匀，膏面应光洁，色泽一致，无脱膏、失黏现象；背衬面应平整、洁净、无漏膏现象。涂布中若使用有机溶剂的，必要时应检查残留溶剂。每片的长度和宽度，按中线部位测量，均不得小于标示尺寸。

（2）含膏量检查：取供试品 2 片（每片面积大于 $35cm^2$ 的应切取 $35cm^2$），除去盖衬，精密称定，置于有盖玻璃容器中，加适量有机溶剂（如三氯甲烷、乙醚等）浸渍，并时时振摇，待背衬与膏料分离后，将背衬取出，用上述溶剂洗涤至背衬无残附膏料，挥去溶剂，在 105℃干燥 30 分钟，移置干燥器中，冷却 30 分钟，精密称定，减失重量即为膏重，按标示面积换算成 $100cm^2$ 的含膏量，应符合各品种项下的有关规定。

（3）黏附性：除另有规定外，橡胶膏剂照贴膏剂黏附力测定法（《中国药典》2010 年版一部附录Ⅻ E 第二法）测定。均应符合各品种项下的有关规定。

（4）耐热性试验：除另有规定外，取供试品 2 片，除去盖衬，在 60℃加热 2 小时，放冷后，膏背面应无渗油现象；膏面应有光泽，用手指触试应仍有黏性。

（5）微生物限度：除另有规定外，照微生物限度检查法（《中国药典》2010 年版一部附录ⅩⅢ C）检查，橡胶膏剂每 $10cm^2$ 不得检出金黄色葡萄球菌和铜绿假单胞菌。

（三）凝胶膏剂

凝胶膏剂又称巴布膏剂，系指提取物、饮片或和化学药物与适宜的亲水性基质混匀后，涂布于背衬材料上制成的贴膏剂。常用基质有聚丙烯酸钠、羧甲基纤维素钠、明胶、甘油和微粉硅胶等。凝胶膏剂既保留了传统中药膏药的优点与特性，又克服了传统膏药透皮性差、污染衣物、使用不方便、不适于活动关节等缺点。除具有传统膏药的“消肿止痛，活血化瘀，舒筋通络”作用外，还具有强力渗透、透皮吸收快、载药量大、药效持久、透气性好、不拔汗毛、可反复粘贴等优点。由于生产过程中不需要使用大量有机溶剂，不仅大大提高了生产的安全性，而且使用时也更方便舒适。

《中国药典》2010 年版一部在制剂通则项下规定，凝胶膏剂应作含膏量、赋型性、黏附性和微生物限度等项目检查。

1. 含膏量　取供试品 1 片，除去盖衬，精密称定，置烧杯中，加适量水，加热煮沸至背衬与膏体分离后，将背衬取出，用水洗涤至背衬无残留膏体，晾干，在 105℃干燥 30 分钟，移置干燥器中，冷却 30 分钟，精密称定，减失重量即为膏重，按标示面积换算成 $100cm^2$ 的含膏量，应符合各品种项下的有关规定。

2. 赋型性　取供试品 1 片，置 37℃、相对湿度 64% 的恒温恒湿箱中 30 分钟，取出，用夹子将供试品固定在一平整钢板上，钢板与水平面的倾斜角为 60°，放置 24 小时，膏面应无流淌现象。

3. 黏附性　除另有规定外，凝胶膏剂照贴膏剂黏附力测定法（《中国药典》2010 年版一部附录Ⅻ E 第一法）测定，均应符合各品种项下的有关规定。

4. 微生物限度　除另有规定外，照微生物限度检查法（《中国药典》2010年版一部附录ⅩⅢC）检查，应符合规定。

第三节　眼　膏　剂

一、概　述

眼膏剂（eye ointments）系指由药物与适宜基质均匀混合，制成无菌溶液型或混悬型膏状的眼用灭菌半固体制剂。由于用于眼部，眼膏剂中的药物必须极细，基质必须纯净。眼膏剂应均匀、细腻，易涂布于眼部，对眼部无刺激性，无细菌污染。为保证药效持久，常用凡士林与羊毛脂等混合油性基质，因此，剂量较小且不稳定的抗生素等药物则更适于用此类基质制备眼膏剂。

眼膏剂常用的基质，一般用凡士林8份，液状石蜡、羊毛脂各1份混合而成。根据气温，可适当增减液状石蜡的用量。基质中羊毛脂有表面活性作用，具有较强的吸水性和黏附性，使眼膏与泪液容易混合，并易附着于眼黏膜上，基质中药物容易穿透眼膜。基质加热熔合后，用绢布等适当滤材保温滤过，并于150℃干热灭菌1~2小时，备用。也可将各组分分别灭菌供配制用。用于眼部手术或创伤的眼膏剂应灭菌或无菌操作，且不添加抑菌剂或抗氧剂。

二、眼膏剂的制备

（一）眼膏剂的制备

眼膏剂的制备与一般软膏剂制法基本相同，但必须在净化条件下进行，一般可在净化操作室或净化操作台中配制。所用基质、药物、器械与包装容器等均应严格灭菌，以避免污染微生物。配制用具经70%乙醇擦洗，或用水洗净后再用干热灭菌法灭菌。包装用软膏管，洗净后用70%乙醇或12%苯酚溶液浸泡，应用时用蒸馏水冲洗干净，烘干即可。也有用紫外线灯照射进行灭菌。

眼膏配制时，如主药易溶于水而且性质稳定，先配成少量水溶液，用适量基质研和吸尽水后，再逐渐递加其余基质制成眼膏剂，灌装于灭菌容器中，密封。

（二）眼膏剂举例

例9-4　乙基吗啡眼膏（狄奥宁眼膏）

【处方】乙基吗啡0.1g　　眼用基质加至100g

【制法】取乙基吗啡置于无菌乳钵中，加10ml灭菌注射用水溶解，加入适当的基质研磨吸收，再逐渐加其余基质，研匀即得。

本品可增加血流和淋巴循环，促进角膜混浊的吸收，用于基质性角膜炎及角膜混浊等症。

例9-5　复方碘苷眼膏（复方疱疹净眼膏）

【处方】碘苷5.0g　　硫酸新霉素5.0g（新霉素500万U）

无菌注射用水20ml　　眼膏基质加至1000g

【制法】取碘苷新霉素，置灭菌乳钵中，加灭菌注射用水研成细腻糊状，再分次递加眼膏基质使成全量，研匀，无菌分装，即得。

本品为抗病毒药及抗生素类药，用于纯疱疹性角膜炎、牛痘病毒性角膜炎及其他病毒、细菌感染。

三、眼膏剂的质量评价

《中国药典》2010年版规定眼膏剂应检查的项目有：粒度、金属性异物、重量差异、装量、无菌等，检查方法见《中国药典》附录。

第四节　凝　胶　剂

一、概　　述

凝胶剂系指药物与能形成凝胶的辅料制成溶液、混悬液或乳状液型的稠厚液体或半固体制剂。除另有规定外，凝胶剂限局部用于皮肤及体腔如鼻腔、阴道和直肠。乳状液型凝胶剂又称乳胶剂。由高分子基质如西黄蓍胶制成的凝胶剂也可称为胶浆剂。小分子无机药物（如氢氧化铝）是由分散的药物小粒子以网状结构存在于液体中，属于两相分散系统，也称为混悬型凝胶剂。混悬型凝胶剂可有触变性，静止时形成半固体而搅拌或振摇时成为液体。

凝胶剂基质属单相分散系统，有水性和油性之分。水性凝胶的基质一般由西黄蓍胶、明胶、淀粉、纤维素衍生物、聚羧乙烯和海藻酸钠等加水、甘油或丙二醇等制成；油性凝胶的基质常由液状石蜡与聚氧乙烯或脂肪油与胶体硅或铝皂、锌皂构成。在临床上应用较多的是以水性凝胶为基质的凝胶剂。

二、水性凝胶基质

水性凝胶基质大多在水中溶胀成水性凝胶（hydrogel）而不溶解。本类基质一般易涂展和洗除，无油腻感，能吸收组织渗出液，不妨碍皮肤正常功能。由于黏度较小而利于药物的释放。

本类基质缺点是润滑作用较差，易失水和霉变，常需添加保湿剂和防腐剂，且量较其他基质大。

1. 卡波姆（carbomer）　系丙烯酸与丙烯基蔗糖交联的高分子聚合物，商品名为卡波普（carbopol），按黏度不同常分为934、940、941等规格。本品是一种引湿性很强的白色松散粉末，可以在水中迅速溶胀，但不溶解。其分子结构中的羧酸基团使其水分散液呈酸性，1%水分散液的pH约为3.11，黏性较低。当用碱中和时，随大分子逐渐溶解，黏度也逐渐上升，在低浓度时形成澄明溶液，在浓度较大时形成半透明状的凝胶。在pH 6~11有最大的黏度和稠度，中和使用的碱以及卡波普的浓度不同，其溶液的黏度变化也有所区别。一般情况下，中和1g卡波普约消耗1.35g三乙醇胺或400mg氢氧化钠，本品制成的基质无油腻感，涂用润滑舒适，特别适宜于治疗脂溢性皮肤病。盐类电解质可使卡波普凝胶的黏性下降，碱土金属离子以及阳离子聚合物等均可与之结合成不溶性盐，强酸也可使卡波普失去黏性，在配伍时必须避免。

例 9-6　卡波普基质处方

【处方】卡波普 940　10g　　乙醇 50g　　甘油 50g　　聚山梨酯 80　2g
羟苯乙酯 1g　　氢氧化钠 4g　　蒸馏水加至 1000g

【制法】将卡波普与聚山梨酯 80 及 300ml 蒸馏水混合，氢氧化钠溶于 100ml 水后加入上液搅匀，再将羟苯乙酯溶于乙醇后逐渐加入搅匀，即得透明凝胶。

2. 纤维素衍生物　纤维素经衍生化后成为在水中可溶胀或溶解的胶性物。调节适宜的稠度可形成水溶性软膏基质。此类基质有一定的黏度，随着分子量、取代度和介质的不同而具不同的稠度。因此，取用量也应根据不同规格和具体条件来进行调整。常用的品种有甲基纤维素（MC）和羧甲基纤维素钠（CMC-Na），两者常用的浓度为 2%~6%。前者缓缓溶于冷水，不溶于热水，但湿润、放置冷却后可溶解，后者在任何温度下均可溶解。1% 的水溶液 pH 均在 6~8。MC 在 pH 2~12 时均稳定，而 CMC-Na 在 pH ＜ 5 或＞ 10 时黏度显著降低。本类基质涂布于皮肤时有较强的黏附性，较易失水、干燥而有不适感，常需加入 10%~15% 的甘油调节。制成的基质中均需加入防腐剂，常用 0.2%~0.5% 的羟苯乙酯。在 CMC-Na 基质中不宜加硝（醋）酸苯汞或其他重金属盐作防腐剂，也不宜与阳离子型药物配伍，否则会与 CMC-Na 形成不溶性沉淀物，从而影响防腐效果或药效，对基质稠度也会有影响。

三、水凝胶剂的制备及处方举例

水凝胶剂的一般制法是，药物溶于水者常先溶于部分水或甘油中，必要时加热，其余处方成分按基质配制方法制成水凝胶基质，再与药物溶液混匀加水至足量搅匀即得。药物不溶于水者，可先用少量水或甘油研细，分散，再混于基质中搅匀即得。下面举以交联型聚丙烯酸钠（SDB-L-400）为基质的处方例。

例 9-7　吲哚美辛软膏

【处方】吲哚美辛 10.0g　　交联型聚丙烯酸钠（SDB-L-400）10.0g
PEG-4000　80.0g　甘油 100.0g　　苯扎溴铵 10.0ml
蒸馏水加至 1000g

【制法】称取 PEG-4000、甘油置烧杯中微热至完全溶解，加入吲哚美辛混匀，SDB-L-400 加入 800ml 水（60℃）于研钵中研匀后，将基质与 PEG-4000、甘油、吲哚美辛混匀，加水至 1000g 即得。

【注解】SDB-L-400 是一种高吸水性树脂材料，如表观密度 0.6~0.8g/cm^3，粒径 38~200μm 的 SDB-L-400 在 90 秒内吸水量为自重的 200~300 倍，膨胀成胶状半固体。具有保湿、增稠、浸润皮肤等作用，用量为 14%。PEG 作透皮吸收促进剂，可使药物经皮渗透作用提高 2.5 倍。

本品具有消炎止痛作用，用于风湿性关节炎、类风湿关节炎、痛风等。

四、凝胶剂的质量评价

凝胶剂应均匀细腻，在常温下保持胶状，不干涸或液化，混悬型凝胶剂中胶粒应分散均匀，不应下沉结块。

凝胶剂一般应检查 pH。除另有规定外，凝胶剂还应进行以下检查。

（一）粒度

除另有规定外，混悬型凝胶剂取适量的供试品，涂成薄层，薄层面积相当于盖玻片面积，共涂 3 片，照粒度和粒度分布测定法（《中国药典》2010 年版二部附录Ⅸ E 第一法）检查，均不得检出大于 180μm 的粒子。

（二）装量

照最低装量检查法（《中国药典》2010 年版二部附录Ⅹ F）检查，应符合下列规定。

（三）无菌

用于烧伤或严重创伤的凝胶剂，照无菌检查法（《中国药典》2010 年版二部附录Ⅺ H）检查，应符合规定。

（四）微生物限度

除另有规定外，照微生物限度检查法（《中国药典》2010 年版二部附录Ⅺ J）检查，应符合规定。

学习小结

软膏剂系指药物与油脂性或水溶性基质均匀混合制成的均匀的半固体外用制剂。药物溶解或分散于乳状液型基质中形成的均匀的半固体外用制剂则称为乳膏剂。软膏剂的基质主要分为油脂性基质、乳剂型基质及亲水或水溶性基质。软膏剂的制备一般有研磨法、熔融法与乳化法 3 种方法。软膏剂的质量检查包括粒度、装量、无菌、微生物限度、药物的含量、物理性质、刺激性、稳定性等的检测以及软膏中药物释放、吸收的评定。

膏药系指饮片、食用植物油与红丹（铅丹）或官粉（铅粉）炼制成膏料，摊涂于裱褙材料上制成的供皮肤贴敷的外用制剂。膏药质量检查项目包括软化点、重量差异。橡胶硬膏是指提取物或和化学药物与橡胶等基质混匀后，涂布于背衬材料上制成的贴膏剂。橡胶膏剂的制备方法常用的有溶剂法和热压法。橡胶硬膏质量检查项目包括外观、含膏量检查、黏附性、耐热性试验、微生物限度。凝胶膏剂又称巴布膏剂，系指提取物、饮片或和化学药物与适宜的亲水性基质混匀后，涂布于背衬材料上制成的贴膏剂。凝胶膏剂应作含膏量、赋型性、黏附性和微生物限度等项目检查。

眼膏剂系指由药物与适宜基质均匀混合，制成无菌溶液型或混悬型膏状的眼用灭菌半固体制剂。眼膏剂常用的基质，一般用凡士林 8 份，液状石蜡、羊毛脂各 1 份混合而成。眼膏剂应检查的项目有粒度、金属性异物、重量差异、装量、无菌等。凝胶剂系指药物与能形成凝胶的辅料制成溶液、混悬液或乳状液型的稠厚液体或半固体制剂。水性凝胶的基质一般由西黄蓍胶、明胶、淀粉、纤维素衍生物、聚羧乙烯和海藻酸钠等加水、甘油或丙二醇等制成。凝胶剂应检查的项目粒度、装量、无菌、微生物限度等。

复习题

1. 常用的软膏剂的基质有哪些?
2. 简述乳剂型软膏基质的特点。
3. 简述膏药、橡胶硬膏、凝胶膏剂的优缺点。
4. 简述眼膏剂与普通软膏剂的剂型区别。
5. 水性凝胶基质的特点是什么?常用水性凝胶基质有哪些?

(滕 亮)

第十章 栓剂

学习目标

1. 掌握栓剂的概念、作用机制、制备工艺，栓剂常用基质特点及其应用，置换价的概念及其应用。
2. 熟悉影响栓剂中药物吸收的因素，栓剂质量评价。
3. 了解栓剂的包装与贮存，新型栓剂。

第一节 概述

栓剂（suppositories）系指药物与适宜基质制成的供腔道给药的固体制剂。栓剂在常温下为固体，进入人体腔道后，在体温下迅速软化，熔融或溶解于分泌液之中，逐渐释放药物而产生局部或全身作用。

栓剂因使用腔道的不同，分为直肠栓、阴道栓、尿道栓。直肠栓的形状有圆锥形、圆柱形、鱼雷形等；阴道栓的形状有球形、卵形、鸭嘴形等；尿道一般为棒状。最近也出现了作为直肠用胶囊插入到肛门内的软胶囊。

栓剂作为直肠给药剂型有其悠久的历史，最初主要以局部作用为目的，如润滑、收敛、抗菌、杀虫、局麻等作用。但是，后来发现通过直肠给药可以避免肝首关作用和不受胃肠道的影响，而且适合于对于口服片剂、胶囊、散剂有困难的患者用药，因此，栓剂的全身治疗作用越来越受到重视。由于新基质的不断出现和工业化生产的可行性，国外生产栓剂的品种和数量明显增加。《中国药典》2010 年版（二部）已收载栓剂 18 种。

栓剂的一般质量要求：药物与基质应混合均匀，栓剂外形应完整光滑；塞入腔道后应无刺激性，应能融化、软化或溶解，并与分泌液混合，逐步释放出药物，产生局部或全身作用；应有适宜的硬度，以免在包装、贮藏或使用时变形。

第二节 栓剂的作用与吸收

栓剂是一种直肠给药和阴道给药的安全优良剂型。直肠给药既可起局部治疗作用，又可使药物经腔道黏膜吸收后起全身治疗作用。阴道给药主要起局部作用。其作用特点与吸收机制分述于下。

一、局部作用

栓剂因具有一定的大小和形状，可用于软膏剂所不易给药的腔道中，使其中的药物分散于黏膜表面而发生治疗作用。栓剂的不同基质又能缓和药物的刺激性。起局部作用的直肠栓常用于通便、止痛、缓和刺激、止痒及其他肛门直肠炎症。如甘油栓，由于甘油对黏膜的脱水作用引起局部刺激而有缓泻作用。

阴道栓剂主要起局部作用，一般用于抗菌消炎、月经失调、外阴阴道炎及外阴瘙痒等症。如常用的醋酸洗必泰栓，治疗宫颈糜烂和阴道炎，疗效显著。甲硝唑栓常用于防治厌氧菌引起的妇科、阴道手术切口感染等。

二、全身作用

近年来，由于吸收促进剂的使用，使许多在直肠内难以吸收的药物能通过直肠黏膜加速吸收，从而扩大了栓剂的作用范围，提高了临床治疗效果。

栓剂用于全身作用，与口服剂型相比有以下特点。

1. 可以避免胃肠 pH 或酶对药物的影响和破坏。

2. 对胃有刺激的药物以直肠给药，可以避免药物的刺激作用。如阿司匹林栓中的阿司匹林，细辛皂角栓中的皂角，对胃肠道均有较强的刺激作用，服药后引起恶心、呕吐等副作用。改用栓剂，则无消化道刺激症状。

3. 药物从直肠吸收，有 50%~70% 的药物不通过肝脏直接进入血液体循环，不受肝脏首关效应的影响，同时也减少药物对肝脏的毒性和副作用。

4. 不能或不愿吞服药物的患者，用直肠给药较为方便。

5. 直肠吸收比口服吸收有规律，甚至能更快达峰浓度。

6. 栓剂的作用时间比一般口服片剂长。例如治疗支气管哮喘的克伦特罗（氨哮素）片，口服 2~3 小时达血药峰浓度，维持 5~6 小时；而氨哮素栓剂 30 分钟已达峰浓度，疗效可维持 8~24 小时。

但栓剂亦有使用不便、成本较高、生产率低等缺点。

（一）直肠与阴道的解剖生理与药物的吸收

1. 直肠吸收途径　直肠位于肠的末端，从骨盆向下终于肛门，人的直肠全长 12~15cm，最大直径 5~6cm。直肠大致分为两部分：在骨盆部长 10~12cm，在肛门部长 2~3cm。直肠黏膜与小肠黏膜不同；前者无绒毛，皱褶也少，故吸收面积有限，但有的药物也能在直肠有较多的吸收。药物从直肠吸收主要有两个途径：一条是通过直肠上静脉，经门静脉而入肝脏，在肝脏代谢后再至全身；另一条是通过直肠中静脉和直肠下静脉及肛管静脉进入下腔静脉，绕过肝脏而直接进入血液体循环。因此，栓剂在应用时塞入直肠距肛门约2cm处为宜，总量50%~70%的药物在吸收时不经肝脏。

此外，淋巴系统对直肠药物的吸收几乎与血液处于相同地位，因此，也是药物吸收的一条途径。

2. 阴道吸收途径 阴道途径给药除局部作用外，还可以使药物吸收到全身。这是因为阴道附近的血管几乎均与体循环相连，因此吸收速度较快，且由于不经过肝脏，副作用较低。对于与女性相关疾病的治疗有其优越性。

阴道黏膜由上皮和固有层组成，上皮的分化受卵激素的影响而有周期性变化，成熟程度与体内雌激素水平成正比。阴道上皮的厚度和阴道pH随着年龄和月经周期变化，受卵巢类固醇水平变化的影响。

阴道给药常用剂型有阴道栓、霜、凝胶、阴道环等。许多药物通过阴道给药，取得了良好疗效。与口服相比，甲硝唑栓阴道给药的生物利用度平均为56%，而且全身不良反应较低。其阴道给药的生物利用度与药物吸收难易及酶对药物的降解有关，如采用吸收促进剂或外加酶抑制剂，则可进一步提高阴道给药的生物利用度。

（二）影响直肠吸收的因素

直肠黏膜属于类脂屏障，药物从直肠吸收的机制主要是被动扩散，影响药物直肠吸收的因素很多，主要有如下几方面。

1. 生理因素 健康人的直肠温度为36.2~37.6℃，平均为36.9℃；因粪便和分泌存在，水分不呈流体存在，在半固体粪中含水77%~82%；直肠黏膜能吸收水分进入血液，也能像半透膜一样，使水从血液渗入直肠；直肠无蠕动作用；直肠内容物的压力因其部位不同而有差异。

一般直肠液的pH约为7.4，无缓冲能力。药物进入直肠后的pH由溶解的药物所决定。一般情况下，有机弱酸和有机弱碱比强酸与强碱以及强电解质更容易吸收，分子型药物易通过肠黏膜，因此，当改变直肠黏膜的pH，使非离子型药物部分增加，可以增加药物的吸收。

在药物吸收过程中，速率限制环节之一是药物从基质扩散到产生吸收的直肠黏膜部位的速度。这种扩散速度不仅受药物本身性质的影响，也受直肠生理状态的影响。

直肠有粪便存在，可以影响药物的扩散及与吸收表面的接触。对于发挥全身作用的栓剂，在无粪便的情况下，药物有较多机会接触直肠表面，因而比在有粪便的直肠中吸收多，所以能获得理想的效果。故可在应用栓剂前灌肠以清除肠内容物。此外，腹泻、肠梗阻以及组织脱水等，都可影响药物从直肠吸收的速率和程度。

栓剂在直肠保留时间与吸收亦有关。保留时间越长，吸收愈充分。例如，阿司匹林栓剂应用后1小时排便吸收仅40%。10小时排便，则药物吸收可趋于完全。

2. 药物的性质

（1）溶解度：药物要被吸收必须从栓剂中释放出来，并通过周围的体液分布到吸收部位。由于直肠中的分泌液量较少（约3ml），对于溶解度小的药物，药物溶解量少，吸收亦少。当药物的水溶性增加时，吸收亦增加。对难溶性药物，如采用其溶解度大的盐类或衍生物制成栓剂，可改善吸收。

（2）粒径：药物在基质中不溶解而呈混悬状态存在于栓剂中时，其粒度大小将影响其释放，也影响其溶解速度与吸收。粒子愈小，愈容易溶解；吸收亦愈快。

（3）脂溶性与解离度：药物的直肠吸收与其脂溶性和解离常数（pK_a）有关。一般情况下，当药物从栓剂基质中释放出来而到达腔壁上的吸收部位时，脂溶性好、不解离型的药物吸收最好，完全解离的药物吸收较差，非脂溶性的不解离型的药物也不容易吸收。若药物为 pK_a 大于 4.3 的弱酸及 pK_a 小于 8.5 的弱碱，一般吸收很快。若药物为 pK_a 小于 3.0 的酸和 pK_a 大于 10.0 的碱，其吸收速度十分缓慢，这说明直肠黏膜对分子型药物可以选择性地透过，而离子型药物则较难穿透。因此，可应用缓冲液或盐来改变直肠区的 pH，以增加分子型药物的浓度，从而提高药物吸收的速率。

3. 基质的作用　栓剂中药物吸收的限速过程是基质中的药物释放到体液中的速度，而不是药物在体液中溶解的速度。因此，药物从基质中释放得快，可产生较快而强烈的作用，反之则作用缓慢而持久。对于起全身治疗作用的栓剂，要求药物从基质中迅速释放，分散和吸收。由于基质种类和性质的不同，释放药物的速度和对药物吸收的影响亦不同。一般而言，对基质溶解度大的药物的释放要比其溶解度小的药物释放慢，吸收量也少。

栓剂基质通常分油脂性和水溶性两类。采用油脂性基质制成的栓剂，进入直肠后基质在体温下很快熔化，当基质本身的油水分配系数较小时，液化的基质容易与分泌液接触，促使药物从油脂性基质中转溶于分泌液中而被吸收。若药物系水溶性，且能均匀分散于基质中时，则可迅速从油水界面溶于分泌液中，很快出现局部作用或全身作用。若药物系脂溶性，则药物必须先从油相转入水相的体液中才能产生作用，此过程与药物在油水中的分配系数及其浓度密切相关。若药物在油脂中的溶解度大而使用的浓度又低时，药物难以进入水相液体中，因而释放的速度也较缓慢。例如己烯雌酚用可可豆脂制成的栓剂其临床效果较差，这说明油脂性基质对脂溶性药物的释放缓慢，由此引起药效发挥受阻。

水溶性基质制成的栓剂在给药后，主要借其亲水性吸水膨胀，溶解与分散在体液中发挥作用。如果药物是水溶性的，可以直接转溶于分泌液中而被黏膜吸收，但由于基质本身溶解缓慢，因此妨碍药物的迅速释放；脂溶性的药物较易从水溶性基质中释放。

一般来说，基质中所含药物愈多，愈有利于吸收，但在肠腔中药物浓度超过一定量时，则因药物而异。

（三）影响阴道吸收的因素

药物的阴道吸收受阴道生理因素和药物本身理化性质的影响。阴道上皮的厚度和多孔性的周期变化，阴道液的体积、黏度和 pH 都可影响药物的阴道吸收。药物的分子量，亲脂性和离子化性质等对阴道吸收亦有影响。亲脂性的小分子药物可能比亲水性的大分子药物更容易吸收。除此以外，还需要考察吸收促进剂和酶抑制剂对阴道上皮的影响以及年龄和月经周期对药物吸收的影响。

第三节　栓剂的处方组成

栓剂的处方组成通常包括药物、基质和适宜的附加剂。栓剂的处方设计首先要考虑主药的药理作用与用药目的，根据药物体内作用特点的不同，可以设计各种类型的栓剂。除了包括常用的普通栓剂外，还可以设计成以速释为目的的中空栓剂和泡腾栓剂，或者以缓释为目的的渗透泵栓剂、微囊栓剂和凝胶栓剂，既有速释又有缓释部分的双层栓剂、或加入渗透促进剂或阻滞剂的多种形式的栓剂。其次还须考虑药物的性质、基质和添加剂的性质以及对药物释放、吸收的影响。一般情况下，对胃肠道有刺激性、在胃中不稳定或有明显肝首关作用的药物，可以考虑制成直肠给药栓剂。但难溶性药物和在直肠黏膜中呈离子型的药物不宜直肠给药。选择基质时，根据用药目的和药物性质等来决定。

一、药　物

栓剂中药物加入后可溶于基质中，也可混悬于基质中。供制栓剂用的固体药物，除另有规定外，应预先用适宜方法制成细粉，并全部通过六号筛。根据施用腔道和使用目的的不同，制成各种适宜的形状。

二、基　质

用于制备栓剂的基质应具备下列要求：①室温时具有适宜的硬度，当塞入腔道时不变形，不破碎。在体温下易软化、融化，能与体液混合或溶于体液。②具有润湿或乳化能力，水值较高。③不因晶形的软化而影响栓剂的成型。④基质的熔点与凝固点的间距不宜过大，油脂性基质的酸价在 0.2 以下，皂化值应为 200~245，碘价低于 7。⑤可应用冷压法及热熔法制备栓剂，且易于脱模。基质不仅赋予药物成型，且影响药物的作用。局部作用要求释放缓慢而持久，全身作用要求引入腔道后迅速释药。基质主要分油脂性基质和水溶性基质两大类。

（一）油脂性基质

1. 可可豆脂（cocoa butter） 可可豆脂是梧桐科（Sleruliacence）植物可可树（*Theobroma cocao*）种仁中得到的一种固体脂肪，主要含硬脂酸、棕榈酸、油酸、亚油酸和月桂酸的甘油酯。可可豆脂为白色或淡黄色、脆性蜡状固体。有 α、β、β′、γ 四种晶型，其中以 β 型最稳定，熔点为 34℃。通常应缓缓升温加热待熔化至 2/3 时，停止加热，让余热使其全部熔化，以避免上述异物体的形成。每 100g 可可豆脂可吸收 20~30g 水，若加入 5%~10% 吐温 -61 可增加吸水量，且有助于药物混悬在基质中。

2. 半合成或全合成脂肪酸甘油酯　系由天然植物油水解、分馏所得 C_{12}–C_{18} 游离脂肪酸，经部分氢化再与甘油酯化而得的三酯、二酯、一酯的混合物。这类基质化学性质稳定，成形性能良好，具有保湿性和适宜的熔点，不易酸败，目前为取代天然油脂较理想的栓剂基质。

（1）半合成椰油酯：系由椰油加硬脂酸再与甘油酯化而成。本品为乳白色块状物，熔点为 35.7~37.9℃，凝固点为 30.6~32.6℃，有油脂臭，吸水能力大于 20%，刺激性小。

（2）半合成山苍子油酯：系由山苍子油水解、分离得月桂酸，再加硬脂酸与甘油经酯化而得的油酯。也可直接用化学品合成，称为混合脂肪酸酯。其规格有 34 型（33~35℃）、36 型（35~37℃）、38 型（37~39℃）、40 型（39~41℃）等，其中栓剂制备中最常用的为 38 型。

本品的理化性质与可可豆脂相似，为黄色或乳白色块状物。

（3）半合成棕榈油酯：系以棕榈油酸加入硬脂酸、甘油经酯化而得的油酯。本品为乳白色固体，抗热能力强，酸价和碘价低，对直肠和阴道黏膜均无不良影响。

（4）硬脂酸丙二醇酯：是硬脂酸丙二醇单酯与双酯的混合物，为乳白色或微黄色蜡状固体，稍有脂肪臭。水中不溶，遇热水可膨胀，熔点36~38℃，对腔道黏膜无明显的刺激性、安全、无毒。

（二）水溶性基质

1. 甘油明胶（gelatin glycerin） 甘油明胶系将明胶、甘油、水按一定的比例在水浴上加热融合，蒸去大部分水，放冷后凝固而得。本品具有很好的弹性，不易折断，且在体温下不融化，但能软化并缓慢溶于分泌液中而缓慢释放药物。其溶解速度与明胶、甘油及水三者用量有关，通常用量为明胶与甘油约等量，水分含量在10%以下，水分过多成品变软。甘油与水的含量越高则越容易溶解，且甘油能防止栓剂干燥变硬。本品多用做阴道栓剂基质，明胶是胶原的水解产物，凡与蛋白质能产生配伍变化的药物（如鞣酸、重金属盐等）均不能用甘油明胶作基质。

2. 聚乙二醇（polyethylene glycol，PEG） PEG1000、4000、6000的熔点分别为38~40℃、40~48℃、55~63℃。多用熔融法制备成型，为难溶性药物的常用载体。于体温不熔化，但能缓缓溶于体液中而释放药物。如PEG1000与PEG4000按75∶25比例适用于需要快速溶解的栓剂，而按4∶96比例可制得药物释放缓慢的栓剂。本品吸湿性较强，对黏膜有一定刺激性，加入约20%的水则可减轻刺激性。为避免刺激还可在纳入腔道前先用水湿润，也可在栓剂表面涂一层蜡醇或硬脂醇薄膜。PEG基质不宜与银盐、鞣酸、奎宁、水杨酸、阿司匹林、苯佐卡因、氯碘喹啉、磺胺类配伍。

3. 聚氧乙烯（40）单硬脂酸酯类（polyoxyl 40 stearate） 系聚乙二醇的单硬脂酸酯和二硬脂酸酯的混合物，并含有游离乙二醇，呈白色或微黄色，无臭或稍有脂肪臭味的蜡状固体。熔点为39~45℃，可溶于水、乙醇、丙酮等，不溶于液状石蜡。商品名Myri52，商品代号为S-40。S-40可与PEG混合使用，可制得崩解、释放性能较好的稳定的栓剂。

4. 泊洛沙姆（poloxamer 188） 本品为乙烯氧化物和丙烯氧化物的嵌段聚合物（聚醚），为一种表面活性剂。本品型号有多种，随聚合度增大，物态从液体、半固体至蜡状固体，易溶于水。较常用的型号为188型，商品名为pluronic F68，熔点为52℃。本品能促进药物的吸收并起到缓释与延效的作用。

三、添 加 剂

栓剂的处方中，根据不同目的需加入一些添加剂。

1. 硬化剂 若制得的栓剂在贮藏或使用时过软，可加入适量的硬化剂，如白蜡、鲸蜡醇、硬脂酸、巴西棕榈蜡等调节，但效果十分有限。

2. 增稠剂 氢化蓖麻油、单硬脂酸甘油酯、硬脂酸铝等可通过调节基质稠度来调节药物的释放。

3. 乳化剂 当栓剂处方中含有与基质不能相混合的液相，特别是在此相含量较高时（大于5%），可加适量的乳化剂。

4. 吸收促进剂　起全身治疗作用的栓剂，为了增加全身吸收，可加入吸收促进剂以促进药物被直肠黏膜的吸收。常用的吸收促进剂有表面活性剂、月桂氮䓬酮（laurocapam，也称 Azone）、氨基酸乙胺衍生物、乙酰醋酸酯类、β-二羧酸酯、芳香族酸性化合物、脂肪族酸性化合物。

5. 抗氧剂　对易氧化的药物应加入抗氧剂，如叔丁基羟基茴香醚（BHA）、叔丁基对甲酚（BHT）、没食子酸酯类等。

6. 防腐剂　当栓剂中含有植物浸膏或水性溶液时，可使用防腐剂及抗菌剂，如对羟基苯甲酸酯类。使用防腐剂时应验证其溶解度、有效剂量、配伍禁忌以及直肠对它的耐受性。

第四节　栓剂的制备及处方举例

一、制备方法

栓剂的制备基本方法有两种，即冷压法与热熔法。

1. 冷压法（cold compression method）　不论是搓捏或模型冷压，均是将药物与基质的锉末置于冷却的容器内混合均匀，然后手工搓捏成型或装入制栓模型机内压成一定形状的栓剂。机压模型成型者较美观。

2. 热熔法（fusion method）　将计算量的基质锉末用水浴或蒸气浴加热熔化，温度不宜过高，然后按药物性质以不同方法加入，混合均匀，倾入冷却并涂有润滑剂的模型中至稍为溢出模口为度。放冷，待完全凝固后，削去溢出部分，开模取出。热熔法应用较广泛，工厂生产一般均已采用机械自动化操作来完成。

栓孔内涂的润滑剂通常有两类：①脂肪性基质的栓剂，常用软肥皂、甘油各 1 份与 95% 乙醇 5 份混合所得；②水溶性或亲水性基质的栓剂则用油性润滑剂，如液状石蜡或植物油等。有的基质不粘模，如可可豆脂或聚乙二醇类，可不用润滑剂。通常情况下栓剂模型的容量一般是固定的，但它会因基质或药物的密度不同可容纳不同的重量。加入药物会占有一定体积，特别是不溶于基质的药物。为了保持栓剂原有体积，就要考虑引入置换价（displacement value，*DV*）的概念。药物的重量与同体积基质重量的比值称为该药物对基质的置换价。可以用下述方法和公式求得某药物对某基质的置换价：

$$DV=\frac{W}{G-(M-W)}\tag{10-1}$$

式（10-1）中，*G*—纯基质平均栓重；*M*—含药栓的平均重量；*W*—每个栓剂的平均含药重量。

测定方法：取基质作空白栓，称得平均重量为 *G*，另取基质与药物定量混合做成含药栓，称得平均重量为 *M*，每粒栓剂中药物的平均重量 *W*，将这些数据代入式（10-1），即可求得某药物对某一新基质的置换价。

用测定的置换价可以方便地计算出制备这种含药栓需要基质的重量 *x*：

$$x=\left(G-\frac{y}{DV}\right)\cdot n\tag{10-2}$$

式（10-2）中，*y*—处方中药物的剂量；*n*—拟制备栓剂的枚数。

药物的置换价可以从文献中查到或经实验测定。现代制备栓剂的设备，成栓与包装一体化，根据栓剂中药物含量来控制物料的填充量。这种设备操作方便，无需知道或测定置换价。

二、包装材料和贮藏

将栓剂分别用蜡纸或锡纸包裹后置于小硬纸盒或塑料盒内，以免互相粘连，避免受压。于干燥阴凉处（30℃以下）贮存。甘油明胶栓及聚乙二醇栓可于室温阴凉处贮存，并宜密闭于容器中以免吸湿、变形、变质等。

三、处方举例

例 10-1　吡罗昔康栓

【处方】吡罗昔康 10g　　S-40 500g　　共制 1000 枚

【制法】取 S-40 在水浴上熔化，吡罗昔康研细，加入上述熔化的基质研磨均匀，保温灌模即得。

【注解】本品有镇痛、消炎、消肿作用，用于治疗风湿性及类风湿关节炎。

例 10-2　呋喃西林栓

【处方】呋喃西林粉 20g　维生素 E 10g　维生素 A 20 万 U　羟苯乙酯 0.5g
50% 乙醇 50ml　聚山梨酯 80 10ml　甘油明胶加至 1000g　共制 240 枚

【制法】取呋喃西林粉加乙醇煮沸溶解，加入羟苯乙酯搅拌溶解，再加适量甘油搅匀，缓缓加入明胶甘油基质中，保温待用。

另取维生素 E 及维生素 A 混合后加入聚山梨酯，搅拌均匀后，缓缓搅拌下加至上述保温基质中，充分搅拌，保温 55℃，灌模，每枚重 4g。

【注解】本品用于治疗宫颈炎，7~10 天为一疗程。

第五节　几种新型栓剂

由于栓剂疗效确切且不易受其他条件影响，因此人们自然而然地想要把更多的药物作成栓剂。但传统的普通栓剂（conventional type suppository，CTS）又不能满足这一要求，所以各国相继开发出了一些新型栓剂。下面简要介绍几种特殊的栓剂。

一、中空栓剂

中空栓剂是日本人渡道善造于 1984 年首先报道的。栓中有一空心部分，可供填充各种不同类型的药物，包括固体和液体。包在中空栓剂中的水溶性药物的释放几乎不受基质和药物填充状态的影响，并可起到速效作用；此外，较普通栓剂有更高的生物利用度。中心是液体的中空栓剂放入体内后，外壳基质迅速熔融破裂，药物以溶液形式一次性释放，达峰时间短、起效快。中空栓剂中心的药物添加适当赋形剂或制成固体分散体使药物快速或缓慢释放，从而具有速释或缓释作用。

二、双层栓剂

双层栓一般有 3 种。第一种为内外两层栓，内外两层含有不同药物，可先后释药而达到特定的治疗目的；第二种为上下两层栓，其下半部的水溶性基质使用时可迅速释药，上半部用脂溶性基质能起到缓释作用，可较长时间地使血药浓度保持平稳；第三种也是上下两层栓，不同的是其上半部为空白基质，下半部才是含药栓层，空白基质可阻止药物向上扩散，减少药物经上静脉吸收进入肝脏而发生的首关效应，提高了药物的生物利用度。

三、微囊栓剂

微囊栓剂是 1981 年日本 Chemrphar 株式会社研制的一种长效栓剂，系先将主药微囊化再制成栓剂，从而延缓药物释放。之后，Nakagawa 也报道了吲哚美辛复合微囊栓，栓中同时含有药物细粉及微囊，经实验证明，复合微囊栓同时具有速释和缓释两种性能，也是一种较为理想的栓剂新剂型。

四、渗透泵栓剂

渗透泵栓剂是美国 Alza 公司采用渗透泵原理研制的一种长效栓剂。其最外层为一不溶解的微孔膜，药物分子可由微孔中慢慢渗出，因而可较长时间维持疗效，也是一种较理想的控释型栓剂。

五、缓释栓剂

为英国 Inversesk 研究所研制的一种长效栓剂。该栓在直肠内不溶解、不崩解，通过吸收水分而逐渐膨胀，缓慢释药而发挥其疗效。

六、凝胶缓释栓剂

分为亲水凝胶栓剂（hydrogel suppository）和干凝胶栓剂（xerogel suppository）。亲水凝胶是结晶状弹性物质，由乙烯氧化物交联而成，不溶于水，具有亲水性、生物黏附性和生物学惰性。去掉水分后较坚硬，可注模、成形，当水合时，体积膨胀为原体积的 2~4 倍，柔软而富有弹性。水溶性或能溶解于乙醇中的药物可以用亲水凝胶为载体，药物释放规律，可重复且能预测。

第六节 栓剂的质量评价

除另有规定外，栓剂应进行以下相应检查。

1. 重量差异 取栓剂10粒，精密称定总重量，求得平均粒重后，再分别精密称定各粒的重量。每粒重量与平均粒重相比较，超出重量差异限度的药粒不得多于1粒，并不得超出限度1倍。栓剂重量差异限度如表10-1所示。

表10-1 栓剂重量差异限度表

平均重量	1.0g以下至1.0g	1.0g以上至3.0g	3.0g以上
重量差异限度	±10%	±7.5%	±5%

凡规定检查含量均匀度的栓剂，一般不再进行重量差异检查。

2. 融变时限 照融变时限检查法（《中国药典》2010年版附录Ⅹ B）检查。除另有规定外，脂肪性基质的栓剂应在30分钟内全部融化或软化变形或触压时无硬心，水溶性基质的栓剂应在60分钟内全部溶解。

3. 微生物限度 照微生物限度检查法（《中国药典》2010年版二部附录Ⅺ J）检查。直肠给药栓剂细菌数每1g不得过1000个；霉菌和酵母菌数每1g不得过100个；金黄色葡萄球菌、铜绿假单胞菌、大肠埃希菌每1g不得检出。阴道给药栓剂细菌数每1g不得过100个；霉菌和酵母菌数每1g不得过10个；金黄色葡萄球菌、铜绿假单胞菌、大肠埃希菌每1g不得检出。

4. 药物溶出速度和吸收试验 可作为栓剂质量检查的参考项目。

（1）溶出速度试验：将待测栓剂置于透析管的滤纸筒中或适宜的微孔滤膜中，浸入盛有介质并附有搅拌器的容器中，于37℃每隔一定时间取样测定，每次取样后需补充同体积的溶出介质，求出介质中的药物量，作为在一定条件下基质中药物溶出速度的参考指标。

（2）体内吸收试验：可用家兔进行试验。开始时剂量不超过口服剂量，以后再两倍或三倍地增加剂量。给药后按一定时间间隔抽取血液或收集尿液，测定药物浓度，最后计算动物体内药物吸收的动力学参数和生物利用度。

学习小结

栓剂系指药物与适宜基质制成的供腔道给药的固体制剂。栓剂因使用腔道的不同，分为直肠栓、阴道栓、尿道栓。栓剂可以产生局部或全身作用。起局部作用的直肠栓常用于通便、止痛、缓和刺激、止痒及其他肛门直肠炎症。直肠栓中的药物主要从两个途径发生直肠吸收而产生全身作用。影响药物直肠吸收的因素包括生理因素、药物的性质、基质的作用。

栓剂基质主要分油脂性基质和水溶性基质两大类。选择基质时，根据用药目的和药物性质等来决定。栓剂的制备方法有冷压法与热熔法。栓剂基质的用量可以通过置换价计算出。栓剂的质量检查项目包括重量差异、融变时限、微生物限度、药物溶出速度和吸收试验等。

复习题

1. 常用的栓剂的基质有哪些?

2. 简述栓剂基质可可豆脂与甘油明胶的特点。

3. 发挥全身作用的直肠栓剂为什么不宜在使用时塞入直肠深部?

4. 栓模标示量为3g（按可可豆脂计），将药物1.5g与可可豆脂相混合，倒入栓模中，测得栓剂的重量为3.7g，此药物的置换价是多少？如利用此药在该栓模制备阴道栓8枚，每枚内含主药1.0g，需用可可豆脂多少克？（置换价是1.875；需用可可豆脂19.7g）

（滕 亮）

第十一章

膜剂与涂膜剂

学习目标

1. 掌握膜剂、涂膜剂的概念及特点。
2. 熟悉膜剂、涂膜剂的常用成膜材料及制备方法，膜剂、涂膜剂的基本处方组成。
3. 了解膜剂、涂膜剂的一般质量要求及质量评价方法。

第一节 膜 剂

一、概 述

膜剂（films）系指药物与适宜的成膜材料经加工制成的膜状制剂。膜剂是从20世纪60年代开始研究应用的一种新型制剂，70年代国内外对膜剂的研究已有很大进展，并逐步投入生产和应用。膜剂的种类从用药途径上可分为口腔膜剂、眼用膜剂、鼻腔用膜剂、宫颈及阴道用膜剂、植入膜剂、经皮给药型膜剂等。从结构上可以分为单层膜、多层膜（复合膜）和夹心膜等不同类型。

（一）膜剂的特点

1. 药物在成膜材料中分布均匀，含量准确，稳定性好。

2. 普通膜剂成膜材料用量少、药物适应范围广，也可制成不同释药速度的多层膜或夹心膜，达到缓释或控释的目的。

3. 制备工艺简单，价格合理，生产过程中没有粉尘飞扬。

4. 膜剂体积小，质量轻，应用、携带及运输方便，近年来广泛应用于临床。

缺点：载药量小，仅适用于剂量小的药物。

（二）不同给药途径的膜剂

1. 口服膜剂　指供口服的膜剂。如安定膜剂（即地西泮膜剂）、丹参膜剂，用法同口服片剂。

2. 口腔膜剂　供口含、舌下给药和口腔内局部贴敷的膜剂，如硝酸甘油膜剂、甲硝唑牙用膜剂、口腔溃疡双层膜剂等。

3. 眼用膜剂　用于眼结膜囊内，可延长药物在眼部的停留时间，并维持一定的浓度。它能克服滴眼液及眼药膏作用时间短及影响视力的缺点，以较少的药物达到局部高浓度，可维持较长的作用时间。

4. 鼻用膜剂及阴道膜剂　包括局部治疗用和避孕药膜。主要用于治疗阴道疾患或用于避孕。如克霉唑药膜、避孕膜剂等。

5. 皮肤、黏膜用膜剂　用于皮肤或黏膜的创伤或炎症，膜剂既可起治疗作用又可起保护作用，有利于创面愈合，如止血消炎药膜、冻疮药膜等

6. 植入膜剂　指埋植于皮下（真皮下，真皮与皮下组织之间），产生持久药效的膜剂。

（三）一般质量要求

膜剂外观应完整光洁，厚度一致，色泽均匀，无明显气泡。多剂量的膜剂，分格压痕应均匀清晰，并能按压痕撕开。膜剂的成膜材料、辅料和包装材料均应性质稳定，无刺激性、无毒性并不与药物发生理化作用。

二、成膜材料

（一）常用成膜材料

成膜材料的性能、质量对膜剂的成品质量及药效发挥有着重要的影响，同时也影响着膜剂的制备成型工艺。理想的成膜材料在性质上应有如下一些特点：生理惰性，无毒、无刺激，无过敏作用；性质稳定，不与主药产生相互作用，不干扰主药含量测定；成膜、脱膜性能好，所成薄膜有足够的强度和韧性；膜材的性能应能满足相应给药途径的释药需求和使用安全；来源丰富、价格便宜。

常用成膜材料分为天然高分子物质和合成高分子物质，天然高分子成膜材料有明胶、虫胶、阿拉伯胶、淀粉、糊精、琼脂、海藻酸、纤维素衍生物等，多数可以溶解或生物降解，但成膜、脱膜性能差，故常与合成类成膜材料合用。合成的高分子成膜材料成膜性能优良，成膜后的抗拉强度与韧性均较好，常用的有聚乙烯醇、乙烯－醋酸乙烯共聚物和纤维素衍生物、聚维酮、硅橡胶、聚乳酸等。

1. 聚乙烯醇（PVA）　是目前应用最广泛的成膜材料之一，是由醋酸乙烯先经聚合再经醇解制得。经试验证明 PVA 不论在成膜性还是膜的抗拉强度、柔软性和水溶性均表现优异。根据聚合度和醇解度的不同分为多种型号，不同型号的 PVA 膜物理化学性质差异很大。本品为白色或淡黄色的颗粒或粉末，有强亲水性与成膜性。一般认为醇解度为 88% 时其水溶性最好，在温水中能很快溶解。目前国内最为常用的是 PVA05-88 和 PVA17-88 两种规格，它们的醇解度均为 88%，平均聚合度分别为 500~600 和 1700~1800。其中 PVA05-88 聚合度小、相对分子质量小、水溶性大、柔韧性差；PVA17-88 聚合度大、相对分子量质大、水溶性小、柔韧性好。两者可以适当的比例混合使用。PVA 对眼黏膜和皮肤无毒、无刺激，口服后在消化道中很少吸收，仅作为药物的载体，在体内释药后，大部分 PVA 在 48 小时内随粪便排出。

2. 乙烯－醋酸乙烯共聚物（EVA）是乙烯和醋酸乙烯共聚而成的水不溶性、热塑性高分子聚合物。通常为透明至半透明、略带弹性的颗粒，性质稳定，无毒、无刺激性，

柔软性好，与人体组织有良好的相容性。其性能与相对分子质量和醋酸乙烯含量关系密切，EVA 分子量大，玻璃化温度高，机械强度大；在相同分子质量时，共聚物中醋酸乙烯含量增大，其溶解性、柔软性、弹性和透明性提高；药物的经皮渗透与醋酸乙烯的含量相关，如 EVA 膜中醋酸乙烯含量从 9% 增至 16% 时，黄体酮透过 EVA 膜的渗透系数增大 1 倍。

3. 纤维素类衍生物　纤维素衍生物是以纤维素分子中的羟基与化学试剂发生酯化或醚化反应后的生成物。纤维素衍生物的种类及用途广泛，常用于膜剂制备中的纤维素衍生物有：甲基纤维素、羧甲基纤维素、羟丙基纤维素和羟丙基甲基纤维素等。羧甲基纤维素钠溶液黏性强，成膜性能差，抗拉强度差，多用于其他成膜材料如 PVA、EVA 中，以增加药膜在用药物部位的黏附性和黏着时间，或有利于制成均匀的含疏水性药物微粒的膜剂，增长药物作用时间。羟丙甲基纤维素（HPMC）成膜性良好，坚韧而透明，不易吸湿，高温下不黏着，抗热抗湿性能较好。

（二）成膜材料常用的附加剂

膜剂除主药和成膜材料外，通常还含有以下一些附加剂。

1. 着色剂　如色素、TiO_2 等。

2. 增塑剂　如甘油、山梨醇、丙二醇等。

3. 填充剂　如 $CaCO_3$、SiO_2、淀粉、糊精等。

4. 表面活性剂　如聚山梨酯 -80、十二烷基硫酸钠、豆磷脂等。

5. 脱膜剂　如液状石蜡、甘油、硬脂酸、聚山梨酯 -80 等。

三、膜剂的制备方法

制备方法有 3 种：匀浆流延成膜法、热塑制膜法和复合制膜法。

（一）匀浆流延成膜法

1. 制备方法　将成膜材料溶解于适当的溶剂后滤过，加入主药并充分搅拌使之溶解。不溶于水的主药需制成微晶或粉碎成细粉，以保证药物分散的均匀度，用搅拌或研磨等方法均匀分散于成膜材料的胶体溶液中，然后进行涂膜操作。小量制备时可将已配好的含药成膜材料浆液倾于平板玻璃上，用推杆涂成宽厚一致的涂层，大量生产时可用涂膜机涂膜成所需要的厚度。烘干后，根据主药配制量或测定主药含量后计算单剂量的面积，剪成单剂量小格，用纸或塑料薄膜包装。

2. 工艺流程　成膜材料浆液配制→加入药物、附加剂→脱泡→涂膜→干燥→脱膜→含量测定→质量检查→包装。

3. 设备示意图　见图 11-1。

（二）热塑制膜法

将药物细粉和成膜材料，如 EVA 颗粒相混合，用橡皮滚筒混炼，热压成膜；或将热融的成膜材料，如聚乳酸、聚乙醇酸等在热融状态下加入药物细粉，使药物溶入成膜材料或与之均匀混合，在冷却过程中成膜。本法的特点是可以不用或少用溶剂，机械生产效率高。

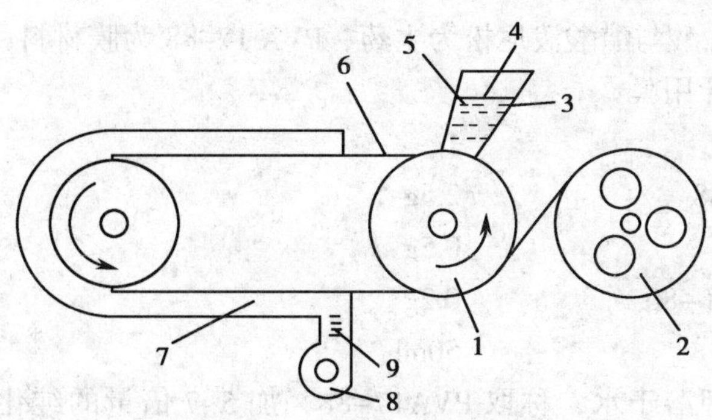

图 11-1　涂膜机示意图

1. 主动机；2. 卷膜盘；3. 流液嘴；4. 含药浆液；5. 控制板；6. 不锈钢循环带；7. 干燥箱；8. 鼓风机；9. 电热丝

（三）复合制膜法

以不溶性的热塑性成膜材料（如 EVA）为外膜，分别制成具有凹穴的底外膜带和上外膜带。另取水溶性的成膜材料（如 PVA 或海藻酸钠），用匀浆制膜法制成含药的内膜带，剪切后置于底外膜带的凹穴中。也可用易挥发性溶剂制成含药匀浆，定量注入底外膜带的凹穴中。经吹风干燥后，盖上外膜带，热封即成。这种方法一般用机械设备制作。一般用于缓释膜的制备，如眼用毛果芸香碱膜剂（缓释 1 周）在国外即用此法制成。与单用匀浆制膜法制得的毛果芸香碱眼用膜剂相比，具有更好的控释作用。复合膜的简便制备方法是先将 PVA 制成空白覆盖膜后，将覆盖膜与药膜用 50% 乙醇粘贴，加压，60℃烘干即可。

四、不同类型膜剂的实例

1. 口腔膜剂　口腔黏膜给药是近年来发展起来的一种新型给药途径，药物可直接作用于病灶，产生直接的局部治疗作用，对口腔溃疡等口腔疾病起到良好的治疗效果。也可以经口腔黏膜吸收后，直接进入循环系统，避免胃肠道酶和酸的降解及肝脏的首关效应，还可以降低患者的个体差异，维持稳态血药浓度。以此种给药方式提供一种局部治疗或长期的治疗慢性疾病的方法，并可随时停止给药，是一种十分方便的给药方式，值得进一步研制和推广应用。

例 11-1　甲硝唑口腔溃疡膜

【处方】甲硝唑 110g　　糖精钠 11g
PVA 910g　　甘油 200ml
纯化水 30ml　　制膜 1000 片

【用途】抗菌、消炎、止痛，促进黏膜创面愈合，用于多发性口腔溃疡、皮肤黏膜溃疡等。

【注解】甲硝唑为主药，糖精钠为矫味剂，PVA 为膜材料，甘油为增塑剂。

例 11-2　复方维生素 A 酸膜

【处方】维生素 A 酸 104g　　醋酸泼尼松 104g
PVA 17-88 10g　　甘油 110g
纯化水 35ml　　制膜 1000 片

【用途】有促进上皮细胞增生分化、角质溶解作用，用于口腔扁平苔藓、口腔白斑等症。

【注解】 维生素 A 酸与醋酸泼尼松为主药，PVA 17-88 为膜材料，甘油为增塑剂。

例 11-3　硝酸钾牙用膜

【处方】 硝酸钾　1g

PVA17-88　2.5g

甘油　0.5g

聚山梨酯 -80　0.2g

纯化水　50ml

【制法】 取硝酸钾溶于水，称取 PVA17-88，加 5~7 倍量的纯化水浸泡膨胀后移至水浴上加热，使全部溶解，然后在搅拌下逐渐加入聚山梨酯 -80、甘油混合，再将硝酸钾液加入制备好的混合液，搅拌均匀，放置过夜，除去气泡，制膜，烘干，脱膜，切为适当大小即得。

【用途】 用于牙本质脱敏、牙髓炎等。

【注解】 硝酸钾为主药，糖精钠为矫味剂，PVA 为膜材料，甘油为保湿剂，聚山梨酯为表面活性剂，甘油为增塑剂。

2. 鼻腔膜剂　鼻腔内给药，由于定位准确，对于鼻出血和鼻黏膜溃疡有显著疗效，对于鼻内镜术后的后续病症如出血、肿胀、粘连、增生也有独特的疗效。

例 11-4　鼻腔用膜剂

【处方】 聚乙烯醇（ PVA_{1750} ）、羧甲基纤维素钠（CMC-Na）、白及、云南白药、鞣酸、硫酸锌等。

【制法】 先制好外层膜，再将制好的内层膜浆均匀地铺在已制好的外层膜上，自然干燥，起膜，便制得双层药膜。将药膜在紫外线灯下内外两层各照射灭菌 30 分钟，分装备用。

【用途】 治疗儿童糜烂性鼻出血，止血作用强，起效快，愈合时间短，使用方便，患儿易接受。临床观察 60 例患儿总有效率达 100%，且未见任何副作用发生。

3. 眼用膜剂　眼用膜剂为设计新型的眼部给药系统，进而提高药物在眼部用药的疗效。如环胞苷眼用膜剂，采用醇解度较低的水溶性 PVA 作成膜材料，药膜在眼结膜囊内被泪液逐渐溶解，由于药物黏度大，既不易溢出，也减少了从鼻泪管中流出的损失。因此，药物在眼结膜囊内维持较持久的高浓度，同时由于 PVA 表面活性作用使药物易于穿透角膜，故对深层角膜炎亦有较好的疗效。近几年我国制成的眼用膜剂有毛果芸香碱膜剂，用于治疗青光眼；丝裂霉素 C 眼用膜剂可有效地防止药物含量下降，增强疗效；诺氟沙星眼用膜剂等，质量稳定，刺激性小，安全有效。

例 11-5　毛果芸香碱眼用膜剂

【处方】 硝酸（或盐酸）毛果芸香碱 15g　甘油 2g

蒸馏水 30ml　PVA05-88 28g

【制法】 将 PVA05-88、甘油和蒸馏水搅拌膨胀后于 90℃水浴上加热使溶，趁热经 80 目筛网过滤，滤液放冷后加入硝酸（或盐酸）毛果芸香碱，搅拌使之溶解，然后在涂膜机上制成宽 10mm、厚 0.15mm 的药膜带，干燥后封闭于 PVA 薄膜中。经含量测定后划痕分格（每格面积约 10cm × 5mm），每格内含主药 2.5mg（± 10%），相当于含同样主药为 2% 的滴眼液 2~3 滴。最后用紫外线灯灭菌 30 分钟（正反面各 15 分钟）即得。

【用途】本品用于治疗青光眼。由于能使药物在眼结膜囊中维持较久的高浓度，药效持久，优于普通滴眼液。

4. 阴道、宫颈用膜剂　阴道用药膜主要用于治疗妇科疾病。治疗女性生殖道沙眼衣原体、解脲支原体感染的氧氟沙星壳聚糖膜剂，转阴率为90%。复方己烯雌酚药膜增加阴道黏膜抵抗力及抑制细菌生长，临床总有效率为96.1%。采用替硝唑、洁尔阴、醋酸地塞米松、云南白药等制成复方替硝唑药膜敷于宫颈糜烂处，治疗宫颈糜烂100例（治疗组），与应用甲硝唑片放入阴道，治疗宫颈糜烂80例对照，结果治疗组痊愈率73%，明显高于对照组（25%）。

5. 植入型膜剂　植入型膜剂是新兴的一种膜剂，膜剂植入体内发挥疗效。如以PVA17–99为延缓释药膜基质的盐酸麻黄碱植入膜剂，缓释效果好，植入部位无任何不良反应，临床应用疗效可靠、作用持久、安全性好。

五、质量评价

《中国药典》2010年版二部制剂通则项下规定，膜剂应作重量差异及微生物限度检查。重量差异检查法：除另有规定外，取膜片20片，精密称定总重量，求得平均重量，再分别精密称定各片的重量。每片重量与平均重量相比较，超出重量差异限度的膜片不得多于2片，并不得有1片超出限度的1倍（表11–1）。

表11–1　膜剂重量差异限度表

平均重量	重量差异限度
0.02g及0.02g以下	±15%
0.02g以上至0.20g	±10%
0.20g以上	±7.5%

第二节　涂膜剂

一、概　述

涂膜剂系指将高分子成膜材料及药物溶解在挥发性有机溶剂中制成的可涂布成膜的外用胶体溶液制剂。用时涂于患处，溶剂挥发后形成薄膜，对患处有保护作用，同时逐渐释放所含药物而起治疗作用。一般用于治疗慢性无渗出液的皮损、过敏性皮炎、银屑病和神经性皮炎等。涂膜剂的特点是流动性好、易涂布、成膜时间短、膜表面光滑易揭、见效快、作用时间长、制备工艺简单，不用裱褙材料，无需特殊的机械设备，使用方便。

二、组成与制法

涂膜剂的处方由药物、成膜材料、挥发性有机溶剂以及附加剂组成。

（一）成膜材料及溶剂

1. 聚乙烯醇　聚乙烯醇（PVA）是一种水溶性高分子化合物，由聚醋酸乙烯醇解而成，成膜性、柔软性和吸湿性均良好，是涂膜剂中应用最广泛的成膜材料。国内常用的型号有PVA05-88、PVA17-88、PVA124等。

2. 壳聚糖及其衍生物　壳聚糖是甲壳素在碱性条件下脱乙酰基后的水解产物，根据脱乙酰程度的不同或含游离氨基的多寡而性质不同，在溶解状态下具有很好的成膜性，并且具有很好的生物相容性，可被生物体内的酶分解。壳聚糖具有止血作用，用壳聚糖制成的薄膜可以作为良好的创面敷料，用于烧伤、植皮等部位的创面保护。

3. 卡波姆（carbomer）　卡波姆是一种具有大分子结构的交联丙烯酸聚合物，为白色疏松状粉末，具有较好的黏性和韧性，可溶于乙醇、水和甘油，卡波姆树脂含有56%~68%的羧基，其水溶液呈微酸性，是良好的成膜材料。

此外，聚乙烯缩甲乙醛、聚乙烯缩丁醛、火棉胶等也常用作涂膜剂的成膜材料，可以根据不同药物对膜材的性质需求进行选择。溶剂一般为乙醇、丙酮或二者混合物。常用的挥发性有机溶剂有乙醇、丙酮、乙醚等，也可使用不同比例的混合液。

（二）常见附加剂

为了增加涂膜药物的透皮吸收及稳定性，通常还会在成膜材料中添加一些辅助剂如增塑剂、透皮吸收促进剂、防腐剂、抗氧剂等。增塑剂可以增加膜的柔韧性，常用的增塑剂有邻苯二甲酸二丁酯、山梨醇、甘油等；常用的透皮吸收促进剂有氮酮、冰片、薄荷脑等；防腐剂常用尼泊金酯类。

（三）制备方法

一般来说，涂膜剂的制备工艺比较简单，类似高分子溶液剂的生产，主要包括膜材料的溶解及其与药物成分的混合两部分。药物首先视其溶解性将其溶解于适宜溶剂中，然后与膜材溶液混合，或直接加入到膜材溶液中，混匀即可。

例11-6　疏痛安涂膜剂

【处方】透骨草　143g　　伸筋草　143g　　红花　48g
薄荷脑　6.7g　　乙醇适量　　PVA　100g
甘油　8.3g

【制法】取透骨草、伸筋草及红花，用稀醋酸调节pH至4~5，煎煮3次，每次1小时，煎液滤过，滤液合并，浓缩至相对密度为1.12~1.16（80℃），加乙醇使含醇量达60%，放置过夜，滤过，滤液备用。另取PVA100g，加50%乙醇适量使溶解，加入上述备用液，再加入薄荷脑以及甘油8.3g，搅匀，加50%乙醇调整总量至1000ml，即得。

【用途】舒筋活血，消肿止痛

例11-7　复方双黄连涂膜剂

【处方】双黄连　6g　　聚肌胞　200mg　　吐温-80　10g
丙二醇　100g　　丁卡因　5g　　PVA-124　20g
加水至　1000ml

【制备】取药用的PVA-124浸泡于适量蒸馏水中，并置于水浴上加热溶解。另取双黄连粉置研钵内加入吐温-80、丙二醇共研并缓缓加入上述溶液；将以上混合液在搅拌下加入聚肌胞、丁卡因，最后加水至全量即得。

【用途】用于治疗带状疱疹。

【注解】本涂抹剂中的药物以高度分散态均匀溶解于高分子材料 PVA 所成的水凝胶中，形成稳定的释药体系；随水凝胶中水分挥发凝聚成具有生物黏性的柔韧膜，而药物留存于高分子材料构成的骨架中，不易被患处的机械摩擦所脱落，进而增加药物在患处的滞留时间。同时药膜与病灶紧密接触，形成隔离膜，减少外界对患处的刺激，起保护覆盖作用。丁卡因为局麻药，可减轻患处疼痛，丙二醇除有助于涂抹剂的形成外，尚有促渗作用，与吐温 -80 合用有助于药物成分的溶解与分散。

三、质量评价

《中国药典》2010 年版二部制剂通则项下规定，涂膜剂应作装量及微生物限度检查，用于烧伤或是严重创伤的涂膜剂应做无菌检查，应符合规定。

学习小结

膜剂（films）系指药物与适宜的成膜材料经加工制成的膜状制剂。药物在成膜材料中分布均匀，含量准确，稳定性好。膜剂制备工艺简单、体积小，质量轻，应用、携带及运输方便，近年来广泛应用于临床。膜剂给药的途径主要有外用、内服、植入等。涂膜剂系指将高分子成膜材料及药物溶解在挥发性有机溶剂中制成的可涂布成膜的外用胶体溶液制剂。特点是流动性好、易涂布、成膜时间短、见效快、作用时间长、制备工艺简单，不用裱褙材料，无需特殊的机械设备，使用方便。聚乙烯醇（PVA）是膜剂、涂膜剂中常用的成膜材料，其成膜性、柔韧性均良好。膜剂、涂膜剂处方中还可以加入各种不同用途的附加剂调整膜剂及涂膜剂的性能，以达到理想的释药效果。

复习题

1. 什么是膜剂，膜剂的优点及缺点有哪些？
2. 膜剂的制备方法主要有哪些种类？
3. 试举例说明膜剂中常用的附加剂及其作用。
4. 什么是涂膜剂，涂膜剂的特点是什么？
5. 举例说明涂膜剂的处方组成及各组分的作用。

（黄家宇）

第十二章

气雾剂、喷雾剂与粉雾剂

学习目标

1. 掌握气雾剂、喷雾剂和吸入粉雾剂的概念，气雾剂的特点、分类和组成，吸入型气雾剂的肺部吸收特点。
2. 熟悉常用抛射剂的类型、填充方法，气雾剂的处方设计。
3. 了解气雾剂的阀门系统、耐压容器，喷雾剂和粉雾剂的给药装置，气雾剂、喷雾剂和粉雾剂的质量评价。

第一节 概 述

气雾剂（aerosols）系指含药溶液、乳状液或混悬液与适宜抛射剂共同封装于具有特制阀门系统的耐压容器中，使用时借助抛射剂的压力将内容物呈雾状喷出，用于肺部吸入或直接喷至腔道黏膜、皮肤及空间消毒的制剂。药物喷出状态多为雾状气溶胶，其雾滴一般小于50μm，也可为泡沫状或微细粉末状。气雾剂可在呼吸道、皮肤或其他腔道起局部或全身治疗作用。该制剂应对皮肤、呼吸道黏膜和纤毛无刺激性、无毒性；可以单剂量或多剂量给药。气雾剂除供临床治疗使用外，日常生活中也供空间消毒、除臭或杀虫等应用，本章只讨论供临床使用的气雾剂。

与气雾剂类似的剂型还有喷雾剂、粉雾剂，两者均不含抛射剂。喷雾剂是借助手动泵的压力将内容物以雾状等形态释出的制剂；粉雾剂则是采用特制的干粉吸入装置，由患者主动吸入雾化药物至肺部的制剂。两者与气雾剂既有相似又有不同，有关这方面内容将在本章后两节简单介绍。

1947年杀虫用气雾剂上市，1955年气雾剂被用于呼吸道给药，至此气雾剂作为一种新型给药系统迅速发展起来。目前，气雾剂在国内外应用都较普遍，生产品种也很多，大多数气雾剂内所含有的药物是抗生素、抗组胺药、支气管扩张药、心血管系统用药、解痉挛药及治疗烧伤用药等。我国20世纪60年代初期就生产了盐酸异丙肾上腺素气雾剂，对治疗支气管哮喘病有明显的疗效。近年来，由于生产设备的不断完善，抛射剂的不断发展，气雾剂的品种、产量和应用范围在国内外都有很大的发展。目前国外胰岛素肺部给药制剂的研究已有产品上市，许多蛋白、多肽类药物正被研究开发成鼻腔气雾剂；一些疫苗及其他生物制品的喷雾给药系统也在研究中；无抛射剂药物气雾剂也是一个发展方向，其中喷雾剂、粉雾剂将会有长足的发展；新的吸入给药装置的产生，使气雾剂应用越来越方便，患者更易接受；新的制剂技术如脂质体、前体药物、高分子载体等的应用，使药物在肺部的停留时间延长，起到缓释、靶向的作用。

一、气雾剂的特点

（一）气雾剂的主要优点

1. 具有速效和定位作用　气雾剂可使药物直接到达作用部位或吸收部位，分布均匀，奏效快，具有速效和定位作用，尤其是在呼吸道给药方面具有其他剂型不能替代的优势。如治疗哮喘的气雾剂可使药物粒子直接进入肺部，吸入两分钟即能显效。

2. 增加药物的稳定性　药物密闭于容器内能保持药物清洁无菌，且由于容器不透明、避光，不与空气中的氧或水分直接接触，从而增加了药物的稳定性，而停药后残余的药物也不易造成环境污染。

3. 使用方便　无需饮水，一揿（吸）即可，老少皆宜，有助于提高患者的用药顺应性，尤其适用于 OTC 药物。

4. 提高生物利用度　气雾剂不通过胃肠道吸收，既可避免胃肠道的副作用，又可防止药物在胃肠道内被破坏和肝脏对药物的首关代谢作用，故生物利用度较高。

5. 给药剂量准确　药用气雾剂等装有定量阀门以准确控制剂量，可以通过喷出药物的物理状态（如粒度大小）获得不同的治疗效果。

6. 对创面的刺激性小　外用气雾剂使用时，药物可在皮肤上形成均匀的薄膜，刺激性相对较小；且不接触患部，同时减少了常规外用制剂在应用时（如：指尖涂抹）伴随的机械刺激性。

（二）气雾剂的缺点

因气雾剂需要耐压容器、阀门系统和特殊的生产设备，所以生产成本高；气雾剂具有一定的内压，遇热或受撞击后易发生爆炸；吸入气雾剂因肺部干扰因素较多，往往吸收不完全。

二、气雾剂的分类

（一）按给药途径分类

1. 吸入气雾剂　系指用时将内容物呈雾状喷出并吸入肺部的气雾剂，可分为单剂量或多剂量包装。

2. 非吸入气雾剂　用时直接喷到腔道黏膜的气雾剂。

3. 外用气雾剂　用于皮肤黏膜和空间消毒的气雾剂。

（二）按分散系统分类

气雾剂可分为溶液型、混悬型和乳剂型气雾剂。

（三）按气雾剂的相组成分类

1. 二相气雾剂　一般指溶液型气雾剂，由气液两相组成。气相是抛射剂所产生的蒸气；液相为药物与抛射剂所形成的均相溶液。

2. 三相气雾剂 一般指混悬型气雾剂与乳剂型气雾剂，由气－液－固或气－液－液三相组成。此类又细分为3种情况：①O/W型乳剂型气雾剂，液相为药物水溶液与抛射剂形成的O/W型乳剂，气相为抛射剂的蒸气，在喷射时产生稳定而持久的泡沫，故又称泡沫气雾剂；②W/O型乳剂型气雾剂，药物可溶解于水相或抛射剂形成W/O型乳剂，气相为抛射剂的蒸气，在喷射时形成液流；③混悬型气雾剂，药物以微粉混悬于抛射剂中形成混悬剂，气相为抛射剂蒸气，喷出物呈细粉状，故又称粉末气雾剂。

（四）按医疗用途分类

可分为3大类。

1. 吸入用气雾剂 系将药物分散成微粒或雾滴，经呼吸道吸入肺部发挥局部或全身治疗作用的制剂。

2. 皮肤和黏膜用气雾剂

（1）皮肤用气雾剂：主要起保护创面、清洁消毒、局部麻醉及止血等作用。按其作用有不同的要求：用于保护创面和清洁消毒的气雾剂，必须无刺激性，防止药物吸收中毒，并有利于创面的修复、抗菌以及良好的透气性；用于局部止血用的气雾剂亦要求无刺激性，喷于皮肤等表面后能迅速形成不黏结的薄膜并具有透气性。

（2）黏膜用气雾剂：多数用于阴道黏膜。阴道黏膜用的气雾剂，常用O/W型泡沫气雾剂。主要用于治疗微生物、寄生虫等引起的阴道炎（如真菌性或滴虫性阴道炎、慢性宫颈炎等）及避孕等局部作用。鼻黏膜用气雾剂主要是一些肽类、蛋白类药物，用于发挥全身作用。

3. 空间消毒与杀虫用气雾剂 主要用于杀虫、驱蚊及室内空气消毒。此类气雾剂一般要求喷出的粒子极细（直径不超过50μm），一般在10μm以下，能在空气中悬浮较长时间。为能在无菌环境中操作和治疗（如烧伤患者），常需将室内的空气消毒。常用的空间消毒剂有环氧乙烷、β－丙内酯、过氧乙酸、消毒净等。

（五）按阀门系统分类

可分为定量气雾剂和非定量气雾剂。其中采用定量阀门系统的吸入剂称为定量吸入剂（metered dose inhaler，MDI），其他定量气雾剂包括用于口腔或鼻腔的气雾剂；非定量气雾剂主要用于局部，如用于皮肤、黏膜和直肠的气雾剂。

三、吸入型气雾剂的吸收

（一）肺部的吸收

吸入型气雾剂主要通过肺部吸收，可以达到速效的效果，吸收的速度很快，不亚于静脉注射，如异丙肾上腺素气雾剂吸入后1~2分钟即可起平喘作用。吸入型气雾剂肺部吸收迅速的原因主要与呼吸道的生理解剖结构，特别是肺泡的结构特点密切相关。肺由气管、支气管、细支气管、肺泡管、肺泡囊和肺泡组成。肺泡是人体进行气－血交换的场所，也是药物在肺部吸收的主要部位。从气管到肺泡，呼吸道分支增加，直径变小，最后通向3亿~4亿个肺泡中。肺泡的总表面积可达70~100m^2，为体表面积的25倍。肺泡壁由单层上皮细胞所构成，这些细胞紧靠着致密的毛细血管网（毛细血管总表面积约为90m^2，且血流量大），细胞壁和毛细血管壁的厚度只有0.5~1μm。由于肺部具有巨大的可供吸收的表面积和十分丰富的毛细血管，而且从肺泡表面到毛细血管的转运距离极短，因此药物在肺部的吸收非常迅速，药物到达肺泡即可迅速吸收显效。

（二）影响药物在呼吸系统分布吸收的因素

影响药物在呼吸系统分布吸收的因素较多，药物进入呼吸系统的分布与呼吸量及呼吸频率有关，通常粒子的沉积率与呼吸量成正比，而与呼吸频率成反比；粒子大小是影响药物能否深入肺泡囊的主要因素，较粗的微粒大部分落在上呼吸道黏膜上，因而吸收慢，如果微粒太细，则进入肺泡囊后大部分由呼气排出，而在肺部的沉积率也很低。通常吸入气雾剂的微粒大小以在 0.5~5μm 最适宜；药物的性质对其在呼吸系统的分布吸收亦有影响，吸入的药物最好能溶解于呼吸道的分泌液中，否则成为异物，对呼吸道产生刺激。药物从肺部吸收主要是被动扩散，吸收速率与药物的分子量及脂溶性、吸湿性等有关。制剂的处方组成、给药装置的结构直接影响药物雾滴或粒子的大小和性质、粒子的喷出速度等，进而也影响药物的吸收。

第二节　气雾剂的组成

气雾剂是由抛射剂、药物与附加剂、耐压容器和阀门系统所组成。抛射剂与药物（必要时加附加剂）一同装封在耐压容器内，容器内产生压力（抛射剂气体），若打开阀门，则药物、抛射剂一起喷出而形成气雾。

一、抛　射　剂

抛射剂（propellants）是喷射药物的动力，有时兼有药物的溶剂作用。抛射剂多为液化气体，在常压下沸点低于室温，因此需装入耐压容器内，由阀门系统控制。在阀门开启时，借抛射剂的压力将容器内药液以雾状喷出达到用药部位。抛射剂喷射能力的大小直接受其种类和用量的影响，同时也要根据气雾剂用药目的和要求加以合理选择。对抛射剂的要求是：①在常温下的蒸气压大于大气压；②无毒、无致敏反应和刺激性；③惰性，不与药物等发生反应；④不易燃、不易爆炸；⑤无色、无臭、无味；⑥价廉易得。但一个抛射剂不可能同时满足以上各种要求，应根据用药目的适当选择。

过去，气雾剂的抛射剂以氟氯烷烃类（chlorofluorocarbons，CFCs）抛射剂最为常用。氟氯烷烃又称氟利昂（freon），作为抛射剂具有以下优点：沸点低，常温下蒸气压略高于大气压，易控制；性质稳定，不易燃烧；液化后密度大；无味，基本无臭；毒性较小；不溶于水，可作脂溶性药物的溶剂等。常用氟利昂有 F_{11}（CCl_3F），F_{12}（CCl_2F_2）和 F_{114}（$CClF_2$–$CClF_2$），将这些不同性质的氟氯烷烃按不同比例混合，可得到不同性质的抛射剂，以满足制备气雾剂的需要。

氟氯烷烃可谓优良的气雾抛射剂，但由于该类抛射剂可破坏大气臭氧层，并可产生温室效应，国际有关组织已经要求停用。根据 CFDA 的规定，目前国内也已全面停止生产和使用含有 CFCs 的气雾剂。近 20 年来，国内外药物工作者正在积极寻找氟氯烷烃的代用品。1994 年，FDA 注册了 2 个氢氟烷烃（四氟乙烷、七氟丙烷）及二甲醚作为新型抛射剂，本章对新型抛射剂及其他类型的常用抛射剂作一介绍。

1. 氢氟烷烃类（hydrofluoroalkane，HFA）　目前，氢氟烷烃被认为是最合适的氟利昂替代品，它不含氯，不破坏大气臭氧层，对全球气候变暖的影响明显低于氯氟烷烃，并且其在人体内残留少，毒性小，代替 CFCs 作为抛射剂的应用前景广阔。1996 年，第一个以 HFA 为抛射剂的沙丁胺醇定量气雾剂在欧洲获准上市。

HFA 作为一种新型抛射剂，他对许多化合物具有很好的溶解性。对在 HFA 中溶解度较小的药物，可通过添加表面活性剂或潜溶剂，或将药物衍生化制成溶于 HFA 的前体药物，从而增加药物在 HFA 中的溶解度，如沙丁胺醇的前体药物可与 HFA 以任意比例混合。除了采用与 CFCs 气雾剂相同的潜溶剂乙醇、甘油和聚乙二醇外，还可通过助溶剂增加药物溶解度。

由于 HFA 与 CFCs 的蒸气压、沸点、溶解性等性质均有差别，见表 12-1，故以 HFA 替代 CFCs 作为抛射剂制成气雾剂后，需对新制剂在体内的分布、代谢、安全和有效性进行重新评估。

表 12-1　氟代烷烃与氟利昂性质比较

名称	三氯一氟甲烷 F_{11}	二氯二氟甲烷 F_{12}	二氯四氟乙烷 F_{114}	四氟乙烷 HFA-134a	七氟丙烷 HFA-227ea
分子式	$CFCl_3$	CF_2Cl_2	CF_2ClCF_2Cl	CF_3CFH_2	CF_3CHFCF_3
蒸气压（kPa/20℃）	-1.8	67.6	11.9	4.71	3.99
沸点（℃）	-23.7	-29.8	3.6	-26.1	-15.6
密度（g/ml）	1.49	1.33	1.74	1.23	1.41
介电常数	2.33	2.04	2.13	9.51	3.94
水中溶解度（ppm）	130（30℃）	120（30℃）	110（30℃）	2200（25℃）	610（25℃）
臭氧破坏作用	1	1	0.7	0	0
温室效应*	1	3	3.9	0.22	0.7
大气生命周期（年）	75	111	7200	15.5	33

注：*以三氯一氟甲烷为参照

2. 二甲醚（DME） 常温常压下二甲醚为无色、具有轻微醚香味的气体，在常压下为液体，但因其易燃性问题，FDA 目前尚未批准其用于定量吸入气雾剂。作为又一类替代氟利昂的新型抛射剂，二甲醚具有以下优点：①惰性，不易自动氧化；②无腐蚀性，无致癌性，低毒性；③压力适宜，易液化；④对极性和非极性物质均有较强的溶解性，尤其适用于水溶性的气雾剂；⑤对环境的污染少；⑥与不燃性物质混合能够获得不燃性物质，这一独特的性质使二甲醚得到更广泛和安全的应用。

3. 碳氢化合物 作抛射剂的主要品种有丙烷、正丁烷和异丁烷。此类抛射剂虽然稳定，毒性不大，密度低，沸点较低，但易燃、易爆，不宜单独应用，常与氟氯烷烃类抛射剂合用。

4. 压缩气体 用做抛射剂的主要有二氧化碳、氮气和一氧化氮等。其化学性质稳定，不与药物发生反应，不燃烧。但液化后的沸点低，常温时蒸气压过高，对容器耐压性能的要求高（需小钢球包装）。若在常温下充入它们的非液化压缩气体，则压力容易迅速降低，达不到持久的喷射效果，在气雾剂中基本不用，用于喷雾剂。

二、药物与附加剂

1. 药物 液体、固体药物均可制备气雾剂，目前应用较多的药物有呼吸道系统用药、心血管系统用药、解痉药及烧伤用药等。近年来，多肽类药物的气雾剂给药系统的研究越来越多。

2. 附加剂　为制备质量稳定的溶液型、混悬型或乳剂型气雾剂，应加入附加剂，如潜溶剂、润湿剂、乳化剂、稳定剂，必要时还需添加矫味剂、抗氧剂和防腐剂等。

三、耐压容器

气雾剂的容器必须不与药物和抛射剂起作用、耐压（有一定的耐压安全系数）、轻便、价廉等。耐压容器有金属容器和玻璃容器，以玻璃容器较常用。

1. 玻璃容器　化学性质稳定，但耐压和耐撞击性差。因此，在玻璃容器外面裹一层塑料防护层，以弥补这种缺点。

2. 金属容器　包括铝、不锈钢和马口铁等容器，耐压性强，但对药液不稳定，需内涂聚乙烯或环氧树脂等。

四、阀门系统

气雾剂的阀门系统是控制药物和抛射剂从容器喷出的主要部件，其中设有供吸入用的定量阀门，或供腔道或皮肤等外用的泡沫阀门等特殊阀门系统。阀门系统坚固、耐用和结构稳定与否，直接影响到制剂的质量。阀门材料必须对内容物为惰性，其加工应精密。阀门系统一般由阀杆、橡胶封圈、弹簧、定量杯、浸入管和推动钮组成，并由铝制封帽将其固定在耐压容器上。下面主要介绍目前使用最多的定量型的吸入气雾剂阀门系统的结构与组成部件（图 12–1）。

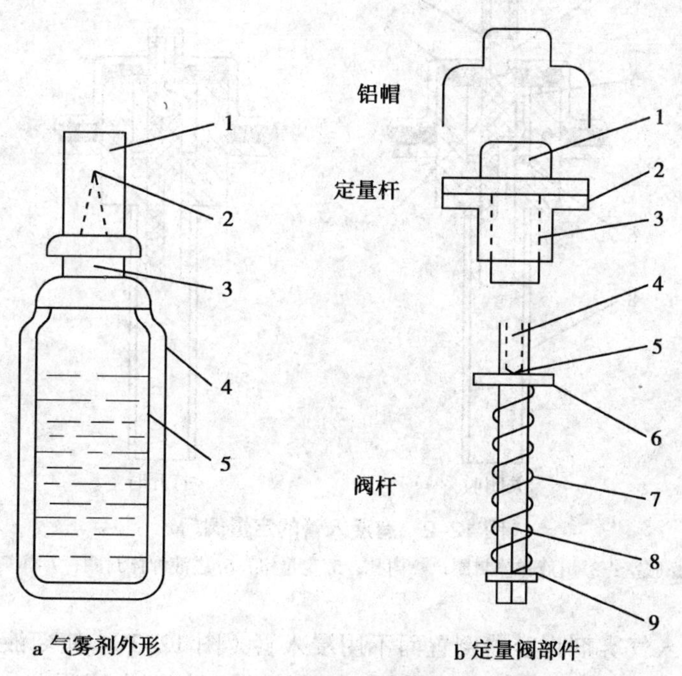

图 12–1　气雾剂的定量阀门系统装置外形及部件图

a　1. 推动钮；2. 喷出孔；3. 定量阀门；4. 塑料套；5. 玻璃瓶

b　1. 定量室；2. 橡胶密封圈；3. 小孔；4. 膨胀室；5. 内孔；6. 出液弹体封圈；7. 弹簧；8. 引液槽；9. 进液弹体封圈

1. 封帽　通常为铝制品，将阀门固封在容器上，必要时涂上环氧树脂等薄膜。

2. 阀杆（轴芯）常用尼龙或不锈钢制成。顶端与推动钮相接，其上端有内孔和膨胀室，其下端还有一段细槽或缺口以供药液进入定量杯。

（1）内孔（出药孔）：是阀门沟通容器内外的极细小孔，其大小关系到气雾剂的喷射雾滴的粗细。内孔位于阀杆旁，平常被弹性封圈封在定量杯之外，使容器内外不沟通。当揿下推动钮时，内孔进入定量杯与药液相通，药液即通过其进入膨胀室，然后从喷嘴喷出。

（2）膨胀室：在阀杆内，位于内孔之上，药液进入此室时，部分抛射剂因减压气化而骤然膨胀，以致使药液雾化、喷出，进一步形成微细雾滴。

3. 橡胶封圈　有弹性，通常由丁腈橡胶制成。分进液封圈和出液封圈两种。进液封圈紧套于阀杆下端，在弹簧之下，他的作用是托住弹簧，同时随着阀杆的上下移动而使进液槽打开或关闭，且封着定量杯下端，使杯内药液不致倒流。出液弹性封圈紧套于阀杆上端，位于内孔之下，弹簧之上，其作用是随着阀杆的上下移动而使内孔打开或关闭，同时封着定量杯的上端，使杯内药液不致溢出。

4. 弹簧　由不锈钢制成，套于阀杆，位于定量杯内，供推动钮上升的弹力。

5. 定量杯（室）由塑料或金属制成，其容量一般为0.05~0.2ml，决定了剂量的大小。由上下封圈控制药液不外溢，使喷出准确的剂量。

6. 浸入管　由塑料制成，图12-2为设有浸入管的定量阀门启闭示意图。浸入管的作用是将容器内药液向上输送到阀门系统的通道，向上的动力是容器的内压。

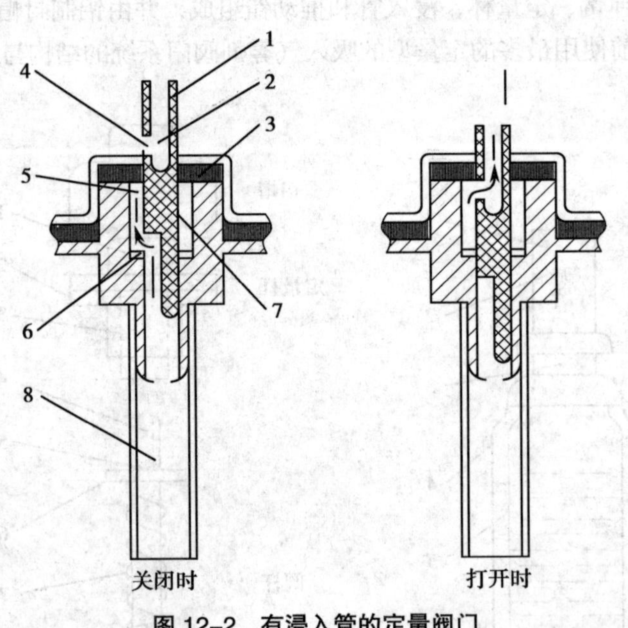

图12-2　有浸入管的定量阀门

1. 阀杆；2. 膨胀室；3. 出液弹体封圈；4. 内孔；5. 定量室；6. 进液弹体封圈；7. 弹簧；8. 浸入管

国产常用的吸入气雾剂将容器倒置而不用浸入管（图12-3）。使药液通过阀杆上的引液槽进入阀门系统的定量室。喷射时按下揿钮，阀杆在揿钮的压力下顶入，弹簧受压，内孔进入出液橡胶封圈以内，定量室内的药液由内孔进入膨胀室，部分气化后自喷嘴喷出。同时引液槽全部进入瓶内，封圈封闭了药液进入定量室的通道。揿钮压力除去后，在弹簧作用下，又使阀杆恢复原位，药液再进入定量室，再次使用时，又重复这一过程。

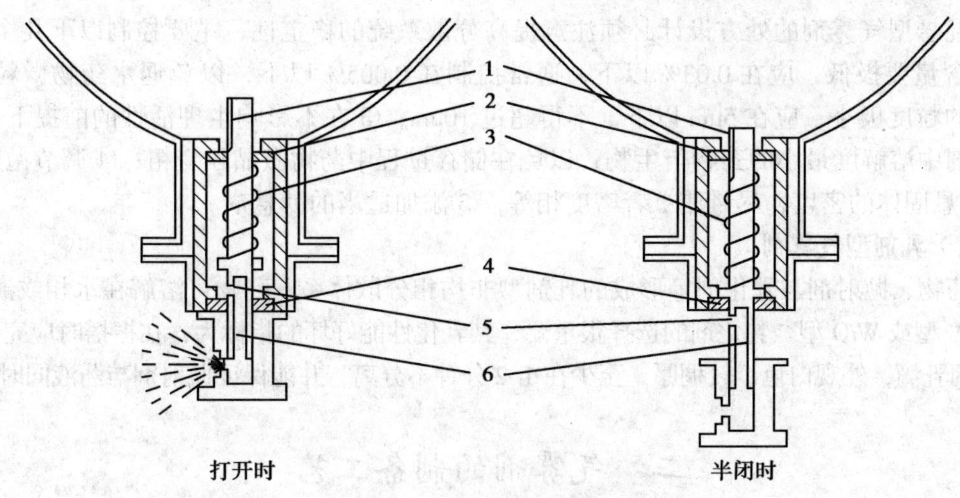

图 12-3　气雾剂阀门启闭示意图

1. 引液槽；2. 进液橡胶封圈；3. 弹簧；4. 出液橡胶封圈；5. 内孔；6. 膨胀室

7. 推动钮　常用塑料制成，装在阀杆的顶端，推动阀杆用于开启和关闭气雾剂阀门，上有喷嘴，控制药液喷出方向。

第三节　气雾剂的制备

一、气雾剂的处方设计

气雾剂的处方组成，除选择适宜的抛射剂外，主要根据药物的理化性质选择适宜的附加剂，配制成一定类型的气雾剂，以满足临床用药的要求。

（一）溶液型气雾剂

将药物溶于抛射剂中形成的均相分散体系。为配制澄明溶液的需要，常在抛射剂中加入适量乙醇或丙二醇作潜溶剂，主要用于吸入治疗。口腔或鼻用气雾剂溶液的一般处方组成见表 12-2。局部应用的溶液型气雾剂除上述组成外，还含有防腐剂羟苯甲酯和羟苯丙酯等。

表 12-2　口腔吸入和鼻用溶液型气雾剂的处方一般组成

药物	溶解于系统中
溶剂	乙醇、甘油、水、增溶剂（表面活性剂）、脂质
抗氧剂	维生素 C
香料	芳香油
抛射剂*	HFA 等

注：*其他组合抛射剂也可用于制得符合要求的气雾剂

（二）混悬型气雾剂

为了使混悬型气雾剂分散均匀并稳定，常需加入表面活性物质作为润湿剂、分散剂和助悬剂。混悬型气雾剂的处方设计必须注意提高分散系统的稳定性，主要控制以下几个环节：①水分含量要极低，应在0.03%以下，通常控制在0.005%以下，以免遇水药物微粒聚结；②药物的粒度极小，应在5μm以下，不得超过10μm；③在不影响生理活性的前提下，选用在抛射剂中溶解度最小的药物衍生物，以免在储存过程中药物微晶粒变粗；④调节抛射剂和（或）混悬固体的密度，尽量使二者密度相等；⑤添加适当的助悬剂。

（三）乳剂型气雾剂

由药物、抛射剂与乳化剂等形成的乳剂型非均相分散体系。药物可溶解在水相或油相中，形成O/W型或W/O型。乳化剂的选择很重要，其乳化性能好坏的指标为：在振摇时应完全乳化成很细的乳滴，外观白色，较稠厚，至少在1~2分钟不分离，并能保证抛射剂与药液同时喷出。

二、气雾剂的制备工艺

气雾剂的生产环境、用具和整个操作过程，应注意避免微生物的污染。其制备过程可分为：容器、阀门系统的处理与装配，药物的配制与分装和充填抛射剂三部分，最后经质量检查合格后为气雾剂成品。

（一）容器、阀门系统的处理与装配

1. 玻瓶搪塑　先将玻瓶洗净烘干，预热至120~130℃，趁热浸入塑料黏浆中，使瓶颈以下黏附一层塑料液，倒置，在150~170℃烘干15分钟，备用。

2. 阀门系统的处理与装配

（1）橡胶制品：可在75%乙醇中浸泡24小时，以除去色泽并消毒，干燥备用。

（2）塑料、尼龙零件：洗净再浸在95%乙醇中备用。

（3）不锈钢弹簧：在1%~3%碱液中煮沸10~30分钟，用水洗涤数次，然后用蒸馏水洗二三次，直至无油腻为止，浸泡在95%乙醇中备用。最后将上述已处理好的零件，按照阀门的结构装配。

（二）药物的配制与分装

按处方组成及所要求的气雾剂类型进行配制。溶液型气雾剂应制成澄清药液；混悬型气雾剂应将药物微粉化并保持干燥状态；乳剂型气雾剂应制成稳定的乳剂。将上述配制好的合格药物分散系统，定量分装在已准备好的容器内，安装阀门，轧紧封帽。

（三）抛射剂的填充

抛射剂的填充有压灌法和冷灌法两种。

1. 压灌法　先将配好的药液（一般为药物的乙醇溶液或水溶液）在室温下灌入容器内，再将阀门装上并轧紧，然后通过压装机压入定量的抛射剂。灌装时，压装机上的灌装针头插入阀杆的膨胀室内，阀门杆上下移动，压装机和气雾剂的阀门同时打开，过滤后的液化抛射剂在较大压力下定量进入气雾剂的耐压容器中。

压灌法的设备简单，不需要低温操作，抛射剂损耗较少，目前我国多用此法生产。但该法生产速度较慢，且在使用过程中压力的变化幅度较大。

2. 冷灌法　药液借助冷却装置冷却至-20℃左右，抛射剂冷却至沸点以下至少5℃。先

将冷却的药液灌入容器中，随后加入已冷却的抛射剂（也可两者同时进入）。立即将阀门装上并轧紧，操作必须迅速完成，以减少抛射剂的损失。

冷灌法速度快，对阀门无影响，成品压力较稳定。但需制冷设备和低温操作，抛射剂损失较多。含水品不宜用此法。

三、气雾剂的处方举例

（一）溶液型气雾剂

例 12–1 溴化异丙托品气雾剂（ipratropium bromide aerosol）

【处方】溴化异丙托品（一水合物） 0.37g

无水乙醇 150.00g

HFA–134a 844.59g

枸橼酸 0.04g

蒸馏水 5.00g

共制成 1000g

【制法】将溴化异丙托品、枸橼酸和水溶解在乙醇中而制备活性组分浓缩液。将活性组成浓缩液装入气雾剂容器中。容器的上部空间用氮气或 HFA–134a 蒸气清洗并用阀门密封。然后将 HFA–134a 推进剂加压充填入密封的容器内即得。

【注解】溴化异丙托品是一种抗胆碱能的支气管扩张药，用于治疗可逆性支气管痉挛如支气管哮喘、伴发肺气肿的慢性支气管炎。尤适用于因用 β 受体激动剂产生肌肉震颤、心动过速而不能耐受此类药物的患者。该制剂为溶液型气雾剂，无水乙醇作为潜溶剂可增加药物和赋形剂在制剂中的溶解度，使药物溶解达到有效治疗量；枸橼酸调节体系 pH，抑制药物分解；加入少量水可以降低药物因脱水引起的分解。

（二）混悬型气雾剂

例 12–2 沙丁胺醇气雾剂（salbutamol aerosol）

【处方】沙丁胺醇 1.313g

磷脂 0.368g

Myrij–52 0.263g

HFA–134a 998.056g

共制成 1000g

【制法】将药物、磷脂、Myrij–52 和任何附加组分与溶剂混合在一起后进行超声，直到平均粒子大小达到 0.1~5μm。然后通过冷冻干燥或喷雾干燥得到干燥粉末，再将该粉末悬浮在 HFA–134a 中即得。

【注解】沙丁胺醇主要作用于支气管平滑肌的 β 受体，有较强的支气管扩张作用；其气雾剂吸入的副作用小于口服，气雾吸入时对心脏的兴奋作用比异丙肾上腺素小，用于预防和治疗支气管哮喘或喘息型支气管炎等伴有支气管痉挛（喘鸣）的呼吸道疾病。该气雾剂为混悬型气雾剂，水分不超过 5×10^{-5}。药物用磷脂和至少一种表面活性剂包覆制成 0.1~5μm 的微粒，目的是为了调节悬浮在喷射剂中的药物微粒的密度、极性和表面张力。使药物微粒与抛射剂的密度相当，控制密度以减小分散的颗粒上浮分层或沉降倾向；另外，对颗粒的极性和表面张力的合适控制可减少药物颗粒的聚结，形成容易分散和稳定的药物悬浮液。除药物、磷脂和表面活性剂外，本制剂还可包括稀释剂、无机物、防冻剂（如海藻糖和甘露醇）、抗氧剂和防腐剂等其他组分。

四、气雾剂的质量评价

气雾剂的质量评价，首先对气雾剂的内在质量进行检测评定以确定其是否符合规定要求，如《中国药典》2010年版二部附录规定，二相气雾剂应为澄清的溶液；吸入气雾剂药物雾滴（粒）大小应控制在10μm以下，其中大多数应为5μm以下。然后，对气雾剂的包装容器和喷射情况，在半成品时进行逐项检查，主要有如下检查项目，具体检查方法参见《中国药典》2010年版二部附录Ⅰ L。

1. 安全、漏气检查　安全检查主要进行爆破试验。漏气检查，可用加温后目测确定，必要时用称量方法，取供试品12瓶，依法操作，计算每瓶年渗漏率。平均年渗漏率应小于3.5%，并不得有1瓶大于5%。

2. 装量与异物检查　在灯光下照明检查装量是否合格，剔除不足者。同时剔除色泽异常或有异物、黑点者。

3. 喷射速率和喷出总量　对于非定量气雾剂应检查此项。

（1）喷射速率：取供试品4瓶，依法操作，重复操作3次。计算每瓶的平均喷射速率（g/s），均应符合各品种项下的规定。

（2）喷出总量：取供试品4瓶，依法操作，每瓶喷出量均不得少于其标示装量的85%。

4. 揿次与每揿主药含量　对于定量气雾剂应检查此项。

（1）每瓶总揿次：取供试品4瓶，依法操作，每瓶的总揿次均不得少于其标示总揿次。

（2）每揿主药含量：取供试品1瓶，依法操作，每揿主药含量应为每揿主药含量标示量的80%~120%。

5. 雾滴（粒）分布　除另有规定外，雾滴（粒）药物量应不少于每揿主药含量标示量的15%。

6. 微生物限度　应符合规定。

7. 无菌　用于烧伤、创伤或溃疡的气雾剂照无菌法检查，应符合规定。

五、气雾剂的贮存

气雾剂贮存温度高于50℃时可导致气雾剂容器的爆裂，当在低温状态下使用时会导致喷射量比平时减少，故一般建议在15~30℃贮存。

第四节　喷　雾　剂

一、概　　述

喷雾剂（sprays）系指含药溶液、乳状液或混悬液填充于特定的装置中，使用时借助手动泵的压力、高压气体、超声振动或其他方法将内容物呈雾状物释出，用于肺部吸入或直接喷至腔道黏膜、皮肤及空间消毒的制剂。其中不含有抛射剂。喷雾剂按用药途径分为吸入、非吸入和外用喷雾剂；按给药定量与否，又可分为定量和非定量喷雾剂；按使用方法分为单剂量和多剂量喷雾剂；按分散系统分类为溶液型、乳剂型和混悬型喷雾剂。

由于喷雾剂喷射的雾滴粒径较大，一般以局部应用为主，可用于鼻腔、口腔、喉部、眼部、耳部和体表等不同部位，其中以舌下、鼻腔黏膜和体表的喷雾给药比较多。喷雾剂也可以用作全身治疗，如通过鼻黏膜丰富的毛细血管使药物吸收进入体内，如鼻腔用降钙素喷雾剂等。

配制喷雾剂时，可按药物的性质添加适宜的附加剂，如溶剂、抗氧剂、表面活性剂等。所加入的附加剂应对呼吸道、皮肤或黏膜无刺激性、无毒性。烧伤、创伤用喷雾剂应采用无菌操作或灭菌。

喷雾剂无需抛射剂作动力，无大气污染，生产处方与工艺简单，产品成本较低，可作为非吸入用气雾剂的替代形式，具有很好的应用前景。

二、喷 雾 装 置

传统的喷雾装置的主要结构为喷射用阀门系统（手动泵），该系统是采用手压触动器产生压力，使喷雾器内含药液以所需形式释放的装置，使用方便，仅需很小的触动力即可达到全喷量，适用范围广。该装置中各组成部件均应采用无毒、无刺激性、性质稳定、与药物不起作用的材料制造。目前采用的材料多为聚丙烯、聚乙烯、不锈钢弹簧及钢珠。

20 世纪 90 年代开始，世界上各大医药公司积极研制开发新型的喷雾器。与传统喷雾器相比，新型喷雾技术大大提高了雾化传递效率，且方便、便于携带、较干粉吸入剂（DPIs）、MDIs 更易于应用，可避免患者吸气与喷射给药不协调的问题等。例如：某公司开发的新型喷雾器，其利用超声波震动原理，将药物混悬液雾化成非常细小的液态气溶胶后被患者吸入给药。该装置具有雾化效果好，体积小、重量轻、便于携带，药液滞留体积小（仅 0.3ml），药物降解小等优点。

三、喷雾剂的质量评价

喷雾剂应标明每瓶的装量、主药含量、总喷次、贮藏条件。喷雾剂在生产贮藏期间应符合《中国药典》2010 年版二部附录 Ⅰ L 中有关规定。检查内容与气雾剂类似，应检查每瓶总喷次、每喷喷量、每喷主药含量、雾滴（粒）分布、装量和装量差异、微生物限度、无菌等，应符合规定。

四、喷雾剂的处方举例

例 12–3　催产素鼻喷雾剂

【处方】催产素　　4 万 USP 单位

　　　　甘油　　13ml

氯化钠　　4.5g
枸橼酸适量
碳酸钠适量
纯水加至　　1000ml

【制备】首先将辅料溶于水中，滤过澄明后，加入催产素溶解，加水至全量，搅匀，装入具有手动泵的气雾瓶中即得。

【注解】本品主要用于催乳。枸橼酸和碳酸钠为 pH 调节剂，调节 pH 至 6.5~7.5；甘油具有稳定、润湿作用，并与氯化钠一同组成等渗溶液，减少对鼻黏膜的刺激，促进主药吸收。

第五节　吸入粉雾剂

一、概　述

粉雾剂（powder aerosols）按用途可分为吸入粉雾剂、非吸入粉雾剂和外用粉雾剂，其中吸入粉雾剂占较大比重。近些年来，有关吸入粉雾剂的研究开发正在兴起，其应用越来越广泛，本节我们仅对吸入粉雾剂加以介绍。

吸入粉雾剂（aerosol of micropowders for inspiration）系指微粉化药物或与载体以胶囊、泡囊或多剂量贮库形式，采用特制的干粉吸入装置，由患者主动吸入雾化药物至肺部的制剂。因其不含抛射剂及可避免气雾剂使用的协同困难而越来越受到人们的重视，并有取代气雾剂的趋势，是呼吸道给药的一种新剂型。与口服给药相比，该剂型的主要优点与压力定量气雾剂相同，即药物直接到达作用部分，吸收后迅速进入体循环，作用快、剂量小、副作用小，并可避免肝脏及胃肠道的首关作用等。

吸入粉雾剂中的药物粒度大小应控制在 10μm 以下，其中大多数应在 5μm 以下。为改善吸入粉雾剂的流动性，可加入适宜的载体和润滑剂，所有附加剂均应为生理可接受物质，且对呼吸道黏膜或纤毛无刺激性。粉雾剂应置于凉暗处保存，以保持粉末细度和良好流动性。

二、粉雾剂的给药装置

伴随该剂型的发展，吸入粉雾剂给药装置已由第一代的胶囊型、第二代的泡囊型，发展至第三代的贮库型。下面以较为常见的胶囊型粉末雾化器为例加以介绍说明，见图 12-4。

粉末雾化器也称吸纳器，是简单的粉末药物的吸入装置。该类装置使用时，载药胶囊被金属刀片或小针刺破，药物粉末便从胶囊中释放进入给药室中，在气流的作用下进入患者的口腔。其结构主要由雾化器的主体、扇叶推进器和口吸器三部分组成。主体外套有能上下移动的套筒，套筒内上端两侧装有不锈钢针；有的装置在口吸器的中心也装有不锈钢针，作为扇叶推进器的轴心及胶囊一端的致孔针。其具体使用步骤如下：①先将装有药物的胶囊装入到吸入装置中。具体操作如下：先将雾化器主体和口吸器卸开，然后将扇叶固定于口吸器中心的转轴上，再将装有极细粉胶囊的深色盖端插入扇叶的中孔中，最后将三部分组成整体，并将主体与口吸器旋紧，试验其牢固性。②推动套筒，使两端的不锈钢针刺入胶囊；再提起套筒，使不锈钢针脱开，这样扇叶内胶囊的浅色一端就产生两个与外界相通的孔洞，随扇叶自由转动的同时，胶囊中的药物即可被患者吸入。③将吸纳器夹于中指与拇指之间，再把口吸器放入口中之前先深呼气，然后立即将口吸器接口置于唇齿间，深吸气并屏气2~3秒钟后再缓慢呼气（当患者在吸嘴端吸气时，空气由另一端进入，经过胶囊将粉末带出，并由推进器扇叶扇动气流，将粉末分散成气溶胶后吸入患者呼吸道起治疗作用）。④如此反复吸粉3~4次，使胶囊内粉末充分吸入，以提高治疗效果。⑤最后应清洁粉末雾化器，并保持干燥状态。

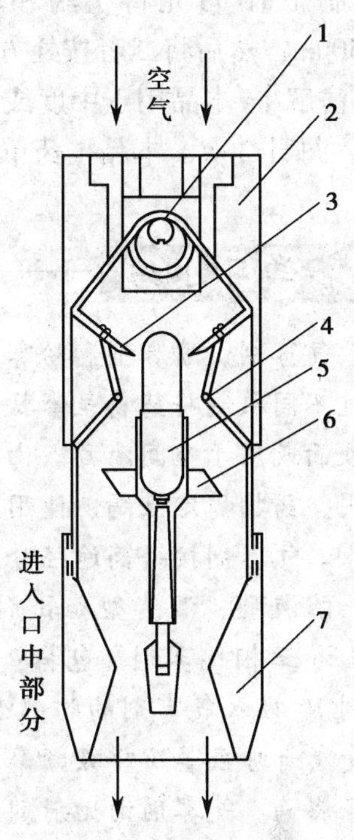

图12-4　粉末雾化器

1. 弹簧杆；2. 主体；3. 致孔针；4. 不锈钢弹簧节；5. 药物胶囊；6. 扇叶推进器；7. 口吸器

此外，目前应用较为广泛的为泡囊型的碟式吸纳器。碟式吸纳器是设计精美、使用方便的组合型粉末雾化器，药碟由8个含药的泡囊组成。刺针刺破泡囊后，由吸嘴吸入药物，转轮可自动转向下一个泡囊。此类装置还包括圆盘状吸入器等新型装置，圆盘状吸入器的药盘也由若干个含药的泡囊组成，可满足多剂量给药的需要。

三、粉雾剂的质量评价

粉雾剂应置于凉暗处贮存，防止吸潮，以保持粉末细度和良好的流动性。胶囊、泡囊型粉雾剂应标明每粒胶囊或泡囊中药物含量；胶囊应置于吸入装置中吸入，而非吞服；有效期；贮藏条件。多剂量贮库型吸入粉雾剂应标明每瓶的装量、主药含量、总吸次、每吸主药含量。

粉雾剂在生产贮藏期间应符合《中国药典》2010年版二部附录ⅠL中有关规定。主要有如下检查项目：胶囊、泡囊型粉雾剂应检查含量均匀度、装量差异（凡规定检查含量均匀度的粉雾剂一般不再进行装量差异检查）、排空率；多剂量贮库型吸入粉雾剂检查每瓶总吸次、每吸主药含量。此外，粉雾剂还需进行雾粒分布和微生物限度检查。

四、粉雾剂的处方举例

例12-4　福莫特罗粉雾剂

【处方】　福莫特罗　12g

乳糖　25g

共制成泡囊1000粒

【制备】首先将主药和辅料微粉化，主药85%的粒径应小于5μm，载体粒径应为80~150μm；然后将二者按处方比例混合均匀，装于泡囊型给药装置碟式吸纳器中即得。

【注解】本品用于中度或重度哮喘患者，特别适于甾体药物不能控制的哮喘患者，每次12mg，每日2次。本品主药单剂量较大，混合后流动性较差，应注意剂量准确性是关键。

学习小结

气雾剂、喷雾剂和粉雾剂是一类气体分散型剂型，属于气体剂型的范畴。该类剂型通过不同机制将药物呈雾状释出，主要用于肺部吸入给药，亦可直接喷至腔道黏膜、皮肤表面或用于空间消毒。由于其独特的给药方式，使气雾剂具有了起效迅速、具有定位作用、药物稳定性高、使用方便、生物利用度较高、给药剂量准确、对创面刺激性小等优点。气雾剂按给药途径分类可分为：吸入、非吸入和外用气雾剂；按分散系统分类分为：溶液型、混悬型和乳剂型气雾剂；按相组成分类分为：二相气雾剂（溶液型气雾剂）和三相气雾剂（包括：O/W型乳剂型气雾剂、W/O型乳剂型气雾剂和混悬型气雾剂）。吸入气雾剂的肺部吸收具有快速吸收、快速起效的特点，吸收的速率和程度主要受患者呼吸量及呼吸频率、粒子大小、药物的性质、制剂的处方组成、给药装置的结构等影响。气雾剂由抛射剂、药物与附加剂、耐压容器和阀门系统所组成。抛射剂是气雾剂喷射药物的动力，也兼具药物溶剂的作用，目前的抛射剂类型有氢氟烷烃类、二甲醚、碳氢化合物和压缩气体4类，生产时可用压灌法或冷灌法进行填充。气雾剂、喷雾剂和粉雾剂的质量应符合《中国药典》2010年版二部附录Ⅰ L中有关规定。

复习题

1. 什么是气雾剂？试述其分类、特点和主要组成。
2. 试述吸入气雾剂可快速起效的主要原因及影响吸收的因素。
3. 在气雾剂的生产过程中，抛射剂有几种充填方式？它们各有何优缺点？
4. 设计溶液型、混悬型和乳剂型气雾剂处方时应考虑哪些问题？
5. 什么是吸入粉雾剂？其具有哪些优点？

（吴琳华）

第十三章

浸出技术与中药制剂

学习目标

1. 掌握浸出制剂的概念、种类和特点，各类浸出制剂的概念、制备方法。
2. 熟悉浸出过程和影响浸出的因素，粉碎的目的、原理和方法，药筛的种类、粉末的分等，浸出制剂的质量控制。
3. 了解影响蒸发效率的因素、常用的蒸发器械，干燥原理、常用的干燥方法与器械。

第一节 概 述

一、浸出技术和中药制剂的概念

浸出技术系指用适当的溶剂和方法，从药材（动、植物）中浸出有效成分的工艺技术。以浸出的有效成分为原料，经适当精制与浓缩得到的供内服或外用的制剂称为浸出制剂，通常包括汤剂、酒剂、酊剂、流浸膏剂、浸膏剂、煎膏剂等。

我国最早使用浸出制剂约在公元前1766年，据《神农本草经序》记载："药物加水煎煮，去渣取精，服者称快"，由此可知，早在四千余年前，我国劳动人民在长期与疾病作斗争的实践中，就已制备出了浸出制剂，不仅提高了药效，同时也为动植物药材新剂型发展开辟了道路。近三十多年来，运用现代科学方法对一些浸出制剂进行了大量研究。随着生药学和天然药物化学的发展，许多药材中的有效成分已经研究清楚，为浸出制剂的质量控制提供了科学依据。在发掘、整理传统制剂的基础上，应用一些新技术、新工艺提取药材中有效部位或多种有效物质，改革和发展了一些新剂型，如颗粒剂、中药注射剂（包括粉针剂）、片剂、口服液、气雾剂、膜剂、滴丸等剂型，它们都源于浸出制剂，但是更富有现代药学的内容。以中药材为原料制备的各类制剂统称为中药制剂。

中药制剂在长期的医疗实践中逐步形成了自己的特色，沿用至今的传统剂型有丸、散、膏、丹、酒、露、汤、饮、胶、糊、茶、锭、灸、熨、酊、线、条、棒等剂型。

20世纪30年代以后，由于合成药物具备疗效确切、起效快、可控性强等优点而获得了迅猛发展，而几千年来与疾病作斗争的天然药物及其剂型一时被冷落。但还有很多疑难病没有找到确切的治疗方法及药物，而用中药治疗成功的例子不断涌现。随着科学技术的发展，中药制剂的有效性、可控性和安全性等方面得到了显著提高，同时中药有效成分与治疗机制的研究，为合成药物的创新提供了新的来源。

二、浸出制剂的种类与特点

1. 常用的浸出制剂　分为以下4类。

（1）水浸出剂型：指在一定的加热条件下用水浸出的制剂，如汤剂、中药合剂等。

（2）含醇浸出剂型：指在一定条件下用适当浓度的乙醇或酒浸出的制剂，如酊剂、流浸膏剂、酒剂等。有些流浸膏剂虽然是用水做溶媒提取有效成分，但是其成品中一般加有适量乙醇。

（3）含糖浸出剂型：指在水浸出剂型的基础上，经精制、浓缩等处理后，加入适量糖或蜂蜜或其他赋形剂制成，如内服膏剂（膏滋）、颗粒剂、糖浆剂。

（4）精制浸出剂型：指选用适当溶剂浸出有效成分后，浸出液经过适当精制处理而制成的制剂，如口服液、注射剂、片剂、气雾剂、滴丸等。

2. 药材中的成分　药材的种类很多，化学成分比较复杂，药材中的成分一般可分为有效成分、辅助成分和无效成分。

（1）有效成分：是指药材中起主要药效作用的化学成分，如生物碱、苷类、挥发油等。

（2）辅助成分：是指本身没有药效，但能增加或缓和有效成分作用、有利于有效成分的浸出、增加制剂稳定性等作用的成分，如有机酸、鞣质、蛋白质、某些皂苷等。

（3）无效成分：是指本身没有药效，且影响浸出效果、制剂质量、稳定性、外观等的成分。

但是有效成分和无效成分是相对而言的。在多数药材中，蛋白质、淀粉、多糖等为无效成分，但在某些药材中，这些成分又是有效成分，如香菇多糖、猪苓多糖、麦冬多糖等都具有抗癌活性，天花粉蛋白具有中期引产作用等。在浸出过程中有效成分应最大限度地浸出，而无效成分应尽量除去。

3. 浸出制剂的特点

（1）综合作用：由于浸出制剂中含有多种成分，因此浸出制剂与同一药材提取的单体化合物相比，有利于发挥某些药材成分的多效性。例如阿片酊中含有多种生物碱，除具有镇痛作用外，还具有止泻功效。但是，从阿片粉中提取的吗啡虽然具有很强的镇痛作用；并无明显的止泻功效。又如白毛藤水浸膏具有一定的抗癌作用，随着对其分离纯化的程度加大，其抗癌活性降低。由此不难看出，浸出制剂具有多成分体系的综合作用。

（2）作用缓和持久，毒性较低：例如莨菪浸膏中的东莨菪内酯可以提高莨菪碱对肠黏膜组织的亲和性，促进其吸收。同时，尚能延长莨菪碱在肠管的停留时间，减少莨菪碱向体内转移。因此，莨菪浸膏与莨菪碱比较，前者对肠管平滑肌的解痉作用缓和持久，毒性亦较低。

（3）便于服用：浸出制剂与原药材相比，由于去除了组织物质和部分无效成分，相应地提高了有效成分的浓度，从而减少了用量，便于服用。同时，在浸出过程中处理或去除了酶、脂肪等无效成分，这样不但增加了某些有效成分的稳定性，而且亦较好地发挥了动植物药的作用。

（4）不稳定、易变质：由于浸出制剂不同程度上都含有一定量的无效成分，例如浸出液中的高分子物质，通常具有胶体的特性，随着浸出工艺与贮存条件的变化而发生胶体的老化、某些成分的水解或氧化等现象，引起浸出制剂产生沉淀；另外，水性浸出液中由于含有大量适宜微生物繁殖的物质，致使浸出制剂发霉变质，这些问题往往给浸出制剂的质量带来严重影响。

综上所述，浸出制剂有与其他制剂不同的特点，适于中药复方的应用，长期以来为广大人民所欢迎。对于成分尚未明确的药材来说，浸出制剂则是一类比较适宜的剂型，既有利于发挥药材防病治病的作用，也有助于应用现代科学方法进一步整理和提高。

第二节　浸出制剂的制备

一、药材原料的预处理

（一）药材的品质检查

1. 药材的来源与品种的鉴定　我国药用植物多达5000余种。由于各地名称不一，有些同名异物或同物异名，加上应用的代用品等原因，造成了药材品种的复杂情况。另外，药材种属不同，通常成分各异，其药效也有很大差异。因此，药材在使用前应了解来源，并经品种鉴定以确保浸出制剂的稳定性和预期的有效性。

2. 有效成分或总浸出物的测定　药材的产地、药用部位、采集季节、植株年龄以及炮制方法等对药材的质量也有影响，而有效成分的含量变化又与制剂质量密切相关。为了加强对浸出制剂的质量管理，除了正确核对药材的投料量外，对有效成分已经明确的药材，需要进行化学成分的含量测定；对有效成分尚未明确的药材，可借助测定药材总浸出物量作为参考指标。

3. 含水量测定　药材含水量关系到有效成分的稳定性和各批投料量的准确性，水分太高药材易发霉变质。大量生产时，应根据药材的组织和成分的特性，结合实际生产经验，定出含水量控制标准，一般药材含水量为9%~16%。

（二）药材的粉碎

粉碎主要是借助机械力将大块固体物质碎成适宜程度的操作过程。

1. 粉碎的目的、原理和方法

（1）粉碎目的：增加药物的表面积，加速药材中有效成分的浸出；有利于制备多种剂型；便于适应多种给药途径的应用；促进药物的溶解与吸收，提高药物的生物利用度。

（2）粉碎原理：固体药物的粉碎过程一般是利用外加机械力，部分地破坏物质分子间的内聚力，使药物的大块粒径减小、表面积增加，即机械能转变成药物表面能的过程。但需注意极性晶形物质均具有相当的脆性，粉碎时一般沿晶体的结合面碎裂成小晶体，较易粉碎；非极性的晶形物质如樟脑等则缺乏脆性，当施加一定的机械力时，容易产生变形而阻碍粉碎。在这种情况下，通常可以加入少量液体，当液体掺入固体分子间的裂隙时，由于能降低其分子间的内聚力，致使非极性晶形易从裂隙处分开而得以粉碎。某些非晶形药物如树脂、树胶等具有一定的弹性，粉碎时致使一部分机械能用于引起弹性变形，最后变为热能，因而降低了粉碎效率。对此可采用降低温度增加非晶形药物的脆性，以达到粉碎的目的。

另外，为了使机械能尽可能有效地用于粉碎过程，应将已达到要求细度的粉末随时分离移去。若细粉始终保留在粉碎系统中，不但能在粗粒中间起缓冲作用，消耗大量机械能，而且也产生了大量不需要的过细粉末。所以，在粉碎操作中必须随时分离细粉。在粉碎机上装置筛网或利用空气将细粉吹出等，都是为了便于粉碎进行而采取的措施。

因为含有一定量水分（一般 9%~16%）的植物药具有韧性，难以粉碎，所以药物粉碎前须经适当干燥。同时，植物药的药用部分必须全部粉碎应用，一般较难粉碎的部分，如叶脉或纤维等不应随意丢弃，以免损失有效成分或使药粉含量相对增高。

（3）粉碎方法：主要有以下几类。

1）干法粉碎和湿法粉碎：一般药物通常采用干法粉碎。当药物要求特别细度或有刺激性、毒性较大的，则宜用湿法粉碎。

2）低温粉碎：依据物料在低温时脆性增加、便于粉碎的特性而采用的新方法。该方法具有以下特点：在常温下粉碎困难的物料如软化点、熔点低的及热可塑性物料，例如树脂、树胶、干浸膏等，可以得到较好粉碎；含水、含油较少的物料也能用该法粉碎，可获得较细的粉末，并且可以保存物料中的香气及挥发性有效成分。低温粉碎的方法一般有 4 种：①先将物料冷却，然后迅速通过高速撞击或粉碎机粉碎，粉碎期间由于物料在机内滞留时间短暂，故仍能保持其因冷却而产生的脆性；②粉碎机壳通入低温冷却水，在循环冷却下进行粉碎；③将干冰或液化氮气与物料混合后进行粉碎；④组合应用上述冷却方法进行粉碎。

3）单独粉碎和混合粉碎：①通常药物需单独粉碎：氧化性与还原性药物必须单独粉碎，否则引起爆炸现象；贵重药以及具有刺激性的药物为了减少损耗和便于劳动防护，亦应单独粉碎。②若处方中某些药物的性质及硬度相似可混合粉碎：既可避免一些黏性药物单独粉碎的困难，又可使粉碎与混合操作结合进行。采用混合粉碎方法时需要注意含有共熔成分，由于混合后产生潮湿或液化现象，给粉碎带来一定困难，这些药物能否混合粉碎应取决于制剂的具体要求。另外，含糖量较多的黏性药物如熟地黄、桂圆肉、天冬、麦冬等，黏性大，吸湿性强，应先将处方中其他干燥药物粉碎，然后再取一部分粉末与此类药物掺研，使成不规则的碎块和颗粒，在 60℃以下充分干燥后再粉碎（俗称串研法）。对于含脂肪油较多的药物如杏仁、桃仁、苏子、大风子等，须先捣成稠糊状，再与已粉碎的其他药物掺合粉碎（俗称串油法）。

2. 常用的粉碎器械　粉碎机的粉碎作用力有截切、撞击、研磨、挤压、劈裂、挫削等，多数粉碎机的粉碎效果常是这些作用力的综合结果。以研磨作用为主的粉碎器械有乳钵和杵棒，以撞击作用为主的粉碎器械有锤击式粉碎机和万能粉碎机，以挫削为主的粉碎器械有羚羊角粉碎机。

（1）锤击式粉碎机：该机由钢壳、钢锤、筛板及鼓风机四部分组成（图 13-1），系利用高速旋转的钢锤，借撞击及锤击作用而粉碎的一种粉碎机。药物自加料斗加入，进入钢壳的粉碎室。粉碎室的锤击部分内装的回转盘以高速旋转，借离心作用使装于其上的活动钢锤伸直挺立，对药物进行强烈的锤击。锤的活动装置可使其遇阻时自行变曲以免损坏。药物因受离心抛射，经撞击而粉碎。达到一定细度的粉末自筛板分出，经吸入管、鼓风机及排出管排入集粉袋中，不能筛过的粗粉则继续在室内粉碎，粉末的细度通过更换筛板加以调节。锤击式粉碎机常用的转速，小型者 1000~2500r/min，大型者 500~800r/min。此种粉碎机适用于粉碎干燥、性脆易碎的物料或作粗粉碎之用；黏性物料因容易堵塞筛板及黏附于室内而不适于用该机粉碎。

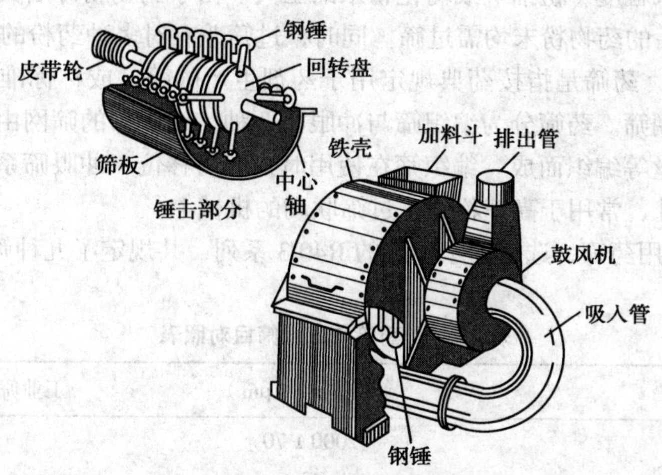

图 13-1　锤击式粉碎机

（2）万能粉碎机（亦称柴油式粉碎机）：该机主要结构由机壳和安装在动力轴上的甩盘、挡板及风扇等部件组成（图 13-2）。①机壳：系由外壳和内套两层构成。外壳为生铁铸成，分为两半圆筒形（厚度为 2~3cm），内套俗称膛瓦。②甩盘：安装在动力轴上，固定位置不动，甩盘上有 6 块打板，主要起粉碎作用。打板由于粉碎时磨损，需及时更换。③挡板：在甩盘和风扇之间，有 6 块挡板呈轮状附于主动轴上，挡板盘可以左右移动，主要用以控制药粉的粗细（挡板盘如向风扇方向移动，药粉则细；反之，如向打板方向移动药粉则粗）和粉碎速度，但也有部分粉碎作用。④风扇：安装在靠出粉口一端，由 3~6 块风扇板组成附于主轴上，借转动产生风力，使药物细粉自出粉口经输粉管吹入药粉沉降器或风箩内。⑤沉降器：收集药粉的装置，药粉由下口放出。⑥动力：常见的有 10、15、25 马力 3 种规格，负荷转速为 3000r/min。粉碎时机内温度增高，应控制在 60℃以下。

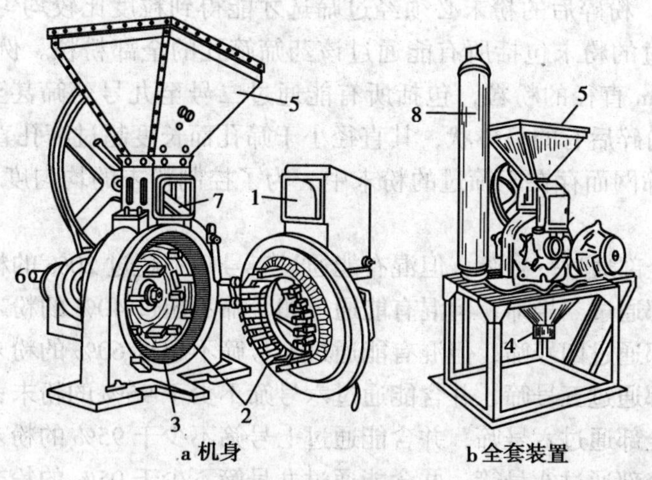

图 13-2　万能粉碎机

1. 入料口；2. 钢齿；3. 环状筛板；4. 出粉口；5. 加料斗；6. 水平轴；7. 抖动装置；8. 放气袋

（三）过筛

药筛是筛选粉末粒度（粗细）或均化粉末的工具。由于药物粉碎后其粉末的粒度不同而影响应用，故粉碎后的药物粉末均需过筛。同时，过筛兼有对多种药粉的混合作用。

1. 药筛的种类　药筛是指按药典规定用于药剂生产的筛，或称标准药筛。在实际生产中，也常使用工业用筛。药筛分为编织筛与冲眼筛两种。编织筛的筛网由铜丝、铁丝、不锈钢丝、尼龙丝或绢丝等编织而成。编织筛在使用时筛线易移位。冲眼筛系在金属板上冲压出圆形或多角形的筛孔，常用于高速粉碎、过筛联动的机械上。

《中国药典》所用药筛，选用国家标准的 R40/3 系列，共规定了九种筛号，见表 13-1。

表 13-1　药筛与工业筛目对照表

筛号	筛孔内径（μm）	工业筛目（孔数 / 英寸）
一号筛	2000 ± 70	10
二号筛	850 ± 29	24
三号筛	355 ± 13	50
四号筛	250 ± 9.9	65
五号筛	180 ± 7.6	80
六号筛	150 ± 6.6	100
七号筛	125 ± 5.8	120
八号筛	90 ± 4.6	150
九号筛	75 ± 4.1	200

由表 13-1 可以看出，一号筛的筛孔内径最大，依次减小，九号筛的筛孔内径最小。制药工业中常以目数表示筛号及粉末的粗细，以每英寸（2.54cm）长度上的筛孔数目表示。筛号数越大，粉末越细。

2. 粉末的分等　粉碎后的粉末必须经过筛选才能得到粒度比较均匀的粉末，以适应药剂生产的需要。筛过的粉末包括所有能通过该药筛筛孔的全部粉粒。例如通过一号筛的粉末，不都是近于 2mm 直径的粉粒，包括所有能通过二号至九号药筛甚至更细的粉粒在内。富有纤维素的药材粉碎后有的呈棒状，其直径小于筛孔而长度超过筛孔直径，过筛时这类粉粒亦能直立地通过筛网而存在于筛过的粉末中。为了控制粉末的均匀度，《中国药典》将粉末分等如下。

最粗粉：指能全部通过一号筛，但混有能通过三号筛不超过 20% 的粉末；

粗粉：指能全部通过二号筛，但混有能通过四号筛不超过 40% 的粉末；

中粉：指能全部通过四号筛，但混有能通过五号筛不超过 60% 的粉末；

细粉：指能全部通过五号筛，并含能通过六号筛不少于 95% 的粉末；

最细粉：指能全部通过六号筛，并含能通过七号筛不少于 95% 的粉末；

极细粉：指能全部通过八号筛，并含能通过九号筛不少于 95% 的粉末。

3. 过筛器械及应用　过筛器械种类很多，一般根据对粉末粗细的要求，粉末的性质和数量适当选用。药厂生产中，多用粉碎、筛粉、空气离析、集尘联动装置。在小批量或实验室中常用手摇筛及电磁簸动筛粉机等。

（1）手摇筛：系由不锈钢丝、铜丝、尼龙丝等编织的筛网，固定在圆形或长方形的竹圈或金属圈上。按照筛号大小（最粗号在顶上，其上加盖）依次叠成套。

（2）电磁簸动筛粉机：系利用较高频率（高达200Hz以上）与较小幅度（振动幅度在3mm以内）造成簸动。由于振幅小、频率高，药粉在筛网上跳动，粉粒得以松散而易于通过筛网。由于该筛具有较强的振荡性能，故适应黏性较强的药粉的分等，如含油或树脂的药粉。

二、浸出方法

（一）浸出过程

浸出（萃取）过程系指溶剂进入细胞组织溶解其有效成分后变成浸出液的全部过程。其实质上就是溶质由药材固相转移到液相中的传质过程，系以扩散原理为基础。一般药材浸出过程包括下列相互联系的几个阶段。

1. 浸润和渗透过程　当药材粉粒与浸出溶剂接触后，浸出溶剂首先附着于粉粒表面使之润湿，然后通过毛细管和细胞间隙进入细胞组织中。不能附着于粉粒表面的溶剂无法浸出药材中的有效成分。浸出溶剂能否附着于粉粒表面则取决于二者的界面情况。一般药材组织中的组成物质大部分带有极性基团，如蛋白质、淀粉、纤维素等，故极性溶剂易于通过细胞壁进入药材内部。而非极性溶剂如石油醚、乙醚、三氯甲烷等则较难湿润。另外，潮湿的药材不易为非极性溶剂湿润。所以，用非极性溶剂浸出时，药材应先干燥；而油脂多的药材当用极性溶剂浸出时应先脱脂。药材浸润过程的速度与溶剂性质、药材表面状态、比表面积、药材内毛细孔的状况、大小、分布以及浸出温度、压力等因素有关。

2. 溶解和解析过程　溶剂进入细胞后，可溶性成分逐渐被溶解形成溶液。组织中溶液的形成促使细胞内渗透压升高，因而使更多的溶剂渗入其中，并使细胞膨胀而破裂，从而造成浸出的有利条件。溶解的速度则决定于药材与溶剂的特性，一般组织疏松的药材进行得比较快。

3. 扩散和平衡过程　浸出溶剂溶解药材中有效成分后，形成的浓溶液具有较高渗透压，从而形成扩散点，不断地向周围扩散其溶解的成分以平衡其渗透压，这是浸出的动力。在静止条件下，完全由于溶质分子的浓度不同而扩散的称为分子扩散；扩散过程中有湍流流体的运动而加速其扩散的称为涡流扩散。在浸出过程中两种类型的扩散方式均有，而后者更具有实际意义。

浸出成分的扩散速度可用Ficks第一扩散公式来说明：

$$\mathrm{d}M=-DF\frac{\mathrm{d}c}{\mathrm{d}x}\mathrm{d}t \tag{13-1}$$

式（13-1）中，$\mathrm{d}M$为扩散物质量；$\mathrm{d}t$为扩散时间；F为扩散面积，代表药材的粒度及表面状态；$\mathrm{d}c/\mathrm{d}x$为浓度梯度；D为扩散系数；负号表示扩散趋于平衡时浓度的降低。由式（13-1）可知，$\mathrm{d}M$与药材的粉碎度、表面状态、浓度梯度、扩散时间与扩散系数成正比。当D、F及t值一定时，$\mathrm{d}c/\mathrm{d}x$值如果能在浸出过程中保持最大，则浸出能顺利进行，这与溶剂性质、药材与溶剂相对运动速度有关。

扩散系数 D 值随药材而变化，与浸出溶剂的性质有关，可按下式求得：

$$D=\frac{RT}{N}\cdot\frac{1}{6\pi\eta r} \tag{13-2}$$

式（13-2）中，R 为克分子气体常数；T 为绝对温度；N 为阿伏伽德罗常数；r 为扩散分子半径；η 为黏度。从式（13-2）可以看出，浸出液黏度低，溶解物质的分子小，则 D 大时扩散速度快。同时，提高浸出体系温度可以增加扩散速度。

4. 置换和浸出过程　指浸出溶剂或稀浸出液置换药材粉粒周围的浓浸出液的过程。为了使该过程不断地进行，保持药材组织内与浸出液之间浓度梯度是关键，否则，其他因素如 D 值、F 值、t 值等都将失去作用。

（二）影响浸出的因素

药材中有效成分的浸出，主要与下列因素有关。

1. 浸出溶剂　溶剂的用量、溶解性能以及理化性质对浸出的影响较大。所选用的浸出溶剂应对有效成分具有较大的溶解度。

水是最常用的浸出溶剂之一，一般应使用纯化水或离子交换水，对极性物质如生物碱盐、苷、水溶性有机酸、鞣质、糖类、氨基酸等都有较好的溶解性能。

乙醇也是常用的浸出溶剂之一，溶解性能介于极性与非极性溶剂之间。乙醇可以溶解某些水溶性成分，如生物碱及其盐类、苷、糖等；也能溶解一些非极性化合物，如树脂、挥发油、内酯、芳烃类化合物。乙醇浓度不同，浸出成分不同。乙醇浓度在 90% 以上时，适于浸提挥发油、有机酸、内酯类、树脂等；乙醇浓度在 50%~70% 时，适于浸提生物碱及苷类等；乙醇浓度在 50% 以下时，适于浸提苦味质和蒽醌类化合物；乙醇浓度在 40% 以上时，能延缓一些苷、酯等的水解，增加制剂的稳定性；乙醇浓度在 20% 以上时，具有防腐作用。

另外，为了增加溶剂的浸出效果或提高制品的稳定性，有时亦应用一些浸出辅助剂。如用适当的酸促进生物碱的浸出；用适当的碱促进有机酸的浸出；用适宜的表面活性剂以提高浸出效能；溶剂具有适宜的 pH 也有助于增加制剂中某些成分的稳定性。

2. 药材的粉碎粒度　从 Ficks 第一扩散公式可知，扩散面积 F 愈大，扩散速度愈快。但是，粉碎过细的药材粉末并不适于浸出，因为：①过细的粉末在浸出时虽然浸出效果提高了，但是吸附作用亦增加，从而使扩散速度减小。因此，药材的粉碎度应视药材性质和溶剂而定。若用水作溶媒时，药材易膨胀，药材可粉碎粗一些，如切成薄片或小段；若用乙醇作溶媒时，因乙醇对药材膨胀作用小，可粉碎成粗粉（5~20 目）。药材不同，粉碎度要求亦不同，通常叶、花、草等疏松药材，宜用最粗粉甚至不粉碎；坚硬的根、茎、皮宜粉碎成较细粉。②粉碎过细，药材组织中大量细胞破裂，致使细胞内大量不溶物及较多树脂、黏液质混入浸出液，体系黏度增大，扩散速度减慢，并且亦增加了过滤的难度。③过细的粉末给操作带来困难。如用渗漉法浸提时，由于药粉之间的空隙太小，溶媒流动阻力增大，易造成堵塞，致使渗漉不完全。

3. 浸出温度　一般温度愈高，扩散速度愈快。同时，温度适当升高，使细胞内蛋白质凝固，酶被破坏，有利于浸出和制剂的稳定性。

但是，浸提温度过高能使药材中某些不耐热以及具有挥发性的成分分解或挥散。例如，浸提鞣质时，若温度超过 100℃，部分鞣质分解，浸提量下降；另外，也有的药材经高温浸提后，放冷时由于胶体的凝聚等原因又出现沉淀。

4. 浓度梯度 在浸提过程中，扩散是浸提效果的一个主要因素。增大浓度梯度能加快扩散速度，因为浓度梯度是细胞内外浓度平衡过程中扩散作用的主要动力。浸提过程中的不断搅拌或经常更换新鲜溶媒，以及采用渗漉法、连续回流法，就是为了通过提高浓度梯度，从而达到提高浸提效果的目的。

5. 浸出压力 药材组织坚实，浸出溶剂较难浸润，提高浸出压力有利于加快浸润过程，使药材组织内更快地充满溶剂而形成浓溶液，使较早发生溶质的扩散过程。提高浸出压力有利于增加浸润过程的速度，同时，有压力下的渗透尚可能将药材组织内某些细胞壁破坏，亦有利于浸出成分的扩散过程。当对药材组织内充满溶剂之后，加大压力对扩散速度则没有什么影响；另外，对组织松软、容易浸润的药材的浸出影响则不很显著。

6. 浸出时间 一般浸出时间愈长，浸出量愈大。但当浸出过程中扩散达平衡后，时间即不起作用。此外，长时间的浸出往往导致大量杂质的溶出、苷类水解等。尤其是以水作为溶媒时，长时间浸泡易霉变，从而影响浸提液质量，应予以注意。

7. 新技术的应用 近年来，应用新技术改善浸出效率的探索是值得注意的。例如用超声波浸提颠茄叶中生物碱，使原来由渗漉法48小时缩短至3小时；利用胶体磨浸提曼陀罗以制备酊剂，可使浸出在几分钟内完全。其他强化浸提方法如流化浸取、电磁场下浸取、脉冲浸取等也都收到较好的效果。

（三）浸出方法及设备

1. 浸渍法 是简便而常用的一种浸出方法。用一定量溶剂，在一定温度下将药材浸泡一定时间，提取有效成分。取药材粗粉或碎块，置有盖容器中，加入定量的溶剂、密盖，时时振摇，在常温暗处浸渍3~5日或规定时间，使有效成分充分浸出；亦可加热，在适当的温度下浸渍，以缩短浸提时间。倾取上清液，滤过，压榨残渣，收集压榨液和滤液合并，静置24小时滤过即得。

浸渍法的特点是：①适用于黏性药物、无组织结构的药材，如安息香、没药等；②适用于新鲜及易于膨胀的药材，如大蒜、鲜橙皮等药材的浸取；③较简单易行，尤其适用于有效成分遇热易挥发或易破坏的药材；④由于浸出效率差，故不适用于贵重及有效成分含量低的药材的浸取，或制备浓度较高的制剂；⑤药物用较多浸出溶剂浸取，药渣吸收浸出液引起成分的损失。

2. 煎煮法 煎煮法是将经处理过的药材加适量水煮沸，保持微沸一定时间后，分离出煎煮液，药渣再依法煎出数次，分离异物或沉降物即得。

煎煮法的特点是：①适用于有效成分能溶于水，且对湿、热均较稳定的药材；②本法简便易行，但易霉变，某些不耐热及挥发性成分在煎煮过程中易被破坏、挥发而损失；③浸出的成分比较复杂，杂质较多，增加了以后精制的难度；④可用于制备汤剂，同时也是制备一部分散剂、丸剂、片剂、颗粒剂及注射剂或提取某些有效成分的基本方法之一；⑤由于煎煮法符合中医用药习惯，因而对于有效成分尚未清楚的中草药或方剂进行剂型改革时，通常亦采取煎煮法提取。

3. 渗漉法 渗漉法是在药粉上不断添加浸出溶剂使其渗过药粉，从下端出口流出浸出液的一种浸出方法。渗漉时，溶媒渗入药材的细胞中，溶解可溶性成分扩散至渗漉液中后，使渗漉液浓度增高，比重增大而向下移动，上层的浸出溶媒或稀浸出液置换其位置，产生浓度梯度，使扩散较好地进行。故浸出效果优于浸渍法，提取比较完全，且省去了分离浸出液的时间和操作。渗漉法对药材的粒度及工艺技术条件要求较高。

渗漉法的特点是：①适用于高浓度浸出制剂的制备；②可用于药材中有效成分含量较低时的充分提取；③不适用于新鲜及易膨胀的药材，无组织结构的药材（乳香、松香、芦荟等遇溶媒易软化成团，堵塞孔隙影响渗漉进行）。

渗漉容器一般为圆柱形或圆锥形，筒的长度为筒直径的2~4倍，渗漉筒装置见图13-3。

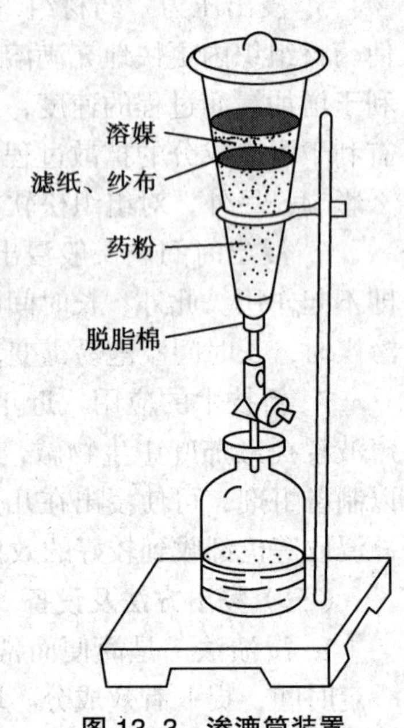

图13-3 渗漉筒装置

4. 超临界萃取技术 超临界萃取技术是利用超临界流体（supercritical fluid，SCF）对药材中天然产物具有特殊溶解性来达到分离提纯的技术。SCF是超过临界温度和临界压力的非凝缩性高密度流体，其性质介于气体和液体之间，兼具二者的优点。SCF对物质的溶解能力与其密度成正比关系，而密度可通过压力的变化在较大范围内变化，从而可有选择地溶解目的成分，而不溶解其他成分，达到分离纯化所需成分的目的。

用超临界萃取方法提取分离天然产物时，一般用CO_2作为萃取剂。首先将原料装入萃取槽，将加压后的超临界CO_2送入萃取槽进行萃取，然后在分离槽中通过调节适当的压力、温度、萃取时间、CO_2流量四个操作条件，达到分离出高质量的目的产物。萃取工艺有恒压升温流程和恒温降压流程。与传统压榨法、水蒸气蒸馏法相比，超临界CO_2萃取法具有显著优点，既避免高温破坏，又没有残留溶剂，因而在许多天然物质的分离提取方面备受重视。

5. 超声波提取技术 超声波提取技术的应用原理是利用超声波的空化作用加速植物有效成分的溶出；另外，超声波的次级效应，如机械振动、乳化、扩散、击碎、化学效应等，也能加速欲提取成分的扩散释放并使之充分与溶剂混合，有利于有效成分的提取。该技术已用于枸杞多糖、芍药苷等多种中药有效成分的提取。

三、杂质的除去

1. 水提醇沉法 中药水提取液浓缩后，加入一定量的乙醇，使不溶于乙醇的成分如淀粉、树胶、黏液质、蛋白质等水溶性杂质从乙醇中沉淀出来。

2. 醇提水沉法 中药醇提取液浓缩后，加入一定量的水，使不溶于水的成分如油脂、树脂、脂溶性色素等脂溶性杂质从水中沉淀出来。

3. 盐析法 在中药的水提取中加入无机盐至一定浓度或成饱和状态，可使某些成分如蛋白质等在水中的溶解度降低，析出沉淀。常用于盐析的无机盐有氯化钠、硫酸钠或硫酸铵等。

4. 吸附法 利用吸附剂能吸附溶液中一些化学成分的性质，可将吸附剂加入中药提取液中，一段时间后过滤，杂质同吸附剂一同弃去，滤液浓缩后即得主要成分。常用的吸附剂有活性炭、氧化铝、氧化镁、硅胶等。

四、浸出液的浓缩与干燥

（一）蒸发

浸出液的浓缩是通过蒸发来完成的。蒸发是用加热的方法，使溶液中部分溶剂气化并除去以达到浓缩目的的过程。

1. 蒸发操作　可分为沸腾蒸发与自然蒸发两种。沸腾蒸发时，溶液中的溶媒是在沸腾条件下气化。自然蒸发时，溶媒在低于沸点的情况下气化。由于沸腾蒸发的速率远比自然蒸发速度快，因此生产中多采用沸腾蒸发。

2. 常用的蒸发方法

（1）减压蒸发：是使蒸发器内形成一定的真空度，将溶液的沸点降低，进行沸腾蒸发操作。减压蒸发能防止或减少热敏性物质的分解，强化蒸发操作，并能不断地排出溶剂蒸气，有利于蒸发顺利进行。因此，减压蒸发在药剂生产中应用较广泛。

（2）薄膜蒸发：是利用液体形成薄膜后具有极大的表面，热的传播快而均匀，没有静压影响，避免成分过热现象而设计的。进行薄膜蒸发的设备是升膜式蒸发器，见图 13-4。

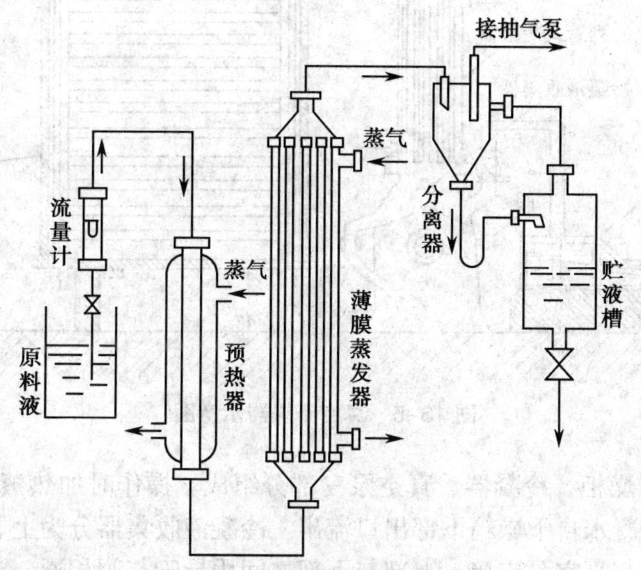

图 13-4　升膜式蒸发器流程示意图

欲蒸发的药液经输液管，通过流量计，先进入预热器，自预热器上部流出，从蒸发器底部进入到管式蒸发器，被蒸气加热后沸腾气化，形成大量泡沫，泡沫及二次蒸气沿加热管高速上升，并使溶液成薄膜状沿管壁以较高的速度向上流动。溶液就在成膜状上升的过程中，以泡沫的内外表面为蒸发面而迅速蒸发。泡沫与二次蒸气的混合物自气沫出口进入分离器，此时，气沫分离为二次蒸气与浓缩液，浓缩液经连接于分离器下口的导管流入接收器收集。二次蒸气自导管进入预热器的夹层中供预热液使用，多余的废气则进入混合冷凝器冷凝后排出，未冷凝的废气自冷凝器顶端排出。

升膜式蒸发器加热管不宜太长，否则蒸发量过大或操作不当，易产生局部干壁现象，从而降低传热效果。该设备适于蒸发处理热敏性物料，是被广泛应用并且是较先进的蒸发器械。

（二）干燥

干燥是利用热能使湿物料中的水分气化除去，从而获得干燥品的工艺过程。

1. 干燥原理　湿物料进行干燥时，同时进行着两个过程：①热量由热空气传递给湿物料，物料表面上的水分立即气化，并通过物料表面处的气膜向气流主体中扩散；②由于湿物料表面处水分气化的结果，使物料内部与表面之间产生水分浓度差，于是水分即由内部向表面扩散。所以，在干燥过程中同时进行着传热和传质两个相反的过程。

2. 常用的干燥方法

（1）常压干燥：药材的浓缩一般用常压干燥，其方法简单易行，但干燥时间长，易因过热引起成分破坏，另外，干燥后较难粉碎。滚筒式干燥器是接触干燥的一种，将已蒸发至一定稠度的药液涂于滚筒加热面上，借传导传热使成薄层进行干燥。

（2）减压干燥：是在负压条件下进行干燥的方法。此法减轻了空气对产品的影响，温度较低，干品质松易于粉碎，减压干燥设备见图 13-5。

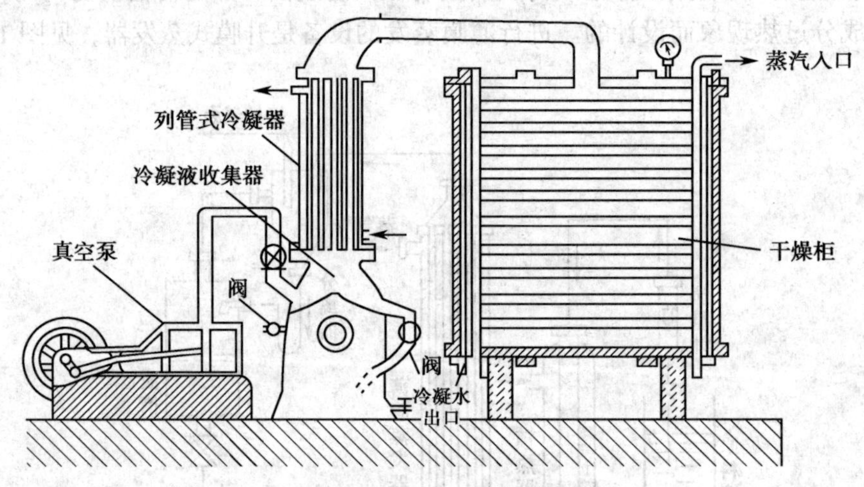

图 13-5　真空干燥器示意图

真空干燥器由干燥柜、冷凝器、真空泵三部分组成。操作时加热蒸汽由蒸汽入口引入，进入夹层搁板内。冷凝水自干燥箱下部出口流出。冷凝液收集器分为上、下两部，上部与冷凝器连接并通过侧口与真空泵连接，上部与下部之间用导管与阀相通。当干燥进行时，将阀门打开，冷凝液可直接流入收集器下部，收集满时关闭阀门，使上部与下部隔离，并开启阀门放入空气，冷凝液则可经下口放出，从而使操作连续进行。

真空干燥器使用时应适当控制被干燥物料的量，以免因装量过多导致起泡溢出且引起药物破坏。

（3）喷雾干燥：是流化技术用于液态物料干燥的良好方法。喷雾干燥的原理是将被干燥的液体物料浓缩至一定程度，经喷嘴喷成细小雾滴，产生极大的表面积（当雾滴直径为 10μm 时，每升液体所成雾滴总面积可达 400~600m^2），当与热空气相遇时进行热交换，产生瞬间干燥的效果。

图 13-6 是一种喷雾干燥装置。药液自导管经流量计至喷头后，被进入喷头的压缩空气（4~5kg/cm^2）将药液自喷头嘴形成雾滴进入干燥室，再与热气流混合进行热交换，很快被干

燥。当开动鼓风机后，空气经滤过器，预热器加热至 280℃左右后，自干燥器上部沿切线方向进入干燥室。干燥室温度一般保持在 120℃以下，已干燥的细粉落入收集桶中，粉末则随热气进入分离室后捕集于布袋中，热废气自排气口排出。

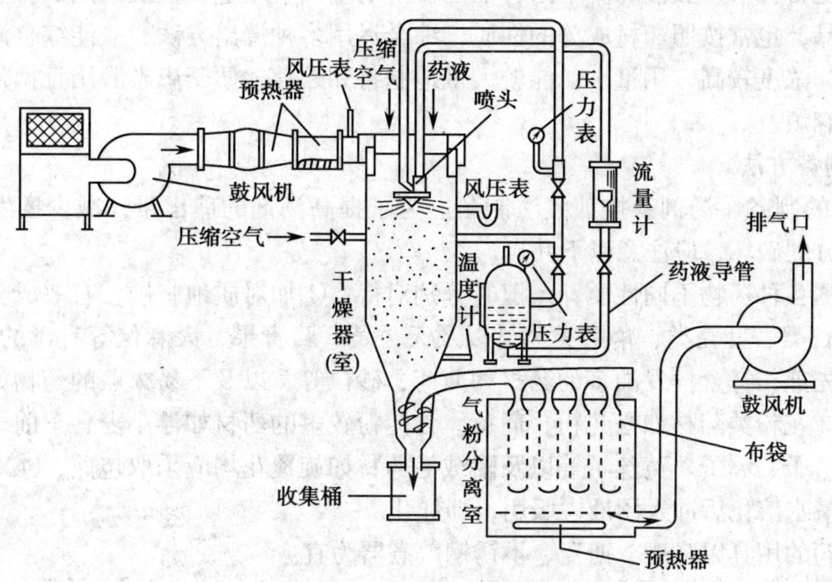

图 13-6　喷雾干燥器示意图

喷雾干燥的效果取决于所喷成雾滴大小。雾滴小，液体总表面积大，干燥速度快，效果好；喷头愈小，喷速愈高，喷出的雾滴则愈小，干燥愈容易。因此，喷头是喷雾干燥的关键组成部分。常用的喷雾干燥器有 3 种类型：①离心式喷雾干燥器；②压力式喷雾干燥器；③气流式喷雾干燥器。目前我国应用较多的是压力式喷雾干燥器，适用于黏性药液，动力消耗最小，但需附高压液泵；气流式喷雾干燥器结构简单，适于任何黏度的药液，但动力消耗大；离心式喷雾干燥器动力消耗介于二者之间，造价高，适于高黏度或带固体颗粒的药液干燥。

（4）其他干燥方法：远红外（波长 5.6~1000μm）干燥系辐射干燥法，系利用远红外辐射元件发出的远红外线被加热物质吸收后，使其分子、原子产生振动，温度迅速升高，将水等液体分子从物料中驱出而达到干燥的方法。其具有干燥速率高，节约能源，装置简便，干燥质量好等优点。此外，尚有微波（300MHz~300kMHz）干燥法，系利用磁控管产生的辐射波来干燥。具有高效利用能源，干燥温度低，时间短，不影响成品的性状，干燥的同时兼有灭菌以及改善工作卫生条件等优点。

第三节　常用的浸出制剂

一、汤剂与中药合剂

（一）概述

1. 汤剂　是指用中药材加水煎煮，去渣取汁得到的液体剂型。汤剂的主要优点是能适应中医辨证论治的需要，其处方组成及用量可以根据病情变化适当加减，灵活运用。同时，复方更有利于充分发挥有效成分的多效性和综合作用。汤剂用途比较广泛，可以内服和外用。

2. 中药合剂　系指药材用水或其他溶剂，采用适宜方法提取制成的口服液体制剂（单剂量灌装者也可称“口服液”）。中药合剂是在汤剂基础上改进和发展的制剂。它既是常用汤剂的浓缩制品，也常按照药材成分的性质，综合运用多种浸出方法，故能综合浸出药材中多种有效成分，浓度较高，用量小，能较大量地制备和贮存，便于患者服用且携带方便，省去用时煎煮的麻烦。

（二）制备方法

1. 汤剂的制备　汤剂系按煎煮法制备。为了提高汤剂的煎出量，减少挥发性物质的损失和有效成分的破坏，应注意以下几点。

（1）根据各种药物不同性质，入煎时分别对待：①如对质地坚硬，有效成分不易煎出的药材，如矿石类、贝壳类、角甲类药材以及天竺黄、藏青果、火麻仁等有毒的药物（乌头、附子等）应先煎；②含挥发油多的药材如薄荷、砂仁等，以及不易久煎的药物如杏仁、大黄等应后下；③花粉类药材如松花粉、蒲黄，含淀粉较多的药材如浮小麦、车前子，细小种子类药材如葶苈子、苏子、菟丝子等以及附绒毛药材如旋覆花均应采取包煎；④对于胶类或糖类，宜加适量水溶化后冲入汤液中服用，即烊化。

（2）煎药的用具以瓦罐、搪瓷、不锈钢煎煮器为宜。

（3）应掌握煎煮量并控制加热时间。

（4）先将第二煎、第三煎药液浓缩至一定体积，再加入第一煎药液继续浓缩，防止有效成分长时间加热而破坏。

2. 中药合剂的制备　与汤剂的制备方法相似。一般将药材加溶媒煎煮 2 次，每次 1~2 小时，过滤合并煎液，加热浓缩至每剂 20~50ml，必要时加矫味剂与防腐剂，分装于灭菌的容器内，加盖，贴标签即得。含有芳香性药物，如薄荷、菊花、柴胡等，可先用蒸馏法收集挥发性成分备用，再将其药渣与处方中其他药物一同煎煮，若选用多功能提取器，亦可将蒸馏与煮提操作同时结合进行。此外，根据药物有效成分的特点，亦可选用不同溶剂和不同浸出方法，如渗漉法、醇提水沉法、水提醇沉法等。

汤剂与中药合剂服用时应振摇均匀。

（三）举例

例 13-1　麻杏石甘汤

【处方】麻黄　6g　　杏仁　9g
炙甘草　5g　　石膏（先煎）　8g

【制备】①先将石膏置煎器内，加水 250ml，煎 40 分钟；②加入其余三味药材，煎 30 分钟，滤取药液；③再加水 200ml，煎 20 分钟，滤取药液；④将两次煎液合并，即得。

【作用与用法】宣泄郁热，清肺平喘。治热邪壅肺所致的身热无汗或有汗咳逆气急等症。口服，分 2 次服用。

例 13-2　小建中合剂

【处方】桂枝　111g　　白芍　222g
甘草（蜜炙）　74g　　生姜　111g
大枣　111g

【制备】桂枝蒸馏挥发油，另器保存；药渣及馏液与甘草、大枣加水煎煮二次，合并煎液，过滤，滤液浓缩至约560ml；白芍、生姜按渗漉法用50%乙醇作浸出溶剂，浸渍24小时后进行渗漉，漉液浓缩后，与上液合并，静置、过滤；加入饴糖370g，再浓缩至约1000ml；加入苯甲酸钠3g与桂枝挥发油，调整总量至1000ml，搅匀，即得。

【作用与用法】本品温中补虚，缓急止痛。用于脾胃虚寒，脘腹疼痛，喜温喜按，嘈杂吞酸，食少，心悸，胃及十二指肠溃疡。口服，一次20~30ml，一日3次。

【注解】用时摇匀。

二、酒剂与酊剂

（一）概述

1. 酒剂 又名药酒，系指药材用蒸馏酒提取制成的澄清液体制剂。药酒为了矫味或着色，可酌加适量糖或蜂蜜。酒剂多供内服，少数外用，也有二者兼之。白酒有行血活络的功效，易于吸收和发散，因此，酒剂通常用于风寒湿痹，具有祛风活血、止痛散瘀的功能，但小儿、孕妇、心脏病及高血压患者不宜服用。

2. 酊剂 系指药材用规定浓度的乙醇提取或溶解而制成的澄清液体制剂，也可用流浸膏稀释制成，或用浸膏溶解制成。酊剂的浓度一般随药材性质而异，除另有规定外，含有毒剧药品酊剂，每100ml应相当于原药物10g，其他药物酊剂每100ml相当于原药物20g，多数的酊剂供内服，少数供外用。含有毒剧药的酊剂，应对半成品测定其含量后加以调整，使符合含量规定。制备酊剂时，应根据有效成分的溶解性选用适宜浓度的乙醇，以减少酊剂中杂质含量，减小剂量，便于使用。酊剂久贮会发生沉淀，可过滤除去，再测定乙醇含量，并调整乙醇至规定浓度，仍可使用。

（二）制备方法

1. 酒剂的制备 有冷浸法和热浸法两种。冷浸法用于定量的溶剂浸出，浸渍时间长。热浸法则将药材装于布袋中，悬于酒上部，密闭，置水浴上低温浸取一定时间，或者回流法浸取。酒剂也可用渗漉法制备。至于白酒浓度、用量、浸润温度和时间，均按各酒剂项下规定为准。

2. 酊剂的制备 可用稀释法、溶解法、浸渍法和渗漉法制备。溶解法系指将药物直接溶解于乙醇中即得，适用于化学药物及提纯品酊剂的制备。

（三）举例

例13-3 舒筋活络酒

【处方】木瓜 45g　　桑寄生 75g
当归 45g　　续断 30g
川牛膝 90g　　川芎 60g
红花 45g　　独活 30g
羌活 30g　　玉竹 240g
防风 60g　　白术 90g
蚕砂 60g　　红曲 180g
甘草 30g

【制备】以上十五味，除红曲外，均粉碎成粗粉；另取红糖555g，溶解于白酒11.1kg

中，按渗漉法项下操作，用红糖酒作溶媒，浸渍48小时后，以每分钟1~3ml的速度收集漉液，静置，过滤，即得。

【作用与用法】祛风除湿，舒筋活络。用于风寒湿痹、筋骨疼痛、四肢麻木。口服，一次20~30ml，一日2次。

【注解】孕妇慎用。

例13-4　复方土槿皮酊

【处方】土槿皮酊　500ml　　水杨酸　30g
　　　　苯甲酸　60g　　加乙醇至1000ml

【制备】将水杨酸、苯甲酸溶解在土槿皮酊中；加适量乙醇使成1000ml，搅拌均匀，过滤即得。

【作用与用法】具软化角质，抗表皮真菌的作用，可用于汗疱型、糜烂型手足癣等。本品外用，涂于患处，一日1~2次。

【注解】湿疹起疱或糜烂的急性炎症忌用。

例13-5　颠茄酊

【处方】颠茄草（粗粉）1000g　乙醇（85%）适量

【制备】取颠茄草粗粉1000g，按渗漉法制备，用85%乙醇作溶剂浸渍48小时，以1~3ml/min速度收集初漉液3000ml，另器保存；继续渗漉，使生物碱完全漉出，漉液作下次渗漉用的溶剂；将初漉液在60℃减压蒸馏，回收乙醇，放冷至室温，分离叶绿素等杂质，过滤，滤液在60~70℃蒸发至稠膏状备用；稠膏经测定生物碱含量后，按稀释法制备酊剂。

颠茄酊含生物碱以莨菪碱计算，应为0.028%~0.032%（g/ml），含醇量为60%~70%。

【作用与用法】本品为抗胆碱药，解除平滑肌痉挛，抑制腺体分泌，用于十二指肠溃疡及胃、胆道、胆、肾绞痛等。常用量口服，一次0.3~1.0ml，一日1~3ml。极量口服，一次1.5ml，一日4.5ml。

【注解】青光眼患者忌用。

三、流浸膏剂与浸膏剂

（一）概述

1. 流浸膏剂　系指药材用适宜的溶剂提取，蒸去部分溶剂，调整至规定浓度而成的制剂。流浸膏剂除另规定外，每毫升与原药材1g相当。流浸膏剂与酊剂中均含醇，但流浸膏有效成分含量较酊剂高。因此，容积、剂量以及溶剂的副作用都较小。流浸膏剂一般多用作配制酊剂、合剂、糖浆剂或其他制剂的原料。

2. 浸膏剂　系指药材用适宜的溶剂提取，蒸去全部溶剂，调整至规定浓度而成的制剂。除另有规定外，浸膏剂的浓度每克相当于2~5g原药材。

浸膏剂按干燥程度分为稠浸膏和干浸膏两种。稠浸膏为半固体，具黏性，含水量为15%~20%。干浸膏含水量约为5%。浸膏剂除少数直接用于临床外，一般用于配制其他制剂如散剂、丸剂、颗粒剂、片剂等。

浸膏剂中不含或含少量溶剂，故有效成分较稳定。但易吸湿或失水硬化。

浸膏剂中常加入稀释剂如淀粉、乳糖、蔗糖、氧化镁、磷酸钙、药渣等。由于浸膏剂的吸湿性，使用稀释剂时应注意水分。干浸膏往往因稀释剂选择不当造成回潮、结块，使浸膏不易粉碎和混合。

（二）制备方法

1. 流浸膏剂的制备　流浸膏剂系浓缩制剂。制备方法遵循充分浸出有效成分、浓缩稀浸液的原则进行。因此，常采用渗漉法、多级浸出等工艺。若用沸水作熔剂，可用热回流法或多级浸出工艺。

2. 浸膏剂的制备　与流浸膏相似，可用煎煮法或渗漉法制备。得到的煎液或漉液低温浓缩至稠膏状，加入适宜稀释剂或继续浓缩至规定标准。

含有油脂的药材制备干浸膏时，往往不能干燥和磨成细粉，须除去油脂。可用下法脱脂：将制得的软浸膏，按100g加石油醚300ml，摇匀，浸渍2小时，经常振摇，该浸膏下沉后，倾去石油醚，再加石油醚，依法处理三次，最后倾去石油醚，残留液在70℃以下干燥即可。

（三）举例

例13-6　桔梗流浸膏

【处方】桔梗（5号粉）1000g　　55%乙醇　适量

【制备】按渗漉法制备。先收集850ml初浓漉液，继续渗漉至完全；收集漉液，在60℃以下浓缩至稠膏状；加入初浓漉液，混合，再加适量乙醇（70%）稀释至每毫升流浸膏相当1g桔梗，静置12小时，过滤，即得。

【作用与用法】本品为祛痰镇咳剂，常用于咳嗽糖浆等制剂原料。口服，常用量一次1~2ml，一日3~6ml。

【注解】①本品含醇量应为50%~60%；②桔梗有效成分为皂苷，其在酸性溶液中煮沸水解生成桔梗皂苷元及半乳糖，故不宜采用低浓度乙醇作溶剂，以免皂苷水解；③另外，若用稀醇（55%）浸出时，应加入氨溶液调整至微碱性，以延缓皂苷水解。

例13-7　甘草浸膏

【处方】甘草　1000g　　纯化水　适量

【制备】取甘草，用60℃以下温水泡至易切为度，切成0.5cm以下薄片；加8倍量水，逆流循环煮沸提取8次后，将浸液自然沉降3小时；取上清液浓缩至稠膏状，测定并调节使符合标准，即得。

【注解】①本品含甘草酸应不少于21.0%，干燥失重不得超过13.5%，水中不溶物含量不得超过5%，灰分不得超过12%；②本品为缓和药，常与化痰止咳药配伍应用；③甘草的甜味成分是甘草酸钾盐及钙盐，常因发酵水解而转变成水溶性较小的甘草酸。依据经验，甘草质量好的，浸出时酌加原甘草量0.1%~0.7%的纯碱（Na_2CO_3）以提高浸出效率；若甘草质量次、灰分高，则不加碱。

四、煎膏剂（膏滋）

煎膏剂系指药材用水煎煮，取煎煮液浓缩，加炼蜜或糖（或转化糖）制成的半流体制剂。煎膏剂的效用以滋补为主，兼有缓和和治疗作用，故习称“膏滋”。

煎膏剂的制备方法，一般按煎煮法进行。即药物添加水煎煮，浓缩（清膏）后，另取与清膏等重量或倍量的炼蜜或炼糖，加入清膏中，搅匀，微炼，除沫，装无菌瓶中密封即得。

例 13-8 益母草膏

【处方】 益母草 2500g　　红糖 150g

【制备】 取益母草切碎，加水煎煮二次，每次 2 小时，合并煎液，静置，过滤，溶液浓缩成比重 1.21~1.25（80~85℃时测）的清膏；每 100g 清膏加红糖 200g，加热熔化，混匀，浓缩至规定比重，即得。

【作用与用法】 本品活血调经，用于经闭、痛经及产后瘀血腹痛。口服，一次 9~15g，一日 2~3 次。

【注解】 ①本品 10g 用水 20ml 稀释后，比重为 1.10~1.12。②本品放置有时产生“返砂”现象。实验表明膏中转化糖含量在 37.4% 时不产生“返砂”现象，且转化糖含量在 40% 以上，其色泽仍较佳。红糖加约 50% 的水溶解，再加 0.1% 的枸橼酸，pH 为 4.9，在 105℃转化 52 分钟，转化率为 18.4%，贮存时有“返砂”现象；但若增加枸橼酸的量为 0.3%，在 110℃转化 90 分钟，红糖转化率达 40% 时收膏，则贮存时无“返砂”现象。

五、中药颗粒剂

（一）概述

中药颗粒剂系指药材提取物与适宜的辅料或药材细粉制成具有一定粒度的颗粒状制剂。按其溶解性能分为可溶性颗粒剂、混悬性颗粒剂和泡腾性颗粒剂。按成品形状可分为颗粒状和块状，以前者应用最多。

中药颗粒剂的质量要求：①颗粒剂的粒度应均匀，无结块潮解现象，其颗粒不能通过一号筛和能通过五号筛的颗粒和粉末总和不得超过 15%。②取供试品 1 袋（多剂量包装取 10g），加热水 200ml，搅拌 5 分钟，可溶性颗粒应全部溶化，允许有轻微混浊；混悬性颗粒应能混悬均匀；泡腾性颗粒遇水时应立即产生二氧化碳气体并呈泡腾状。③单剂量包装的颗粒剂，其装量差异限度应符合《中国药典》2010 年版一部规定；非单剂量大规格包装的颗粒剂不检查装量差异。④颗粒剂中的水分除另有规定外，不得过 6.0%。⑤颗粒剂均不得有焦屑等异物。

（二）制备方法

1. 提取　由于药材中含有的有效成分不同，可选用不同的溶媒和采取不同的方法进行提取。一般多用煎煮法提取有效成分，也有用渗漉法、浸渍法及回流提取法提取。然后，将提取液经精制和浓缩（浓缩程度一般为 80~90℃测其稠浸膏比重为 1.30~1.35）或干燥后得到稠浸膏或干浸膏。

2. 制粒　稠浸膏制粒方法是取干燥的糖粉与糊精置适当容器中，混合均匀，加入稠浸膏搅拌均匀，必要时加适量 50%~70% 的乙醇，调整湿度制软材，软材用颗粒机 12~14 目筛制颗粒，或用沸腾制粒法制粒（见片剂）。

稠浸膏与糖粉、糊精的比例，应视稠浸膏的比重和膏中所含药物性质而定。生产中应用最多的稠浸膏比重为 1.30~1.35（80~90℃测），此时稠浸膏：糖粉：糊精 = 1：3：1。有些颗粒剂糖粉的比例高达 6~7 倍，有的仅 2 倍；糊精的用量也有为浸膏的 1.2~1.5 倍，亦有单用糖粉而不用糊精的。

稠浸膏制粒的优点在于操作简便，制得的颗粒坚硬整齐，但稠膏的黏性若太大，则难以制粒。

干浸膏制粒有两种情况：一是将干浸膏粉碎成细粉，加适量糖粉与糊精，混匀，以适当浓度的乙醇为润湿剂，制软材、制颗粒。此法制得的颗粒质量较好，色泽均匀，但操作复杂、费工时。其二是将干浸膏直接粉碎成40~50目颗粒。此法制得颗粒呈粉末状，因此，吸湿性较强，需严密包装。

泡腾颗粒剂制粒方法是将泡腾物料碳酸氢钠与枸橼酸（或酒石酸），分别与糖粉及浸膏制成两种颗粒，经干燥后，再将两种颗粒混合均匀，整粒、分装即可。也可以将部分糖粉与碳酸氢钠混匀，用纯化水喷雾制粒、干燥、整粒。将剩余糖粉与稠浸膏混匀，制软材、制粒、干燥、整粒。再将以上两种颗粒合并，喷入香精，加入枸橼酸（或酒石酸）混匀，过12目筛3~4次后，分装于塑料袋中。须注意控制干燥颗粒水分，以免酸与碱在服用前已发生了反应。

3. 干燥　湿颗粒制成后，应尽可能迅速干燥，以免湿粒结块或变形。干燥温度一般以60~80℃为宜，干燥程度一般控制在含水量2%以内。干燥设备类型较多，生产上常用的有烘房、沸腾干燥装置、远红外干燥机等。

（三）举例

例13-9　感冒退热颗粒剂

【处方】大青叶　200g　　　板蓝根　200g
　　　　连翘　100g　　　　拳参　100g

【制备】取各味药材加水煎煮二次，每次1.5小时，合并煎液，过滤，滤液浓缩至比重1.08；加等量乙醇使沉淀，取上清液回收乙醇并浓缩后，加水1.5倍量，搅拌，静置8小时，取上清液浓缩至比重1.38~1.40的稠膏；取稠膏1份，加蔗糖粉2.5份，糊精1.25份及适量乙醇，制颗粒、干燥、整粒，即得。

【作用与用法】本品为清热解毒颗粒剂，用于上呼吸道感染、急性扁桃体炎、咽喉炎。使用时用开水冲服，一次16~32g，一日3次。

第四节　浸出制剂的质量控制

浸出制剂的质量如何，不仅关系到浸出制剂本身的质量，同时还影响到以浸出制剂为原料制备的片剂、胶囊剂、颗粒剂等剂型的质量。但由于中草药含有的成分复杂，故控制浸出制剂的质量则是一个复杂问题，主要从下列几方面进行控制。

（一）药材的来源、品种及规格

药材的来源、品种与规格是浸出制剂质量控制的基础。中国幅员辽阔，中药材品种繁多，《中国药典》中收载的中药材加上各地民间药、地方习惯用药，供药用的品种达5000种之多。无疑由于地区和习惯的不同，存在药材品种混乱的问题，而品种又直接影响到有效成分的含量。加之产地、土壤、生态环境、采集季节的不同，亦造成有效成分含量不同。如大黄虽有许多品种，但只有掌叶大黄、唐古特大黄及药用大黄3个品种为《中国药典》所规定的品种。因此，制备浸出制剂必须严格控制药材的质量，按照《中国药典》及地方标准收载的品种及规格要求选用药材。

（二）制备方法规范化

在药材品种确定后，制备方法则对成品的质量起到至关重要的作用。如解表药方剂采用传统的煎煮法提取有效成分时，则易造成挥发性成分的损失，若先用蒸馏法提取挥发成分再采用煎煮，则能提高其疗效；又如大承气汤中的大黄须后下才能呈现清泻实热的功效。总之，提取方法和工艺上的改变对浸出制剂质量影响较大，因此，浸出制剂的制备方法必须规范化。

（三）理化标准

1. 含量测定

（1）药材比量法：指浸出制剂若干容量或重量相当于原药材多少重量的测定方法。在药材成分还不明确且无其他适宜方法测定时，可以作为参考指标。酊剂、流浸膏剂、浸膏剂、酒剂等现仍用此法控制质量。

（2）化学测定法：本法用于成分已明确且能通过化学方法加以定量测定的药材。例如含生物碱的颠茄、阿片等的浸出制剂都是用该法测定含量的。

（3）生物测定法：本法是利用药材浸出成分对动物机体或离体组织所发生的反应，来确定其含量标准的方法。该测定方法复杂且结果差异性也大，常需多次试验。

2. 含醇量测定　多数浸出制剂是用不同浓度的乙醇制备的，而乙醇含量变化影响有效成分的溶解度。因此，《中国药典》对这类浸出制剂规定了含醇量检查项目。

3. 鉴别试验　包括制剂的鉴别和检查，澄明度检查，异物检查，水分检查，不挥发性残渣检查等。具体要求见《中国药典》（2010年版一部）中对相关剂型的鉴别要求。

（四）卫生学标准

国际药物学联合会规定，植物药提取物在大多数情况下，属于第三类药品（口服的）。微生物的污染，必须限制在每克1000~10 000个需氧菌。我国“药品卫生标准”规定，口服药品中，每克不得检出大肠杆菌、活螨及螨卵。

学习小结

浸出技术系指用适当的溶剂和方法，从药材（动、植物）中浸出有效成分的工艺技术。以浸出的有效成分为原料，经适当精制与浓缩得到的供内服或外用的制剂称为浸出制剂。以中药材为原料制备的各类制剂统称为中药制剂。常用的浸出制剂有汤剂、酒剂、酊剂、流浸膏剂、浸膏剂、煎膏剂等。粉碎主要是借机械力将大块固体物质碎成适宜程度的操作过程。粉碎的方法主要有干法粉碎、湿法粉碎、低温粉碎、单独粉碎和混合粉碎。药筛是筛选粉末粒度（粗细）或均化粉末的工具。同时，过筛兼有对多种药粉的混合作用。一般药材浸出过程包括浸润和渗透过程、溶解和解析过程、扩散和平衡过程、置换和浸出过程。影响浸出的因素主要有浸出溶剂、药材的粉碎粒度、浸出温度、浓度梯度、浸出压力、浸出时间和新技术的应用；常用的浸出方法有浸渍法、煎煮法、渗漉法、超临界萃取技术、超声波提取技术。

复习题

1. 中药材提取时是否粉碎得越细越好？影响浸提的因素有哪些？
2. 超临界流体提取的原理是什么？

（田　燕）

第十四章

经皮吸收制剂

学习目标

1. 掌握经皮吸收制剂的概念、特点，药物经皮吸收的影响因素。
2. 熟悉经皮吸收制剂的分类，药物经皮吸收的主要途径，经皮吸收制剂的制备流程。
3. 了解常见的经皮吸收促进剂，研究体外经皮吸收的一般方法。

第一节 概 述

经皮吸收制剂或称经皮传递系统（transdermal therapeutic systems，简称 TTS），系指在完整的皮肤表面或黏膜给药，使药物以恒定的速度通过皮肤各层进入人体，产生全身或局部作用，实现疾病治疗或预防的一类新型制剂，常用的剂型有贴剂、硬膏、膜剂等。该类型制剂经由皮肤或黏膜敷贴方式给药，药物透过表皮细胞达到真皮层发挥局部作用，或由真皮层中毛细血管吸收进入全身血液循环达到有效血药浓度，并在各组织或病变部位起治疗或预防疾病的作用。经皮吸收制剂既可以起局部治疗作用，也可以起全身治疗作用，为一些慢性疾病和局部镇痛的治疗及预防提供了一种简单、方便和行之有效的给药方式。经皮给药系统除贴剂外，还可以包括软膏剂、硬膏剂、涂剂和气雾剂等剂型。自 1981 年在美国第一个治疗晕动症的东莨菪碱透皮吸收制剂问世以来，出现了很多具有全身治疗作用的经皮吸收制剂，包括硝酸甘油、雌二醇、芬太尼、烟碱、可乐定、硝酸异山梨酯、左炔诺酮等。国内对透皮吸收制剂的研究始于 20 世纪 80 年代初，陆续有硝酸甘油、东莨菪碱、可乐定等多种药物的透皮给药制剂获准生产，同时还对多种药物进行了研究。但与发达国家相比，我国 TTS 制剂的研究与开发还存在较大差距，特别是生产配套水平较低，未能形成规模生产能力。随着国内医药行业对透皮给药制剂的重视程度越来越高，提高相关制剂机械和原辅料的水平成为制剂工作者面前一项重要的任务。

一、经皮吸收制剂的特点

经皮吸收制剂与常用普通剂型如口服片剂、胶囊剂或注射剂等剂型比较，具有以下优点：①可避免口服给药可能发生的肝首关效应、胃肠道失活以及胃肠道给药时的不良反应。例如硝酸甘油采用口服给药会有90%的药物被肝破坏，采用舌下用药主要用于治疗心绞痛，其作用时间很短；采用透皮给药则可以完全避开首关效应并至少维持24小时对心绞痛的预防作用。②可维持恒定的最佳血药浓度或生理效应，减少胃肠给药的副作用；例如芬太尼贴剂用于癌症的止痛治疗，其便秘、恶心呕吐的胃肠道不良反应发生率就显著低于阿片受体激动剂的口服缓释制剂。③延长有效作用时间，减少用药次数。口服缓释或控释制剂，维持有效作用的时间一般不会超过24小时。与之相比，TTS 1次给药可维持1天或1天以上，如东莨菪碱TTS和雌二醇TTS都是每3天用药1次，而可乐定TTS只需每周用药1次。④通过改变给药面积可以调节给药剂量，且患者可以自主用药，也可以随时停止用药，适用于婴儿、老人和不宜口服的患者。⑤由于避免了饮食、体位、睡眠、运动等因素的干扰，皮肤之间吸收的差异比人体胃肠道吸收的差异小得多。

TTS作为一种全身用药的新剂型具有许多优点，但也有其局限性。皮肤是体外物质进入人体的生理屏障，大多数药物透过该屏障的速度都很缓慢，一般给药后几小时才能起效。由于部分药物在血液循环中被代谢，所以许多药物不能达到有效治疗浓度。另外，一些本身对皮肤有刺激性和过敏性的药物不宜设计成TTS。所以透皮给药制剂存在用药后起效时间慢、可选择药物面窄的缺点。

二、经皮吸收制剂的基本组成

经皮吸收制剂的基本组成大致可以分为5层：背衬层、药物贮库、控释膜、黏附层和保护层，如图14-1所示，这5层的作用分别如下。

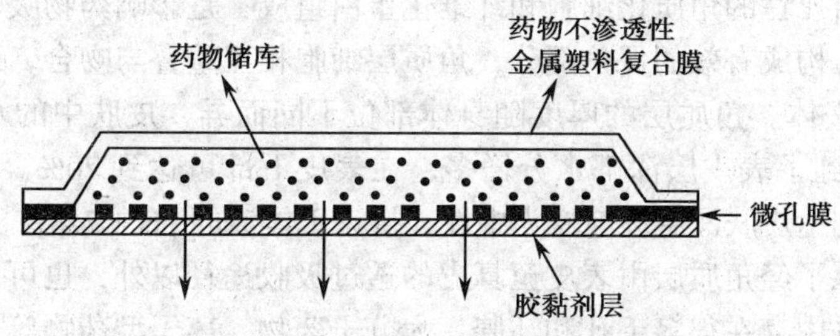

图14-1　经皮给药制剂的基本组成

1. 背衬层　一般是一层柔软的复合铝箔膜，起到隔离的作用，防止药物流失和潮解。

2. 药物贮库　由药物、基质材料、透皮吸收促进剂等成分组成，既能提供释放的药物，又能保证释药的性能。

3. 控释膜　一般是一层高分子聚合物的薄膜，根据所需释药性能的不同，选用不同的材质和孔洞大小。

4. 黏附层　由无刺激性和过敏性的粘胶剂组成，如树脂、天然树胶和合成树脂等。

5. 保护层　为保护黏附层附加的塑料薄膜，临用前揭去。

第二节　经皮给药制剂的设计

一、皮肤的基本生理结构

皮肤作为人体的最外层组织，具有保护机体免受外界环境中各种有害物质和有害因素影响的作用，并防止组织内的各种营养物质、电解质和水分的损失。皮肤的结构主要分为 3 个层次，即表皮、真皮和皮下组织。其中表皮分为角质层和生长表皮。如图 14–2 所示。

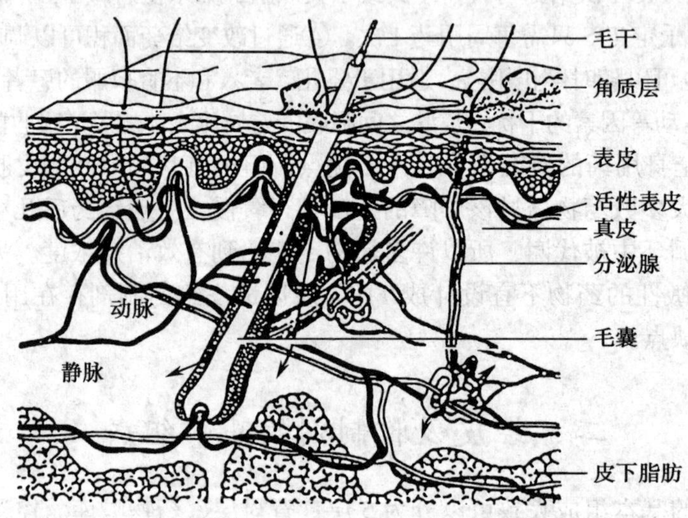

图 14–2　人体皮肤的基本生理结构

其中角质层是由死亡的角质化细胞和纤维化蛋白组成，是影响药物吸收的主要屏障。角质层细胞充满类脂，构成有效的保护部分，角质层细胞相互重叠与吻合，可以看作亲水性成分与类脂形成的镶嵌体。角质层的厚度随身体部位不同而异，皮肤中的水分含量在角质层中只占 10%~25%，到了表皮层深部水分增多，在表皮下部可达到 70%。皮肤表面的 pH 为 4.2~5.6，偏酸性，到达皮肤深层逐渐变为中性，接近于体液的 pH（7.4）。

经皮吸收过程除了经角质层由表皮至真皮的透过吸收途径以外，也可以通过皮肤的附属器官吸收。人体皮肤中存在很多毛孔和汗腺，大分子药物、离子型药物等主要通过毛孔、汗腺及皮脂腺等附属器官吸收。对中性药物来说，主要是在毛孔和汗腺之间的角质层通过被动扩散的方式吸收。总之，药物的经皮吸收除了受皮肤生理结构的因素影响之外，主要还受药物和基质的理化性质、药物分子大小、极性、与水的相互作用、脂溶性等因素的影响，而且在吸收初期受附属器官的影响较大。

二、药物通过皮肤的吸收途径

药物透过皮肤吸收进入体循环主要经过两种途径。

1. 表皮途径 药物透过角质层和表皮，进入真皮被毛细血管吸收进入体循环，这是大多数药物经皮吸收的主要途径。角质层细胞间是类脂质分子形成的多层脂质双分子层，药物的经皮吸收主要是通过皮肤表面的药物浓度与皮肤深层中的药物浓度之差，以被动扩散的方式进行转运。药物通过角质层经皮吸收的主要过程有：①制剂中的药物向角质层转移；②药物在角质层扩散；③由角质层向生长表皮和真皮中扩散；④被真皮上部的毛细血管吸收；⑤由毛细血管向体循环转移。在整个渗透过程中，含有类脂质的角质层起主要的屏障作用。因此，一般情况下药物的脂溶性越高，越易透过皮肤。

2. 皮肤附属器途径 药物可以通过毛囊、皮脂腺和汗腺等附属器官吸收。这种吸收方式药物的穿透速率要比表皮途径快，但皮肤附属器在皮肤表面所占的面积只有 0.1% 左右，因此一般情况下并不是药物经皮吸收的主要途径。当药物渗透开始时，药物首先通过皮肤附属器途径被吸收，当药物通过表皮途径到达血液循环后，药物经皮渗透达稳态，则附属器途径的作用可被忽略。但对于离子型药物及水溶性大分子，由于在角质层中的透过速率很慢，难以通过含有类脂质的角质层，因此对这些物质来说，附属器官是主要的吸收途径。

三、影响药物经皮吸收的因素

1. 生理因素

（1）皮肤的水合作用：角质细胞能够吸收一定量的水分，自身发生膨胀，同时降低细胞结构的致密程度，高程度的水合作用可以加快药物在角质层细胞间的扩散作用，使药物的透过变得更加容易。当角质层的含水量达 50% 以上时，药物的透过速度可增加 5~10 倍，水合作用对水溶性药物吸收的促进作用较对脂溶性药物显著。

（2）角质层的厚度：角质层作为透皮吸收最主要的限速屏障，其厚度对药物的吸收有不同程度的影响。人体不同部位皮肤的角质层厚度不同，大致的顺序为，足底和手掌 > 腹部 > 前臂 > 背部 > 前额 > 耳后。不同药物的渗透可能有部位选择性，比如阿司匹林在不同部位皮肤渗透性的大小顺序是前额 > 耳后 > 腹部 > 臂部。分子量大、脂溶性差的药物在透过皮肤时速度比较慢，选择用药的部位比较重要。而透过性很强的药物在人体许多部位的透过性差异并不大。角质层厚度的差异也与年龄、性别等多种因素有关，老人和男性的皮肤渗透性较儿童和女性偏低，在青年人和老年人的相同部位皮肤上应用睾酮 TTS 一天后，青年人皮肤透过量是后者的 3 倍。

（3）皮肤条件：在角质层受损的条件下，其屏障功能也受到破坏，湿疹、溃疡或烧伤等创面上药物的透过速率有数倍至数十倍的增加。用有机溶剂对皮肤预处理亦有类似效果，可能是因为角质层中类脂的溶解或被提取后形成透过通路。某些皮肤疾病如硬皮病、银屑病、老年角化病等使皮肤角质层致密，则会减少药物的透过性。另外，皮肤温度的升高，也能显著提高药物的透过速率，阿司匹林在离体人皮肤的渗透性从 10℃上升至 40℃时提高了 15 倍。

（4）皮肤的结合与代谢作用：皮肤的结合作用是指药物与皮肤内蛋白质或脂质等的可逆性结合。结合作用可延长药物透过的时间，也可能在皮肤内形成药物贮库。药物与组织结合力愈强，结合量愈大，时滞和贮库的维持时间也愈长。

药物可在皮肤内酶的作用下发生氧化、水解、结合和还原作用等，但是皮肤内酶含量很低，血流量也仅为肝脏的7%，而且TTS的面积很小，所以酶代谢对多数药物的皮肤吸收一般不会产生明显的首关效应。

（5）皮肤渗透性的个体差异：不同个体相同解剖部位的皮肤渗透性可能差异很大。有人采用年龄36~76岁的18位妇女和年龄42~76岁的13位男子的腹部皮肤，在二室扩散池中测定硝酸甘油的透皮速率，结果透皮速率变化范围是4.3~36.9μg/（cm^2·h）。

2. 剂型因素与药物的性质

（1）药物剂量和药物的浓度：TTS的首选药物一般是剂量小、作用强的药物，日剂量最好在几毫克的范围内，不超过10~15mg；半衰期短、需要频繁给予的药物；常规口服或注射给药的药效不可靠或具严重副作用的药物。在一般条件下，给药面积不超过50cm^2，估计透过量在每小时300μg左右，24小时透过皮肤总量不超过10mg。

（2）分子大小及脂溶性：药物的扩散系数与分子量的平方根或立方根成反比，分子量愈大，分子体积愈大，扩散系数愈小，一般认为分子量大于600的药物难以通过角质层。由于角质层细胞间隙充满了脂肪酸、脂质类成分，细胞膜内也含有若干类脂，含水量相对较低，所以角质层整体为疏水性，因此一般脂溶性药物透过角质层比较容易。如果透皮吸收制剂中的介质或者某组分对药物具有很强的亲和力，且药物的油水分配系数小，将减少药物进入角质层的速度，进而影响药物透过皮肤的量。

（3）pH与pK_a：很多药物是有机弱酸或有机弱碱，它们以分子形式存在时，由于分子极性较低、脂溶性较强，所以具有较强的经皮透过能力，而离子型药物一般由于极性较大而不易透过角质层。表皮内的pH为4.2~5.6即弱酸性环境，而真皮内的pH约为7.4。在制备TTS药物制剂时，需要根据药物的pK_a来调节TTS介质的pH，使其分子型的比例提高，从而提高药物的透过速率。

（4）TTS中药物的浓度：药物在皮肤中的扩散依赖于浓度梯度的被动扩散，其推动力是皮肤两侧的浓度差，提高或者维持透皮吸收制剂中药物的高浓度，就能提高或者维持药物透皮转运的速度。增加浓度的方法在低浓度范围内具有实际意义，而对于那些溶解度已经较高的药物或浓度较高的系统则意义不大。比如氟氢可的松透皮转运过程中，浓度从0.01%增加至0.25%时，渗透量增加了2.5倍；但浓度从1%增加至2.5%时，渗透速度几乎没有改变。

（5）熔点与热力学活度：一般来说，熔点低的药物在角质层的透过速率较高。这是因为极性相同的药物中，熔点较低的药物在溶液中有着较高的浓度。由于一般溶液中的浓度与活度成比例，所以药物经皮吸收的速度也直接依赖于药物在溶剂中的热力学活度。但对于脂溶性很强的药物来说，药物在表皮和真皮的分配也可能会成为主要屏障。所以，用于经皮吸收的药物在水及油中的溶解度以比较均衡为好。

第三节 经皮给药系统的分类与制备

一、经皮给药制剂常用材料

1. 控释膜聚合物和骨架聚合物

（1）乙烯－醋酸乙烯共聚物（EVA）：是乙烯和醋酸乙烯共聚而成的水不溶性、热塑性高分子聚合物，可用热熔法或溶剂法制备膜材。无毒、无刺激性、柔性好，与人体组织有良好的相容性，性质稳定。醋酸乙烯（VA）含量比例降低，柔软性下降，透过性也降低。

（2）聚氯乙烯（PVC）：是由氯乙烯经聚合而得的热塑性树脂。PVC是生产量最大的塑料品种之一，化学稳定性高，机械性能好，但未加增塑剂的聚氯乙烯制品硬度很大，只适合制备硬材。一般用于制取薄膜材料的聚氯乙烯树脂常需加入30%~70%的增塑剂，称为软聚氯乙烯。其软化点为80℃，在130℃开始分解，变色放出氯化氢，一般推荐的使用温度在-15~60℃。聚氯乙烯透过性比较低，加入增塑剂可提高透过性。

PVC对油性液体相容性较强，一般在膜中液体成分含量可达50%，仍能保持稳定分散状态。但若药物亲水性较强且含量较高时，在长期贮存后可能析出，释药速度显著加快，选择适宜的增塑剂可减轻析出。

（3）聚丙烯（PP）：是一种有较高结晶度和较高熔点的热塑性高聚物，吸水性很低，透气性和透湿性较聚乙烯小，抗拉强度则较聚乙烯高。但是如果提高其分子量，结晶度下降，上述性能则向反方向转变。PP有很高的耐化学药品性能，仅在某些氯化烃和高沸点脂肪烃中发生溶胀和表面溶蚀。

PP薄膜具有优良的透明性、强度和耐热性等，可耐受100℃以上煮沸灭菌，用于一般薄膜的分子量较低，用于双向拉伸薄膜的分子量较高。

（4）醋酸纤维素（CA）：是醋酸酐与纤维素反应生成的一类酯型纤维素的总称，作为膜材使用的是二醋酸纤维素和三醋酸纤维素。CA是白色、无臭味的片状或颗粒状物，耐稀酸，耐油，在强碱中水解，可溶于三氯甲烷、二氯甲烷及丙酮等有机溶剂。其薄膜透明，有一定的弹性，但机械强度不高，增塑剂能改善其脆性，但一般需较高用量，释药速率较快。

醋酸纤维素膜材有高度的水渗透性和很低的盐渗过能力，增塑剂和水吸附剂的加入可以进一步改善水的渗透性，PEG 400和HPMC均可作为增塑剂使用。其他的常用增塑剂可用醋酸乙烯酯、磷酸三甲酯及磷酸二乙酯等。随着三种酯的沸点依次升高，膜的水渗透性也增强，但水溶性的月桂醇硫酸钠与醋酸纤维素相容性很差，常在膜中造成相分离现象，形成裂缝。

（5）聚对苯二甲酸乙二醇酯（PET）：在室温下具有优良的机械性能，耐酸、碱和多种有机溶剂，吸水性低，具有较高的熔点和玻璃化温度。在加工薄膜时，采用双向拉伸工艺能够得到具有适宜结晶度、透气性很小和高拉伸性能的产品。PET化学性能稳定，在加工中很少需要加入其他辅助剂，故安全性很高。

2. 压敏胶　压敏胶（PSA）是指那些在轻微压力下即可实现粘贴同时又容易剥离的一类胶粘材料，是TTS的重要组成材料之一，不管何种类型的TTS都必须使用压敏胶使释药面与皮肤紧密接触。在粘胶型TTS中，压敏胶既是药库又是控释材料。药用TTS压敏胶应对皮肤无刺激、不致敏、与药物相容及具有防水性能等要求，目前使用的PSA有溶剂型、水分散型和热熔型等多种类型。

（1）聚异丁烯（PIB）类压敏胶：聚异丁烯是异丁烯的聚合物，能在烃类溶剂中溶解，可用做溶剂型压敏胶，有很好的耐候性、耐臭氧性、耐化学药品性及耐水性，外观色浅或透明，一般可以不加入另外的增黏树脂和防老化剂等。因分子结构中无极性基团也无凝胶成分，故对极性膜材的黏性较弱，内聚强度及抗蠕变性能较差，特别是在高温下更差，可以加入一定量的树脂或其他增黏剂予以改善。通常不同分子量的PIB混合使用，低分子量的PIB是一种黏性半流体，起到增黏以及改善柔软性、润湿性和韧性的作用，高分子量的PIB则具有较高的剥离强度和内聚强度。

（2）丙烯酸类压敏胶：该类压敏胶主要有溶液型和乳剂型两类。通过改变聚合单体组成及比例，可以获得不同性能的压敏材料，常用的聚合单体有丙烯酸、醋酸乙烯以及丙烯酸酯等。增加共聚物中的酯基碳原子数，有利于提高聚合物的无序程度、降低结晶度和玻璃化温度、增加黏性、改善柔软性和抗剪强度。溶液型压敏胶一般由30%~50%的丙烯酸酯共聚物及有机溶剂组成，具有稳定性好，胶层无色透明，对各种膜材有较好的涂布性能和密着性能等特点，剥离强度和初黏性也很好，但其黏合力及耐溶剂性较差，在高温时更差。

乳剂型压敏胶是各种丙烯酸酯单体以水为分散介质，进行乳液聚合后加入增稠剂和中和剂等得到的产品。无有机溶剂污染是其优点，但耐水、耐湿性差，另外这类压敏胶对极性的高能表面基材亲和性较好，而对聚乙烯和聚酯等低能表面基材不能很好地润湿，可加入丙二醇、丙二醇单丁醚等润湿剂加以改善。

（3）硅橡胶压敏胶：硅橡胶压敏胶是低分子量硅树脂与线性聚二甲基硅氧烷流体经缩合而成的聚合物。硅橡胶压敏胶的玻璃化温度低、透气性和透湿性良好、耐水、耐高温和低温、化学性质稳定，一般使用其烃类溶液，是比较好的一种压敏胶材料，但价格相对较高。另外，本品的粘基力小，基材表面处理以及防粘纸的选择常成为其生产的关键技术。

3. 背衬材料、防粘材料与药库材料

（1）背衬材料：背衬材料是用于支持药库或压敏胶等的薄膜，应对药物、胶液、溶剂、湿气和光线等有较好的阻隔性能，同时应柔软、舒适和有一定的拉伸强度。常用多层复合铝箔，即由铝箔、聚乙烯或聚丙烯等膜材复合而成的双层或三层复合膜，其他可以使用的背衬材料还有PET、高密度PE、聚苯乙烯等。

（2）防粘材料：这类材料主要用于TTS粘胶层的保护。为防止压敏胶从药库或控释膜上转移到防粘材料上，防粘材料与压敏胶的亲和性要远小于压敏胶与控释膜的亲和性。常用的防粘材料有聚乙烯、聚苯乙烯、聚丙烯、聚碳酸酯、聚四氟乙烯等高聚物的膜材，有时也使用表面经石蜡或甲基硅油处理过的光滑厚纸。

（3）药库材料：可以使用的药库材料很多，可以用单一材料，也可用多种材料配制的软膏、水凝胶、高分子溶液等，如卡波姆、HPMC、PVA等均较为常用，各种压敏胶、成膜材料和骨架材料也同时可以用作药库材料。

二、经皮给药制剂的分类及制备流程

（一）分类

经皮吸收制剂从结构上分类大致可分为以下五类。

1. 膜控释型　膜控释型TTS的基本构造如图14-3所示，主要由背衬层、药物贮库、控释膜、粘胶层和防粘层五部分组成。硝酸甘油、东莨菪碱，雌二醇和可乐定均为膜控释型的 TTS。

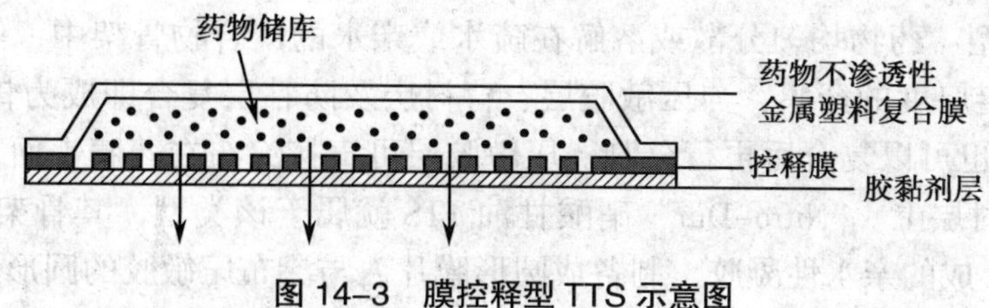

图 14-3　膜控释型 TTS 示意图

背衬层通常以软铝塑材料或不透性塑料薄膜如聚苯乙烯、聚乙烯、聚酯等制备而成，要求封闭性强，对药物、辅料、水分和空气均无透过性，易于与控释膜复合，背面方便印刷商标、药名和剂量等文字。

2. 复合膜型经皮给药系统　复合膜型经皮给药系统由背衬膜、药物储库层、控释膜、胶粘层和保护膜组成，其药物储库是药物分散在压敏胶或聚合物膜中，控释膜是微孔膜或均质膜，结构如图 14-4 所示。

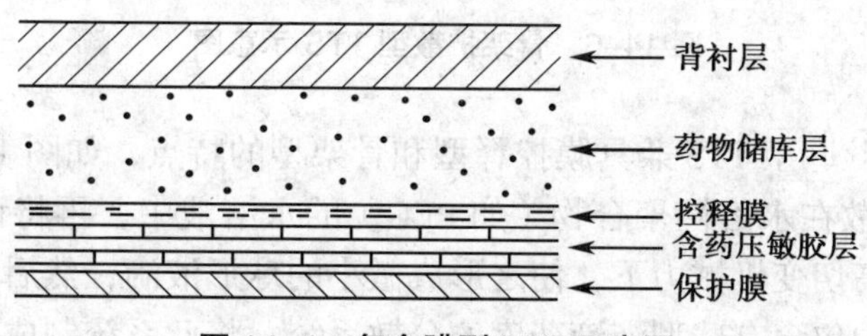

图 14-4　复合膜型 TTS 示意图

这类给药系统的组成材料是：①背衬膜常为铝塑膜；②药物储库膜是药物分散在聚异丁烯等压敏胶中，加入液状石蜡作为增黏剂；③控释膜常为聚丙烯微孔膜，膜的厚度、微孔大小、孔率及充填微孔的介质等可以控制药物的释放速率；④胶粘层亦可以用聚异丁烯压敏胶，加入药物作为负荷剂量，使药物能较快地达到治疗的血药水平；⑤保护膜常用复合膜，如硅化聚氯乙烯、聚丙烯、聚对苯二甲酸乙酯等。

3. 粘胶分散型　粘胶分散型 TTS 的药库层及控释层均由压敏胶组成，如图 14-5 所示。

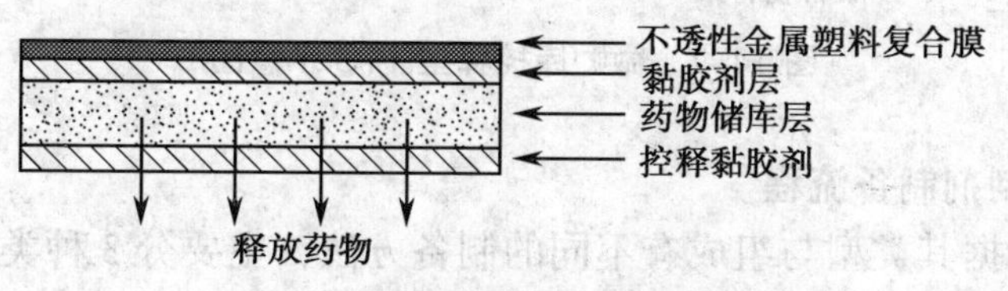

图 14-5　黏胶分散型 TTS 示意图

药物分散或溶解在压敏胶中成为药物贮库，均匀涂布在不渗透背衬层上。为了增强压敏胶与背衬层之间的粘结强度，通常用空白压敏胶先行涂布在背衬层上，然后覆以含药胶，在含药胶层上再覆以具有控释能力的胶层。由于药物扩散通过的含药胶层的厚度随释药时间延长而不断增加，故释药速度随之下降。为了保证恒定的释药速度，可以将粘胶层分散型系统的药库按照适宜浓度梯度制备成多层含不同药量及致孔剂的压敏胶层。由于扩散距离的延长而引起的速度降低，随着浓度梯度或孔隙率的增加而得到补偿。

4. 骨架扩散型 药物均匀分散或溶解在疏水或亲水的聚合物骨架中，然后分剂量成固定面积大小及一定厚度的药膜，与压敏胶层、背衬层及防粘层复合即成为骨架扩散型 TTS，如图 14-6 所示，也可以复合后再行分割。压敏胶层可直接涂布在药膜表面，也可以涂布在与药膜复合的背衬层上。"Nitro-Dur" 硝酸甘油 TTS 就属于该类型，其骨架系由聚乙烯酸、聚维酮和乳糖等形成的亲水性凝胶，制备成圆形膜片，与涂布压敏胶的圆形背衬层黏合，加防粘层即得。

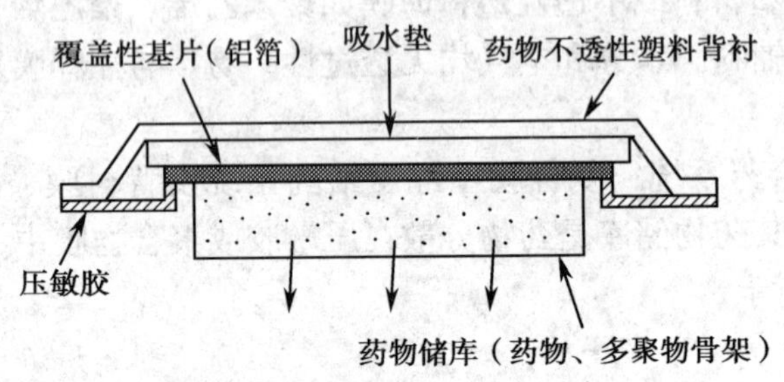

图 14-6 骨架扩散型 TTS 示意图

5. 微贮库型 微贮库型 TTS 兼具膜控释型和骨架型的特点，如图 14-7 所示。其一般制备方法是先把药物分散在水溶性聚合物（如 PEG）的水溶液中，再将该混悬液均匀分散在疏水性聚合物中，在高切变机械力下，使之形成微小的球形液滴，然后迅速交联疏水聚合物分子，使之成为稳定的包含有球型液滴药库的分散系统，将此系统制成一定面积及厚度的药膜，置于粘胶层中心，加防粘层即得。

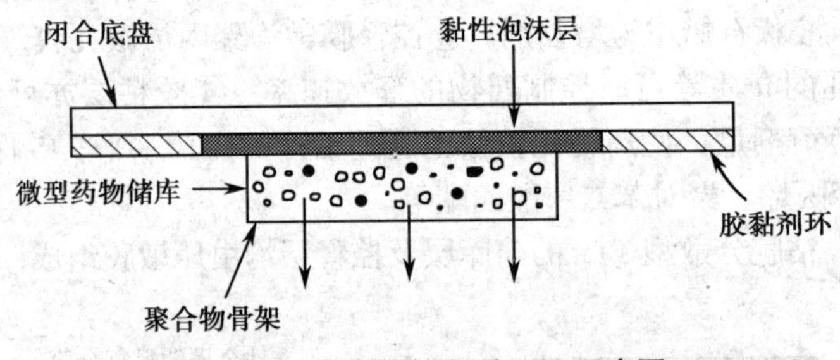

图 14-7 微贮库控释型 TTS 示意图

（二）经皮给药制剂制备流程

经皮给药制剂根据其类型与组成有不同的制备方法，主要分 3 种类型：涂膜复合工艺、充填热合工艺及骨架粘合工艺。涂膜复合工艺是将药物分散在高分子材料（压敏胶）溶液中，涂布于背衬膜上，加热烘干，使溶解高分子材料的有机溶剂蒸发，可以进行第二层或多层膜的涂布，最后覆盖上保护膜，亦可以制成含药物的高分子材料膜，再与各层膜叠合或粘合。充填热合工艺是在定型机械中，在背衬膜与控释膜之间定量充填药物储库材料，热合封闭，覆盖上涂有胶粘层的保护膜。骨架粘合工艺是在骨架材料溶液中加入药物，浇铸冷却，切割成型，粘贴于背衬膜上，加保护膜而成。

1. 复合型经皮给药系统的制备工艺流程（图 14-8）

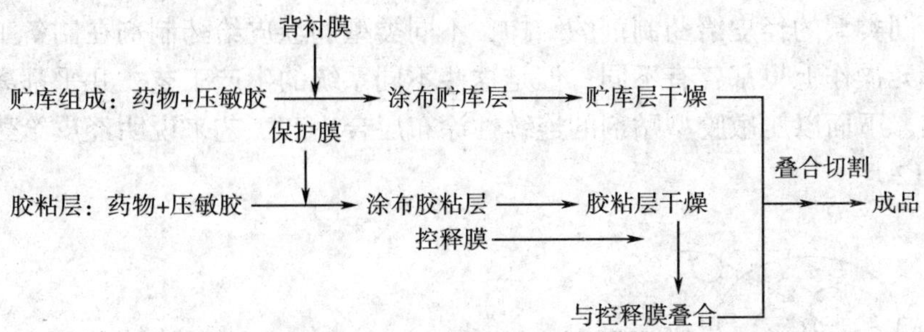

图 14-8　复合型经皮给药系统的制备工艺流程示意图

2. 充填封闭型经皮给药系统的制备工艺流程（图 14-9）

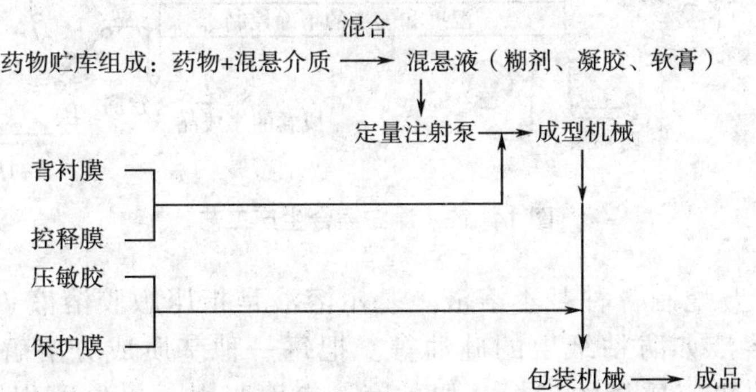

图 14-9　充填封闭型经皮给药系统的制备工艺流程示意图

3. 聚合物骨架型经皮给药系统的制备工艺流程（图 14-10）

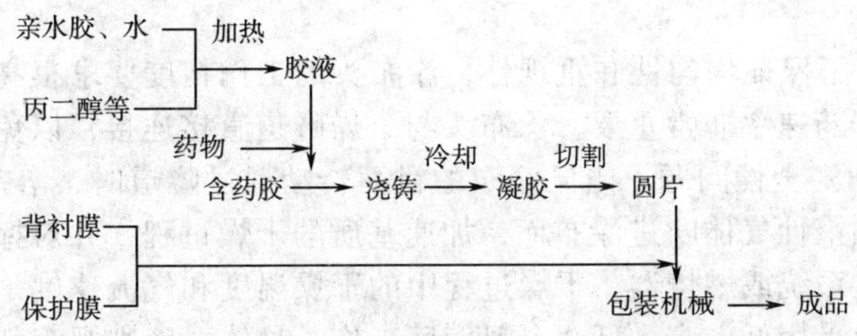

图 14-10　聚合物骨架型经皮给药系统的制备工艺流程示意图

4. 胶粘剂骨架型经皮给药系统的制备工艺流程（图 14-11）

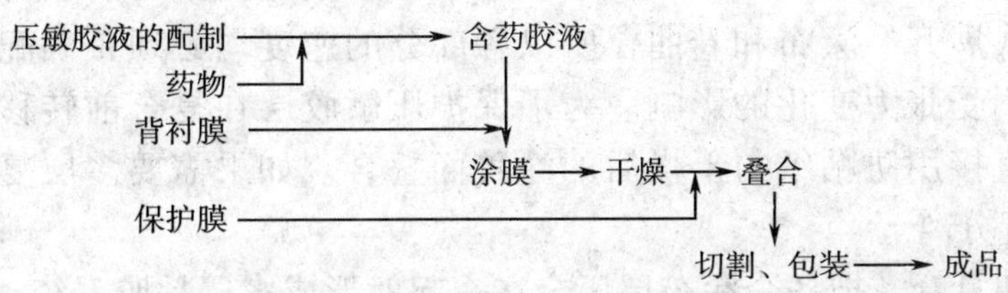

图 14-11　胶粘剂骨架型经皮给药系统的制备工艺流程示意图

（三）经皮给药制剂的工艺

1. 涂布和干燥　在经皮给药系统的生产中，虽然按照不同的药物性质和释药特性需求分出了很多不同类型的经皮给药制剂的结构，不同类型的经皮给药制剂在制备工艺流程上和所需的制剂单元操作上也都各有不同，但是这些不同系统的生产工艺，几乎都离不开涂布工艺和层合工艺。下面以压敏胶型贴剂的连续性涂布层合生产工艺来说明经皮给药制剂的生产过程（图 14–12）。

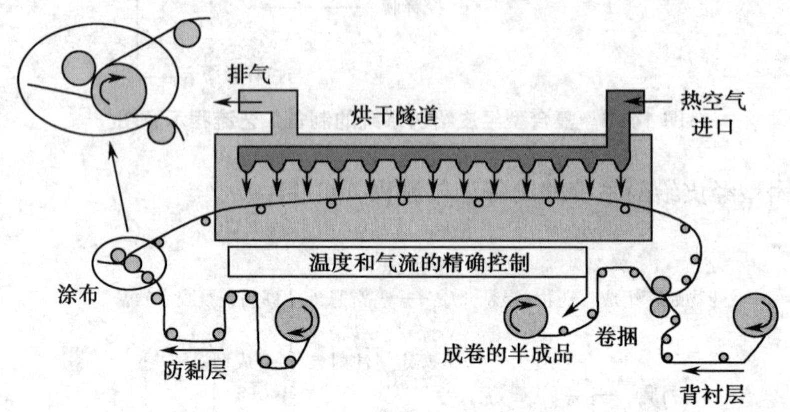

图 14–12　涂布层合生产工艺

在涂布之前先要配制各种基本溶液。基本溶液是指压敏胶溶液（或混悬液）、药库液体或其他成膜溶液如防粘纸上的硅油等。把每一种基质成分溶解在适宜的溶剂中，确定含固量或其他决定质量的指标，如黏度、表面张力、单位面积用量、涂布厚度或增重等。将这些基本溶液或混悬液涂布在相应的光滑材料上，如膜材或防粘材料上，干燥，驱除溶剂即得到各个基质层。该部分工艺可由一次涂布机或多次涂布机完成。这类机械有两个主要部件，即涂布头和干燥隧道，涂布头包括加液系统，转筒和刮刀三部分。

在涂布时，为了保证均匀性和重现性，涂布头的工作精度要求很高，这种精确性要求对于获得预期释药速率非常重要。涂布头与干燥隧道直接连接，以免溶剂挥发到生产环境中造成污染和安全性问题。当已涂布的衬面转动通过隧道时，溶剂从基质中蒸发，同时将清洁气体如惰性气体吹进涂布面，加速基质的干燥过程，并对挥发性气体进行稀释，进入溶剂回收系统或燃烧器。干燥过程中的干燥温度和气流速度是该工艺阶段的重要控制参数，一般采用低 – 高 – 低 3 个温度区工作，具体温度则视溶剂的沸点而定。在干燥过程中，应连续监测涂布重量、干燥速度、衬面移动速度和空气循环速度等参数，发现与标准参数的偏差应及时校正，同时鉴别出像针眼、皱褶、气泡以及灰尘等影响内在质量或外观的疵点，作出标记，在后续工艺中予以剔除。涂布前膜材和涂布干燥后的膜材均以卷筒形式展开、涂布和卷曲，所以各部分的速度均必须正确配合，才能保证整个过程的均一性不受张力变化的影响。为了保护压敏胶层在复合前转移到膜材背面，可以采用间隔层或直接用防粘纸与干燥后的涂胶面叠合。如果需要多层复合，可在第二次涂布或压合前先行分离。

2. 多层涂布和复合　把各个涂布层压合在一起就形成多层粘胶系统。例如，先把涂布在不同衬材上的基质层相对压合在一起，移去一侧衬材，就得到具双层基质结构的涂布面，然后重复该过程，将第三层压合在上述双层上，直到全部复合工艺完成。这种多层复合工艺可在单次涂布机上分次完成，也可以在多层涂布复合机上一次性完成。整个复合工艺系由两个最外层的涂布开始，经多次压合即得到预期的多层粘胶控释结构。压合过程中的压力对得到理想的控释体系十分重要。首先，必须保证待压合的不同基质充分粘合在一起；另一方面，压力又不能太高，以免破坏各基质层的应有的厚度。因为这些基质层仅只有几微米，很容易受损而改变释药性质。

三、膜材的加工

（一）膜材的加工方法

根据所用高分子材料的性质，成膜材料可分别用做 TTS 中的控释膜、药库、防粘层和背衬层等。膜材的常用加工方法有涂膜法和热熔法两大类。涂膜法是一种简便的制备膜材的方法，但由于 TTS 中所用的高分子材料大多是水不溶性材料，所以生产工艺中常常需要用到大量有机溶剂，溶剂在生产过程中的挥发产生的环境污染和劳动保护问题是大生产难以解决的问题，所以该方法一般只用于实验室少量制备。热熔法是将高分子材料加热成为粘流态或高弹态，使其变形为给定尺寸膜材的方法，包括挤出法和压延法两种，适合于工业生产。

1. 挤出法　根据使用的模具不同分为管膜法和平膜法。管膜法是将高聚物熔融体经环形模头以膜管的形式连续地挤出，随后将其吹胀到所需尺寸并同时用空气或液体冷却的方法。平膜法是利用平缝机头，直接根据所需尺寸挤出薄膜同时冷却的方法。挤出法生产的膜材特性与材料的热熔和冷却温度、挤出时的拉伸方向及纵横拉伸比有关。

2. 压延法　将高聚物熔体在旋转滚筒间的缝隙中连续挤压形成薄膜的方法，因为高聚物通过滚筒间缝隙时，沿薄膜方向在高聚物中产生高的纵向应力，得到的薄膜较挤出法有更明显的各向异性。

（二）膜材的改性

为了获得适宜膜孔大小或具有一定透过性的膜材，在膜材的生产过程中，对已制得的膜材需要作特殊处理。

1. 溶蚀法　取膜材用适宜溶剂浸泡，溶解其中可溶性成分如小分子增塑剂，即得到具有一定大小膜孔的膜材，也可以在加工薄膜时就加进一定量的可溶性物质作为致孔剂，如聚乙二醇、聚乙烯酸等。这种方法比较简便，膜孔大小及均匀性取决于这些物质的用量以及高聚物与这些物质的相容性。最好使用水溶性添加剂以避免使用有机溶剂。

2. 拉伸法　此法系利用拉伸工艺制备单轴取向和双轴取向的薄膜。首先把高聚物熔体挤出成膜材，冷却后重新加热至可拉伸的温度，趁热迅速向单侧或双侧拉伸，薄膜冷却后其长度或宽度或两者均有大幅度增加，由此高聚物结构出现裂纹样孔洞。

3. 辐射法　该法是用荷电粒子对一般方法制得的无孔膜进行核辐射，使在膜上留下敏化轨迹，然后把敏化膜浸泡在蚀刻溶液中，选择性地腐蚀敏化轨迹，形成膜孔。膜孔的数量与辐射时间有关，而膜孔大小则取决于蚀刻时间。

四、透皮吸收产品举例

（一）芬太尼贴剂

【处方】芬太尼 $2.5mg/10cm^2$
乙醇 30%
羟乙基纤维素 2%
背衬层 聚酯薄膜
控释膜 乙烯－醋酸乙烯共聚物
粘胶剂 医用硅橡胶粘胶剂（内含低含量芬太尼）
保护层 硅纸

【制备工艺】将14.7mg芬太尼溶解于30%的乙醇水混合溶剂中，加入2%羟乙基纤维素制成1g凝胶，作为贮库。用袋封成型机械将控释膜与支持层热合，用定量泵将凝胶灌装入内，热合密封，最后在控释膜表面涂布一层硅酮粘胶剂并覆盖上保护层即可。

【开发目的】①芬太尼具有比吗啡更强的镇痛作用，可用于包括癌性疼痛在内的慢性疼痛，使用一次可以持续3日的镇痛效果；②芬太尼便秘、恶心等副作用比吗啡少，也几乎没有组胺的释放作用。

【设计要点】①芬太尼分子量较小，适合制作透皮吸收制剂；②芬太尼亲油性和熔点特征都使其适宜开发经皮吸收制剂。

（二）硝酸甘油贴剂

【处方】硝酸甘油，乳糖，胶态二氧化硅，医用硅油。

【制备工艺】分别将硝酸甘油和乳糖混匀，胶态二氧化硅与硅油混合均匀。然后将二者混匀，按单剂量封装与含有EVA控释膜的一边开口、三边热封的袋中，密封。

【开发目的】①缓释作用，硝酸甘油片剂需要一日多次用药；②方便给药；③血药浓度平稳，并且没有口服片剂的首关效应；④减少副作用。

【设计要点】①普通软膏剂不能达到稳态血药浓度；②单层压敏胶型贴剂存在突释效应，不利于药物的治疗作用；③硝酸甘油具有挥发性，包装必须密封；④硝酸甘油个体差异大，所以必须采取控释膜对释药速度进行控制。

（三）盐酸妥洛特罗贴剂

【处方】妥洛特罗 $1mg/cm^2$
丙烯酸树脂压敏胶 适量

【制备工艺】将妥洛特罗与丙烯酸树脂类压敏胶混匀，药物部分溶于胶中并且部分以结晶形式存在作为药物贮库，加入适宜的附加剂，涂布于背衬层上，复合防粘层，最后根据含量测定结果进行切割即可。

【开发目的】目前市售的口服 β_2 受体激动剂，由于半衰期一般在3小时以内，即使在睡前服用，也无法维持长时间的血药浓度，很难抑制凌晨的哮喘发作。本贴剂半衰期约为12小时，夜间前贴敷则可以在早晨达到最高血药浓度，能抑制早晨的哮喘发作。

【设计要点】妥洛特罗分子量比较小，分配系数大，为脂溶性并且熔点低，因而符合透皮吸收制剂的制备要求。

第四节　改善药物经皮通透性的方法

一、经皮吸收促进剂

经皮吸收促进剂（penetration enhancers）是指那些能够降低药物通过皮肤的阻力，加速药物穿透皮肤的物质。理想的药物吸收促进剂应对皮肤无损害或刺激、无药理活性、无过敏性、理化性质稳定、与药物及材料有良好的相容性、无反应性、起效快以及作用时间长。皮肤结构及组成的复杂性，药物结构及其物理化学性质的多样性，使每一种药物的经皮吸收研究常需仔细地选择促进剂。

目前，常用的经皮吸收促进剂可分为如下几类：月桂氮䓬酮及其同系物；有机溶剂类：乙醇、丙二醇、醋酸乙酯、二甲亚砜及二甲基甲酰胺；表面活性剂：阳离子型、阴离子型、非离子型和卵磷脂；有机酸和脂肪醇：油酸、亚油酸及月桂醇等；萜烯类：薄荷醇、樟脑、柠檬烯等。

1. 氮酮类化合物　该类化合物中已经被广泛应用的是月桂氮䓬酮（azone），国内已大量生产。本品为无色澄明液体，不溶于水，与多数有机溶剂混溶，与药物水溶液混合振摇可形成乳浊液。本品对亲水性药物的吸收促进作用强于对亲脂性药物，氮酮主要作用在角质层部分。作用原理上一般认为氮酮主要作用于细胞间脂质双分子层，对生物膜类脂具有特异性的溶解和破坏作用，故而增加类脂膜的不连续性，扩大角质层中的细胞间孔隙。另外，氮酮透过角质层后可以对原有的脂质结构进行重新排列，降低脂质的黏性，提高其流动性。提高通过细胞间隙的水溶性药物的透过量，同时也能促进溶解在低级醇当中的脂溶性药物的透过。研究表明氮酮对抗病毒药物双乙酰阿糖腺苷的促进作用为44倍，对阿糖胞苷的促进作用达100倍以上，对甲硝唑、吡罗昔康、酮康唑、氟尿嘧啶等均有很好的促进效果。氮酮的透皮作用具有浓度依赖性，有效浓度常在1%~6%。例如对氟尿嘧啶的最佳浓度为4.1%，在超过5%时则促进作用下降。氮酮促进渗透作用起效较为缓慢，药物透过皮肤的时滞为2~10小时，但一旦发生作用，则能持续多日，这可能是氮酮自身在角质层中蓄积的结果。氮酮与其他促进剂合用常有更佳效果，如与丙二醇、油酸等都可配伍使用。

其他该类促进剂还包括以下化合物：α-吡咯酮（NP）、N-甲基吡咯烷酮（1-NMP）、5-甲基吡咯烷酮（5-NMP）、1，5-二甲基吡咯烷酮（1，5-NMP）等。此类促进剂用量较大时对皮肤有红肿、疼痛等刺激作用。

2. 二甲亚砜（DMSO）　是应用较早的一种促进剂，有较强的吸收促进作用。与角质层脂质相互作用和对药物的增溶性质是其主要的吸收促进机制。DMSO的缺点是具有皮肤刺激性和恶臭，长时间及大量使用DMSO可导致皮肤严重刺激性，甚至能引起肝损害和神经毒性等，在应用上受到了一定的限制。

癸基甲基亚砜（DCMS）是一种新的促进剂，用量较少，在低浓度即有促渗活性，且对极性药物的促渗效果大于非极性药物，这可能是DCMS具有非离子型表面活性剂的性质和结构。相关研究表明，DCMS不分配进入皮肤脂质，故其作用受载体性质的影响很大。

3. 表面活性剂　表面活性剂自身可以渗入皮肤并可能与皮肤成分相互作用，改变皮肤的透过性质。在表面活性剂中，非离子型化合物主要增加角质层类脂流动性，它们刺激性最小，但透过促进效果也最差，可能是与它们的临界胶束浓度（CMC）较低、药物容易被增溶在胶束中而较少释放有关。离子型表面活性剂与皮肤的相互作用较强，但在连续应用后会引起皮肤红肿、干燥或粗糙化。

4. 醇类化合物　醇类化合物包括各种短链醇、脂肪醇及多元醇等。结构中含 2~5 个碳原子的短链醇（如乙醇、丁醇等）能溶胀和提取角质层中的类脂，增加药物的溶解度，从而提高极性和非极性药物的经皮透过率。但短链醇只对极性类脂有较强的作用，而对大量中性类脂作用较弱。

与短链醇相比，脂肪醇具有与角质层类脂类似的长链结构，增加皮肤角质层类脂的流动性，其用量较短链醇小。脂肪醇的效果与其碳原子数有关，也与药物的性质有关。例如，雌二醇的经皮渗透，以使用癸醇促进渗透为佳，碳原子增加或减少均使促进作用变差。

丙二醇（PG）、甘油及聚乙二醇等多元醇也常作为吸收促进剂使用，但单独应用的效果不佳，与其他促进剂合用，则可增加药物及促进剂溶解度，发挥协同作用。

5. 萜烯类挥发油　在一些传统外用制剂中作为皮肤刺激药早有应用，如薄荷油，桉叶油，松节油等。这些精油的主要成分是一些萜烯类化合物，烯萜类通过破坏角质层磷脂的氢键，扩大水性区域，建立药物通过的极性通道。此外，这类成分还能刺激皮下毛细血管的血液循环，对亲水、亲油性药物都有较好的促透效果。研究发现丁香挥发油可使氟尿嘧啶的渗透量增加约 110 倍，丁香酚为 107 倍，两者均比氮酮促进效果好。

二、促进药物经皮吸收的物理学技术

为了使更多的药物特别是一些亲水性较强及分子量较大的药物，如多肽及蛋白质药物能经皮吸收，TTS 研究的极为重要的内容就是寻找改进药物透过皮肤屏障的有效方法。目前，促进药物经皮吸收的主要途径和方法如下。

（一）离子导入技术

1. 离子导入技术的原理　离子导入技术（iontophoresis）是利用电流将离子型药物经由电极定位导入皮肤或黏膜，进入局部组织或血液循环的一种生物物理方法。一些不解离药物如果能在溶液中形成带电胶体，亦可采用这一技术给药。①离子导入：离子型药物经皮吸收的途径主要是通过皮肤附属器官，如毛囊、汗腺、皮脂腺等支路途径，这些亲水性孔道及其内容物是电荷的良导体。当在皮肤表面放置正、负两个电极并导入电流时，电流经由这些通道透过皮肤在两电极间形成回路，皮肤两侧具有的电位差即成为药物离子通过皮肤转运的推动力，离子型药物通过电性相吸原理，从电性相反电极导入皮肤。②电渗析：当在皮肤上施加电流时，皮肤两侧的液体将产生定向移动，液体中的离子即随着进入皮肤，此即电渗析现象。③电流诱导：当电流加到皮肤上时，孔道处的电流密度相对其他部位要高得多，从而引起皮肤组织结构某种程度上的变化，形成新的孔道。

2. 影响离子导入有效性的因素

（1）药物的解离性质：药物的导电性能越好，导入的效果越好。在相同浓度下，一价离子较多价离子的导入效率高。当在导入介质中有其他离子如缓冲盐离子时，这些离子将与药物离子发生电流竞争而减少药物的透过。

（2）药物浓度：药物离子浓度高，导入的药量增多。一些在水中溶解度很小的药物，如果在其他溶剂中有更大的溶解度且能解离，则有利于药物的透过。

（3）介质 pH：介质的 pH 对药物的解离产生影响，例如盐酸利多卡因在 pH=5 时解离度最大，透明质酸酶在 pH=5.2 的水溶液中导入量最高；纤维蛋白溶酶在 pH=8.6 时有最佳效果，而多肽和蛋白质在等电点时的导入效果最差，则是因为此时带电量最少，一般以调节 pH 在等电点以下为宜。

（4）电流：离子型药物的透过速度应与电流强度成正比，但加大电流强度也相应地增强对皮肤的刺激性，甚至损害皮肤，由于人体皮肤的痛阈约为 $0.5mA/cm^2$，所以一般使用直流电流密度在 $0.5mA/cm^2$ 以下。

（5）离子电极：在使用铂电极和氯化锂的导入试验中，因为水的氧化电位低于铂，在溶液中发生水的氧化，生成的氢离子不仅使溶液的 pH 下降，还由于氢离子的电迁移性高于锂离子，从而使锂离子的导入效率下降。如果改用银电极进行相同试验，银的氧化电位较水低，氧化反应主要在电极上发生，生成的银离子与溶液中氯离子反应生成氯化银沉淀，相对增加了锂离子的导入。

（二）超声波技术

最初，超声波应用于人体是利用超声波的温热作用、促进血液循环或局部按摩等作用的物理特性，对人体的神经痛、风湿、关节炎等疾病进行局部药物疗法。超声波技术作为物理学的方法应用于药物的经皮吸收，首先是由研究人员把氢化可的松软膏用于关节炎治疗中，主要是把超声波技术作为一种辅助手段，促进药物的吸收。超声波促进药物经皮吸收的作用机制可分为两种：一种为超声波改变皮肤角质层结构，另一种为通过皮肤的附属器产生药物的传递透过通道。前者主要是在超声波作用下，角质层中的脂质结构重新排列形成空洞，而后者主要是在超声波的作用下形成药物的传递通道。影响超声波促进药物吸收的因素主要有超声波的波长、输出功率以及药物的理化性质。一般用于促进药物透皮吸收的超声波波长选择在 90~250kHz。

（三）电致孔

电致孔是采用瞬时的高电压脉冲电场在细胞膜等脂质双分子层中形成暂时的、可逆的亲水性孔道而增加细胞及组织膜渗透性的过程。正在进行试验和已经用于临床的、采用电致孔法促进经皮吸收的主要药物有：促黄体生成素释放激素、芬太尼、肝素、白喉类毒素等，证实了药物电致孔经皮给药的可行性。电致孔合并应用离子导入或超声波或促渗剂等，将成为生物工程药物经皮给药的主要形式之一。

三、改善药物经皮通透性的药剂学方法

（一）脂质体

脂质体因具有生物膜的特性和功能，可以包裹水溶性和脂溶性两种类型的药物，实现定向和长效缓释释药，提高药物生物利用度、降低毒副作用等优点，近年来在局部给药方面引起了人们的极大关注。自 1979 年首次报道了以脂质体包封药物用于经皮吸收的研究

后，已有益康唑和咪康唑等抗真菌药和抗凝剂肝素的脂质体经皮给药制剂在意大利、瑞士、德国上市，治疗效果反馈较好。脂质体经皮给药也为多肽、蛋白质类口服不稳定的药物提供了新的非注射途径的给药方式。影响脂质体药物透皮吸收的因素主要有：磷脂、胆固醇、表面活性剂以及脂质体的电性、粒径、pH 等。胆固醇可以改变磷脂在脂质双层中的排列次序及流动性，是脂质体经皮吸收有效性的关键因素之一；在脂质体组分中加入少量表面活性剂可形成柔性脂质体，增加其变形性，可使药物的透皮量比普通脂质体高两倍。但皮肤用脂质体作为一种新制剂，尚有一些问题有待于进一步解决，这些问题也是将来研究的重点。例如：①对某些药物包封率不高，有人做过比较，SOD 脂质体中单室脂质体包封率不到 15%，多室脂质体包封率也不到 50%；②成品稳定性不好，经常出现渗漏情况；③进一步将脂质体表面修饰成为主动靶向，通过对药物进行修饰改造成合适的前体药物，改善药物的分配行为。

（二）微乳

微乳是粒径为 10~100nm 的乳滴分散在另一种液体中形成的透明胶体分散系统。药物经皮吸收的主要屏障是皮肤角质层，而提高药物载体的热力学活性可促进药物透过角质层；热力学活性与载体中药物的饱和度直接相关。过饱和系统可增大药物的扩散压和渗透速率。研究结果表明，盐酸丁卡因的微乳经皮吸收的止痛效果是盐酸丁卡因水溶液的 8 倍。微乳经皮给药系统优于一般的乳剂、洗剂等外用剂型，其性质稳定，并可使难溶药物在制剂中的含量显著增大，还可使活性物质的渗透速率增加，吸收明显加快。

第五节　经皮吸收制剂的研究内容

一、经皮吸收制剂的处方研究步骤

处方设计一般按以下步骤进行。

第一步：根据药物的理化性质和药物动力学性质进行可行性分析，从药物的分子量、分子结构、溶解性能、油水分配系数、解离常数和化学稳定性估计药物经皮透过性能；根据药物的剂量、生物半衰期、消除速度常数、分布容积、最小有效血药浓度、静脉滴注治疗的有效剂量和剂量 - 效应相互关系等，分析经皮给药的可行性。

第二步：建立药物的分析方法进行方法学研究，分析方法一般采用高效液相色谱法、气相色谱法等。

第三步：设计经皮给药系统，了解药物的经皮透过速率，测定体外药物的透过速率与时滞。如果药物的透过速率达不到临床治疗要求，应该用合适的吸收促进剂或前体药物。研究药物在皮肤内的代谢、结合或吸附能力，考察辅料及 pH 等条件对药物透过速率的影响。

第四步：根据体外释放试验和体外透皮试验结果，筛选给药系统的处方组成，包括药物贮库组成，高分子材料和压敏胶等。按选择的最佳处方制备样品，进行药效学、皮肤刺激性、过敏性等试验。制定质量标准，对所制备制剂中药物的含量与释放度进行加速稳定性试验。

第五步：进行经皮给药系统的药物动力学研究，并建立稳定、专一的血药浓度的分析方法，选择参比制剂，与之比较血药浓度 - 时间曲线下的面积，计算药动学参数。

第六步：在临床上研究经皮给药系统与药动学参数，考察皮肤部位、年龄、性别所引起的药动学差异及同一部位皮肤重复用药可能产生的药动学变化。制定完善的生产工艺和生产过程中的质量控制方法，整个生产过程要严格按照 GMP 的要求进行生产。

二、药物透过速率的计算

经皮吸收药物的吸收与代谢很难用简单的房室模型加以解释，但是我们可以推测，经皮吸收制剂中的药物向血液循环的转移应该经过以下几个过程：①基质中的药物经过扩散作用到达皮肤表面；②皮肤表面的药物穿透角质层；③药物由表皮向真皮转移；④真皮中的药物经过扩散，通过毛细血管吸收向体循环转移。其中影响药物透过皮肤的最大限速屏障为角质层产生的阻力。

角质层中药物的透过速率（吸收速度）J（$\mathrm{d}Q/\mathrm{d}t$）可用式（14-1）表示：

$$J=\frac{\mathrm{d}Q}{\mathrm{d}t}=A\cdot C_{\mathrm{s}}\cdot P_{\mathrm{sc}}=A\cdot C_{\mathrm{s}}\frac{KD}{h} \tag{14-1}$$

式（14-1）中，C_{s}—基质中药物的浓度；P_{sc}—角质层中药物的透过系数；A—透过有效面积；K—角质层与基质间的分配系数；D—角质层中药物的扩散系数；h—角质层厚度。通常其透过速率一定，属于零级过程，但是，经皮吸收制剂给药后，透过皮肤的药物不能立即达到零级反应过程，即到达稳态的药物浓度需要经过一定的时间，把经皮给药后到达稳态药物浓度所需要的时间称为滞留时间（lag time）。可用式（14-2）计算滞留时间：

$$t_{\mathrm{lag}}=\frac{h^2}{6D} \tag{14-2}$$

通常药物的滞留时间为 1 小时以内。但是，实际实验中经常会发现滞留时间为几小时甚至十几小时，其原因主要是随着时间的变化皮肤发生水合作用，或者制剂中基质的性质发生变化以及制剂中的成分与皮肤中的成分相互作用导致。

三、经皮吸收的药动学解析

经皮吸收主要以扩散过程为基础，其实验结果的分析基本上采用扩散模型。但是，药物的吸收过程除了经皮透过过程以外，还包括透过后的体内吸收过程，所有的过程只用扩散方程式很难解释清楚。因此，该过程必须利用隔室模型进行解释，或者同时用扩散模型和隔室模型两种方法结合起来进行解析。

四、体外经皮吸收的研究

（一）透皮扩散池

在 TTS 处方和工艺研究中，主要利用各种透皮扩散池模拟药物在人体的透皮过程，用于测定药物的释药性质或经皮透过性质、选择促进剂、筛选处方等。透皮扩散池应能保证整个透过或扩散过程具有稳定的浓度梯度和温度，尽量减少溶剂扩散层的影响等。扩散池由供给室和接收室组成，在两个室之间可夹持皮肤样品、TTS或其他膜材料，在扩散室一般装入药物及其载体，接收室填装接收介质。常用的扩散池有直立式和卧式两种，如图14-13所示。

搅拌条件也是保证漏槽条件的重要因素之一，速度过小，接收室体积过大和过高都可能造成皮肤下局部浓度过高或整体溶液浓度不均匀，常用的扩散池一般采用电磁搅拌。

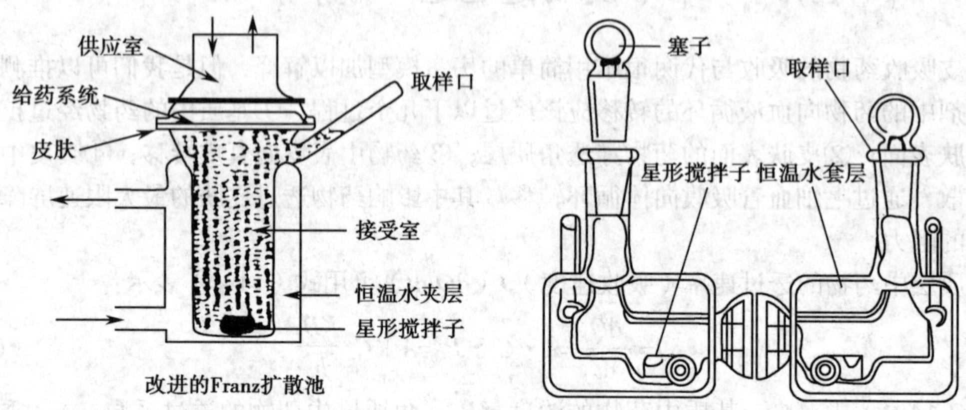

图 14-13 常用的扩散池

（二）扩散液和接收液

1. 扩散液　对于难溶性药物，一般选择其饱和水溶液作为扩散液，并加入数粒固体药物结晶以维持扩散中的饱和浓度。对于一些溶解度较大的药物，可以酌用其高浓度溶液，但无论使用何种溶液，均应注意实验时间内供给室溶液的浓度应大于接收液浓度（至少10倍以上）。有时药物的溶解度太小，也可以采用其他一些溶剂系统，如丙二醇、乙醇的水溶液等，但需要注意这些溶剂本身可能对药物的渗透有促进作用。

2. 接收液　接收介质是保证漏槽条件的重要因素之一。药物穿透皮肤角质层后，一般迅速为真皮中丰富的毛细血管转移，所以，使用的介质应该能够模拟这一生理现象。最简单的接收液是生理盐水或磷酸盐缓冲液。在接收液对药物的溶解性能很小，很快就达到饱和浓度的情况下，为了维持有效浓度梯度，可选用不同浓度的PEG400和乙醇、甲醇、异丙醇水溶液以及一些表面活性剂溶液等，或者不断更换新鲜的接收介质。

（三）皮肤种类和皮肤分离技术

1. 皮肤种类　人体皮肤是经皮给药研究中最理想的皮肤样品，在 -20℃以下贮存的新鲜皮肤，使用时间可维持数个月以至1年。大多数动物皮肤的角质层厚度小于人体皮肤，毛孔密度高，药物透过速度高于人体皮肤。不同动物皮肤的药物透过速率差异较大，相同动物的生长周期也对透过性有很大影响。一般认为，以家兔、小鼠、无毛小鼠（裸鼠）皮肤的透过性较大，其角质层厚度为人皮肤的1/8~1/2，其次为大鼠、豚鼠、猪、犬、猴、猩猩等。也有采用新鲜蛇蜕以及一些人工膜作为透皮模型的研究。

2. 皮肤分离技术　皮肤样品如不需要立即用于实验，可真空密闭包装后置 -20℃保存，临用前取出，根据研究目的分别制取全皮、表皮、角质层等，一般以腹部皮肤较为合适。人体皮肤和无毛小鼠无需脱毛处理，其他一些长毛动物的皮肤，根据不同要求，可分别进行脱毛或剃毛，但必须注意不损伤角质层，经去毛的动物皮肤立即以生理盐水淋洗，置4℃生理盐水中保存备用。

（四）经皮吸收制剂生物利用度的测定

经皮给药制剂的生物利用度（F）测定有血药法，尿药法和血药加尿药法。常用方法是对受试者的生物样品如血样或尿样进行分析。经皮给药系统生物利用度测定的关键是体液中药物浓度的测定，由于药物经皮吸收的量小，血药浓度往往低于一些分析方法的检测限度，因此有时用 ^{14}C 或 ^{3}H 标记的化合物来测定。如果分析方法具有足够的灵敏度，可以用适宜的方法如HPLC，高效液相串联质谱仪法，直接测定血浆或尿中的原形药物的量，求出 AUC，计算生物利用度。

$$\text{生物利用度}=\frac{AUC_{TTS}/D_{TTS}}{AUC_{iv}/D_{iv}} \tag{14-3}$$

式（14-3）中，AUC_{TTS} 和 AUC_{iv} 分别为经皮给药制剂和静脉注射给药后血药浓度－时间曲线下的面积；D_{TTS} 和 D_{iv} 分别为经皮给药制剂和静脉注射给药的剂量。

也可以由静脉注射给药后排泄的放射性总量来进行校正，计算生物利用度。

$$\text{生物利用度}=\frac{\text{经皮吸收制剂给药后排泄的总放射量}}{\text{静脉给药后排泄的总放射量}} \tag{14-4}$$

尿药法是由经皮给药后药物在尿中排泄的累积量 Ae_{TTS} 计算生物利用度。

$$\text{经皮吸收量}=\frac{Ae_{TTS}}{f_e} \tag{14-5}$$

式（14-5）中，f_e—由静脉注射后药物在尿中排泄的累积量，即：

$$f_e=\frac{Ae_{iv}}{D_{iv}} \tag{14-6}$$

因此，

$$F=\frac{Ae_{TTS}}{f_e}\cdot\frac{D_{iv}}{Ae_{iv}} \tag{14-7}$$

第六节　透皮吸收制剂的质量控制

一、经皮吸收制剂释放度测定法

TTS制剂的评价可分为体外和体内评价两部分。体外评价包括含量测定、体外释放度检查、体外经皮透过性的测定及黏着性能的检查等。含量均匀度检查和含量测定，可以根据不同的药物，参照《中国药典》有关规定制定相应标准。在释放度与透皮速率之间可能存在一定的相关性，或可以通过TTS的人体生物利用度及体内外相关性研究来确定释放度指标。体内评价主要是指生物利用度的测定和体内外相关性的研究。

释放度测定方法在各国药典均有规定，鉴于这些方法确定的基础主要是固体缓释及控释制剂，所以用于测定TTS的释放度需要改进或增加某些附加条件。

根据《中国药典》2010年版二部附录X D的规定，释放度所用的搅拌桨、容器按附录

X C 第二法溶出度测定法，所不同的是固定制剂的支架部分用网碟装置又称夹层贴剂支架法，该装置避免了溶出杯底部死体积的存在（图 14–14）。

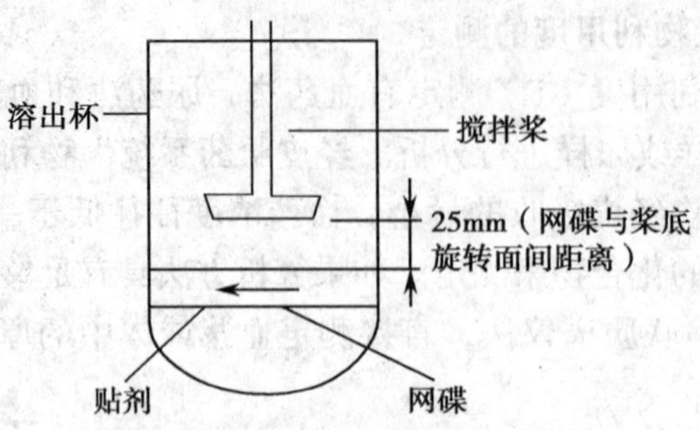

图 14–14　贴剂释放度测定装置

测定方法与判断标准详见《中国药典》2010 年版二部附录。

在透皮贴剂的研究中，如果皮肤是药物透皮吸收的限速屏障，则 TTS 的释放度实验仅仅是起到控制产品质量的一种间接作用。

二、其他质量控制方法

《中国药典》2010 年版二部附录透皮贴剂部分另有微生物限度及含量均匀度等质量控制指标。

黏性是 TTS 制剂的重要性质之一。TTS 制剂必须具有足够的黏性，才能牢固地粘贴于皮肤表面上并释放药物。通常黏性胶带在使用过程中要测定下列 3 种力：初粘力、持粘力和剥离强度。黏合特性可参考各国药典对胶布的要求，并根据 TTS 的应用提出特殊要求。

1. 初粘力的测定　是指 TTS 系统在快速接触时表现出对皮肤的黏附能力。TTS 系统在应用时依靠手指压力，因此快粘力是很重要的性质。测定快粘力的方法常常使用斜坡滚球测定试验：斜坡滚球测定试验见《中国药典》2010 年版一部附录采用的方法，从倾斜角为 15° 或 30° 的斜面板上将不锈钢球（不同大小和重量）滚下，钢球经过放在斜面上的粘胶面，从大到小依次实验，找到粘胶层能粘住使其停止运动的最大钢球号数，并用此来表示粘力的大小。

2. 持粘力的测定　内聚力是指压敏胶本身的剪切强度，一般用压敏胶制品粘贴后抵抗剪切时的蠕变能力，即持粘力来量度。这是压敏胶本身分子间结合力的测定。如果 TTS 系统中的压敏胶层具有足够的内聚力，则用药后不会滑动且撕去后不留任何残留物。测定剪切力常用方法如下：从药物系统中揭去防粘层，一半贴于实验板面上，其下挂一定重量的砝码。记录其落下的时间或读取在一定时间内移动的距离。

3. 剥离强度的测定　黏附力指的是贴剂与皮肤或与基材充分接触后产生的抵抗力。通常采用测定剥离力的方法，一般使用剥离角度为 180°。180° 剥离试验可以得到压敏胶变形和破坏的状态，同时容易得到重现性良好的结果。

学习小结

经皮吸收制剂或称经皮传递系统，系指在完整的皮肤表面或黏膜给药，使药物以恒定的速度通过皮肤各层进入人体，产生全身或局部作用，实现疾病治疗或预防的一类新型制剂，常用的剂型有贴剂、硬膏、膜剂等。经皮给药可避免口服给药可能发生的肝首关效应、胃肠道失活以及胃肠道给药时的不良反应，可维持恒定的最佳血药浓度或生理效应，但也存在用药后起效时间慢、可选择药物面窄的缺点。经皮吸收制剂的基本组成大致可以分为5层：背衬层、药物贮库、控释膜、黏附层和保护层。药物的理化性质、皮肤条件、pH和pK_a等多种因素会影响到药物的透皮吸收速率，通过加入透皮吸收制剂在内的多种物质和方法可以增大药物透皮吸收的速率。经皮吸收制剂既可以起局部治疗作用也可以起全身治疗作用，为一些慢性疾病和局部镇痛的治疗及预防提供了一种简单、方便和行之有效的给药方式。

复习题

1. 什么是经皮给药系统？简述其特点。
2. 经皮吸收制剂的分类及其各自的制备流程是什么？
3. 影响药物透皮吸收速率的因素有哪些？
4. 改善药物透皮吸收速率的方法有哪些？
5. 简述经皮吸收系统体外经皮吸收的研究方法。

（黄家宇）

第十五章

新型胃肠道给药系统

学习目标

1. 掌握缓释、控释制剂的概念和特点，口服定时释药系统的概念与特点，口服定位释药系统的分类。
2. 熟悉口服缓控释制剂的制备技术和工艺。
3. 了解缓控释制剂的体外释放度评价、体内过程评价和体内外相关性，设计缓控释制剂时应考虑的问题。

第一节　缓释、控释制剂的概述

缓控释制剂的研究始于20世纪50年代。1965年开始有文献发表，70年代被医学界认可，此后取得了很大突破，上市药物品种和制剂类型逐渐增多。在缓控释制剂中研究最多、发展最快的是新型胃肠道给药系统。新型胃肠道给药系统主要包括口服缓控释给药系统、口服定位给药系统和口服定时给药系统等。新型胃肠道给药系统是近代国内外医药工业发展的重要方向，由于其开发周期短，投入较少，经济风险低，且因产品技术含量增加而附加价值显著提高等优点而被制药工业看好。

一、缓释、控释制剂的概念、特点

1. 缓释、控释制剂的概念　《中国药典》2010年版分别对缓释、控释制剂做了定义：缓释制剂（sustained-release preparations）系指在规定的释放介质中，按要求缓慢地非恒速释放药物，与其相应的普通制剂比较，给药频率至少减少一半或给药频率比普通制剂有所减少，且能显著增加患者顺应性的制剂。如丙戊酸镁缓释片，布洛芬缓释片等。控释制剂（controlled-release preparations）系指在规定释放介质中，按要求缓慢地恒速或接近恒速地释放药物，与其相应的普通制剂比较，给药频率至少减少一半或给药频率比普通制剂有所减少，血药浓度变化比缓释制剂更加平稳，且能显著增加患者顺应性的制剂。如格列吡嗪控释片和硝苯地平控释片等。

缓释、控释制剂之间的差别主要体现在两方面。

（1）体外释药特征不同：控释制剂是不受时间影响的恒速释药，即按零级动力学规律释放药物；而缓释制剂是按时间变化先快后慢的非恒速释药，即按一级动力学或 Higuchi 方程等规律释放药物。

（2）体内药物动力学特征不同：控释制剂体内血药浓度在一定时间内能维持在一个恒定的水平；而缓释制剂达不到这样的效果。

2. 缓控释制剂的特点　缓控释制剂与普通制剂相比较具有以下特点。

（1）对半衰期短或需要频繁给药的药物，可以减少服药次数，增加患者的顺应性。

（2）维持平稳的血药浓度，避免或减小峰谷现象（图 15-1），减少毒副作用发生率，提高治疗效果。

（3）可减少药物对胃肠道的刺激性。胃肠道刺激性大的药物可通过释药速度的控制，降低药物在胃肠道的局部浓度，防止或减轻因刺激胃肠道黏膜所产生的恶心、呕吐等副作用。

（4）可减少用药总剂量，因此可用最小剂量即可达到最大药效。

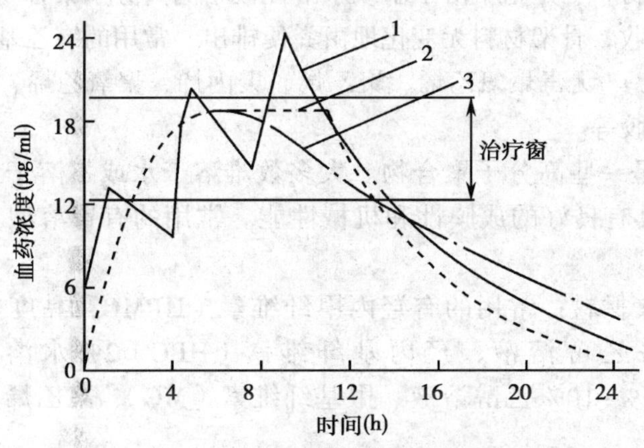

图 15-1　血药浓度 - 时间曲线

1. 普通制剂；2. 控释制剂；3. 缓释制剂

虽然缓控释制剂有其优越性，但仍存在一些弊端：①缓控释制剂是基于健康人群平均药物动力学参数制定的给药方案，在疾病状态或药物动力学特性有所改变时，不能灵活调节给药方案；②剂量调节灵活性降低，如果临床上遇到某种特殊情况（如出现较大副作用）往往不能立刻停止治疗；③设备和工艺费用较普通制剂昂贵。

二、缓释、控释制剂的载体材料

载体材料是调节药物释放速度的重要物质。制备缓控释制剂需要使用适当载体材料，使制剂中药物的释放速度和释放量达到治疗要求，确保药物以一定速度输送到病患部位，并在组织中或体液中维持一定浓度，获得预期疗效，减小药物的毒副作用。载体材料对于常规剂型、缓控释制剂、透皮吸收制剂以及靶向给药系统，越来越显示出其重要作用。缓控释制剂的载体材料除赋形剂、附加剂外，主要有作为阻滞剂控制药物释放速度的骨架材料和包衣材料等。

1. 骨架材料　是采用骨架技术制备缓控释制剂的载体材料，主要包括亲水凝胶骨架材料、溶蚀性骨架材料和不溶性骨架材料三大类。

（1）亲水凝胶骨架材料：主要是一些亲水性聚合物。其特点是遇水或消化液后经水合作用而膨胀，并在释药系统周围形成一层稠厚的凝胶屏障，药物可以通过扩散作用透过凝胶屏障而释放。药物释放速度因凝胶屏障的作用而延缓，材料的亲水能力是控制药物释放的主要因素。亲水凝胶骨架材料分为4类：①纤维素衍生物，如甲基纤维素、羟乙基纤维素、羟乙基甲基纤维素和羟丙基纤维素等；②非纤维素多糖，如葡萄糖、壳多糖和半乳甘露聚糖等；③天然胶，如果胶、海藻酸钠、海藻酸钾、琼脂和西黄蓍胶等；④乙烯基聚合物或丙烯酸聚合物等，如聚乙烯醇和聚羟乙烯934等。

（2）溶蚀性骨架材料：是指疏水性强的脂肪类或蜡类物质。其特点是在体温下骨架材料逐渐溶蚀，延滞药物的溶解、释放过程。常用的有动物脂肪、蜂蜡、巴西棕榈蜡、氢化植物油、硬脂酸（十八酸）、硬脂醇（十八醇）、单硬脂酸甘油酯等。

（3）不溶性骨架材料：是指不溶于水或水溶性极小的高分子聚合物或无毒塑料。其特点是口服后不被机体吸收，骨架材料无变化地由粪便排出。常用的有乙基纤维素、聚甲基丙烯酸酯（Eu RS，Eu RL）、无毒聚氯乙烯、聚乙烯、聚丙烯、聚氧乙烯、聚硅氧烷、乙烯－醋酸乙烯共聚物、硅橡胶等。

2. 包衣材料　是一些高分子聚合物。大多数难溶于水或不溶于水，无毒，不受胃肠道内液体的干扰，具有良好的成膜性和机械性能。常用的有胃溶型、肠溶型和不溶型包衣材料。

（1）胃溶型包衣材料：常用的有羟丙甲纤维素（HPMC，黏度3~15Pa·s）2%~3%水溶液或30%~70%乙醇溶液、羟丙基纤维素（HPC）2%水溶液、聚维酮（PVP）5%~10%水溶液或5%~10%乙醇溶液、甲基纤维素（MC）、聚乙烯醇（PVA）和丙烯酸树脂Ⅵ号等。

（2）肠溶型包衣材料：常用的有醋酸纤维素酞酸酯（CAP）、羟丙甲基纤维素酞酸酯（HPMCP）、羟丙甲基纤维素琥珀酸酯（HPMCAS）、虫胶、玉米朊、国产品肠溶型Ⅱ号及Ⅲ号丙烯酸树脂，分别相当于国外商品Eudragit L100和Eudragit S 100等。Eudragit L和S分别溶于pH 6以上和pH7以上的介质中。两者混合使用，需提高介质的pH才能使其能溶解，利用这种性质可制成结肠靶向给药的膜控制剂。

（3）不溶型包衣材料：常用的有乙基纤维素、醋酸纤维素、聚乙烯、聚丙烯、聚丙烯酸树脂Eudragit RL 100和Eudragit RS 100等。目前，市售的Surelease®和Aquacoat®均为采用乙基纤维素与适宜增塑剂或其他添加剂制成的水分散体型包衣材料。Eudragit RL为高渗型丙烯酸树脂，Eudragit RS则为低渗型丙烯酸树脂，两者混合应用可获得不同渗透性的缓释包衣膜。

三、缓释、控释制剂的释药原理

缓控释制剂释药原理包括：溶出原理、扩散原理、溶蚀与扩散相结合的原理、渗透压原理和离子交换作用。

1. 溶出原理　药物的溶出可用 Noyse-Whitney 方程表示：

$$\frac{dC}{dt}=\frac{SD}{Vh}(C_s-C) \tag{15-1}$$

式（15-1）中，$\frac{dC}{dt}$为溶出速度；S 为固体的表面积；D 为药物的扩散系数；V 为溶出介质的体积；h 为扩散层厚度；C_s 为药物溶解度即药物饱和溶液的浓度；C 为 t 时间药物浓度。

根据 Noyse-Whitney 方程式，通过减小药物的溶解度和固体药物的表面积，可降低药物的溶出速度，达到缓慢释放药物的目的。具体方法有下列几种。

（1）将药物制成溶解度小的盐类或酯类：溶解度大的固体药物在体内吸收快，排泄也迅速，药效时间短。如果将其制成难溶性的盐或酯类，可延长药物在体内的作用时间，达到长效的目的。如青霉素钾（钠）盐与普鲁卡因生成青霉素普鲁卡因盐（1∶250），作用时间由原来的 5 小时延长到 12 小时。

（2）与高分子化合物生成难溶性盐类：鞣质、蛋白质等均可与生物碱类形成难溶性盐，其药效作用时间比母体药物延长，例如 N- 甲基阿托品鞣酸盐、丙米嗪鞣酸盐。胰岛素注射液每日需注射 4 次，与鱼精蛋白结合成溶解度小的鱼精蛋白胰岛素，加入锌盐成为鱼精蛋白锌胰岛素，药效可延长至 18~24 小时。

（3）控制颗粒大小：药物的溶出速度与其表面积有关，难溶性药物颗粒直径增加，表面积减小，吸收速度减慢。例如超慢性胰岛素中所含胰岛素锌晶粒大部分超过 10μm，其作用时间可达 30 小时；半慢性胰岛素中所含胰岛素锌晶粒大部分超过 2μm，作用时间仅为 12~14 小时。再如口服微粉化的阿司匹林（比表面积为 $808cm^2/g$），8 小时后排泄到尿中水杨酸的量为 203.4mg，而服用相同剂量未经微粉化的阿司匹林（比表面积为 $80.3cm^2/g$），8 小时后排泄到尿中水杨酸的量仅为 149.9mg，其血药浓度也有明显差异。

2. 扩散原理　药物以扩散作用为主的释放药物的过程可用 Fick 第一扩散定律表示。

$$\frac{dM}{dt}=\frac{ADK(C_S-C_t)}{L} \tag{15-2}$$

式（15-2）中，$\frac{dM}{dt}$为释放速度；A 为表面积；D 为扩散系数；K 为药物在膜与囊心之间的分配系数；L 为包衣层厚度；C_s 为固体药物的溶解度；C_t 为 t 时刻药物在介质中的浓度。

药物扩散包括 3 方面：①通过水不溶性膜扩散；②通过含水性孔道的膜扩散；③通过聚合物骨架扩散。利用扩散原理达到缓控释作用的方法有：包衣、制成微囊、制成不溶性骨架片、增加黏度以减小扩散速度、制成乳剂等。

（1）包衣：将药物与适宜辅料混合压成片芯或制成小丸，然后用不溶性聚合物（如乙基纤维素）包衣。聚合物中加入少量的水溶性致孔剂，当制剂与胃肠液接触时可以产生微孔将药物释放出来。改变聚合物包衣膜的结构，可使释药速率更理想化。例如将含药颗粒或小丸分成若干份，分别包上不同厚度或不同释药性能的衣料，然后按照一定比例组合在一起，可得到释药速度不同的缓释制剂，其释药曲线接近于正态分布（图 15-2）。

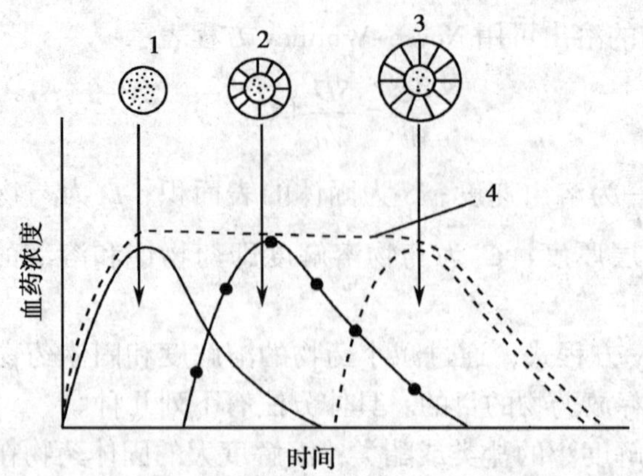

图 15-2　不同包衣小丸血药浓度－时间曲线示意图

1. 不包衣小丸；2. 包较薄衣层小丸；3. 包较厚衣层小丸；4.（1、2、3）相加的血药浓度－时间曲线示意图

（2）制成微囊：微囊膜为半透膜，在胃肠道中，水分可渗透进入囊内，溶解药物，形成饱和溶液，然后扩散于囊外的消化液中而被机体吸收。通过改变囊膜厚度、孔径及弯曲程度，可调节释药速度。

（3）制成不溶性骨架片：将药物与疏水性材料混匀，再以有机溶媒作润湿剂或用低浓度的乙基纤维素乙醇液作黏合剂，制备软材、湿粒干燥、压片即可。疏水性高分子材料为阻滞剂，可延缓药物的溶出。水溶性药物较适于制备这类片剂。

（4）增加黏度以减小扩散速度：增加黏度以延长药物作用的方法主要用于注射剂、滴眼剂或其他液体制剂。溶液的黏度越大，药物扩散阻力越大，扩散速度越慢。如 1% 的 CMC 用于盐酸普鲁卡因注射液，可使其作用延长至约 24 小时。

（5）制成乳剂：将水溶性药物制成 W/O 乳剂型注射剂注入体内后，水相中的药物向油相扩散，再由油相分配到体液中，因此可产生长效作用。

3. 溶蚀与扩散、溶出结合　亲水凝胶骨架片已广泛用于缓控释制剂的研究，其释药过程包含以下四个步骤：①骨架片遇消化液，表面润湿、吸水后膨胀形成凝胶层；②表面药物向消化液中扩散；③凝胶层继续水化骨架溶胀，凝胶层增厚延缓药物释放；④骨架同时溶蚀，水分继续向片芯渗透，骨架完全溶蚀，药物全部释放。

4. 渗透压原理　见第二节。

5. 离子交换作用　树脂由水不溶性交联聚合物组成，其聚合物链的重复单元上含有可供交换的阳离子和阴离子基团，药物可通过与离子交换而结合于树脂上，制成药树脂。当载药树脂和含有适当电荷离子的溶液接触时，药物分子即被交换，并扩散到溶液中。离子交换树脂的交换容量较小，故剂量大的药物不适于制成药树脂。

四、缓释、控释制剂的设计内容

1. 药物的选择　制备缓控释制剂的首选药物有抗心律失常药、抗心绞痛药、降压药、抗组胺药、支气管扩张药、抗哮喘药、解热镇痛药、抗精神失常药、抗溃疡药、铁盐、氯化钾等。如维拉帕米（$t_{1/2}$ 2.5~5.5 小时）、普萘洛尔（$t_{1/2}$ 3.1~4.5 小时）、茶碱（$t_{1/2}$ 3~8 小时）等。最佳条件是半衰期适中的药物（如 $t_{1/2}$ 2~8 小时）；一次给药剂量 <0.5g 的药物；油水分配系数适中的药物；溶解度大于 1.0g/L 的药物；不会引起大的不良反应的药物；最好在整个消化道都有吸收的药物。

药物剂型的选择应充分考虑药物临床应用要求、药物理化特性及药物动力学特性，并非所有药物均适合制备缓控释制剂。通常认为，具有如下特征的药物不适宜制备缓控释制剂：一次剂量很大（如 >0.5g）；药理活性强；溶解度小或受 pH 影响显著；吸收不规则或受生理因素影响显著；$t_{1/2}$ 很短（$t_{1/2}$<1 小时）或很长（$t_{1/2}$>24 小时）；有特定吸收部位；临床应用时剂量需要精密调节的药物等。

此外，抗生素类药物，由于其抗菌效果依赖于峰浓度，加之耐药性问题，一般不宜制成缓控释制剂。但是，上述认识并非原则，由于制剂技术的进步，对口服缓控释制剂药物的选择已发生了一些观念性的变化，许多限制已被打破。如普萘洛尔、维拉帕米等首关作用强的药物制成了缓控释制剂；硝酸甘油半衰期很短，也可制成每片 2.6mg 的控释片；地西泮（安定）半衰期长达 32 小时，USP 也收载有缓释制剂产品，卡马西平（$t_{1/2}$=36 小时）、非洛地平（$t_{1/2}$=22 小时）等半衰期长的药物、苯氯布洛芬（剂量 700mg，片重 1g）等剂量大的药物、头孢氨苄、头孢克洛、庆大霉素等抗生素均制成了缓控释制剂；可待因、吗啡等成瘾性药物也制成了缓控释制剂。

2. 给药间隔时间　就缓控释制剂而言，其在体内的峰浓度（C_{max}）应明显降低，达峰时间（t_{max}）明显延长，稳态时 C_{max}/C_{min} 应小于普通制剂。根据此项要求，一般半衰期短、治疗指数窄的药物，可设计每 12 小时服用一次，而半衰期长的或治疗指数宽的药物则可 24 小时服用一次。

3. 剂量设计　缓控释制剂的剂量，一般根据普通制剂的剂量决定。如普通制剂一天给药 4 次，每次 50mg；制成一天给药 2 次的缓释制剂，一般每次剂量为 100mg。如欲得到理想的血药浓度－时间曲线，缓控释制剂的剂量应该应用药物动力学参数，根据需要的治疗血药浓度和给药间隔设计。

4. 生物利用度　缓控释制剂的 AUC 应不低于普通制剂的 80%。为了保证缓控释制剂的生物利用度，除了根据药物在胃肠道中的吸收速度、控制适宜的制剂释放速度外，主要在处方设计时选用合适的材料，以达到较好的生物利用度。

5. 安全性　根据药物安全范围来选择适宜的方式制备缓控释制剂，使其释药效果符合药物的安全范围。通常情况下，治疗指数越大，表示该药越安全。对于治疗指数小、安全范围窄的药物，在设计缓控释制剂时应精确控制剂型中药物的释放，防止药物大量突释或释药速率过快，导致血药浓度超过其最低中毒浓度，引起相应的毒副作用。

第二节　口服缓控释给药系统

一、膜控型缓控释给药系统

膜控型缓控释给药系统是指通过包衣膜来控制和调节药物释放速率和行为的一类释药系

统。该类制剂主要适用于水溶性药物。成膜材料的性质、包衣膜中的添加组分以及制备方法和工艺，均影响膜控型缓控释给药系统的释药行为。

用包衣技术制成的缓控释给药系统的衣膜不是单一、纯粹的实体，包衣材料不可能单独包衣形成具有一定通透性和机械性能的衣膜。包衣材料必须用最佳包衣处方配成包衣液，包衣液一般由包衣材料、增塑剂和溶剂（或分散介质）组成，有时还要根据膜的性质和需要适当加入致孔剂、着色剂、抗黏剂和遮光剂等。

膜控型缓控释给药系统的包衣实质上就是薄膜包衣，因此可以采用薄膜包衣常用的方法进行。包衣锅滚转包衣法、空气悬浮流床包衣法和压制包衣法等常用于膜控型缓控释片剂的包衣，而微丸和颗粒等小型剂量分散的剂型则多采用空气悬浮流床包衣法，或于特定设备中成形与包衣先后完成，也可用锅包法。

膜控型缓控释给药系统有微孔膜包衣制剂、肠溶膜包衣制剂和膜控释小片等多种类型。

（一）微孔膜包衣控释制剂

微孔膜控释剂型通常是用胃肠道中不溶解的聚合物，如乙基纤维素、醋酸纤维素、乙烯－醋酸乙烯共聚物、聚丙烯酸树脂等作为衣膜材料，包衣液中加入少量致孔剂，如PEG类、PVA、十二烷基硫酸钠、PVP、糖和盐等水溶性的物质，将这些材料制备的包衣液包在普通片剂上即成微孔膜包衣片。当微孔膜包衣片与胃肠液接触时，膜上存在的致孔剂遇水部分溶解或脱落，在包衣膜上形成无数微孔或弯曲小道，使衣膜具有通透性。胃肠道中的液体通过这些微孔渗入膜内，溶解片芯内的药物到一定浓度，片芯内的药物溶液便产生一定渗透压。由于膜内外存在渗透压梯度，药物分子便通过微孔向膜外扩散释放。

如双氯芬酸钠乙基纤维素水性分散体包衣片，先将双氯芬酸钠5.0g，乳糖12.0g分别过100目筛，混匀，以10% PVP乙醇液为黏合剂，制软材，过30目筛制颗粒，60℃烘干，加硬酯酸镁0.12g，压片。然后以癸二酸二丁酯为增塑剂，加入胶乳中，搅拌6小时，经水适当稀释后为包衣液。最后取一定量的片芯，称重后置包衣锅内，用喷枪包衣，热风干燥，包衣至一定程度后取出，恒温干燥，即得双氯芬酸钠乙基纤维素水性分散体包衣片。

（二）肠溶膜控释制剂

此类控释片是药物片芯外包肠溶衣，再包上含药的糖衣层而得。含药糖衣层在胃液中释药，当肠溶衣片芯进入肠道后，衣膜溶解，片芯中的药物释出，因而延长了释药时间。如普萘洛尔长效控释包衣片，首先将60%药物以羟丙甲纤维素为骨架制成片芯，然后在片芯外包肠溶衣膜，剩余40%药物掺在外层糖衣包在肠溶衣外即可。

（三）膜控释小片

膜控释小片是将药物与辅料按常规方法制粒，压制成小片，其直径为2~3mm，再用缓释膜包衣后装入硬胶囊中使用。每粒胶囊可装入几片至20片不等，同一胶囊内的小片可包上不同缓释作用的包衣或不同厚度的包衣，分别于不同时间释放药物，此类制剂可在体内外恒速释药。

二、骨架型缓控释给药系统

骨架型缓控释给药系统是指药物和一种或多种惰性固体骨架材料通过压制或融合等特定工艺制成的固体制剂，具体有片剂、微丸、颗粒剂等具体形式。药物以分子或结晶状态均匀分散在骨架中，骨架起贮库作用，主要用于控制制剂的释药速率。不同的骨架型缓控释给药系统的工艺过程不同，多数骨架型缓控释给药系统可用常规的生产设备、工艺制备，也可用特殊的设备和工艺制备，例如微囊法、熔融法等。药物和骨架材料共同构成的骨架可以单独作为制剂使用，也可以构成其他制剂的一部分。骨架型缓控释给药系统按骨架材料的性质可以分为：亲水性凝胶骨架片、溶蚀性骨架片和不溶性骨架片等。

（一）亲水性凝胶骨架片

1. 特点　亲水性凝胶骨架片释药速率表现为先快后慢。口服后片剂表面药物大量溶出，使血药浓度迅速达到治疗浓度，而后缓慢释放，用于维持治疗浓度，不需要另加速释部分。该类片剂口服后释药速率受胃肠道的生理因素、pH 变化及胃肠蠕动速度等影响较小。该片剂生产工艺简单，一般片剂生产的设备即可满足要求。释药速度可通过调节骨架的组成，改变可变凝胶层，方便地获得具有理想释药特性的处方。该片剂极少发生崩解，服用安全。该片剂组成均匀，处方组成和生产工艺有微小改变也不会对药物的释放性能产生较大影响。

2. 制备方法与应用举例　该片剂制备方法大致分为两种：一种为将高分子骨架材料加入适量的稀释剂如乳糖，再加入药物混匀，制颗粒压片；另一种是将高分子骨架材料加入适量的稀释剂如乳糖，制颗粒，再加入药物压片。由于亲水性高分子材料黏度大，因而不能采用普通湿法制粒工艺，可使用混合设备将各种成分的干粉混匀后，再添加水或有机溶媒（不加黏合剂）制颗粒。此外，也可采用粉末直接压片法。

亲水性骨架片处方选用的高分子材料必须能快速水合形成凝胶层，以使片剂服用后不会迅速崩解。增加处方中高分子材料的比例可增加形成凝胶的黏度，导致药物的扩散速度减慢而使药物释放减慢。以 HPMC 为骨架材料制备的骨架片，当处方中含 20% HPMC 可达到满意的药物释放速度，但必须考虑片剂中其他填充剂、黏合剂和崩解剂的影响。以 HPMC 为亲水性基质延缓药物缓释的例子很多，如对乙酰氨基酚缓释片、双氯芬酸钾缓释片等。

例 15-1　对乙酰氨基酚缓释片

【处方】对乙酰氨基酚　325g　　乳糖　49g

HPMC（K100M）　56g　　硬脂酸镁　4.5g

共制成 1000 片

【制备】按处方量称取对乙酰氨基酚原料（过 80 目筛）及过 80 目筛的各种辅料，过筛混匀，以 10% PVP K30 的醇溶液（含醇量 80%）为黏合剂，过 30 目筛湿法制粒。60℃干燥 1 小时，整粒后加入 1% 硬脂酸镁，压片，片剂硬度为 6~ 8kg / cm^2。

例 15-2　双氯芬酸钾缓释片

【处方】双氯芬酸钾　75g　　乙基纤维素　10g

HPMC（K4M）　80g　　乳糖　28g

微晶纤维素　5g　　硬脂酸镁　2g

共制成 1000 片

【制备】分别按处方量称取过 100 目筛的双氯芬酸钾原料药及辅料，过筛混匀 3 次。加入适量黏合剂制软材，过 24 目筛制粒，于 50℃干燥 1 小时，过 24 目筛整粒；外加法加入相当于干颗粒总重 1% 的硬脂酸镁混合均匀；用 8mm 浅凹冲模于单冲压片机上压片，即得。

（二）溶蚀性骨架片

1. 特点　溶蚀性骨架片是以惰性蜡质、脂肪酸及酯类等作为骨架材料，与药物一起制成的片剂。该类片剂通过孔道扩散与溶蚀控制药物释放。在该类片剂组成中除骨架材料外，常加一些致孔剂来调节释药速率。溶蚀性骨架片的释药速率与骨架材料的性质、用量、药物的性质及在处方中的含量、药物颗粒大小、致孔剂的性质与用量、片剂大小、工艺过程等因素有关。另外，胃肠道的 pH 和消化酶对该类片剂的释药速率也有影响。

2. 制备方法与应用举例　溶蚀性骨架片的制备方法有 4 种。①熔融法：将药物和辅料直接加入熔融的蜡质中，温度控制在略高于蜡质熔点即约 90℃，熔融的物料铺开冷凝、固化、粉碎，或者倒入一旋转的盘中制成薄片，再研磨过筛形成颗粒，本方法不适用于对热不稳定的药物；②溶剂蒸发法：将药物与辅料的溶液或分散体蒸发除去溶剂，干燥、制粒、压片即可；③热混合法：将药物与十六醇在玻璃化温度 60℃混合，团块用玉米朊醇溶液制粒，此法制得的片剂释放性能稳定；④湿法制粒压片：将药物与蜡质材料的粉末混合均匀，加适量黏合剂或润湿剂湿法制粒，干燥后压片即可。

例 15-3　氨茶碱缓释片

【处方】氨茶碱　345g　　单硬脂酸甘油酯　155g
微晶纤维素　102.9g　　硬脂酸镁　6g
共制成 1000 片

【制备】取单硬脂酸甘油酯在水浴上熔融，边搅拌边缓慢加入氨茶碱与微晶纤维素的混合物（已过 60 目筛），继续搅拌让其慢慢冷却。刮下凝结物，过 14 目筛制粒，加硬脂酸镁压片即得氨茶碱缓释片（片重 600mg，直径 12mm）。该缓释骨架片药物的释放速率随处方中微晶纤维素与单硬脂酸甘油酯的比例增大而加快。

例 15-4　硝酸甘油缓释片

【处方】硝酸甘油　2.6g　　硬脂酸　60g
十六醇　66g　　聚维酮　31g
微晶纤维素　58.8g　　微粉硅胶　5.4g
乳糖　49.8g　　滑石粉　24.9g
硬脂酸镁　1.5g
共制成 1000 片

【制备】①将聚维酮溶于硝酸甘油乙醇溶液（10%乙醇溶液）中，加微粉硅胶混匀，加硬脂酸与十六醇，水浴加热到 60℃，使熔化。将微晶纤维素、乳糖、滑石粉的均匀混合物加入上述熔化的体系中，搅拌 1 小时。②将上述黏稠的混合物摊于盘中，室温放置 2 分钟，待成团块时，用 16 目筛制粒。于 30℃干燥，整粒，加入硬脂酸镁，压片。本品 12 小时释放 76%。开始 1 小时释放 23%，以后释放接近零级。

（三）不溶性骨架片

1. 特点　不溶性骨架片常用不溶于水或水溶性极小的高分子聚合物、无毒塑料等为骨架材料来制备。口服后，胃肠液渗入骨架孔隙，药物溶解并通过骨架中错综复杂的极细孔径的通道，缓慢向外扩散而释放，骨架最终整体随粪便排出体外。该类制剂可供口服和舌下给药。由于难溶性药物自骨架内释放速率很慢，所以仅水溶性药物才考虑制成此类骨架片。此外，该类片剂有时释放不完全，大量药物包含在骨架中。因此，大剂量的药物也不宜制成此类骨架片。骨架材料的性质和用量、药物的性质及其在处方中的含量、药物颗粒的大小、含水量、辅料的性质、片剂大小以及工艺过程等因素均能影响该类骨架片内药物的释放。此类片剂释药机制可用 Higuchi 方程描述。

2. 制备方法与应用举例 制备方法很多，但通常采用的是将药物与不溶性骨架材料一起先制成颗粒，而后再压制成片。常用的方法有以下几种。①采用有机溶媒（如乙醇、丙酮、二氯甲烷和异丙醇等）为润湿剂制颗粒；②在溶解有骨架材料的有机溶液中添加其他聚合物（如聚乙烯吡咯烷酮等）为润湿剂制备颗粒；③将药物溶于含骨架材料的溶液中，将溶媒蒸发后即得药物在骨架材料中的固体分散体，粉碎制粒后压片；④采用溶于有机溶媒的骨架材料溶液（如乙基纤维素的乙醇溶液），或将部分高分子材料溶于有机溶媒为黏合剂制备颗粒；⑤在药物颗粒中加入一定量的骨架材料粉粒，混合均匀后压片；⑥将药物溶于有机溶媒作为润湿剂制备颗粒。

例 15-5 双氯芬酸钠不溶性骨架片

【处方】 双氯芬酸钠 40g　　乙基纤维素 50g

羟丙基甲基纤维素 20g　　十八醇 30g

乳糖 10g

共制成 1000 片

【制备】 取双氯芬酸钠、乙基纤维素、羟丙基甲基纤维素、十八醇和乳糖混合均匀，以乙醇为润湿剂制软材，过 20 目筛制粒，45℃干燥，整粒、压片即可。

三、渗透泵型控释给药系统

渗透泵型控释给药系统是以渗透压为释药动力，零级释放动力学为特征的一种释药系统。渗透泵型控释给药系统由半透膜、药物、渗透压活性物质和推动剂（助渗剂）等组成。常用的半透膜材料有醋酸纤维素、乙基纤维素、丙酸纤维素等。渗透压活性物质起调节药室内渗透压的作用，其性质和用量常关系到零级释药时间的长短，常用乳糖、果糖、蔗糖、葡萄糖、甘露糖的不同混合物。推动剂为亲水性聚合物，能吸水膨胀，产生推动力，将药物推出释药小孔。常用者有相对分子质量为 3 万 ~500 万的聚羟甲基丙烯酸烷基酯、相对分子质量为 1 万 ~36 万的 PVP 等。

（一）渗透泵片的结构类型

由于渗透泵型控释给药系统具有零级释药特征，其释药行为不受介质环境的 pH、胃肠蠕动和食物等因素的影响以及体内、外释药相关性较好等特点引起人们的普遍关注，是目前应用最为广泛的缓控释制剂。渗透泵型控释给药系统的形式多种多样，主要有单室和多室渗透泵片（以双室居多）两类，如图 15-3 所示。

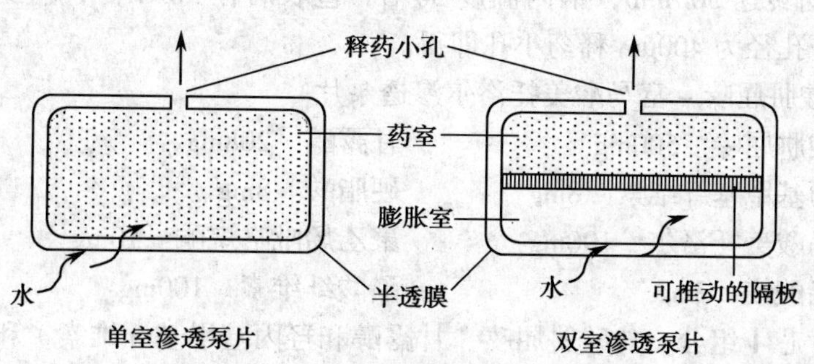

图 15-3 单室和双室渗透泵片

1. 单室渗透泵片 单室渗透泵片是由药物与渗透压活性物质或其他辅料制成的片芯，外包一层控制半渗透膜，然后用激光在包衣膜上打一小孔而制成的渗透泵片。此种渗透泵片在水性环境内经渗透可形成一个均室，在渗透压的作用下，药物溶液通过释药小孔持续泵出。其流出量与渗透进入膜内的水量相等，直到片芯的药物溶尽。

2. 双药室隔膜式渗透泵片 该制剂中隔膜将泵体分为两室，每室都含有药物和渗透活性物质，似两个渗透泵，每个室具有一个释药孔，这种泵最适合用于有配伍禁忌的难溶性药物。

3. 双室渗透泵片 该制剂在由刚性半透膜所构成的库室内，由一层不透性的具有弹性或可移动的隔膜将其分成两室：一室为药室，另一室为渗透室。当渗透泵片置于胃肠道或人工胃肠液中时，渗透室中的高渗性物质吸入水分后产生高渗透压，迫使隔膜产生形变或移动，从而挤压药室，使药物混悬液从释药孔释出。由于在释药过程中，药室的体积将发生变化，因此，其释药速率有其独特的规律。

（二）口服渗透泵制剂的制备与应用举例

对于单室渗透泵制剂而言，其制备工艺与普通薄膜包衣片制备工艺类似。将药物与黏合剂、填充剂、促渗透剂等混合均匀后制粒，干燥，压成片芯后包衣，用激光或其他方法在包衣膜表面形成释药孔。

多室渗透泵制剂在片芯的制备上较为复杂，首先要选择适当的基质，使药物能够均匀地分散在基质中制备片芯。其次将含药层压片，再把促渗透聚合物加在含药层的上面进行二次压片形成双层片。最后将双层片用常规的包衣方法进行包衣，并用适当方法制备释药孔。

例 15-6 阿替洛尔渗透泵片

【处方】阿替洛尔 25g　　NaCl 100g
PEO（Mr 5×10^5） 58.3g　　PEO（Mr 2×10^5） 66.7g
乙基纤维素 10g　　PEG400 3.0ml
95%药用乙醇 500ml
共制成 1000 片

【制备】①片芯制备：将阿替洛尔与过 100 目筛的各种辅料混合均匀，加入适量的水制软材，以 16 目筛制粒，在 50℃下干燥 4 小时，用 14 目筛整粒，加入适量的硬脂酸镁作为润滑剂，压片得到每片含药 25mg、重 250mg 的片芯；②包衣：将乙基纤维素、适量 PEG400 溶于 95% 药用乙醇中，磁力搅拌 12 小时，过 200 目滤布得包衣液。将制得的片芯置于包衣锅中包衣，包衣锅转速 30r/min，锅内温度 30℃。包衣后在 50℃下干燥 24 小时；③打孔：在包衣片一侧打一孔径为 400μm 释药小孔即得。

例 15-7 盐酸肼屈嗪－富马酸美托洛尔渗透泵片

【处方】盐酸肼屈嗪 500mg　　甘露醇 208mg
羟丙基甲基纤维素 8mg　　硬脂酸 8mg
富马酸美托洛尔 190mg　　聚乙烯吡咯烷酮 10mg
硬脂酸镁 3mg　　醋酸纤维素 100mg

【制备】将片芯Ⅰ组分（盐酸肼屈嗪、甘露醇和羟丙基甲基纤维素）和片芯Ⅱ组分（富马酸美托洛尔和聚乙烯吡咯烷酮）分别混匀后，用适量 70% 乙醇湿润制粒，50℃干燥，Ⅰ

中加入硬脂酸，Ⅱ中加入硬脂酸镁。

取Ⅰ 275mg压成片芯，将醋酸纤维素压在片芯上作为隔膜，再将Ⅱ 200mg压制在隔膜上即得双室渗透核心。以醋酸纤维素－羟丙基甲基纤维素（58：15）为膜材，以二氯甲烷－甲醇（4：1）为溶剂，包成厚度为152.4μm的半透膜衣，最后在系统的两面用激光束打一个直径为254μm的孔即得。其在体内以零级速率释药，盐酸肼屈嗪和富马酸美托洛尔释药速率分别为2mg/h和13mg/h。

四、缓控释制剂的质量评价

（一）体外释放度试验

释放度是指口服药物从缓释制剂、控释制剂、肠溶制剂及透皮贴剂在规定介质中释放的速度和程度。释放度作为缓控释制剂质量的重要指标，在缓控释制剂处方筛选、工艺优化、质量评价等各个环节都具有重要的作用。

1. 释放度试验方法　《中国药典》2010年版规定，缓控释制剂的体外药物释放度试验可采用溶出度仪进行。常用的方法有：第一法（篮法）、第二法（桨法）和第三法（小杯法），实验装置及操作详见《中国药典》2010年版附录X D。

2. 释放试验的介质　脱气的新鲜纯化水为常用的释放介质，或根据药物的溶解特性、处方要求、吸收部位等，使用人工胃液、人工肠液、0.1mol/L盐酸、pH=6.8磷酸缓冲溶液和pH4~8的缓冲液。难溶性药物可选用水性介质加适量表面活性剂（如十二烷基硫酸钠等）或非挥发性有机溶剂（如丙二醇）以满足“漏槽条件”，一般要求不少于形成药物饱和溶液量的3倍，并脱气。

3. 温度和搅拌速度　温度可以影响药物的溶解度和溶解速度，在释放度测定中，常以体温（37℃ ± 0.5℃）为标准，比较符合体内情况。为了模拟胃肠道的运动，体外释放测定中规定了搅拌的速度和强度，常用50r/min、75r/min和100r/min。

4. 取样点的设计　《中国药典》2010年版二部规定，缓释制剂体外释放度试验从释放曲线图中至少选出3个取样时间点。第一点为开始的取样时间点（0.5~2小时，累积释放量约30%），用于考察药物是否有突释；第二点为中间的取样时间点（累积释放量约50%），用于确定释药特征；最后的取样时间点（累积释放量 > 75%），用于考察释药量是否基本完全。此3点可用于表征体外缓释制剂的药物释放度。控释制剂除以上3点外，还应增加2个取样时间点。此5点可用于表征体外控释制剂药物释放度。释放百分率范围应小于缓释制剂，如果需要可再增加取样时间点。大多数口服缓控释制剂，胃肠道的有效吸收时间为8~12小时。因此在开发研制新的口服缓控释制剂时，体外释放度测定往往测到8~12小时，取样点应在初期设置多些，而在末期设置少些。但有些药物在结肠末端甚至直肠上部中仍可以被吸收，这样的药物在制成一天给药1次的释药系统时，其体外释放度的测定往往可以测到14~18小时。

5. 释药模型的拟合　缓释制剂的释药数据可用一级方程和Higuchi方程等拟合，控释制剂的释药数据可用零级方程拟合。

（二）体内生物利用度与生物等效性评价

生物利用度是指剂型中的药物吸收进入人体血液循环的速度和程度。生物等效性是指一种药物的不同制剂在相同试验条件下，给予相同的剂量，其吸收速度和程度没有明显差异。缓控释制剂的生物利用度与生物等效性试验应在单次给药与多次给药两种条件下进行。此部分内容在《中国药典》2010 年版附录 XⅨ B 中都有明确规定，此处不再赘述。

（三）体内外相关性评价

缓控释制剂要求进行体内外相关性试验，它应反映整个体外释放曲线与整个血药浓度 - 时间曲线之间的关系。只有当体内外具有相关性，才能通过体外释放曲线预测体内情况。

体内外相关性可归纳为 3 种：①体外释放与体内吸收两条曲线上对应的各个时间点应分别相关，这种相关简称点对点相关；②应用统计矩分析原理建立体外释放的平均时间与体内平均滞留时间之间的相关，虽然能产生相似的平均滞留时间，但有很多不同的体内曲线，因此体内平均滞留时间不能代表体内完整的血药浓度 - 时间曲线；③一个释放时间点（$t_{50\%}$、$t_{100\%}$）与一个药动学参数（如 AUC、C_{max} 或 t_{max}）之间单点相关，但它只说明部分相关。缓控释制剂体内外相关性系指体内吸收相的吸收曲线与体外释放曲线之间对应的各个时间点回归，得到直线回归的相关系数符合要求，即可认为具有相关性。

第三节　口服定位给药制剂系统

一、生物黏附性给药系统

生物黏附性给药系统（bioadhesive drug delivery system，BDDS）是 20 世纪 80 年代兴起的药物制剂新剂型研究的一个分支，系指以具有生物黏附性的天然或合成的高分子材料作为药物载体，在人体特定部位的黏膜，通过材料与黏膜间的黏附力，延长药物滞留时间，使之以一定速度透过黏膜扩散进入循环系统，发挥局部和全身作用的给药方式。以此为基础，药剂学家运用生物学领域的生物 / 黏膜黏附性原理，以聚合物材料作为药物载体“平台”，通过黏膜给药，使生物黏附给药系统具有局部靶向、长期给药的双重特点。

1. 生物黏附作用原理　BDDS 一般包括经由口腔、鼻腔、眼、消化道、阴道及直肠等部位给药，这些部位均覆有黏膜层。黏膜可分泌黏液，其主要成分为黏糖蛋白、糖蛋白、类脂、无机盐、水等，其中黏糖蛋白可使黏液具有胶状、凝聚和黏合等特性。机体组织黏膜表面良好的润湿条件使可溶胀的聚合物材料与之产生紧密接触，黏附材料的分子链段嵌入细胞间隙或与黏液中的黏性链段互相穿透，通过机械嵌合、共价键、静电吸引力、范德华力、氢键、疏水键等综合作用，聚合物与黏膜紧密结合在一起，从而产生生物黏附现象，并可维持相当长时间。黏附力强度与聚合物材料的电荷密度、分子量、分子空间构型、溶胀度、溶解度和浓度有关。此外，聚合物的表面极性、链段的柔顺性、用药部位的 pH、黏液量也会产生一定影响。

2. 口服生物黏附制剂　利用生物黏附原理制备口服黏附制剂，如片剂、膜剂及脂质体等。给药后黏附在一定黏膜部位，增加药物与黏膜的接触面积，延长特定吸收部位滞留时间，或在靶标部位局部给药，能有效提高药物生物利用度。制备黏附片的关键是选择适宜的生物黏附材料。用于胃肠道给药的生物黏附材料要求具有毒性及不良反应小、黏附性好、成本低等特点。常用的有卡波姆-934P 或 971P、聚羧基乙烯季戊四醇酯、羟丙基甲基纤维素、羧甲基纤维素钠、甲基纤维素、果胶、羟丙基甲基丙烯酸酯等。有文献报道以卡波姆 971P 为黏附材料，HPMC（K15M）为骨架材料，制备了头孢氨苄生物黏附缓释片（直径仅 5mm）。该缓释片可直接服用，亦可灌装于胶囊中，既可掩盖药物的不良气味，又可防止药片滞留于食管。待其进入胃内后，胶囊壳破裂，小片可均匀分散，并黏附于胃肠上端释药，使药物主要在小肠上端被吸收。

二、胃内滞留型给药系统

胃内滞留型给药系统（gastric retenting drug delivery system，GRDDS）是一类能延长药物在胃内滞留时间、增加药物在胃或十二指肠的吸收程度、降低毒副作用、稳定血药浓度、减少服药次数、提高临床疗效的新型制剂。对于易在胃中吸收的药物（如弱酸性药物）或在酸性环境中溶解的药物，在小肠上部吸收率高的药物（如维生素 B_2）和治疗胃、十二指肠溃疡等疾病（如胃炎、胃癌、十二指肠溃疡）的药物，适宜制成此类制剂。GRDDS 的主要类型有：①胃内漂浮型；②胃内膨胀型，在胃内迅速膨胀至无法通过幽门进入肠道，从而滞留在胃内释药；③胃壁黏附型，利用生物膜黏附性聚合物与胃黏膜之间的静电或氢键作用，延长胃内滞留时间。

（一）胃内漂浮型滞留系统

胃内漂浮型给药系统是根据流体动力学平衡原理设计，将药物和一种或多种亲水凝胶骨架材料及附加剂制成的胶囊剂、片剂或其他剂型。该制剂口服接触胃液后，表面水化形成凝胶，体积膨胀，比重减小而能漂浮于胃液上。因而在胃排空时，不会与胃内食物一同由幽门排至小肠，可使药物在胃内滞留达 5~6 小时。药物在缓慢释放的同时，还能提高主要在十二指肠和小肠上部吸收的药物的生物利用度。其制备方法与一般压制片基本相同，但以不经制粒，全粉末直接成型为宜。因为如采用制颗粒法，将破坏干粉所具有的孔隙，影响制剂的密度和水化漂浮。压片时，压力不宜太大，否则制剂密度增大，影响漂浮性能。

例 15-8 核黄素磷酸酯钠胃内漂浮缓释片

【处方】 核黄素磷酸酯钠 21.4g　　甲基纤维素（4000cps） 70g

甘露醇 25g　　羟甲基纤维素钠 110g

HPMC（4000cps） 60g　　聚乙烯吡咯烷酮 20g

乙基纤维素（10cps） 80.6g　　硬脂酸镁 3g

滑石粉 10g

共制成 1000 片

【制备】 将核黄素磷酸酯钠与羟甲基纤维素钠混合后，用 10% 聚乙烯吡咯烷酮的乙醇溶液作黏合剂制粒。剩余辅料除滑石粉、硬脂酸镁外，混匀后用干法制粒。然后将两种颗粒混匀，加润滑剂压片。压片压力以 4~6kg/cm^2 为宜，不可超过 10kg/cm^2。本品与同剂量的胶囊作对照，其生物利用度比对照品提高了 23.5%。

（二）胃内膨胀型滞留系统

胃内膨胀型制剂是一种可在胃内迅速膨胀至无法通过幽门进入肠道，从而延长胃内滞留时间和促进药物释放的给药系统。由于胃内膨胀型制剂是通过控制固体制剂体积大小来延长胃内滞留时间的滞留系统，因此胃内膨胀型制剂应具备下面3个特征：①在服用前的大小应合适，不宜太大，应方便服用；②口服后进入胃部迅速膨胀，使之无法通过幽门；③待药物释放完后，体积又变小，随之排入肠道。有文献报道了一种三层胃内膨胀片，该膨胀片的内部储药库被含有膨胀剂的膨胀层包裹，然后再包裹控制药物释放的弹性高分子层。该膨胀片进入胃中，由于渗透压的作用，膨胀剂开始膨胀，体积增大，滞留于胃中；药物透过高分子层被释放出来。实验表明，Beagle犬服用此片剂后，与常规剂型相比可延长胃滞留时间长达12小时以上。

（三）胃壁黏附型滞留系统

胃壁黏附型制剂是指利用制剂中的膜黏附性聚合物与胃黏膜之间的静电或氢键作用，达到延长胃内滞留时间的制剂。生物黏附性材料是制备生物黏附制剂的关键，报道较多的黏附性材料有卡波姆、CMC-Na、HPMC等。黏附性材料合用吸收促进剂可增强其透过细胞的能力，提高黏附性能。文献报道了以卡波姆与白蛋白（7∶3）为黏附材料制备的氯噻嗪胃黏附片。实验结果表明，服药6小时后仍有近90%的卡波姆-白蛋白存留于胃中，说明该制剂满足维持与生物黏膜接触的要求。

三、结肠定位给药系统

口服结肠定位释药系统（oral colon-specific drug delivery system，OCDDS）是指利用物理或化学的手段，使药物口服后在胃肠道上端不释放药物而到达人体回盲部或结肠后开始释放药物的给药系统。该系统可使药物在结肠释药，发挥局部或全身治疗作用。结肠部位由于代谢酶少、药物转运时间长、药物吸收时可避免首关效应，因而可提高药物生物利用度，尤其适用于在胃肠道上段易降解的蛋白质和多肽类药物的口服给药。另外，OCDDS可提高结肠局部药物的浓度，有利于结肠局部病变（如克罗恩病、溃疡性结肠炎、结肠癌和结肠性寄生虫等）的治疗。

OCDDS的设计主要基于结肠的以下生理特征：①结肠液pH高（6.5~7.5或更高）；②物质口服后转运到结肠时间长（约5小时）；③结肠中菌群丰富，某些细菌可产生用于OCDDS设计的偶氮还原酶和糖苷酶；④大量水分在结肠被吸收，内容物黏度增加而使肠腔压力较大。

按照释药原理，OCDDS可大致分为4类，即时间控制型、pH依赖型、酶解型和压力控制型给药系统。

（一）时间控制型给药系统

利用控制释放技术使药物在胃、小肠不释放，而到达结肠开始释放，达到结肠定位给药的目的。此类OCDDS由药物贮库和外面包衣层或控制塞组成，包衣或控制塞可在一定时间后溶解，溶蚀或破裂，使药物从贮库内芯中迅速释放而发挥疗效。有文献报道以双氯芬酸钠为模型药物，分别以乙基纤维素、Surelease和醋酸纤维素为包衣材料，制备时间控制型结肠定位释药包衣片。用释放度测定法考察影响药物释放的因素，结果表明，膨胀剂种类、包衣增重和包衣液中致孔剂浓度是影响药物释放的关键因素。3 种包衣材料制备的双氯芬酸钠包衣片，体外延长时间均可达到 5~6 小时，能实现结肠定位释药。

（二）pH 依赖型给药系统

正常生理条件下，胃的 pH 为 0.9~1.5，小肠为 6.0~6.8，结肠为 6.5~7.5。利用在结肠较高 pH 环境下溶解 pH 敏感的高分子聚合物包衣可制成结肠迟释制剂，使药物在结肠部位释放而发挥疗效。有时可能因为结肠病变或细菌作用，其 pH 低于小肠，使药物在结肠不能充分释药。因此，此类系统可和时控型系统结合，以提高结肠定位释药的效果。常用的包衣材料为 Eudragit S100 或 L100、醋酸纤维素酞酸酯、邻苯二甲酸－壳聚糖、半合成琥珀酸－壳聚糖等。

（三）酶解型给药系统

利用某些只能在结肠部位特有的微生物产生的酶的作用下降解的聚合物，从而实现结肠定位释药的给药系统称为酶解型结肠定位释药系统。这类聚合物由于相应酶的缺乏，在胃、小肠中不能被降解。因此，可保护药物通过胃和小肠。这类制剂结肠定位的专属性较前两类强。其作用机制：结肠内有大量的细菌，细菌可占固体总量的 20%~30%，某些细菌可产生 β- 葡萄苷酸酶、β- 葡萄苷酶、纤维素酶、硝基还原酶、偶氮还原酶、α－脱羟酶、胆固醇脱氢酶等。存在于结肠的特殊细菌可产生特异性的酶系，许多高分子材料如果胶、瓜尔胶、偶氮类聚合物和环糊精等能被这些特异性的酶降解，而这些高分子材料在缺乏这些特异性酶的部位如胃、小肠等组织不能被降解。当以这些高分子物质为载体制成的药物制剂通过结肠时，受结肠酶作用使其降解，药物定位释放于结肠。与其他结肠定位给药系统相比，酶解型给药系统在体内不受饮食、疾病、个体差异等因素的影响，只能被结肠段特有的菌酶所降解，从而具有特异性好、定位准确、可靠等优点。酶解型结肠定位给药系统常用的材料有偶氮聚合物和多糖类，如葡聚糖、壳聚糖、环糊精、直链淀粉和果胶等。

（四）压力控制型给药系统

利用结肠肠腔较大的压力使 OCDDS 崩解释放药物。如 Muraoka 等将明胶胶囊的内表面包上乙基纤维素层，药物溶于栓剂基质、填于胶囊中制成压力控制型 OCDDS。口服该制剂后，明胶层立即溶解，栓剂基质在体温下融化，胶囊变形为外层包衣乙基纤维素的球。由于胃肠道上部蠕动均匀且含较多水分，乙基纤维素球具有足够的流动性，不受肠压影响。而在结肠，由于结肠对水的重吸收，使肠腔内容物黏度增加，肠压增加，导致乙基纤维素球崩解，药物随即释放。

第四节　口服定时给药系统

一、概　　述

口服定时给药系统（oral chronopharmacologic drug delivery system）又称智能给药系统，是根据人体的一些生理功能（如血压、心率、某些激素分泌等）具有生物节律变化的特点，按照生理和治疗的需要而定时定量释药的一种新型给药系统。定时给药系统具有普通制剂或缓释制剂不可比拟的优点，它可以根据患者发病的节律性提前服药，使服药时间与释药时间有一个与生理周期相匹配的时间差。预防发病，降低药物的不良反应，且不易产生耐受性，患者治疗的顺应性提高，是新剂型研究的重要方向之一。

目前，国内外正在研究的脉冲释药系统主要用于治疗一些具有清晨症状的疾病，包括诸如哮喘、心绞痛、高血压、胃溃疡、过敏性鼻炎、心肌梗死和脑梗死、关节炎、大小便失禁、帕金森病、失眠等。然而，现阶段的脉冲释药制剂充其量是单次或两次脉冲释放剂型，只能满足治疗部分昼夜节律疾病的需要，这与真正意义上定时定量地按需释药的目标还存在较大的差距。最近由麻省理工学院开发成功的"定时药理学"药物输送技术将是脉冲释药系统研究的新思路，具体方法是：将精确数量的药物置于非常明确的物质环境中，按几个区域分配在基质上，每个区域按预定的时间将特定的药物释放。这种新系统能通过控制给药时间、数量和释放顺序，使血药水平接近疾病治疗所需要的程度。

二、脉冲给药系统的释药机制

脉冲给药制剂一般在进入体内后并不立即释放药物，而是经过一段预先设定的时间（时滞）再溶出。因此，时滞是脉冲技术的关键。处方设计中最常用的方法是通过基质或外层控释膜来达到时滞的目的。在设计时滞系统时，应同时考虑制剂在胃肠道的滞留。如果制剂在胃肠道不能有效地滞留，在未发挥作用前就达到小肠远端或被排出体外，则不能达到预期的目的。常用的几种时滞系统如下。

1. 本体溶蚀系统　将药物分散于溶蚀性聚合物中，通过外界环境的变化使聚合物溶蚀，逐步释放出药物的方式称为本体溶蚀，如由乳酸－羟乙酸共聚物制备的溶蚀系统。

2. 表面溶蚀系统　将药物包裹于聚合物中，当外层聚合物溶蚀后，内层药物被释放出来的方式称为表面溶蚀系统。时滞的长短取决于外层聚合物的性质及厚度。以二次脉冲的表面溶蚀系统为例：当接触胃肠液后，系统外层含药层逐步溶蚀并释放药物，外层药物释放完全后第二层的空白聚合物层开始溶蚀，待其溶蚀完全，药物从最内层开始释放，见图15-4。

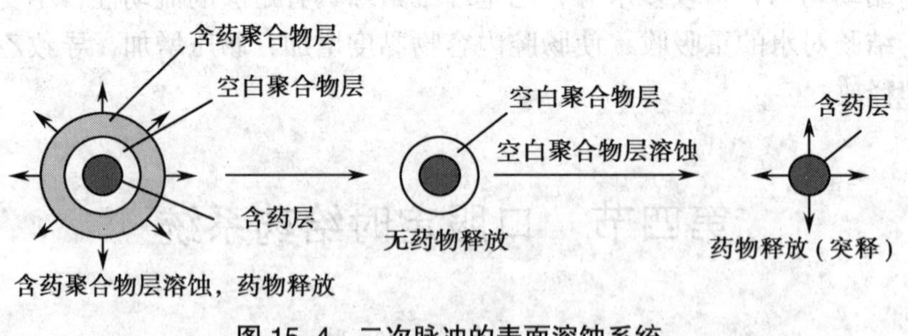

图 15-4　二次脉冲的表面溶蚀系统

3. 渗透压系统　渗透压系统的原理是将加入致孔剂的聚合物包在丸芯或片芯外层，当进入胃或小肠后，消化液通过外层衣膜的微孔渗入膜内，产生较强的渗透压促使丸芯或片芯不断的膨胀直至撑破外层衣膜，使药物快速释放出来，见图 15-5。

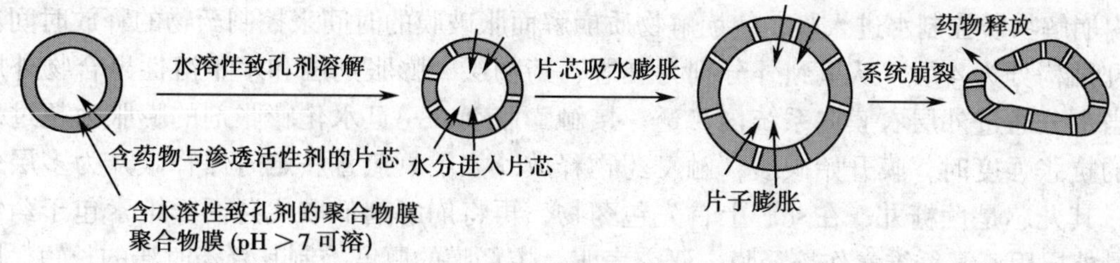

图 15-5　渗透压系统

4. 酶激活系统　利用体内各种酶的作用使药物从骨架中逐步扩散出来，或者因膜的溶解而释药的一种系统。如将透明质酸（HA）与聚乙二醇（PEG）复合物作为胰岛素的载体，在体内透明质酸酶的作用下，聚合物中的 HA 逐渐被酶解，胰岛素便从聚合物骨架中释放出来。

三、脉冲释药系统的类型与应用举例

脉冲给药适用于多种给药途径，在口服、注射、埋植和眼用等方面均有新剂型的研发。因技术不同，可将口服脉冲制剂分为渗透泵脉冲释药系统、包衣脉冲释药系统和定时脉冲塞胶囊等。

（一）渗透泵脉冲释药系统

渗透泵脉冲释药系统是将药物制成片芯，用半渗透性包衣材料包衣后，用激光在膜上开一释药小孔，借渗透压控制药物释放的一类脉冲释药制剂。

例 15-9　盐酸维拉帕米渗透泵片

【处方】（1）片芯处方

盐酸维拉帕米	198.0g	聚氧乙烯（Mr 3×10^5）	100.7g
聚乙烯吡咯烷酮	16.5g	NaCl	13.2g
硬脂酸镁	1.7g		

（2）渗透物层

聚氧乙烯（Mr 7×10^5）	80.9g	NaCl	22.0g
HPMC（E-5）	5.0g	Fe_2O_3	1.0g
硬脂酸镁	0.5g		

共制成 1000 片

【制备】 按处方压制片芯和渗透层后，外层用醋酸纤维素、羟丙基甲基纤维素和 PEG3350 包衣。制备的维拉帕米定时控释片在服药后间隔特定的时间（5 小时）以零级形式释放药物。

【注解】 临床实践表明，高血压患者在凌晨醒来时，体内的儿茶酚胺水平增高，因而易发生心血管意外事件（心肌梗死、心血管猝死），最佳给药时间为清晨 3 点左右。盐酸维拉帕米渗透泵片晚上临睡前服用，次日清晨可释放出一个脉冲剂量的药物，十分符合该病节律变化的需要。

（二）包衣脉冲释药系统

1. 膜包衣技术

（1）膜包衣定时爆释微丸：定时爆释系统（time-controlled explosion system）是用外层膜

和膜内崩解物质控制水进入膜，使崩解物质崩解而胀破膜的时间来控制药物的释放时间。这种微丸结构分为4层，从里到外分别为丸芯、药物层、膨胀剂层和水不溶性聚合物外层衣膜。当水分通过外层衣膜向系统内渗透，接触膨胀剂，一旦水化膨胀剂的膨胀力超过外层衣膜的抗张强度时，膜开始破裂，触发药物释放。如甲氧氯普胺定时爆释微丸为多层包衣制剂，其丸芯是蔗糖丸，在丸芯上首先包药物，再将崩解剂低取代羟丙纤维素包于药物层外，最外层用乙基纤维素作控释膜。研究表明，控释膜的厚度控制其释药时滞的长短。膜厚20μm，释放时滞为1小时；膜厚25μm，释放时滞为2小时；膜厚30μm，释放时滞为3小时。动物体内动力学研究证实了该制剂在体内具有定时释药作用。

（2）包衣膜溶蚀型脉冲释药系统：普通片薄膜包衣，当外层聚合物溶蚀后，内层药物被释放出来。

例15–10 硫酸沙丁胺醇定时释药系统

【处方】 硫酸沙丁胺醇 4.8g　　乳糖 61.2g
聚乙烯吡咯烷酮 3g　　淀粉 30g
硬脂酸镁 1g
共制成1000片

【制备】 按处方制粒后压成直径为5.5mm、片重为100mg的片芯；将巴西棕榈蜡（3.5%），蜂蜡（1.5%），吐温80（0.5%），HPMC（5%）和去离子水（93.5%）制成混悬液，采用普通薄膜包衣技术将片芯包衣即得。

【注解】 研究表明，此释药系统的释药时滞与受试者体内正常生理条件（如pH，消化状态及释药时的解剖生理位置）无关，平均3.5小时后药物在30分钟内快速释出。用γ–闪烁扫描法分析，发现其在体内释药时滞约为体外的2倍，而药芯的崩解时限平均为41分钟。

2. 压制包衣技术　压制包衣技术系将药物片芯包压一层具有控制释放作用的聚合物膜层。该技术的关键在于能够得到紧密并具有通透性的聚合物包衣层。根据压制层材料可将压制包衣脉冲片分为半渗透型、溶蚀型和膨胀型3类。半渗透型脉冲制剂的包衣材料主要是蜡类和致孔剂。溶蚀型脉冲制剂的常用材料为低黏度羟丙基甲基纤维素。膨胀型脉冲压制包衣片选用的材料主要有高黏度的羟丙基甲基纤维素、羟乙基纤维素等。

（三）定时脉冲塞胶囊

定时脉冲塞胶囊由水不溶性胶囊壳体、药物贮库、定时塞和水溶性胶囊帽组成。根据柱塞的组成材料不同，可分为膨胀型、溶蚀型和酶可降解型等，见图15–6。当定时脉冲塞胶囊与水性液体接触时，水溶性胶囊帽溶解，定时塞遇水即膨胀，脱离胶囊体，或溶蚀，或在酶作用下降解，使贮库中药物快速释出。如马来酸氯非尼拉敏含酶定时释药胶囊，该体系为一非水溶性聚丙烯胶囊，内容物为药物和甘露醇，胶囊口上加盖一酶可降解塞，再盖一水溶性乙基纤维素胶帽，10%乙基纤维素醇溶液封口。释药时间由塞的酶降解速率决定。当胶囊与水性介质接触时，底物在酶的作用下分解，柱塞溶解后药物释放出来。Wilding等用γ–闪烁扫描技术对卡托普利脉冲塞胶囊进行了测定，在体内脉冲塞均按照预定时间释放（326±45分钟），但同时测定的血药浓度在8例试验中只有3例测到药物吸收，5例无吸收。研究人员认为这可能是由于结肠吸收功能差造成的，与制剂本身无关。

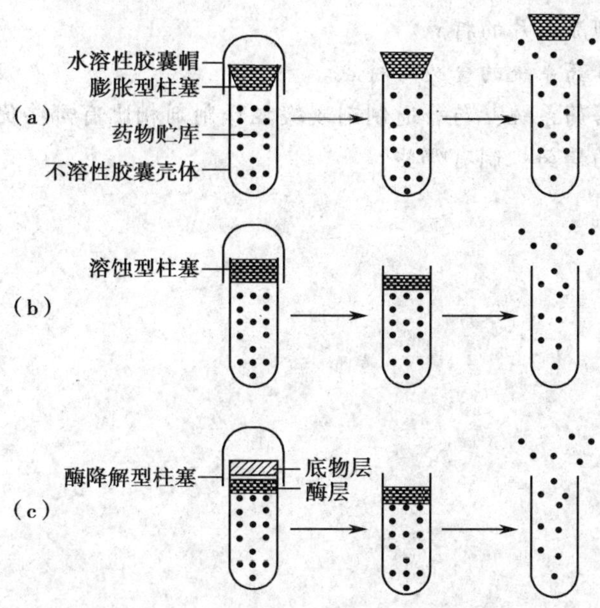

图 15-6　膨胀型（a）、溶蚀型（b）和酶可降解型（c）定时脉冲塞胶囊

学习小结

新型胃肠道给药系统主要包括口服缓控释给药系统、口服定位给药系统和口服定时给药系统。口服缓控释给药系统可以延缓药物的释放，以达到长效作用，减少患者服药次数，增加顺应性；使血药浓度平稳，避免“峰谷”现象，减少毒副作用发生率；可减少用药的总剂量，因此可用最小剂量达到最大药效。口服缓控释给药系统主要有骨架型和膜控型两种，释药原理主要有溶出、扩散、溶蚀、渗透压或离子交换作用。影响口服缓控释给药系统设计的因素包括：药物的剂量、溶解度、pK_a、解离度、分配系数、半衰期、生物利用度、稳定性和血药浓度的峰／谷比等。口服缓控释给药系统的质量评价有体外释放、体内生物利用度或生物等效性以及体内外相关性等。利用机体组织的生理特性设计开发出一些口服定位给药系统，主要包括生物黏附性给药系统、胃内滞留型给药系统和结肠定位给药系统。口服定位给药系统能使药物定位释放于作用部位，提高药物的治疗效果。利用机体的生物节律变化特点设计的口服定时给药系统，主要有渗透泵给药系统和包衣脉冲给药系统等。口服定时给药系统可以根据患者发病的节律性，提前服药，使服药时间与释药时间有一个与生理周期相匹配的时间差，预防发病，降低药物的不良反应，提高患者的顺应性。

复习题

1. 简述缓释、控释制剂的含义与特点。
2. 亲水性凝胶骨架片的特点有哪些？
3. 简述渗透泵控释片的释药原理。

4. 简述胃内漂浮型滞留片的特点。

5. 简述口服定位释药系统的含义与特点。

6. 何为口服定时给药系统？与普通制剂或缓控释制剂相比有哪些优点？

7. 脉冲给药系统的释药机制有哪些？

（赵永星）

第十六章

固体分散、包合与微囊化技术

学习目标

1. 掌握固体分散体、包合物、微囊的概念和特点，固体分散体的速释和缓释的原理。
2. 熟悉固体分散体的类型、载体材料和制备方法，包合物的包合材料、制备和应用，微囊的囊材，单凝聚法、复凝聚法制备微囊的技术。
3. 了解固体分散体的物相鉴定、包合物的验证，微囊的质量评价。

第一节 固体分散体

一、概 述

固体分散体又称固体分散物，是将药物分散在固体载体中制成的高度分散体系。固体分散体是一种制剂的中间体，添加适宜的辅料可进一步加工制成各种剂型，如颗粒剂、胶囊剂、片剂、微丸、栓剂、滴丸剂、软膏及注射剂等。

固体分散体的概念是Sekiguchi等人于1961年首次提出，并以尿素为载体材料，用熔融法制备了磺胺噻唑固体分散体，口服给药后吸收比磺胺噻唑普通片明显加快。

固体分散体具有如下特点：①可大大改善难溶性药物的溶出与吸收，从而提高其生物利用度；②可将油性药物固态化；③难溶性药物以速释为目的时，所用载体以水溶性材料为宜，如果以缓释或肠溶为目的时，可选用难溶性或肠溶性高分子材料，以调节释药的速度或部位。

固体分散技术作为一种制备高效、速效制剂新方法而得到快速发展。但亦存在不足，如载药量小、物理稳定性差等问题，有待进一步解决和提高。

二、载 体 材 料

固体分散体中药物的分散程度在很大程度上取决于所用载体材料的特性。理想的载体材料应符合以下条件：①无毒，无致癌性；②不与主药发生化学变化，不影响主药的化学稳定性；③不影响主药的药效及含量测定；④能使主药得到最佳分散状态或缓释效果；⑤价廉易得。

常用的载体材料可分为水溶性、难溶性和肠溶性三大类，其中水溶性载体材料更为常用。水溶性载体材料制成固体分散体可达速效目的，难溶性及肠溶性载体材料可达缓释、长效目的。根据要求，可选择不同的载体材料，也可几种载体材料配合使用，以达到要求的释药速率。

（一）水溶性载体材料

1. 聚乙二醇类　聚乙二醇（PEG）最常用的是PEG4000和PEG6000，它们的熔点低（50~63℃），毒性小，化学性质稳定（但温度超过180℃可分解），可与多种药物配伍，有时两者可合用，以调整合适的熔点。当药物为油类时，宜用PEG12000或PEG6000与PEG20000的混合物。采用滴制法成丸时，可加硬脂酸调整其熔点。PEG适用于熔融法、溶剂法制备固体分散体。

2. 聚维酮类　聚维酮（PVP）为无定型高分子聚合物，根据聚合度不同有K15、K25、K30、K90等多种规格，K值越大分子量越高。PVP类熔点较高，对热稳定，但加热到150℃变色。无毒，易溶于水和乙醇等极性有机溶剂，不溶于醚及烷烃类非极性有机溶剂，对许多药物有较强的抑制结晶生长的能力。但成品对湿度稳定性差，贮藏过程中易吸湿而析出药物结晶。

3. 表面活性剂　作为固体分散体载体材料的表面活性剂大多含有聚氧乙烯基，其特点是在水中和有机溶剂中均有较好的溶解度，载药量大，毒性小，在溶剂蒸发过程中能阻止药物结晶的生长，是较理想的速效释药载体材料。常用的有泊洛沙姆188、十二烷基硫酸钠、聚山梨酯80等。

4. 有机酸类　该类载体材料分子量较小，易溶于水而不溶于有机溶剂。常用作载体材料的有枸橼酸、胆酸、脱氧胆酸、富马酸、琥珀酸及酒石酸等，该类载体材料不适用于对酸敏感的药物。

5. 糖类和醇类　作为载体材料的糖类常用的有壳聚糖、右旋糖、半乳糖和蔗糖等，醇类有甘露醇、山梨醇、木糖醇等。它们的特点是水溶性好，毒性小，因分子中含有多个羟基，可与药物分子形成氢键，阻止药物结晶的生长。这些载体材料适用于剂量小、熔点高的药物，尤以甘露醇为最佳。

6. 其他　除上述载体外，水溶性聚合物聚乙烯醇（PVA）、聚维酮-聚乙烯醇共聚物（PVP-PVA）、纤维素类如羟丙甲纤维素（HPMC）等也可作为固体分散体的载体。

（二）难溶性载体材料

难溶性载体材料常用的有乙基纤维素（EC）、聚丙烯酸树脂类（如Eudragit RL和RS），脂质材料（如硬脂酸钠、胆固醇、β-谷甾醇、棕榈酸甘油酯、胆固醇硬脂酸酯、蜂蜡、巴西棕榈蜡及蓖麻油蜡）等。

（三）肠溶性载体材料

肠溶性载体材料常用的有纤维醋法酯（CAP）、羟丙基甲基纤维素邻苯二甲酸酯（HPMCP）、聚丙烯酸树脂类（如Eudragit L和S）及羧甲乙纤维素（CMEC）等。

三、固体分散体制备方法

固体分散体的制备方法较多，应根据药物及载体材料的性质如熔点、溶解性能、稳定性等选择合适的方法。

（一）熔融法

将药物与载体材料混匀，加热至熔融，将熔融物在快速搅拌下迅速冷却成固体，或将熔融物倾倒在预冷的不锈钢板上，使成薄层，钢板下可吹以冷空气或用冰骤冷，使之迅速固化，即成低共熔物固体分散体。然后将此混合物在适当的温度下放置，使其变脆易碎。放置的温度视具体情况而定，如药物与 PEG 制得的固体分散体需在室温下干燥器内放置一至数日即可；而灰黄霉素－枸橼酸固体分散体则需在 37℃或更高温度下放置多日才能完全变脆。为了减少药物的受热时间，可先将载体材料加热熔融，再加入预先粉碎（过 60~80 目筛）的药物粉末混匀，然后同上操作。该方法的关键在于熔融物必须迅速冷却固化，以保证药物的高过饱和状态，得到高度分散的固体分散体。本方法简单易行，适用于对热稳定的药物，多采用熔点低、不溶于有机溶剂的载体材料，如 PEG 类、尿素、糖类及有机酸类等。

双螺旋挤压法是对传统熔融法的改进，将药物与载体材料置于双螺旋挤压机内，经混合、捏制而成固体分散体。该法无需有机溶剂，同时可用两种以上的载体材料，制备温度可低于药物熔点和载体材料的软化点，因此药物不易破坏，制得的固体分散体稳定。

（二）溶剂法

溶剂法亦称共沉淀法。系将药物与载体材料共同溶解于有机溶剂中，蒸去溶剂后，使药物与载体同时析出，干燥后即得共沉淀物固体分散体。常用的有机溶剂有三氯甲烷、乙醇、丙酮等。本法的优点为避免高热，适用于对热不稳定或易挥发的药物。一些能溶于有机溶剂、熔点高、对热不稳定的载体材料，如 PVP、半乳糖、甘露醇、胆酸类等常用该法制备固体分散体。但使用有机溶剂的用量较大，成本高，且有时有机溶剂难以完全除尽，残留的有机溶剂除对人体有危害外，还易引起药物重结晶而降低药物的分散度。

根据去除溶剂的方法不同，溶剂法可分为喷雾干燥法、冷冻干燥法、流化床干燥法、超临界流体法等。

（三）机械法

将药物与载体材料混合后，强力持久地研磨一定时间，不需加入溶剂，而是借助机械力降低药物粒度，使药物与载体材料以氢键结合，形成固体分散体。可采用球磨机等设备提高研磨效果，研磨时间因药物而异。常用的载体材料有微晶纤维素、乳糖、PVP 类、PEG 类等。由于所需的载体量较大，故适用于小剂量的药物。

四、固体分散体的速释与缓释原理

（一）固体分散体的类型

固体分散体按其分散状态可分为以下 3 种类型。

1. 简单低共熔混合物　药物与载体材料共熔后，以低共熔的比例共存时，可以在低于药物和载体的熔点温度下，完全熔化而形成固体低共熔物，药物以超微细的晶体状态分散于载体中。如氯霉素－尿素固体分散体，当氯霉素用量为 76%、尿素为 24% 时形成低共熔混合物，两个组分同时由液相中析出，彼此抑制结晶的生长，形成均匀的微细分散体系，其溶出速率比氯霉素原药大 30%。

2. 固态溶液 是药物以分子状态分散于载体材料中形成的固体分散体，形成均相体系，类似于真溶液的分散性质，称为固态溶液。药物的分散状态达到最大程度。

3. 共沉淀物 是药物与载体材料以适当的比例形成的非结晶性无定形物。常用的载体材料多为多羟基的化合物，如枸橼酸、蔗糖、PVP 等。如磺胺噻唑与 PVP（1∶2）共沉淀物中，磺胺噻唑分子进入 PVP 的网状结构中，药物结晶受到抑制而形成非结晶性无定形物。环孢素以泊洛沙姆 188 为载体，制得共沉淀物，X 射线衍射证明固体分散体中药物的结晶衍射峰消失。

（二）固体分散体的物相鉴定

固体分散体的物相研究可用以下方法进行：① X 射线衍射法，任何晶体均有各自的特征衍射峰，若药物以分子或无定型分散于载体中或与载体以氢键结合，药物的特征衍射峰应消失；②热分析法，药物制成固体分散体后，由于药物的晶型改变、药物与载体的结合等使熔融温度改变，药物的特征吸热峰消失；③红外光谱法，由于药物与载体的氢键结合等，使固体分散体的红外光谱改变；④偏光显微镜法，药物结晶在偏光显微镜下呈彩色结晶，若药物以无定型或分子状态存在，彩色结晶应消失；⑤药物溶解度和溶出速率的测定，药物在固体分散体中的分散程度越高，溶解性能应越好，测定其溶解性能可反映药物的分散程度。

（三）固体分散体的速释原理

1. 增加药物的分散程度 药物在载体材料中的分散状态是影响药物溶出速率的重要因素。固体分散体中的药物，以分子、胶体、无定形及亚稳定态或微晶状态分散在载体中，载体可保证药物的高度分散状态，使药物的溶出提高。

2. 载体材料对药物溶出的促进作用

（1）水溶性载体材料提高了药物的可润湿性：在固体分散体中，药物微晶周围被水溶性的载体材料所包围，增加了药物的可润湿性，遇胃肠液后载体很快溶解，药物因易被湿润而迅速溶出。

（2）载体材料保证了药物的高度分散性：由于载体分子包围了高度分散的药物，使药物分子不易聚集或使微晶不易长大，保证了药物的高度分散性，从而加快了药物的溶出。

（3）载体材料对药物有抑晶作用：药物与载体材料在制备固体分散体的过程中，如溶剂蒸发过程，可由于载体的黏度增大及与药物间的氢键作用或络合作用，而对药物晶核的形成和生长有抑制作用。

以上作用的综合效果，提高了药物的溶出，从而使难溶性药物的生物利用度提高，使得固体分散体具有高效、速效的特点。

（四）固体分散体的缓释原理

采用不溶性、脂质类载体材料制成的固体分散体，具有缓释作用。其原理是载体材料形成网状骨架结构，药物以分子或微晶状态分散在载体骨架中，药物的溶出必须先通过疏水性载体材料的网状骨架扩散出来，故延缓了药物的释放。如硫酸奎尼丁与乙基纤维素形成的固体分散体 30 分钟释药 66.3%，而物理混合物同样时间内释药 94%。

第二节　包　合　物

一、概　　述

包合物是一种分子被全部或部分包合于另一种分子的空穴结构形成的包合体。包合物外层的大分子物质称为“主分子”，被包合在主分子之内的小分子称为“客分子”；按所形成包合物的几何形状可分为管状包合物、笼状包合物、层状包合物等。

制备包合物最常用的材料是环糊精（cyclodextrin，CYD）。环糊精是淀粉在环糊精葡聚糖转位酶作用下的分解产物，由6~12个D-葡萄糖分子以1，4-糖苷键连接而成的环状低聚糖化合物，为水溶性、非还原性的白色结晶性粉末，其立体结构是中空圆筒状，空穴内部呈疏水性，开口处为亲水性。常见有α-CYD、β-CYD、γ-CYD三种，它们的空隙内径及物理性质有很大差别，详见表16-1。

表16-1　三种环糊精基本性质

项目	α-CYD	β-CYD	γ-CYD
葡萄糖单体数	6	7	8
分子量	973	1135	1297
分子空穴（nm）（内径）	0.45~0.6	0.7~0.8	0.85~1.0
（外径）	14.6 ± 0.4	15.4 ± 0.4	17.5 ± 0.4
空穴深度（nm）	0.7~0.8	0.7~0.8	0.7~0.8
$[\alpha]^{25}_{D}$（H_2O）	+150.5° ± 0.5°	+162.5° ± 0.5°	+177.4° ± 0.5°
溶剂度（20℃）（g/L）	145	18.5	232
结晶形状	针状	棱柱状	棱柱状

3种CYD中以β-CYD最为常用，其分子量为1135，为白色结晶性粉末，熔点300~500℃，在水中的溶解度最小，最易从水中析出结晶，空穴适中，易制得包合物，且毒性低。β-CYD的溶解度随温度升高而增大，温度为20、40、60、80、100℃时，其水中的溶解度分别为18.5、37、80、183、256g/L。β-CYD在不同溶剂中的溶解度见表16-2。

表16-2　β-CYD在不同混合溶剂中的溶解度（g/L）

	温度					
	25℃			50℃		
有机溶剂（ml）	0	500	1000	0	500	1000
水（ml）	1000	500	0	1000	500	0
有机溶剂						

续表

	温度					
	25℃			50℃		
甲醇	18.5	3.0	<1.0	40	12	<1
乙醇	18.5	16	<1.0	40	41	<1
丙醇	18.5	17	<1.0	40	53	<1

环糊精所形成的包合物一般为单分子包合物，即药物在单分子空穴内包入，而不是嵌入囊材晶格中。有机药物的分子量一般要求为100~400，水中溶解度小于10g/L，熔点低于250℃。无机药物一般不宜用环糊精包合。另外，非极性脂溶性药物易进入空穴而被包合，非解离型比解离型的药物易被包合。药物与环糊精的比例也影响包合物的质量，环糊精用量过多，使得药物含量较低；环糊精用量太少，则包合不完全；一般环糊精与药物的摩尔比为1∶1较为合适。另外，包合作用存在竞争性，在水溶液中包合物中的药物可因加入其他药物而被取代出来，如疏水性防腐剂可置换包合物中的药物。

近年来通过对β-环糊精进行结构改造制得了一系列衍生物，有烷基化衍生物、羟烷基化衍生物、酰化衍生物、支链衍生物等，较β-CYD更易包合，体内酶水解较慢，有的衍生物可增加包合物的溶解性，如甲基-β-CYD，有的衍生物只受胃肠道特定部位的酶作用降解，因此可制得缓释性、靶向性包合物。

环糊精与客分子药物是否已形成包合物，需要有一些特定的方法去验证。相溶解度法可通过观察原料药溶解度加入环糊精前后的变化，来判别是否形成了包合物，并且可以验证包合物是否达到了增溶的目的。扫描电子显微镜、热分析、圆二色谱、红外光谱和磁共振方法可用于验证包合物的新物相是否已形成。

二、包合物的制备

（一）饱和水溶液法

又称重结晶或共沉淀法，系将环糊精配制成饱和水溶液，再加入药物（客分子），一般按1∶1摩尔比，混合30分钟以上，所形成的包合物即从水中分离出来。对有些水中溶解度大的客分子化合物，可有一部分包合物仍然溶解在溶液中，需加入有机溶剂，促使其析出。水中不溶的客分子化合物，需用少量有机溶剂如丙酮、异丙醇等溶解后再混入环糊精的饱和溶液中，将析出的包合物滤过，根据药物的性质选用适当的溶剂洗净，干燥，即得。

（二）溶液-搅拌法

在CYD的未饱和溶液中，加入药物（溶液）不断搅拌，使成包合物（产生微晶），过滤，干燥，即得。本法应用的CYD主要是水中溶解度较大的γ-CYD，当包合药物分子后，溶解度降低析出结晶，而饱和水溶液法中以β-CYD（水溶解度低）多见。

（三）研磨法

将环糊精与1~5倍量水混合，研匀，加入药物（难溶性的药物可用少量有机溶剂溶解），充分研磨至成糊状物，低温干燥后，再用有机溶剂洗净，干燥，即得。

（四）冷冻干燥法

将药物和环糊精混合于水中，搅拌使溶解或混悬，最后通过冷冻干燥法去除水得粉末状包合物。本法制得的包合物与一般方法比较，溶解性好，易制成注射剂。

（五）喷雾干燥法

此法适用于难溶性、疏水性药物。如地西泮与 β-CYD 用喷雾干燥法制得的包合物，药物的溶解度和生物利用度均提高。

此外，还有超声法等。上述几种方法适用的条件不一样，包合率与溶解度等也不相同。

三、包合物在药剂学的应用

环糊精的一个重要特点是既能在水溶液中，也能在固体状态下其疏水性的空腔将客分子包合而形成包合物，能明显改变原药物的某些性质，如溶解度、稳定性、生物利用度等。这些对于更好地发挥药物疗效，降低毒副作用，减少服用剂量和提供新剂型等起了重要的作用，因此环糊精在药物制剂中的应用日益广泛。

（一）改变药物的性质

1. 增加药物的溶解度　难溶性药物如非甾体抗炎药、巴比妥类药物、前列腺素类药物、氯霉素等，可与 β-CYD 制成可溶性包合物以提高其在水中的溶解度。巴比妥类药物制成包合物后其溶解度比原药增加数十倍。前列腺素 E_2 与 β-CYD 制成的包合物溶解度大大增加，可进一步制成冷冻干燥粉针剂。

2. 提高药物的稳定性　β-CYD 以疏水性的空穴将客分子嵌入，对客分子起保护作用，将客分子的反应活性部位包藏于 β-CYD 之内，一定程度上隔绝了外界环境因素（如溶剂、pH、温度、氧等）对药物的影响。如维生素 D_3 与 β-CYD 形成的包合物，稳定性增加，在 60℃加速试验 10 小时，含量未见下降，而非包合物在同样条件下加速试验，同样时间内其含量降低 29.8%。

3. 液体药物粉末化　液体药物如维生素 A 或维生素 E 与 β-CYD 制成包合物后，可进一步制成散剂、颗粒剂或片剂等固体制剂。如氯贝丁酯与 β-CYD 采用饱和溶液法制成的粉末状包合物，可进一步制成散剂或片剂。

4. 防止挥发性成分的挥发　低熔点、低沸点的酯、碘、冰片等制成 CYD 包合物后，不但粉末化，而且防止挥发，提高稳定性。如苯甲醛、水杨酸甲酯、薄荷脑等制成 CYD 包合物后，挥发性减小，加入辅料可制成片剂。

5. 掩盖药物的不良气味　具有不良臭味的药物如大蒜油、盐酸雷尼替丁，用 CYD 包合后，能掩盖药物的臭味。水合氯醛制成 β-CYD 包合物，不仅提高了药物的稳定性，而且也掩盖了药物的不良气味。

6. 调节药物的释放速度　被包嵌的药物由包合物中解离出来的速度取决于包合物的稳定常数，从药物输送系统的设计观点来说，若将包合物包封于半透膜内，包合物内部的药物释放是可控制的。硝酸异山梨酯与二甲基-β-CYD 制成的包合物片剂，血药水平维持时间延长。

7. 提高难溶性药物的生物利用度　药物制成包合物后，药物的溶解性、膜透过性、蛋白结合性等均发生变化，从而提高药物的生物利用度，增强药效和减少副作用。诺氟沙星水溶性差，生物利用度较低，制成 β-CYD 包合物后，生物利用度是普通制剂的 1.4 倍。

8. 降低药物的刺激性、毒性和副作用　如吲哚美辛与 β-CYD 形成包合物后，制成的胶囊剂无引起溃疡的副作用。无花果提取物刺激性较大，制成包合物无刺激且有甜味，患者易于接受。磷酸苯丙哌林包合物片改善了药物引起舌部麻木的副作用。

（二）作为药物的载体

1. 在口服制剂中作为控制药物释放的载体　口服制剂应根据其治疗目的和药理活性而控制其释放的时间和速率，基于这一目的的各种 CYD 衍生物已经用于调节口服制剂的释放。亲水性和疏水性的 CYD 衍生物分别用于速释、缓释制剂中。止痛药、退热药、心血管类药物等一般是在紧急情况下应用，需制成速释制剂。由于许多药物难溶，影响了药物吸收的速率和生物利用度，因此各种亲水性的衍生物，如 2-羟丙基-β-CYD、6-麦芽糖基-β-CYD 等广泛用于速释制剂中，其机制主要是通过与 CYD 衍生物形成包合物，提高难溶性药物的溶解度和润湿性。水溶性、生物半衰期短的药物应制成缓释制剂，如吗多明通过高度丁（或已）酰化的 β-CYD 包合后呈缓释效应，生物利用度提高约 2 倍。

2. 多肽、蛋白类药物的载体　多肽和蛋白类药物由于其化学和酶不稳定性，不易透过生物膜等问题限制了它们的应用。CYD 能被用于多种重要的多肽、蛋白类药物的增溶剂和稳定剂。α-CYD 可以增加环孢素在滴眼剂中的溶解度，并有助于药物透过角膜吸收和减少局部刺激。二甲基-β-CYD 是环孢素最有效的增溶剂，口服后可提高生物利用度约 5 倍，并不影响其淋巴转运。

3. 靶向制剂的载体　药物设计成高亲脂性的，可通过血脑屏障到达脑组织，但药物的脂溶性过大，在配制成水性注射剂时存在许多困难，因此可应用 CYD 作为亲脂性靶向药物的载体。如手术前静脉注射氟桂利嗪的羟丙基-β-CYD 包合物，结果在切除的脑瘤组织中，药物的浓度是血浆浓度的 10 倍。盲肠和结肠段的许多菌株可水解 β-CYD 衍生物，故特定的环糊精可将药物靶向结、盲肠。药物与 β-CYD 共价连接形成的药物-β-CYD 偶联物，可作为靶向结、盲肠的前药（如 4-联苯醋酸-β-CYD）。另外，β-CYD 衍生物与某些细胞具有特异结合力而形成靶向，如含有半乳糖残基的支链 β-CYD，可特异地结合于肝细胞受体上，故可作为药物靶向肝实质细胞的载体。

四、举　例

例 16-1　吲哚美辛-β-CYD 包合物

【处方】

吲哚美辛	2.5g
乙醇	50ml
β-CYD	180g
蒸馏水	1000ml

【制法】称取吲哚美辛 2.5g，加 50ml 乙醇，微温使溶解，滴入 1000ml、75 ℃的 β-CYD 饱和水溶液中，搅拌 30 分钟，停止加热再继续搅拌 5 小时，得白色沉淀，室温静置 12 小时，过滤，将沉淀物在 60℃干燥，过 80 目筛，经 P_2O_5 真空干燥，即得。

【注解】该法为饱和水溶液法制备 β-CYD 包合物，包合率在 98%以上。

例 16-2　丙酸倍氯米松 γ-CYD 包合物

【处方】丙酸倍氯米松　2.3g
γ-CYD　103.7g
蒸馏水　1000ml

【制法】取丙酸倍氯米松 2.3g 和 γ-CYD 103.7g，加入 1000ml 蒸馏水中，置 34℃密闭烧瓶中搅拌 10 天，包合物呈微晶粉末析出，过滤，室温干燥（包合物摩尔比 γ-CYD- 丙酸倍氯米松为 2：1）。

【注解】该法为溶液 - 搅拌法制备丙酸倍氯米松 γ-CYD 包合物。丙酸倍氯米松为甾体激素类抗炎药，制成包合物，显著提高从亲水性软膏基质中释放速度和透皮（局部）作用。

例 16-3　鱼腥草素 β- 环糊精包合物

【处方】鱼腥草素　220g
β-CYD　780g
蒸馏水　适量

【制法】鱼腥草素与 β-CYD 按 1：1 摩尔比称量，将 β-CYD 用适量蒸馏水研匀成糊状，鱼腥草素加入上述糊状液中，充分研磨均匀，抽滤后，将包合物干燥即得。

【注解】鱼腥草素有强烈的鱼腥味，且水溶液存放后易产生混浊，制成 β- 环糊精包合物后，溶解度较鱼腥草素与 β- 环糊精的物理混合物增大了 9 倍，且达到了矫味和提高药物稳定性的目的。

例 16-4　萘普生 β-CYD 包合物

【处方】萘普生　5g
β-CYD　25g
蒸馏水　1000ml

【制法】取萘普生 5g 和 β-CYD 25g 加入 1000ml 水中，置于烧瓶，在 25℃下搅拌 2 天后，冷冻干燥得粉末状包合物。

【注解】该法为冷冻干燥法制备萘普生 β-CYD 包合物。

第三节　微　囊

一、概　述

微囊，又称微型胶囊，是利用天然或合成的高分子材料（称为囊材）将固体或液体药物（称为囊心物）包裹而成的直径在 1~5000μm 封闭的微小胶囊。把药物制成微囊的过程称为微囊化，用微囊进一步制成的制剂称为微囊化制剂。

微囊化是 20 世纪 50 年代发展起来的新技术；60 年代初期，微囊化技术开始在药剂学得到应用。目前国内外已将解热镇痛药、镇静药、抗生素、避孕药、驱虫药、维生素及诊断用药等 30 多类药物制成了微囊化制剂。上市的微囊化商品有红霉素片（美国）、β 胡萝卜素片（瑞士）等。

微囊化技术的发展可分为几个阶段。20世纪80年代以前主要应用粒径为5μm~2mm的小丸，80年代发展了粒径小（0.01~10μm）的第二代产品，这类产品通过非胃肠道给药时，被器官或组织吸收能显著延长药效、降低毒性、提高活性和生物利用度。第三代产品主要是纳米级胶体粒子的靶向制剂，即具有特异的吸收和作用部位的制剂。

药物微囊化后主要有以下几方面的特点。

1. 增加药物的稳定性　一些不稳定的药物制成微囊化制剂后，由于囊壁的存在使药物与周围环境隔绝，而一定程度上隔绝了光线、湿度、氧的影响，防止了药物的降解。如复合维生素微囊片、硝硫氰胺微囊片、牡荆油微囊片等。

2. 延长药物的作用时间　采用缓释材料将药物微囊化后可以延缓药物的释放，从而延长药物的作用时间，达到长效的目的。如复方甲地孕酮微囊注射剂、亮菌甲素微囊注射液、美西律微囊骨架片等。

3. 防止药物在胃肠道内失活和减少对胃肠道的刺激性　如尿激酶、红霉素等在胃内易失活，氯化钾、吲哚美辛等对胃有刺激性，易引起胃溃疡，微囊化可克服这些不足。

4. 掩盖药物的不良臭味　如鱼肝油、氯贝丁酯、大蒜素等。

5. 防止药物的挥发损失　如挥发油类、薄荷脑等。

6. 使某些液体药物固体化，便于使用及制剂的工业化生产　如油类、脂溶性维生素等。

7. 减少复方制剂中的配伍禁忌　如阿司匹林与马来酸氯苯那敏配伍可加速阿司匹林的水解，分别包囊后得以改善。

8. 使药物浓集于靶区，提高疗效，降低毒副作用。

9. 可将活细胞或生物活性物质包囊。

二、囊心物与囊材

（一）囊心物

囊心物包括主药及为提高微囊的质量而加入的一些附加剂，如稳定剂、稀释剂、控制药物释放速度的阻滞剂或促进剂等。囊心物可以是固体也可以是液体，根据囊心物的不同性质，选用不同的制备方法。通常将主药与附加剂混匀后微囊化；亦可先将主药单独微囊化，再加入附加剂。若有多种主药，可将其混匀再微囊化，亦可分别微囊化后再混合。这取决于设计要求，药物、囊材和附加剂的性质及工艺条件等。另外囊心物与囊材的比例应适当，如囊心物过少，易成无囊心物的空囊。

（二）囊材

用于包囊的各种材料称为囊材，合格的囊材一般应符合以下要求：①性质稳定，有适宜的释放速率；②无毒、无刺激，与囊心物不发生化学反应，不影响主药的作用；③包封率高，形成的囊壳有一定的强度和弹性，有适当的黏度、渗透性、溶解性及吸湿性等。常用的囊材有以下几种。

1. 天然高分子囊材　如明胶、阿拉伯胶、桃胶、海藻酸钠等，是一类最常用的囊材，具有无毒、稳定、成囊性好等特点。

（1）明胶：明胶是最常用的囊材，是氨基酸与肽交联形成的直链聚合物，聚合度不同的明胶具有不同的分子量，其平均分子量为15 000~25 000。因制备时的水解方法不同而有A

型和 B 型之分。酸法水解制得的是 A 型明胶，其等电点为 7~9，碱法水解所得的是 B 型明胶，等电点为 4.7~5.0。当 pH 在等电点以上时，明胶带负电荷；pH 在等电点以下时，明胶则带正电荷。两种明胶在成膜性能上无明显差别，可根据药物对酸碱性的要求选用 A 型或 B 型。用于制备微囊的用量为 20~100g/L。

（2）阿拉伯胶：阿拉伯胶也是重要的囊材，在复凝聚法制微囊时常与明胶等量配合使用，作囊材的用量为 20~100g/L，亦可与白蛋白配合作复合材料。

（3）海藻酸盐：系多糖类化合物，常用稀碱从褐藻中提取而得。海藻酸钠可溶于不同温度的水中，不溶于乙醇、乙醚及其他有机溶剂。也可与聚赖氨酸合用做复合材料。因海藻酸钙不溶于水，故海藻酸钠可用 $CaCl_2$ 固化成囊。

（4）壳聚糖：壳聚糖是由甲壳素脱乙酰化后制得的一种天然聚阳离子多糖，可溶于酸或酸性水溶液，无毒、无抗原性，在体内能被溶菌酶等酶解，具有优良的生物降解性和成膜性，在体内可溶胀成水凝胶。

2. 半合成高分子囊材　作囊材的半合成高分子材料多为纤维素衍生物。

（1）羧甲基纤维素盐：羧甲基纤维素盐属阴离子型的高分子化合物，如羧甲基纤维素钠（CMC-Na）常与明胶配合作复合囊材，CMC-Na 遇水溶胀，体积可增大 10 倍，在酸性溶液中不溶。水溶液黏度大，有抗盐能力和一定的热稳定性，不会发酵，也可以制成铝盐单独作囊材。

（2）纤维醋法酯（CAP）：在强酸中不溶解，可溶于 $pH > 6$ 的水溶液，分子中含游离羧基。用作囊材时可单独使用，用量一般为 30g/L，也可与明胶配合使用。

（3）乙基纤维素（EC）：化学稳定性高，适用于多种药物的微囊化，不溶于水、甘油和丙二醇，可溶于乙醇，遇强酸易水解，故强酸性药物不宜选用 EC 作囊材。

（4）甲基纤维素（MC）：用做囊材的用量为 10~30g/L，亦可与明胶、CMC-Na、聚维酮等配合作复合囊材。

（5）羟丙甲纤维素（HPMC）：能溶于冷水成为黏性溶液，不溶于热水，长期贮存稳定，有表面活性，表面张力为（42~56）$\times 10^{-5}$N/cm。

3. 合成高分子囊材　这类囊材有生物不降解和生物可降解两种。生物不降解、且不受 pH 条件影响的囊材有聚酰胺、硅橡胶等。生物不降解、但在一定 pH 条件下可溶解的囊材有聚丙烯酸树脂、聚乙烯醇等。近年来，生物可降解的材料得到了广泛的应用，如聚碳酯、聚氨基酸、聚乳酸（PLA）、丙交酯乙交酯共聚物（PLGA）、聚乳酸－聚乙二醇共聚物（PLA-PEG）、ε－己内酯与丙交酯嵌段共聚物等，其特点是无毒、成膜性好、化学稳定性高，可用于注射。

三、微囊的制备方法

微囊的制备方法可归纳为物理化学法、物理机械法和化学法三大类。可根据药物、囊材的性质和微囊的粒径、释放要求以及靶向性要求，选择不同的制备方法。

（一）物理化学法

本法成囊是在液相中进行，在囊心物与囊材的混合物中，加入另一种物质或不良溶剂，或采用其他适当的手段使囊材的溶解度降低而凝聚在囊心物的周围，形成一个新相，故又称相分离法。其微囊化步骤大体可分为囊心物的分散、囊材的加入、囊材的沉积和囊材的固化4步。

相分离工艺现已成为药物微囊化的主要工艺之一，它所用设备简单，高分子材料来源广泛，可将多种类别的药物微囊化。相分离法分为单凝聚法、复凝聚法、溶剂－非溶剂法、改变温度法和液中干燥法。

1. 单凝聚法　是相分离法中较常用的一种，它是在高分子囊材（如明胶）溶液中加入凝聚剂以降低高分子材料的溶解度而凝聚成囊的方法。一般是将药物分散在明胶溶液中，然后加入凝聚剂，凝聚剂一般是电解质如硫酸钠或硫酸铵的水溶液，或强亲水性的非电解质如乙醇或丙酮等，由于凝聚剂结合了明胶分子水化膜中的水分子，使明胶的溶解度降低，分子间形成氢键，从溶液中析出而凝聚成囊。凝聚过程是可逆的，一旦解除促进凝聚的条件如加水稀释，就会发生解凝聚。在制备过程中可以经过几次凝聚与解凝聚过程，直到形成满意的凝聚囊为止。最后再进行胶凝固化，使之成为不凝结、不解聚、不粘连、不可逆的球形微囊。

影响高分子囊材胶凝的主要因素是囊材的浓度、温度及电解质的性质。囊材浓度越高，越易胶凝；温度升高，不利于胶凝；电解质中阴离子对胶凝的影响比阳离子大，SO_4^{2-}促进胶凝作用最强，$C1^-$次之，而SCN^-可阻止胶凝。

凝聚囊的固化可利用囊材的理化性质，如明胶为囊材时，可加入甲醛与明胶发生胺醛缩合反应，使明胶分子相互交联，交联的程度决定固化的程度，主要与甲醛的浓度、作用时间、介质pH等有关。交联的最佳pH为8~9，甲醛浓度越大、固化时间越长，越易交联固化完全。如用CAP作囊材，可利用CAP在酸性下不溶的性质，凝聚成囊后，立即倾入强酸性介质中进行固化。明胶是最常用的囊材，以明胶为囊材的单凝聚法的工艺流程如下。

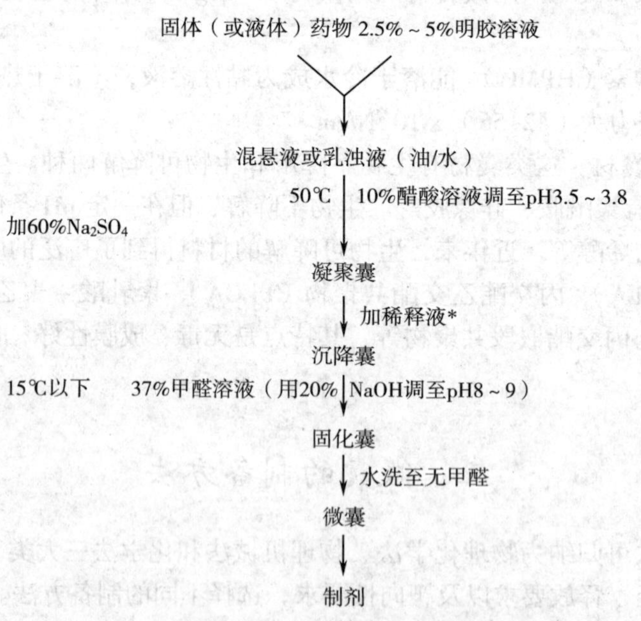

*稀释液配法：稀释液即Na_2SO_4溶液，其浓度为凝聚囊系统中的Na_2SO_4浓度（如为$a\%$）加1.5%[即（a+1.5）%]，稀释液体积为凝聚囊系统总体积的3倍，稀释液温度为15℃。所用稀释液浓度过高或过低，可使凝聚囊粘连成团或溶解。

2. 复凝聚法　利用两种具有相反电荷的高分子材料作囊材，将囊心物分散在囊材的水溶液中，在一定条件下，相反电荷的高分子材料相互交联形成复合物，溶解度降低，自溶液中凝聚析出，形成微囊。

明胶－阿拉伯胶作复合囊材最为常见。明胶是蛋白质，在水溶液中的荷电性取决于 pH 的高低，当 pH 在等电点以上时带负电荷，pH 在等电点以下时带正电荷。因此明胶与阿拉伯胶混合后，调节 pH 至 4~4.5，明胶带正电荷数最多，与带负电荷的阿拉伯胶形成不溶性复合物，发生凝聚而形成微囊。其工艺流程如下。

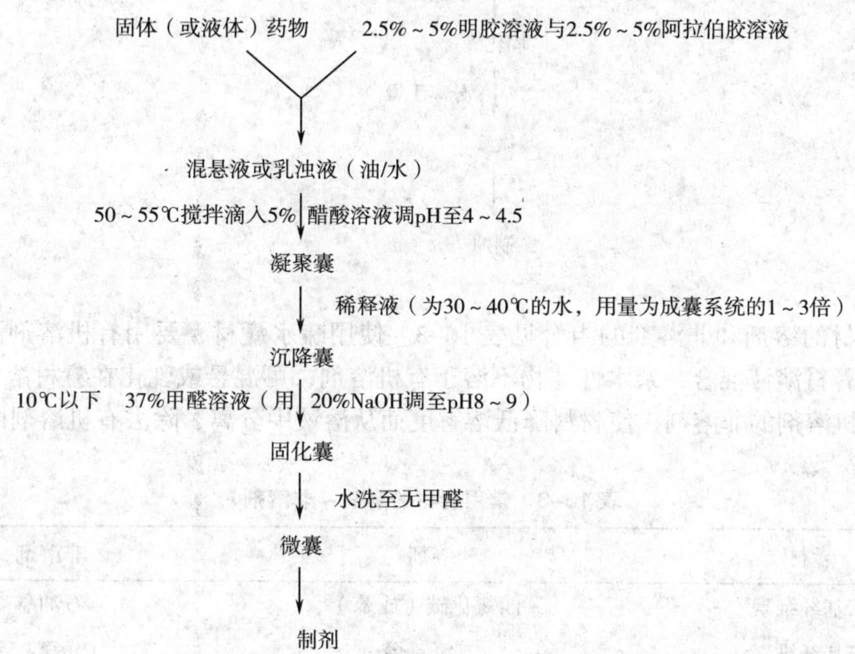

复凝聚法中所用的明胶可以是 A 型，也可以是 B 型，以 A 型更佳。阿拉伯胶与明胶应为等浓度，一般在 5% 以下为好，阿拉伯胶在溶解时可在沸水浴上加热或煮沸，以破坏胶液中的氧化酶。囊心物可以为固体或液体，液体药物可先与明胶溶液乳化，固体药物可混悬在明胶溶液中，然后再加阿拉伯胶溶液。调节 pH 时应缓慢加酸，并慢速搅拌，尽量减少泡沫的产生，使阿拉伯胶与明胶缓慢凝聚，产生均匀的囊膜。成囊过程应控制温度在 50~55℃，此时明胶黏度较低，有利于成囊。微囊形成以后，应降温并用水稀释，使囊膜定型。然后继续降温至 10℃以下使囊膜进一步定型。甲醛固化过程在碱性下才能完成，介质 pH 在 8~9 才能交联完全。

复凝聚法制备微囊除常用明胶－阿拉伯胶外，明胶－桃胶、明胶－CAP、明胶－CMC-Na、明胶－海藻酸钠等也可选用。复凝聚法是经典的微囊化方法，操作简单，容易掌握，适合难溶性药物的微囊化。

3. 溶剂－非溶剂法　是将囊材溶解于某溶剂中（作为溶剂），药物乳化或混悬于囊材溶液中，然后加入一种对囊材不溶的溶剂（作为非溶剂），使引起相分离，将药物包裹成囊。其工艺流程如下。

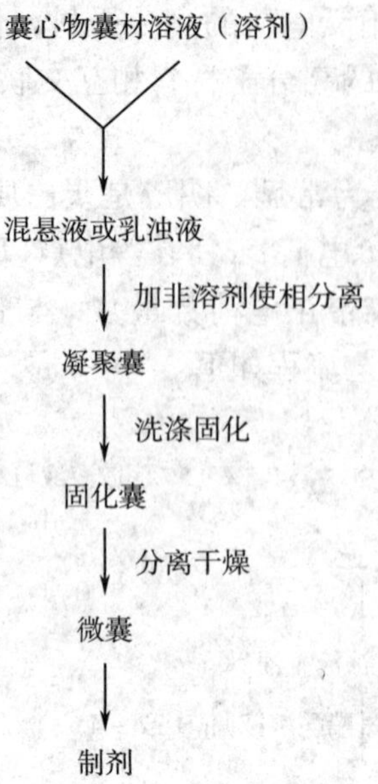

常用囊材的溶剂和非溶剂的组合见表16-3。使用疏水囊材，要用有机溶剂溶解，疏水性药物可与囊材溶液混合，亲水性药物不溶于有机溶剂，可混悬或乳化在囊材溶液中。然后加入争夺有机溶剂的非溶剂，使材料降低溶解度而从溶液中分离，除去有机溶剂即得。

表16-3　常用囊材的溶剂-非溶剂

囊材	溶剂	非溶剂
乙基纤维素	四氯化碳（或苯）	石油醚
苄基纤维素	三氯乙烯	丙醇
醋酸纤维素丁酯	丁酮	异丙醚
聚氯乙烯	四氢呋喃（或环己烷）	水（或乙二醇）
聚乙烯	二甲苯	正己烷
聚醋酸乙烯酯	三氯甲烷	乙醇
苯乙烯马来酸共聚物	乙醇	醋酸乙酯

4. 改变温度法　该法不需加入凝聚剂，而是通过控制温度成囊。常用乙基纤维素作囊材，可先在高温下将其溶解，降温时溶解度降低而凝聚成囊，制备过程常加入聚异丁烯（平均分子量3.8×10^5）作稳定剂，改善微囊间的粘连。将聚异丁烯、乙基纤维素在80℃溶解于环己烷中使成均匀溶液，缓慢冷至45℃，再迅速冷至25℃，即可凝聚成囊。

5. 液中干燥法　是将囊心物溶解、乳化或混悬于囊材溶液（分散相）中，在搅拌下加入到另一种含有乳化剂的溶剂（连续相）中，使成乳剂或复乳，通过加热、减压、脱水等方法将溶剂除去，得到球形微囊。微囊粒径的大小可通过控制搅拌速度、囊材种类、分散介质的黏度、乳化剂的种类、温度等来调节。该法的特点是：操作简单，不需特殊设备；不需特殊试剂和溶剂；适用于多种高分子囊材；亲水性和疏水性囊心物均可用此法。

（二）物理机械法

本法是将固态或液态药物在气相中进行微囊化的方法，需要一定的设备条件。

1. 喷雾干燥法　是将囊心物分散在囊材的溶液中，在惰性气体的热气流下喷雾干燥，使溶剂迅速蒸发，囊材收缩成壳，将囊心物包裹起来。所得微囊的直径为5~600μm，近似球形，成品疏松，流动性好。混合液的黏度、均匀性、囊材浓度、喷雾的速度、干燥速度等均可影响微囊的质量。

喷雾干燥法的工艺影响因素包括混合液的黏度、均匀性、药物及囊材的浓度、喷雾的速率、喷雾方法及干燥速率等。囊心物所占的比例不能太大以保证被囊膜包裹，如囊心物为液态，其在微囊中含量一般不超过30%。

2. 喷雾冻结法　是将囊心物分散在熔融的囊材中，将此混合物喷雾于冷气流中，囊材凝固而成微囊。此法适用于蜡类、脂肪酸及脂肪醇等囊材，它们在室温下为固体，加热熔融后即可喷雾。

3. 空气悬浮法　又称流化床包衣法，是利用垂直强气流使囊心物悬浮在流化室内，囊材溶液喷射于囊心物表面，热气流将溶剂蒸干，囊心物表面形成囊材薄膜而成囊。本法所得的微囊粒径一般在35~5000μm。囊材可以是多聚糖、明胶、树脂、蜡、纤维素衍生物及合成聚合物。在悬浮成囊的过程中，药物虽已微粉化，但在流化床包衣过程中可能会粘结，因此可加入第3种成分如滑石粉或硬脂酸镁，先与微粉化药物粘结成一个单位，然后再通过流化床包衣，可减少微粉化药物的粘结。

4. 多孔离心法　利用圆筒的高速旋转使囊心物产生离心力，另使囊材溶液形成液态膜，囊心物高速穿过液态膜形成微囊，再经过不同方法加以固化（用非溶剂、凝结或挥去溶剂等），即得微囊。

5. 锅包衣法　将囊心物放入旋转的包衣锅内，囊材溶液以雾状喷在固态囊心物的表面，同时吹以热空气，使囊材中的溶剂蒸发而成囊。

上述几种物理机械法均可用于水溶性或脂溶性的、固态或液态药物的微囊化，其中以喷雾干燥法最常用。通常，采用物理机械法时囊心物有一定损失且微囊有粘连，但囊心物损失在5%左右、粘连在10%左右，生产中都认为是合理的。

（三）化学法

该方法是利用单体或高分子在溶液中的聚合反应或缩合反应，产生囊膜而制成微囊。本法的特点是不加凝聚剂，通常先制成W/O型乳剂，再利用化学反应交联固化。

1. 界面缩聚法　是在囊心物（分散相，水相）与囊材溶液（连续相，有机相）的界面上发生单体的缩聚反应成囊。囊心物溶于水相中，加入1，6-己二胺（或二乙基二胺）和碱，有机相（三氯甲烷和环己烷）中加入苯二甲酰氯，并加入W/O型乳化剂使两相乳化，在两相的界面上发生缩聚反应，生成聚酰胺，沉积于囊心物表面上成为囊材，形成微囊。水相中加碱是为了中和反应生成的盐酸。

2. 辐射交联法　以明胶或聚乙烯醇为囊材，在乳化状态下，经γ射线（如^{60}Co）照射发生交联，经处理后即得粉末状微囊。将制得的微囊浸泡于药物的水溶液中，使其吸收药物，干燥后即得含药物的微囊。该方法工艺简单，适合水溶性的药物。

四、微囊的性质与质量评定

（一）微囊的形态、粒径与结构

理想的微囊应呈球形，大小均匀，囊本身有一定的可塑性和弹性，微囊之间不粘连，分散性好，其大小一般为1~5000μm，可制成各种剂型。微囊的形态主要取决于囊心物的形状、大小与性质，还取决于囊材的性质与成囊方法。微囊的结构可因工艺条件不同而有所差异。一般凝聚法与辐射交联法所得的微囊多为球形镶嵌型，而且是多个囊心物镶嵌于球形实体内；物理机械法、溶剂－非溶剂法、液中干燥法及界面缩聚法制得的多为球形膜壳型，可含单个或多个囊心物微粒。

（二）影响微囊粒子大小的因素

1. 囊心物的大小　固体药物微囊化后成囊的大小，主要取决于囊心物的粒度。如维生素C粉末用相分离法制成微囊，其平均粒径为512μm，且粒度分布范围窄；用小于120μm的维生素C制成的微囊较小，但粒度分布较宽；若用较粗的（粒径250~500μm）维生素C则制得的微囊较大，且粒度分布也较宽。所以对于不溶性药物，要制得较小的微囊，一般应事先将其微粉化。通常若要求微囊的粒径在10μm左右，囊心物粒度应达到1~2μm或以下；若微囊要求在50μm左右，囊心物应在6μm以下。对于不溶于水的液态药物，用相分离法制备微囊时可先乳化，再微囊化，可得小而均匀的微囊。

2. 制备方法　不同的制备方法所制得的微囊的大小范围有所不同，见表16-4。

表16-4　微囊化方法对微囊粒度的影响

微囊化方法	适用的囊心物	粒子大小（μm）
相分离－凝聚	固态或液态药物	2~5000*
喷雾干燥或冻结	固态或液态药物	5~600
空气悬浮	固态药物	35~5000*
锅包衣	固态药物	600~5000*

注：*5000μm不是粒子的限度

3. 囊材的黏度　一般来说，囊材的黏度越大，制得微囊的粒径也越大，降低囊材的黏度，可制成较小的微囊。如在成囊过程中，加入少量分散剂如滑石粉（0.1%，w/v）或降低明胶的浓度，使囊材的黏度降低，微囊粒径变小，同时改善了微囊的粘连现象。

4. 制备温度　以明胶为囊材、用凝聚法制微囊时为例，温度为40、45、50、55、60℃时，其产量及粒径不同。40℃及45℃时，产量为74%和95%，但粒径为5.5μm的微囊仅占34.7%和33%；50℃时产量为68%，粒径为5.5μm的微囊占65%；55℃及60℃时产量分别为72%和58%，多数微囊粒径小于2μm。

5. 制备过程的搅拌速度　一般搅拌速度越快，微囊粒子越细。如血红蛋白微囊在800r/min制备时，微囊平均粒径为19.2μm，而用乳匀机制备时，由于转速高，得到的微囊平均粒径仅为4.9μm。搅拌速度往往有时取决于工艺的需要。如用明胶作囊材以相分离法制微囊时，搅拌速度不宜太高，高速搅拌会产生大量气泡，影响微囊的产量和质量。

（三）微囊中药物的释放及其影响因素

药物微囊化后，要求药物能按预定要求从微囊中释放出来，以达到预期的临床效果。

1. 微囊中药物的释放机制

（1）扩散：微囊携带药物进入机体后，体液渗透进入微囊内溶解药物，药物通过囊壁扩散出来。

（2）囊壁的破裂或溶解：囊壁由于受压、磨损等而破裂或溶解在体液中，而将药物释放出来。囊壁溶解的快慢与囊材的性质及体液的组成、温度、pH 等有关。

（3）囊壁的消化与降解：是指囊壁在体内酶（如胃蛋白酶）的作用下消化降解为代谢产物，而使囊壁破坏，将药物释放出来。

2. 影响药物释放的因素

（1）药物的理化性质：在同样的囊材等条件下，药物的溶解度越大，释放速度越快。若要制得缓释长效的微囊制剂，可将药物制成溶解度较小的衍生物，再进行微囊化。

药物在囊壁 / 水中的分配系数大小也影响药物的释放。如以乙基纤维素为囊材制备以下 3 种药物微囊时，巴比妥钠、苯甲酸及水杨酸在乙基纤维素 / 水中的分配系数分别为 0.67、58、151，释药 50% 所需的时间分别为 22、70、80 分钟，以巴比妥钠最快。

（2）囊材的性质：不同的囊材所形成囊壁的性质也不同，因此会影响药物的释放。如明胶所形成的囊壁，具有网状结构，空隙较大，药物释放也较快；而聚酰胺形成的囊壁，其空隙小（约 1.6nm），药物释放速度比明胶微囊小得多。另外囊壁的厚度越大，药物释放越慢。常用囊材释药速率次序如下：明胶 > 乙基纤维素 > 苯乙烯 > 马来酸共聚物 > 聚酰胺。

（3）工艺条件与剂型：以明胶为囊材制成的微囊，其固化程度影响药物的释放，固化程度越高，药物释放越慢。而固化程度受甲醛的浓度、固化温度、介质 pH、固化时间等因素的影响。

微囊进一步制成其他剂型时，可能会改变微囊原有的性质。如压片后，可能引起微囊破裂或使囊壁变薄，释药速度加快。

（四）微囊的质量评定指标

微囊的质量评定是保证微囊中药物发挥应有作用的重要环节。除应符合《中国药典》中有关制剂的规定外，主要有以下几方面的内容。

1. 微囊的囊形与大小　微囊形态应以圆形、椭圆形为好。大小要均匀，分散性好。微囊粒径要求应根据要制成的剂型及用药途径而定，如制成注射剂时，微囊粒径应符合《中国药典》中混悬注射剂的规定。微囊的形态可用光学显微镜、扫描或透射电子显微镜等观察并提供照片。粒径测定可用自动粒径测定仪、库尔特计数仪，也可用显微镜测定，每个样品测定的微囊个数不少于 500 个。

2. 微囊中药物的释放速率测定方法　可参照现行版《中国药典》中药物释放度测定方法。

3. 药物的包封率和载药量测定　粉末状微囊的载药量，先测定其含药量后计算载药量；对于混悬于液态介质中的微囊，可用离心法或滤过法先将其分离，分别测定液体介质和微囊的含药量后，计算其载药量和包封率。

$$\text{微囊的载药量} = (\text{微囊内的药量} / \text{微囊的总重量}) \times 100\%$$

包封率 = [微囊内的药量 /（微囊内药量 + 介质中的药量）] × 100%

还有包封产率的表示方法：

包封产率 =（微囊内的药量 / 投药总量）× 100%

包封产率取决于采用的工艺。用喷雾干燥法和空气悬浮法制得的微囊的包封产率可达95% 以上，但用相分离法制得的微囊的包封产率常为 20%~80%。包封产率对评价微囊的质量意义不大，通常用于评价工艺。

学习小结

固体分散技术是将难溶性药物高度分散于易溶性固体载体中，从而提高难溶性药物的溶出度。也可将药物分散于难溶性及肠溶性载体材料，可达缓释、长效目的。包合技术是将药物包合于主分子的空穴中，从而达到掩盖不良气味、提高药物稳定性、增加难溶性药物溶出速率及油性药物的固体化等目的。常用的包合材料是环糊精及其衍生物。微囊化技术是将药物包裹于囊材的技术。经典的微囊化方法是单凝聚法和复凝聚法。制成的固体分散体、包合物或微囊一般为中间体，可以根据需要进一步制成胶囊剂、片剂、软膏剂、栓剂以及注射剂等。

复习题

1. 何为固体分散体？固体分散体的载体分哪几类？制备固体分散体的水溶性载体主要有哪些？
2. 简述固体分散体的速效性及缓释性原理。
3. 什么是包合物？环糊精包合物的制备方法有哪些？
4. 简述环糊精在药剂学的应用。
5. 什么是微囊？为什么要将药物进行微囊化？微囊的制备有哪几大类？
6. 什么是单凝聚法和复凝聚法？它们成囊的机制是什么？

（吴琳华）

第十七章

靶向制剂技术

学习目标

1. 掌握靶向给药系统、脂质体、纳米粒、固体脂质纳米粒、纳米乳和微球的概念及特点。
2. 熟悉靶向制剂的分类和靶向性评价参数，脂质体的制备方法和质量评价，纳米粒的制备方法，微球的分类和制备。
3. 了解脂质体的分类、修饰，靶向给药乳剂释药及靶向性的影响因素。

第一节　概　　述

众所周知，大多数药物以常规的剂型给药后，只有少量药物能输送到发挥药理作用的靶器官、靶组织或靶细胞，而多数药物则随着血液循环分布至全身，并有可能在某些部位产生蓄积或毒副作用。20 世纪初叶，德国科学家 Paul Ehrlich 教授发现有些化合物能够特异性地对细菌染色，便提出可以用这些化合物作为靶向分子，将毒素特异性地导入到细菌并杀死细菌，即“神奇子弹”的构想。随着生命科学、高分子材料科学和药物学的快速发展，以这一构想为基础，科学家们针对特定疾病的相关靶点，设计和构建了主要作用于这些靶点的靶向制剂。所谓靶向制剂亦称为靶向给药系统（targeting drug delivery system，TDDS），是指用适当的载体将药物通过局部给药或全身血液循环，选择性地浓集定位于靶组织、靶器官、靶细胞或细胞内结构的药物载体系统。TDDS 能将药物定向输送到靶器官，减少药物在正常组织中的分布，提高疗效，减少药物用量并显著降低对其他组织、器官及全身的毒副作用，提高药品的安全性、有效性、可靠性和患者的顺从性。

TDDS 无论是用于疾病治疗还是诊断，其主要作用就在于改变药物体内分布，即在阻止药物向非靶细胞分布的同时，提高药物在靶细胞中的浓度。一般认为，理想的 TDDS 应具备 3 个特征：①选择性定位浓集于靶组织、靶器官、靶细胞或细胞内特定的细胞器；②控制有效药物浓度在靶部位的滞留时间，即控制药物的释放，以便发挥药效；③载体安全，可生物降解，无残留和毒副作用。从给药系统组成上来讲，理想的靶向给药系统应具备诱导装置、对生物体有特异性识别能力的表面，调整药物浓度水平和调节装置，探测靶向部位的装置，测定药效装置，供应药物的贮藏和药物释放装置等。影响药物制剂靶向性的理化因素包括药物和载体的体积、疏水性和构象；生理因素包括给药部位与给药途径、给药部位和靶向组织里的微循环、靶向组织内细胞类型及靶细胞在组织内部的排列和通透性。

由于靶向制剂能够降低毒性，提高药物的安全性、有效性、可靠性和患者用药顺应性，所以自 20 世纪 70 年代末 80 年代初，人们开始比较全面地研究靶向制剂，包括它们的制备、性质、体内分布、靶向性评价以及药效与毒理。目前成功运用于药物在体内的靶向递送载体有脂质体、纳米粒、纳米（亚微）乳剂、微球、生物相容性聚合物胶束等。靶向识别物质（靶向弹头）主要包括一些内源性或外源性的蛋白质、多肽或糖蛋白；靶向识别可发生在器官水平、特定器官的分子水平，甚至特定细胞的特定组成部分，如细胞表面的特异性表达物或细胞内的细胞器等；靶向识别的机制主要包括物理、化学和生物机制。

一、靶向制剂的分类

TDDS 按传递药物达到靶部位的精确度分为 3 类：①一级靶向制剂，系指进入靶部位的毛细血管床释药；②二级靶向制剂，系指药物选择性地进入靶部位的特殊细胞（如肿瘤细胞）释药，而非其他正常细胞；③三级靶向制剂，系指药物作用于细胞内的特定细胞器，如细胞核或线粒体等。

TDDS 根据药物载体靶向聚集的机制不同，可分为以下 3 类。

1. 被动靶向制剂（passive targeting preparation） 是指由于载体的粒径、表面性质等特殊性以及机体某些器官、组织或细胞的特定功能而使药物聚集于靶部位的制剂。被动靶向主要是相对于主动靶向而言，其与主动靶向制剂的差异主要在于载体不含有“靶向弹头”，即能与靶点特异性结合的靶向分子。普通的微粒给药系统（如脂质体、纳米粒或纳米囊、微球或微囊、乳剂等）具有被动靶向的性能。一定大小（0.1~3μm）的微粒给药系统注入体内后，在系统循环中如果与补体或者调理素分子等相互作用，则易被单核 - 吞噬细胞系统（reticular endothelial system，RES）中的吞噬细胞（尤其是肝的 Kupffer 细胞）捕捉，而被动靶向于富含 RES 的组织器官，如肝、脾等。较大的微粒（7~30μm）不能滤过毛细血管床，被机械截留于肺部；小于 50nm 的微粒可通过毛细血管末梢进入骨髓。微粒的粒径大小与机体组织器官的生理学特性，可使药物被动地浓集于病变部位而产生特定的体内分布特征。

微粒表面性质如荷电性、疏水性质及表面张力等对药物的体内分布也起着重要作用。如带负电荷的微粒，其 ζ 电势的绝对值愈大，静脉注射后愈易被肝的单核 - 吞噬细胞系统截留而靶向于肝；正电荷的微粒易被肺的毛细血管截留而靶向于肺。亲水性的微粒易积集于肺，然而当其吸附免疫球蛋白后使表面具有疏水性，则易靶向于肝。

2. 主动靶向制剂（active targeting preparation） 基于 Paul Ehrlich 教授提出“神奇子弹”的设想，科学家们一直致力于构建像“导弹”一样能将药物精确定向地传递到特定靶部位并发挥药效的药物载体。主动靶向制剂就是用修饰的药物载体作为“导弹”，将药物定向地运送到靶区浓集并发挥药效的制剂。主动靶向制剂的源动力在于微粒载体表面的特殊性，使其能够逃避RES的吞噬作用，而被靶部位识别。如载药微粒表面经亲水性高分子材料PEG修饰后，不易被巨噬细胞吞噬，或因连接有特定的配体可与靶细胞的受体结合，改变了微粒在体内的自然分布，从而到达特定的靶部位；亦可将药物修饰成前体药物，在特定靶区被激活而实现主动靶向。如果微粒要通过主动靶向到达靶部位而不被毛细血管（直径4~7μm）截留，通常粒径不应大于4μm。

3. 物理化学靶向制剂（physical and chemical targeting preparation）是通过设计特定的载体材料和结构，使其能够响应于某些体内外物理或化学条件而释放药物的制剂。如使用对温度敏感的载体材料制成的热敏脂质体，其进入体内后，在局部热疗机的作用下，可使其在靶部位释放药物；应用磁性材料与药物制成磁导向制剂，在足够强的体外磁场引导下，其可随磁力线移动，到达并定位于特定靶区；pH敏感型载体、氧化还原作用敏感型载体等，可通过感知体内特定组织中的微环境而控制药物释放。用栓塞给药系统阻断靶区的血供与营养，起到栓塞和靶向化疗的双重作用，也属于物理化学靶向制剂。

二、靶向性评价

靶向性评价的主要目的是量化药物在靶部位的浓集程度。药物制剂的靶向性可由以下3个参数评价。

1. 相对摄取率 r_e

$$r_e=(AUC_i)_p/(AUC_i)_s \tag{17-1}$$

式（17-1）中，AUC_i 是由浓度－时间曲线求得的第i个器官或组织的药物浓度－时间曲线下面积，下标p和s分别表示所试验的药物制剂和药物溶液。$r_e>1$ 表示所试验的药物制剂在该器官或组织有靶向性；$r_e \leqslant 1$ 表示药物制剂无靶向性。

2. 靶向效率 t_e

$$t_e=(AUC)_{靶}/(AUC)_{非靶} \tag{17-2}$$

式（17-2）中，t_e 值表示所试验的药物制剂或药物溶液对靶器官的选择性。t_e 值 >1 表示所试验的药物制剂对靶器官比非靶器官有选择性；t_e 值愈大，选择性愈强。

3. 峰浓度比 c_e

$$c_e=(C_{max})_p/(C_{max})_s \tag{17-3}$$

式（17-3）中，C_{max} 为峰浓度，下标p和s分别表示所试验的药物制剂和药物溶液。c_e 值表示所试验的药物制剂改变药物分布的效果；c_e 值愈大，表明改变分布的效果愈明显。

对靶向性的评价还需要研究其药动学。由于靶向制剂给药后，药物在靶组织或器官中浓度较高，而血药浓度可能较低。因此，采用仅由血药浓度来评价药物体内过程的传统房室药动学模型就会有所偏颇。此时用生理药动学模型等来描述靶向制剂给药后药物的体内过程则可能更合理。

第二节　脂　质　体

脂质体（liposomes）系指将药物包封于类脂质双分子层薄膜中所制成的超微球型载体制剂。脂质体最早于1965年由英国学者Bangham等提出。他们在研究生物膜时发现，当磷脂分散在水中可自然形成多层囊泡，而且每一层均为脂质的双分子层，各层之间被水相隔开。20世纪60年代末，Rahman等人首先将脂质体作为药物载体应用。随着生物技术的发展，科学家们开始全面细致地研究脂质体，其作为药物载体的制备工艺已逐步完善，作用机制也被进一步阐明。1988年，第一个用于皮肤病治疗的益康唑脂质体凝胶由瑞士Cilag制药公司注册上市；1995年，多柔比星脂质体（Doxil）成为第一个获得FDA批准的抗癌药物脂质体。近年来，柔红霉素脂质体、阿糖胞苷脂质体、制霉菌素脂质体等也相继上市，脂质体在生物医药领域备受青睐并显示出很好的发展前景。

一、概　　述

1. 脂质体的组成材料　脂质体的材料以类脂成分为主，如磷脂和胆固醇等，其中磷脂最常用。

（1）磷脂类：磷脂是脂质体的膜材，是脂质体的主要组成部分，为两亲性物质（图17-1）；其既含有磷酸基（为亲水基团），又含有两个较长的疏水烃基链（为亲油基团）。当将磷脂分散在水中后，与表面活性剂相似，其排列在空气－水的界面上，极性部分在水中，而非极性部分则伸向空气中；当磷脂分子在水中到达一定浓度时，磷脂分子则转入水中，其亲水极性基团面向外侧的水相，而亲油非极性的烃基彼此面对面形成板状双分子层或球状双分子层。

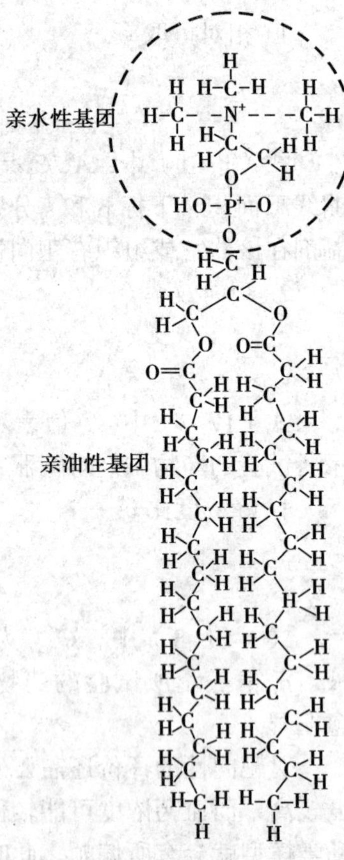

图17-1　磷脂的分子结构式

磷脂根据其来源分为天然磷脂如卵磷脂或脑磷脂，以及合成或半合成磷脂如二棕榈酰磷脂酰胆碱、二肉豆蔻酰磷脂酰胆碱等。国内常用的天然大豆卵磷脂（简称豆磷脂）和蛋黄卵磷脂（简称卵磷脂）都是磷脂类的混合物，其主要成分是卵磷脂，即磷脂酰胆碱。根据制备的脂质体所带电荷不同，磷脂分为中性磷脂如磷脂酰胆碱，负电荷磷脂如磷脂酸、磷脂酰甘油，以及正电荷磷脂如硬脂酰胺等。由天然磷脂（如磷脂酰胆碱）作为主要成分制成的脂质体易氧化与水解，可使药物的包封率降低，渗漏率增加，所以选用合成或半合成磷脂（如氢化磷脂）为好。若要使包载的药物快速释放，应选择具有较高流动性的不饱和磷脂（如大豆卵磷脂）为好。正电荷脂质主要用于制备基因转染的阳离子脂质体。

（2）胆固醇：胆固醇是一种中性脂质，亦属于两亲性物质，其结构中也具有疏水与亲水两种基团，但其疏水性比亲水性强。胆固醇本身不能形成脂质双分子层结构，但它和磷脂是共同构成脂质体的基础物质，具有调节脂质体膜流动性的作用。当用磷脂与胆固醇组成脂质体时，脂质体由磷脂分子与胆固醇分子相互间隔定向排列的双分子层所组成。磷脂分子的极性端呈弯曲的弧形，形似“手杖”，其“手柄”部分与胆固醇分子的极性基团相结合，使亲水基团上接有两种疏水链，其中一个疏水链是磷脂分子中的两个烃基，另一个则是胆固醇结构中的疏水链（图 17–2）。

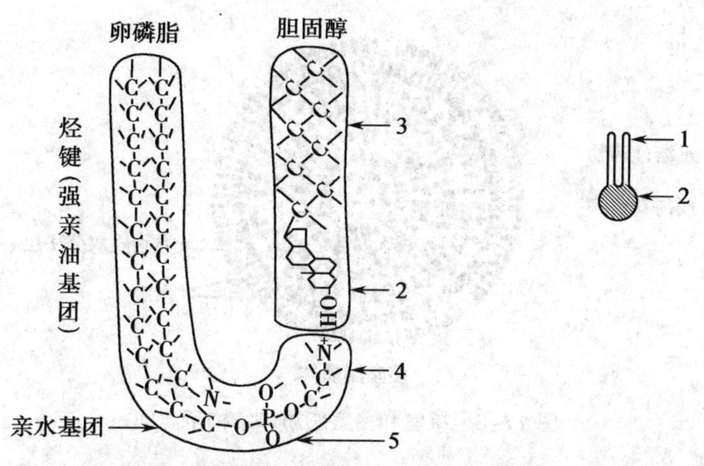

图 17–2 卵磷脂与胆固醇在脂质体中的排列形式

1. 亲油基团；2. 亲水基团；3. 强亲油基团；4. 季铵盐型阳离子部分；5. 磷酸酯型阴离子部分

2. 脂质体的分类

（1）根据脂质体的结构类型分类：①单室脂质体，由一层双分子脂质膜形成的囊泡，根据其粒径大小又可分为小单室脂质体和大单室脂质体。小单室脂质体的粒径为 20~80nm，大单室脂质体的粒径为 0.1~1μm。②多室脂质体，其粒径为 1~5μm（图 17–3）。通常小单室脂质体也可称纳米脂质体。单室脂质体内部包含水溶液，其中可容纳水溶性药物；而脂溶性药物则可存在于双分子层的疏水链部分。

（2）根据脂质体的性能分类：①普通脂质体，由常规的脂质材料制备的脂质体。②长循环脂质体，也称为隐型脂质体，指由神经节苷脂、磷脂酰肌醇或聚乙二醇修饰的脂质体。该类脂质体可降低 RES 的吞噬，延长其在血液中循环时间，使药物作用延长。③特殊功能脂质体，指采用特殊材料修饰或制备的具有特殊功能的脂质体，如热敏脂质体、pH 敏感脂质体、配体修饰的脂质体和免疫脂质体等。

（3）根据脂质体荷电性分类：①中性脂质体，由不带电荷的脂质制备的脂质体；②阳离子脂质体，由带正电荷的脂质制备的脂质体；③阴离子脂质体，由带负电荷的脂质制备的脂质体。

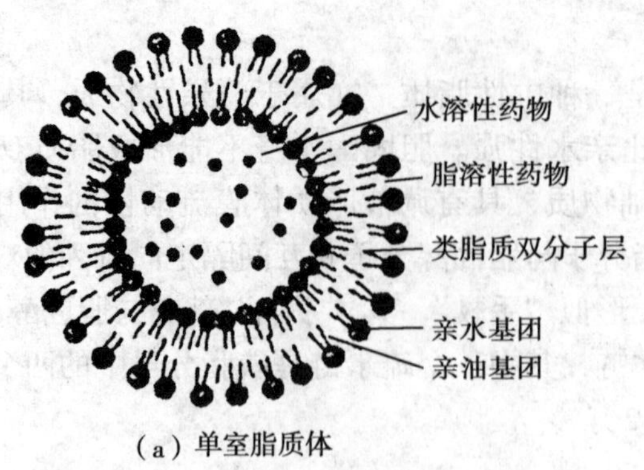

（a）单室脂质体

● 水溶性药物

— 脂溶性药物

类脂质双分子层 (三层)

水膜

（b）多室脂质体

图 17-3　单室和多室脂质体结构示意图

3. 脂质体的重要理化性质

（1）相变温度：脂质体膜的物理性质与介质温度有密切关系。当温度升高时，脂质体双分子层中的酰基侧链可从有序排列变为无序排列，从而引起脂质膜物理性质的一系列变化，如使脂质体的双分子层厚度减小，膜的流动性增加，由“胶晶”态变为“液晶”态，这种转变温度称为相变温度（phase transition temperature）。相变温度取决于磷脂的种类，一般酰基侧链越长或增加链的饱和度则相变温度越高，反之越低。脂质体膜也可以由两种以上磷脂组成，它们各有特定的相转变温度，在一定条件下，它们可同时存在不同的相（即液晶相和胶晶相）而发生相分离。

在相变温度时，膜的流动性增加，被包裹在脂质体内的药物具有较大的释放速率，因而膜的流动性直接影响脂质体的药物释放和稳定性。胆固醇具有调节膜流动性的特点。当介质温度低于相变温度时，胆固醇可使膜减少有序排列，而流动性增加；高于相变温度时，可增加膜的有序排列而减少膜的流动性。

（2）荷电性：含负电荷磷脂如磷脂酸、磷脂酰甘油或磷脂酰丝氨酸等的脂质体荷负电，含正电荷磷脂如硬脂酰胺等的脂质体荷正电。脂质体的表面荷电与其包封率、稳定性、靶器官分布及对靶细胞作用有重要的关系。例如，阳离子脂质体对大多数在正常条件下带有负电荷的细胞膜具有较高的亲和力，并通过胞饮作用进入细胞内，提高细胞的摄取率。另外，阳离子脂质体对带负电荷的 DNA 的压缩作用使之具有较高的转染率，同样也能转运 RNA、核糖体、某些蛋白质以及其他带负电荷的分子和大分子物质进入细胞。再如实验证明负电荷脂质体中的两性霉素 B 在肺中消除半衰期为 4.5 天，而正电荷与中性脂质体中的两性霉素 B 在肺中消除半衰期分别为 15 天和 22 天，提示脂质体的电荷可以影响药物的肺部靶向性。

（3）粒径：脂质体粒径大小和分布均匀程度与其包封率和稳定性有关，并能直接影响脂质体在机体组织的分布。如脂质体的粒径小于 100nm，在血液循环的时间较长；若粒径大于 200nm，则其容易被巨噬细胞作为外来异物而吞噬，从而缩短体内的循环时间。凡影响脂质体聚结稳定的因素，都可能影响脂质体的粒径和分布。其中最主要的是制备方法，如薄膜分散－高压匀质法、薄膜分散－超声法、薄膜分散－挤压法和乙醇注入法等可制备得到小单室脂质体；而薄膜分散－振荡分散法、乙醚注入法等则得到大单室脂质体。

4. 脂质体的作用机制　由于脂质体具有类细胞结构，进入体内易被单核－吞噬细胞系统吞噬。脂质体体内行为的大量实验表明，在正常情况下，脂质体至少与两种蛋白同时作用。一种是所谓的调理素，它被吸附到脂质体表面，是脂质体被单核－吞噬细胞系统的巨噬细胞和血液循环中单核细胞吞噬的媒介；另一种为高密度脂蛋白，它能够除去脂质体双分子层上的磷脂分子，导致脂质体不同程度的破坏，再通过双分子层表面调理素的媒介作用，使失去活性的脂质体和包裹的药物被 RES 截取。脂质体在体内组织分布和细胞水平上的作用机制有以下几种。①吸附：指脂质体通过物理作用，吸附于细胞表面；②脂交换：指脂质体的脂类在细胞膜表面蛋白的介导下，与细胞膜上脂类的极性基团交换酰胺链；③内吞：指脂质体被单核－吞噬细胞系统作为外来异物吞噬的过程，是主要的作用机制；④融合：指由于脂质体的膜材与细胞膜的构成相似，易融合进入细胞内，经溶酶体消化后释放包封的药物；⑤渗漏：脂质体受到纤维细胞、肝癌细胞及肝胆囊等细胞诱导，其包载的药物可发生渗漏释放；⑥磷酸酯酶消化：脂质体可被磷酸酯酶消化，肿瘤组织中磷酸酯酶水平高，因此有利于脂质体在肿瘤组织中释放药物。

5. 脂质体的特点

（1）生物相容性与细胞亲和性：脂质体是类似生物膜结构的泡囊，其主要组成材料磷脂是生物膜的组成部分，很容易被生物体内存在的分解酶分解代谢，所以脂质体无毒、可生物降解，具有很好的生物相容性，可供血管内给药。其与细胞膜组成相似，能显著增强细胞摄取，具有细胞亲和性；可长时间吸附于靶细胞周围，使药物能充分向靶细胞渗透；并可通过融合进入细胞内，经溶酶体消化释放药物。

（2）包载药物范围较广：亲脂性、两性物质及水溶性药物都可以被包裹。同一脂质体中可以同时包载脂溶性和水溶性两种类型药物。

（3）靶向性：巨噬细胞（主要是肝和脾中的 RES）吞噬脂质体，可使其被动靶向于富含单核－巨噬细胞的肝、脾等组织器官中。修饰后的脂质体利用某种物理因素或化学因素（如用药局部的 pH、病变部位的温度等）的改变；或在脂质体上连接某种识别分子（即所谓的配体），进入体内后配体分子特异性地与靶细胞表面的互补分子相互作用，而使脂质体浓集在靶区释放药物。

（4）缓释性：载药脂质体一方面可以发挥药物贮库的作用，使药物从脂质体中缓慢释放；另一方面其在血液中的循环时间通常比游离药物长。因此，脂质体作为药物载体具有长效作用。

（5）提高药物稳定性：不稳定、易氧化的药物被脂质体包封后，其可受到脂质体双层膜的保护而提高体内外的稳定性。

（6）降低药物毒性：药物被脂质体包封后，主要被 RES 的巨噬细胞所摄取，故在肝、脾和骨髓等网状内皮细胞较丰富的器官中有较高浓度，而在心脏和肾中的累积量比游离药物明显降低。因此将对心脏、肾有毒性的药物包封于脂质体中，可明显降低药物的毒性。另外，修饰后的靶向脂质体可使药物浓集于靶部位而减低正常组织的药物分布量，从而降低药物对正常组织的毒性。

（7）脂质体存在的问题：稳定性相对较差、药物易渗漏、工业生产成本相对偏高等，是脂质体作为药物载体存在的主要问题。

6. 脂质体的给药途径

（1）静脉注射：脂质体最常见的给药途径是静脉注射，普通脂质体静注后迅速从血液循环中消除。脂质体的粒径大小、表面荷电和表面修饰等对其消除行为影响较大。

（2）肌内与皮下注射：脂质体由于其结构类似生物膜，因此具有生物膜的特征和功能，与淋巴组织生理学特征相适应。经肌内注射与皮下注射的脂质体近80%储存在注射部位，部分脂质体可以分布于淋巴系统。

（3）口服给药：有些药物以游离形式通过胃肠道时会被破坏或不能被吸收，而包封于脂质体后可提高药物在胃肠道中的稳定性；并且有些脂质体可以在胃肠道内与黏膜细胞融合，进而通过胞饮和胞吞作用促进药物的吸收，提高药物的治疗指数，降低毒性。但胃肠道内环境复杂，且有多种酶的存在使得药物的吸收不稳定。

（4）肺部给药：药物包载脂质体后肺部给药，能有效地减少药物对呼吸道和肺部的刺激性和毒性，增加药物疗效，还可延缓药物释放，克服了气雾剂吸收快、必须频繁给药的缺陷。

（5）经皮给药：脂质体能通过水合、穿透、融合等机制，使亲水性、难渗透皮肤的生物大分子药物透入皮肤，并可维持恒定的释放。也可使药物滞留在表皮与真皮之间，提高局部治疗作用，而减少全身的副作用。柔性纳米脂质体具有整体透皮的特性，其透过皮肤进入血液的量几乎与脂质体皮下注射入血的量相当。

（6）鼻腔给药：脂质体作为一种鼻腔给药系统的新型载体，具有生物黏附性强，延长药物在鼻腔内的滞留时间及滞留量，持续缓慢释药，防止药物被鼻黏膜上的酶降解，避免药物的肝首关效应，加速药物通过鼻黏膜吸收，减少对鼻黏膜的刺激性和毒性等优点。

（7）眼部给药：常规的滴眼剂在眼部不能长时间提供和维持足够的药物浓度，需要频繁给药。而脂质体作为眼部给药载体易与生物膜融合，提高药物滴眼的跨角膜转运效率；局部滴眼脂质体体积较大，不易从泪道排出，增加药物在局部的滞留时间；能通过角膜细胞的吞噬作用进入眼内，也可通过球结膜、巩膜进入眼内，使药物缓慢释放，减少全身吸收，延长局部作用时间，提高药物的生物利用度。

7. 脂质体的应用　由于脂质体具有靶向性、生物相容性好、可提高药物稳定性和缓释作用等优点，所以在生物医药中得到广泛应用。主要包括：①抗肿瘤药物的载体，如多柔比星脂质体等；②抗寄生虫药物载体，如伯氨喹脂质体等；③抗菌药物载体，如两性霉素脂质体；④激素类药、抗结核药物等载体，如泼尼松龙脂质体等；⑤基因药物、解毒剂、酶等的载体；⑥作为影像诊断试剂的载体等。

二、脂质体的制备

1. 脂质体的制备方法　脂质体的制备方法很多，常用的有下列几种。

（1）薄膜分散法：薄膜分散法最早由 Bamgham 报道，是最早、最常用的方法。该方法是将磷脂、胆固醇等类脂质与脂溶性药物溶于三氯甲烷或其他有机溶剂中，然后在烧瓶中减压旋转蒸发除去溶剂，使脂质在器壁形成薄膜；加入含有水溶性药物的缓冲液，不断振摇或搅拌，即可生成脂质体。这样制得的脂质体为多室脂质体，其粒径为 1~5μm。然后可用各种机械方法（如高压匀质法、超声波分散法、挤压法）将其制成粒径更小、更均匀的脂质体。

（2）逆相蒸发法：将磷脂等膜材溶于三氯甲烷、乙醚等有机溶剂中，加入待包封药物的水溶液（水溶液 - 有机溶剂 = 1∶3~1∶6）进行短时超声，直到形成稳定的 W/O 型乳剂，然后减压蒸发除去有机溶剂，使成胶态；滴加缓冲液，旋转使器壁上的凝胶脱落，减压继续蒸发，即得脂质体。本法特点是脂质体的水相容积较大，可大于超声法约 30 倍；适合于包封水溶性药物及大分子生物活性物质，如胰岛素、免疫球蛋白等。

（3）注入法：将磷脂与胆固醇等类脂质和脂溶性药物共溶于有机溶剂中作为油相，水溶性药物加入磷酸盐缓冲液中作为水相。然后将油相经注射器匀速注入已加热至有机溶剂沸点以上的水相中，继续搅拌至挥尽有机溶剂，即得大单室脂质体。大单室脂质体再经超声或高压匀质，可得到单室脂质体。注入法常用的有机溶剂为乙醚和乙醇，根据所用有机溶剂不同，注入法又分为乙醚注入法和乙醇注入法。该法制备脂质体所需时间短，重现性高。然而，由于制备过程中需要加热，所以对热敏感性药物尤其是大分子药物等不宜采用此法。

（4）冷冻干燥法：将磷脂分散于缓冲盐水溶液中超声处理，然后加入冻干保护剂（如甘露醇、葡萄糖、海藻酸等）冷冻干燥，再将干燥物分散到含药物的缓冲溶液或其他水性介质中，即可形成脂质体。冻干保护剂的种类和用量、冻干温度、速度及时间等因素对脂质体的包封率和稳定性有较大影响。冷冻干燥法不使用有机溶剂并且适合包封热敏感性药物。

（5）超声波分散法：将水溶性药物溶于磷酸盐缓冲液中，加入溶有磷脂、胆固醇等类脂质及脂溶性药物的有机溶剂中，搅拌蒸发除去有机溶剂，残液经超声波处理，然后分离出脂质体，再混悬于磷酸盐缓冲液中，制成脂质体混悬液。凡经超声波分散的脂质体，绝大多数为单室脂质体。多室脂质体经超声波进一步处理，亦能得到相对均匀的单室脂质体。应用该法制备的脂质体粒径小。

（6）主动包封法：上述方法为被动包封法，通常制得的脂质体包封率不高，且包封条件不易掌握。主动包封法从根本上改变了难以制备高包封率脂质体的局面。主动包封法最早指 pH 梯度法，在此基础上又发展了硫酸铵梯度法和醋酸钙梯度法。pH 梯度法可通过调节脂质体内外水相的 pH，使内外水相之间形成一定的 pH 梯度差，再利用两亲性的弱酸、弱碱药物能以电中性的形式跨越脂质双层，而其电离形式却不能跨越的原理，使脂质体外水相中的药物自发地向脂质体内部聚集。如多柔比星脂质体，首先以 pH 为 4.0 的枸橼酸缓冲液为水相，磷脂、胆固醇等溶于有机溶剂为油相，采用逆相蒸发法或薄膜分散法制备空白脂质体；再用 1mol/L 的氢氧化钠或碳酸氢钠调节上述空白脂质体悬液的 pH 为 7.8。使脂质体膜内外形成 H^+ 梯度，内部为酸性（pH 4.0），外部为碱性（pH 7.8）；最后将多柔比星用 Hepes 缓冲液（pH 7.8）溶解，在 60℃条件下与空白脂质体悬液孵育 10~15 分钟，即得包封率高达 90% 以上的载药脂质体。

由于基因药物水溶性较大，分子量大，因此采用上述几种脂质体被动包封法制得的包封率很低（1%~20%），造成药物的浪费。然而，由于基因药物带负电荷（磷酸根），因此可以先制备空白带正电荷的脂质体，再将两者按一定量的比例室温混合，通过静电的作用即可得到包封率很高的载基因脂质体。该方法也属于主动包封法。

此外，脂质体制备方法还有钙融合法、冻结融解法、复乳法、熔融法、表面活性剂处理法、离心法、前体脂质体法等，在此不再详细介绍。

2. 脂质体的分离与灭菌

（1）脂质体的分离：脂溶性适当的药物，其脂质体的包封率可在90%以上。然而，对于水溶性药物，多数情况下只能包封小部分药物。对于没有被包封于脂质体中的药物，要将其与载药的脂质体分离，常用的方法如下。①透析法：此方法无需特殊设备且操作简便，能除去几乎所有游离药物（大分子药物除外）；透析介质应选用与脂质体内水相等渗的溶液，以避免因渗透压差引起脂质体内被包封药物的渗漏。②柱色谱法：脂质体混悬液通过凝胶色谱柱使混合液中的游离药物分子与脂质体分离，脂质体因不易进入凝胶颗粒内部，所以先于游离药物分子从凝胶柱上流出，常用的凝胶颗粒有Sephadex G-50等。③离心法：利用脂质体及其分散介质密度的不同而进行分离。由于脂质体与分散介质密度差别很小，所以通常需要超速离心。超速离心对设备要求较高，且离心分离在沉降的过程中由于机械力作用造成粒子的聚集和膜融合使脂质体中药物泄漏。④超滤法：该方法用时短，对游离药物没有稀释作用，有利于脂质体在分离过程中保持稳定。然而，该方法需要超滤设备，并且要考虑在超滤过程中超滤膜对药物的吸附作用以及对脂质体稳定性的影响。除上述方法外，还有微孔滤膜法、微型凝胶柱离心法和鱼精蛋白凝聚法等。

（2）脂质体的灭菌：常用的脂质体灭菌方法包括3种。①滤过除菌：适合于粒径在200nm以下的脂质体以及低黏度的分散相，但需较高的压力；② γ 射线灭菌：是脂质体可以选择的灭菌方法，但该方法可能引起脂质和药物的辐射损伤以及产生毒理学方面的问题；③ 100℃流通蒸汽灭菌。

三、修饰的脂质体

普通脂质体静脉注射后，易被RES识别，很快从体内循环中清除，体内滞留时间降低，而且也无法像“导弹”一样将药物定向输送到特定靶部位。对脂质体表面进行修饰，可有效控制脂质体的性质和生物特征，如：PEG修饰脂质体可避免RES的识别，延长脂质体在体内的循环时间；将脂质体表面连接特定配体（如抗体、多肽、激素、糖等），可特异性地靶向靶细胞，实现主动靶向；热敏感脂质体和pH敏感脂质体则可实现物理靶向。

1. 长循环脂质体　长循环脂质体是指脂质体表面用PEG、神经节苷脂等修饰，可避免被RES吞噬，延长在体内血液循环系统的时间。PEG等掩盖了脂质体疏水性结合位点，增强了脂质体膜的亲水性，提高了空间立体位阻，减少了血浆蛋白与脂质体膜的相互作用，阻止了脂质体的凝集和融合，降低了脂质体被巨噬细胞吞噬的可能性，从而增加脂质体的血液循环时间，有利于肝、脾以外组织或器官的靶向性。

2. 免疫脂质体　免疫脂质体是指在脂质体表面连接上某种抗体，使其具有对靶细胞分子水平上的识别能力，提高脂质体的专一靶向性。免疫脂质体还可以提高人体免疫功能，增强脂质体结合于靶细胞能力和释药能力。

3. 糖基脂质体　糖基脂质体是指将糖基连接到脂质体表面。糖基的种类不同，其靶向性也不同，如半乳糖修饰的脂质体可被肝实质细胞摄取，甘露糖修饰的脂质体可被K细胞摄取，而氨基甘露糖衍生物修饰的脂质体易在肺部聚集。

4. 热敏感脂质体　利用脂质体具有相变温度的性质，可制成热敏感脂质体。脂质体达到相变温度时，磷脂从胶态过渡到液晶态，膜的通透性大大增加，此时包封的药物释放速率亦增大，而低于相变温度时则释放减慢。将不同比例类脂质的二棕榈酸磷脂和二硬脂酸磷脂混合，可制得不同相变温度的脂质体。甲氨蝶呤热敏感脂质体，在局部微波加热的肿瘤部位，其摄取量增大 10 倍以上，抑制肿瘤生长的效果较好。

5. pH 敏感脂质体　利用肿瘤间质液的 pH 比周围正常组织显著低的特点，设计了 pH 敏感脂质体。这种脂质体又称为酸敏感脂质体，可用对 pH 敏感的类脂（如十七烷酸磷脂）与其他脂质混合制成。在低 pH 条件下，可导致脂肪酸羧基的质子化，引起六方晶相（非相层结构）的形成而使膜融合，药物被释放出来。此外，细胞摄取脂质体主要通过胞吞途径，但脂质体与其内含物遇到溶酶体即被降解；而 pH 敏感脂质体通过静电吸附与细胞膜产生非专属性相互作用，在一定程度上避免溶酶体降解并增加转运效率。

6. 磁性脂质体　磁性脂质体是指将药物和铁磁性物质包载于脂质体内的一种磁导向药物传递系统。磁性脂质体进入体内后，在足够的体外磁场引导下，随血流运行，对肿瘤实施引导定位治疗，使药物在磁场存在下能够短时间持续地浓集于病灶靶部位，迅速释放产生药效；同时由于在其他部位分布较少，故能降低毒副作用。

四、脂质体的质量评价

1. 形态、粒径及其分布　脂质体的形态应为封闭的多层囊状或多层圆球体，可采用光学显微镜法观察，小于 2μm 时须用扫描或透视电子显微镜观察，均应提供照片。测定粒径可采用光学显微镜法、电感应法、光感应法或激光衍射法等。

2. 载药量和包封率　测定载药量（loading efficiency，LE）是指脂质体内含药物重量的百分率，可用式（17–4）计算。包封率（encapsulation efficiency，EE）指包入脂质体内的药物量与体系总药物量的百分比，测定包封率时需要分离载药脂质体和游离药物。包封率用式（17–5）计算。

$$\text{载药量}=\frac{\text{包封于脂质体内的药物量}}{\text{载药脂质体的总重量}}\times 100\% \tag{17–4}$$

$$\text{包封率}=\frac{\text{药物总量}-\text{介质中未包入的药量}}{\text{药物总量}}\times 100\% \tag{17–5}$$

3. 渗漏率测定　分散在液体介质中的脂质体，其不稳定主要表现为渗漏，所以可用渗漏率表示在贮存期间脂质体的包封率变化情况。按式（17–6）计算渗漏率：

$$\text{渗漏率}=\frac{\text{贮存后渗漏到介质中的药量}}{\text{贮存前包封的药量}}\times 100\% \tag{17–6}$$

4. 体外释放度及突释测定　脂质体中药物的释放速率与脂质体的通透性有关。体外释药速率的测定可初步了解其通透性的大小，以便调整脂质体的释药速率。目前采用的有透析法及试管离心法，前者系将样品装入透析袋中，于 37℃水浴中进行，袋外用循环液或搅拌，每间隔一定时间取样测定含量；后者用试管振荡，每间隔一定时间取样测定含量。体外释放试验时，表面吸附的药物会快速释放，称为突释效应。开始 0.5 小时内的释放量要求低于 40%。

5. 脂质体氧化程度 检查磷脂容易被氧化，这是脂质体的突出问题。在含有不饱和脂肪酸的脂质混合物中，磷脂的氧化分 3 个阶段：单个双键的偶合；氧化产物的形成；乙醛的形成及键断裂。因为各阶段产物不同，氧化程度很难用一种试验方法评价。2010 年版《中国药典》采用氧化指数为指标。

氧化指数的测定：氧化偶合后的磷脂在波长 230nm 左右具有紫外吸收峰而有别于未氧化的磷脂。测定脂质体的磷脂时，氧化指数应控制在 0.2 以下。

具体方法：将磷脂溶于无水乙醇配成一定浓度的澄明溶液，分别测定在波长 233nm 及 215nm 的吸光度，由式（17–7）计算氧化指数：

$$\text{氧化指数}=A_{233\text{nm}}/A_{215\text{mm}} \qquad (17\text{–}7)$$

6. 靶向性评价 靶向制剂应提供靶向性的数据，如药物体内分布数据及靶向性评价的 3 个参数（本章第一节所述）等。

第三节 纳 米 粒

纳米粒（nanoparticles）的粒径为 10~100nm，药物可以溶解、包裹于高分子材料中形成载体纳米粒。20 世纪 70 年代，药剂工作者开始使用非生物降解以及生物可降解聚合物材料制备纳米粒。纳米粒可分为骨架实体型的纳米球（nanospheres）和膜壳药库型的纳米囊（nanocapsules）。粒径在 100~1000nm 范围的微粒称为亚微粒（submicroparticles），也可分为亚微囊（submicronanocapsules）和亚微球（submicrospheres）。

一、概 述

1. 纳米粒的特点 由于其载体为纳米级，通常具有以下特点：①物理稳定性好，便于加热灭菌和储存；②靶向性，静脉注射纳米粒后可被 RES 作为异物而吞噬，被动靶向肝、脾和骨髓等；③纳米粒表面积大，界面活性高，可对其表面进行修饰，主动靶向分布于靶部位；④增加药物的吸收，由于纳米粒表面积大，并可能还具有特殊的表面性能（如生物黏附性、电性等），有利于增加在黏膜、角膜等吸收部位的接触时间和接触面积，故可增加药物的吸收和提高药物的生物利用度；⑤改变药物的膜转运机制，增加药物对生物膜的透过性，有利于药物发挥药效；⑥控制药物释放，黏膜给药具有显著的缓释作用，可延长药物作用时间。另外，由于肿瘤细胞对纳米粒的吞噬作用、纳米粒对肿瘤血管壁的生物黏附性，以及纳米粒能从肿瘤部位有隙漏的内皮组织血管中逸出并滞留在肿瘤内，导致纳米粒在肿瘤中易于聚集，所以纳米粒作为抗癌药物载体具有很好的应用前景。

2. 纳米粒制剂的应用 药物制成纳米粒可隐藏本身的理化性质，其体内过程依赖于纳米粒的理化性质。因此，纳米粒具有特殊的应用价值并且在生物医药领域中应用较多。纳米粒用作药物载体主要用于：①作为抗肿瘤药物载体，纳米粒可提高药物在肿瘤部位的浓度和滞留时间，从而提高疗效，降低毒副作用。②用于抗感染药物的载体，纳米粒可提高抗生素和抗真菌、抗病毒药在感染部位的积蓄及治疗细胞内微生物感染。③作为口服制剂，纳米粒可防止多肽、蛋白类药物在消化道的失活，提高药物口服稳定性；而且可以增加药物的吸收，提高生物利用度。④作为黏膜给药的载体，一般滴眼剂在眼部的滞留时间短，需要频繁给药。纳米粒滴眼剂会黏附于结膜和角膜，可显著延长作用时间，同时制备纳米粒的材料多为亲脂性高分子化合物，较容易通过角膜，使房水和角膜组织中药物浓度增加，有利于药物对眼部病症的治疗。纳米粒还可用于鼻黏膜、经皮吸收（作为微贮库在角质层贮藏）等给药途径的制剂，均能延长或提高药效。⑤用于基因输送的载体，纳米粒可将 DNA、RNA 等基因治疗分子包裹其中或由静电相互吸引或吸附其表面形成复合物，在细胞摄取作用下，纳米颗粒进入细胞内，释放基因治疗分子，发挥其治疗效能。

二、纳米粒的制备

制备纳米粒的方法很多，常见的有乳化聚合法、天然高分子凝聚法、液中干燥法及自动乳化法等，现简述如下。

1. 乳化聚合法　以水作连续相的乳化聚合法是目前制备纳米粒的主要方法之一。将单体如氰基丙烯酸烷酯等分散于水相中，之后单体分子进入到胶束内或乳滴中，遇 OH^- 或其他引发剂分子或经高能辐射发生聚合，胶束及乳滴作为提供单体的仓库，乳化剂对相分离以后的纳米粒起防止聚集的稳定作用。聚合反应终止后，经分离呈固态。药物可以在加入单体前先溶于介质中，也可以在聚合反应最后加入。常见的聚氰基丙烯酸烷酯纳米粒由氰基丙烯酸烷酯单体聚合而得。由于聚氰基丙烯酸烷酯与人体组织具有良好的相容性，已被用作外科手术中的组织黏合剂，其降解产物为水溶性的聚氰基丙烯酸，不能蓄积于组织内而从尿中排泄。其在室温下的聚合反应以水中 OH^- 离子与氰基丙烯酸烷酯发生亲核反应而聚合成纳米粒。溶液 pH、单体浓度及稳定剂种类（如右旋糖酐、泊洛沙姆、聚山梨酯和 SO_2 等）是影响粒径的重要因素。如以氰基丙烯酸异丁酯为单体，应用乳化聚合法制备的聚氰基丙烯酸异丁酯纳米粒，其平均粒径为 200~300nm；该纳米粒稳定性高，经 120℃加热 20 分钟灭菌，粒径不发生变化。

2. 天然高分子凝聚法　天然高分子材料可由化学交联、加热变性或盐析脱水法凝聚成纳米粒或纳米囊。

（1）白蛋白纳米球：采用加热交联固化法制备，制备工艺是将白蛋白与药物（或同时还有磁性粒子做成的磁性纳米球）溶于或分散于水中作水相，在 40~80 倍体积的油相中搅拌或超声得 O/W 型乳状液，将乳状液快速滴加到热油（100~180℃）中并保持 10 分钟；白蛋白变性形成含有水溶性药物（或还有磁性粒子）的纳米球，再搅拌并冷至室温；加乙醚分离纳米球，离心，再用乙醚洗涤，即得。该法制备的白蛋白纳米球的粒径及其分布基本不受白蛋白的浓度、乳化时间、水 / 油两相体积比等因素影响。该法常用的油相有液状石蜡或棉子油等。

（2）壳聚糖纳米粒：壳聚糖纳米粒常用的制备方法有乳化 - 交联法、凝聚 - 沉淀法、喷雾干燥法、乳滴聚集法、粒子凝胶法和反向胶束法等。壳聚糖分子中含—NH_2，在酸性条件下带正电荷，用带负电荷的多聚磷酸钠作为交联剂，可使壳聚糖凝聚得到带负电荷的纳米粒。该方法制备工艺简单，条件温和，不需要有机溶剂，制备的纳米粒粒径均匀。

（3）明胶纳米球：明胶溶液与油相乳化成 W/O 型乳状液，再将明胶乳滴冷却至胶凝点以下用甲醛交联固化，即得明胶纳米球。该法可用于对热敏感的药物。如将含有丝裂霉素的明胶溶液在芝麻油中乳化，将形成的乳状液在冰浴中冷却，使明胶乳滴完全胶凝，再用丙酮稀释，用 50nm 孔径的滤膜过滤，弃去粒径较大的纳米球。用丙酮洗去纳米球（≤ 50nm）上的油，加 10% 甲醛的丙酮溶液，使纳米球交联 10 分钟，丙酮洗涤，干燥，即得粒径范围在 100~600nm、平均粒径 280nm 的单个纳米球。

3. 液中干燥法　液中干燥法也称溶剂挥发法或乳化—溶剂蒸发法。系将聚合物和疏水性药物溶于有机溶剂中，加入水和表面活性剂进行乳化，然后在温度、压力及连续搅拌作用下使有机溶剂蒸发，再进行离心或冷冻干燥回收纳米粒。该方法可用于包载亲水药物和疏水性药物，尤其适合水溶性大分子药物如蛋白，多肽类药物等。制备过程中可通过控制搅拌速率、分散剂的种类和用量、有机相与水相的比例和黏度、温度等调节纳米粒的粒径。

4. 自动乳化法　将聚合物溶于与水部分混溶的有机溶剂和与水完全混溶的有机溶剂所组成的二元溶剂体系（如二氯甲烷和丙酮）中，再加到含乳化剂的水相中并搅拌。在乳化剂存在下，乳状液中的乳滴由于界面能降低和界面骚动（水溶性溶剂的自发扩散形成界面湍流），形成更小的纳米级乳滴，接着再固化（如溶剂蒸发）、分离，即得纳米粒。

三、纳米粒的修饰

纳米粒粒径小，表面积大，界面活性高，易对其表面进行修饰。纳米粒表面的修饰有：① PEG 修饰纳米粒，有助于减少血浆蛋白吸附和巨噬细胞的吞噬。当 PEG 含量为 5%~10% 时，纳米粒吸附血浆蛋白最少，被巨噬细胞吞噬也最少；当 PEG 含量超过 10%，纳米粒的蛋白吸附量及巨噬细胞吞噬量均不会有明显减少。②聚山梨酯 80 修饰纳米粒，可增加药物对血脑屏障的渗透，显著提高药物的浓度。③壳聚糖和卡波普等生物黏性聚合物进行表面修饰，可赋于纳米粒生物黏附特性。口服给药后可以黏附在胃肠黏膜上，延长在消化道内的滞留时间，增加药物的吸收，提高生物利用度，比普通纳米粒的药理作用更强、更长效。④靶向分子修饰纳米粒，可使载药纳米粒主动靶向于靶器官、组织或细胞等，提高药物疗效，降低药物在非靶部位的分布及毒副作用。

四、固体脂质纳米粒

固体脂质纳米粒（solid lipid nanoparticle，SLN）是 20 世纪 90 年代中期兴起的一种新型纳米给药系统，它是以生物相容性好、固态天然或合成的高熔点类脂为骨架材料，将药物包裹于类脂核中制成粒径为 50~1000nm 的载药系统。SLN 既具有聚合物纳米粒的物理稳定性高、药物泄漏少、缓释性好的特点，又兼有脂质体毒性低、易于大规模生产的优点。SLN 主要适合于亲脂性药物，亦可通过将亲水性药物酯化等方法制成脂溶性强的前体药物后，再制备 SLN。常用于制备 SLN 的方法包括熔融 – 匀化法、冷却 – 匀化法和纳米乳法等。SLN 的水分散系统可以进行高压灭菌或 γ 辐射灭菌。

第四节　靶向乳剂

一、概　述

靶向给药乳剂指用乳剂为载体，传递药物定位于靶部位的微粒分散系统。乳剂的靶向性特点是它对淋巴具有亲和性。乳剂经肌内、皮下或腹腔注射后不进入肝循环，易聚集于附近的淋巴器官，使药物具有淋巴定向性，是目前将抗癌药物运送至淋巴器官有效的剂型，并且血药浓度较低，可降低药物的全身毒性。乳剂在肠道吸收后进入小肠淋巴，并经胸淋巴管进入体循环，避免经肝的首关效应，可以提高药物的生物利用度。如果淋巴系统可能含有细菌感染与癌细胞转移等病灶，将药物输送到淋巴就更有必要。靶向给药乳剂作为静脉给药载体，具有提高药物稳定性、延长药物作用时间、降低毒副作用，使药物具有缓释、控释及靶向性等特点。

二、靶向给药乳剂释药及靶向性的影响因素

1. 乳滴粒径和表面性质　乳滴的粒径影响 RES 的摄取和载脂蛋白与乳滴的结合，也决定其是否能由血管内转运到血管外。乳剂仅在有不连续毛细血管的器官如肝、脾和骨髓可以透过毛细血管到达血管外的细胞。在这些组织中，乳剂的外渗由其粒径大小决定，因为毛细血管内壁上最大的孔径仅为 100nm。Kurihara 等研究表明，大鼠静脉注射不同粒径的抗肿瘤药物 RS-1541 亚微乳后，小粒径（94~112nm）乳剂减少了 RES 的摄取，延长了血液循环时间；而大粒径乳剂（415~474nm）则易被摄取，血液循环时间缩短。乳滴表面的电荷不同，可使得乳剂体内分布特征发生改变。Klang 等用十八酰胺和去氧胆酸分别制备了阳离子乳剂和阴离子乳剂，小鼠体内分布显示，阳离子乳剂在肺中分布量高，体内滞留时间长；而阴离子则在肝脏中分布较多。

2. 油相的影响　一般油的含量愈高释药愈慢，急性毒性愈低。油相的黏度愈低，物质从外相进入内相的速率愈高，油膜也愈易破裂或形成漏隙，稳定性差。不同油相制成的 W/O/W 型复乳释药速率顺序是：肉豆蔻酸异丙酯 > 十六烷 > 十二烷 > 辛烷。油相不同的复乳在胃内滞留时间也不同，短直链（C2–C8）的饱和脂肪酸酯对胃内滞留时间无明显影响，而长链脂肪酸酯则滞留时间延长。

3. 乳化剂的用量和种类　Lenzo 等分别用卵磷脂，二油酰 –、二肉豆蔻酰 –、二棕榈酰 – 或 1– 棕榈酰 –2– 油酰磷脂酰胆碱（EYPC、DOPC、DMPC、DPPC 和 POPC）5 种乳化剂制备了乳剂。结果表明，用 DPPC 制备的乳剂血浆清除率最低，EYPC 和 POPC 制备的乳剂清除最快；DSPC– 乳剂则肝脏靶向作用最显著。又有文献报道，以 1–O– 烷基甘油 / 磷脂作为乳化剂制备了卡马西平乳剂，小鼠体内分布表明，脑组织药物浓度与血清药物浓度比率大于 3，该乳剂表现出显著的脑靶向性。

4. 乳剂的类型　尽管 W/O 型和 O/W 型乳剂都有淋巴定向性，但两者的靶向程度有差

别。如丝裂霉素 C 乳剂在大鼠肌内注射后，W/O 型乳剂在淋巴液中的药物浓度明显高于血浆，且淋巴液 / 血浆浓度比随时间延长而增大；O/W 型乳剂则与水溶液差别较少，药物浓度比在 2 上下波动。又如将氟尿嘧啶的复合乳剂与单纯乳剂分别注入组织间隙后，在所属淋巴结内的药物浓度，乳浊液比溶液高，且不同类型乳剂的淋巴浓度顺序为 W/O/W 型 > W/O 型 > O/W 型。

5. 给药途径　油状药物或亲脂性药物制成 O/W 型乳剂及 O/W/O 型复乳静脉注射后，药物可在肝、脾等 RES 丰富的组织器官中浓集。水溶性药物制成 W/O 型乳剂及 W/O/W 型复乳经口服、肌内或皮下注射后，易聚集于附近的淋巴器官、浓集于淋巴系统。

三、纳　米　乳

纳米乳（nanoemulsion）是指由油、水、乳化剂和助乳化剂组成的，具有各向同性、外观澄清的热力学体系，粒径范围为 10~100nm。纳米乳外观透明，乳滴多为球形，大小比较均匀，经热压灭菌或离心不分层。根据表面活性剂、化学组成和连续相的不同，纳米乳分为水包油（O/W）和油包水（W/O）两种不同的分散状态。纳米乳作为药物载体，其优点主要包括：①能够提高难溶性药物的溶解度，保护易水解药物，其对药物的增溶作用一般认为在于油相对药物的溶解度较大或表面活性剂的增溶作用；②不易受血清蛋白的影响，在血液中循环时间长；③具有很好的靶向作用，尤其是肝靶向作用和淋巴靶向作用，既能够提高疗效又能够降低药物的毒副作用，是抗癌药物的良好载体；④促进药物（如多肽类药物）的口服吸收，提高生物利用度；⑤影响皮肤的结构，增加药物对皮肤的渗透，可用于透皮给药系统。纳米乳作为给药系统的问题在于高浓度的表面活性剂和随之产生的毒性以及对高熔点物质增溶的有限性。

第五节　微　　球

微球（microspheres）系指药物溶解或分散在高分子材料中形成的骨架型微小球状实体。通常粒径 1~250μm 的称微球，而粒径 0.1~1μm 的称亚微球，粒径 10~100nm 之间的称纳米球。微球不但具有非靶向的特点如缓释长效，提高药物稳定性，掩盖药物的不良臭味和降低刺激性及毒副作用，提高生物利用度等特点，又具有靶向性，因此其具有广阔的应用前景。目前已经开发上市的微球产品有亮丙瑞林微球、生长激素微球、阿奇霉素微球、人胰岛素微球、纳曲酮微球和非诺贝特微球等。

一、靶向微球分类

由于靶向原理不同，靶向微球可分为 3 类。①普通注射用微球：这类微球经静脉或腹腔注射后，由于体内的生理作用而使微球选择性地聚集于肝、脾、肺等部位，属于被动靶向制剂。其中粒径小于 1μm 时被 RES 吞噬而浓集于肝、脾，如大于 7~10μm 的微球通常被肺的最小毛细血管床以机械滤过方式截留，继而被巨噬细胞摄取进入肺组织或肺气泡。②栓塞性微球：将大于 12μm 的微球注射于肿瘤部位的动脉血管内，微球将随血流滞留于肿瘤周围的毛细血管中，既可阻断肿瘤部位的供血和营养，又能定位释放药物，提高治疗效果。③磁性微球：将磁性铁粉包入微球中，在外磁场引导下，使其在体内移动并浓集定位于靶位释药。

二、微球的制备

微球所用高分子材料及制备技术与微囊有相似之处，如喷雾干燥法、相分离法和液中干燥法等。喷雾干燥法是将药物与材料混合溶液喷入干燥室内，同时送入干燥室的热空气流使液滴中的水分快速蒸发、干燥，即得微球。将所得微球再进行热变性处理，可得到缓释微球。喷雾干燥法具有操作简便快捷、条件温和、微球形成速度快等优点，有利于微球的大量生产，是微球制备工业化最有希望的途径之一；其既适用于疏水性药物，也适用于亲水性药物。液中干燥法中的 O/W 型溶剂挥发法多用于制备水不溶或难溶药物的微球；O/O 型溶剂挥发法是专为水溶性药物设计的；W/O/W 复乳溶剂挥发法也适用于水溶性药物，尤其是蛋白质及多肽类药物。

乳化固化法通常以药物和天然高分子材料（如明胶、白蛋白、壳聚糖）为水相，与含乳化剂的油相搅拌乳化，形成稳定的 W/O 型或 O/W 型乳状液，然后使乳剂内相固化并分离微球，这是现有制备方法中较为普遍而简单的方法。使内相固化的方法有加热固化法和化学交联固化法。加热固化系利用蛋白质受热凝固的性质，可在 100~180℃的条件下加热，使白蛋白固化并分离制备微球。化学交联固化法是应用化学交联剂如甲醛、戊二醛等使白蛋白、明胶等载体材料固化（发生胺醛缩合或醇醛缩合反应）而制备微球，适用于对遇热不稳定的药物。

三、栓塞性微球

动脉栓塞是通过插入动脉的导管将栓塞剂输入到靶组织或器官的一种医疗技术。如果靶组织为肿瘤，则由于栓塞使肿瘤血管闭锁，切断对肿瘤组织的血供与营养，使肿瘤细胞缺血坏死。如栓塞剂中含有抗肿瘤药物，则药物在栓塞部位逐渐释放，使药物在肿瘤组织中保持较高的浓度与较长的时间，故可大大提高抗肿瘤药物的疗效，降低其毒副作用，此种情况也称为栓塞化疗，即具有化疗与栓塞双重作用。栓塞性微球根据载体材料分为可生物降解类栓塞性微球和非生物降解类栓塞性微球。可生物降解的动脉栓塞微球载体主要有白蛋白微球、明胶微球、聚乳酸微球、淀粉微球、壳聚糖微球、白及胶微球、褐藻胶微球等。可生物降解类栓塞性微球除有可靠的栓塞作用外，还具有以下几个优点：①药物微球在降解过程中体积不断缩小，可进入更小的血管进一步阻断血流；②降解后血管再通，进行多次栓塞治疗，对那些效果较好的患者非常有益；③可降解性药物微球在体内血清酶或组织酶作用下逐渐降解，药物缓慢释放，微球起着药泵的作用。非生物降解的动脉栓塞微球栓塞后持久停留，具有强大的栓塞作用。此类微球用于术前辅助栓塞和永久性栓塞，常用的基质材料主要有乙基纤维素和聚乙烯醇。

栓塞微球具有易注射、易控制、栓塞作用彻底持久、不易形成侧支循环、无选择性等优点，因此在肿瘤治疗和止血方面有重要的应用价值。

1. 肿瘤治疗　微球作为介入疗法中的动脉栓塞剂具有重要应用价值，尤其肝动脉栓塞是目前治疗无法手术的中晚期肝癌的首选疗法。将微球经超选择动脉导管输入，使之栓塞在肝癌邻近的肝动脉内，闭锁肿瘤血管，切断肿瘤细胞的供养。可栓塞至小动脉（直径小于

100μm）水平，栓塞后可使肝动脉血流减少 80%~100%，而且很少引起侧支循环，可导致肝癌组织缺血、缺氧最后坏死。另一方面，由于微球中抗癌药在栓塞部位逐步释放，可使药物在肿瘤组织中保持较高的浓度和较长的作用时间，从而可提高疗效，降低对其他器官的毒副作用，并且不会产生肝功能衰竭。

2. 止血介入　栓塞止血在临床上越来越受到重视，尤其是对于一些急性出血患者，利用内科手段达不到止血目的或外科手术治疗后又复发出血的患者，微球动脉栓塞是唯一可选的途径。在动脉造影下确定出血动脉，然后作超选择靶动脉插管，用栓塞微球栓塞小动脉，从而起到止血的效果。

四、磁性微球

磁性微球是将药物和磁性物质共同包裹于高分子聚合物载体中制成的微球。磁性微球进入体内后，在外磁场作用下可使微球聚集于病变部位，提高靶区内的药物浓度和药物疗效，减少用药剂量，降低全身毒副作用。磁性微球除了用于实体瘤的治疗以外，亦可用于净化骨髓，除去骨髓中的癌细胞。如含超微磁粒的盐酸多柔比星蛋白微球，经动脉注射后，在靶区体外磁场引导下，其药物浓度比静脉注射同剂量的游离多柔比星高出 100 倍。

目前常用的磁性载体材料为：①单质，如纯铁、钴、镍，钐等；②合金，如铁镍合金、铁铝合金；③氧化物，如 CoO，Fe_2O_3，Fe_3O_4，Mn_2O_3，$BaFe_{12}O_{19}$ 以及 CoMnP 等；④混合磁性材料，如由铁（79%）、铬（10%）、碳（1%）、镁（9%）、硅（1%）或由钐（Sm）和钴（Co）组成，这些物质具有较高的磁导率。其中铁的氧化物（Fe_3O_4，γ-Fe_2O_3）因其低毒（LD_{50} 约 2000mg/kg，远远高于目前临床应用剂量）、易得等特点，通常被用作磁性聚合物微球的磁性组分。磁性微球的制备方法有：①一步法，在成球前加入磁性物质，聚合物将磁性物质包裹成球；②两步法，先制成微球，再将微球磁化。

学习小结

靶向制剂亦称为靶向给药系统，是指用适当的载体将药物通过局部给药或全身血液循环，选择性地浓集定位于靶组织、靶器官、靶细胞或细胞内结构的药物载体系统。成功的靶向制剂应具备选择性定位浓集、控制药物释放和安全、无毒可生物降解 3 个特征。靶向制剂分为被动靶向制剂（包括脂质体、纳米粒、纳米乳等）、主动靶向制剂（包括修饰的脂质体、纳米粒等）和物理化学靶向制剂（包括磁性靶向、栓塞靶向、热敏靶向和 pH 敏感靶向等）。靶向性评价的主要参数有相对摄取率 r_e、靶向效率 t_e 和峰浓度比 c_e。脂质体作为药物载体，具有靶向性、缓释性、可降低药物毒性、提高药物稳定性和细胞亲和性与组织相容性的特点。纳米粒粒径小，表面积大，界面活性高，更易对其表面进行修饰且稳定性高，作为药物载体有其特殊的作用。靶向给药乳剂以乳剂为载体，传递药物定位于靶部位，其对淋巴具有高的亲和性。微球既具有非靶向的特点如缓释长效，提高药物稳定性，掩盖药物的不良臭味和降低刺激性及毒副作用，提高生物利用度等，又具有靶向性，因此有广阔的应用前景。

复习题

1. 什么是靶向给药系统？理想的靶向给药系统应具备哪些特征？
2. 脂质体的特点和重要理化性质分别有哪些？
3. 如何设计主动靶向给药系统？
4. 简述被动靶向的机制。
5. 纳米粒作为药物载体主要用于哪些方面？
6. 何为纳米乳？纳米乳有哪些优点？
7. 简述栓塞性微球和磁性微球各自的作用机制。

（赵永星）

第十八章

生物技术药物制剂

学习目标

1. 掌握生物技术和生物技术药物的概念，蛋白质、多肽类药物制剂的种类和制备方法。
2. 熟悉蛋白质、多肽类药物的特点、理化性质及稳定性。
3. 了解蛋白质、多肽类药物制剂的质量评价方法，基因药物制剂的相关内容。

第一节　概　　述

一、生物技术及生物技术药物

生物技术（biotechnology）是21世纪的高新技术之一，其为对有机体的使用操作技术。生物技术又称生物工程，是应用生物体（包括微生物、动物细胞、植物细胞）或其组成部分（细胞器和酶），生产有价值的产物（例如药物）或进行有益过程的技术。生物技术主要包括基因工程、细胞工程和酶工程，此外还有发酵工程（微生物工程）与生化工程。

第一个利用生物技术生产的药物是1982年在美国上市的重组人胰岛素。随着现代生物技术的飞速发展，特别是随着分子克隆、基因重组以及生物工程和细胞大规模培养等关键技术的突破，已有越来越多的生物技术药物进入临床应用，成为防病、治病药物的一个重要组成部分。

生物技术药物（biotechnology drugs）一般是指采用现代生物技术，借助某些微生物、植物或动物而获得的药品。采用DNA重组技术或其他生物新技术研制的蛋白质或核酸类药物，均称为生物技术药物，也被称为生物工程药物。生物技术药物主要包括重组细胞因子类药物、重组激素类药物、重组溶栓药物、基因工程疫苗、治疗性抗体、基因药物和反义核苷酸等，其中以重组细胞因子类药物为数最多。

最早期的生物技术药物，主要是指应用重组DNA片段或基因变异等技术，生产表达出来的药物，主要是蛋白质/多肽类药物。随着研究的不断深入，生物技术药物的结构和应用范围不断拓展，融合、重组细胞及病毒等的药品也陆续上市。目前已上市的生物技术药物主要包括蛋白质和多肽类药物、核酸类药物、多糖类药物三大类，其中仍以蛋白质和多肽类药物占大多数。因此，本章主要对蛋白质和多肽类药物的性质及给药系统等方面内容进行详细阐述。

二、生物技术药物及其剂型的研究、生产和使用概况

近二十几年来，生物技术在医药领域的应用取得了惊人的成就，已有不少生物技术药物获准应用于临床，特别是对于某些合成药物难以奏效的疾病，生物技术药物往往能取得较好的疗效。表 18-1 列举了美国 FDA2006—2008 年批准生产的生物技术药物，其中主要为多肽 / 蛋白质类药物。

表 18-1　FDA 2006—2008 年批准生产的生物技术药物产品

产品	批准时间	适应证
plerixafor，普乐沙福，趋化因子受体 CXCR4 拮抗剂	2008.12	促进造血干细胞移动到血流内，自体移植患者
bendamustine，苯达莫司汀，双功能基烷化剂	2008.11	非霍奇金淋巴瘤等
tenofivir，替诺福韦，核苷酸类逆转录酶抑制剂	2008.8	乙型肝炎
romiplostim，罗米司亭，血小板生成素拟肽	2008.8	慢性血小板减少症
bendamustine，苯达莫司汀，双功能基烷化剂	2008.3	慢性淋巴细胞白血病
rilonacept，列洛西普，白介素 1 阻滞剂	2008.2	治疗冷吡啉相关周期性综合征
recombinant thrombin，重组凝血酶	2008.1	止血
sevelamer carbonate，碳酸司维拉姆，磷酸盐结合剂	2007.10	控制肾病患者血清磷水平
amordafinil，莫达非尼的 *R*- 型异构体	2007.6	过度嗜睡症
ambrisentan，安立生坦，内皮素受体拮抗剂	2007.6	肺动脉高压
eculizumab，艾库组单抗	2007.3	治疗阵发性睡眠性血红蛋白尿
panitumumab，帕尼单抗	2006.9	结肠、直肠癌
efavirenz，依法韦仑，非核苷逆转录酶抑制物	2006.7	艾滋病
idursulfase，酶替代治疗药物	2006.7	Ⅱ型黏多糖增多症
ranibizumab，雷珠单抗，重组抗血管内皮生长因子中和抗体片段	2006.7	眼病黄斑变性的治疗
Thalidomide，沙利度胺	2006.5	多发性骨髓瘤
daptomycin for injection，注射用达托霉素，环脂肽类抗生素	2006.5	心内膜炎 / 细菌血症
Decitabine，地西他滨，2- 脱氧胞苷类似物	2006.5	骨髓增生异常综合征
algluco sidase alfa，葡糖苷酶 α	2006.4	庞培病
Rituximab，利妥昔单抗	2006.2	难治性类风湿关节炎

新中国成立初期，我国生物技术药物发展相对缓慢，1953 年版《中国药典》仅收录胰岛素、脑垂体后叶素等 14 个品种，而近二十年来，我国生物技术药物发展极其迅速，《中国药典》2010 版三部收载品种已达 131 种。近些年来 CFDA 批准的生物技术药物种类繁多，包括下列几种。①疫苗：基因工程乙肝疫苗。②细胞因子：干扰素（A1b，A2b，A2a，C）、白细胞介素 2、G 集落刺激因子、GM 集落刺激因子、人、牛碱性成纤维细胞生长因子、重组人表皮生长因子、肿瘤坏死因子、重组人血小板生成素 A、红细胞生成素、重组人血管内皮抑制素、白细胞介素 -11。③激素：重组人胰岛素、重组甘精胰岛素注射液、重组赖脯胰岛素注射液、重组人生长激素注射液。④酶：链激酶、葡激酶，重组人组织型纤溶酶原激酶衍生物。⑤单抗：碘 [^{131}I] 美妥昔单抗、重组人源化抗人表皮生长因子受体单克隆抗体。⑥融合蛋白：重组人Ⅱ型肿瘤坏死因子受体抗体融合蛋白。⑦多肽：重组人脑利肽。⑧治疗基因：重组人 5 型腺病毒注射液、重组人 p53 腺病毒抗癌注射液。

生物技术药物的发展为药物制剂带来了机遇，同时也带来了新的挑战。生物技术药物大多为蛋白质 / 多肽类和核酸类药物，在物理化学性质、稳定性、药理活性、体内吸收、转运等过程中与化学药物有着不同特性，如性质很不稳定，极易变质等，因此如何将这类药物制成安全、有效、稳定的制剂，就成为在我们面前的一大难题。此外，生物技术药物由于体内半衰期短，要达到稳定的治疗要求常需要频繁给药，给患者带来诸多不便。而由于生物技术药物分子量大、对酶敏感，难以穿透胃肠黏膜，一般只能注射给药。大剂量频繁注射给药，给医患均带来不便。因此，进行长效注射剂和非注射给药途径的研究，成为近年来生物技术药物制剂研究的新方向。

生物技术药物随着现代生物技术的高速发展，如何保证生物技术药物制备成安全、有效、稳定的制剂是我们面临的一个巨大挑战，新的生物技术给药技术和新剂型的研究与开发也充满着新的机遇与困难。

第二节　多肽 / 蛋白质类药物的理化性质和稳定性

多肽和蛋白质药物都是由氨基酸以肽键联结而成的大分子，为了区分，人们把肽链中氨基酸数低于 50 的称为多肽，例如醋酸亮丙瑞林。而氨基酸数多于 50 的称为蛋白质，如消化酶。

一、多肽 / 蛋白质类药物的结构与理化性质

（一）多肽 / 蛋白质药物的组成

多肽 / 蛋白质药物是由多个氨基酸按一定顺序排列，通过肽键相连而成的多肽链，是具有特定空间构象和生物功能的大分子物质，其相对分子质量一般为 $5 \times 10^3 \sim 5 \times 10^6$。蛋白质的肽链结构包括氨基酸组成、氨基酸排列顺序、肽链数目、末端组成和二硫键的位置等。

组成蛋白质的氨基酸有 20 多种，连接氨基酸之间的键称为酰胺键，又称肽键，是蛋白质中氨基酸之间连接最基本的共价键。

（二）多肽 / 蛋白质的结构

蛋白质结构可分为一、二、三、四级结构。一级结构为初级结构，指蛋白质多肽链中的

氨基酸排列顺序，包括肽链数目和二硫键位置；二、三、四级结构为高级结构或空间结构。高级结构和二硫键对蛋白质的生物活性有重要影响。

二级结构指蛋白质分子中多肽链骨架的折叠方式，即肽链主链有规律的空间排布，一般有 α 螺旋结构和 β 折叠形式。

三级结构指一条螺旋肽链，即已折叠的肽链在分子中的空间构型，即分子中的三维空间排列或组合方式，系一条多肽链中所有原子的空间排布。

四级结构是指具有三级结构的蛋白质各亚基聚合而成的大分子蛋白质。四级结构可以由两个以上的小亚基聚合而成。所谓亚基，就是含有两条或多条多肽链的蛋白质，这些多肽链彼此以非共价键相联，每一条多肽链都有自己的三级结构，此多肽链就是该蛋白质分子的亚单位（亚基）。

多肽 / 蛋白质分子的构象又叫空间结构、高级结构、立体结构、三维构象等，它是指蛋白质分子中所有原子在三维空间中的排布。肽链内部一些原子和基团间的相互作用是产生、维持和稳定蛋白质高级结构的重要因素，包括：范德华力、氢键、离子键、静电作用、疏水作用、配位键和二硫键。

（三）蛋白质的一般理化性质

多肽 / 蛋白质的分子量小的有几千，如胰岛素（单体 6000）；大的有上千万，如斑纹病毒（烟草）（6×10^7）。蛋白质在水中形成亲水胶体，颗粒大小为 1~100nm。它不能透过半透膜。由于蛋白质分子中存在极性基团如 $-NH_3^+$、$-COO^-$、$-NH_2$、$-OH$、$-SH$ 等，可形成水化层而稳定。多肽 / 蛋白质一般具有如下性质。

1. 旋光性　蛋白质分子总体旋光性由构成氨基酸各个旋光度的总和决定，通常是右旋，它由螺旋结构引起。蛋白质变性，螺旋结构松开，则其左旋性增大。

2. 紫外吸收　大部分蛋白质均含有带苯核的苯丙氨酸、酪氨酸与色氨酸，苯核在紫外 280nm 有最大吸收。氨基酸在紫外 230nm 显示强吸收。

3. 两性本质与电学性质　蛋白质除了肽链 N- 末端有自由的氨基和 C- 末端有自由的羧基外，在氨基酸的侧链上还有很多解离基团，这些基团在一定 pH 条件下都能发生解离而带电。因此蛋白质是两性电解质，在不同 pH 条件下蛋白质会成为阳离子、阴离子或两性离子。

二、多肽 / 蛋白质类药物的稳定性及稳定化措施

如前所述，多肽 / 蛋白质类药物存在稳定性问题。由于蛋白质自身结构及理化性质的特殊性，导致蛋白质不稳定。

（一）多肽不稳定的原因

下列反应或过程往往导致多肽 / 蛋白质药物的不稳定。

1. 脱酰胺反应　在脱酰反应中，Asn/Gln 残基水解形成 Asp/Glu。非酶催化的脱酰胺反应的进行，在 Asn-Gly- 结构中的酰胺基团更易水解，位于分子表面的酰胺基团也比分子内部的酰胺基团易水解。

2. 氧化　多肽溶液易氧化的主要原因有两种，一是溶液中有过氧化物的污染，二是多肽的自发氧化。在所有的氨基酸残基中，Met、Cys 和 His、Trp、Tyr 等最易氧化。氧分压、温度和缓冲溶液对氧化也都有影响。

3. 水解　多肽中的肽键易水解断裂。由 Asp 参与形成的肽键比其他肽键更易断裂，尤其是 Asp-Pro 和 Asp-Gly 肽键。

4. 形成错误的二硫键　二硫键之间或二硫键与巯基之间发生交换，可形成错误的二硫键，导致三级结构改变和活性丧失。

5. 消旋　除 Gly 外，所有氨基酸残基的 α 碳原子都是手性的，易在碱催化下发生消旋反应。其中 Asp 残基最易发生消旋反应。

6. β-消除　β-消除是指氨基酸残基中 β-碳原子上基团的消除。Cys、Ser、Thr、Phe、Tyr 等残基都可通过 β-消除降解。在碱性 pH 下易发生 β-消除，温度和金属离子对其也有影响。

7. 变性、吸附、聚集或沉淀　变性一般都与三级结构以及二级结构的破坏有关。在变性状态，多肽往往更易发生化学反应，活性难以恢复。在多肽变性过程中，首先形成中间体。通常中间体的溶解度低，易于聚集，形成聚集体，进而形成肉眼可见的沉淀。

蛋白质的表面吸附是其贮存、使用过程中遇到的另一个令人头痛的问题，如 riL-2 在进行灌注时会吸附在管道表面，造成活性损失。

（二）结构修饰提高多肽稳定性的方法

可以通过如下修饰手段提高多肽 / 蛋白质药物的稳定性。

1. 定点突变　通过基因工程手段，替换引起多肽不稳定的残基或引入能增加多肽稳定性的残基，可提高多肽的稳定性。

2. 化学修饰　多肽的化学修饰方法很多，研究最多的是 PEG 修饰（PEG modification），即在其分子表面共价结合上聚乙二醇（polyethylene glycol，PEG），或称 PEG 化（PEGylation）。PEG 与多肽结合后能提高药物的热稳定性，抵抗蛋白酶的降解，降低抗原性，延长体内半衰期。

自 1991 年第一个用 PEG 修饰的蛋白药物 PEG- 腺苷脱氨酶（PEG-ADA）被批准上市后，许多制药公司都积极推进 PEG 修饰蛋白质、多肽类药物的技术，已上市的产品有腺苷脱氨酶（ADAGEN™）、天冬酰胺酶（ONCASPAR™）、粒细胞集落刺激因子（Neulasta™/Pegfilgrastim）、干扰素 α-2b（PEG-INTRON®）、生长抑素（Somavert®/Pegvisomant）、干扰素 α-2a（PEGASYS®）。

（三）液体剂型中蛋白质类药物的稳定化

蛋白质在与其所处的生理环境接近的溶液中最稳定，一旦环境条件发生改变，蛋白质的稳定性就会受到影响。设计蛋白质药物处方应该从评价 pH、离子强度、氧气对蛋白质的稳定性和溶解度入手。目前临床上应用的蛋白质类药物制剂主要是注射剂，注射剂又分为溶液型注射剂和冻干粉注射剂。溶液型使用方便，但需在低温（2~8℃）保存。冻干粉型比较稳定，但工艺较为复杂。

蛋白质在液体制剂中的稳定方法主要是改造其结构或加入适宜辅料。改造蛋白质结构包括改变蛋白质一级序列、改变取代反应官能团和化学修饰的方法。加入适宜辅料可以改变蛋白类药物溶剂的性质，从而起到稳定蛋白类药物的方法。常用的稳定剂包括以下几种。

1. 缓冲液　蛋白质的物理化学稳定性与 pH 相关，其稳定的 pH 范围很窄，以缓冲液作为溶剂可以维持溶液 pH 在适宜范围内。

2. 表面活性剂　蛋白质药物中加入少量非离子型表面活性剂，如吐温 80，可以抑制蛋白质的聚集。但离子型表面活性剂会引起蛋白质变性，不能使用。

3. 糖和多元醇　糖和多元醇对蛋白质的稳定作用与其浓度及蛋白质的种类相关，最常用的有蔗糖、海藻糖、甘油、甘露醇、山梨醇（浓度 1%~10%）。

4. 盐类　盐可以起到稳定蛋白质的作用，有时也可以破坏蛋白质的稳定性，这主要取决于盐的种类、浓度、离子相互作用的性质和蛋白质的电荷。低浓度的盐通过非特异性静电作用提高蛋白质的稳定性。如 SO_4^{2-}、HPO_4^{2-}、$CHCOO^-$、$(CH_3)N^+$、NH_4^+、K^+、Na^+ 等能增加溶液的离子强度，提高疏水作用，降低疏水基团的溶解度，使蛋白质发生盐析。此外，加入盐还可以使水分子聚集在蛋白质周围被优先水化，使蛋白质更加紧密稳定。

5. 聚乙二醇类　高浓度的聚乙二醇类常作为蛋白质的低温保护剂和沉淀结晶剂。不同分子量的 PEG 作用不同。

6. 大分子化合物　大分子化合物稳定蛋白质药物可能是通过大分子的表面活性、蛋白质－蛋白质相互作用的空间隐蔽以及提高黏度来限制蛋白质运动，或通过优先吸附于大分子以起到稳定作用。

7. 金属离子　金属离子如钙、镁、锌与蛋白质结合，使整个蛋白质结构更加紧密、结实、稳定。不同金属离子的稳定作用与离子的种类、浓度相关。

8. 冻干　多肽发生的一系列化学反应如脱酰胺、β－消除、水解等都需要水参与，水还可以作为其他反应剂的流动相。另外，水含量降低可使多肽的变性温度升高。因此，冻干可提高多肽的稳定性。

低温干燥工艺可以延缓蛋白质分解，延长蛋白质药物有效期。冷冻干燥和喷雾干燥能够除去对热敏感物质周围环境中的水分，进而抑制在溶液中发生的分解反应。但是，蛋白质药物在干燥过程中可能失活，因此要采取一些相应措施来稳定化。

冷冻干燥包括 3 个阶段：冷冻溶液，使冰升华实现初步干燥，通过解吸附作用除去与蛋白质紧密结合的水分。在冷冻过程中，蛋白质分子周围的水发生由液态到固态的转变，使蛋白质逐渐浓缩，继而改变微环境的 pH，导致蛋白质发生变性。高浓度的缓冲盐组分的结晶或缓冲液 pK_a 对温度敏感而导致 pH 变化、浓缩时蛋白质有限的溶解度等均能导致蛋白质药物失活。加入一些保护剂可以抑制蛋白质在冷冻过程中发生解折叠，并帮助它恢复生物活性。

无定形物质的玻璃化转变温度（T_g）是评价蛋白药物制剂稳定性的特性参数，如果冻干过程中初步干燥时的温度高于 T_g，则玻璃态物质就会发生不同程度的坍塌。如果加入一些稳定剂来提高 T_g，则可以缩短冻干时间，并可以在较高温度下冻干，既可以减少除去水分所需时间，又不会导致饼状物坍塌。

喷雾干燥技术广泛应用于蛋白质类药物的缓控释剂型。冷冻干燥技术中制剂的稳定化方法同样适用于喷雾干燥技术。常用的保护剂有蔗糖、海藻糖等二糖。

第三节　多肽 / 蛋白类药物传输系统

多肽 / 蛋白类药物的制剂存在稳定性低和代谢迅速的两大问题。前面我们介绍了多肽 /

蛋白质药物制剂的稳定性问题及其解决措施，本节将叙述如何解决生物技术药物大剂量反复注射带来的问题。

一、注射用微球

多肽类药物在血液中的半衰期一般很短，静脉注射后很快就被清除或降解，因此需要经常给药，给患者带来较多不便。随着微囊技术的进展，注射用微球（或微囊）已经成为生物技术药物的重要控释手段。利用生物可降解材料作为蛋白质、多肽类药物的载体可以起到缓释作用，降低给药频率，提高患者顺应性。近年来，以生物可降解聚合物（biodegradable polymer）制成的埋植剂、微球制剂已经成为多肽/蛋白质药物长效注射剂的主体。

1. 生物降解的材料　适于制备注射用微球的材料主要是生物相容性、可降解材料，可以通过人体正常的生理活动代谢、消除，本身及代谢产物应无毒性、刺激性、过敏性。常见的生物可降解材料有：聚乳酸（PLA）、丙交酯和乙交酯共聚物（PLGA）、聚已内酯、聚氨基酸、聚原酸酯、聚酸酐、聚氰基丙烯酸烷基酯等。

（1）脂肪聚酯：是目前研究中最常用的材料，典型的脂肪聚酯是聚乙交酯（PGA）和PLA，一般是通过乙交酯、丙交酯开环聚合而得。PGA是高结晶性亲水聚酯，PLA比PGA疏水，降解更慢，其降解机制主要是水解，最终降解产物是二氧化碳和水。乳酸和羟基乙酸的共聚物PLGA使用也非常广泛，通过改变两种单体的比例，可以得到不同的降解和释药速率。聚酯的降解属于均相降解，即在整个机体中都能降解。

（2）聚原酸酯、聚酸酐：是一类表面降解聚合物，即降解从外向里逐渐进行，如果控制表面积不变，可获得零级降解动力学。

（3）乙烯-醋酸乙烯共聚物：该聚合物具有优良的生物相容性、生物惰性和加工性。

（4）聚氨基酸类：氨基酸通过非氨基键（如酯键、碳酸亚胺键）聚合而得，得到的聚氨基酸具有预期的物理和药物性能。

2. 微球的制备方法

（1）喷雾干燥法：把聚合物溶解在挥发性有机溶剂里，然后将药物分散于聚合物溶液中并高速均质，在热气流中喷雾。溶剂从形成的小球中挥发而得，粒径为1~100nm。

（2）复乳化-溶剂蒸发法：蛋白水性溶液和聚合物的有机溶液形成W/O型初乳，初乳迅速转移至过量的水性介质中（含有稳定剂，通常为PVA）形成复乳，除去有机溶剂，得到蛋白药物的微球制剂。

（3）相分离法：将多肽/蛋白药物粉末分散于含聚合物、氯甲烷的有机溶液中。以一定的速度向分散体中加入硅油，使聚合物在溶液中的溶解度降低，凝聚层包裹着药物分离，再用庚烷洗涤即得。

3. 微球的降解和释药　多肽的微囊（或微球）大多采用聚酯材料，特别是用PLGA。PLGA微粒释放蛋白质的典型曲线分三相：起始突释相、控释相和末端释放相。

（1）微球的生物降解：根据材料的不同分为酶解和水解，现在多用的PLA、PGA、PLGA是以水解为主。降解的过程有均相降解和表面降解。均相降解又称骨架溶蚀，降解在整个基体中进行。表面降解即降解从外向里逐渐进行（图18-1）。

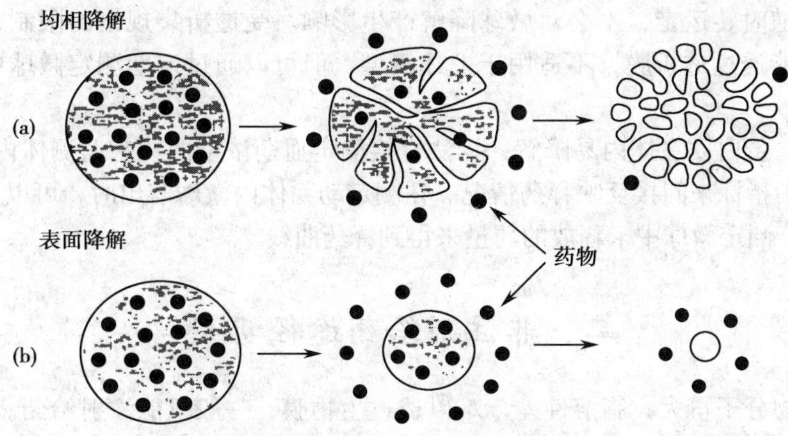

图 18-1 生物降解性微球的均相降解和表面降解

（2）药物释药：由于生物大分子体积较大，因此不可能从不溶性聚合物骨架中以扩散方式释放出来，大多数微球的释药呈现 3 个阶段。①突释相：松散结合或镶嵌在微球表面的药物快速释放出来，呈爆破效应；②控释相：缓慢释放阶段，此时聚合物骨架虽然持续溶蚀，聚合物分子量不断降低，但整个骨架仍为非水溶性；③末端释放相：从聚合物分子量降低至某一阈值时开始，此时骨架松散，水分大量渗入，释药加快。为达到较好的治疗效果，应尽可能降低突释效应，同时使第一阶段与第三阶段重合，以便药物能够连续释放。另外，并不是所有半衰期短的生物大分子都需制成长效制剂。LHRH 脉冲式小剂量给药的药理作用，与持续大剂量给药正好相反，加压素则必须间歇给药，胰岛素给药最好能随体内血糖水平的波动而进行。

4. 蛋白微球注射缓控释制剂存在的问题

（1）稳定性问题：前一节我们已经叙述蛋白质药物的稳定性问题，在此不再赘述。

（2）蛋白药物微球和免疫系统之间的相互作用：微球注射后可以形成一个缓慢释放的药物储库，在与免疫系统相互作用的过程中，微球的粒径是一个重要的设计参数。小于 10μm 的微球能直接被巨噬细胞和噬菌体吞噬，粒径较大的降解后吞噬作用才能发生，在这种情况下，在注射的伤口部位，微粒的表面被大量吞噬细胞所包围，因此较大的微粒与粒径较小者免疫特性有明显的差别。在微球的给药过程中，可能产生剧烈的免疫反应，并伴随着大量体液的渗出。免疫细胞能够消化吸收释放的蛋白并产生免疫反应。但是如果蛋白是自身蛋白，发生这种免疫反应的概率就会大大降低。因此，有必要保证蛋白以其自然结构释放出来，因为从微球中释放出来的聚集或降解的蛋白可能导致意想不到的免疫反应。

（3）体内、外释药的监测：由于生物大分子稳定性差，如何建立可靠的体外释药模型和监测体内释药过程是一个棘手的问题。用常规的恒温摇瓶法来测定多肽蛋白质微球体外溶出，往往出现累积释放不能达到 100% 的问题。Park 等报道，PLGA 的降解产物乳酸、乙醇酸迅速降低释放介质（pH 7.4 的磷酸盐缓冲液）的 pH，是造成生物大分子失活、微球累积释放不完全的原因。因此，改进了体外溶出模型，将微球和少量 PBS 置于一定规格的透析袋中，再悬置于 PBS 液中。这样，微球降解产物不断通过透析膜扩散至外水相，生物大分子从微球中释放后滞留于 pH 恒定的透析袋中，活性不再降低。这一模型在 PLGA 降解速度方面也更好地模拟了体内情况，因为 PLGA 的降解受酸、碱催化，而在体内其降解产物乳酸、乙醇酸能随时转运走，不会对微球降解产生影响。受透析袋规格的限制，分子量较小的多肽由于仍能透过透析膜，不适用于上述模型，但可以通过定期测定微球中残存药量来考察其溶出度。

由于多肽、蛋白质在体内易降解，无法直接测定血药浓度曲线来监测体内药动学特性，可以监测药效学指标来间接反映释药情况。在测定动物体内微球溶出时，可以定期切取注射部位肌肉组织，测定微球中未释放的药量来得到释药曲线。

二、非注射给药途径研究

多肽类药物分子量大，脂溶性差，难以透过生物膜，一般只能注射给药。但注射给药、尤其是那些需要频繁给药的药物，对患者来说是及其不便的。因此，非注射给药途径已经成为近年来研究的活跃领域。

文献报道的多肽非注射给药研究途径有：鼻腔、肺部、眼、口颊、口服、直肠、阴道、皮肤等，其中研究最多的是鼻腔给药、肺部给药和口服给药。

1. 鼻腔给药　鼻腔部位存在丰富的毛细血管和淋巴管，鼻腔上皮与血管壁紧密相连，上皮细胞间间隙较大，具有较高的渗透性，能避免肝脏的首关效应，鼻腔部位蛋白酶含量也比胃肠中少。低分子量的药物极易被吸收进入血液循环。对分子量较大的多肽，如降钙素、胰岛素、G-CSF、EPO 等，在合适的吸收促进剂帮助下，也可被吸收，但生物利用度较低。鼻腔给药的方式有滴鼻给药法和喷雾给药法，采用后一种方法可获得相对较高的生物利用度。

2. 肺部给药　人肺的吸附表面积有 $140m^2$，血流量达 5000ml/min，蛋白酶活性相对于胃肠道较低，不存在肝脏首关效应。肺泡壁比毛细血管壁还要薄，通透性好。动物实验表明，一些多肽药物经肺给药后生物利用度相当高，可达 20%~50%。因此，肺部给药成为多肽 / 蛋白类药物给药的重要途径。在设计肺部给药制剂时，可能遇到的问题有两个：一是多肽 / 蛋白药物易被肺中蛋白酶降解，二是某些多肽 / 蛋白在形成气溶胶微粒时会变性。

选用合适的给药装置将药物输送至肺泡组织是肺部释药的关键。粉雾剂将是肺部递释的主要剂型。理想的粉雾剂应是：粉末处方组分在低流速和低压力差时，大部分药物粒子能够解聚，进入粉雾气流中；吸入装置则易产生流速较高的湍流。

3. 口服给药　大多数肽类药物很少或不能经胃肠道吸收。其原因主要有：①多肽分子量大，脂溶性差，难以通过生物膜屏障；②胃肠道中存在着大量肽水解酶和蛋白水解酶，可降解多肽；③吸收后易被肝脏消除（首关效应）；④存在化学和构象不稳定问题。目前人们研究的重点放在如何提高多肽的生物膜透过性和抵抗蛋白酶降解这两方面。

吸收促进剂能够促进蛋白多肽类药物的吸收，使用吸收促进剂来提高生物膜通透性是目前研究中采用的主要方法。文献报道的促进剂包括水杨酸、胆酸盐、脂肪酸、螯合剂、酰基肉碱等。

蛋白多肽类药物分子大，极性强，吸收难，同时胃肠道的酶类对其也有降解作用。通过对蛋白多肽类药物适当的结构修饰，可增加药物的亲脂性，减少酶解，从而提高生物利用度。例如将多肽与维生素 B_{12} 连接，通过受体介导吸收；如果用脂肪酸修饰多肽，可提高药物的脂溶性，继而提高药物小肠的通透性；近年来，美国南加州大学的学者研究了转铁蛋白介导的多肽转运，发现胰岛素与转铁蛋白的结合物可以抵御胃内降解，同时可以促进多肽的吸收。

文献报道提高多肽口服吸收途径有：①用 PEG 修饰多肽，抵抗酶解；②使用酶抑制剂；③应用微乳制剂；④应用纳米粒制剂；⑤应用生物黏附性颗粒等。

处方中含有药物及其代谢酶抑制剂可以减少药物代谢而增加药物吸收。在多肽与蛋白类药物的肠道吸收中，多种酶类如氨基肽酶、内肽酶、血管紧张素转换酶、金属肽酶等均参与该过程。同时使用多种酶抑制剂能使药物在酶分布较少的区域内显著地提高吸收度。

蛋白多肽类药物被黏附或结合在肠道黏膜上皮，应用黏膜黏附剂能够直接改变黏膜上皮的通透性，增强非特异性受体介导的细胞内吞作用对药物的摄取和吸收。Sakuma S 的研究表明，将具有亲水聚合链的黏膜黏附纳米粒与降钙素共同使用，黏膜黏附纳米粒能够增强降钙素从黏膜层到绒毛膜层的渗透，其渗透强度与降钙素的剂量相关，异丙烯酰胺和乙烯胺的纳米粒并未引起肠黏膜损伤。

蛋白多肽类药物在胃中可能因胃液的低 pH 造成水解，而胃肠道中的各种酶类也是影响其口服吸收的主要因素。寻找合适的吸收位点，避免被胃肠道中的酶降解，避免肝脏对药物的首关效应，将是解决蛋白多肽类药物口服吸收的首要问题。

亚微粒载药系统的开发：①载药纳米微粒制剂：纳米微粒可载带蛋白多肽类药物，使其免遭胃酸破坏，同时纳米微粒作为超微小球或囊型药物载体，可透过生物屏障，被组织和细胞吸收。载药纳米微粒可被胃肠道派伊尔结大量吸收，微粒粒径越小越容易被吸收。②脂质体：脂质体的双层脂膜结构和特性与细胞相似，进入体内后易与肠黏膜细胞发生融合、吸附、脂质交换等作用，从而使药物进入细胞内。③乳剂：乳剂中的油相可能增加膜通透性，也可能是乳剂能够增加此类药物的淋巴转运，从而提高生物利用度。

口服剂型是人们比较容易接受，也是使用比较方便的剂型。长期以来，一直认为蛋白多肽类药物在消化道中难吸收且易被破坏，难以制成口服剂型。自从发现酶可以穿过小肠壁以后，人们开始研究蛋白多肽类药物口服的可能性，其中疫苗和小分子肽类药物的口服给药已经取得很大进展。但是，蛋白多肽类药物的吸收以及生物利用度仍是口服途径给药需要克服的问题。经过近年来的研究，对天然聚合物进行结构改造后作为药物载体，联合应用酶抑制剂，具有生物兼容性的吸收促进剂的发现以及各种亚微粒载药体系和定位释药系统等各种技术的发展，都为研制口服有效的蛋白多肽类药物提供了更大的可能性。

此外，在多肽透皮给药方面也有新进展。在蛋白和多肽透皮给药过程中的体外影响因素主要有 pH、促渗剂及药物浓度等。对于一般药物而言，由于 pH 的不同，可能处于离子型或分子型两种状态。离子状态的药物因其油水分配系数较小，因此不利于药物的透皮吸收；反之，药物处于分子型状态时，其透皮速率高于离子型状态。对于蛋白和多肽而言，pH 对其透皮吸收影响更为复杂，例如加压素的等电点为 10.9，其在 pH 5.0 时具有正二价电荷，但体外透皮试验证实，加压素在 pH 5 时透皮速率反而最大，pH 10.9 时其透皮速率仅为 pH 5 时的 1/2。普遍的看法是：当蛋白和多肽处于等电点时，能形成多分子聚集体；而当蛋白和多肽带电时由于同种电荷相斥作用，不易形成多分子聚集体。因而，随着蛋白和多肽离子化程度增加，其透皮给药速率反而增加。用离子电渗疗法促进蛋白和多肽的透皮吸收，近年来引起了广泛重视，并取得了飞速发展。离子电渗疗法是在外电流的作用下，促进电解质中离子和带电粒子转移而达到促进药物透皮的方法。由于蛋白和多肽的透皮吸收受到药物分子因素的限制，即使用透皮促渗剂也难以获取满意的结果，又由于通过 pH 的调节，很容易使蛋白和多肽成为带电粒子，因此在蛋白和多肽的透皮给药方面，离子电渗疗法是目前最流行的研究手段。

三、蛋白质类药物制剂的评价方法

1. 制剂中药物的活性测定　制剂中药物的活性测定是评价制剂制备工艺可行性的必要方面，测定方法有药效学方法和放射免疫测定法。前一种方法具有结果可靠，方法重现性好的特点，是制定药物制剂质量标准最基本的方法。后一种方法是建立在蛋白质类药物的活性部位与抗原决定簇处在相同部位时实施的一种方法，避免活性测定产生误差。

2. 制剂中药物的含量测定　制剂中蛋白质类药物的含量测定可依据处方组成选择测定方法，如紫外分光光度法和反相高效液相色谱法常用于测定溶液中蛋白质 / 多肽药物的浓度，同时也可采用反相高效液相色谱法、离子交换色谱与分子排阻色谱法测定。

3. 制剂的稳定性研究　制剂的稳定性研究应包括制剂的物理稳定性和化学稳定性两方面。物理稳定性研究应包括制剂中药物的溶解度、释放速率以及《中国药典》规定的制剂常规指标的测定；化学稳定性包括药物的聚集稳定性、降解稳定性和生物活性测定。试验方法可参照药物制剂稳定性章节，检测手段根据不同药物的特性选择光散射法、圆二色谱法、电泳法、分子排阻色谱法和细胞病变抑制法等进行测定。

4. 制剂中药物的体外释药速率测定　测定控缓释制剂中蛋白质类药物的体外释药速率时，考虑到药物在溶出介质中不稳定，多采用测定制剂中未释放药物量的方法。

5. 体内药动学研究　由于蛋白质 / 多肽类药物剂量小，体内血药浓度检测的灵敏度要求高，对于非静脉给药的缓释、控释制剂的体内药动学试验可考虑选择放射标记法测定血浆中药物的量，该方法灵敏度高，适合多数蛋白质类药物体内血药浓度的测定。如果药物血药浓度与药效学呈线性关系，也可用药效学指标代替血药浓度进行体内吸收和药动学研究。

6. 刺激性及生物相容性研究　根据我国 CFDA 药品注册管理办法规定，皮肤、黏膜及各类腔道用药需进行局部毒性和刺激性试验，各类注射（植入）途径给药剂型除进行局部毒性和刺激性试验外，还需进行所用辅料的生物相容性研究，以确保所用辅料的安全性。

第四节　基因药物制剂

一、基因药物概述

生物工程药物中用基因工程生产的药物称为基因药物（gene drugs）。基因药物广义理解为基因工程药物，是以基因组研究中发现的功能性基因或基因的产物为起始材料，通过生物学、分子生物学或生物化学、生物工程等相应技术制成，以相应分析技术控制中间产物和成品质量的生物活性物质产品，临床可用于某些疾病的治疗、预防和诊断性治疗。基因药物狭义理解为 DNA 药物，是以具有特定序列结构、在体内可以产生干扰或调节基因功能作用的基因物质，是将具有治疗意义的 DNA 重组人真核表达载体，直接转移至人体细胞，在体内表达出具有治疗作用的多肽和蛋白质，或应用直接作用于细胞内或 RNA、抑制基因复制和表达的核酸片段或其人工合成的类似物，以及对 RNA 具有特异切割作用的核酸等。

基因药物制剂治疗与传统的化学药物治疗相比，具有三方面优势：①疗效高和疗效长，相比传统药物代谢快的缺点，基因药物制剂利用好的载体能使治疗基因在细胞内长期稳定表达治疗蛋白而提高疗效。②不良反应少，与传统药物的全身作用相反，基因治疗药物的靶向性特别强，可特异性地作用于某类组织及细胞上，减少不良反应的发生。③提升治疗技术，基因治疗可以解决那些对传统药物疗效不好的疾病，如各种肿瘤、遗传性疾病以及免疫相关性疾病等。

二、基因药物给药系统

基因药物是未来药物的发展方向，必须研究适宜的给药系统以促进其吸收和控制药效。要将目的基因转移到受体细胞，必须选择合适的基因载体。理想的基因载体应该具有容易生产、持续表达、弱免疫原性、组织靶向性、包装容量等。目前应用的给药系统包括以下几种方式。

（一）注射给药制剂

目前研究的方法主要有：将基因药物微囊化，使药物从微囊中缓慢释放出来；将药物包裹于脂质体中，使基因从脂质体中缓慢释放出来。

脂质体是由磷脂分子构成的双分子层囊泡，作为药物载体，能够满足药物制剂治疗上的许多要求。脂质体进入人体后有很强的靶向性，从而提高药物治疗指数，减少药物的治疗剂量和降低药物毒性，脂质体适合多途径给药且对人体无毒性和免疫抑制作用，在注射液中加入高分子聚合物（如透明质酸）以提高黏度，延缓药物扩散速度等。

微型包囊与微型成球是利用天然或合成的高分子材料囊材，将固体或液体药物作囊心物包裹而成药库型、微型小囊（微囊），也可使药物溶解或分散在高分子材料基质中，形成骨架型微小球状实体的固体骨架（微球）。

（二）口服给药制剂

口服给药是常用的一种用药途径，口服缓控释制剂减少了用药次数，延长了有效血药浓度，使不良反应减少，是较理想的制剂。

微球除了在缓释、控释注射给药途径外，微球制剂在非注射给药系统也有广泛的应用。除胰岛素口服微球外，微球在口服疫苗方面的研究也日渐增多。

微乳是由水相、油相、表面活性剂以适当比例自发形成的一种透明或半透明、低黏度的、各向同性且热力学稳定的油水混合系统。它的热力学稳定且可以过滤，易于制备和保存；可同时增溶不同脂溶性的药物；药物分散性好，利于吸收，可提高药物的生物利用度；对易于水解的药物制成油包水型微乳可起到保护作用；可延长水溶性药物的释药时间；黏度低，注射时不会引起疼痛。

（三）其他给药途径制剂

1. 肺部释放　在体内将载体材料从内腔表面释放到达肺部的两种常见方法是液相释放和气雾释放。液相释放在帮助载体扩大释放范围和加强通过外周通气导管的释放两方面都已取得初步进展。肺部扩散释放的一个很好的可替代方法就是气雾给药的方法。一种将气雾释放与借助支气管镜释放的优点相结合的方法，就是使用微型喷雾器，这种装置具有管腔内的最佳释放效果。

2. 脑给药系统　药物如肝素、神经生长因子与合成的、生物相容性好、可生物降解的高分子材料如聚丙烯酸、聚乳酸或天然胶原等制成小丸、圆片、微球植入到脑内。如神经生长因子在脑内释药可达 14 天之久，而普通注射制剂仅为 6 天。

3. 心血管基因转换　心血管基因转换可用于心肌疾病的治疗，如充血性心力衰竭。主要通过两种方法达到治疗目的：直接心肌注射和冠脉灌注。虽然直接注射的方法比灌注法简单易行，但其转基因表达的效果不如灌注的效果好，且局限于注射部位。借助导管冠脉内灌注技术的病毒载体释放已取得了更好的表达效果和更全面的心肌转导。

学习小结

生物技术药物制剂是目前药物研发的重点剂型之一，以注射给药途径为主。该剂型采用现代生物技术（基因工程、细胞工程和酶工程等），生产有益于疾病预防和治疗的药物制剂，制品主要为重组细胞因子类药物、重组激素类药物、基因药物和反义核苷酸等。生产表达出来的药物主要是蛋白质 / 多肽类药物，蛋白质 / 多肽类药物是由氨基酸以肽键联结而成的大分子，蛋白质的肽链结构包括氨基酸组成、氨基酸排列顺序、肽链数目、末端组成和二硫键的位置等。肽键是蛋白质中氨基酸之间连接最基本的共价键。蛋白质结构可分为一、二、三、四级结构。蛋白质的一般理化性质包括：旋光性、紫外吸收、两性本质与电学性质。液体剂型中蛋白质类药物的常用的稳定剂包括：缓冲液、表面活性剂、糖和多元醇、盐类、聚乙二醇类、大分子化合物、金属离子、冻干。多肽 / 蛋白类药物传输系统包括注射用微球和非注射给药途径（鼻腔给药、肺部给药和口服给药等）两大类。蛋白质类药物制剂的评价方法有：活性测定、含量测定、稳定性研究、体外释药速率测定、体内药动学研究、刺激性及生物相容性研究。

除以上内容以外，本章还对多肽不稳定的原因，提高多肽稳定性的方法，基因药物制剂的概念和给药系统等加以简单介绍。

复习题

1. 生物技术药物与传统化学药物相比具有哪些特点？
2. 液体制剂中蛋白质类药物的稳定化方法有哪些？
3. 冷冻干燥过程中可能使蛋白质类药物失活，其主要原因是什么？
4. 为什么说鼻腔给药是蛋白质、多肽类药物比较有前景的给药途径？
5. 生物技术药物制剂的稳定性研究内容包括哪些方面？
6. 以蛋白质药物制剂为例，试述其一般处方组成及如何增强其药物稳定性。

（吴琳华）

第十九章

生物药剂学

学习目标

1. 掌握生物药剂学的概念，口服吸收机制及影响因素，分布、代谢、排泄过程的特点及影响因素。
2. 熟悉其他给药途径药物的吸收特点及影响因素。
3. 了解淋巴系统转运、胎盘转运、脂肪组织分布的特点，药物代谢反应及代谢酶类型，胆汁等其他排泄途径的特点。

第一节　概　述

20 世纪 60 年代以来，人们认识到药物的理化性质、剂型和给药途径及机体的生物因素是决定药物在体内有效性和安全性的重要因素。相同剂量、同样化学结构的药品，由于生产工艺、处方组成等不同，可能具有不同的疗效；同一种药物用于不同个体，其疗效也会不同。1961 年，Wagner JG 发表了一篇综述文章，提出了生物药剂学的概念，总结了影响药物吸收的因素。我国的生物药剂学研究始于 20 世纪 70 年代末，起步较晚，但发展较快，作为一门药剂学分支学科，在我国的药学事业中占有越来越重要的地位。

生物药剂学（biopharmaceutics）是研究药物及其剂型在体内的吸收、分布、代谢和排泄过程，阐明药物的剂型因素、机体生物因素和药物效应之间相互关系的科学。剂型因素广义而言包括与剂型有关的各种因素：①药物的化学性质；②药物的物理性质；③药物的剂型及给药途径；④制剂的处方组成；⑤制剂的工艺过程、操作条件和储存条件等。生物因素包括：①种族差异；②性别；③年龄；④遗传因素；⑤生理和病理条件等。

生物药剂学主要是研究药物及其制剂给药以后的体内过程，即吸收、分布、代谢和排泄过程。吸收（absorption）是指药物从用药部位进入体循环的过程；分布（distribution）是药物进入体循环后向各组织、器官或者体液转运的过程；药物受体内酶系统的作用，结构发生改变的过程称为代谢（metabolism）或生物转化（biotransformation）；药物及其代谢产物排出体外的过程称为排泄（excretion）。药物的代谢与排泄过程合称为消除（elimination）。

药物的体内过程决定药物的血药浓度和靶部位的浓度，进而影响疗效。药物的吸收过程决定药物进入体循环的速度与量；分布过程影响到药物是否能及时到达与疾病相关的靶组织或靶器官；代谢与排泄过程关系到药物在体内存在的时间。简言之，生物药剂学主要是研究各种剂型给药后，药物体内过程的规律以及影响体内过程和药效的因素。

生物药剂学是一门综合性学科，与生物化学、生理学、药理学、物理化学、临床药学及药物动力学等学科有着密切的联系，内容上互相渗透、互相补充。

第二节 口服药物的吸收机制

经胃肠道口服给药是最常用的给药方式，胃肠道吸收部位包括胃、小肠、大肠，其中小肠是最重要的吸收部位。药物的吸收过程就是药物通过生物膜（细胞膜）的转运过程，药物必须从胃肠道腔内先进入上皮细胞，再从细胞的另一侧释放出来，进入附近的血管或淋巴管，随体循环分布到各组织器官而发挥疗效。因此，了解胃肠道及上皮细胞膜的结构与功能，对研究药物的吸收过程有重要作用。

一、生物膜的结构与性质

细胞外表面的质膜及各种细胞器的亚细胞膜统称为生物膜，是细胞与外界进行物质交换的门户，体内药物的转运都要通过生物膜。

生物膜的组成成分主要为膜脂、蛋白质和少量糖类，其中膜脂主要包括磷脂、糖脂及胆固醇。在20世纪70年代提出的生物膜液晶流动镶嵌模型（图19–1），较好地描述了生物膜的结构与功能。生物膜内结构蛋白质与磷脂呈聚集状态，磷脂分子非极性部分尾尾相连，向内形成疏水区，极性部分露于膜的外面，构成磷脂双分子层结构；蛋白质分子以不同方式和深度嵌入磷脂双分子层中或附着于磷脂双分子层表面，构成了生物膜的基本骨架。

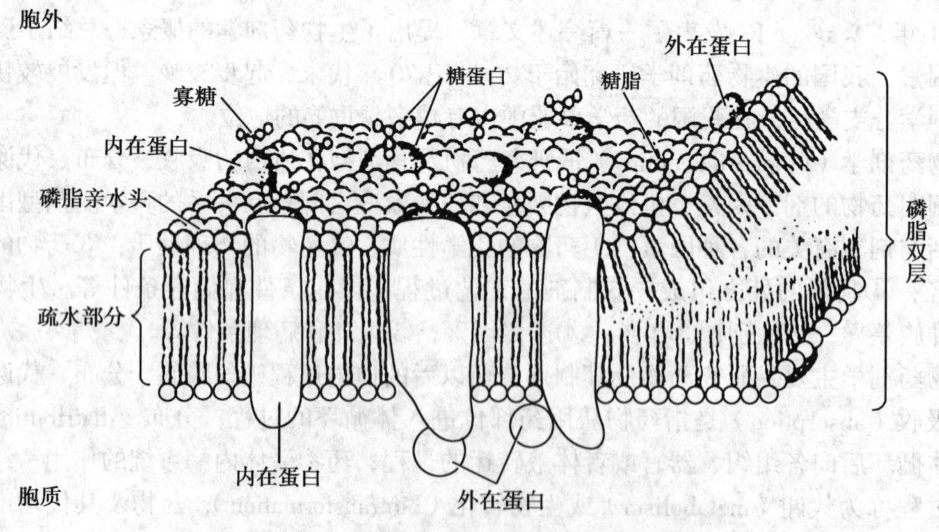

图19–1 生物膜液晶流动镶嵌模型示意图

生物膜具有以下性质。①流动性：由于磷脂中的脂肪酸不饱和程度较高，其熔点低于正常体温，故脂质双分子层既能保持生物膜的完整性和稳定性，又具有一定的流动性；②结构的不对称性：蛋白质、脂类及糖类物质在生物膜上的分布是不对称、不均匀的；③半透性：由于膜脂结构的流动性，使得生物膜对脂溶性药物有较好的渗透性；此外，在胃肠道上皮细胞膜上存在0.4~0.8nm孔径的含水微孔，水能自由通过小孔，小分子水溶性物质可经含水微孔透过。

二、药物通过生物膜的吸收机制

生物膜的结构和性质与药物的吸收转运关系密切。药物通过生物膜的转运机制有如下几种方式。

（一）被动转运

被动转运又称为被动扩散，是指存在于膜两侧的药物服从浓度梯度，从高浓度一侧向低浓度一侧扩散的过程。被动扩散有两种方式。①单纯扩散：脂溶性药物可以溶于液态膜脂中，因此可依从膜两侧的浓度差扩散透过细胞膜；在体液pH下，未解离的分子型药物脂溶性大，易透过生物膜，所以解离度小、脂溶性较大的药物易吸收；②膜孔转运：胃肠道上皮细胞膜上贯穿有许多孔径为0.4~0.8nm的微孔，微孔中充满水，水溶性小分子物质如水、乙醇、尿素、糖类等可依浓度差由此通过。

大多数药物以被动转运方式吸收，口服给药以后药物在胃肠液中的浓度较高，而在细胞内的浓度较低，药物依浓度差被动扩散透过生物膜，又以相似的机制转运至血液中完成吸收过程。被动转运是以扩散机制通过生物膜的，服从Fick扩散定律。

$$-\frac{\mathrm{d}C}{\mathrm{d}t}=\frac{DKA}{h}(C-C_{\mathrm{p}})\approx PC \qquad (19\text{-}1)$$

式（19-1）中，$-\frac{\mathrm{d}C}{\mathrm{d}t}$为胃肠液中药物浓度随时间下降的速率，表示药物透过胃肠道生物膜的吸收速度；D为扩散系数；K为药物的膜/水分配系数；A为扩散面积；h为膜厚度；C为胃肠道中的药物浓度；C_{p}为血中药物浓度。口服给药后，胃肠液中的药物浓度C远大于血药浓度C_{p}，故（$C-C_{\mathrm{p}}$）可简化为C；P为透过系数，包含扩散系数、膜/水分配系数、扩散面积和生物膜厚度等参数。因此被动转运可认为是表观一级速率过程。

被动扩散的特点是：①从高浓度区（吸收部位）向低浓度区（血液）顺浓度梯度转运，转运速度与膜两侧的浓度差成正比；②扩散过程不需要载体，也不消耗能量；③不存在饱和现象。

（二）载体介导转运

载体介导转运是指借助生物膜上转运载体蛋白的作用，使药物透过生物膜吸收的过程，主要分为主动转运和促进扩散两种形式，两者既有共同点又有区别。

1. 主动转运　一些生命必需的物质（如K^+、Na^+、I^-、单糖、氨基酸、水溶性维生素、核苷酸等），通过生物膜转运时，借助转运蛋白，可以从膜的低浓度侧向高浓度侧转运，这种过程称为主动转运。

主动转运有以下特点：①逆浓度梯度转运，需要消耗能量，能量的主要来源是细胞代谢产生的ATP；②需要转运载体的介导，主动转运药物的吸收速度与转运载体的量及活性有关，当吸收部位的药物浓度较高时，可能使转运蛋白饱和，出现饱和现象；③结构类似的物质可能竞争转运载体的结合位点，产生竞争抑制作用；④受代谢抑制剂的影响，如具有抑制细胞代谢作用的2-硝基苯酚、氟化物等物质可以抑制主动转运；⑤主动转运有结构和部位的特异性，如单糖、氨基酸、嘧啶及某些维生素都有各自的转运载体；如胆酸和维生素 B_2 的主动转运只在小肠上段进行，而维生素 B_{12} 主要在回肠末端吸收。

主动转运药物吸收的速度可以用米氏方程[式（19-2）]描绘。

$$-\frac{\mathrm{d}C}{\mathrm{d}t}=\frac{V_{\mathrm{m}}\cdot C}{K_{\mathrm{m}}+C} \tag{19-2}$$

式（19-2）中，$-\frac{\mathrm{d}C}{\mathrm{d}t}$ 为主动转运吸收速度，V_{m} 为转运速度最大值，K_{m} 为米氏常数，C 为吸收部位的药物浓度。当吸收部位药物浓度较低时，$K_{\mathrm{m}}>>C$，$-\frac{\mathrm{d}C}{\mathrm{d}t}\approx\frac{V_{\mathrm{m}}}{K_{\mathrm{m}}}C$，近似一级吸收过程；当药物浓度较高时，$K_{\mathrm{m}}<<C$，$-\frac{\mathrm{d}C}{\mathrm{d}t}\approx V_{\mathrm{m}}$，吸收接近饱和。

2. 促进扩散　又称易化扩散，是指一些物质在细胞膜转运载体的帮助下，由膜的高浓度侧向低浓度侧扩散的过程。如氨基酸、D-葡萄糖、D-木糖、季铵盐类药物是以促进扩散机制吸收的。

促进扩散是借助载体的顺浓度差转运过程，因此同时具有载体介导转运和顺浓度差扩散的部分特点：①顺浓度梯度转运，不消耗能量；②需要转运载体的参与，当吸收部位的药物浓度较高时，可能出现饱和现象，转运速率也符合米氏方程；③结构类似物质可能发生竞争抑制作用。

载体介导转运与被动转运的速率示意图见图19-2。

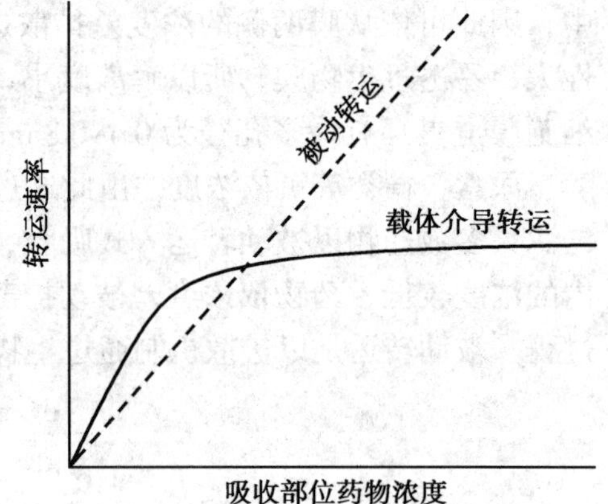

图19-2　被动转运与载体介导转运速率示意图

（三）膜动转运

通过细胞膜的主动变形将药物摄入细胞内，称为膜动转运。膜动转运分为胞饮和吞噬两种方式，胞饮作用是指对溶解物或液体的摄取；吞噬作用是指对大分子或颗粒状物的摄取。膜动转运主要吸收某些大分子物质如蛋白质、多肽、脂溶性维生素和重金属等，对小分子药物的吸收不起主要作用。

第三节　影响口服药物吸收的因素

一、胃肠道的结构与药物吸收

胃肠道由胃、小肠、大肠三部分组成。胃的表面积较小，吸收的量有限，吸收机制主要是被动扩散，一些弱酸性药物可在胃中吸收。口服药物在胃内的停留过程中可被崩解、分散、溶解和吸收，也可能受胃液酸性的影响而降解，药物在胃部的停留过程对制剂的生物利用度有较大影响。

小肠包括十二指肠、空肠和回肠，总长度可达 5~7m，直径约 4cm。小肠表面有环状皱褶、绒毛和微绒毛，故吸收面积较大，总表面积约 $200m^2$。因此小肠（特别是十二指肠）是药物、食物等吸收的主要部位。小肠中药物的吸收以被动扩散为主，同时也是主动转运和促进扩散转运的特异部位。

大肠包括盲肠、结肠和直肠，大肠无绒毛结构，长度约 1.7m，表面积较小，因此不是药物吸收的主要部位，但对于缓释制剂、肠溶制剂、结肠定位给药系统或由于溶解很慢而在胃肠道上部未能吸收而残留的药物，大肠部位的吸收有较大的意义。结肠是特殊的给药部位，结肠内有 400 多种微生物，主要是厌氧菌，对某些药物的吸收和代谢有一定意义，可能是蛋白质、多肽类药物较理想的吸收部位。直肠下端接近肛门部分，血管丰富，是直肠给药制剂（如栓剂）的吸收部位。大肠中药物的吸收以被动扩散为主，兼有胞饮和吞噬作用。

二、影响口服药物吸收的生物因素

（一）胃肠液的成分和性质

1. 胃肠液 pH　大多数药物的吸收是被动转运机制，即非解离的分子型、脂溶性药物才容易通过细胞膜，而离子型的药物则不易透过生物膜。大多数有机药物都是有机弱酸或弱碱类化合物，其分子型和离子型比例是由药物的 pK_a 和吸收部位的 pH 决定的，故消化液的 pH 会影响药物解离状态，从而影响药物的吸收及生物利用度。主动转运吸收的药物是在特定部位由转运载体介导，一般不受消化液 pH 的影响。不同部位胃肠液的 pH 不同。胃液 pH 为 1~3，十二指肠 pH 为 4~5，空肠和回肠 pH 为 6~7，大肠 pH 为 7~8，药物和病理状况会引起胃肠道 pH 的变化。

胃液主要成分为胃酸，空腹时胃液的 pH 为 0.9~1.5，进食或饮水后 pH 可升至 3~5。弱酸性药物在胃液中主要以分子型存在，可有一定的吸收；而弱碱性药物在胃液中主要为离子型，几乎不被吸收。从胃排出的酸性胃液到了十二指肠后，与胰腺分泌的胰液（pH7.6~8.2）中和，使小肠的 pH 升至 5~7，对弱碱性药物的吸收有利。

2. 胃肠液成分　胃肠液中所含的酶类、胆盐及黏蛋白等可影响药物的吸收：①胃蛋白酶、胰酶等可以消化食物、分解多肽及蛋白等；②胆酸盐为一种表面活性剂，有利于难溶性药物的溶解，增加其吸收；③黏蛋白等可能与药物结合影响吸收；④胃肠道黏膜表层覆盖有一层黏性多糖 - 蛋白质复合物（糖蛋白），具有保护黏膜的作用，可与某些药物结合，使药物吸收不完全或不能吸收。

（二）胃排空

胃内容物从胃幽门部排至十二指肠的过程称为胃排空。胃排空的快慢，对口服药物的吸收有影响：①胃排空加快，可使药物更快到达主要吸收部位小肠，有利于药物的吸收，出现药效的时间也快；②胃排空慢，则药物在胃中停留时间延长，与胃黏膜接触时间长，有利于弱酸性药物在胃中的吸收；但对于在胃中不稳定的药物，会增大药物的降解程度，对其吸收不利；③对于主动转运的药物如维生素 B_2 等，主要在十二指肠吸收，胃排空速度快，大量维生素 B_2 同时到达十二指肠，会使主动转运吸收达到饱和，生物利用度降低；若饭后服用，胃排空慢，使维生素 B_2 缓慢地通过十二指肠，不会发生饱和现象，总吸收量增多，有利于提高生物利用度。

影响胃排空速率的因素很多，主要与食物的性质、药物的理化性质及合并用药等有关：①胃内容物黏度低、渗透压低时，一般胃排空速率较大；②稀的流体食物比稠的或固体食物的胃排空快；③食物的种类不同，排空速率也不同，碳水化合物的胃排空较快，其次是蛋白质，脂肪最慢；④服用某些抗胆碱药、抗组胺药、麻醉药时，可使胃排空速率下降；⑤其他因素，如右侧卧时比左侧卧时胃排空快，精神因素也会影响胃排空速率等。

（三）胃肠道蠕动

胃蠕动可使食物与药物充分混合，也有粉碎和搅拌的作用，使药物与胃黏膜充分接触，有利于胃中药物的吸收，同时将内容物向十二指肠方向推进。

小肠的固有运动有以下几种：分节运动使小肠内容物不断分开又不断混合，并反复与黏膜接触；蠕动运动使内容物分段向前推进，到达下一个新肠段，再开始分节运动；由黏膜肌层收缩引起的黏膜与绒毛的运动，有利于药物的充分吸收。小肠的固有运动可促进固体制剂的进一步崩解、分散、溶解，增加药物与吸收黏膜表面的接触，有利于药物的吸收。

（四）食物的影响

食物对药物的吸收可产生不同影响：①一般情况下，食物会延缓和减少药物的吸收。这是因为食物通常能减慢胃排空速率，故会延缓药物在小肠部位的吸收；此外，由于食物消化时需要消耗水分，会使胃肠液黏度增加，从而延迟固体制剂的崩解和药物的溶出，减慢了药物向胃肠道壁的扩散，会使吸收变慢。②有些情况下食物也可能促进药物的吸收。脂肪类食物可促进胆汁的分泌，胆汁中主要成分胆盐具有表面活性剂的作用，可增加难溶性药物的溶解度，因而可改善其吸收。如灰黄霉素水溶性差、生物利用度低，当进食高脂肪类食物时可使其吸收增加。③由于食物能减慢胃排空，对主动转运的药物的吸收有利。如维生素 B_2 禁食时药物的肾排泄率为 22%，不禁食时肾排泄率为 40%。

（五）胃肠道降解与代谢作用

某些药物由于胃肠液 pH 等的作用，往往会降解或失去活性，有些甚至不能口服给药，只能采用注射或其他途径给药。如青霉素在 pH=1 时，半衰期约 33 秒，pH=2 时半衰期约 4 分钟，所以一般采用注射给药。利用肠溶材料包衣和结构改造等方法，能防止某些胃酸中不稳定药物的降解。如红霉素在酸性溶液中易失效，在胃酸中 5 分钟后效价只剩 3.5%，制成肠溶制剂给药可改善其吸收；青霉素结构改造后的衍生物阿莫西林、氨苄西林在胃酸中较稳定，可口服给药。

消化道内或黏膜内存在着各种消化酶，一些药物代谢酶如细胞色素 P450 3A、2C 及葡萄糖醛酸转移酶等在小肠黏膜均有表达，另外还有肠内菌丛所产生的酶，因此有些药物可能在消化道内被代谢失活，这种代谢失活即为胃肠道首关效应，对口服药物的生物利用度有较大影响。

（六）循环系统的影响

由消化道上皮细胞吸收的药物经循环系统转运至身体各部位，因此，循环系统的循环途径和血流量的大小都对药物吸收及血药浓度产生影响。

1. 血流速度的影响　在胃的吸收中，血流量可影响药物的吸收速度，如饮酒的同时服用苯巴比妥，其吸收量增加。由于小肠黏膜的血流量充足，其循环系统血流量的改变对药物的小肠吸收影响不显著。

2. 肝首关作用　胃肠道吸收的药物经肝门静脉进入肝内，在肝药酶的作用下发生代谢反应，使药物在进入体循环前被降解或失活，这种作用称为“肝首关效应”或“肝首关代谢”。药物被首关代谢的越多，血药浓度也就越小，生物利用度愈低。

3. 肠肝循环　肝中药物随胆汁排入小肠，在小肠又重新吸收经门静脉返回肝脏的现象即为肠肝循环。肠肝循环现象可使药物的作用时间延长，其血药浓度－时间曲线可能出现双峰现象。

4. 淋巴转运　药物从消化道向淋巴系统中的转运也是药物吸收转运的途径之一。但淋巴液的流速比血液慢得多，为血流的1/1000~1/500。一般小分子药物主要经血液循环吸收转运，淋巴系统的转运很少；但一些难以进入毛细血管的大分子药物可以经毛细淋巴管吸收。淋巴液由肠淋巴管、胸导管注入左锁骨下静脉进入全身循环，经淋巴系统吸收的药物不受肝首关作用的影响。因而对于肝首关作用强的药物及一些抗癌药，实现定向淋巴系统吸收和转运有很大的临床意义。

三、影响口服药物吸收的药物因素

药物因素包括药物的理化性质、剂型及生产工艺等，对药物的吸收都可能产生影响。

（一）药物的理化性质对吸收的影响

1. 药物的解离度与脂溶性　胃肠道上皮细胞膜的结构实质为脂质双分子层，对于以被动转运机制吸收的药物，生物膜是脂质屏障，只有脂溶性较大、非解离型的药物才易于透过生物膜，而离子型不易吸收。这种以油／水分配系数和解离状况决定药物吸收的学说被称为pH－分配假说。

大多数有机药物为有机弱酸或有机弱碱，其解离程度取决于药物的 pK_a 和环境的 pH，可用 Henderson–Hasselbach 方程式表示：

$$\text{弱酸性药物：} pK_a - pH = \lg(C_u/C_i) \quad (19\text{–}3)$$

$$\text{弱碱性药物：} pK_a - pH = \lg(C_i/C_u) \quad (19\text{–}4)$$

式（19–3）和式（19–4）中，C_u 和 C_i 分别表示非解离型（分子型）和解离型（离子型）药物的浓度。由式（19–3）和式（19–4）可知，胃中主要吸收弱酸性药物，弱碱性药物几乎不能吸收；而小肠部位更有利于弱碱性药物的吸收，但是由于小肠的吸收面积大，即使药物非解离型的比例低于解离型，也会有可观的吸收，因此弱酸性药物在小肠也有较好的吸收。通常 $pK_a>3.0$ 的弱酸性药物及 $pK_a<7.8$ 的弱碱性药物吸收较好，在这些限度以外的酸、碱性药物的吸收都相应地下降。对于两性药物，则在等电点的 pH 时吸收最好。

例如水杨酸的 $pK_a=3.0$，在胃液 pH 为 1.0 时，非解离型与解离型的比例为 100∶1，有约 99% 的水杨酸在胃中呈非解离型，故易被胃吸收；在小肠 pH 为 6.0 时，非解离型与解离型的比例为 1∶1000，非解离型所占比例约为 0.1%，但由于小肠吸收面积很大，故也有一定程度的吸收。

又如弱碱性药物奎宁 $pK_a=8.4$，在胃中，$8.4-1.0=\lg(C_i/C_u)$，则有 $C_i/C_u=2.5\times10^7:1$，奎宁在胃中几乎全部解离，基本不被吸收；在小肠中，$8.4-6.0=\lg(C_i/C_u)$，则有 $C_i/C_u=251:1$，即进入小肠后，随着 pH 的升高，非解离型比例增加，所以奎宁在小肠的吸收比胃中好得多。

某些药物口服后，即使以大量非离子型存在，吸收仍然不好，其原因是分子的脂溶性差。药物的脂溶性大小可由油 / 水分配系数表示，一般药物的油 / 水分配系数越大，脂溶性也越大。pK_a 大小相近的药物，油 / 水分配系数大的更易被吸收。如巴比妥类药物的 pK_a 相近，脂溶性大小对其在大鼠胃中的吸收起重要作用见表 19-1。

表 19-1 巴比妥类药物在大鼠胃中的吸收率（%）与油 / 水分配系数及 pK_a 的比较

巴比妥类药物	三氯甲烷 / 水分配系数	pK_a	吸收率（%）
巴比妥	0.72	7.9	6.2
苯巴比妥	4.44	7.41	12.6
戊巴比妥	24.1	8.11	17.6
异戊巴比妥	33.8	7.49	17.7
环己巴比妥	129	8.34	24.1
硫喷妥	321	7.45	37.8

2. 药物的溶出速率　固体剂型如片剂、丸剂、胶囊剂、颗粒剂等口服时，必须先经过崩解、分散、溶出后，才能被上皮细胞膜吸收（图 19-3）。药物吸收同时受溶出和透膜两个过程的影响，对于溶出较快的药物及其制剂，一般透膜过程是吸收的限速阶段；对于难溶性药物或溶出速率很慢的药物及其制剂，药物从固体制剂中的溶出过程往往是吸收的限速阶段，在这种情况下，溶出速率对药物的起效快慢、药效强弱和持续时间的影响较大。

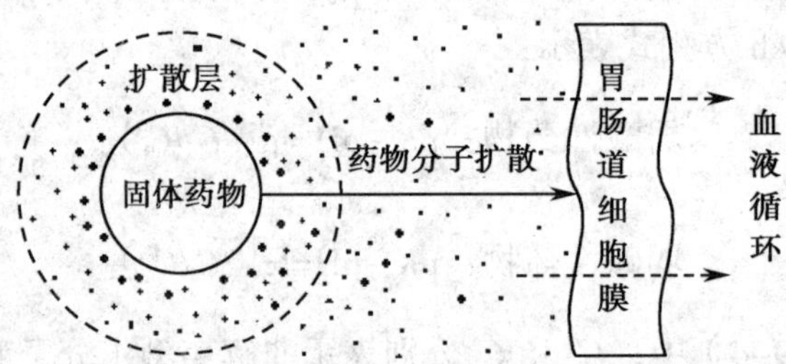

图 19-3 药物溶出透膜过程示意图

药物的溶出过程受固体药物溶解扩散速率所支配，药物的溶出速率可用 Noyes-Whitney 方程描述：

$$\frac{dC}{dt}=\frac{DS}{h}(C_S-C) \tag{19-5}$$

式（19-5）中，$\frac{dC}{dt}$为药物的溶出速率，D 为药物的扩散系数，h 为扩散层厚度，S 为药物的表面积，C_s 为药物的溶解度，C 是胃肠液或溶出介质中的药物浓度。令 $k=D/h$，k 为溶出速率常数。式（19-5）可简化为：

$$\frac{dC}{dt}=kS(C_S-C) \tag{19-6}$$

在受溶出速率限速的吸收过程中，由于溶解后的药物立即被吸收，形成漏槽状态，即 $C_s>>C$，液体介质中的药物浓度 C 可忽略不计，所以有：

$$\frac{\mathrm{d}C}{\mathrm{d}t}=kSC_s \qquad (19-7)$$

从式（19-7）可知，药物的溶出速率与药物的溶解度（C_s）、表面积（S）及溶出速率常数（k）成正比。

在制剂中，由于主药的溶出速率太慢而造成药物无效的情况较常见，故对于溶解度小的药物制成的片剂或其他固体剂型，各国药典常规定要测定溶出速率，作为体外控制质量的方法之一。影响药物溶出速率的理化性质因素有以下几方面。

（1）粒子大小：药物粒子大小和溶出速率有关系。相同质量的药物粉末，其表面积随药物粉末粒子直径（d）的减少而增加（表 19-2），粒径和表面积的关系如式（19-8）：

$$S=\frac{6W}{dD} \qquad (19-8)$$

式（19-8）中，d 为药物粉末颗粒的平均直径，D 为药物密度，W 为药物质量。药物粒子越小，与体液的接触面积越大，药物的溶出速率就会越大。因此，难溶性药物通过减少药物粉末的粒度，可以改善其体内的吸收情况。例如螺内酯为难溶以水的药物，减小粒径能改善其溶出与吸收，提高生物利用度（图 19-4）。《中国药典》2010 年版规定螺内酯片剂用微晶型原料，原料中粒度 <10μm 的结晶不少于 90%。

表 19-2　粒子粒径与 1g 粒子总表面积的关系

粒径（μm）	1g 粒子的总表面积（cm^2）
1000	60
100	600
10	6000
1	60000

对于吸收受溶出速率限制的药物，为达到增加某些难溶性药物的溶出速率和吸收的目的，可采用微粉化技术，一般可用胶体磨、气流粉碎、球磨机等直接机械粉碎，还可采用固体分散技术和控制结晶法等达到微粉化的目的。但有些情况下微粉化不一定对吸收有利。在胃液中不稳定的药物如红霉素等，粒子越小降解越快，微粉化后反而会降低其疗效；对胃肠刺激性强的药物如呋喃妥因，虽然微粉化能提高吸收，但会增大对胃肠道的刺激性，故不应用过细的粉末制备制剂。

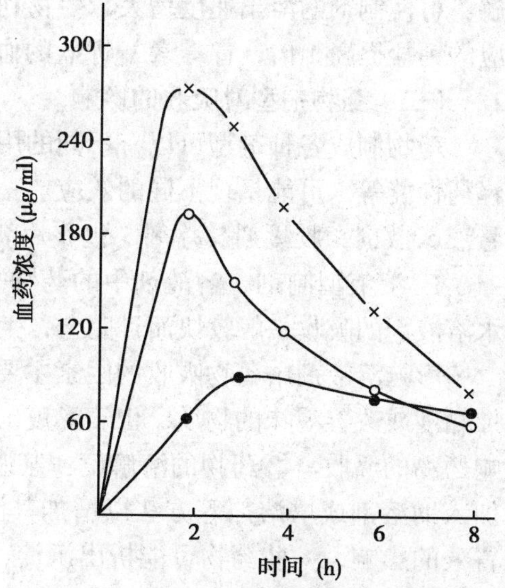

图 19-4　螺内酯颗粒大小与血药浓度的关系

（2）多晶型：化学结构相同的药物，可因结晶条件的不同而得到晶格排列不同的几种晶型，这种现象称为同质多晶现象。多晶型可分为稳定型、亚稳定型、不稳定型及无定型，不同晶型往往具有不同的物理性质如密度、熔点、溶解度、溶出速率等，其生物活性和化学稳定性也有所不同。稳定型的结晶熵值最小，熔点最高，化学稳定性好，溶解度最小，溶出速率最慢，药物在体内吸收速度也相对较慢，制成的制剂生物利用度较差；不稳定型与此相反，但不稳定型易于转化成稳定型，不宜用作制剂原料；亚稳定型介于上述两者之间，具有较大的熵值和较低的熔点，溶解度较大、溶出速率也较快、生物利用度高，在常温下转变为稳定型速度较慢，常作为制剂的原料；无定型药物由于溶解时不需要克服晶格能，所以溶解速度比结晶型快，但在贮存过程中可能转变为结晶型。例如依托氯霉素有 A、B、C 三种晶型和无定型。其中亚稳定型 B 型及无定型有效，A 型及 C 型无效；A 型依托氯霉素口服后的最高血药浓度只有 1.65μg/ml，B 型依托氯霉素的血药浓度可达 5.03μg/ml。

在制剂的制备和贮存过程中，应特别注意药物晶型的转化。能引起晶型转变的外界条件有：①干热和熔融，如依托氯霉素稳定晶型 A 经 87~89℃加热一定时间后冷却，能转变成亚稳定型（B 型）；②粉碎与研磨，如磺胺 5- 甲基嘧啶晶型Ⅱ型经研磨可转变成Ⅲ型，若加水研磨可加速转变过程；③结晶条件，如溶剂不同、饱和程度和冷却速度不同，可能产生不同的晶型；④混悬在水中，这种情况常在混悬型液体药剂中发生，如甲基氢化可的松、巴比妥等混悬液，在储存过程中均可发生晶型转变。

在药物制剂过程中，应选择适宜的原料药晶型和操作工艺、采取适当的措施，防止晶型的转化。如在混悬液中加入甲基纤维素（MC）、聚乙烯醇（PVA）、羧甲基纤维素钠（CMC-Na）、阿拉伯胶等物质时，可有效地延缓晶型的转变，其原因可能与增大黏度、减慢扩散有关。此外，表面活性剂如聚山梨酯 -80、丁二酸辛酯磺酸钠等，也起延缓晶型转变作用。

（3）溶剂化物：药物结晶中含有溶剂分子称为溶剂化物。药物经溶剂化后，溶出速率将发生改变，一般溶出速率大小顺序为：有机溶剂化物 > 无水物 > 水合物。如氨苄西林 30℃时无水物与三水合物的溶解度分别为 12mg/ml 与 8mg/ml；人口服氨苄西林后，无水物的生物利用度是三水合物的 1.2 倍。

（4）成盐：难溶性的弱酸或弱碱制成可溶性盐类，溶解度增加，能够在胃肠液中迅速溶解，可使制剂的溶出速度增大，生物利用度提高。例如口服新霉素钠盐，其生物利用度比相应的钙盐提高 1 倍，青霉素 V 钾盐的血药浓度比青霉素 V 高。

（二）药物剂型对吸收的影响

药物制成各种剂型可以有不同的用药部位和给药途径，有不同的处方组成、理化性状和释药性能等，可能呈现不同的效应。一般口服剂型中，药物的吸收顺序大致为：水溶液 > 混悬液 > 散剂 > 胶囊剂 > 片剂 > 包衣片剂。

1. 溶液型制剂　溶液剂中的药物是以分子或离子状态分散在介质中，故溶液剂特别是水溶液剂的吸收一般较快而且完全，生物利用度高。

影响溶液剂中药物吸收的因素主要如下。①溶液的黏度：口服液体药剂中常加入一些增加黏度或改善嗅味的物质，由于黏度与溶出速率以及扩散系数成反比关系，黏度增大可能影响药物的吸收。②药物的溶解度：某些难溶性药物制成溶液剂时，常使用混合溶剂、成盐、加入助溶剂或增溶剂等方法以增加其溶解度；当服用此类溶液剂时，由于胃肠液的稀释或胃酸的影响，一些药物可能析出沉淀，若药物的沉淀粒子较大就可能减慢溶出、影响吸收。③溶剂：药物溶解在非水的、与水不相混溶的溶剂中，如难溶性药物溶于植物油中，其吸收速度和程度比水溶液差，吸收过程中的限速因素是药物从油相到消化液中的分配速度，故油溶液与消化液接触的表面积是影响吸收的重要因素。④表面活性剂：溶液中加入表面活性剂时，由于能溶解胃肠道黏膜表面脂质，改变胃肠黏膜上皮细胞的通透性，往往会促进药物吸收；但当表面活性剂的浓度达到临界胶束浓度以上时，药物被增溶进入胶束内，胶束中的药物必须重新分配到胃肠液中才能被吸收，可能会减慢药物的吸收速度。⑤络合：某些高分子物质如 PEG 类、纤维素类衍生物、天然树胶，一方面增加了溶液的黏度，另一方面可能与药物形成难溶性的络合物，从而影响药物吸收。如 PEG6000 可与苯巴比妥形成难溶性络合物，减少药物的吸收。

2. 乳剂　近年来研究表明，口服乳剂具有提高生物利用度的优点，其原因主要有：①乳剂中药物分散程度大，在胃肠道中有效表面积大，有利于药物的溶解和吸收；②乳剂中含有乳化剂，有表面活性剂作用，可改善胃肠黏膜性能，促进药物吸收；③乳剂中的油脂可以促进胆汁分泌，有助于药物的进一步溶解吸收。例如难溶于水的吲哚克索溶于油中制成水包油型乳剂，口服后血药浓度是混悬剂的 3 倍，是硬胶囊剂的 4 倍。

3. 混悬剂　混悬剂中药物颗粒必须先溶解，才能被吸收。一般混悬剂的吸收速度比水溶液慢，但比胶囊剂、片剂等固体制剂要好。影响混悬剂吸收的因素主要如下。①药物颗粒大小：混悬剂中难溶性药物的吸收速度往往受到溶出速度的限制，药物微粉化后（粒径一般小于 10μm），可增加药物的溶出速度，改善吸收。②晶型的转化：采用无定型或亚稳定型药物制成的混悬剂，在贮存期间可能会缓慢自发地转变为稳定型，从而也会使生物利用度降低。③分散溶媒：分散溶媒也会改变混悬剂的吸收情况，一些药物的油混悬剂如灰黄霉素油混悬剂在胃肠道的吸收略高于其水混悬剂。④黏度：助悬剂可使混悬剂的黏度增加，可能导致药物的扩散系数减小、溶解减慢、吸收降低。

4. 散剂　散剂比表面积较大，容易分散，服用后不需崩解过程，溶解后即可吸收。散剂是固体制剂中吸收比较快的剂型，通常生物利用度比其他固体制剂大。影响散剂中药物吸收的因素如下。①粒度：药物的粒度越细，溶出越快，吸收也越快；②稀释剂：散剂中的稀释剂对药物溶解性能有很大影响，有些稀释剂能与药物作用，有些可能吸附药物，使药物不能很快溶解吸收，对散剂的生物利用度也有很大影响；③吸湿与风化：由于散剂比表面积较大，其吸湿性和风化性也较显著，吸湿后的散剂通常可能发生湿润、流动性降低、结块等物理变化，有的发生变色、降解等化学变化，均可能影响药物的有效性。

5. 胶囊剂　胶囊剂口服后囊壳破裂，药物颗粒直接分散于胃肠液中，若药物能被体液充分润湿，则溶出有效面积较大，药物溶出较快，吸收较好，生物利用度也高。影响胶囊剂吸收的因素如下。①药物颗粒大小；②晶型；③附加剂：水溶性和亲水性稀释剂如乳糖能够增大体液透入胶囊内容物的速度，改善疏水性药物的润湿情况，从而促进药物溶出与吸收；表面活性剂也能促进体液穿透，提高药物的释放速度；而疏水性稀释剂则会妨碍药物的释放；④胶囊壳：明胶胶囊壳对药物溶出有一定延迟作用，一般延缓 10~20 分钟；⑤胶囊的贮存和条件（如高温、高湿）也会影响药物的释放。通常胶囊的适宜保存条件为温度不超过 25℃，相对湿度不超过 45%；但过分干燥也会使胶囊壳失水而易脆裂。

6. 片剂　片剂为应用最广泛的剂型之一，也是生物利用度问题最多的剂型之一。主要原因是制备过程中加入较多辅料以及压片时减少了药物的有效表面积，在胃肠道要经历崩解、分散、溶出的全过程。一般影响药物崩解和溶出的因素，也会影响药物的吸收和生物利用度。

影响片剂中药物吸收的因素如下。①片剂的崩解与溶出：片剂崩解后，分散成较细颗粒，有效表面积增加，有利于药物的释放、溶解。因此，片剂崩解的快慢、崩碎后颗粒的大小都会影响药物的溶出。但某些药物（特别是难溶性药物）片剂，虽然崩解时限符合《中国药典》规定，但其生物利用度却可能较差。其原因是片剂崩解后，药物不一定能快速溶解。大多数难溶性药物片剂中吸收的限速过程是药物从含辅料颗粒中溶出的过程。②药物的理化性质：药物颗粒的大小、药物晶型、pK_a及脂溶性等都会影响片剂的崩解和溶出。③片剂制剂工艺：制粒、压片与包衣等都会影响片剂的崩解与溶出，从而影响药物吸收。④辅料：一般亲水性辅料对溶出有促进作用，而疏水性辅料往往延缓药物的溶出。

（三）制剂的处方和生产工艺对吸收的影响

为了增加主药的均匀性、有效性、稳定性以及改善制剂外观，制剂处方中常常加入不同的辅料。辅料不仅可能改变药物的理化性质，而且会直接影响制剂中药物的吸收速度和吸收程度。制剂处方和生产工艺对药物的吸收和生物利用度的影响较复杂，下面仅对固体制剂中常用辅料和片剂生产工艺对吸收的影响进行讨论。

1. 固体剂型辅料对药物溶出和吸收的影响

（1）稀释剂：固体剂型中常常加入大量稀释剂，稀释剂对小剂量药物固体制剂的溶出影响较大。若稀释剂具有分散或助润湿作用，将会促进药物的溶出和吸收；若稀释剂为水不溶性，则可能延缓或阻碍药物的溶出与吸收；有些不溶性辅料如碳酸镁、碳酸钙、氧化镁、三硅酸镁、氢氧化铝做稀释剂时，应注意它们对药物的吸附作用，药物被吸附后，将会影响药物的溶出与吸收。1968年，澳大利亚发生服用普通剂量的苯妥英钠胶囊剂产生中毒的病例，原因是稀释剂由硫酸钙改为乳糖，促进了药物溶出而引起中毒。

（2）黏合剂：片剂制粒过程中常常加入黏合剂增加微粒之间的黏结能力，便于制粒。黏合剂所起的作用与崩解剂相反，有延缓片剂崩解的作用，有时会降低制剂中药物的溶出速度，黏合剂的品种和用量对片剂溶出的影响不尽相同。糊精可能延缓制剂的崩解与溶出；淀粉浆对崩解的影响不大；低黏度的羟丙甲纤维素（HPMC）是一种具有崩解性能的黏合剂，用量仅为片重的2%~5%，可显著改善其崩解效果。

（3）崩解剂：崩解剂的种类与用量以及使用方法的不同，都可能导致片剂溶出速度的差异。如比较片剂中外加淀粉和内加淀粉的崩解作用，发现外加淀粉可促进水分的渗透，增加药物的溶出速度。有人曾用5种淀粉与水杨酸制粒压片并测定其溶出度，溶出最快的是采用可压性淀粉制成的片剂，其次为马铃薯粉 > 玉米淀粉 > 葛根淀粉 > 大米淀粉。

（4）润滑剂：润滑剂多为疏水性或水不溶性物质，主要用于片剂和胶囊剂以改善颗粒和粉末填充时的流动性。常用的润滑剂有硬脂酸镁和滑石粉。硬脂酸镁疏水性强、比容大，可增加制剂的疏水性，一般用量小于1%时影响不大，用量增加时可使溶出变慢。滑石粉虽不溶于水，但具有亲水性，一般不影响片剂的崩解和溶出。十二烷基硫酸钠为水溶性表面活性剂型润滑剂，能促进药物与体液的接触，使集结的粒子较快地分散到体液中，因此能够加快药物的溶出。润滑剂也可能通过吸附作用而降低主药的释放。如硬脂酸镁作为度米芬喉片的润滑剂时，因吸附药物而使疗效降低。

（5）表面活性剂：表面活性剂广泛应用于各类剂型中，往往会对药物吸收产生影响。①表面活性剂有助润湿作用，能使固体药物与胃肠液间的接触角变小，表面张力变低，增加药物的润湿性，改善药物的溶出和吸收。②表面活性剂的作用与应用的浓度密切相关，往往存在一个最佳浓度；当表面活性剂在溶液中的浓度达到临界胶束浓度以上时，会形成胶束，药物可能被增溶进入胶束中，由于胶束内的药物一般不能透过生物膜，所以可能减少药物的吸收。③表面活性剂可与某些药物相互作用形成复合物，其溶解度、分子大小、扩散速度、油/水分配系数等改变，故能改变药物对生物膜的通透性，影响药物的吸收。④另外，某些表面活性剂具有溶解消化道上皮细胞膜类脂质的作用，从而改变上皮细胞的通透性，促进药物的吸收。

2. 制备工艺对吸收的影响　在制剂制备过程中，有很多因素会影响到制剂中药物的溶出和吸收。

（1）混合与制粒：在药物与辅料混合及制粒过程中，如将小剂量药物溶于适宜溶媒中再与辅料混匀，则比直接混合更有利于溶出；混合过程中将药物与辅料持久研磨也能加快溶出。在制粒操作中，黏合剂的性质与用量、颗粒剂的大小与密度以及操作方法都可以影响片剂的崩解与溶出。如物料与黏合剂混合时间过长，制得的颗粒密度大，压出片剂硬度大，其崩解与溶出也会减慢。

（2）压片力：通常随着压力的增加，颗粒间紧密结合，使片剂空隙率减少，药物的溶出速度也随之减慢；当压力再增大时，颗粒会被压碎成更小颗粒，甚至暴露出药物粒子，从而使药物暴露的表面积增加，药物的溶出加快；但当压力过大时，颗粒间产生不可逆的塑性变形，片剂呈高致密性，液体不易进入片剂内部，崩解和溶出减慢。压片力能影响片剂的崩解与释放，但无一定规律性，不同的药物，压力大小的影响也是不同的。

（3）包衣：包衣制剂口服后首先是衣层的溶解，然后药物才能溶出、吸收，所以药物吸收主要取决于包衣材料的种类和衣层的厚度。许多包衣材料为离子型的高分子化合物，受胃肠道内盐类及 pH 的影响很大。尤其是肠溶衣片，其药物吸收与胃肠液 pH 及其在胃中的滞留时间有关。因此，肠溶衣制剂的血药浓度个体差异较大。

第四节　其他给药途径药物的吸收

一、注射给药

（一）注射给药途径与药物吸收

注射给药是一种重要的给药方法，一些口服不吸收或在胃肠道易降解的药物，或一些因昏迷或吞咽困难不能口服的患者，通常采用注射给药。常用的注射给药途径有静脉注射、肌内注射、皮内注射、皮下注射及关节腔内注射等。

1. 静注给药　静注给药包括静脉注射（推注）和静脉滴注，是将药物直接注入静脉血管，不存在吸收过程，作用迅速，生物利用度为100%。静脉注射的容量一般小于50ml，静脉滴注的容量可以达上千毫升。静脉注射或静脉滴注的剂型一般为水溶液，有时亦为静脉乳剂。

2. 肌内注射　肌内注射给药比静注简便安全，比皮下注射刺激性小，应用较广。药物经肌内注射有吸收过程，药物以被动转运吸收，脂溶性药物可以通过毛细血管壁被动扩散吸收，水溶性小分子量药物可以穿过毛细血管内皮细胞膜上的微孔快速扩散进入毛细血管，但吸收的量较少；分子量很大的药物难以通过毛细血管壁或内皮细胞膜上的细孔，则以淋巴系统为主要吸收途径，由于淋巴流量远低于血流量，故吸收相对较慢。一般认为肌内注射药物吸收的速度较快，一般在10~30分钟内吸收，仅次于静脉注射。肌内注射的容量一般为2~5ml，溶媒多为水，也可采用复合溶媒或油，可以是溶液、乳剂或混悬液。水溶液一般吸收较快，油溶液或混悬液注射后，可在局部形成贮库，缓慢释放药物，达到长效的目的。

3. 皮下与皮内注射　皮下结缔组织内间隙多，药物注射后通过结缔组织扩散进入毛细血管吸收，但皮下组织血管较少，血流速度较慢，故皮下注射后药物吸收及药效发挥较肌内注射慢，有些甚至比口服慢。需延长作用时间的药物可采用皮下注射，如治疗糖尿病的胰岛素。一些油混悬型注射液或植入剂都可皮下注射或埋藏于皮下，发挥长效作用。皮下注射容量一般为1~2ml。身体不同部位皮下注射后药物吸收速度亦不同，与注射部位的血流速度有关。

皮内注射是将药物注入真皮下，此部位血管细小，药物吸收差。注射容量仅为0.1~0.2ml，一般作皮肤诊断与过敏试验。

4. 其他部位注射　动脉内注射可使药物直接进入靶作用部位，但危险性较大，一般很少使用，欲使药物靶向到特殊组织或器官时可考虑采用动脉内给药。如抗癌药经动脉作区域性滴注，用于肿瘤治疗，可提高疗效、降低毒性。腹腔内注射给药主要通过肠系膜静脉吸收，药物经门静脉通过肝脏再向全身组织分布，因此由于肝的首关作用，可能影响药物的生物利用度；腹腔内注射给药有一定的危险性，一般用于动物实验。鞘内注射是将药物直接注射到椎管内，可避过血脑屏障，使药物向脑内分布，如治疗结核性脑膜炎时可鞘内注射异烟肼和激素等药物。

（二）影响注射给药药物吸收的因素

1. 生理因素　①血管外注射（如皮下和肌内注射）给药时，注射部位的血流状态影响药物的吸收速率，血流丰富的部位吸收快，肌内注射的吸收速率依次是上臂三角肌 > 大腿外侧肌 > 臀大肌；②对于水溶性大分子药物或油溶液注射液，淋巴液的流速也会影响药物的吸收；③肌内或皮下注射后，注射部位的按摩与热敷能促进药物的吸收；运动使血管扩张，血流加快，能够促进药物吸收。

2. 药物的理化性质　①分子量：采用肌内注射或皮下注射等方式给药时，药物可通过组织液进入毛细血管，也可通过组织液进入毛细淋巴管。对于分子量小的药物，药物几乎全部由血管转运；而分子量很大的药物主要通过淋巴系统吸收。②溶解度：难溶性药物的溶解度对吸收有影响，如混悬型注射剂中药物的溶解度可能是药物吸收的限速因素；非水溶媒注射液的溶媒被吸收或遇水性组织液析出沉淀时，药物的溶解度也是影响吸收的因素之一。③药物的油 / 水分配系数和解离状态：对注射剂的吸收影响不大，药物主要通过毛细血管壁的膜孔（半径约为3nm）吸收，一般分子量为200~800的药物均可穿过。

3. 剂型因素　注射剂的剂型及处方组成会影响药物的吸收：①药物从制剂中的释放速率是药物吸收的限速因素，各种注射剂中药物的释放速率次序一般为：水溶液 > 水混悬液 > 油溶液 >O/W 型乳剂 >W/O 型乳剂 > 油混悬液；②一些注射剂为了使药物溶解或稳定，注射液的pH往往偏离生理条件，或需加入助溶剂和混合溶媒，注射后在组织液中可能析出沉淀，导致药物吸收缓慢、不规则或不完全；③渗透压亦会影响血管外注射的药物吸收，当注射高渗注射液时，体液流向注射部位，使药物浓度稀释，扩散速率降低；④以油为溶媒的注射剂，由于溶媒与组织液不相混溶，药物需从油相分布到水性组织液中才能吸收，在肌肉内可形成贮库而延缓吸收；⑤注射剂中加入某些高分子附加剂如羧甲基纤维素钠、聚维酮、明胶等，使溶液黏度增加，肌内注射后，药物向组织扩散的速度减慢，药物的吸收延长，可产生延效作用；⑥混悬型注射剂注射后，药物需经历溶出与扩散过程，因而吸收较慢；⑦乳剂型注射剂肌内注射后，药物多通过淋巴系统转运，适用于治疗肿瘤的淋巴转移和淋巴造影等；O/W 型乳剂静脉注射给药后，乳滴的大小为 1μm 左右，可被巨噬细胞吞噬，使药物富集于单核－巨噬细胞系统丰富的脏器如肝、脾、肺、肾等，具有一定的定向分布作用。

二、口腔黏膜给药

药物经口腔黏膜给药可发挥局部或全身治疗作用。局部作用剂型多为溶液型或混悬型漱口剂、气雾剂、膜剂、口腔片剂等，可用于治疗口腔溃疡、细菌或真菌感染以及其他口腔科或牙科疾病；全身作用常采用舌下片、黏附片、贴膏等剂型。药物经口腔黏膜下毛细血管吸收后，汇总至颈内静脉，不经肝脏而直接进入心脏，可避免肝脏的首关作用。一般认为，口腔黏膜吸收以被动扩散为主，舌下黏膜渗透能力强，药物吸收迅速，给药方便，一些口服后首关作用强或在胃肠道中易降解的药物如甾体激素类药物、硝酸酯类药物等，舌下给药后生物利用度显著提高。

影响口腔黏膜给药吸收的生理因素主要是：①唾液的冲洗作用，舌下片剂常因唾液的冲洗而保留时间很短，影响药物的吸收；②唾液分泌量的时间差异和个体差异，对依赖于唾液释放的药物制剂影响较大；③唾液中含有的黏蛋白有利于黏膜贴附制剂的附着，但也可能与药物发生特异性的或非特异性的结合，影响药物的吸收。影响口腔黏膜给药吸收的药物因素如下。①脂溶性：脂溶性大的药物易被口腔黏膜吸收；②解离度：大多数弱酸和弱碱类药物主要通过脂质膜被动扩散吸收，其口腔黏膜吸收，遵循 pH 分配学说，分子型容易透过口腔黏膜，而离子型难以透过脂质膜；③分子量：分子量越小，药物透过口腔黏膜越容易，吸收越好；④制剂中加入吸收促进剂也对药物吸收有利。

三、皮 肤 给 药

皮肤给药可起局部治疗作用，也可以达到全身治疗作用。如软膏剂、硬膏剂等主要用于皮肤表面，起保护皮肤与局部治疗作用；若病患部位较深，要求药物能透过角质层发挥作用。作为全身作用的经皮给药系统，主要为贴剂或贴片。

经皮给药系统的药物要发挥全身治疗作用，首先要从制剂中释放并溶解在皮肤表面，分配进入角质层，再扩散通过角质层到达活性表皮，然后继续扩散到达真皮，才能被毛细血管吸收进入血液循环。角质层是药物吸收的主要屏障，药物可经两种途径扩散通过角质层：①通过细胞间隙扩散；②通过细胞膜扩散。

影响药物经皮渗透的生理因素主要如下。①用药部位：身体各部位皮肤渗透性大小依次为阴囊 > 耳后 > 腋窝区 > 头皮 > 手臂 > 腿部 > 胸部；②年龄和性别：老人和男性的皮肤较儿童、妇女的渗透性低；③皮肤的状态：皮肤的水化作用能够改变皮肤的渗透性；④皮肤积蓄：药物在经皮吸收过程中可能会在皮肤内产生积蓄，积蓄的主要部位是角质层，能使角质层受损而削弱其屏障功能的任何因素如溃疡、破损或烧伤等，均可加速药物的渗透；⑤皮肤温度：随着皮肤温度的升高，药物的渗透速率也提高。

影响药物经皮吸收的剂型因素包括以下几点。①分子量：一般分子量小于600、熔点较低的药物易渗透通过皮肤吸收；②脂溶性和解离度：有一定脂溶性的非解离型药物更容易通过角质层屏障，吸收较好；但是脂溶性太强的药物也难以透过亲水性的活性表皮和真皮层；③剂型特性与基质：药物从给药系统中释放越容易，则越有利于药物的经皮渗透；溶解与分散药物的介质不但会影响药物的释放，亦会影响皮肤的渗透性；④透皮吸收促进剂：吸收促进剂可增加脂质的流动性，有助于药物分子的扩散渗透，有些促进剂能溶解角质层的类脂，影响药物在皮肤的分配或促进皮肤的水化，提高药物的透皮速率；⑤其他：如离子导入技术等也对药物的吸收有影响。

四、肺部吸入给药

肺部给药可以发挥局部或全身治疗作用，主要剂型有气雾剂、雾化剂和粉末吸入剂。药物在肺部吸收的主要部位是肺泡，肺泡的表面积很大，毛细血管丰富，故肺部给药后吸收迅速，而且吸收后的药物直接进入血液循环，不受肝的首关效应影响。药物在肺部的吸收主要是被动扩散机制。

影响药物肺部吸收的主要因素如下。①脂溶性：脂溶性药物易通过脂质膜被吸收；水溶性药物主要通过细胞旁路吸收，其吸收较脂溶性药物慢；②分子量：小分子药物的吸收快于大分子药物；③粒子大小：药物粒子大小影响药物到达的部位，吸入气雾剂的微粒大小以0.5~5.0μm较适宜；大于10μm的粒子易沉积在上呼吸道中并很快被咳嗽、吞咽及纤毛运动等清除；2~10μm的粒子可到达支气管与细支气管；太小的粒子容易随呼气排出，不能停留在呼吸道；④喷出速度：气雾剂粒子喷出的初速度愈大，在咽喉部的截留愈多。

五、直肠给药

直肠给药可用于局部治疗或全身作用，主要剂型有栓剂和灌肠剂。直肠给药用于全身治疗有一些优点：①可以避免药物受胃肠液pH和酶的影响及破坏，避免药物对胃肠道上部的刺激性；②直肠给药可以部分避免肝首关作用；③当口服给药困难或不能口服给药时，可选择直肠给药。

药物的直肠吸收主要是被动扩散机制，主要有两条途径：①通过直肠上静脉，经门静脉入肝脏，在肝脏首关代谢后再进入全身血液循环；②通过直肠中、下静脉和肛管静脉进入下腔静脉，绕过肝脏而直接进入血液循环，此途径吸收的药物可以避免肝首关效应。药物的直肠吸收途径与给药部位有关，栓剂引入直肠的深度愈小，所吸收的药物绕过肝脏首关的量亦愈多，一般为总量的50%~70%。除了血液途径外，一些大分子量的药物还可通过直肠淋巴系统吸收。

影响药物直肠吸收的主要因素如下。①脂溶性：脂溶性好、非解离型药物能够从直肠吸收；②剂型：在直肠给药剂型中，溶液型灌肠剂比栓剂吸收迅速且完全；③栓剂基质：药物与基质间的亲和力对吸收影响较大，水溶性药物混悬在油脂性基质中或脂溶性较大的药物分散在水溶性基质中，有利于药物的释放与吸收；油脂性基质在体温下的融化快慢、水溶性基质的溶解速度对药物吸收也有影响；④吸收促进剂：栓剂中加入吸收促进剂，对药物吸收有利；⑤其他：如直肠内容物、排便等也会影响直肠吸收。

第五节 药物的分布

一、概　　述

药物分布是指药物从给药部位吸收入血后，随血液循环向各组织器官中转运的过程。由于药物的理化性质及生理因素的差异，药物在体内的分布速度和程度都是不均匀的。药物分布是药效产生的关键步骤，药物向靶组织分布速度越快，起效越快；药物对靶组织的亲和力越强、分布越多，药效越强、越持久。相反，药物若在非靶组织中的分布越多、停留时间长，则可能产生毒副作用。所以，药物的体内分布不仅与药物作用的强弱、起效快慢、持效时间长短等密切相关，还关系到药物在组织的蓄积和毒副作用等安全性问题。

二、表观分布容积

表观分布容积（apparent volume of distribution，V）是指在药物充分分布的假设前提下，体内药量与血药浓度的比值（式 19–9），即体内全部药物若按血中药物浓度溶解所需的体液体积，它不是指体内药物分布的真实容积，也没有生理学意义，但可以用来评价体内药物分布的程度，其单位通常以 L 或 L/kg（体重）表示。

$$V=\frac{X}{C} \qquad (19\text{–}9)$$

式（19–9）中，V 为表观分布容积，X 为体内药物量，C 为血药浓度。

体重 60kg 的成人约有总体液 36L，其中血浆约 2.5L，细胞间液约 8L，细胞内液约 25L。若药物在体内均匀分布，其表观分布容积应接近总体液的容积，但这种情况非常少见；一般药物的表观分布容积会大于或小于总体液容积，表观分布容积的下限为 0.041 L/kg，相当于药物仅在血浆中分布；而其上限可以超过 20L/kg，远高于总体液容积。根据药物的表观分布容积大小，可以了解药物的分布情况。大多数药物在体内的分布大致分为以下 3 种情况。

（1）组织中药物浓度接近或等于血中药物浓度：即药物在各组织内均匀分布，与血浆蛋白和组织均无结合，其表观分布容积等于总体液容积；如安替比林均匀分布在全身体液，表观分布容积为 36L。

（2）组织中药物浓度低于血中药物浓度：药物主要分布于血液中，不易进入细胞内或组织中，血药浓度高于组织药物浓度，表观分布容积小于总体液容积。一些水溶性药物或与血浆蛋白结合率高的药物如水杨酸、青霉素、磺胺等有机酸类药物，它们的表观分布容积通常较小，为 0.15~0.30L/kg。

（3）组织中药物浓度高于血中药物浓度：一般脂溶性药物易被细胞或脂肪组织摄取，或与组织有结合的药物，其组织药物浓度高于血药浓度，可使 V 值大于总体液容积，如去甲替林的表观分布容积为22.5~56.9L/kg。分布容积大，一般意味着机体组织对药物具有较大的接触面积或高度的选择性，药物排出较慢，比那些不能分布到深部组织去的药物药效要强，毒性要大。

三、影响分布的因素

1. 体内循环和血管通透性 吸收入血的药物向体内各组织的分布是通过血液循环进行的，血流量大、血液循环好的器官和组织，药物的分布速度也大。人体内循环速度较快的脏器有心、脑、肝和肾等，循环速度中等的脏器有肌肉、皮肤等，循环速度较慢的脏器有脂肪组织、结缔组织等。

药物从循环系统向组织中转运，必须从毛细血管中渗出，大多数药物通过被动扩散透过毛细血管壁。毛细血管壁是具有微孔的类脂质屏障，管壁很厚，未与血浆蛋白结合的游离型及分子量在200~800的脂溶性小分子药物很容易透过毛细血管壁，转运到组织中；随着药物分子量增大，膜孔透过性变小。

2. 药物与血浆蛋白的结合 许多药物在血液中能够与血浆蛋白结合生成结合物，其特点是：①药物与蛋白结合后，不能透过血管壁向组织转运，不能由肾小球滤过，也不能进入肝细胞被代谢；只有游离型的药物分子才能从血液向组织转运，并在作用部位发挥药理作用，同时进行代谢和排泄。②药物与血浆蛋白结合是可逆过程，有饱和现象，血浆中药物的游离型和结合型之间保持着动态平衡关系；当游离型药物随着转运和消除浓度降低时，部分结合型药物就会转变成游离型药物，以维持动态平衡。从这个意义上来说，药物与蛋白结合也是药物贮存的一种形式。

与蛋白结合率高的药物在临床应用时，可能由于给药剂量增大使蛋白结合饱和，或者合并用药时易发生药物相互作用。如同时服用另一种蛋白结合能力更强的药物时，由于竞争作用将药物置换下来，这样都能够导致游离型药物浓度急剧增加，从而引起药理作用显著增强，对于毒副作用较强的药物，易发生用药安全性问题。

3. 药物的组织结合与蓄积 药物在体内的分布除取决于生物膜的转运特性外，组织对药物的亲和力也是重要原因之一。①组织结合：组织细胞内存在的蛋白、脂肪、DNA、酶以及黏多糖等高分子物质，能与药物发生非特异性结合，这种结合一般是可逆的，药物在组织与血液间仍保持着动态平衡关系，其在组织中的浓度往往高于血浆中游离型药物的浓度。②蓄积：当药物对某些组织具有特殊亲和性时，药物进入组织的速度大于从组织中解脱进入血液的速度，若药物连续使用，该组织中药物浓度有逐渐上升的趋势，这种现象称为蓄积。假如蓄积部位恰好是药理作用的部位，就可能延长药物作用时间、增强疗效；但若蓄积组织不是药物发挥疗效的部位，则往往会引起副作用或中毒。如吩噻嗪、氯喹及砷沉积在头发中，四环素沉积在骨骼和牙齿中，其半衰期可达数个月之久。

4. 药物的理化性质 大多数药物向组织的分布是通过细胞膜类脂双分子层或膜孔的被动扩散实现的，药物的脂溶性、分子量、解离度等会影响分布过程。一般脂溶性药物、分子量小的药物更易进入组织细胞内；在生理pH条件下，药物的非解离型比解离型更易进入组织中。

四、淋巴系统转运

血液循环与淋巴循环构成体循环，由于血流速度比淋巴液的流速快200~500倍，故血液循环在药物转运中占主导地位。但药物的淋巴系统转运在以下情况下有重要意义：①某些特定物质如脂肪、蛋白质等大分子物质转运必须依赖淋巴系统；②当传染病、炎症、肿瘤转移等使淋巴系统成为病灶时，需要使药物向淋巴系统转运；③淋巴循环转运的药物不通过肝脏直接进入体循环，可避免首关作用。

鉴于小分子药物主要从血液转运，而大分子药物从淋巴液转运的选择性较强，为了达到特定的治疗目的，期望药物选择性地经过淋巴管，以使药物在淋巴液中有足够浓度时，可以通过改造药物的分子大小达到这一目的。如可对药物采用高分子修饰法，注射后可经淋巴系统吸收转运等；还可利用脂质体、纳米粒、毫微粒、复合乳剂等载体制剂，这些制剂向淋巴分布的靶向性高，能够将其中包含的药物带入淋巴系统中发挥作用。

五、血脑屏障与胎盘屏障

1. 血脑屏障　为了保护中枢神经系统，使其具有更加稳定的化学环境，脑部毛细血管在脑组织和血液之间构成了3种血脑屏障：①从血液直接向脑组织内转运的血液－脑组织屏障；②从血液向脑脊液转运的血液－脑脊液屏障；③从脑脊液向脑组织转运的脑脊液－脑组织屏障。这些血脑屏障限制着脑组织的物质交换，药物向中枢神经系统的转运机制主要有被动扩散和主动转运两种方式。

影响药物向中枢神经系统转运的因素主要有4种。①药物的脂溶性和解离度：在生理pH条件下，非解离型、油/水分配系数较大的药物向中枢神经系统的转运较容易；相反，解离型药物向中枢神经系统转运极其困难；②药物与血浆蛋白结合：只有未结合的游离型药物才能通过血脑屏障；③主动转运：葡萄糖、氨基酸等内源性营养物质是通过主动转运机制进入脑内的，一些与内源性物质结构相似的药物也可经主动转运透过血脑屏障；④病理因素：某些疾病因素可能影响血脑屏障的通透性，如大多数水溶性、在血浆pH 7.4时能解离的抗生素一般不能进入中枢神经系统，但当脑内感染（如脑膜炎）时，膜通透性变大，使氨苄西林、青霉素、林可霉素和头孢噻吩钠等都能透入脑脊液，有利于药物发挥治疗作用。

2. 胎盘屏障　在母体循环系统与胎儿循环系统之间，存在着胎盘屏障，对母体与胎儿间的体内物质交换起着十分重要的作用。进入母体循环系统的药物必须穿过胎盘才能进入胎儿体内，胎盘转运机制包括被动转运和主动转运。影响药物通过胎盘的因素主要是：①脂溶性较大的分子型药物易透过胎盘，而离子化的药物不易进入胎盘；②分子量小于600的药物易透过胎盘，分子量1000以上的水溶性药物难以透过；③未与血浆蛋白结合的游离型药物可透过胎盘；④氨基酸、K^+、Na^+等通过主动转运机制进入胎儿体内；⑤用药时胎盘的功能状况如胎盘血流量、胎盘代谢、胎盘生长等也会影响胎盘物质转运；在妊娠后期，绝大多数药物可通过胎盘到达胎儿体内；当孕妇患有严重感染、中毒或其他疾病时，胎盘的正常功能受到破坏，药物的透过性会发生改变，甚至可使正常情况下不能透过胎盘的许多微生物和其他物质渗透到胎儿体内。

六、脂肪组织的分布

正常情况下，成人的脂肪组织占体重的10%~30%，脂肪组织内的药物分布影响着药物在其他器官组织内的分布和作用，尤其是农药、杀虫剂等毒物通过向脂肪组织的分布和蓄积，可以降低这些毒物在血液中的浓度，起着保护机体、减轻毒性的作用。

脂肪组织中血管较少，为血液循环最慢的组织之一，故药物向脂肪组织的转运较缓慢。影响药物在脂肪组织中分布的因素主要有药物的解离度、脂溶性以及蛋白结合率等。脂肪组织对体内药物起着贮库作用，会影响药物起效的快慢和作用时间的长短。例如硫喷妥脂溶性很高，用小剂量硫喷妥静脉注射时，其麻醉作用仅维持5~19分钟；若用较大剂量，药物可迅速通过血－脑脊液屏障，起速效的作用，其余药物分布并贮存在脂肪组织中，之后再缓慢从脂肪组织中释放出来，使血中和脑内浓度降低的速度变慢，麻醉作用可持续4~5小时。

第六节 药物的代谢

一、概 述

药物代谢是指药物进入机体后，在体内酶以及体液环境作用下发生的化学结构的改变，又称为生物转化。药物代谢是伴随着药物的吸收、分布、排泄的同时发生的。药物的代谢产物通常比原形药物的极性大，更有利于药物向体外的排泄，但是也有一些药物代谢产物的极性降低。药物代谢与药理作用的关系主要表现在以下3方面。

1. 代谢使药物失去活性或活性降低　代谢可以使药物作用钝化，即由活性药物变为无活性的代谢物，使药物失去治疗作用；或代谢物活性明显下降，但仍具有一定的药理作用。如局麻药普鲁卡因在体内被水解后，迅速失去活性；氯丙嗪的代谢产物去甲氯丙嗪，其药理活性比氯丙嗪差。

2. 代谢使药物活性增强或使药理作用激活　有些药物的代谢产物比其原药的药理作用更强，如解热镇痛药非那西丁在体内代谢转化为对乙酰氨基酚，其解热镇痛作用比非那西丁明显增强；还有一些药物本身没有药理活性，通过在体内代谢后产生有活性的代谢产物，即所谓的“前体药物”，如左旋多巴在脑内经多巴脱羧酶代谢后生成多巴胺，而发挥治疗作用。

3. 代谢产生毒性代谢物　有些药物经代谢后可产生毒性物质，如异烟肼的代谢物乙酰肼可引起肝脏的损害。

药物代谢不仅影响药效的强弱和持效时间的长短，而且还影响到药物的安全性。了解药物的代谢规律，对于给药途径选择、剂型设计及临床合理用药等都有重要意义。

二、药物代谢酶和代谢部位

绝大多数药物在体内的代谢反应是在细胞内特异酶的催化作用下发生的，这些药物代谢酶主要存在于细胞的滑面内质网上，其次是线粒体、胞液、溶酶体以及核膜和胞浆膜中。组织匀浆经离心后，含有药物代谢酶的内质网碎片融合形成的小囊泡称为微粒体，故把内质网上的药物代谢酶称为微粒体酶；存在于其他部位的药物代谢酶称为非微粒体酶。

1. 微粒体酶　肝微粒体中最重要的是混合功能氧化酶系统或称单加氧酶系，大多数药物都是经过该酶系统催化进行生物转化的。混合功能氧化酶系统中的主要功能成分是细胞色素 P450（CYP450s），辅助成分有还原型烟酰胺腺嘌呤二核苷酸磷酸酯（NADPH，又称辅酶Ⅱ）、氧、NADPH-CYP450 还原酶等，这些辅助成分主要是在氧化还原反应中起提供氧和传递电子的作用。CYP450s 在还原态可与 CO 结合，在 450nm 有最大吸收峰，故而得名；CYP450s 具有很多同工酶亚型，其亚型决定了催化药物代谢反应的选择性和特异性，其中对药物代谢有重要意义的同工酶亚型主要有 CYP3A4、CYP2D6、CYP2C6、CYP2C19、CYP2E1 等，其中 CYP3A4 约占人体总 CYP450 的 40%，参与近 50% 的临床常用药物的代谢反应。

黄素单氧化酶也是一类微粒体酶，主要催化含氮、硫、磷等亲核杂原子的药物如吩噻嗪类、麻黄碱等的氧化。

2. 非微粒体酶　线粒体中主要有单胺氧化酶、脂肪族芳香化酶等，主要催化一些内源性物质的代谢；胞浆中主要有醇脱氢酶、醛脱氢酶及黄嘌呤氧化酶等，还可发生谷胱甘肽结合、硫酸结合、乙酰化等反应；血浆中存在酰胺酶、磷酸酶、胆碱酯酶等水解酶。该酶系催化的药物代谢反应较少，主要对内源性物质的代谢有较大意义。

3. 代谢部位　药物代谢的主要部位是肝脏，肝脏具有高血流量，并含有大量药物代谢酶，是最重要的代谢器官。除肝以外，最常见的代谢部位是胃肠道，小肠黏膜上很多药物代谢酶均有较高的表达水平，肠道菌丛产生的酶类也对药物代谢起作用，因此肠道代谢也是影响口服药物生物利用度及其个体差异的主要因素之一。另外，有些代谢反应亦可在血浆、肺、皮肤、肾、鼻黏膜、脑和其他组织中进行。

三、代谢反应的类型

代谢反应通常分为一相反应和二相反应。

1. Ⅰ相反应　又称为引入官能团反应，通常是指药物被氧化、还原、水解、异构化等，往往在药物结构中引入羟基、氨基或羧基等极性官能团。①氧化反应包括侧链烷基氧化为醇或酸，醇和醛被氧化为酸，杂原子上脱烷基及羟基化等，如甲苯磺丁脲的氧化代谢（图 19-5）；②还原反应主要是硝基还原为氨基、偶氮还原为伯胺等，如氯霉素的还原代谢（图 19-6）；③水解反应主要是含酯、酰胺和酰肼等结构的药物水解成羧酸、胺等，如阿司匹林的水解（图 19-7）。

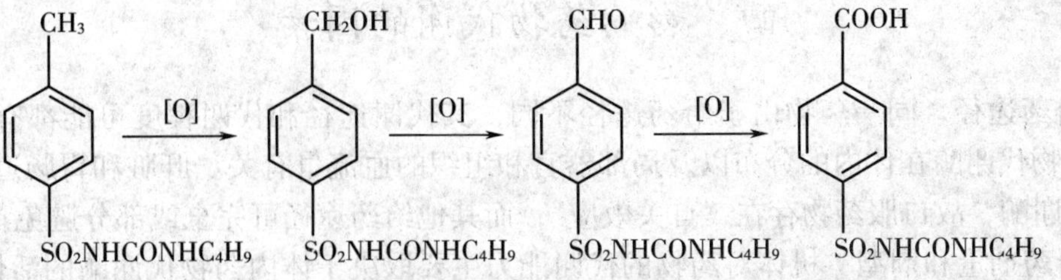

CH_3 / $SO_2NHCONHC_4H_9$ $\xrightarrow{[O]}$ CH_2OH / $SO_2NHCONHC_4H_9$ $\xrightarrow{[O]}$ CHO / $SO_2NHCONHC_4H_9$ $\xrightarrow{[O]}$ $COOH$ / $SO_2NHCONHC_4H_9$

图 19-5　甲苯磺丁脲氧化代谢反应

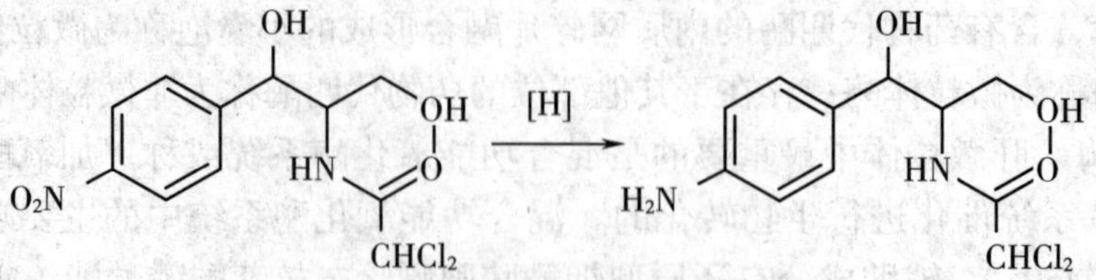

图 19-6　氯霉素还原代谢反应

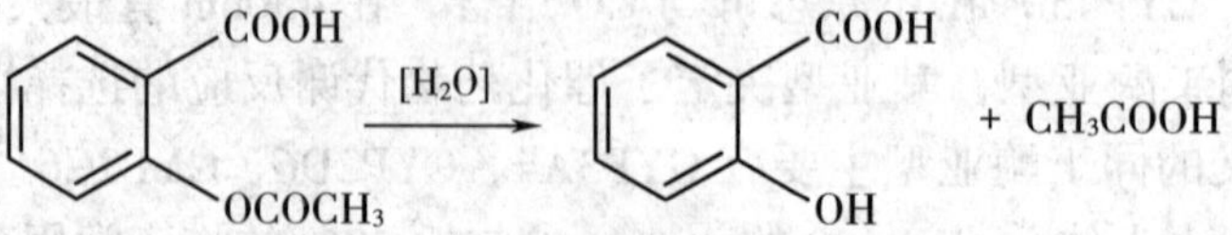

图 19-7　阿司匹林水解反应

2. Ⅱ相反应　通常是结合反应，即药物或代谢物的极性官能团与内源性的葡萄糖醛酸、硫酸、谷胱甘肽、甲基、乙基等活性供体结合生成结合物。Ⅱ相反应形成的结合物通常增加了药物的极性和水溶性，使其更容易排泄；但是甲基化、乙基化结合物往往使水溶性降低，极性降低。

催化结合反应的主要是各种转移酶如葡萄糖醛酸转移酶（UGT）、磺基转移酶、谷胱甘肽S- 转移酶、甲基转移酶、乙基转移酶等。如对乙酰氨基酚的葡萄糖醛酸结合反应（图 19-8）。

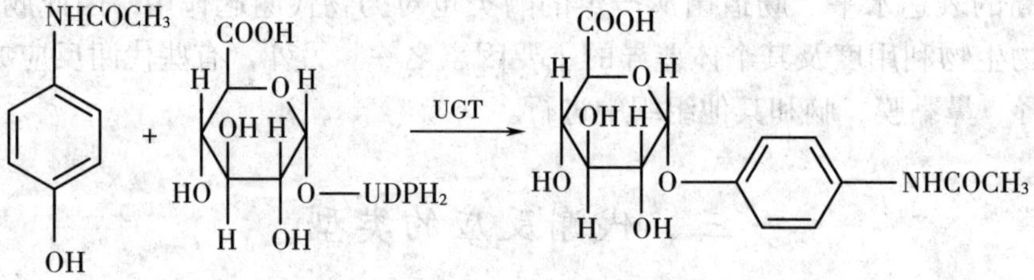

图 19-8　对乙酰氨基酚结合反应

有些药物仅发生Ⅰ相反应，有些药物则只进行Ⅱ相反应，也有的药物两种代谢反应都发生。例如，镇静药地西泮（又名安定）在体内主要发生杂环上 N- 去甲基和羟基化，均为氧化代谢反应，生成去甲地西泮（M1）和替马西泮（M2）。M1 和 M2 均可被继续代谢为奥沙西泮（M3）；羟基化代谢物又可继续发生葡萄糖醛酸结合反应，生成 M4 和 M5（图 19-9）；代谢物 M1、M2、M3 均有与地西泮相似的药理活性。

四、影响药物代谢的因素

1. 给药途径　同一药物由于给药途径不同，其代谢途径和代谢程度可能都有差异，这主要与药物代谢酶在体内的分布以及局部器官和组织的血流量有关。肝脏和胃肠道存在众多的药物代谢酶，故口服药物存在“首关效应”，而其他给药途径可完全或部分避免首关效应。

2. 给药剂量和剂型　机体对药物的代谢能力主要取决于体内药物代谢酶的活性和数量，由于药物代谢酶的量是有限的，当给药剂量增加到一定程度，达到药物代谢酶的最大代谢能力时，代谢反应会出现饱和现象。此时可导致体内血药浓度异常升高，引起中毒反应。特别是在患者肝功能低下的情况下，有些药物在临床治疗剂量范围内就可能出现代谢饱和现象，必须引起重视。

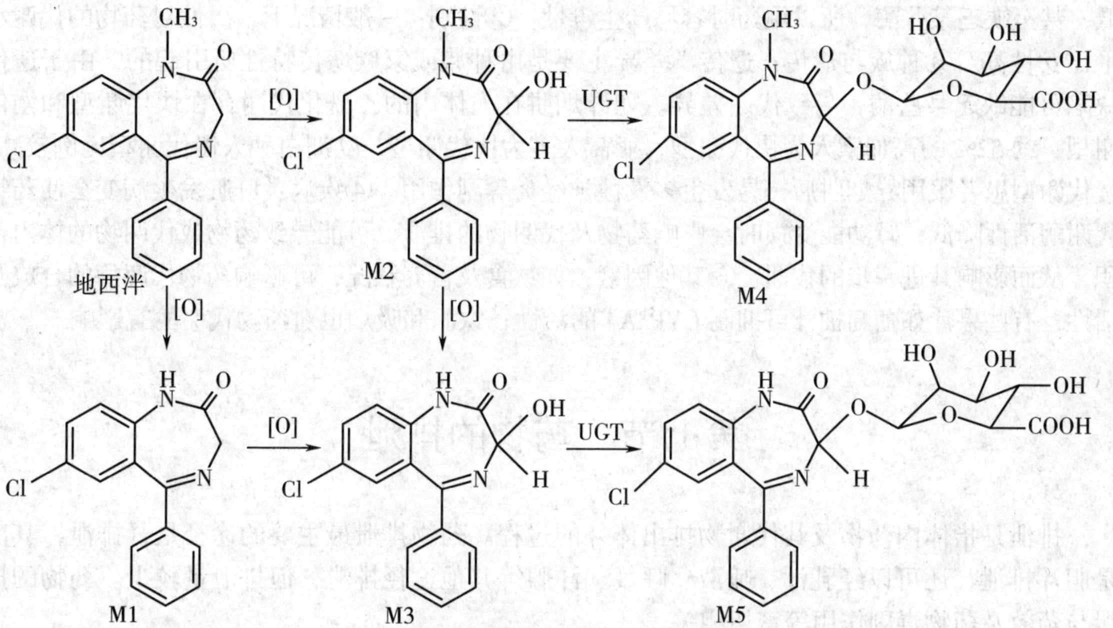

地西泮 [O] M1 [O] M3 UGT M5
地西泮 [O] M2 UGT M4
M2 [O] M3

图 19-9 地西泮的体内代谢途径

剂型对代谢也有一定影响。如口服不同剂型（溶液剂、混悬剂、颗粒剂）的水杨酰胺后，发生硫酸结合反应的程度不同；服用颗粒剂后，硫酸结合物尿中排泄量最多，混悬剂次之，溶液剂最少；这是由于混悬剂和溶液剂口服后，大量药物迅速到达胃肠吸收表面，很容易出现吸收部位药物代谢酶的饱和现象；而颗粒剂中的药物需要逐渐溶出后到达吸收表面，因而不易出现硫酸结合反应饱和的现象，最终导致尿中硫酸结合物排泄量较高。

3. 手性药物的立体异构特性　临床使用的化学药物中约 40% 为手性药物。药物对映异构体与体内酶的相互识别、相互作用具有一定的立体选择性，不同的异构体显示出明显的代谢差异。如临床上使用的维拉帕米是 *S*-（-）型和 *R*-（+）型的消旋体，在体内 *S*-（-）对映体优先代谢，且代谢速度较 *R*-（+）对映体快，使 *S*-（-）对映体口服生物利用度低于 *R*-（+）对映体。

4. 酶抑制作用和酶诱导作用　①酶抑制作用是指一些药物能抑制药物代谢酶活性，从而使合用的其他药物代谢减慢的现象；酶抑制作用往往使合用的其他药物代谢减慢，血药浓度升高，药理作用增强，甚至可能出现中毒，由于酶抑制作用引起的药物相互作用较为常见，且后果也比较严重。②酶诱导作用是指一些药物重复应用或在体内停留较长时间后，可促进酶的合成、抑制酶的降解或使酶活性增强，促进自身或其他合用药物代谢的现象；酶诱导作用往往导致药物作用减弱，可能会影响治疗。如抗组胺药物特非那定为前体药物，在人体内主要由 CYP3A4 代谢为活性代谢物特非那定酸（非索非那定）发挥抗组胺作用，该代谢物心脏毒性比原形药物显著降低；当合用对 CYP3A4 有抑制作用的药物（如红霉素、唑类抗真菌药物、H_2受体阻断剂、皮质激素以及口服避孕药等）时，可使特非那定代谢受阻，血药浓度明显升高，心脏毒性加大，最终可能发生室性心动过速甚至致死。

5. 生理因素对药物代谢的影响 影响代谢的生理因素主要包括以下几点。①年龄：儿童和老年人对药物的代谢能力常常明显低于成年人；特别是新生儿及婴幼儿的药物代谢酶活性低，甚至缺乏某些酶，所以用药时容易产生毒性。②性别：一般情况下，男性对药物的代谢水平比女性高。③种族与遗传：遗传学差异主要是由种族或家族遗传特性所引起的，由于遗传缺陷可能缺乏某些酶，导致代谢差异。如异烟肼在人体内的乙酰化代谢存在快代谢型和慢代谢型，约52%的高加索人为快代谢型，亚裔人多为快代谢型，欧洲白种人慢代谢型比例较高；慢代谢型患者服用异烟肼后，易发生多发性神经炎等副作用。④疾病：肝脏发生病变会使药物代谢酶活性降低；肾功能受损时会影响药物及代谢物的排泄，可能导致药物或代谢物的体内蓄积，从而影响其进一步的代谢。⑤其他因素：如饮食及营养状况，可影响药物代谢酶的合成及活性；有些果汁如葡萄柚汁可抑制CYP3A4的活性；饮酒和吸烟也对药物代谢酶有影响。

第七节 药物的排泄

排泄是指体内药物及其代谢物排出体外的过程。药物排泄最主要的途径是肾排泄，其次是胆汁排泄，还可以经乳汁、唾液、呼气、汗腺等其他途径排泄，但排泄量较少。药物的排泄与药效及药物毒副作用等密切相关。

一、肾 排 泄

肾脏是人体排泄药物及其代谢物的最重要器官。药物的肾排泄是肾小球滤过、肾小管分泌和肾小管重吸收3种作用的总和。肾排泄过程可由图19-10来描述。

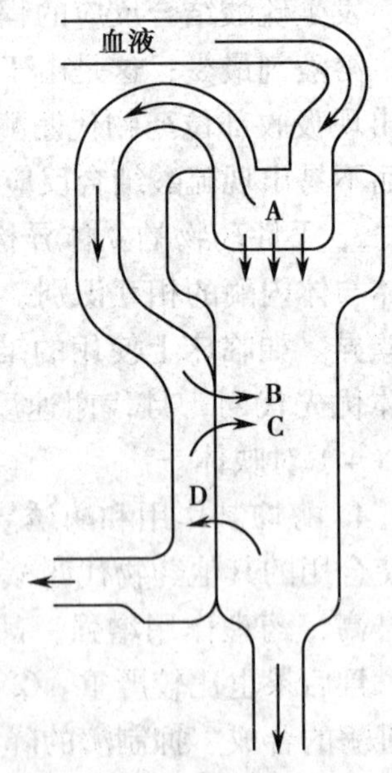

图19-10 肾脏排泄药物示意图
A. 游离药物与血浆经肾小球滤过；B. 有机酸肾小管主动排泄；C. 有机碱肾小管动脉排泄；D. 脂溶性药物重吸收

1. 肾小球的滤过作用 血液由入球小动脉进入肾小球，肾小球毛细血管内皮较薄，管壁上有很多直径为6~10nm的小孔，通透性极高。血浆中除血红蛋白（分子量在66 000以上）不能滤过外，其他小分子的物质包括药物、无机盐、葡萄糖、氨基酸、尿素、尿酸等均被全部滤过进入肾小管中，但与血浆蛋白结合的药物不能经肾小球滤过。

2. 肾小管重吸收 肾小管重吸收是将肾小球滤过的水分及某些溶质重吸收回血液的过程。正常人由肾小球滤过的血浆为120~130ml/min，其中99%的水分被肾小管重吸收，溶解于血浆中的机体必需的营养物质及药物，也同样被反复滤过和重吸收。药物的肾小管重吸收存在被动扩散和主动转运两种机制。肾小管内的被动扩散也是跨类脂屏障的转运过程，脂溶性药物分子经被动转运重吸收返回血液，而解离型、极性较大的药物及代谢物不易被重吸收；机体必需的内源性营养物质经主动转运重吸收。

3. 肾小管分泌　肾小管的上皮细胞有主动分泌机制，能将机体自身代谢产生的物质以及进入体内的外来物质通过主动分泌排入小管液，以保证机体内环境的相对恒定。肾小管主动分泌主要在近曲小管，可以逆着浓度梯度排泄。从肾小管分泌的物质主要为有机酸和有机碱，分别通过阴离子和阳离子分泌机制进行主动分泌。酸性药物和碱性药物都可能经肾小管主动分泌，主动分泌过程也可出现竞争性抑制现象。如丙磺舒可抑制青霉素在肾小管的分泌，使青霉素的生物半衰期延长。

二、影响肾排泄的因素

1. 药物与血浆蛋白结合率　药物与血浆蛋白结合后，不能经肾小球滤过，只有未结合型药物才可以从肾小球滤过。

2. 药物脂溶性与 pK_a　药物的脂溶性大小直接影响其在肾小管的重吸收，大多数药物经被动转运重吸收，脂溶性大、分子型药物易被重吸收，而离子型药物不易被重吸收。

3. 尿液 pH 与尿量　通常尿液的 pH 约为 6.3，但受饮食、病理学因素以及合并用药的影响，可在一定范围内变化。对于弱酸性药物，尿液 pH 升高将增加药物解离程度，肾小管重吸收减少，肾排泄增加；对弱碱性药物则相反。

大部分药物在肾小管中的重吸收是被动转运机制，其重吸收的速率依赖于肾小管腔液与血液间的浓度差。当尿量增加时，药物在肾小管腔液中的浓度下降，重吸收减少，肾排泄增加；而尿量减少时则相反。

4. 合并用药　合并用药可能影响尿液的 pH，也可能竞争肾小管的主动分泌过程，故而会影响药物的肾排泄。

5. 肾脏疾病　肾小球肾炎会使肾小球滤过率明显下降；肾功能不全时，肾小管主动分泌和重吸收功能都显著下降。

三、胆 汁 排 泄

除肾排泄外，原形药物及其代谢物也可由胆汁排泄。药物经胆汁的排泄有被动扩散和主动转运两种机制。药物经胆汁的被动扩散排泄受分子量、脂溶性等因素影响，一般分子量在 500 左右的化合物有较大的胆汁排泄，极性越大的化合物易经胆汁排泄。胆汁排泄的主动转运由转运载体介导，有饱和现象和竞争性抑制现象。

在胆汁中排泄的药物或代谢物，随胆汁排到十二指肠后，在小肠中转运期间又会被重新吸收而返回门静脉进入肝脏，称为肠肝循环。肠肝循环可延长药物在体内的停留时间。经胆汁排泄以及在胃肠道未吸收的药物最终经粪便排出体外。

四、其他排泄途径

药物可经哺乳期妇女的乳汁排泄，进而可影响婴儿的安全。一般未与血浆蛋白结合的游离药物可随乳汁排泄，脂溶性大的药物易随乳汁排泄，分子量越小的药物乳汁排泄越容易。

一些小分子挥发性药物及代谢废气可随肺呼气排出。药物还可通过唾液和汗腺排泄。

总之，由于剂型、用药部位及给药途径不同，可以影响到药物在体内的吸收、分布、代谢及排泄过程，从而影响到药理效应。常用剂型的药物体内过程简单示意如图 19-11 所示。

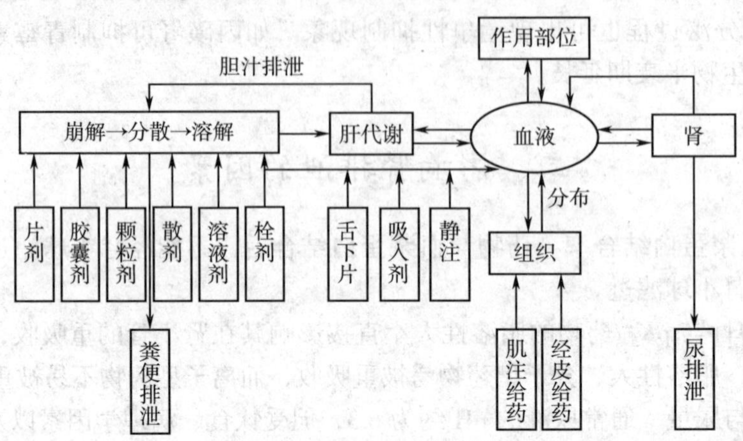

图 19-11 常用剂型的药物体内过程示意图

学习小结

生物药剂学就是研究药物及其剂型在体内的吸收、分布、代谢和排泄过程，阐明药物的剂型因素、机体生物因素和药物效应之间相互关系的科学。

口服药物的吸收机制主要是被动转运、主动转运、促进扩散及膜动转运，影响口服吸收的生物因素包括胃肠液的成分和性质、胃排空、胃肠道蠕动、食物、胃肠道降解与代谢、循环系统等，剂型因素主要有药物的解离度与脂溶性、溶出速率、影响溶出的理化性质、药物的剂型及处方工艺等。其他给药途径的吸收机制主要是被动转运，生物因素和剂型因素也会影响药物的吸收。药物的分布特性直接关系到药物的有效性和安全性，体内循环和血管通透性、药物与血浆蛋白及组织的结合及药物的理化性质等因素都可影响药物分布过程。药物代谢后可能失去活性或活性降低，也可能活性增强或产生毒性；影响代谢的因素主要有给药途径、剂量和剂型、立体异构特性、合并用药的酶抑制和酶诱导作用等药物因素，以及年龄、性别、遗传、疾病等生理因素。药物的主要排泄途径是肾排泄，其次是胆汁排泄；肾排泄包括肾小球滤过、肾小管分泌和肾小管重吸收；影响肾排泄的因素主要有药物与血浆蛋白结合率、尿液 pH 与尿量、合并用药、药物脂溶性与 pK_a、肾脏疾病等。

复习题

1. 简述被动转运、主动转运及促进扩散的特点，比较三者的异同。
2. 简述药物方面哪些因素会影响药物的口服吸收。

3. 哪些因素会影响注射给药的药物吸收？
4. 试述表观分布容积的含义及影响药物分布的因素。
5. 药物代谢对药理作用可能产生哪些影响？影响药物代谢的因素有哪些？
6. 试述影响药物肾排泄的因素。

（张淑秋）

第二十章

药物动力学

学习目标

1. 掌握药物动力学的概念，单室模型动力学（静脉注射、静脉滴注、血管外给药），重复给药动力学，生物利用度，房室模型的判别。
2. 熟悉非线性动力学，统计矩原理，给药方案设计与个体化给药。
3. 了解二室模型动力学。

第一节　概　　述

一、药物动力学的定义和研究内容

药物动力学（pharmacokinetics）是应用动力学的原理与数学的处理方法，定量地描述药物在体内动态变化规律的学科，其实就是研究药物在体内过程（药物通过各种途径进入体内的吸收、分布、代谢和排泄等过程）中体内药量（浓度）随时间变化规律的科学。

全国科学技术名词审定委员会1999年公布的药学名词将“pharmacokinetics”定名为“药动学”，而“药物代谢动力学”，“药代动力学”为不推荐用名，这是由于“代谢”只是药物体内过程的一个环节，而药物体内过程还包括吸收、分布和排泄等。本书为了与上一版教材一致，仍然采用“药物动力学”这一名词。

二、药物动力学的历史

20世纪初就提出了药物动力学概念。1913年，Michaelis和Menten提出了具有饱和过程的药物动力学方程；1919年，Widmark利用数学公式对药物动态规律进行分析；1924年，Widmark和Tandberg提出了开放式单室模型动力学；1937年，Teorell提出了双室模型动力学的假设，并用数学公式描述药物在体内分布的动力学。1972年，将药物动力学确认为独立学科。现在生物药剂学和药物动力学已成为药剂学最主要的基础学科。对指导新药设计、优化给药方案、改进剂型、提供高效、速效、缓释、低毒、低副作用的制剂，发挥了重大作用。在探讨人体生理及病理状态对药物体内过程的影响、疾病状态的剂量调整、剂量与药理效应间的关系以及对药物相互作用的评价等方面也有着重要作用。

三、血药浓度与药理作用

大多数药物的药理作用与血药浓度密切相关，药物的疗效和毒副作用也与血药浓度关系密切。例如地高辛治疗浓度为0.6~2.0ng/ml，中毒浓度为2.1~9.0ng/ml，致死浓度为>15ng/ml。这是因为大多数药物的血药浓度与药理效应间呈平行关系。相同的血药浓度在不同的科属动物中得出的药理反应极为相似。例如保泰松在兔和人的有效剂量分别为300mg/kg和5~10mg/kg，但是其有效血药浓度均在100~150μg/ml。这些例子说明药理作用与血药浓度密切相关，所以研究血药浓度的变化规律对了解药理作用强度的变化极为重要，这是药物动力学研究的中心问题。表20-1为部分药物的药理作用与血药浓度间的关系。

在药物动力学的研究中，常在给药后按不同时间间隔采血作药物浓度测定，以了解体内药物动力学的规律性。也可测定尿液、唾液或泪液中的药物浓度来研究药物动力学规律。这是由于部分药物通过尿液排泄或唾液或泪液中的药物浓度与血药浓度有一定的比例关系。

表20-1　一些药物的药理效应与血药浓度的关系

药物名称	血药浓度（μg/ml）	药理效应
水杨酸	50~100	镇痛
	>250	抗风湿
	350~400	抗炎
	550~850	轻度中毒
	800~1100	中度中毒
	1250~1400	重度中毒
	>1600	死亡
苯妥英	10~20	抗惊厥、抗心律失常
	20~30	眼球震颤
	30~40	运动失调
	>40	精神失常
茶碱	10~20	治疗浓度
	30~40	中毒浓度
	>210	致死浓度
奎宁丁	0.3~6	治疗浓度
	10	中毒浓度
	>30	致死浓度

续表

药物名称	血药浓度（μg/ml）	药理效应
利多卡因	1.5~5.5	治疗浓度
	9~14	中毒浓度
	≥ 25	致死浓度
地高辛	0.6~2.0（ng/ml）	治疗浓度
	2.1~9.0（ng/ml）	中毒浓度
	> 15（ng/ml）	致死浓度

也有一些药物的血药浓度与药理作用不平行。例如利血平与单胺氧化酶抑制剂的作用维持时间比药物在血液中的维持时间要长很多。有些药物与作用部位的结合是不可逆的，例如抗胆碱酯酶药等。对于这些药物，不能用简单的药物动力学规律来预测其药理作用的变化。

四、基 本 概 念

（一）药物动力学模型

1. 隔室模型　药物的体内过程一般包括吸收、分布、代谢（生物转化）和排泄过程。为了定量地研究药物通过上述过程的变化，首先要建立起研究的模型。用数学模拟药物在体内吸收、分布、代谢和排泄的速度过程而建立起来的数学模型，称为药物动力学模型。

隔室模型（compartment model）是最常用的药物动力学模型。由于药物的体内过程十分复杂，要定量地研究其体内过程是十分困难的。故为了方便起见，常把机体划分成由一个、两个或两个以上小单元构成的体系，然后研究一个单元内，两个或三个单元之间的药物转运过程。在药物动力学中把这些小单元称为隔室（compartment，亦称房室），药物在体内的转运可看成是隔室间转运，这种理论称为隔室模型理论。

隔室概念比较抽象，无生理学和解剖学的直观性。但隔室的划分不是随意的，而是根据组织、器官、血液供应多少和药物分布转运的快慢确定的。事实上机体包含无数个小室，每一个细胞、甚至细胞的一部分都可认为是一个小室。然而，在药物动力学研究中，为了简化处理过程，常将那些分布转运速度相近的组织和器官划归为一个室。当然，这种划分也是相对的，还要取决于药物本身的性质，如其油 / 水分配系数，与各组织的亲和力等。例如对于一个易透过血脑屏障的脂溶性药物，脑属于中央室；而对于一个极性较大的药物，脑则是周边室。

（1）一隔室模型（one compartment model）：也称单隔室模型，是把机体视为由一个单元组成，即药物进入体循环后，迅速地分布于可分布到的组织、器官和体液中，并立即达到分布上的动态平衡，成为动力学上所谓的“均一”状态，此时，可视机体为单隔室模型或单室模型。其示意图见图 20–1，符合一隔室模型特征的药物称一隔室模型药物。

（2）二隔室模型（two compartment model）：把机体看成药物分布速度不同的两个单元组成的体系，称为二隔室（或二室）模型。其中一个房室称中央室（中室），它是由血液和血流非常丰富的组织、器官等组成，如心脏、肺、肝及肾等，药物在血液与这些组织间的分布迅速达分布上的平衡。另一隔室称为周边室（外室），它是由血液供应不丰富的组织、器官等组成，如肌肉、皮肤、骨骼、皮下脂肪组织等，血中的药物向这些组织分布较慢，需要较长时间才能达到分布上的平衡。二隔室模型示意图见图 20-1，符合二隔室模型特征的药物称二隔室模型药物。

（3）多隔室模型（multicompartment model）：二隔室以上的模型叫多隔室模型，它把机体看成药物分布速度不同的多个单元组成的体系。如三隔室模型是在二隔室模型的基础上，将周边室进一步划分为周边一室（浅周边室）和周边二室（深周边室），分别代表完成分布较快和分布较慢的组织和器官。三隔室模型示意图见图 20-1。

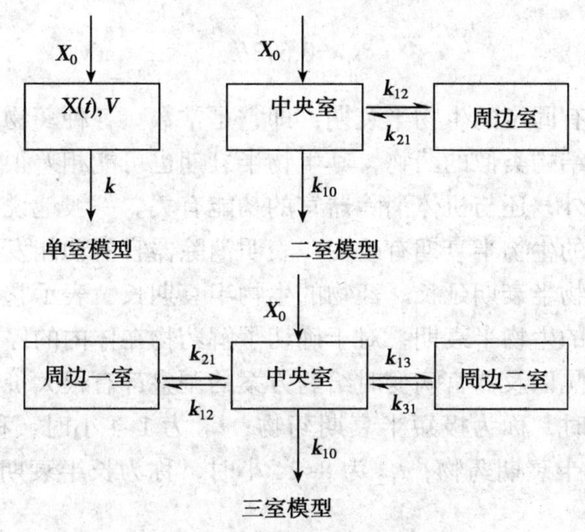

图 20-1 隔室模型示意图

2. 生理药物动力学模型（physiological pharmacokinetic model） 根据生理学与解剖学的知识，以血液连接各组织器官模拟机体系统，每一组织器官中的药物按血流速率、组织/血液分配系数，并遵守物质平衡原理进行转运，以此基础处理药物动力学实验数据的方法被称为生理药物动力学模型。

3. 药动学药效学链式模型（pharmacokinetic-pharmacodynamic link model） 根据受体药理学的原理，药物效应的产生，与受体部位药物浓度（或量）有关，效应产生的快慢、强弱及持续时间与药物进入受体部位的速度、量及维持时间有关。因此，研究药物动力学与药效学间的关系具有重要的意义。药动学药效学链式模型是通过测定给药后不同时间的血药浓度和药理效应，将时间、药物浓度、效应三者拟合，定量分析三者关系的一种方法。

（二）消除速度常数

消除是指体内药物不可逆失去的过程，它主要包括代谢和排泄。大多数药物从体内的消除符合表观一级速度过程，其速度与药量之间的比例常数 k 称为表观一级消除速度常数，简称消除速度常数，其单位为时间的倒数，如分 $^{-1}$，小时 $^{-1}$ 或天 $^{-1}$ 等。k 值大小可衡量药物从体内消除速度的快慢。

药物从体内消除途径有经肾排泄、胆汁排泄、肝脏代谢及肺部呼吸排泄等。药物消除速度常数等于各排泄和代谢过程速度常数之和。

$$即\ k=k_b+k_e+k_{bi}+k_{lu}+\cdots \quad (20-1)$$

式（20–1）中：k_e 为肾排泄速度常数，k_b 为肝代谢速度常数，k_{bi} 为胆汁排泄速度常数，k_{lu} 为肺排泄速度常数。因消除速度常数具加和性，所以可根据各个消除途径速度常数与 k 的比值，求得各个途径消除药物的分数。

（三）生物半衰期

生物半衰期（half–life time，$t_{1/2}$）简称半衰期，即体内药量或血药浓度下降一半所需要的时间，以 $t_{1/2}$ 表示。单位为时间，如天、小时、分钟等。药物的生物半衰期与消除速度常数一样，可以衡量药物消除速度的快慢，它与消除速度常数之间的关系为：

$$t_{1/2}=0.693/k$$

通常情况下药物都有固定的生物半衰期，即它是常数。各种药物的半衰期差别很大，即使具有相似药理作用、结构类似的药物，其生物半衰期也可能相差很大。药物的生物半衰期除与本身结构性质有关外，还与机体消除器官的功能有关。一般地说，正常人的药物半衰期基本上相似，如果药物的生物半衰期有改变，表明消除器官的功能发生变化。肾功能、肝功能低下的患者，药物生物半衰期延长。药物的生物半衰期长，表示它在体内消除慢，滞留时间长。因此，测定药物的生物半衰期，对于确切了解药物在体内的停留时间、蓄积程度，特别是确定多剂量给药间隔以及器官病变时给药方案的调整都有很大价值。依半衰期的长短可将药物分为:$t_{1/2}$ < 1 小时，称为极短半衰期药物；$t_{1/2}$ 为 1~4 小时，称为短半衰期药物；$t_{1/2}$ 为 4~8 小时，称为中等半衰期药物；$t_{1/2}$ 为 8~24 小时，称为长半衰期药物；$t_{1/2}$>24 小时，称为极长半衰期药物。

（四）表观分布容积

表观分布容积（apparent volume of distribution，V）指在药物充分分布的假设前提下，体内全部药物按血中同样浓度溶解时所需的体液总体积。它是药物动力学的一个重要参数，是将全血或血浆中的药物浓度与体内药量联系起来的比例常数。

$$V=\frac{X}{C} \quad (20-2)$$

式（20–2）中，V 为表观分布容积（其单位以 L 或 L/kg 表示），X 为体内药物量，C 是血药浓度。V 是药物的特征参数，对于一个具体药物来说，V 是个固定值，V 值的大小能够表示该药物的分布特性。表观分布容积不是指体内含药物的真实容积，也没有生理学意义，所以用“表观”二字。但表观分布容积与药物的蛋白结合及药物在组织中的分布密切相关，可以用于评价体内药物分布的程度。通常水溶性或极性大的药物，由于不易进入细胞内或不易进入脂肪组织中，血药浓度较高，其表观分布容积较小；相反，亲脂性药物由于容易进入细胞内或向脂肪组织分布，其血药浓度较低，表观分布容积通常较大，往往超过体液总体积。从某一药物所求出的 V 值，可以了解药物的分布程度，亦可以用于推测该药在体液中的分布量和组织摄取量。

（五）清除率

对于整个机体或机体内某些消除器官、组织中药物的清除率，是指机体或机体的上述部位在单位时间内清除掉相当于多少体积的流经血液中的药物，它常用符号 Cl 表示，单位是

体积 / 时间，其表达式为：

$$Cl=(-\mathrm{d}X/\mathrm{d}t)/C=kV \tag{20-3}$$

式（20–3）中，$-\mathrm{d}X/\mathrm{d}t$ 代表机体或消除器官中单位时间消除的药物量，除以 C 后，换算为体积数。从式（20–3）可知，机体或机体某消除器官中药物的清除率是消除速度常数与分布容积的乘积。所以清除率参数综合包括了速度与容积两种要素，同时它又具有明确的生理学意义。因此，在药物动力学的研究中十分重要，特别是在研究生理模型时是不可缺少的参数。

第二节　单室模型静脉注射给药

药物进入体内后，迅速分布到可分布到的机体各部位，在血液、组织与体液之间处于一个动态平衡的“均一”状态，此种将整个机体作为一个隔室处理的模型称为单室模型。但要注意“均一”并不意味着各器官、组织或体液药物浓度相等，而只说明各组织或体液达到了动态平衡，同时血浆中药物浓度随时间的变化只受消除速度常数的影响。

一、血药浓度法进行药物动力学分析

（一）药物动力学方程的建立

对于单室模型静脉注射给药，我们可以建立模型，如图 20–2 所示。

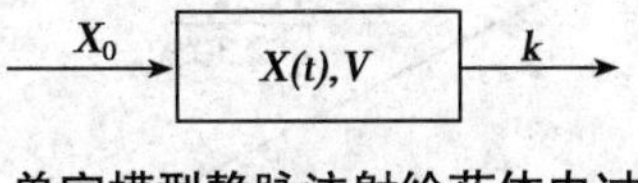

X_0 → [$X(t), V$] → k

图 20–2　单室模型静脉注射给药体内过程示意图

X_0：静注剂量；V：表观分布容积；X：t 时间体内药量；k：消除速度常数

由于静注给药药物在体内的过程基本上只有消除，而消除过程按一级速度过程进行，即药物消除速度与体内药量的一次方成正比，故可得出如下微分方程：

$$\frac{\mathrm{d}X}{\mathrm{d}t}=-kX \tag{20-4}$$

式（20–4）中，$\frac{\mathrm{d}X}{\mathrm{d}t}$表示药物消除速度，负号表示体内药量随时间而降低，将式（20–4）积分得

$$X=X_0e^{-kt} \tag{20-5}$$

式（20–5）两边取对数得

$$\lg X=-\frac{k}{2.303}t+\lg X_0 \tag{20-6}$$

式（20-5）、式（20-6）为单剂量静脉注射给药后体内药量随时间变化的关系式，因体内药量 X 不能直接测定，故以血药浓度表示，代入表观分布容积 V

$$X=V\cdot C \text{ 及 } X_0=V\cdot C_0$$

$$V=\frac{X_0}{C_0} \tag{20-7}$$

$$C=C_0e^{-kt} \tag{20-8}$$

$$\lg C=-\frac{k}{2.303}t+\lg C_0 \tag{20-9}$$

式（20-8）、式（20-9）为单室单剂量静脉注射给药后血药浓度经时过程的基本方程式，尤以式（20-9）最为常用，它可用于求算动力学参数。

（二）药物动力学参数的求算

由式（20-9）可知，以 $\lg C$ 对 t 作图可得一条直线（图 20-3），其斜率为 $b=-\frac{k}{2.303}$，由此可求得 k 值，再由式（20-2）求得生物半衰期（亦称为消除半衰期）$t_{1/2}=0.693/k$；其截距 $a=\lg C_0$，由此可求得 C_0；再由式（20-7）求得 V。实际工作中常用最小二乘法回归计算各种参数，比作图法准确。

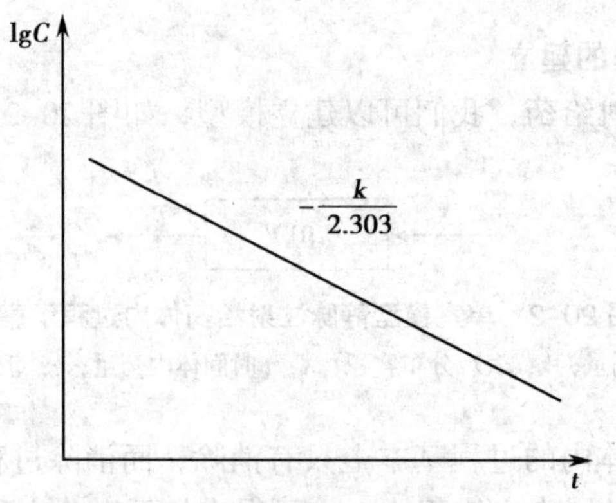

图 20-3　单室模型静脉注射 lgC-t 图

例 20-1　给予受试者静脉注射 2000mg 对氨基苯磺酰胺 -5- 甲基嘧啶。测得如下血药浓度 - 时间数据：

t（h）	1	4	6	8	24	32	48
C（mg/L）	589.8	473.4	445.0	412.0	245.4	153.2	82.0

求该药血药浓度与时间的关系式。

$$解：\quad b=\frac{\sum t\lg C-\frac{(\sum t)(\sum \lg C)}{n}}{\sum t^2-\frac{(\sum t)^2}{n}}=\frac{269.42-\frac{123\times 17.19}{7}}{4021-\frac{123^2}{7}}=-0.01755$$

$$k=-2.303b=-2.303\times(-0.01755)=0.040\,41\ (h^{-1})$$

$$a=\frac{1}{n}(\sum \lg C-b\sum t)=\frac{1}{7}(17.19+0.017\,55\times 1\,232.764\,2)$$

因为 $$a=\lg C_0$$

所以 $$C_0=\lg^{-1}a=\lg^{-1}(2.764\,2)=581.1\ (mg/L)$$

$$C=581.1e^{-0.04041t}$$

例 20-2　给体重 50kg 的患者静脉注射利多卡因 75mg。已知利多卡因的半衰期为 2h，当血药浓度低于 1.5μg/ml 时就需要给药。求第二次给药的最迟时间（V=30L）。

解：$t_{1/2}$=2h

$$k=\frac{0.693}{2}=0.347h^{-1}$$

$$C_0=\frac{75\,000\mu g}{30\,000ml}=2.5\mu g/ml$$

$$\lg\frac{1.5}{2.5}=\frac{kt}{2.303}$$

t=1.47h

第二次给药的最迟时间为 1.47h。

二、尿药浓度法进行动力学分析

药物从体内消除有经肾排泄和肾外途径消除。如图 20-4 所示，k_e 和 k_{nr} 分别为肾排泄速度常数和肾外消除速度常数，X_u 和 X_{nr} 分别为原形药物从尿中排泄量和肾外消除量。用尿药数据法求动力学参数，条件是大部分药物以原形从肾排出，而且药物的肾排泄过程符合一级速度过程。

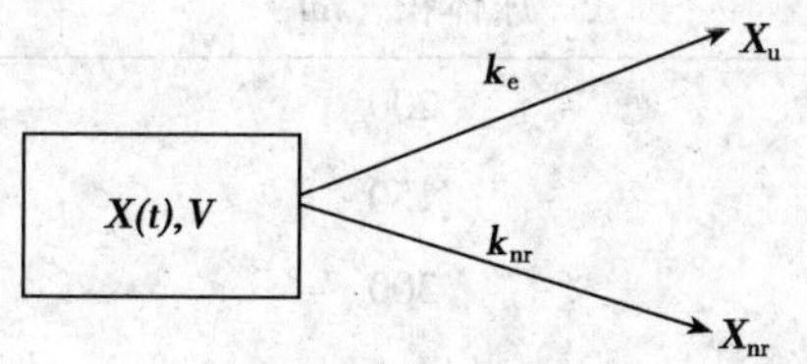

图 20-4　药物经肾和肾外途径排泄示意图

1. 尿药排泄速度法　已知尿药排泄速度符合一级速度过程，即$\frac{dX_u}{dt}$与体内药量成正比，用式（20-10）表示：

$$\frac{dX_u}{dt}=k_eX \tag{20-10}$$

将式（20–5）中的 X 代入式（20–10），得

$$\frac{dX_u}{dt}=k_eX_0e^{-kt} \tag{20-11}$$

式（20–11）取对数，得：

$$\lg\frac{dX_u}{dt}=-\frac{k}{2.303}t+\lg k_eX_0 \tag{20-12}$$

根据式（20–12），$\lg\frac{dX_u}{dt}$对 t 作图可得一条直线，斜率为 $-\frac{k}{2.303}$，由此可见，k 值既可从血药浓度，也可以从尿药排泄数据求得。从直线的截距可求得肾排泄速度常数 k_e。由于瞬时尿药排泄速度是测不到的，所以在实际作图时，以 $\lg\frac{\Delta X_u}{\Delta t}-t_{中}$来代替 $\lg\frac{dX_u}{dt}-t$，$t_{中}$为中点时间，则式（20–12）可写成

$$\lg=\frac{\Delta X_u}{\Delta t}=-\frac{k}{2.303}t_{中}+\lg k_eX_0 \tag{20-13}$$

$$\frac{\Delta X_u}{\Delta t}=\frac{[尿药浓度]\times[尿体积]}{[集尿间隔时间]} \tag{20-14}$$

$t_{中}$ =（前一次集尿结束时间 + 本次集尿开始时间）/2

式（20–13）是尿药速度法工作方程，以 $\lg\frac{\Delta X_u}{\Delta t}-t_{中}$作图，也得一条直线，其斜率为 $-\frac{k}{2.303}$，可求得 k 值。由截距 $\lg k_eX_0$，可求得肾排泄速度常数 k_e。

应当注意：以 $\lg\frac{\Delta X_u}{\Delta t}-t_{中}$代替 $\lg\frac{dX_u}{dt}$对 t 作图求动力学参数是有误差的，而且集尿间隔时间愈长，其误差愈大，尤其是尿药浓度大的一段时间内。

以 $\lg\frac{\Delta X_u}{\Delta t}-t_{中}$作图求消除速度常数 k 时，波动性很大，有时数据十分散乱，以至于有时难以估计参数，这就需要用下述的方法来克服。

例 20–3　静脉注射 100mg 某药后得到以下尿排泄数据。

时间（h）	尿体积（ml）	药物浓度（μg/ml）
0—1	200	1.85
1—3	150	2.86
3—5	300	0.70
5—9	700	0.20

如果分布容积为 100L，计算半衰期 k、k_e、肾清除率、肾衰竭患者的半衰期、肾功能只有 50% 的患者的半衰期、时间 t=3 时的血药浓度及正常受试者中生物转化的百分率。

解：

中点时间（h）	排泄速率（μg/h）	中点时间（h）	排泄速率（μg/h）
0.5	370	4.0	105
2.0	214.5	7.0	35

将时间对排泄速率在半对数纸上作图，从图中的直线求出斜率为 –0.151.

k=–2.303 × 斜率 =–2.303 ×（–0.151）=0.347h^{-1}

$$t_{1/2}=\frac{0.693}{k}=\frac{0.693}{0.347}=2h$$

k_e= 截距 /X_0=450/（100 × 1000）=0.0045h^{-1}

$Cl_r=k_e \times V$=0.0045 × 100=0.45L/h

$k_b=k-k_e$=0.347–0.0045=0.3425h^{-1}

肾衰竭患者 k_e=0　$k_b=kt_{1/2}$=0.693/0.3425=2.02h

肾功能 50% 的患者 $k=0.5k_e+k_b$=0.34475h^{-1}

$t_{1/2}$=0.693/0.34475=2.01h

t=3 时血药浓度 $C_0=X_0/V$=1μg/ml

$C=C_0e^{-kt}$ $=1\times e^{-0.347\times 3}$=0.353μg/ml

生物转化百分率 =（k_b/k）× 100%=98.7%

2. 总量减量法（Sigma–minus method） 总量减量法又称亏量法，是尿药数据法中的另一种方法。

根据尿药速度法式（20–11）：$\frac{dX_u}{dt}=k_eX_0e^{-kt}$，对此式作不定积分，并代入 t=0，X_u=0，得 X_u–t 的关系式：

$$X_u=\frac{k_eX_0}{k}(1-e^{-kt}) \tag{20–15}$$

式（20–15）中，X_u 为 t 时间内累积尿药量。

当 t 很大（趋向无限大）时，e^{-kt} 趋向零，X_u^∞ 为

$$X_u^\infty=\frac{k_eX_0}{k} \tag{20–16}$$

X_u^∞ 是时间足够长时尿药排泄总量，简称为总尿药量。将式（20–16）减式（20–15），得：

$$X_u^\infty-X_u=\frac{k_eX_0}{k}e^{-kt} \tag{20–17}$$

式（20–17）两端取对数，得：

$$\lg(X_u^\infty-X_u)=-\frac{k}{2.303}t+\lg\frac{k_eX_0}{k} \tag{20–18}$$

将式（20–16）代入式（20–18），得

$$\lg(X_u^\infty-X_u)=-\frac{k}{2.303}t+\lg X_u^\infty \tag{20–19}$$

式（20–19）中，$X^\infty{}_u$ 为尿中可排泄药物的总量，X_u 为 t 时间已排泄药物量，（$X^\infty{}_u-X_u$）

表示待排泄的尿药量。以 lg（$X^{\infty}_{u}-X_u$）对时间 t 作图可得一条直线，直线的斜率为 $-\frac{k}{2.303}$，可求得 k 值，直线的截距为 lg $\frac{k_e X_0}{k}$，已知 X_0，可求得 k_e。

总量减量法与尿药速度法均可用于求动力学参数 k 和 k_e。速度法的优点是集尿时间不像总量减量法那样长，并且丢失一两份尿样也无影响，缺点是对误差因素比较敏感，实验数据波动大，有时难以估算参数。总量减量法正好相反，实验数据描出的点不像速度法那样散乱，容易作图，测定的参数比较精确。但它要求得到总尿药量，因此实验时间长，最好为 7 个生物半衰期，至少为 5 个生物半衰期，此外实验中不得丢失一份尿样。总之，总量减量法比尿药速度法估算的动力学参数准确。

第三节　单室模型静脉滴注给药

静脉滴注也称输液，是临床上抢救危重患者的一种有效的给药方式。下面讨论单室模型药物恒速静脉滴注给药动力学。

一、血药浓度与时间的关系

恒速静脉滴注指药物以零级速度 k_0 输入体内，以一级速度 k 消除，其体内过程见图 20-5。

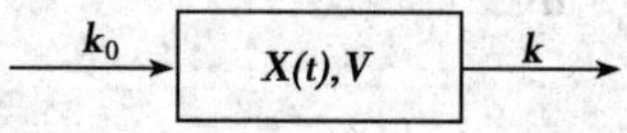

$$\xrightarrow{k_0} \boxed{X(t),V} \xrightarrow{k}$$

图 20-5　单室模型恒速静脉滴注给药体内过程示意图

药物恒速静脉滴注时体内药量的变化速度为：

$$\frac{dX}{dt}=k_0-kX \tag{20-20}$$

式（20-20）中：k_0 为零级滴注速度，以单位时间的输入量表示。为了求得体内药量与时间 t 的关系式，将式（20-20）进行积分，得：

$$X=\frac{k_0}{k}(1-e^{-kt}) \tag{20-21}$$

式（20-21）为恒速静脉滴注体内药量与时间的关系式。用血药浓度表示：

$$C=\frac{k_0}{Vk}(1-e^{-kt}) \tag{20-22}$$

二、稳态血药浓度

以血药浓度 C 为纵坐标，时间 t 为横坐标作图，其血药浓度－时间曲线见图 20-6。

由图 20–6 可见，在开始静滴后的一段时间内，体内血药浓度急剧上升，以后上升速度减慢，随着 t 的增大，血药浓度达到恒定，即滴注速度等于消除速度，这时的血药浓度称稳态血药浓度或坪浓度，以 C_{ss} 表示，由式（20–22）可得

$$C_{ss}=\frac{k_0}{Vk}(1-e^{-kt})=\frac{k_0}{Vk}(1-0)$$

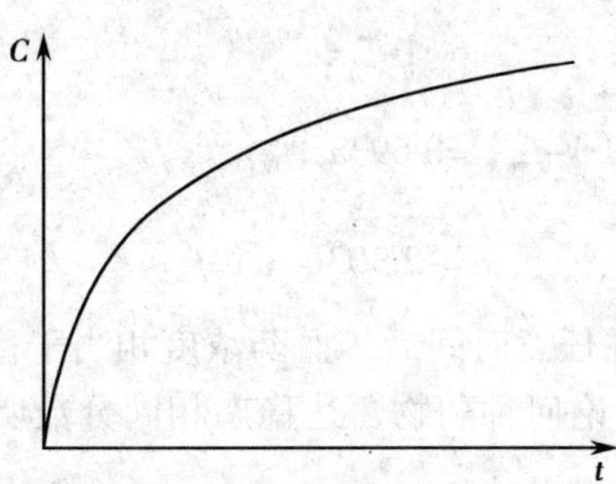

图 20–6 单室模型静脉滴注 C–t 图

即：

$$C_{ss}=\frac{k_0}{Vk} \tag{20-23}$$

由式（20–23）可见，C_{ss} 大小与 k_0 成正比，与 k 成反比。式（20–23）表明，随着滴注速度的增大，稳态血药浓度也增大。因而在临床上要获得理想的稳态血药浓度，就必须控制滴注速度，即控制给药剂量和滴注时间。

从静滴开始至达稳态血药浓度所需的时间长短，决定于药物的消除速度 k 值的大小（或生物半衰期的长短）。

设 X_{ss} 为稳态开始至达稳态时的体内药量，则 $C_{ss}=X_{ss}/V$，式（20–23）可以进一步变化为如下形式：$X_{ss}/V=k_0/Vk$，即：

$$X_{ss}=\frac{k_0}{k} \tag{20-24}$$

因此，稳态时血药浓度和体内药量保持恒定不变。

三、达稳态血药浓度的分数 f_{ss}

f_{ss} 的含义是 t 时间体内血药浓度与达稳态血药浓度之比值，即

$$f_{ss}=\frac{C}{C_{ss}} \tag{20-25}$$

将式（20–22）和式（20–23）代入式（20–25），得：

$$f_{ss}=\frac{\frac{k_0}{Vk}(1-e^{-kt})}{\frac{k_0}{Vk}}$$

整理后，得：$f_{ss}=(1-e^{-kt})$

式中的 k 和 t 分别用 $0.693/t_{1/2}$ 和 $nt_{1/2}$ 代替（n 为半衰期的个数），得：

$$f_{ss}=1-e^{-(0.693/t_{1/2})\cdot(nt_{1/2})}$$

$$f_{ss}=1-e^{-0.693n}$$

上式移项，得：

$$1-f_{ss}=e^{-0.693n}$$

两边取对数，得：$2.303\lg(1-f_{ss})=0.693n$

故

$$n=-2.303\lg(1-f_{ss}) \tag{20-26}$$

由式（20-26）可计算滴注任意时间后，血药浓度相当于稳态的分数，或欲达稳态浓度某一分数需滴注的时间。但不论何种药物，达稳态相同分数所需半衰期的个数相同，见表20-2。

表 20-2　静脉滴注半衰期个数与达坪浓度分数的关系

半衰期个数	达稳态浓度 %	半衰期个数	达稳态浓度 %
n	C_{ss}%	5	96.8
1	50	6	98.4
2	75	6.64	99
3	87.5	7	99.2
3.32	90	8	99.6
4	93.7		

例 20-4　静脉滴注速率100mg/h，滴注（a）青霉素钠（$t_{1/2}$=30min）；（b）四环素（$t_{1/2}$=10h），试计算体内最大积累量和达到体内最大积累量的50%和90%所需要的时间。

解：（a）对于青霉素，体内最大积累量

$$X_{ss}=\frac{k_0}{k}=100/(0.693/0.5)=72.15\text{mg}$$

达到体内最大积累量50%所需的时间是1个半衰期，即30min

达到体内最大积累量90%所需的时间是3.32个半衰期，即1.66h.

（b）对于四环素，体内最大积累量

$$X_{ss}=100/(0.693/10)=1443\text{mg}$$

达到体内最大积累量50%所需的时间是10h.

达到体内最大积累量90%所需的时间是33h.

例 20-5　用利多卡因静滴治疗时，为了使最大药物浓度不超过4μg/ml，试确定滴注速率，用这种速率进行滴注多长时间才能达最低有效浓度1.5μg/ml。已知利多卡因$t_{1/2}$=2h，患者分布容积为 30L。

解：

$$k=0.693/2=0.347/\text{h}=0.005\ 78/\text{min}$$

$$C_{ss}=\frac{k_0}{Vk}$$

滴注速率 $k_0=C_{ss}Vk=4\times0.005\ 78\times3000=0.694\text{mg/min}$

$$C=\frac{k_0}{Vk}（1-e^{-kt}）=4\times（1-e^{-0.347t}）=1.5\mu\text{g/ml}$$

达到最低有效浓度的时间 t=1.354h.

四、静滴停止后计算动力学参数

（一）稳态后停滴

当滴注达稳态后，停止滴注，任其血药浓度下降，此时血药浓度变化相当于快速静注后的变化。血药浓度的经时过程方程式为：

$$C'=\frac{k_0}{Vk}e^{-kt'} \quad (20\text{-}27)$$

$$\lg C'=-\frac{k}{2.303}t'+\lg\frac{k_0}{Vk} \quad (20\text{-}28)$$

式中，C' 为停药后的血药浓度，t' 为停药后所经历的时间，k_0/Vk 为稳态血药浓度。根据式（20–28），要计算参数 k、V 值，可在停药后不同时间取血样，测定血药浓度，以测得的血药浓度的对数对时间作图，可得一条直线，见图 20–7。该直线的斜率为 $-\frac{k}{2.303}$，可求得 k 值，其直线的截距为 $\lg\frac{k_0}{Vk}$，已知 k_0，可求得 V 值。

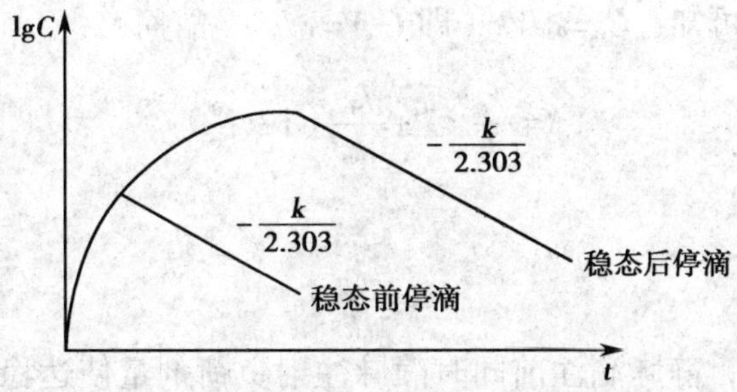

图 20–7　单室模型静脉滴注在达稳态前及达到稳态后停滴，其 lg$C$–t 图

（二）稳态前停滴

在静脉滴注达稳态前，停止滴注，体内血药浓度的变化与稳态后停药的变化类似，只是停药的时间不同，停药时的血药浓度不同，设 T 为滴注时间，则停药时的血药浓度为 $C_T=\frac{k_0}{Vk}（1-e^{-kT}）$，在此后的血药浓度 C' 的变化过程为：

$$C'=C_T e^{-kt'}=\left[\frac{k_0}{Vk}(1-e^{-kT})\right]e^{-kt'} \tag{20-29}$$

将式（20-29）两边取对数，得：

$$\lg C'=-\frac{k}{2.303}t'+\lg\left[\frac{k_0}{Vk}(1-e^{-kT})\right] \tag{20-30}$$

以 $\lg C'$ 对 t' 作图，可得一条直线，见图 20-7。该直线的斜率为 $-\frac{k}{2.303}$，从斜率可求得 k 值，从截距可求算 V 值。

五、静脉滴注和静脉注射联合用药

设药物的有效血药浓度为稳态水平，而欲达稳态的 90%~99% 则需 3.32~6.64 个半衰期。如半衰期为 4 小时，药物达稳态 90% 就需 13.28 小时，故一般半衰期大于 0.5 小时的药物单独用静滴给药意义不大。欲克服这一缺点，通常是先静注一个大剂量，使血药浓度立即达稳态浓度。这个大剂量称首剂量或者负荷剂量（loading dose），随后恒速静滴，维持稳态浓度。负荷剂量 X_0^* 可按式（20-31）计算：

$$X_0^*=C_{ss}V \tag{20-31}$$

所以，静脉注射和静脉滴注联合给药后，体内药量经时过程方程式为静注和静滴方程式之和，即：

$$X=X_0^*e^{-kt}+\frac{k_0}{k}(1-e^{-kt}) \tag{20-32}$$

将式（20-31）代入式（20-32），得：$X=C_{ss}Ve^{-kt}+\frac{k_0}{k}(1-e^{-kt})$

由式（20-23）我们可知：$C_{ss}=k_0/Vk$（即 $C_{ss}V=k_0/k$），故而有：

$$X=\frac{k_0}{k}e^{-kt}+\frac{k_0}{k}(1-e^{-kt}) \tag{20-33}$$

即：

$$X=\frac{k_0}{k} \tag{20-34}$$

由式（20-34）可见，静脉滴注前同时静脉注射负荷剂量使达稳态，则体内药量在整个过程中是恒定的。从一开始给药就达到了稳态浓度，即理想的有效浓度。

例 20-6　地西泮治疗癫痫大发作时，可先静脉注射控制症状再作静滴，今有一患者先静注 10mg，半小时后开始静脉滴注，静滴速率 k_0=10mg/h，已知治疗浓度为 0.5~2.5mg/L，$t_{1/2}$=55h，V=60L。问：滴注进行 3h 是否已达到所需的血药浓度。

解：静脉注射 10mg 经 30min 后血药浓度可按下式计算

$$C_1=C_0e^{-kt}=10/60\times e^{-0.693/55\times 3.5}=0.1594\text{mg/L}$$

在此基础上进行静滴 3h，其 C_2 为

$$C_2=\frac{10}{60\times 0.693/55}\left(1-e^{-\frac{0.693}{55}\times 3}\right)=0.494\text{mg/L}$$

$$C=0.490+0.159=0.649\text{mg/L}$$

0.649mg/L 介于 0.5~2.5mg/L 之间，所以已经在治疗浓度范围内。

第四节　单室模型单剂量血管外给药

前面讨论的是药物直接注入体内，如静注、恒速静滴等方式给药。现在讨论的是血管外给药，包括口服、肌注、直肠给药等。血管外给药时，药物进入体内的速度接近一级速度，故一般以一级速度处理吸收过程。药物的消除仍为一级，其模式图如图 20-8 所示。

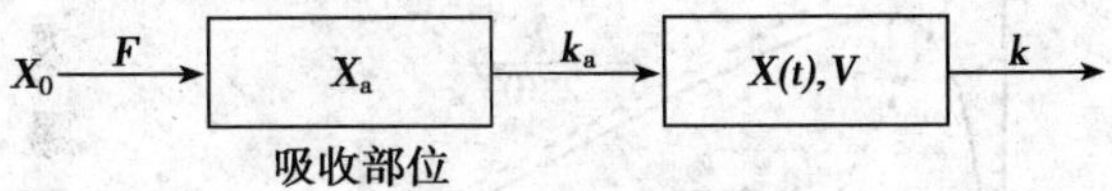

图 20-8　单室模型血管外给药示意图

一、以血药浓度法建立的药物动力学方程

$$\frac{dX}{dt}=k_aX_a-kX \quad (20\text{–}35)$$

式（20–35）中，k_a 为一级吸收速度常数，X_a 为吸收部位的药量，F 为吸收分数，其他同单室模型静脉注射给药。由于

$$X_a=FX_0e^{-k_at} \quad (20\text{–}36)$$

故有：

$$\frac{dX}{dt}=k_aFX_0e^{-k_at}-kX \quad (20\text{–}37)$$

解微分方程式（20–37），满足 $t=0$、$X=0$ 时的解，即为：

$$X=\frac{k_aFX_0}{k_a-k}\left(e^{-kt}-e^{-k_at}\right) \quad (20\text{–}38)$$

两边除 V，得单室单剂量血管外给药的 C–t 公式

$$C=\frac{k_aFX_0}{V(k_a-k)}\left(e^{-kt}-e^{-k_at}\right) \quad (20\text{–}39)$$

二、药物动力学参数的求算

（一）消除速度常数 *k* 的求算

式（20–39）中，当 $k_a>k$，且 t 足够大时，e^{-k_at} 首先趋于零，式（20–39）可简写成为：

$$C=\frac{k_aFX_0}{V(k_a-k)}e^{kt} \tag{20-40}$$

其对数式为：

$$\lg C=-\frac{k}{2.303}t+\lg\left[\frac{k_aFX_0}{V(k_a-k)}\right] \tag{20-41}$$

由式（20-41）可见，以血药浓度的对数 $\lg C$ 对时间 t 作图，可得一条末端为直线的二项曲线。见图 20-9，直线的斜率为 $-\frac{k}{2.303}$，可求得 k 值。然后将直线外推与纵坐标相交的截距为 $\lg\left[\frac{k_aFX_0}{V(k_a-k)}\right]$。

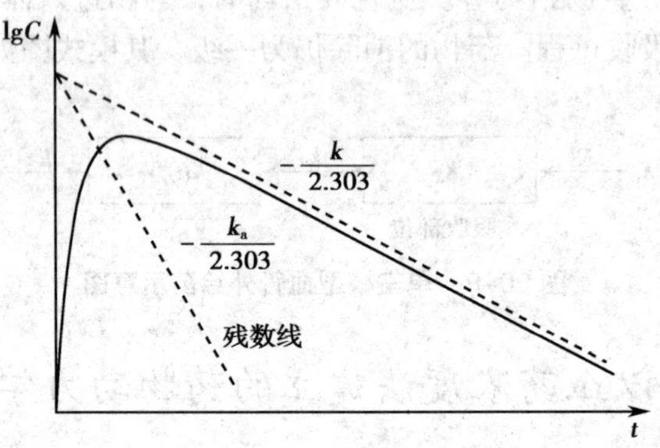

图 20-9　单室模型血管外给药 lgC-t 图

（二）残数法求吸收速度常数 k_a

将式（20-40）减去式（20-39），得到仅含 e^{-k_at} 指数相的残数浓度 C_r 的方程，

$$C_r=\frac{k_aFX_0}{V(k_a-k)}e^{-k_at} \tag{20-42}$$

将式（20-42）两边取对数，得：

$$\lg C_r=-\frac{k_a}{2.303}t+\lg\left[\frac{k_aFX_0}{V(k_a-k)}\right] \tag{20-43}$$

以 $\lg C_r$ 对 t 作图，可得一条以 $-\frac{k_a}{2.303}$ 为斜率的直线（称为残数线，见图 20-9），通过斜率可求得吸收速度常数 k_a，截距同样为 $\lg\left[\frac{k_aFX_0}{V(k_a-k)}\right]$，从而可求得 V。

例 20-7　设某药口服后约 60% 被吸收，其吸收速率常数 k_a=1.0h^{-1}，消除速率常数 k=0.1h^{-1}，分布系数为 0.2L/kg. 某患者体重 50kg，今服药 250mg。请计算（1）服药 3h 后的血药浓度；（2）当血药浓度低于 10μg/ml 时就给药，求第二次给药的最迟时间。

解：（1）已知 $F=0.6$　$k_a=1.0$　$k=0.1$

$$V=50\times0.2=10\text{L}=1000\text{ml}\quad X_0=250\quad t=3$$

$$C=\frac{1.0\times0.6\times250}{(1-0.1)\times10000}(e^{-0.1\times3}-e^{-1\times3})$$
$$=0.01152\text{mg/ml}=11.52\mu\text{g/ml}$$

（2）已知 C=0.010mg/ml

$$0.010=\frac{1.0\times0.6\times250}{(1-0.1)\times1000}(e^{-0.1t}-e^{-t})$$

因为 $e^{-t}<e^{-0.1t}$，因此 e^{-t} 可略去

$$0.010=\frac{1}{60}e^{-0.1t}\quad t=\frac{\lg0.60}{-0.04343}=5.1\text{h}$$

（三）达峰时间和最大血药浓度的求算

口服一级吸收模型的药物后，血药浓度－时间曲线为一单峰曲线，曲线峰顶对应的血药浓度称血药峰浓度或峰值，用 C_{max} 表示；达到峰值的时间称达峰时间或峰时，用 T_{max} 表示。在峰的左侧为吸收相，其吸收速度大于消除速度；在峰时的一瞬时，其吸收速度等于消除速度；在峰的右侧为吸收后相，其吸收速度小于消除速度。

式（20-39）对 t 求导数，并令导数等于零，得：

$$\frac{\mathrm{d}C}{\mathrm{d}t}=\left[\frac{k_aFX_0}{V(k_a-k)}(e^{-kt}-e^{-k_at})\right]=0\qquad(20-44)$$

则有：

$$ke^{-kt}=k_ae^{-k_at}\qquad(20-45)$$

整理后得：

$$T_{max}=\frac{2.303}{k_a-k}\lg\frac{k_a}{k}\qquad(20-46)$$

将式（20-46）代入式（20-39），整理后得：

$$C_{max}=\frac{k_aFX_0}{V(k_a-k)}\left(\frac{k_a-k}{k_a}\right)e^{-kT_{max}}$$

即：

$$C_{max}=\frac{FX_0}{V}e^{-kT_{max}}\qquad(20-47)$$

由式（20-46）和式（20-47）可知，药物的 T_{max} 由 k_a、k 决定，与剂量 X_0 的大小无关；C_{max} 与 X_0 成正比。T_{max} 还可以用抛物线法求得，实际工作中应用较多，所得结果比较符合实际。

（四）曲线下面积的求算

血药浓度－时间曲线下的面积 AUC 是药物动力学的重要参数，对式（20-39）从零时间至无穷大区间作定积分，则：

$$AUC=\int_0^{\infty}C\mathrm{d}t=\frac{k_aFX_0}{V(k_a-k)}\left(\int_0^{\infty}e^{-kt}\mathrm{d}t-\int_0^{\infty}e^{-k_at}\mathrm{d}t\right)\qquad(20-48)$$

$$AUC=\frac{k_aFX_0}{V(k_a-k)}\left[-\frac{e^{kt}}{k}\bigg|_0^{\infty}+\frac{e^{k_at}}{k_a}\bigg|_0^{\infty}\right]$$

$$AUC=\frac{FX_0}{Vk}\qquad(20-49)$$

（五）清除率 Cl

根据式（20-4）和式（20-49），可求得血管外给药的清除率 Cl 为：

$$Cl=\frac{FX_0}{AUC} \tag{20-50}$$

（六）滞后时间 t_0 的求算

对于血管外给药，不管吸收速度常数与消除速度常数大小如何，在半对数图上通过末端直线的外推到 $t = 0$ 的截距与残数线的截距应相等。如两条直线在 $t > 0$ 处有交点，就说明在吸收前有一个时滞（time lag），这时使用下面的血药浓度 - 时间关系式更为准确（式中 t_0 为时滞）。

$$C=\frac{k_a FX_0}{V(k_a-k)}\left[e^{-k(t-t_0)}-e^{-k_a(t-t_0)}\right] \tag{20-51}$$

第五节　二 室 模 型

单室模型药物进入体内立即达到分布平衡。但实际上药物进入血浆后，向体内任何一部分的分布都需要一定的时间，只是有些药物这个过程需时较短，体内过程很接近单室模型特征。不少药物随血液输送到组织器官中，要达到分布平衡需要较长的时间，因此呈现的药物体内过程特征就有两个甚至多个隔室那样。因此，很多药物体内过程具备二室或多室模型特征。

与单室模型一样，在多室模型中，药物的消除假定为一级过程，而且室间的药物转运过程亦符合一级过程。理论上消除可发生在任一隔室，但多数情况下发生在中央室。这是因为，中央室通常为血液丰富的器官和组织构成，血液中的药物很快在这些组织中分布平衡。肝、肾血流丰富，而肝为药物代谢的主要器官，肾为药物排泄的主要器官。通常肝、肾归入中央室，因此从中央室消除。

一、二室模型静脉注射给药

（一）模型特征

二室模型静脉注射的给药模型特征见图 20-10。

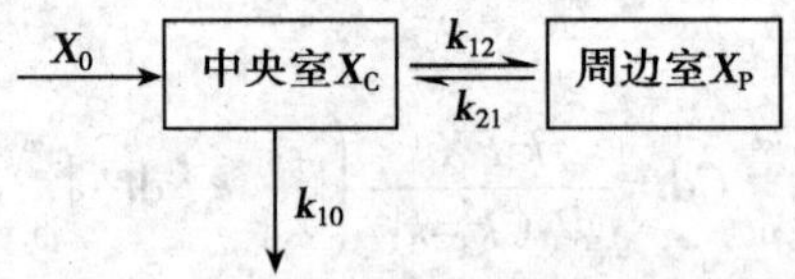

图 20-10　二室模型静脉注射给药示意图

X_C 为中央室药物量，X_P 为周边室药物量，X_0 为静脉注射剂量，k_{12} 为中央室向周边室的室间转运速度常数，k_{21} 为由周边室向中央室的室间转运速度常数，k_{10} 为从中央室消除的速度常数。当 t=0 时，X_C=X_0，X_p=0。

（二）中央室药物量与时间的关系

根据模型所建立的方程式为

$$\frac{dX_C}{dt}=k_{21}X_P-k_{12}X_C-k_{10}X_C \qquad (20\text{-}52)$$

$$\frac{dX_P}{dt}=k_{12}X_C-k_{12}X_P \qquad (20\text{-}53)$$

令 $$(S+k_{12}+k_{10})(S+k_{21})-k_{12}k_{21}=(S+\alpha)(S+\beta) \qquad (20\text{-}54)$$

则： $$S^2+(k_{12}+k_{10}+k_{21})S+k_{10}k_{21}=S^2+(\alpha+\beta)S+\alpha\beta \qquad (20\text{-}55)$$

因此可得：

$$\alpha+\beta=k_{12}+k_{21}+k_{10} \qquad (20\text{-}56)$$

$$\alpha\beta=k_{21}\cdot k_{10} \qquad (20\text{-}57)$$

积分并整理得：

$$X_C=\frac{X_0(\alpha-k_{21})}{\alpha-\beta}\cdot e^{-\alpha t}+\frac{X_0(k_{21}-\beta)}{\alpha-\beta}\cdot e^{-\beta t} \qquad (20\text{-}58)$$

（三）血药浓度与时间关系

尽管中央室中各组织及体液中药物浓度一致，但假若中央室的各组织及体液中的药物浓度比例恒定，则血药浓度 C 与中央室的药量之间存在线性关系，即：

$$X_C=V_CC \qquad (20\text{-}59)$$

式（20–59）中：V_C 为中央室的分布容积。

将式（20–58）代入式（20–59），可将药量–时间关系式变为浓度–时间关系式：

$$C=\frac{X_0(\alpha-k_{21})}{V_C(\alpha-\beta)}\cdot e^{-\alpha t}+\frac{X_0(k_{21}-\beta)}{V_C(\alpha-\beta)}\cdot e^{-\beta t} \qquad (20\text{-}60)$$

或 $$C=A\cdot e^{-\alpha t}+Be^{-\beta t} \qquad (20\text{-}61)$$

其中：

$$A=\frac{X_0(\alpha-k_{21})}{V_C(\alpha-\beta)} \qquad (20\text{-}62)$$

$$B=\frac{X_0(k_{21}-\beta)}{V_C(\alpha-\beta)} \qquad (20\text{-}63)$$

A、B、α、β 是由几个药物动力学参数构成的，所以称为混杂参数。因 $\alpha>\beta$，所以 α 又称为快配置速度常数，β 称为慢配置速度常数。

（四）中央室表观分布容积

将式（20–62）与式（20–63）两式相加得：

$$A+B=\frac{X_0(\alpha-\beta)}{V_C(\alpha-\beta)}$$

$$V_C=X_0/(A+B) \qquad (20\text{-}64)$$

（五）二室模型参数的求算

通常可假设 $\alpha>\beta$，从式（20–60）可见，以血药浓度的对数对时间作图，将得到一条二项指数曲线。由于 $\alpha>\beta$，故经一段时间后，$A\cdot e^{-\alpha t}$ 趋于 0，此时 $Be^{-\beta t}$ 仍保持一定的数值，此时式（20–61）可简化为：

$$C=B\cdot e^{-\beta}t \tag{20–65}$$

取常用对数，得：

$$\lg C=-\frac{\beta}{2.303}t+\lg B \tag{20–66}$$

故从半对数曲线后段的直线斜率为 $-\dfrac{\beta}{2.303}$，可求出 β。其末端相消除半衰期可用式（20–67）求出：

$$t_{1/2(\beta)}=\frac{0.693}{\beta} \tag{20–67}$$

将后段直线外推至 0 时间处，可得到 0 时间的截距 B。应用残数法。

$$C_{实测}-C_{外推}=C_{实测}-B\cdot e^{-\beta t}=A\cdot e^{-\alpha t} \tag{20–68}$$

可求出第二条直线，其斜率为（$-\alpha/2.303$），$t=0$ 时的截距为 A。

$$1\text{g}(C_{实测}-C_{外推})=1\text{g}C_{残数浓度}=-\frac{\alpha}{2.303}t+1\text{g}A \tag{20–69}$$

其分布相半衰期可用式（20–70）求出：

$$t_{1/2(\alpha)}=\frac{0.693}{\alpha} \tag{20–70}$$

故混杂参数 A、B、α、β 皆可按以上步骤求出。一旦有了这些参数，V_C、k_{21}、k_{12} 和 k_{10} 就可以通过以下一些关系式求出。

在时间 $t=0$ 时，式（20–60）变为：

$$C_0=A+B \tag{20–71}$$

将式（20–71）代入式（20–64）求得 V_C：

$$V_C=\frac{X_0}{C_0}=\frac{X_0}{A+B} \tag{20–72}$$

由式（20–63）整理后求得 k_{21}：

$$k_{21}=\frac{A\beta+B\alpha}{A+B} \tag{20–73}$$

按式（20–57）求出 k_{10}：

$$k_{10}:k_{10}=\frac{\alpha\beta}{k_{21}} \tag{20–74}$$

按式（20–54）求出 k_{12}：

$$k_{12}=\alpha+\beta-k_{21}-k_{10} \tag{20–75}$$

二、二室模型血管外给药

（一）模型特征

血管外给药并从中央室消除的二室模型示意图如图 20-11 所示。

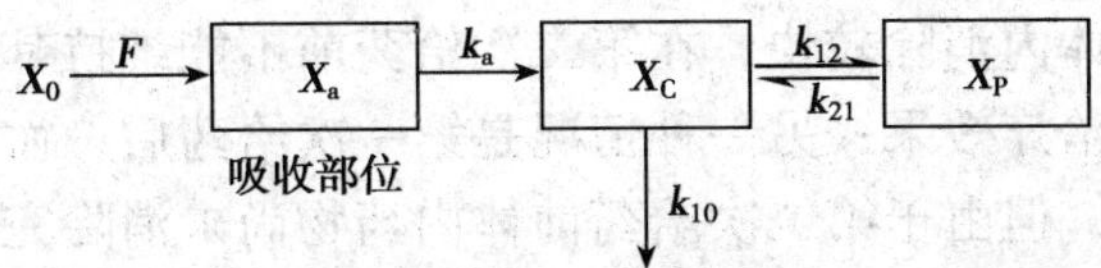

图 20-11　二室模型血管外给药体内过程示意图

（二）血药浓度法

口服一个剂量 X_0 后，体内呈二室模型分布时，可建立以下方程组。

$$\frac{dX_a}{dt}=-k_aX_a \tag{20-76}$$

$$\frac{dX_C}{dt}=k_aX_a-(k_{12}+k_{10})X_C+k_{21}X_p \tag{20-77}$$

$$\frac{dX_p}{dt}=k_{12}X_C-k_{21}X_p \tag{20-78}$$

积分并整理得（已知 $t=0$ 时，$X_a=FX_0$，$X_c=0$，$X_p=0$）：

$$X_C=\frac{k_aFX_0(k_{21}-k_a)}{(\alpha-k_a)(\beta-k_a)}e^{-k_at}+\frac{k_aFX_0(k_{21}-\alpha)}{(k_a-\alpha)(\beta-\alpha)}e^{-\alpha t}+\frac{k_aFX_0(k_{21}-\beta)}{(k_a-\beta)(\alpha-\beta)}e^{-\beta t} \tag{20-79}$$

该式为体内中央室药量与时间关系的三项指数方程。

（三）血药浓度与时间关系

将式（20-79）两边除 V_c 得：

$$C=\frac{k_aFX_0(k_{21}-k_a)}{V_C(\alpha-k_a)(\beta-k_a)}e^{-k_at}+\frac{k_aFX_0(k_{21}-\alpha)}{V_C(k_a-\alpha)(\beta-\alpha)}e^{-\alpha t}+\frac{k_aFX_0(k_{21}-\beta)}{V_C(k_a-\beta)(\alpha-\beta)}e^{-\beta t} \tag{20-80}$$

该式可简化为：

$$C=Ne^{-k_at}+Le^{-\alpha t}+Me^{-\beta t} \tag{20-81}$$

式（20-81）为具有一级吸收的二室模型特征的血药浓度与时间关系的三项指数方程。上式中：

$$N=\frac{k_aFX_0(k_{21}-k_a)}{V_C(\alpha-k_a)(\beta-k_a)} \tag{20-82}$$

$$L=\frac{k_aFX_0(k_{21}-\alpha)}{V_C(k_a-\alpha)(\beta-\alpha)} \tag{20-83}$$

$$M=\frac{k_aFX_0(k_{21}-\beta)}{V_C(k_a-\beta)(\alpha-\beta)} \tag{20-84}$$

因为当 $t=0$ 时，$C=0$。所以 $L+M+N=0$，其中必有一项为负值。

第六节 重复给药

一些镇痛药、镇静药、止吐药等单剂量应用后即可获得疗效。但在临床实践中，许多疾病的药物治疗要求多次给药，特别是感染性疾病。一种情况是，虽然第一次给药后可达到治疗浓度，但药物在体内消除较快，在第二次给药前不能维持其治疗有效浓度，临床上要求反复多次给药以达治疗效果；另一种情况是第一次给药后，血药浓度可能达到有效浓度或尚未达到有效浓度，但由于第二次给药前体内药物尚未消除完，所以体内药物量在多次给药后逐渐蓄积，血药浓度逐次升高，使其维持或达到有效浓度并维持一段时间。体内很快被消除的药物，如青霉素其生物半衰期只有 0.7 小时，6 小时即基本消除完，所以每 12 小时注射 1 次时，在第 2 次注射前体内青霉素血药浓度早已低于有效浓度，因此临床上反复多次注射来保证疗效。所以，在药物治疗中采用多剂量给药比单剂量给药的情况多得多。

为了便于研究，在多剂量给药时定为每次剂量相同，并在给药间隔时间（τ）也不变的条件下讨论。

一、单隔室模型静脉注射

（一）重复给药多剂量函数与第 n 次给药后血药浓度 – 时间关系式（图 20–12）

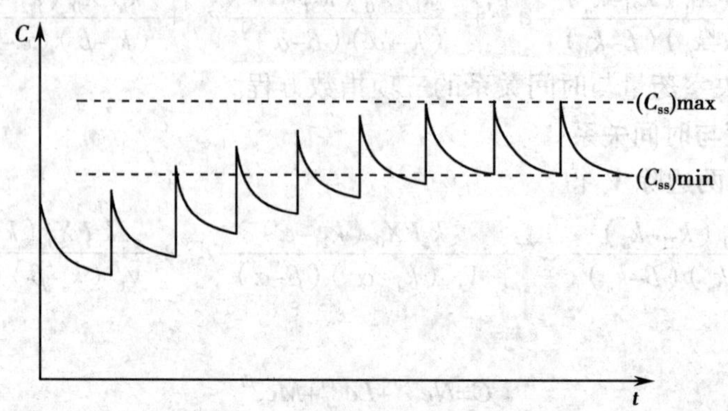

图 20–12 重复静脉注射给药 C–t 图

设每次静脉注射剂量为 X_0，剂量间隔时间为 τ，药物快速静注时，经理论推导可得：

$$(X_n)=X_0\frac{1-e^{-nk\tau}}{1-e^{-k\tau}}e^{-kt}=X_0\gamma e^{-kt} \tag{20–85}$$

式（20–85）中，γ 称为重复给药多剂量函数

$$\gamma=\frac{1-e^{-nk\tau}}{1-e^{-k\tau}} \tag{20–86}$$

实质上，式（20–85）是单剂量给药的体内药量 – 时间关系式的指数项前乘以重复给药

多剂量函数 γ，即为重复给药后的体内药量与时间关系式。因此，体内血药浓度 C 与时间的关系式为：

$$(C_n)_{max}=\frac{X_0(1-e^{-nk\tau})}{V(1-e^{-k\tau})} \tag{20-87}$$

$$(C_n)_{min}=\frac{X_0(1-e^{-nk\tau})}{V(1-e^{-k\tau})}e^{-k\tau} \tag{20-88}$$

$$(C_n)=\frac{X_0(1-e^{-nk\tau})}{V(1-e^{-k\tau})}e^{-k\tau}\quad(0\leqslant t'\leqslant\tau) \tag{20-89}$$

式中 C_n 为第 n 次给药后的血药浓度；V 是药物的表观分布容积。

由此可见，若已知药物的表观分布容积及消除速度常数，则当每间隔 τ 时间静注一固定剂量的药物时，在某剂给药后的任何时间的血药浓度都可以求算。

（二）达稳态血药浓度－时间关系式

稳态时药物的经时变化过程，可令式（20-89）中的 $n\rightarrow\infty$ 而求出。即：

$$(C_{ss})=\frac{X_0}{V}\left(\frac{1}{1-e^{-k\tau}}\right)e^{-kt'}\quad(0\leqslant t'\leqslant\tau) \tag{20-90}$$

式（20-90）中的（C_{ss}）为达到稳态后在一个给药间隔中血药浓度的时间函数。同理可得稳态最大血药浓度（C_{ss}）$_{max}$ 和稳态最小血药浓度（C_{ss}）$_{min}$ 分别为：

$$(C_{ss})_{max}=\frac{X_0}{V}\left(\frac{1}{1-e^{-k\tau}}\right) \tag{20-91}$$

及

$$(C_{ss})_{min}=\frac{X_0}{V}\left(\frac{1}{1-e^{-k\tau}}\right)e^{-k\tau} \tag{20-92}$$

例 20-8　一患者静脉注射一种具有单室模型特征的抗生素，剂量为 1000mg，表观分布容积为 20L，消除半衰期为 3h，每隔 6 小时静脉注射 1 次，求这种药物以上述给药方法给药后，体内最大血药浓度与最低血药浓度比值是多少？第二次静脉注射后第 3 小时的血药浓度为多少？

解：该药消除半衰期为 3h，则消除速率常数为 $0.231h^{-1}$

根据公式（20-87）及（20-88），则

$$\frac{(C_n)_{max}}{(C_n)_{min}}=e^{k\tau}=e^{0.231\times6}=4$$

第二次静脉注射后第 3 小时的血药浓度

$$C=\frac{1000}{20}\left(\frac{1-e^{-2\times0.231\times6}}{1-e^{-0.231\times6}}\right)e^{-0.231\times3}=31.3\text{mg/L}$$

例 20-9　同例 20-8 给出的条件下，给药达稳态后，求稳态血药浓度最大值及最小值，其比值为多少？稳态后给药第 3 小时血药浓度为多少？

解：

$$(C_{ss})_{max}=\frac{1000}{20}\left(\frac{1}{1-e^{-0.231\times6}}\right)=66.7\text{mg/L}$$

$$(C_{ss})_{min}=\frac{1000}{20}\cdot\frac{1}{1-e^{-0.231\times6}}\times e^{-0.231\times6}=16.7\text{mg/L}$$

$$(C_{ss})_{max}/(C_{ss})_{min}=66.7/16.7=4$$

稳态后给药第 3 小时的血药浓度为

$$(C_{ss})_3=\frac{1000}{20}\left(\frac{1}{1-e^{-0.231\times6}}\right)e^{-0.231\times3}=33.3\text{mg/L}$$

二、单室模型血管外给药

（一）第 n 次给药后血药浓度 – 时间关系式

在单室模型药物单剂量血管外给药后的血药浓度 – 时间方程式（20–39）中，将每个指数项乘以重复给药多剂量函数（该重复给药多剂量函数的速度常数与指数项的速度常数相同），即得单室模型药物重复给药后血药浓度 – 时间方程：

$$(C_n)=\frac{k_aFX_0}{V(k_a-k)}\left(\frac{1-e^{-nk\tau}}{1-e^{-k\tau}}e^{-kt'}-\frac{1-e^{-nk_a\tau}}{1-e^{-k_a\tau}}e^{-k_at'}\right)\tag{20–93}$$

（二）达稳态后血药浓度 – 时间关系式

当 $n\to\infty$，即达稳态时，在一个剂量间隔时间内消除一个剂量药物，因此在达稳态以后，在剂量间隔时间内，其多剂量血管外给药后血药浓度 – 时间关系为：

$$(C_{ss})=\frac{k_aFX_0}{V(k_a-k)}\left(\frac{1}{1-e^{-k\tau}}e^{-kt'}-\frac{1}{1-e^{-k_a\tau}}e^{-k_at'}\right)\tag{20–94}$$

式（20–94）中的 (C_{ss}) 为达稳态后在 $0\to\tau$ 之间的血药浓度（$0\leqslant t'\leqslant\tau$）。

三、二 室 模 型

（一）第 n 次给药后血药浓度 – 时间关系式

在单室模型药物单剂量静脉注射给药后的血药浓度 – 时间方程式（20–61）中，将每个指数项乘以多剂量函数（该多剂量函数的速度常数与指数项的速度常数相同），即得二室模型药物多剂量静脉注射给药后血药浓度 – 时间方程：

$$(C_{ss})=\frac{k_aFX_0}{V(k_a-k)}\left(\frac{1}{1-e^{-k\tau}}e^{-kt'}-\frac{1}{1-e^{-k_a\tau}}e^{-k_at'}\right)\tag{20–94}$$

式（20–94）中的 (C_{ss}) 为达稳态后在 $0\to\tau$ 之间的血药浓度（$0\leqslant t'\leqslant\tau$）。

$$(C_n)=A\left(\frac{1-e^{-n\alpha\tau}}{1-e^{-\alpha\tau}}\right)e^{-\alpha t'}+B\left(\frac{1-e^{-n\beta\tau}}{1-e^{-\beta\tau}}\right)e^{-\beta t'}\tag{20–95}$$

同理可将二室模型单剂量血管外给药的血药浓度 – 时间方程式乘以多剂量函数，得：

$$(C_n)=L\left(\frac{1-e^{-n\alpha\tau}}{1-e^{-\alpha\tau}}\right)e^{-\alpha t'}+M\left(\frac{1-e^{-n\beta\tau}}{1-e^{-\beta\tau}}\right)e^{-\beta t'}+N\left(\frac{1-e^{-nk_at}}{1-e^{-k_a\tau}}\right)e^{-k_at'}\tag{20–96}$$

（二）达稳态后血药浓度 – 时间关系式

当 $n\to\infty$ 时，式（20–95）和式（20–96）可变为：

$$(C_{ss})=A\left(\frac{1}{1-e^{-\alpha\tau}}\right)e^{-\alpha t'}+B\left(\frac{1}{1-e^{-\beta\tau}}\right)e^{-\beta t'} \quad (20-97)$$

$$(C_{ss})=L\left(\frac{1}{1-e^{-\alpha\tau}}\right)e^{-\alpha t'}+M\left(\frac{1}{1-e^{-\beta\tau}}\right)e^{-\beta t'}+N\left(\frac{1}{1-e^{-k_a\tau}}\right)e^{-k_a t'} \quad (20-98)$$

式（20–97）和式（20–98）分别表示二室模型静脉注射和血管外给药达稳态后的血药浓度 – 时间关系式。

四、平均稳态血药浓度

平均稳态血药浓度是一个重复给药情况下非常有用的参数。所谓平均并非是稳态最高血药浓度（C_{ss}）$_{max}$ 与稳态最小血药浓度（C_{ss}）$_{min}$ 的算术平均值，它是稳态时的一个剂量间隔内（$0\rightarrow\tau$）的血药浓度曲线下面积与剂量间隔时间 τ 的比值，其定义式如下：

$$\bar{C}=\frac{\int_0^{\infty}(C_{ss})\,dt}{\tau} \quad (20-99)$$

式（20–98）中：$\bar{C}$ 即为稳态平均血药浓度，$\int_0^{\infty}(C_{ss})\,dt$ 是稳态时，在一个剂量间隔内（即从 $0\rightarrow\tau$）血药浓度曲线下面积。

（一）单室模型静脉注射

由于

$$\int_0^{\infty}(C_{ss})\,dt=\int_0^{\tau}\frac{X_0}{V}\left(\frac{1}{1-e^{-k\tau}}\right)e^{-kt'}\,dt=\frac{X_0}{Vk} \quad (20-100)$$

因此，具单室模型特征的药物静脉注射达稳态时，稳态平均血药浓度为：

$$\bar{C}=\frac{\int_0^{\infty}(C_{ss})\,dt}{\tau}=\frac{X_0}{Vk\tau} \quad (20-101)$$

$$=\frac{X_0}{V}\cdot\frac{t_{1/2}}{0.693\tau}=\frac{X_0}{V}\cdot\frac{1.44t_{1/2}}{\tau} \quad (20-101)$$

故当已知药物的表观分布容积及消除速率常数后，对于每经 τ 时间静脉注射 X_0 剂量的药物，其平均稳态血药浓度就可以预求出来。从式（20–101）中还可以看出，由于 V 及 k 都是所给药物的“生理学”常数，故只能通过调整给药剂量 X_0 及给药时间 τ 来获得理想的平均稳态血药浓度。

从血药浓度 – 时间曲线上直观理解，只能认为稳态平均血药浓度是介于稳态最高血药浓度（C_{ss}）$_{max}$ 与稳态最小血药浓度（C_{ss}）$_{max}$ 之间的一个血药浓度，这个浓度的局限性在于它无法提供血药浓度的波动性。

（二）单室模型血管外给药

根据平均稳态血药浓度的定义，单室模型血管外给药的 $\bar{C}$ 为：

$$\bar{C}=\frac{\int_0^{\infty}(C_{ss})\,dt}{\tau}=\frac{1}{\tau}\int_0^{\tau}\frac{k_aFX_0}{V(k_a-k)}\left(\frac{1}{1-e^{-k\tau}}e^{-kt'}-\frac{1}{1-e^{-k_a\tau}}e^{-k_at'}\right)dt=\frac{FX_0}{Vk\tau} \quad (20-102)$$

（三）二室模型静脉注射给药和血管外给药

同理，二室模型静脉注射给药的平均稳态血药浓度为：

$$\overline{C}=\frac{1}{\tau}\int_0^{\tau}C_{ss}\mathrm{d}t=\frac{1}{\tau}\int_0^{\tau}\left(\frac{Ae^{-\alpha t'}}{1-e^{-\alpha\tau}}+\frac{Be^{-\beta t'}}{1-e^{-\beta\tau}}\cdot\right)\mathrm{d}t$$

$$=\frac{X_0}{V_C k_{10}\tau}=\frac{X_0}{V_\beta\beta\tau} \tag{20-103}$$

同理，二室模型血管外给药的平均稳态血药浓度为：

$$\overline{C}=\frac{1}{\tau}\int_0^{\tau}C_{ss}\mathrm{d}t=\frac{1}{\tau}\int_0^{\tau}\left(\frac{Le^{-\alpha t'}}{1-e^{-\alpha\tau}}+\frac{Me^{-\beta t'}}{1-e^{-\beta\tau}}+\frac{Ne^{-k_a t'}}{1-e^{-k_a\tau}}\right)\mathrm{d}t$$

$$=\frac{FX_0}{V_C k_{10}\tau}=\frac{FX_0}{V_\beta\beta\tau} \tag{20-104}$$

五、首剂量与维持剂量

在多剂量给药时，达稳态需要一段较长的时间，因此希望第一次给予一个较大的剂量，使血药浓度达到有效治疗浓度而后用维持剂量来维持其有效治疗浓度。

在单室模型静脉注射时，令（C_{ss}）$_{min}$ 为最小有效血药浓度，因此首剂量 X_0^*（亦称“底药”剂量）需足够大，以便使（C_1^*）$_{min}$ 等于（C_{ss}）$_{min}$ 即：

$$(C_1^*)_{min}=(C_{ss})_{min}$$

$$\frac{X_0^*}{V}e^{-k\tau}=\frac{X_0}{V}\left(\frac{1}{1-e^{-k\tau}}\right)e^{-k\tau}$$

$$X_0^*=X_0\frac{1}{(1-e^{-k\tau})} \tag{20-105}$$

在血管外给药时，同理可得单室模型血管外给药的首剂量 X_0^* 为：

$$X_0^*=X_0\frac{1}{(1-e^{-k\tau})(1-e^{-k_a\tau})} \tag{20-106}$$

式（20-106）若 τ 值较大，在吸收后相即上一剂量吸收完成后再给予下一个剂量，则上式可变为：

$$X_0^*=X_0\frac{1}{(1-e^{-k\tau})} \tag{20-107}$$

第七节 非线性药物动力学

以上讨论的内容都属于线性药物动力学范畴，也即药物在体内的吸收、分布、代谢与排泄都是按一级过程进行的，都可以用线性微分方程组来描述这些体内过程的规律性。无论是具备单室或二室模型特征的药物，当剂量改变时，其相应的时间点上的血药浓度随剂量的改变而与剂量成比例地改变；药物的生物半衰期与剂量无关；血药浓度－时间曲线下总面积与剂量成正比；等。这些药物动力学特征也可以从一些药物动力学参数与剂量间关系表现出来。

1965 年，Levy 从文献中发现水杨酸盐的半衰期随剂量的增加而延长。四环素、乙醇、肝素、茶碱等药物也出现这种非线性动力学问题。一般认为非线性动力学是药物浓度超过某一临界值时，参与药物代谢的酶发生饱和现象所引起的。因此，可用描述酶动力学的米氏（Michaelis-Menten）方程来进行研究。

一、米氏方程

1913 年，Michaelis-Menten 发表了描述酶参与的物质变化动力学过程，其方程式如下：

$$-\frac{dC}{dt}=\frac{V_mC}{K_m+C} \tag{20-108}$$

式中：$-dC/dt$ 是物质在 t 时间的浓度下降速度，K_m 为米氏常数，V_m 为该过程的理论最大下降速度。

该方程式基于物质在酶或载体参与下形成另一化学物质。由于该过程需在某一特定酶或载体参与下进行，所以这些过程具有专属性强的特点。通常这些过程中酶的量有一定限度，而且往往比较少，因此当反应物的量增加到一定程度时，其反应速度并不能随反应物的量增加而加快，即其反应能力有一定限度，既使反应物再增加，反应速度亦不再加快，即反应能力达饱和。事实上，药物的生物转化、肾小管的分泌以及某些药物的胆汁分泌过程都有酶参与，所以具有非线性动力学特征。

二、米氏过程的药物动力学特征

为了便于研究非线性动力学问题，我们来看一看米氏方程的两种极端情况，即：

（1）第一种极端情况为：当 K_m 远大于 C 时，式（20-108）可简化为

$$-\frac{dC}{dt}=\frac{V_mC}{K_m} \tag{20-109}$$

若用 K 表示 V_m/K_m，则式（20-109）变为

$$-\frac{dC}{dt}=KC \tag{20-110}$$

式（20-109）或式（20-110）表明：在药物浓度很低时，血药浓度下降速度与血药浓度的一次方成正比，这显然是线性药物动力学的过程，这种极端情况见图 20-13 中的曲线开始阶段，此段曲线近似为直线，其斜率为 V_m/K_m。

（2）米氏方程的另一极端情况为：药物浓度 C 远大于 K_m。此时式（20-108）可简化为：

$$-\frac{dC}{dt}=V_m \tag{20-111}$$

这种情况下，血药浓度下降的速度与药物浓度无关。即以一个恒定的速度 V_m 消除，如图 20-13 中的末端部分，它接近于 V_m，基本上是一条直线。这就是酶或载体饱和后的速度过程。

三、血药浓度－时间关系式

1. 单纯 Michaelis–Menten 方程表征的消除 将式（20–108）移项，积分，由于当 t=0 时 $C = C_0$，整理后得

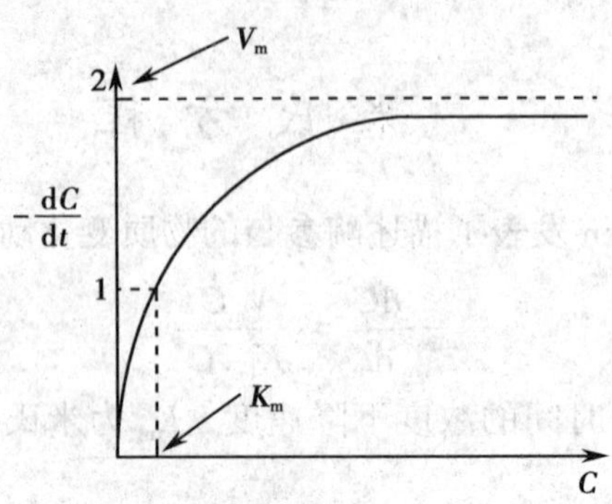

图 20–13 药物非线性消除示意图

$$\lg C=-\frac{V_m K_m}{2.303}t+\frac{C_0-C}{2.303}+\lg C_0 \quad (20\text{–}112)$$

对式（20–112）的血药浓度不能明确解出。

2. 具线性及非线性过程的消除 有些药物既具有肝脏代谢过程，又有原形药物的肾排泄过程。如果药物的肝脏生物转化过程具 Michaelis–Menten 方程表征的过程，而肾排泄过程为表观一级清除过程，则该药物在体内消除有一级过程和饱和过程同时发生。其血药浓度下降速度可由式（20–113）表示：

$$-\frac{dC}{dt}=k'C+\frac{V_m C}{K_m+C} \quad (20\text{–}113)$$

式（20–113）中，k'为表征该并行的一级消除过程的速度常数。

四、估算非线性消除的动力学参数

将式（20–108）移项后，其瞬时速度以平均速度表示，则以平均血药浓度 C_m 表示 C，即

$$\frac{-1}{dC/dt}=\frac{K_m}{V_m+C_m}+\frac{1}{V_m} \quad (20\text{–}114)$$

该式是一条直线方程，斜率为 K_m/V_m，截距为 $1/V_m$。故从各点的回归直线求得其斜率及截距，即可求得 K_m 及 V_m。实际工作中，往往用 $\Delta C/\Delta t$ 代替 dC/dt 使用。

$$\frac{-1}{\Delta C/\Delta t}=\frac{K_m}{V_m C_m}+\frac{1}{V_m} \quad (20\text{–}115)$$

五、生物半衰期

由式（20–4）：$dX/dt=kX$，可知：$dC/dt=-kC$，即：$(-dC/dt)/C=k$

因此，对于具有单纯非线性消除特征的药物，其生物半衰期 $t_{1/2}$ 为

$$t_{1/2}=0.693/k=0.693/\left[(-\mathrm{d}C/\mathrm{d}t)/C\right]$$

将式（20–108）代入上式，得：

$$t_{1/2}=0.693/\left[V_m/(k_m+C)\right]=0.693(k_m+C)/V_m \quad (20\text{–}116)$$

由式（20–116）可见，非线性动力学药物的生物半衰期与血药浓度大小有关，随着血药浓度的增大，其半衰期延长。

当 k_m>>C 时（在浓度极低时），即血药浓度下降到很低时

$$t_{1/2}=0.693/\left[V_m/(k_m+C)\right]=0.693(k_m+C)/V_m \quad (20\text{–}117)$$

该式与一级动力学类似，生物半衰期与血药浓度无关。类似于线性动力学特征，与血药浓度无关。

当 C>>k_m 时

$$t_{1/2}=\frac{0.693}{V_m/(K_m+C)}=\frac{0.693C}{V_m} \quad (20\text{–}118)$$

则生物半衰期随血药浓度增大而延长（消除变慢）。

对于同时具有线性和非线性消除的药物，其生物半衰期为

$$t_{1/2}=\frac{0.693V}{\dfrac{VV_m}{K_m+C}-k'V}=\frac{0.693}{\dfrac{V_m}{K_m+C}-k'} \quad (20\text{–}119)$$

因此，凡具有非线性消除的药物，除非在浓度极低时（C<<k_m），否则其生物半衰期并非为一定值，它随着浓度增高（往往出现副作用）而延长（消除变慢）。这类药物的生物半衰期亦会受酶促进剂或酶抑制剂的影响而变化。

六、血药浓度 – 时间曲线下面积

在线性动力学中，血中药物浓度对时间的曲线下面积与给药剂量成正比。但当在单纯以非线性消除时，根据式（20–114）可推导出曲线下面积与剂量关系如下。

$$AUC=\int_0^{\infty} C\mathrm{d}t=\frac{X_0}{VV_m}\left(K_m+\frac{X_0}{2V}\right) \quad (20\text{–}120)$$

显然式（20–120）中的 AUC 与剂量不成正比关系。

若 K_m >>C_0/2 时，式（20–120）可简化成：

$$AUC=\int_0^{\infty} C\mathrm{d}t=\frac{K_mX_0}{VV_m} \quad (20\text{–}121)$$

得到与线性动力学相似的关系式，亦即曲线下总面积与剂量成正比。

若剂量增大到一定程度，即 C_0/2 并非远小于 K_m 的情况，此时曲线下总面积与剂量不成正比关系。

若剂量再增大时，即消除过程达饱和时，亦即 $C_0/2 \gg K_m$ 时，则

$$AUC=\int_0^\infty Cdt=\frac{C_0^2}{2V_m}=\frac{X_0^2}{2V^2V_m} \quad (20\text{-}122)$$

由式（20-122）可以看出：此时曲线下总面积与剂量的平方成正比，即当剂量增大不大时，其血药浓度 - 时间曲线下面积确有较大的增加。

由于具非线性消除的药物，其血药浓度 - 时间曲线下面积与剂量不成正比，因此估算其生物利用度时不能用血药浓度 - 时间曲线下面积来估算。

第八节　统计矩原理及其在药物动力学中的应用

统计矩原理（statistical moment theory）或称矩量分析或称矩量法，在化学化工上它被广泛地用于数据分析。1978 年，Yamaoka 等发表了将统计矩原理应用于药物动力学分析。1980 年，Reigelman 等将统计矩原理用于研究药物体内溶解、释放及吸收过程，并进一步阐明了统计矩的概念。这种方法为非隔室分析法，在药物动力学的应用已日趋广泛，很有实用价值。用统计矩分析药物的体内过程，其计算主要依据药物浓度 - 时间曲线下面积，不受数学模型的限制，适用于任何隔室，故为非隔室分析法之一。

药物通过身体的过程是一个随机过程，血药浓度 - 时间曲线通常可看成是一种统计分布曲线。

一、药物动力学中的各种矩

在药物动力学中，药物通过身体的过程是一个随机过程，单个分子通过身体的运动是有概率性的，所有分子并非同一时间被吸收、代谢、排泄。因此药物在血中浓度的时间 - 过程曲线通常可看成是一种统计分布曲线，可用矩量法进行分析。即给予某一药物一个剂量后的血药浓度 - 时间曲线可以看作药物在体内滞留时间的概率分布曲线，不论何种给药途径，从统计学可以定义以下 3 个统计矩。

1. 零阶矩　血药浓度 - 时间曲线下的面积（从零时间到无限大）定义为药时曲线的零阶矩。

$$AUC=\int_0^\infty C\mathrm{d}t \quad (20\text{-}123)$$

通常血药浓度只观察到某一时间 t，故时间由 t 至 ∞ 时曲线下的面积应用外延方程 C/k 进行计算，C 是 t 时的血药浓度，k 为血药浓度 - 时间曲线末端直线求得的速度常数。

2. 一阶矩 MRT（mean residence time，平均滞留时间）　平均滞留时间 MRT 表示药物分子通过机体（包括在机体内药物的释放、吸收、分布和消除过程）所需要的平均时间。

$$MRT=\int_0^\infty Xf(X)\,dX=\int_0^\infty \frac{tC}{AUC}\,\mathrm{d}t=\frac{\int_0^\infty tC\mathrm{d}t}{AUC} \quad (20\text{-}124)$$

式（20-124）中，$\int_0^\infty tC\mathrm{d}t=AUMC$ 并代入式中得：

$$MRT=\frac{AUMC}{AUC} \tag{20-125}$$

3. 二阶矩 VRT（variance of mean residence time，平均滞留时间的方差） 可表示如下。

$$VRT=\int_0^{\infty}(t-MRT)^2 C\mathrm{d}t/\int_0^{\infty} C\mathrm{d}t \tag{20-126}$$

由于误差大，二阶矩在药物动力学中应用不多，无太大应用价值。仅零阶矩与一阶矩用于药物动力学分析。

二、用统计矩估算药物动力学参数

用统计矩估算药物动力学参数时，通常不需要对药物的体内过程作某一种隔室模型的假定。只要药物在体内过程符合线性过程，它都可应用于任何隔室模型，可用统计矩求算的药物动力学参数。

1. 半衰期、清除率和稳态时的分布容积

$$k=\frac{1}{MRT_{iv}} \tag{20-127}$$

$$t_{1/2}=0.693MRT_{iv} \tag{20-128}$$

不管某药物的分布特征如何，MRT_{iv} 总是代表静脉注射中消除 63.2% 所需的时间。平均滞留时间取决于给药方法，对于短时间恒速静脉滴注，其平均滞留时间为：

$$MRT_{inf}=MRT_{iv}+\frac{T}{2} \tag{20-129}$$

式中：iv 为静脉注射；inf 为静脉滴注；T 为快速静脉滴注时间。因此可见，MRT_{inf} 总大于 MRT_{iv}。

清除率是表征药物动力学特征最重要的参数，它可定义为：

$$Cl=\frac{X_{0(iv)}}{AUC} \tag{20-130}$$

表观分布容积 V_{ss}，可通过清除率与平均滞留时间相乘求得。

$$V_{ss}=Cl\times MRT_{iv}=\frac{X_{0(iv)}AUMC}{AUC^2} \tag{20-131}$$

2. 生物利用度和平均稳态血药浓度　前面已经提过，统计矩是根据血药浓度 - 时间曲线下面积进行计算，因此生物利用度与平均稳态血药浓度可表示如下。

$$F=\frac{AUC_{po}/X_{0(po)}}{AUC_{iv}/X_{0(iv)}} \tag{20-132}$$

$$\bar{C}=\frac{AUC}{\tau} \tag{20-133}$$

若静注与口服剂量相等，则 F 为口服与静注后零阶矩之比，同时假设两种给药途径清除率相等。式（20-133）中 AUC 为单剂量给药后曲线下的总面积，故多剂量给药时平均稳态血药浓度可用单剂量的数据求算。

3. 平均吸收时间、平均溶解时间与平均崩解时间的求算　平均吸收时间（mean absorption time，MAT），血管外给药时，可求得 $MRT_{(ni)}$，$MRT_{(ni)}$ 表示血管外给药后药物在体内总的动力学过程，包括制剂的崩解、溶解（溶出）、吸收及体内的处置过程。

$$MRT_{(ni)}=MAT-MRT_{(iv)} \tag{20-134}$$

因此

$$MAT=MRT_{(ni)}-MRT_{(iv)} \tag{20-135}$$

如果一种胶囊剂的 MAT 包括崩解、溶解（溶出）及通过胃肠壁进入体循环的过程，并将胶囊剂与溶液剂进行交叉试验，则可估算胶囊平均溶解时间（mean dissolution time，MDT），即

$$MDT_{胶囊}=MAT_{胶囊}-MAT_{溶液} \tag{20-136}$$

如果一种胶囊与散剂进行交叉试验，则可估算胶囊的平均崩解时间（mean disintegration time，$MDIT$）即

$$MDIT_{胶囊}=MDT_{胶囊}-MDT_{散剂} \tag{20-137}$$

因此，如果一种药物以胶囊、散剂、溶液剂口服及静脉给药后求得其 MRT（即 $MRT_{胶囊}$、$MRT_{散剂}$、$MRT_{溶液}$、MRT_{iv}），则可求得胶囊剂的 $MRT_{胶囊}$、$MAT_{胶囊}$、$MDT_{胶囊}$ 及 $MDIT_{胶囊}$，从而了解该胶囊剂的体内崩解、溶出、吸收过程情况，并根据其 AUC 估算相对生物利用度，可以看出各过程所造成的损失情况，这可给改进剂型的质量提供很有价值的依据。应用统计矩方法尚可研究体内代谢过程以及缓释制剂等。统计矩方法随着非室模型方法的发展及电子计算机的应用，将有更广阔的前景。

第九节　生物利用度和生物等效性

一、定　　义

生物利用度（bioavailability）是指制剂中的药物被吸收进入血液的速率和程度。生物等效性是指一种药物的不同制剂在相同的试验条件下，给予相同的剂量，反映其吸收速率和程度的主要动力学参数没有明显的统计学差异。生物利用度是保证药品质量的重要指标，而生物等效性则是保证同一药物的不同制剂质量一致性的重要依据。生物利用度与生物等效性概念虽然不完全相同，但是试验方法基本一致。

生物利用度包含药物吸收速率与吸收程度。因此，生物利用度有两项参数：①生物利用的程度即吸收程度，是指与标准参比制剂相比，试验制剂中被吸收药物总量的相对比值。②生物利用的速率，是指与标准参比制剂相比，试验制剂中药物被吸收速率的相对比值。

生物利用度是一个相对的概念，根据选择的标准参比制剂的不同，得到的生物利用度的结果不同。如果用静脉注射剂为参比制剂，因静脉注射给药时药物 100% 进入体循环，所求得的是绝对生物利用度（absolute bioavailability）。当药物无静脉注射剂型或不宜制成静脉注射剂时，

可用吸收较好的剂型或制剂为参比制剂，所求得的是相对生物利用度（relative bioavailability）。

药物制剂的生物利用度是评价药物制剂质量的重要指标之一，也是新药研究的一项重要内容。通常以下药物应进行生物利用度研究：用于预防、治疗严重疾病的药物，特别是治疗剂量与中毒剂量很接近的药物；剂量－反应曲线陡峭或具不良反应的药物；溶解速度缓慢的药物；某些药物相对为不溶解，或在胃肠道中成为不溶性的药物；溶解速度受粒子大小、多晶型等影响的药物制剂；制剂中的辅料能改变主药特性的药物制剂。

血药浓度－时间曲线下面积（*AUC*）与药物吸收总量成正比，因此他代表药物被吸收的程度。吸收速度可用到达峰浓度的时间达峰时（t_{max}，t_M）来表示。血药浓度时间曲线上的峰值（C_{max}，C_M）则是与治疗效果及毒性水平有关的参数，与药物吸收的数量有关。若 C_{max} 超过最小中毒浓度，则能导致中毒。若 C_{max} 达不到有效浓度，则无治疗效果。

二、吸收速率

口服等血管外给药，常常表现为一级吸收过程，因而常通过吸收速度常数 k_a 或吸收半衰期来衡量药物吸收的快慢。可用以下方法表示吸收速率。

1. 吸收速度可用血药浓度－时间曲线上到达峰浓度的时间达峰时（t_{max}，t_M）来表示。
2. 残数法求 k_a（见单室模型血管外给药）。
3. Wagner-Nelson 法（待吸收的百分数对时间作图法），本法适用于单室模型，其公式为：

$$\lg 100\times\left[1-\frac{(X_a)_t}{(X_a)_\infty}\right]=-\frac{k_a}{2.303}t+\lg 100 \tag{20-138}$$

式（20-138）中，$(X_a)_t$ 为直到 t 时间为止吸收的药量，$(X_a)_\infty$ 为直到时间无穷大时吸收的药量。式（20-138）表示待吸收的百分数的对数对时间 t 作图为一直线，其斜率为 $-k_a/2.303$，式中 $(X_a)_t/(X_a)_\infty$ 可用下式表示：

$$\frac{(X_a)_t}{(X_a)_\infty}=\frac{C_t+k\int_0^t Cdt}{k\int_0^\infty Cdt} \tag{20-139}$$

式（20-139）为 t 时间的吸收分数，用 1 减去式（20-139）再乘以 100 即为待吸收百分数，以待吸收的百分数的对数对时间 t 作图为一直线，则该药为表观一级吸收，其表观一级吸收速度常数可通过直线斜率求出。

4. Loo-Reigeiman 法（待吸收的百分数对数－时间作图法），本法适用于二室模型。

三、吸收程度

吸收程度的测定可用给予试验制剂和参比制剂后，测定血药浓度－时间曲线下总面积（*AUC*），或尿中排泄药物总量来确定。根据生物利用度的定义可分为绝对生物利用度和相对生物利用度。

1. 绝对生物利用度（absolute bioavailability，F_{Ab}）

$$F_{Ab}=\frac{AUC_{po}/X_{0(po)}}{AUC_{iv}/X_{0(iv)}}\times 100\% \tag{20-140}$$

AUC_{po} 为口服给药血药浓度－时间曲线下面积，AUC_{iv} 为静脉注射给药血药浓度－时间曲线下面积，$X_{0(po)}$ 为静注剂量，$X_{0(iv)}$ 为口服剂量。

2. 相对生物利用度（relative bioavailability，F_{Rel}）

$$F_{Rel}=\frac{AUC_{试验}/X_{0(试验)}}{AUC_{参比}/X_{0(参比)}}\times 100\% \tag{20-141}$$

$AUC_{试验}$为试验样品血药浓度－时间曲线下面积，$AUC_{参比}$为标准制剂血药浓度－时间曲线下面积，$X_{0(试验)}$为试验样品剂量，$X_{0(参比)}$为标准制剂剂量。

当两种制剂的给药剂量相同时，式（20-140）、（20-141）就是两种制剂给药后的面积比。无论绝对生物利用度还是相对生物利用度都需要求算 AUC，下面介绍 AUC 的求法：

$$AUC_{0-\infty}=AUC_{0-t^*}+AUC_{t^*-\infty} \tag{20-142}$$

$AUC_{0-\infty}$表示从 $t=0$ 到 $t=\infty$ 整个血药浓度－时间曲线下面积，AUC_{0-t^*} 表示从 $t=0$ 到 $t=t^*$（试验最后一个取样点所对应的时间）血药浓度－时间曲线下面积。

AUC_{0-t^*} 可用梯形法求得：

$$AUC_{0\rightarrow t^*}=\frac{(C_0+C_1)}{2}\cdot(t_1-t_0)+\frac{(C_1+C_2)}{2}\cdot(t_2-t_1)+\frac{(C_2+C_3)}{2}\cdot(t_3-t_2)+\cdots\cdots\frac{(C_{i-1}+C_i)}{2}\cdot(t_i-t_{i-1}) \tag{20-143}$$

$$AUC_{0\rightarrow t^*}=\sum_{i=1}^{n}\frac{(C_{i-1}+C_i)}{2}\cdot(t_i-t_{i-1})$$

$AUC_{t^*\rightarrow\infty}$表示从 $t=t^*$ 时间到 $t=\infty$ 时间血药浓度－时间曲线下面积可用下式求得：

$$AUC_{t^*\rightarrow\infty}=\frac{C_{t^*}}{\lambda} \tag{20-144}$$

λ 为末端项斜率求得的速度常数。

生物利用度也可用尿中排泄药物总量进行比较来确定。

$$F_{Ab}=\frac{(X_u^{\infty})_{po}/X_{0(po)}}{(X_u^{\infty})_{iv}/X_{0(iv)}}\times 100\% \tag{20-145}$$

$$F_{Rel}=\frac{(X_u^{\infty})_{试验}/X_{0(试验)}}{(X_u^{\infty})_{参比}/X_{0(参比)}}\times 100\% \tag{20-146}$$

四、生物利用度和生物等效性试验设计与原则

生物利用度一般是用血药浓度－时间曲线下的面积（AUC）计算吸收的数量（程度）；吸收速度是用血药浓度的用峰值（峰浓度 C_{max}）和达峰浓度的时间达峰时（t_{max}）来表示。生物等效性是指一种药物的不同制剂在相同的试验条件下，给予相同的剂量，其吸收速率和程度的主要动力学参数没有明显的统计学差异。

（一）生物样品分析方法的基本要求

在进行生物利用度和生物等效性试验评价时，首选色谱法，如 HPLC、GC、GC-MS、LC-MS 联用技术等。对这些方法的要求是：①专属性（特异性强），必须证明所测定的物质是原形药物或活性代谢产物，内源性物质和相应的代谢产物不应干扰样品测定。②定量下

限（灵敏度），要求检测限（LOQ）至少能检测出3~5个半衰期的样品中的浓度或能检测出C_{max}的1/10~1/20的药物浓度，其准确度应在真实浓度的80%~120%，RSD应小于20%，信噪比应大于5。③精密度与准确度，要求方法的日内日间相对标准偏差RSD在中和高浓度时$RSD<15\%$，在低浓度（LOQ）附近$RSD<20\%$。④准确度高，要求回收率一般应在85%~115%，在LOQ定量限附近应在80%~120%。⑤标准曲线应覆盖整个待测的浓度范围，不得外推，标准曲线不包括零点，一般应至少由6个浓度组成。⑥样品稳定性，根据具体情况，对含药生物样品在室温、冷冻和冻融条件下及不同存放时间进行稳定性考察，以确定生物样本的存放条件和时间。⑦提取回收率，应考察高、中、低3个浓度的提取回收率，其结果应一致、精密和可重现。⑧质控样品，质控样品系将已知的待测药物加入到生物介质中配制的样品，用于治疗控制。⑨质量控制，应在生物样品分析方法验证完成之后开始测试未知样品。每个未知样品一般测试1次，必要时可进行复测，生物样品每个分析批测定时应建立新的标准曲线，并随行测定高、中、低3个浓度质控样品，每个浓度多重样本。每个分析批质控样品数不得少于未知样本数的5%，且不得少于6个。质控样本程度结果的偏差应不小于15%，低浓度点的偏差样本应不小于20%，最多允许33%的质控样品结果超限，且不得均在同一浓度。如不合格，则该批次分析批样品测试结果作废。⑩测试结果，应该描述所用的分析方法，引用已有的参考文献，提供每天的标准曲线、质控样品及未知样品的结果计算过程，还应提供全部未知样品分析色谱图，包括全部相关的标准曲线和质控样品色谱图。

（二）普通制剂

1. 研究对象　生物利用度和生物等效性一般在人体内进行。应选择正常、健康的自愿受试者，其选择条件为：年龄一般为18~40周岁，同一批试验受试者年龄不宜相差10岁或10岁以上，男性，体重为标准体重±10%。受试者应无心脏、肝、肾、消化道、神经系统疾病及代谢异常等病史，并进行健康体检等，应无异常。特殊药物还需要检查相应的其他指标，如降糖药物应检查血糖水平。无过敏史和直立性低血压史。试验前两周至试验期间停用一切药物，试验期间禁烟、酒及含咖啡因的饮料。为了保证结果具有统计学意义，受试者必须有足够的例数，对于一般制剂，要求至少18~24例。对特殊制剂以及个体差异大的制剂，受试者的例数需相应增加。试验单位应与受试者签订知情同意书。

2. 参比制剂　生物利用度和生物等效性的研究必须有标准参比制剂作对照。其安全性和有效性应合格。其选择原则为：进行绝对生物利用度应选用静脉注射剂为标准参比制剂。进行相对生物利用度或生物等效研究时，首先应考虑选择国内外已上市相同剂型的市场主导制剂作为标准参比制剂。只在国内外没有相应的制剂时，才考虑选用其他类型相似的制剂为参比制剂。

3. 试验制剂　试验制剂应为符合临床要求的放大试验样品。应提供受试制剂和参比制剂的体外溶出度比较（$n\geqslant 12$）数据，以及稳定性、含量或效价等数据。个别药物还需提供多晶型及光学异构体资料。受试制剂和参比制剂实际含量应在5%之内。

4. 试验设计　在生物利用度和生物等效性的研究中，为了克服个体差异对试验结果的影响，通常采用同一受试者于不同时期分别服用受试制剂和标准参比制剂。对于一个受试制剂，一个标准参比制剂的两制剂试验，通常采用双周期交叉随机试验设计，以抵消试验周期对试验结果的影响。两个试验周期不应少于药物10个半衰期，通常间隔1周或2周。

对于3个制剂，即两个受试制剂和一个参比制剂，宜采用3制剂、3周期的二重3×3

拉丁方式试验设计，每个试验周期之间的洗净期通常为 1 周或 2 周。

取样点的设计对试验结 果影响较大。服药前取空白血样，一个完整的血药浓度 – 时间曲线，应包括吸收相、平衡相和消除相。每个时相内应有足够的取样点，一般在血药浓度 – 时间曲线峰前部至少取 4 个点，峰后部取 6 个和 6 个以上的点，总采样点（不包括空白）不少于 12 个点。整个采样期时间至少应为 3~5 个半衰期或采样持续到血药浓度为 C_{max} 的 1/10~1/20。对于血药浓度 – 时间曲线变化规律不明显的制剂，如缓控释制剂，取样点应相应增加。

在不能用血药浓度测定时，可采用尿药法进行，尿样的收集频率必须足够用于估算活性成分或代谢物的尿排泄程度和速度。

5. 服药剂量的确定　在进行生物利用度与生物等效性研究时，药物剂量一般应与临床用药一致。若因血药浓度测定方法灵敏度有限，可适当增加剂量，但应以安全为前提，所用剂量不得超过临床最大用药剂量。受试制剂和标准参比制剂最好为等剂量。如需使用不等剂量时，应说明原因，药物在此剂量范围内符合线性动力学规律，则计算生物利用度时应作剂量调整。对于用普通制剂为标准参比制剂时，尤其是心血管类药物时，剂量设计应慎重，不一定非要求与试验制剂等剂量。

6. 研究过程　受试者禁食过夜（10 小时以上），于次日早晨空腹服用受试制剂或标准参比制剂，用 250ml 温开水送服，服药 2 小时后方可进水，4 小时后进统一标准餐。受试者于服药后，按要求在不同时间取静脉血，根据需要取血样（血浆、血清或全血），并冷冻贮存，备测。受试者服药后避免剧烈活动。取血样应在临床监护室中进行。如受试者有不良反应时应有应急措施，必要时应停止试验。

生物等效性试验首先在禁食状态下进行，但是对于空腹给药生物利用度非常低或者易出现胃肠道功能紊乱等强烈副作用的药物，可改为餐后给药进行生物等效性试验。

7. 药物动力学分析　对所得的各受试者不同时间样品的血药浓度数据及平均值与标准差列表并作图，然后分别对各受试者的血药浓度 – 时间数据进行有关药物动力学参数的求算，主要的药物动力学参数为生物半衰期（$t_{1/2}$）、峰浓度（C_{max}）、达峰时（t_{max}）和血药浓度 – 时间曲线下面积（AUC）。C_{max}、t_{max} 可用实测值，不得内推。

8. 生物利用度计算　生物利用度 F 应用各受试者的 $AUC_{0-\infty}$ 分别计算，并求出其均值 ± SD，然后根据式（20–140）和式（20–141）计算。受试制剂和标准参比制剂中的药物剂量，应按实际含量计算。

对于一些在体内代谢极快的前体药物，无法测定血中原形药物，此时可采用相应的活性代谢物进行生物利用度研究

$$F_{\mathrm{Rel}}=\frac{AUC^{\mathrm{m}}_{试验}/X_{0(试验)}}{AUC^{\mathrm{m}}_{参比}/X_{0(参比)}}\times 100\% \qquad (20\text{–}147)$$

AUC^{m} 为代谢物的 $AUC_{0-\infty}$。

9. 生物利用度与生物等效性评价　受试制剂与参比制剂应根据药物动力学参数进行统计分析后，作出生物等效性评价。统计分析应先将 AUC 和 C_{max} 数据进行对数转换，然后进行方差分析与双单侧检验（two one–side test）处理，若受试制剂和标准参比制剂 AUC 几何均值比的 90% 置信区间在 80%~125%，且 C_{max} 几何均值比的 90% 置信区间在 75%~133%，则可认为受试制剂与参比制剂生物等效。t_{max} 可用非参数法进行检验。

10. 临床报告、副作用和不良反应 受试者病史、身体检查和化验结果，以及研究相关的副作用和不良反应，均应报告。

（三）缓释、控释制剂

缓释、控释制剂的生物利用度和生物等效性试验应在单次给药和多次给药两种条件下进行。进行该类制剂生物等效性的前提是应进行至少 3 种溶出介质的两者体外溶出行为同等性研究。

1. 单剂量、双周期交叉试验 试验目的是受试者在空腹条件下比较两种制剂的吸收速率和吸收程度，缓释、控释制剂与普通制剂比较，是否有缓释作用和生物等效性。试验过程和要求基本与普通制剂相同。

2. 多剂量、双周期稳态研究 目的是研究两种制剂重复给药达稳态的速率与程度以及稳态血药浓度和波动情况。除试验过程和动力学分析外，其余同普通制剂。

（1）试验设计及过程：采用交叉试验设计方法，多剂量服用标准制剂和试验制剂。对每日 1 次的受试制剂，受试者应在空腹 10 小时以后晨间服药，服药后继续禁食 2~4 小时；对每日 2 次的受试制剂，早晚要求略有不同，早晨应空腹 10 小时以后服药，服药后继续禁食 2~4 小时，晚上应至少空腹 2 小时服药，服药后继续禁食 2 小时。一般要求服药 1~2 小时后方可饮水。以普通制剂为参比制剂时，按常规用药剂量与方法，但应与缓释、控释制剂受试制剂每日总剂量相等。

连续服药时间至少经过 7 个半衰期，至少要测量连续 3 天的谷浓度，以确定血药浓度是否达稳态。取样点最好安排在不同天的同一时间，以抵消时辰药动学的影响且便于比较。达稳态后，在最后一剂量间隔内，按照单次给药采样时间点设计，采取足够的血样，测定该间隔内稳态血药浓度－时间数据，计算有关药物动力学参数。

（2）药物动力学参数：一般需要给出如下数据。①各受试者的稳态血药浓度－时间数据及其平均值；②各受试者的谷浓度、峰浓度及其平均值；③各受试者的血药浓度达峰时间及其平均值；④各受试者的稳态 $AUC_{0-\tau}$ 及其平均值；⑤稳态平均血药浓度可用式（20–148）计算；⑥各受试者的波动度（degree of fluctuation）可用式（20–149）计算。

$$\bar{C}=\frac{AUC^{ss}}{\tau} \tag{20–148}$$

$$DF=\frac{(C_{max}-C_{min})}{\bar{C}}\times 100\% \tag{20–149}$$

式（20–149）中，C_{max} 和 C_{min} 是稳态给药期间最后一个给药剂量的实测血药峰浓度和谷浓度。当参比制剂亦为相同剂型的缓释制剂时，则受试制剂的 DF/τ 值应不大于参比制剂的 DF/τ 值的 143%；当参比制剂为普通制剂时，则受试制剂的 DF/τ 值应显著小于普通制剂。

第十节 给药方案设计与个体化给药

一、给药方案设计

根据患者具体病情设计，以最佳给药途径、优良的药物制剂、最适给药剂量和最佳给药间隔，使治疗达到安全、有效、经济，特别是使治疗既产生最佳治疗效果又不引起不良反应，能够满足治疗目的要求的给药方案。

（一）生物半衰期与给药方案设计

生物半衰期与给药方案设计　药物的生物半衰期（$t_{1/2}$）是制定给药方案最重要的药物动力学参数。当给药间隔 $\tau = t_{1/2}$ 时，按一定剂量重复多次给药后，体内药物浓度经 5~7 个半衰期基本达到稳态水平。根据式（20-101）可导出，$\bar{X}=1.44X_0$，药物在体内不会有很大的积累。当 $\tau>t_{1/2}$ 时，血药浓度虽然不会有积累，但是波动较大；当 $\tau<t_{1/2}$ 时，血药浓度可能有较大的积累。

实际用药过程中，常常采用首剂量加大，即采用负荷剂量使血药浓度迅速达到有效治疗浓度。维持剂量（X_0）与首剂量（X_0^*）的关系为：

$$X_0^*=\frac{1}{1-e^{-k\tau}}\cdot X_0 \tag{20-150}$$

若维持剂量 X_0 为有效剂量，且 $\tau=t_{1/2}$ 时，将 $k=0.693/_{t_{1/2}}$ 代入式（20-150），即可求得负荷剂量：

$$X^*_0=2X_0 \tag{20-151}$$

即首剂量等于维持剂量的 2 倍时，血药浓度能迅速达到稳态血药浓度。临床上抗生素和磺胺等药物常采用 $\tau = t_{1/2}$ 和首剂量加倍的给药方案，即给药间隔等于半衰期，首剂量（X_0^*）等于维持剂量（X_0）的 2 倍，其维持剂量必须是在最小有效浓度和最小中毒浓度之间的一个安全有效的浓度。此法是通过调整给药间隔和给药首剂量来达到实现最佳给药方案的。

根据药物的半衰期设计给药方案比较简单、方便。但是该法不适用 $t_{1/2}$ 过短或过长的药物。如若 $t_{1/2}$ 过短，按 $t_{1/2}$ 给药则给药过于频繁；$t_{1/2}$ 过长，则可能引起血药浓度较大波动。对于半衰期很短的药物，若该药治疗窗较宽，可适当加大剂量，适当延长给药间隔，但要使给药间隔末仍能保持有效血药浓度。如果药物的治疗窗较窄，可采用静脉滴注给药。对于半衰期较长的药物，给药间隔要长，也可多次分量给药，以减少血药浓度的波动性。

（二）根据平均稳态血药浓度制订给药方案

静脉注射给药的平均稳态血药浓度可表示为：

$$\bar{C}_{ss}=\frac{X_0}{Vk\tau}=\frac{X_0}{Cl\cdot\tau} \tag{20-152}$$

对于某一药物，V、k 在正常人是一个定值，因而给药方案调整是指调整给药剂量或给药间隔。将式（20-152）整理，则给药间隔 τ 和给药剂量 X_0 分别为：

$$\tau=\frac{X_0}{\bar{C}_{ss}kV} \tag{20-153}$$

$$X_0=\bar{C}_{ss}\cdot k\cdot V\cdot\tau \tag{20-154}$$

由于血管外给药平均稳态血药浓度可表示为：

$$\bar{C}_{ss}=\frac{FX_0}{Vk\tau}=\frac{FX_0}{Cl\cdot\tau} \quad (20\text{–}155)$$

对于某一药物，F、V、k 在正常人是一个定值，因而给药方案调整是指调整给药剂量或给药间隔。同理，将式（20–155）整理，则给药间隔 τ 和给药剂量 X_0 分别为：

$$\tau=\frac{FX_0}{\bar{C}_{ss}kV} \quad (20\text{–}156)$$

$$X_0=\frac{\bar{C}_{ss}\cdot k\cdot V\cdot\tau}{F} \quad (20\text{–}157)$$

对于二室模型药物，其静脉注射给药的平均稳态血药浓度可表示为：

$$\bar{C}_{ss}=\frac{X_0}{V_Ck_{10}\tau} \quad (20\text{–}158)$$

对于某一药物，V_C、k_{10} 在正常人是一个定值，因而给药方案调整是指调整给药剂量或给药间隔。将式（20–158）整理，则给药间隔 τ 和给药剂量 X_0 分别为：

$$\tau=\frac{X_0}{\bar{C}_{ss}k_{10}V_C} \quad (20\text{–}159)$$

$$X_0=\bar{C}_{ss}\cdot k_{10}\cdot V_C\cdot\tau \quad (20\text{–}160)$$

由于二室模型血管外给药的平均稳态血药浓度可表示为：

$$\bar{C}_{ss}=\frac{FX_0}{V_Ck_{10}\tau} \quad (20\text{–}161)$$

对于某一药物，F、V_C、k_{10} 在正常人是一个定值，因而给药方案调整是指调整给药剂量或给药间隔。同理，将式（20–161）整理，则给药间隔 τ 和给药剂量 X_0 分别为：

$$\tau=\frac{FX_0}{\bar{C}_{ss}k_{10}V_C} \quad (20\text{–}162)$$

$$X_0=\frac{\bar{C}_{ss}\cdot k_{10}\cdot V_C\cdot\tau}{F} \quad (20\text{–}163)$$

（三）稳态血药浓度与给药方案设计

1\. 药物治疗指数　药物治疗指数（therapeutic index，*TI*）是指药物中毒或致死剂量与有效剂量之比，临床上是指无不良反应的最大血药浓度与产生治疗的最小血药浓度的比值。在多剂量给药时，应有一个合适的给药方案，以使稳态最大血药浓度与稳态最小血药浓度的比值低于治疗指数，才能确保临床用药的安全性与有效性。

$$TI=\frac{MTC}{MEC}=\frac{C_{max}^{SS}}{C_{min}^{SS}} \quad (20\text{–}164)$$

式（20–164）中：*MTC* 为最低中毒浓度；*MEC* 为最低有效浓度。单室模型多剂量静脉注射给药：

$$\frac{C_{max}^{SS}}{C_{min}^{SS}}=e^{k\tau} \quad (20\text{–}165)$$

式（20–165）中：为允许最大给药周期，所以

$$e^{k\tau}=\frac{C_{max}^{SS}}{C_{min}^{SS}}\leqslant TI \tag{20-166}$$

$$\tau\leqslant\frac{t_{1/2}}{0.693}\cdot\ln TI \tag{20-167}$$

$$\tau\leqslant 1.44t_{1/2}\cdot\ln TI \tag{20-168}$$

如果药物治疗指数为2，则其给药周期 τ 不能大于一个 $t_{1/2}$，否则安全性差。对于 $t_{1/2}$ 较短并且治疗指数小的药物，为了保证安全，临床多采用静脉滴注给药。对于治疗指数较大的药物，血药浓度或组织浓度允许有较大幅度波动的药物，可按多剂量给药达稳态血药浓度、稳态最大血药浓度、稳态最小血药浓度给药，设计给药方案。

2. 多剂量静脉注射给药方案设计　单室模型药物多剂量静脉注射给药达稳态血药浓度为

$$C_{ss}=\frac{X_0}{V(1-e^{-k\tau})}\cdot e^{-kt}\ (0\leqslant t\leqslant\tau) \tag{20-169}$$

当 t=0 时，代入式（20–169），得稳态最大血药浓度，

$$C_{max}^{SS}=\frac{X_0}{V(1-e^{-k\tau})} \tag{20-170}$$

将式（20–170）整理，得：

$$X_0=C_{max}^{SS}\cdot V(1-e^{-k\tau}) \tag{20-171}$$

当 $t=\tau$ 时，代入式（20–169），得稳态最小血药浓度

$$C_{min}^{SS}=\frac{X_0}{V(1-e^{-k\tau})}\cdot e^{-k\tau} \tag{20-172}$$

将式（20–172）整理，得：

$$X_0=C_{min}^{SS}\cdot V(e^{k\tau}-1) \tag{20-173}$$

将式（20–170）代入式（20–172），取对数，整理得：

$$\tau=1.44t_{1/2}\cdot\ln\frac{C_{max}^{SS}}{C_{min}^{SS}} \tag{20-174}$$

3. 多剂量血管外给药方案设计　单室模型血管外给药达稳态血药浓度为：

$$C_{ss}=\frac{k_aFX_0}{V(k_a-k)}\left(\frac{e^{-kt}}{1-e^{-k\tau}}-\frac{e^{-k_at}}{1-e^{-k_a\tau}}\right) \tag{20-175}$$

多剂量血管外给药的稳态最大血药浓度与达峰时间分别为：

$$t_{max}^{SS}=\frac{1}{k_a-k}\cdot\ln\frac{k_a(1-e^{-k\tau})}{k(1-e^{-k_a\tau})} \tag{20-176}$$

$$C_{max}^{SS}=\frac{k_aFX_0}{V(k_a-k)}\left(\frac{e^{-kt_{max}}}{1-e^{-k\tau}}-\frac{e^{-k_at_{max}}}{1-e^{-k_a\tau}}\right) \tag{20-177}$$

将式（20–177）整理，得

$$X_0=\frac{C_{max}^{SS}\cdot V(k_a-k)}{k_aF\left(\frac{e^{-kt_{max}}}{1-e^{-k\tau}}-\frac{e^{-k_at_{max}}}{1-e^{-k_a\tau}}\right)} \tag{20-178}$$

当时间 $t=\tau$ 时，代入式（20–175），得稳态最小血药浓度

$$C_{max}^{SS}=\frac{k_aFX_0}{V(k_a-k)}\left(\frac{e^{-k\tau}}{1-e^{-k\tau}}-\frac{e^{-k_a\tau}}{1-e^{-k_a\tau}}\right) \tag{20-179}$$

将式（20–179）整理，得：

$$X_0=\frac{C_{max}^{SS}\cdot V(k_a-k)}{k_aF\left(\frac{e^{-k\tau}}{1-e^{-k\tau}}-\frac{e^{-k_a\tau}}{1-e^{-k_a\tau}}\right)} \tag{20-180}$$

4. 静脉滴注给药方案设计　对于 $t_{1/2}$ 短、治疗指数小的药物，为避免频繁用药的麻烦和减小血药浓度的波动性，临床多采用静脉滴注给药方案。

（1）稳态血药浓度与给药方案设计：单室模型静脉滴注给药，血药浓度与时间的函数关系式为：

$$C=\frac{k_0}{Vk}(1-e^{-kt}) \tag{20-181}$$

从式（20–181）可以看出，随着滴注时间的增加，血药浓度逐渐升高，最终达到稳定状态，即达到了稳态血药浓度。

$$C_{ss}=\frac{k_0}{Vk} \tag{20-182}$$

通常将稳态血药浓度 C_{ss} 设成安全有效浓度，将式（20–182）整理，得

$$k_0=C_{ss}\cdot k\cdot V \tag{20-183}$$

式（20–183）为根据安全有效浓度（C_{ss}），设计滴注给药速度 k_0。

（2）静脉滴注与静脉注射同时给药方案：当药物半衰期长时，滴注达到稳态血药浓度的时间很长。为了克服这一缺点，迅速达到有效血药浓度，临床给药方案设计，采用静脉注射一定药量，使其立即达到有效治疗目的，同时静脉给药维持有效血药浓度水平。

静脉滴注与静脉注射同时给药时，血药浓度与时间的关系式为：

$$C=\frac{X_0}{V}\cdot e^{-kt}+\frac{k_0}{Vk}(1-e^{-kt}) \tag{20-184}$$

二、治疗药物监测与给药方案个体化

1. 血药浓度与给药方案个体化　当不同个体给予同样剂量的药物时，常常能够观察到显著的药理作用差异。常用剂量对某些患者可能疗效甚微，而又可能使一些患者中毒，往往只有一部分患者疗效满意。

给药方案个体化是提高临床疗效的一个重要保证，治疗药物血药浓度监测则是实行给药方案个体化的重要手段之一。不是所有的药物都需要严格的给药方案，例如青霉素、头孢菌素

等抗生素，安全范围广，药物剂量常常根据临床观察，只要将血药浓度维持在最低有效血药浓度以上即可。对于治疗指数小的药物，则要求血药浓度的波动范围在最低中毒浓度与最小有效浓度之间，而患者的吸收、分布、代谢、排泄的个体差异又常常影响血药浓度水平，因而制订个体化给药方案十分重要。对于在治疗剂量即表现出非线性动力学特征的药物，剂量的微小改变可能会导致治疗效果的显著差异，甚至会产生严重毒副作用，此类药物也需要制订个体化给药方案。一般治疗窗较宽的药物，常常根据半衰期或平均稳态血药浓度制订给药方案。

2. 治疗药物监测在临床中的应用　治疗药物监测在临床中的主要工作是：①协助医师选择药物；②设计给药方案；③评价患者对药物治疗的反应；④确定是否需要进行血药浓度测定；⑤测定血药或其他体液中的药物浓度；⑥对血药浓度数据进行药物动力学评价；⑦必要时重新调整给药方案；⑧继续血药浓度监测；⑨当患者由于其他因素导致治疗效果较差时，能够推荐特殊的处理方法。

在血药浓度－效应关系已经确立的前提下，下列情况需要进行治疗药物监测。

（1）给予同一剂量后个体差异很大的药物，即患者间有较大的药物动力学差异，如三环类抗抑郁药。

（2）具非线性动力学特征的药物，尤其是非线性发生在治疗剂量范围内，如苯妥英钠。

（3）治疗指数小、毒性反应强的药物，如强心苷类药、茶碱、锂盐等。

（4）毒性反应不易识别，用量不当或用量不足的临床反应难以识别的药物，如用地高辛控制心律失常时，药物过量也可引起心律失常。

（5）患者存在胃肠道、肝脏或肾脏疾病，影响药物的吸收、代谢及排泄时，如肾功能不全的患者应用氨基苷类抗生素。

（6）常规剂量下没有看到疗效，测定血药浓度有助于分析原因。

（7）常规剂量下出现毒性反应。

（8）怀疑由于合并用药而出现的异常反应。

（9）诊断和处理药物过量或中毒。

（10）为了确定新药的群体给药方案，进行临床药物动力学研究。

并非所有药物都需要进行治疗药物监测，目前认为血药浓度监测有意义的药物见表20–3。

表 20–3　目前认为血药浓度监测有意义的药物

类别	药名
抗癫痫药	苯妥英，卡马西平，苯巴比妥，扑米酮，乙琥胺，丙戊酸
抗心律失常药	利多卡因，奎尼丁，普鲁卡因胺，异丙吡胺，普萘洛尔
强心药	地高辛
抗哮喘药	茶碱
三环类抗抑郁药	阿米替林，去甲阿米替林，丙米嗪，去甲丙米嗪
抗躁狂症药	锂
氨基苷类抗生素	庆大霉素，链霉素，阿米卡星，妥布霉素，卡那霉素

续表

类别	药名
其他抗生素	氯霉素
抗肿瘤药	甲氨蝶呤
免疫抑制剂	环孢素

三、肾功能减退患者的给药方案设计

肾脏是药物消除的主要器官，肾功能减退对药物的消除影响很大。如尿毒症患者由于肾小球滤过率降低，导致药物清除率减小，半衰期延长。对于治疗指数较小的药物，如不进行剂量调整，有可能发生药物中毒等不良反应。药物通过肾排泄的分数越大，肾功能对药物消除的影响亦越大。所以对于肾功能减退的患者，应根据肾功能进行给药方案设计。

临床治疗中，肾功能减退患者的平均稳态血药浓度仍要求维持在正常水平，即

$$\bar{C}_{ss}=\frac{FX_0}{kV\tau}=\frac{F_{病}(X_0)_{病}}{k_{病}V_{病}\tau_{病}} \qquad (20\text{–}185)$$

一般 F、V 与肾功能衰退程度无关，则

$$\frac{X_0}{k\tau}=\frac{(X_0)_{病}}{k_{病}\tau_{病}} \qquad (20\text{–}186)$$

肾功能减退患者给药方案的调整有两种方法。若给药间隔不变，调整给药剂量。则：

$$(X_0)_{病}=\frac{k_{病}}{k}\cdot X_0 \qquad (20\text{–}187)$$

若给药剂量不变，肾功能减退患者的给药间隔为：

$$\tau_{病}=\frac{k_{病}}{k}\cdot\tau \qquad (20\text{–}188)$$

临床上肾功能减退患者的给药方案设计，主要依据患者的肾功能状况，预测药物的清除率或消除速率常数，体内肌酐清除率是判断肾功能的指标。肾功能正常的成年男性肌酐清除率 Cl_{cr} 为 100~120ml/min，一般药物的肾清除率正比于体内肌酐清除率。

$$Cl_{肾}=A\times Cl_{Cr} \qquad (20\text{–}189)$$

药物除了以原形从肾排泄外，还可经历肾外代谢及排泄。药物的总清除率是肾清除率和非肾清除率之和

$$Cl_{总}=Cl_{肾}\times Cl_{非肾} \qquad (20\text{–}190)$$

假定肾外清除率不受肾功能影响，而肾清除率正比于体内肌酐清除率（Cl_{Cr}），则

$$Cl_{总}=Cl_{非肾}+A\times Cl_{Cr} \qquad (20\text{–}191)$$

肾功能减退患者用药后的总清除率 $Cl_{总}$ 为

$$Cl_{病}=Cl_{非肾}+A\times Cl_{Cr} \tag{20-192}$$

因为肾功能减退患者分布容积不变，消除速度常数 $k_{病}$ 为

$$k_{病}=k_{非肾}+a\times Cl_{Cr} \tag{20-193}$$

A、a 为常数，$Cl_{非肾}$ 和 $k_{非肾}$ 为正常非肾清除率和正常非肾清除速度常数。

式（20-193）亦可写作

$$k_{病}=a+b\times Cl_{Cr} \tag{20-194}$$

式（20-194）中，$k_{病}$ 为患者的消除速度常数，a 为该药物的非肾消除速度常数，b 为比例常数，Cl_{Cr} 为患者的肌酐清除率。利用此式可根据患者的肌酐清除率计算患者的消除速度常数，继而用式（20-187）与式（20-188）调整给药方案（表 20-4）。

表 20-4　根据肌酐清除率的抗生素剂量调整数据表

药物	$K_{病}=a+b\,Cl_{cr}$		正常人 k（h^{-1}）×100
	a	b	
氨苄西林	8.3	0.45	53
羧苄西林	6	0.54	60
头孢氨苄	3	0.67	70
头孢噻吩钠	3	0.37	40
头孢噻啶	6	1.34	140
氯霉素	20	0.10	30
金霉素	8	0.04	12
多黏菌素 E	8	0.23	31
多西环素	3	0	3
红霉素	13	0.37	50
庆大霉素	2	0.28	30
卡那霉素	1	0.24	25
林可霉素	6	0.09	15
甲氧苯青霉素	17	1.23	140
苯唑西林	35	1.05	140
青霉素	3	0.37	140
多黏菌素 B	2	0.14	16
吡甲四环素	2	0.04	6
链霉素	1	0.26	27
磺胺嘧啶	3	0.05	8

续表

药物	$K_{病}$=a+b Cl_{cr}		正常人 k（h^{-1}）×100
	a	b	
磺胺甲氧异恶唑	7	0	7
磺胺异二甲嘧啶（儿童）	1	0.14	15
四环素	0.8	0.072	8
甲砜霉素	2	0.24	26
甲氧苄啶	2	0.04	6
万古霉素	0.3	0.117	12

例 20-10　庆大霉素常用剂量为 80mg，给药间隔 τ 为 8h，若测得患者 Cl_{cr} 为 40ml/min 时，如何调整该患者的给药剂量？

解：查表 20-4 得

庆大霉素 a=2，b=0.28，k=30h^{-1}

$$k_{病}=2+0.28\times 40=13.2h$$

$$(X_0)_{病}=\frac{k_{病}}{k}\cdot X_0$$

$$=80\times 13.2/30=35.2\text{（mg）}$$

该患者给药剂量应调整为每 8 小时给药 35.2mg。

第十一节　药物动力学数据处理及模型识别

药物的体内过程有线性和非线性过程，大多数药物的体内过程都是线性过程。但是某些药物在治疗剂量也可能发生非线性过程，或较高的剂量时呈现非线性特征，所以在药物动力学研究中应首先判断是线性还是非线性过程。

一、线性和非线性过程的识别

静脉注射高、中、低 3 个剂量，测得不同时间的血药浓度，得血药浓度 – 时间数据（t_i、C_i），可以采用下述方法识别是线性还是非线性过程。

1. 作 lg$C$–t 图，3 条线相互平行，则可判断为线性过程，反之为非线性过程。

2. 以每个血药浓度除以相应的剂量，将这个比值对 t 作图，曲线明显不重叠，可能为非线性。

3. 以 AUC 分别除以相应的剂量，如果所得各个比值基本一致，则可判断为线性过程，若明显不同，可认为是非线性过程。

4. 将每个浓度 – 时间数据按线性模型处理，计算各个动力学参数，若有一些或所有的药物动力学参数明显随剂量大小而改变，则认为存在非线性过程。

二、房室模型识别

隔室模型理论是以拟订不同隔室情况下得到不同给药方法后血药浓度或尿排泄数据与时间关系式，再根据某一具体药物在某一给药途径给药后所得到的血药浓度–时间关系或尿排泄数据–时间关系，从数据来拟合该药在体内具某种模型特征。由于实验数值有一定误差，有时难以用一般方法推断该药的隔室模型种类。因此需对这些数据进行解析，确定一个更为接近的隔室模型类别，以进一步估算药物动力学参数。

如某药静脉注射 100mg 后，其血药浓度–时间数据见表 20–5。

表 20–5 静注某药 100mg 后各时间的血药浓度

t（h）	0.033	0.25	0.5	1.0	1.5	2.0	3.0	4.0	6.0	12
C（μg/ml）	7.10	5.80	5.40	4.00	3.40	2.95	2.75	2.2	1.9	1.56

将以上数据在半对数坐标纸上作图，见图 20–14。

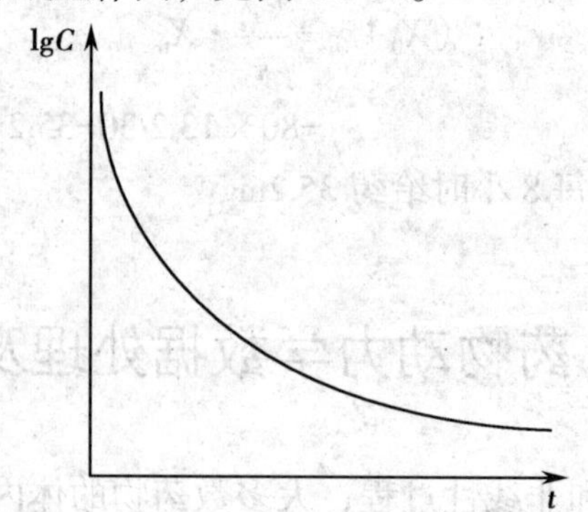

图 20–14 表 20–5 中数据 lg$C$–t 示意图

1. 作图判断法　根据图形可进行初步判断，如 lg$C$–t 图成直线，即为单室模型。但图 20–14 不符合单室模型，它应是单室以上的模型。

2. 残差平方和判断法　残差平方和是实测值与按所拟合方程的理论值之差的平方和，即：

$$SUM=\sum_{i=1}^{n}(C_i-\hat{C}_i)^2 \qquad (20\text{–}195)$$

式（20–195）中，$\hat{C}_i$ 为按方程拟合的各时间点的理论值。

将表 20–5 中的数据按二室模型处理，得到血药浓度–时间方程为：

$$C=4.46e^{-1.06t}+2.51e^{-0.041t}$$

将按二室得到的方程与实测值代入式（20–195）得：

$$\text{SUM}=\sum_{i=1}^{n}(C_i-\hat{C}_i)^2=0.2428$$

将表 20–5 中的数据按三室模型处理，得到血药浓度 – 时间方程为：

$$C=2.11e^{-1.48t}+2.4e^{-0.549t}+2.51e^{-0.04t}$$

将按三室得到的方程与实测值代入式（20–195）得：

$$\text{SUM}=\sum_{i=1}^{n}(C_i-\hat{C}_i)^2=0.4196$$

由于 0.2428<0.4196，故拟合为二室模型更为合理。

3. 拟合度法判别　拟合度公式如下：

$$r^2=\frac{\sum_{i=1}^{n}C_i^2-\sum_{i=1}^{n}(C_i-\hat{C}_i)^2}{\sum_{i=1}^{n}C_i^2} \tag{20-196}$$

将按二室模型处理，得到血药浓度 – 时间方程的理论值代入式（20–196），得 r^2 = 0.998 554

将按三室模型处理，得到血药浓度 – 时间方程的理论值代入式（20–196），得 r^2 = 0.997 501

由于 0.998 554>0.997 501，故按二室处理更为合理。

4. 权重残差平方和法　权重残差平方和是在残差平方和判断法中加上权重系数，能够减小高点浓度对拟合结果的影响，是实测值与按所拟合方程的理论值之差的平方和，即：

$$R_e=\sum_{i=1}^{n}W_i(Ci-\hat{C}_i)^2 \tag{20-197}$$

式（20–197）中，W_i 为权重因子（或权重系数），通常 W_i 取实测浓度值的倒数（$1/C$）或平方的倒数（$1/C^2$），当 W_i 取 1，R_e 也就等于 SUM。注意不同房室模型比较时要取相同的权重系数。

5. AIC 判断法　AIC（AKaike's Information Criterion）是近 20 年来发展的用于判断线性动力学模型的较好方法。它的定义是：$AIC=N\ln R_e+2P$　（20–198）

式中 N 为实验的点数，P 为参数的数目，Re 为权重残差平方和。P 的计算公式为：

静注给药　$P=2n$　（20–199）

血管外给药　$P=2n+2$　（20–200）

n 是隔室数。

用式（20–198）时相同的权重系数，AIC 越小，说明拟合越好。

6. F 检验（F test）　此法也可用于模型判断，但需查 F 值表。

$$F=\left(\frac{R_{e1}-R_{e2}}{R_{e2}}\times\frac{df_2}{df_1-df_2}\right),\ (df_1>df_2) \tag{20-201}$$

R_{e1}，R_{e2} 分别为由第 1 种模型和第 2 种模型得到的加权残差平方和；df 为自由度，即各自实验点的数目（采血次数）减去参数的数目。例如某实验共有 7 个实验点，若按单室模型，其参数为 2，二室模型参数为 4，故 df 分别为 5 和 3。F 值的显著性可由 F 值表中的自由度（df_1-df_2）及 df_2 的 F 界值进行判断。

目前药物动力学多指数项方程的解析多采用电子计算机程序来进行。3P87 和 3P97 程序是由中国药理学会数学药理专业委员会编写的估算药物动力学参数的计算程序。该程序可处理各种给药方法（包括静脉注射，静脉恒速输入）一级吸收的单隔室，双隔室及三隔室线性模型，以及具 Michaelis-Menten 消除、以不同给药方法的单隔室模型，给出有关药物动力学参数。该程序用加权非线性最小二乘法、样条插值法及常微分方程初值问题数值解法和采用样条插值统计矩，计算有关的药物动力学参数。程序可给出各种可能的房室数及权重系数的计算结果及图表，其中包括权重残差平方和、相关系数、确定系数、AIC 判据、拟合度、最大绝对误差、最大相对误差、F 检验、$\lg C$-t 图、相关图、误差散点图等。对多剂量组数据进行批处理及统计分析，给出各种计算结果及有关图表，是目前国内公认的处理程序。

学习小结

一、基本知识

药物动力学是应用动力学原理与数学处理方法，定量地描述药物在体内动态变化规律的学科。药物的体内过程一般包括吸收、分布、代谢（生物转化）和排泄过程。为了定量地研究药物的体内过程，用数学模拟药物在体内吸收、分布、代谢和排泄的速度过程而建立起来的数学模型，称为药物动力学模型。隔室模型是最常用的药物动力学模型。通常把机体划分成由一个、两个或两个以上的小单元构成的体系，然后研究一个单元内，两个或三个单元之间的药物转运过程。在药物动力学中把这些小单元称为隔室，药物在体内的转运可看成是隔室间转运，这种理论称为隔室模型理论。

消除是指体内药物不可逆失去的过程，它主要包括代谢和排泄。大多数药物从体内的消除符合表观一级速度过程，其速度与药量之间的比例常数 k 称为表观一级消除速度常数，k 值大小可衡量药物从体内消除速度的快慢。药物消除速度常数等于各排泄和代谢过程速度常数之和。

生物半衰期 $t_{1/2}$ 是指体内药量或血药浓度下降一半所需要的时间。药物的生物半衰期与消除速度常数一样，可以衡量药物消除速度的快慢。

表观分布容积是指在药物充分分布的假设前提下，体内全部药物按血中同样浓度溶解时所需的体液总体积。它是药物动力学的一个重要参数，是将全血或血浆中的药物浓度与体内药量联系起来的比例常数。

清除率是指机体或机体的上述部位在单位时间内清除掉相当于多少体积的流经血液中的药物。

二、单室模型动力学（本章重点）

1. 单室模型静脉注射给药血药浓度经时过程方程式

$$C=C_0e^{-kt} \tag{20-8}$$

$$\lg C=-\frac{k}{2.303}t+\lg C_0 \tag{20-9}$$

2. 尿药排泄速度法求动力学参数工作方程

$$\lg \frac{\Delta X_u}{\Delta t}=-\frac{k}{2.303}t_{中}+\lg k_e X_0 \tag{20-13}$$

3. 总量减量法求动力学参数工作方程

$$\lg\left(X_u^{\infty}-X_u\right)=-\frac{k}{2.303}t+\lg \frac{k_e X_0}{k} \tag{20-18}$$

4. 单室模型静脉滴注给药血药浓度与时间的关系式为

$$C=\frac{k_0}{Vk}\left(1-e^{-kt}\right) \tag{20-22}$$

稳态血药浓度 C_{ss} 为

$$C_{ss}=\frac{k_0}{Vk} \tag{20-23}$$

由式（20-23）可见，C_{ss} 大小与 k_0 成正比，与 k 成反比。

达稳态血药浓度的分数 f_{ss} 所需半衰期的个数 n 为

$$n=-2.303\lg\left(1-f_{ss}\right) \tag{20-26}$$

由式（20-26）可计算滴注任意时间后，血药浓度相当于稳态的分数，或欲达稳态浓度某一分数需滴注的时间。但无论何种药物，达稳态相同分数所需半衰期的个数相同。

当滴注达稳态后停止滴注，血药浓度的经时过程方程式为：

$$\lg C'=-\frac{k}{2.303}t'+\lg \frac{k_0}{Vk} \tag{20-28}$$

稳态前停滴，血药浓度的经时过程方程式为：

$$\lg C'=-\frac{k}{2.303}t'+\lg\left[\frac{k_0}{Vk}\left(1-e^{-kT}\right)\right] \tag{20-30}$$

以 $\lg C'$ 对 t' 作图，可得一条直线，该直线的斜率为 $-\frac{k}{2.303}$，从斜率可求得 k 值，从截距可求算 V 值。

为使血药浓度立即达稳态浓度，常需先注射一个负荷剂量，随后恒速静滴，维持稳态浓度。负荷剂量 X_0^* 可按下式计算：

$$X_0^*=C_{ss}V \tag{20-31}$$

5. 单室模型单剂量血管外给药血药浓度经时过程方程式为

$$C=\frac{k_a F X_0}{V\left(k_a-k\right)}\left(e^{-kt}-e^{-k_a t}\right) \tag{20-39}$$

其药物动力学参数的求算可用残数法。

达峰时间和最大血药浓度的求算

$$T_{max}=\frac{2.303}{k_a-k}\lg \frac{k_a}{k} \tag{20-46}$$

$$C_{max}=\frac{F X_0}{V}e^{-kT_{max}} \tag{20-47}$$

血药浓度－时间曲线下的面积 AUC 的求算

$$AUC=\frac{FX_0}{Vk} \quad (20\text{-}49)$$

三、二室模型动力学

1. 二室模型静脉注射给药血药浓度与时间关系

$$C=A\cdot e^{-\alpha t}+Be^{-\beta t} \quad (20\text{-}61)$$

二室模型参数的求算也可以用残数法。

2. 二室模型血管外给药血药浓度与时间关系

$$C=Ne^{-k_a t}+Le^{-\alpha t}+Me^{-\beta t} \quad (20\text{-}81)$$

四、重复给药

（一）单隔室模型静脉注射

1. 重复给药多剂量函数

$$\gamma=\frac{1-e^{-nk\tau}}{1-e^{-k\tau}} \quad (20\text{-}86)$$

2. 第 n 次给药血药浓度时间关系式

$$(C_n)=\frac{X_0(1-e^{-nk\tau})}{V(1-e^{-k\tau})}e^{-kt'}\ (0\leqslant t'\leqslant\tau) \quad (20\text{-}89)$$

3. 稳态血药浓度－时间关系式 $(C_{ss})=\frac{X_0}{V}\left(\frac{1}{1-e^{-k\tau}}\right)e^{-kt'}\ (0\leqslant t'\leqslant\tau)$　（20-90）

4. 稳态最大血药浓度 $(C_{ss})_{max}$ 和稳态最小血药浓度 $(C_{ss})_{min}$

$$(C_{ss})_{max}=\frac{X_0}{V}\left(\frac{1}{1-e^{-k\tau}}\right) \quad (20\text{-}91)$$

$$(C_{ss})_{min}=\frac{X_0}{V}\left(\frac{1}{1-e^{-k\tau}}\right)e^{-k\tau} \quad (20\text{-}92)$$

（二）单室模型血管外给药

1. 第 n 次给药后血药浓度－时间关系式

$$(C_n)=\frac{k_aFX_0}{V(k_a-k)}\left(\frac{1-e^{-nk\tau}}{1-e^{-k\tau}}e^{-kt'}-\frac{1-e^{-nk_a\tau}}{1-e^{-k_a\tau}}e^{-k_at'}\right) \quad (20\text{-}93)$$

2. 达稳态后血药浓度－时间关系式

$$(C_{ss})=\frac{k_aFX_0}{V(k_a-k)}\left(\frac{1}{1-e^{-k\tau}}e^{-kt'}-\frac{1}{1-e^{-k_a\tau}}e^{-k_at'}\right) \quad (20\text{-}94)$$

（三）二室模型

1. 第 n 次给药后血药浓度－时间关系式

$$(C_n)=A\left(\frac{1-e^{-n\alpha\tau}}{1-e^{-\alpha\tau}}\right)e^{-\alpha t'}+B\left(\frac{1-e^{-n\beta\tau}}{1-e^{-\beta\tau}}\right)e^{-\beta t'} \quad (20\text{-}95)$$

同理可将二室模型单剂量血管外给药的血药浓度－时间方程式乘以多剂量函数，得：

$$(C_n)=L\left(\frac{1-e^{-n\alpha\tau}}{1-e^{-\alpha\tau}}\right)e^{-\alpha t'}+M\left(\frac{1-e^{-n\beta\tau}}{1-e^{-\beta\tau}}\right)e^{-\beta t'}+N\left(\frac{1-e^{-nk_a t}}{1-e^{-k_a\tau}}\right)e^{-k_a t'} \quad (20-96)$$

2. 达稳态后血药浓度－时间关系式

$$(C_{ss})=A\left(\frac{1}{1-e^{-\alpha\tau}}\right)e^{-\alpha t'}+B\left(\frac{1}{1-e^{-\beta\tau}}\right)e^{-\beta t'} \quad (20-97)$$

$$(C_{ss})=L\left(\frac{1}{1-e^{-\alpha\tau}}\right)e^{-\alpha t'}+M\left(\frac{1}{1-e^{-\beta\tau}}\right)e^{-\beta t'}+N\left(\frac{1}{1-e^{-k_a\tau}}\right)e^{-k_a t'} \quad (20-98)$$

（四）平均稳态血药浓度

平均稳态血药浓度是稳态时的一个剂量间隔内（$0\rightarrow\tau$）的血药浓度曲线下面积与剂量间隔时间 τ 的比值，其定义式如下：

$$\overline{C}=\frac{\int_0^{\infty}(C_{ss})\,dt}{\tau} \quad (20-99)$$

1. 单室模型静脉注射

$$\overline{C}=\frac{\int_0^{\infty}(C_{ss})dt}{\tau}=\frac{X_0}{Vk\tau} \quad (20-101)$$

2. 单室模型血管外给药　根据平均稳态血药浓度的定义，单室模型血管外给药的 $\overline{C}$ 为：

$$\overline{C}=\frac{\int_0^{\infty}(C_{ss})dt}{\tau}=\frac{FX_0}{Vk\tau} \quad (20-102)$$

3. 二室模型静脉注射给药和血管外给药

$$\overline{C}=\frac{1}{\tau}\int_0^{\tau}C_{ss}dt=\frac{X_0}{V_c k_{10}\tau}=\frac{X_0}{V_\beta\beta\tau} \quad (20-103)$$

同理，二室模型血管外给药的平均稳态血药浓度为：

$$\overline{C}=\frac{1}{\tau}\int_0^{\tau}C_{ss}dt=\frac{FX_0}{V_c k_{10}\tau}=\frac{FX_0}{V_\beta\beta\tau} \quad (20-104)$$

（五）首剂量与维持剂量

在多剂量给药时，达稳态需要一段较长的时间，因此希望第一次给予一个较大的剂量，使血药浓度达到有效治疗浓度，而后用维持剂量来维持其有效治疗浓度。

在单室模型静脉注射时

$$X^*_0=X_0\left(\frac{1}{1-e^{-k\tau}}\right) \quad (20-105)$$

在血管外给药时，同理可得单室模型血管外给药的首剂量 X_0^* 为：

$$X^*_0=X_0\frac{1}{(1-e^{-k\tau})(1-e^{-k_a\tau})} \quad (20-106)$$

式（20-106）若 τ 值较大，在吸收后相继上一剂量吸收完成后再给予下一个剂量，则上式可变为：

$$X^*_0=X_0\left(\frac{1}{1-e^{-k\tau}}\right) \quad (20-107)$$

五、非线性药物动力学

（一）米氏方程

$$-\frac{dC}{dt}=\frac{V_mC}{K_m+C} \tag{20-108}$$

（二）血药浓度－时间关系式

$$\lg C=-\frac{V_mK_m}{2.303}t+\frac{C_0-C}{2.303}+\lg C_0 \tag{20-112}$$

六、生物利用度和生物等效性

生物利用度是指制剂中的药物被吸收进入血液的速率和程度。生物等效性是指一种药物的不同制剂在相同的试验条件下，给予相同的剂量，反映其吸收速率和程度的主要动力学参数没有明显的统计学差异。生物利用度与生物等效性概念虽然不完全相同，但是试验方法基本一致。

生物利用度包含药物吸收速率与吸收程度。因此，生物利用度有两项参数：①生物利用的程度即吸收程度，是指与标准参比制剂相比，试验制剂中被吸收药物总量的相对比值。②生物利用的速率，是指与标准参比制剂相比，试验制剂中药物被吸收速率的相对比值。生物利用度是一个相对的概念，根据选择的标准参比制剂不同，得到的生物利用度的结果不同。如果用静脉注射剂为参比制剂，所求得的是绝对生物利用度。当以非静脉注射剂型为参比制剂，所求得的是相对生物利用度。

（一）吸收速率

口服等血管外给药，常常表现为一级吸收过程，因而常通过吸收速率常数 k_a 或吸收半衰期来衡量药物吸收的快慢。

（二）吸收程度

1. 绝对生物利用度（absolute bioavailability）

$$F_{Ab}=\frac{AUC_{po}/X_{0(po)}}{AUC_{iv}/X_{0(iv)}}\times 100\% \tag{20-140}$$

AUC_{po} 为口服给药血药浓度－时间曲线下面积，AUC_{iv} 为静脉注射给药血药浓度－时间曲线下面积，$X_{0(po)}$ 为静注剂量，$X_{0(iv)}$ 为口服剂量。

2. 相对生物利用度（relative bioavailability）

$$F_{Rel}=\frac{AUC_{试验}/X_{0(试验)}}{AUC_{参比}/X_{0(参比)}}\times 100\% \tag{20-141}$$

$AUC_{试验}$为试验样品血药浓度－时间曲线下面积，$AUC_{参比}$为标准制剂血药浓度－时间曲线下面积，$X_{0(试验)}$为试验样品剂量，$X_{0(参比)}$为标准制剂剂量。

当两种制剂的给药剂量相同时，式（20-140）、（20-141）就是两种制剂给药后的面积比。生物利用度也可用尿中排泄药物总量进行比较来确定。

（三）生物利用度和生物等效性试验设计与原则（可参照《中国药典》附录）。

七、给药方案设计

多种方法可以用于给药方案设计，主要有：

1. 生物半衰期与给药方案设计。

2. 根据平均稳态血药浓度制订给药方案。

3. 稳态血药浓度与给药方案设计。

八、药物动力学数据处理及模型识别

（一）线性和非线性过程的识别

静脉注射高、中、低3个剂量，测得不同时间的血药浓度，得血药浓度－时间数据（t_i、C_i），可以采用下述方法识别是线性还是非线性过程。

（1）作 $\lg C-t$ 图，3条线相互平行，则可判断为线性过程，反之为非线性过程。

（2）以每个血药浓度除以相应的剂量，将这个比值对 t 作图，曲线明显不重叠，可能为非线性。

（3）以 AUC 分别除以相应的剂量，如果所得各个比值基本一致，则可判断为线性过程；若明显不同，可认为是非线性过程。

（4）将每个浓度－时间数据按线性模型处理，计算各个动力学参数，若有一些或所有的药物动力学参数明显随剂量大小而改变，则认为存在非线性过程。

（二）房室模型识别

1. 作图判断法　作 $\lg C-t$ 图，根据图形可进行初步判断，如 $\lg C-t$ 图成直线，即为单室模型。若不成直线即不符合单室模型，它应是单室以上的模型。

2. 残差平方和判断法　残差平方和是实测值与按所拟合方程的理论值之差的平方和，即：

$$SUM=\sum_{i=1}^{n}(C_i-\hat{C}_i)^2 \tag{20-195}$$

式（20－195）中，$\hat{C}_i$ 为按方程拟合的各时间点的理论值。

3. 拟合度法判别　拟合度公式如下。

$$r^2=\frac{\sum_{i=1}^{n}C_i^2-\sum_{i=1}^{n}(C_i-\hat{C}_i)^2}{\sum_{i=1}^{n}C_i^2} \tag{20-196}$$

4. 权重残差平方和法　权重残差平方和是在残差平方和判断法中加上权重系数，能够减小高点浓度对拟合结果的影响，是实测值与按所拟合方程的理论值之差的平方和，即：

$$R_e=\sum_{i=1}^{n}W_i(C_i-\hat{C}_i)^2 \tag{20-197}$$

式（20－197）中，W_i 为权重因子（或权重系数），通常 W_i 取实测浓度值的倒数（$1/C$）或平方的倒数（$1/C^2$），当 W_i 取1，R_e 也就等于 SUM。注意不同房室模型比较时要取相同的权重系数。

5. AIC判断法　AIC（Akaike's Information Criterion）是用于判断线性动力学模型的较好的方法。它的定义是：$AIC=N\ln R_e+2P$　（20－198）

式中 N 为实验的点数，P 为参数的数目，Re 为权重残差平方和。用式（20－198）时相同的权重系数，AIC越小，说明拟合越好。

6. F 检验（Ftest）　此法也可用于模型判断，但需查 F 值表。

复习题

1. 药物动力学的概念是什么？

2. 隔室模型的概念是什么？如何确定一种药物属于单室还是二隔室模型？

3. 单室模型药物单剂量静脉注射给药可求算哪几个动力学参数？

4. 单室模型药物单剂量静脉注射给药如何求算动力学参数？公式是什么？

5. 单室模型药物单剂量静脉滴注给药如何求算动力学参数？公式是什么？

6. 静脉滴注给药时，为什么常先静注一个负荷剂量？负荷剂量如何计算？

7. 何为残数法？如何求 K_a？

8. 多剂量静脉注射给药，第 n 次给药血药浓度 – 时间与单剂量静脉注射给药之间的关系是什么？

9. 血药浓度 – 时间曲线下面积大小有何意义？

10. 何为稳态血药浓度？何为平均"稳态血药浓度"？计算公式是什么？

11. 何为生物利用度？测定生物利用度有何意义？

（曹德英）

第二十一章

药物制剂的配伍变化与药物体内相互作用

学习目标

1. 掌握药动学相互作用及药物制剂配伍变化的基本内容。
2. 熟悉药效学相互作用的基本内容及注射剂配伍变化的常见原因。
3. 了解配伍变化的实验研究方法、处理原则与方法。

第一节　概　述

在临床治疗实践中，针对不同的疾病与症状，为达到更好的治疗目的，常将几种药物配伍应用于患者。这种配伍用药的目的可归纳为以下几方面：①预期某些药物间产生协同作用，以增强疗效，如复方降压片、复方阿司匹林等。②提高疗效、减少副作用、减少或延缓耐药性的发生等，如舒氨西林为氨苄西林和舒巴坦的复方，可延缓细菌耐药性的发生。③利用药物间的拮抗作用以克服某些副作用，如用吗啡镇痛时常配伍阿托品，以消除吗啡对呼吸中枢的抑制及对平滑肌的兴奋作用。④为了预防或治疗并发症而合用其他药物等。

多种药物配伍应用时，由于它们的物理、化学、药动学和药理学性质相互影响，可能产生各种各样的配伍变化。这些变化有的是配伍的预期目的，有的是不希望发生的。由于合并用药引起药物作用的减弱、消失或毒副作用的增强而导致配伍失败，称为配伍禁忌。

配伍变化可分为药物制剂配伍变化和药物体内相互作用两大类。一般将制剂中或制剂间发生的物理、化学方面的配伍变化称为药物制剂配伍变化；而将药效学和药动学方面的配伍变化称为药物相互作用。研究药物相互作用及配伍变化的目的，就是根据药物和制剂成分的理化性质和药理作用，设计合理的处方，指导合理用药，预测可能发生的配伍变化，探讨其产生的原因和正确的处理或预防方法，以保证用药的安全和有效，防止医疗、生产质量事故的发生。

第二节 药物相互作用

药物相互作用（drug interactions）是指药物受配伍应用的其他药物、内源性物质、附加剂、食物等影响而发生的药效变化。这里的变化不仅包括用药过程中，也包括用药后一段时间内所发生的相互作用。

由于临床用药品种越来越多，联合用药概率越来越高，临床上药物相互作用的发生率也有所增高。据美国波士顿联合用药监测站报道，在9900位住院患者用药83 200次中，就曾发生3600次不良反应；其中有248次是由于药物相互作用而引起的，有9人死于两种或两种以上合并用药的不良反应。近年来，我国关于药物相互作用的报道也越来越多。研究药物相互作用的目的是为了掌握药物相互作用的机制和规律，预测其后果，正确指导临床合理用药，避免或防止有害药物相互作用的发生，保证用药的安全与有效。

一、药动学方面的相互作用

（一）吸收过程中的药物相互作用

药物通过不同给药途径被吸收进入体循环，口服是最常用的给药途径，下面主要讨论口服吸收过程的药物相互作用。

1. 吸收部位　药物相关的物理化学反应在胃肠道中药物之间或与内源性物质、食物等可能形成配合物、螯合物和复合物，从而影响药物的吸收。如四环素类抗生素在胃肠道中可与二价或三价金属离子（如钙、镁、铁等）形成络合物，溶解度降低，从而影响四环素类药物的吸收；氢氧化铝凝胶可影响地高辛、乙胺丁醇的吸收。

2. 胃肠道pH的影响　某些药物口服后能改变胃肠道的pH，影响药物在胃肠道中的溶解与解离等，因而也会影响吸收。特别是弱酸性或弱碱性药物，其解离程度与环境的pH直接相关。若合并用药后改变胃肠液的pH，使药物解离度增大，则会降低药物的吸收。

3. 胃肠运动的影响　大多数药物主要在小肠上部吸收，改变胃排空速率的药物可能会影响其他药物的吸收。如抗胆碱药溴丙胺太林可延缓胃排空，因而减慢对乙酰氨基酚在小肠的吸收；而甲氧氯普胺则通过加快胃排空增加对乙酰氨基酚的吸收。

（二）分布过程中的药物相互作用

分布过程的药物相互作用主要表现为对血浆蛋白结合和组织分布的影响。

1. 竞争蛋白结合部位　药物与蛋白结合，可因合并用药发生竞争性抑制作用而导致分布容积、半衰期、肾清除率、受体结合率等变化，以致发生药效与毒副作用的改变。不同药物与蛋白的结合力不同，若合并用药时，药物之间可发生竞争性蛋白结合，结合力强的药物分子可竞争蛋白结合位点，使结合力较弱的药物分子与蛋白的结合率下降、游离型血药浓度升高，导致药效增强甚至出现毒副作用。

2. 改变组织分布量　某些心血管系统用药能改变组织的血流量，从而改变其他药物在组织内的分布。如去甲肾上腺素可减少肝血流量，使利多卡因在肝脏的分布减少，从而减少了后者的代谢，使利多卡因的血药浓度增高；相反，异丙肾上腺素增加肝脏血流量，从而增加了利多卡因在肝脏的分布与代谢，使其血药浓度降低。

（三）代谢过程中的药物相互作用

药物体内代谢反应主要由肝微粒体中的药物代谢酶所催化。临床上发现有些药物对某些药酶的活性有影响，从而导致代谢性相互作用。

1. 酶诱导作用　又称为酶促作用，即某些药物在体内存在一定时间后，可使药物代谢酶的活性增加或合成增多，从而使自身或合用药物的代谢加快、药效降低。如巴比妥类药物能诱导肝药酶的活性，使抗凝剂（如双香豆素类）的代谢作用加强，能降低其抗凝作用；长期服用苯巴比妥和苯妥英钠治疗癫痫的患者易患佝偻病，这是因为二者均有酶诱导作用，可促进维生素 D 的代谢，影响钙吸收，因此在服用苯巴比妥和苯妥英钠期间应补充维生素 D。一些合并用药后能产生酶诱导作用的药物相互作用见表 21-1。

表 21-1　酶诱导作用导致相互作用举例

药物代谢酶诱导剂	因促进代谢而活性降低的药物
巴比妥类	香豆素类抗凝剂、氢化可的松、睾酮、灰黄霉素
水合氯醛	双香豆素
乙醇	戊巴比妥、安乃近
格鲁米特、灰黄霉素	口服抗凝剂
保泰松	氨基比林、氢化可的松
苯妥英钠	地塞米松、氢化可的松、多西环素

2. 酶抑制作用　与上述情况相反，有些药物能抑制药物代谢酶的活性，使其他药物代谢作用减慢，因而药理作用增强或毒性增加。如双香豆素类能抑制甲苯磺丁脲在肝脏内的代谢作用，而使甲苯磺丁脲血药浓度升高、体内停留时间延长，出现低血糖等副作用。抗组胺药特非那定，在体内由 CYP3A4 代谢为活性代谢物非索非那定发挥疗效，当并用 CYP3A4 抑制剂如红霉素、唑类抗真菌药、皮质激素以及口服避孕药等时，抑制了特非那定代谢，使其血药浓度升高，心脏毒性加大甚至致死，该药已在美国、法国、意大利撤市。一些合并用药后能产生酶抑制作用的药物见表 21-2。

表 21-2　酶抑制作用导致相互作用举例

药物代谢酶抑制剂	因抑制代谢而活性增强的药物
双香豆素、双硫仑、异烟肼、对氨基水杨酸	苯妥英钠
阿司匹林、双香豆素、保泰松	甲苯磺丁脲
哌甲酯	甲苯磺丁脲、苯妥英钠、双香豆素
格鲁米特、灰黄霉素	巴比妥类、双香豆素、苯妥英钠、扑米酮
美雄酮	羟基保泰松
乙醇	甲喹酮

（四）排泄过程中的药物相互作用

药物以原形或代谢物通过肾、胆汁、呼吸系统及皮肤汗腺等途径排出体外，其中肾排泄是最主要的排泄途径。当药物及其活性代谢物的排泄受到影响时，则会影响其在体内的滞留时间及血药浓度的高低，影响持效时间长短及药效的强弱。肾排泄过程发生药物相互作用的主要原因是改变尿液 pH、竞争药物肾小管分泌等。

1. 改变尿液 pH　药物在肾小管重吸收主要通过被动转运，故药物在尿液中的解离程度直接影响肾小管的重吸收，能改变尿液 pH 的药物均可能影响其他药物的肾排泄。一般来说，合并用药后降低尿液 pH，有利于弱碱性药物的排泄；提高尿液 pH，有利于弱酸性药物的排泄。如口服苯丙胺后，若同时滴注碳酸氢钠，有利于苯丙胺的肾小管重吸收，肾排泄减少，药物作用时间延长；若滴注维生素 C，则有利于苯丙胺的肾排泄。一些药物尿中排泄量受尿液 pH 影响的情况见表 21-3。

表 21-3　尿液 pH 对药物肾排泄量的影响

酸性尿中肾排泄量减少的药物	碱性尿中肾排泄量减少的药物
（主要为 pK_a 3.0~7.5 的酸性药物）	（主要为 pK_a 7.5~10.0 的碱性药物）
巴比妥类药物	吗啡类药物
呋喃妥因	抗组胺类药物
保泰松	美加明
磺胺类药物	氨茶碱
双香豆素类药物	奎宁类药物
对氨基水杨酸	奎尼丁
水杨酸类药物	氨基糖苷类抗生素
萘啶酸	
乙酰唑胺	

2. 干扰药物的肾小管主动分泌　当两种药物以同一转运系统进行肾小管分泌时，可能发生竞争转运现象。如丙磺舒与青霉素均为弱酸性药物，青霉素主要通过肾小管分泌排泄，当合用丙磺舒时，丙磺舒竞争肾小管主动分泌的阴离子转运系统，使青霉素的肾排泄减少，生物半衰期延长。一些影响肾小管主动分泌过程的配伍变化情况见表 21-4。

表 21-4　影响肾小管主动分泌过程的配伍变化

抑制主动分泌过程的药物	合用后受到干扰的药物	相互作用结果
丙磺舒、保泰松、吲哚美辛、阿司匹林	青霉素	生物半衰期延长，作用加强
保泰松和双香豆素	口服降糖类药物	出现低血糖症状

续表

抑制主动分泌过程的药物	合用后受到干扰的药物	相互作用结果
丙磺舒	吡嗪酰胺、对氨基水杨酸、先锋霉素Ⅰ、吲哚美辛	血药浓度升高，作用增强
丙磺舒	水杨酸类药物	尿酸排出量减少

二、药效学相互作用

药物的药理作用是药物作用于受体的结果，联合用药时可能增强或减弱药物与受体的作用。一般来说，作用性质相同的药物联合应用，可使效应增强；作用性质相反的药物合用，往往使效应减弱。药效学相互作用分为以下两种情况。

1. 相加或协同作用　相加是指两种药物联合应用所产生的效应等于或接近两药作用之和；协同是指两药联合使用后的效应超过两药作用之和。如丙吡胺和 β 受体阻断药均有负性肌力作用和减慢心率作用，合用后药效过强，可导致窦性心动过缓和传导阻滞甚至心脏停搏，联合应用时应严密监护。

2. 拮抗作用　拮抗是指两药联合应用的效应小于单独应用一种药物的效应。如左旋多巴在脑内转化为多巴胺起效，而利血平具有使脑内多巴胺减少的作用，故两者合用发生拮抗而减弱了左旋多巴的药理作用。又如氯丙嗪与肾上腺素，氯丙嗪具有 α 肾上腺受体阻断作用，可使肾上腺素的升压作用变为降压作用；当氯丙嗪过量导致血压下降时，若给予肾上腺素，起不到升压作用，反而会使血压下降。

第三节　药物制剂配伍变化

一、物理性配伍变化

几种药物相互配合，常发生分散状态或其他物理性质的改变，造成药物制剂不符合质量和医疗要求。

1. 溶解度的改变　溶剂性质不同的制剂配合在一起，常会析出沉淀。例如 12.5% 的氯霉素注射液，当用输液稀释至浓度在 0.25% 以上时，会出现氯霉素沉淀；含树脂的醇性制剂与水性制剂配伍时会析出树脂；含黏液质、蛋白质多的水溶液若加入大量的乙醇能产生沉淀；某些饱和溶液中加入其他物质时可能析出沉淀或分层，如芳香水中加入一定量的盐可使挥发油分离出来。

2. 潮解、液化和结块　与吸湿性很强的药物如干浸膏、颗粒剂、乳酶生、干酵母、胃蛋白酶、溴化物等配伍时，在制备、应用或贮存中可发生潮解或液化。其原因有：①混合物的临界相对湿度下降，吸湿性增大；②形成低共熔混合物，一些醇类、酚类、酯类药物如薄荷脑、樟脑、苯酚、麝香草酚等在一定条件下可发生低共熔现象。

散剂、颗粒剂由于药物吸湿后又逐渐干燥而结块，可能导致药物分解失效或影响分剂量的准确性。

3. 分散状态或粒径变化　乳剂、混悬剂中分散相的粒径可因配伍或贮存条件的变化而使粒径变大，或分散相聚结或凝聚而分层或析出，导致使用不便或分剂量不均，甚至使药物的生物利用度下降。

某些胶体溶液可因加入电解质或其他脱水剂，使胶体分散体系破坏而产生沉淀。如某些保护胶体，当加入浓度较高的亲水物如糖浆、乙醇或强电解质时，可使胶体破坏。

二、化学性配伍变化

化学性配伍变化可能由氧化、还原、分解、水解、复分解、缩合、聚合等反应所产生，可观察到变色、混浊、沉淀或产气等，但也可能观察不到肉眼可见现象，最终都会影响药物质量，甚至使疗效改变、产生副作用或毒性等。

1. 变色　药物制剂化学性配伍反应，特别是氧化反应，可产生有色化合物或发生颜色变化。如多巴胺注射液与碳酸氢钠注射液配伍后会逐渐变成粉红至紫色；含酚羟基化合物与铁盐混合后颜色变深。有些药物易氧化变色，当与 pH 较高的药物配伍时更易发生，如维生素 C 与氨茶碱合用时可导致颜色变化。此外，变色现象也可发生于某些固体制剂间的配伍，如氨茶碱或异烟肼与乳糖粉末混合变成黄色；烟酰胺与维生素 C 干燥粉末混合也会产生橙红色。这种变色现象在光照、高温、高湿环境中更易发生。

2. 混浊和沉淀　液体制剂配伍应用时，若配伍不当，可能发生混浊或沉淀，主要有以下原因。① pH 改变产生沉淀：由难溶性碱或难溶性酸制成的可溶性盐类，它们的水溶液常因 pH 改变而析出沉淀。如水杨酸钠或苯巴比妥钠的水溶液遇酸或酸性药物后，则会析出水杨酸或苯巴比妥的沉淀；生物碱及一些含氮的药物如苯海拉明、丁卡因等是难溶的，其可溶性盐的水溶液遇碱或碱性药物后，则会析出游离碱的沉淀。②水解产生沉淀：如苯巴比妥溶液可因水解反应而产生无效的苯乙基乙酰脲，析出沉淀。又如硫酸锌在中性或弱碱性溶液中易水解生成氢氧化锌的沉淀，故硫酸锌滴眼液中常加少量硼酸使溶液呈弱酸性，以防硫酸锌水解。③生物碱盐溶液沉淀：大多数生物碱盐的溶液，当与鞣酸、碘、碘化钾、溴化钾或乌洛托品等相遇时，能产生沉淀。如小檗碱和黄芩苷在溶液中能产生难溶性沉淀。④复分解反应产生沉淀：无机药物之间可因复分解反应而产生沉淀。如硫酸镁溶液遇可溶性钙盐、碳酸氢钠或某些碱性溶液时，均能产生沉淀；硝酸银遇含氯化物的水溶液时即产生沉淀，因此在配制 0.5% 硝酸银滴眼液时，要用硝酸钾和硝酸钠调整渗透压，而不用氯化钠。

3. 产气药物配伍时，偶尔会遇到产气的现象。如乌洛托品与酸或酸性药物配伍能产生甲醛；次硝酸铋与碳酸氢钠溶液配伍时，次硝酸铋水解产生硝酸，再与碳酸氢钠作用而产生二氧化碳。有些药物配伍后产生气体属于正常现象，如泡腾片遇水产生二氧化碳，是为了加速崩解、溶出。

4. 分解破坏、效价下降　许多药物配伍或原来的溶媒条件如 pH、离子强度、溶剂等发生变化时，会变得不稳定。如维生素 B_{12} 与维生素 C 混合制成溶液时，维生素 B_{12} 效价显著降低；叶酸与维生素 C 或磺胺嘧啶钠混合于溶液中，叶酸易分解失效。又如红霉素乳糖酸盐与葡萄糖氯化钠注射液（pH 为 4.5）混合 6 小时后效价下降约 12%，这是因为红霉素在酸性条件下（pH < 5）不稳定。这种情况往往肉眼观察不到，带来的后果却很严重，更应引起注意。

第四节　注射剂的配伍变化

一、概　　述

由于临床治疗的需要，常采用混合注射的方法，一般是在输液中加入一种或多种注射剂进行静脉滴注，这样可减少注射次数，减轻患者痛苦，简化医疗和护理操作。多种注射剂配伍应用时，既要保持各种药物的有效、稳定，又要防止配伍变化和配伍禁忌给患者带来痛苦和危害。

静脉输液是指由静脉滴注输入体内的大体积注射液，一般以水为溶剂，注射量从100至数千毫升，故对pH、离子强度、离子种类、浓度、澄明度等的要求很严格。常用输液有葡萄糖注射液、氯化钠注射液、复方氯化钠注射液以及各种代血浆、多种氨基酸注射液、多种维生素注射液等。单糖、盐或高分子化合物类输液，一般都比较稳定，常与注射液配伍。

有些输液由于其特殊性质，一般不与其他注射液配伍，有如下3种情况。①血液：血液不透明，在产生沉淀或混浊时不易观察，此外血液成分极复杂，与药物的注射液混合后可能引起溶血、血细胞凝聚等现象，一般单独使用；②甘露醇注射液：甘露醇在水中的溶解度（25℃）仅为1∶5.5，甘露醇注射液含20%甘露醇，为过饱和溶液，一般不易析出结晶，如有结晶析出，可加温到37℃使之完全溶解后应用；但当加入某些药物如氯化钾、氯化钠等溶液时能导致甘露醇结晶的析出；③静脉注射脂肪乳剂：因乳剂的稳定性受许多因素影响，加入其他药物可能破坏乳剂的稳定性，发生乳剂破裂、油相合并或油相凝聚等现象，导致注射剂不合格，故一般单独使用。

二、注射剂配伍变化的常见原因

注射剂配伍变化的原因较为复杂，主要有以下几方面。

1. 溶剂组成改变　当某些含非水溶剂的制剂与输液配伍时，由于溶剂改变而使药物析出。如地西泮注射液含40%丙二醇及10%乙醇，当与5%葡萄糖、0.9%氯化钠或0.16mol/L乳酸钠注射液配伍时，容易析出沉淀。

2. pH改变　由于配伍引起注射液的pH变化，最终可能导致产生沉淀或加速分解。许多有机碱在水中难溶而需制成强酸盐，如盐酸氯丙嗪与碱性药物配伍时，会析出氯丙嗪沉淀；许多有机酸类（如巴比妥类、磺胺类等）在水中难溶，一般制成钠盐才能配成溶液，这类注射液与其他酸性注射液配伍后，往往易产生沉淀。如10ml 5%硫喷妥钠注射液加入500ml葡萄糖注射液中，由于pH下降会产生沉淀；注射用盐酸四环素与乳酸钠注射液配伍时，由于pH上升而析出四环素沉淀；又如新生霉素与5%葡萄糖或pH < 6的输液配伍时也可析出沉淀。这都是由于pH改变的缘故。注射液间pH差异越大，越容易发生相互作用。

一些药物的注射液 pH 及可能的配伍变化见表 21-5。

表 21-5　一些注射液的配伍变化

注射液	盐酸四环素	利血平	盐酸氯丙嗪	盐酸异丙嗪	盐酸苯海拉明	盐酸普鲁卡因	青霉素钠	乳酸钠	碳酸氢钠	氨茶碱	苯巴比妥钠	磺胺嘧啶钠	异戊巴比妥钠
盐酸四环素（5%）pH2.0													
利血平（0.1%）pH3.5	–												
盐酸氯丙嗪（2.5%）pH5.0	–	–											
盐酸异丙嗪（2.5%）pH5.5	–	–	–										
盐酸苯海拉明（2%）pH5.5	–	–	–	–									
盐酸普鲁卡因（2%）pH5.0	–	–	–	–	–								
青霉素钠（10 万 U/ml）pH5.0	+	+	+	+	–	+							
乳酸钠（11.2%）pH6.5~7.0	±	–	–	–	–	–	–						
碳酸氢钠（5%）pH8.5	+	+	+	+	–	–	+	–					
氨茶碱（2.5%）pH9.6	±	+	+	+	+	–	+	–	–				
苯巴比妥钠（2%）pH9.6	+	+	+	+	+	–	–	–	–	–			
磺胺嘧啶钠（20%）pH10.2	+	+	+	+	+	+	+	±	±	–	+		
异戊巴比妥钠（5%）pH10.2	+	+	+	+	+	–	–	–	+	+	–	+	
硫喷妥钠（2.5%）pH10.8	+	+	+	+	+	+	–	+	+	+	–	–	+

注：+，有配伍变化如产生混浊、沉淀、变色等；±，不确定配伍变化；–，没有配伍变化

pH 变化还可能引起变色。例如在加有酒石酸去甲肾上腺素注射液的 5% 葡萄糖注射液中，再加入磺胺嘧啶钠注射液，由于后者使混合液 pH 升高，而使溶液变色；谷氨酸钠（钾）、氨茶碱等碱性较强的注射液也可使去甲肾上腺素变色。由于输液的容量较大，故输液本身的 pH 是直接影响混合后 pH 的主要因素之一。例如葡萄糖注射液的 pH 为 3.2~5.5，头孢唑林钠在 5% 葡萄糖注射液中与维生素 C 注射液配伍，24 小时内含量下降 8.9%，因此联合使用时间不宜超过 6 小时；5% 葡萄糖与乳糖酸红霉素混合，30℃条件下 2 小时降解 42%~60%。临床上有将 10% 葡萄糖注射液 250ml、乳糖酸红霉素 0.3g、氨甲苯酸 0.2g 混合静滴的情况，由于混合液 pH 降低而使红霉素降解加快，故应尽量避免配伍使用。

3. 缓冲容量　药液混合后的 pH 是受注射液中所含成分的缓冲能力决定的。有些输液中含有机阴离子如乳酸根、醋酸根等，有一定缓冲容量。如 5% 硫喷妥钠 10ml 加入氯化钠注射液 500ml 中不发生变化；但加入含乳酸盐的葡萄糖注射液中则会析出沉淀，这是由于含乳酸盐的葡萄糖注射液有一定缓冲能力，加入硫喷妥钠注射液对混合后的 pH 影响不大，硫喷妥钠在葡萄糖注射液的酸性 pH 下析出沉淀。

4. 离子作用　有些离子能加速某些药物的配伍反应。如乳酸根离子能加速氨苄西林的水解，氨苄西林在含乳酸钠的复方氯化钠注射液中，4 小时后效价可损失 20%；在 0.16mol/L 乳酸钠溶液中 4 小时可损失效价 40%；而在同样 pH 的等渗氯化钠注射液中 24 小时内没有变化。乳酸根离子还能加速青霉素的分解，pH 为 6.4 时青霉素的分解速度与乳酸根离子浓度成正比。

5. 直接反应　某些药物可直接与输液中的成分反应。如四环素与含钙盐的输液在中性或碱性条件下，可形成难溶性螯合物而析出沉淀；头孢类抗生素遇钙、镁等离子会产生头孢烯 –4– 羟酸钙或镁的沉淀。

6. 盐析作用　亲水胶体或蛋白质注射液可因电解质的影响而析出沉淀。如两性霉素 B 在水中不溶，其注射液为胶体分散体系，只能加在 5% 葡萄糖注射液中静滴，若输液中含有强电解质如乳酸钠、氯化钾等，则可被电解质盐析出来，使胶体粒子凝聚而产生沉淀。

7. 配合比　配合比主要是由于影响浓度的高低而导致配伍变化。如重酒石酸间羟胺注射液与氢化可的松琥珀酸钠注射液，在等渗氯化钠或 5% 葡萄糖注射液中的浓度各为 100mg/L 时，观察不到变化；但当浓度为 300mg/L 的氢化可的松琥珀酸钠与 200mg/L 的重酒石酸间羟胺混合时则出现沉淀。

8. 混合顺序　有些药物配伍混合的顺序会对配伍变化产生影响。如 1g 氨茶碱与 300mg 烟酸配合，先将氨茶碱用输液稀释至 1000ml，再慢慢加入烟酸则可得到澄明的溶液；但若先将两种药液混合后再稀释，则会析出沉淀。在药物制剂配伍时应坚持先稀释后混合、逐步提高浓度的原则。

9. 反应时间　许多药物在溶液中的反应有时很慢，若在短时间内使用完则影响不大。例如磺胺嘧啶钠注射液与葡萄糖注射液混合后，约在 2 小时后出现沉淀。又如盐酸四环素与水解蛋白 100ml 混合，约经 3 小时后出现沉淀。注射液与输液的配伍如在数小时内不发生配伍变化，在规定的时间内输完即可。如需要输入的量较大时，可以分次输入，每次新配，这样还可以防止输液被污染。

10. 氧与二氧化碳　氧的存在对氧化反应有促进作用，因此有些药物制成注射液时需在安瓿内充填惰性气体如氮等，以防止药物被氧化。有些弱酸性药物的强碱盐会受二氧化碳的影响，如苯妥英钠、硫喷妥钠等注射液，吸收空气中的二氧化碳可使溶液的 pH 下降，亦有析出沉淀的可能。

11. 光敏感性　有些药物对光较敏感，如两性霉素 B、呋喃妥因钠、磺胺嘧啶钠、维生素 B_2、四环素类、雌性激素类等药物。如两性霉素 B 的液体应以黑纸遮盖，避免强光照射。

12. 成分的纯度　有些制剂在配伍时所发生的异常现象，并不是由于成分本身，而是由于原辅料所含的杂质引起的。例如氯化钠原料中若含有微量的钙盐，当与 2.5% 枸橼酸钠注射液配合时，往往产生枸橼酸钙的悬浮微粒而混浊。中草药注射液中未除尽的高分子杂质也能在长期贮存过程中或与输液配伍时出现混浊或沉淀。

注射液配伍变化的有关因素极为复杂，不仅要考虑药物本身的性质，还要考虑注射液中加入的附加剂，如缓冲液、助溶剂、抗氧剂、稳定剂等。配伍药物及附加剂之间都可能出现配伍变化。

第五节　配伍变化的研究与处理方法

判断药物间是否产生配伍变化一般从两方面进行，一方面应根据配伍变化有关的知识，如药物的物理化学性质、药理性质，药物制剂的配方、工艺、附加剂等，临床用药的对象、剂量、浓度、医师用药的意图等，以及产生配伍变化的各因素、规律等方面知识，作为判断的基础；另一方面常通过实验方法考察其外观变化及变化产物、有无肉眼观察不到的变化，稳定性、效价、毒性、药理学和药动学的变化，产生变化的原因及影响变化的因素等。

一、配伍变化的实验方法

（一）可见性配伍变化的实验方法

通常将两种注射液混合，在一定时间内用肉眼观察有无混浊、沉淀、结晶、变色、产气等现象。实验中要注意配量比、观察时间、浓度与 pH 等，这些条件不同会出现不同的结果。配量比通常是 1 安瓿 : 1 安瓿，也有采用 1 : 2 或 1 : 3 者。如果是大量输液，则最好根据使用情况按比例缩小来配比。观察时间可定为 2 小时、4 小时、24 小时等，应根据给药方法（注射或静滴）来决定，静滴定为 6 小时较为合适；浓度应与临床应用时一致，无菌粉末或冻干粉针剂则按说明书中指示的溶媒稀释后加入。

（二）测定变化点的 pH

如前所述，许多注射液的配伍变化是由于 pH 的改变引起的，所以提出用注射液变化点的 pH 作为预测配伍变化的参考。方法是取注射液 10ml，先测定其 pH，然后滴加 0.1mol/L 的盐酸或氢氧化钠溶液，直至出现混浊或变色为止，再测定其混合液的 pH，并计算所消耗的酸或碱的量，不会发生可见性配伍变化的 pH 范围即为 pH 移动范围，该范围之外即为 pH 变化区，若配伍后药液的 pH 落入变化区内，则可能出现配伍变化。一般说来，加入酸或碱后无外观变化的则不会产生可见的配伍禁忌；pH 移动范围大或耗用酸碱量大的注射液一般不易产生可见的配伍变化；而 pH 移动范围狭小、或耗用酸碱量很小就能产生变化的注射液，容易发生可见的配伍变化。常用注射剂的变化点 pH 和 pH 移动范围见表 21-6。

表 21-6　常用注射剂 pH 移动发生变化的情况

注射剂	注射剂 pH	变化点 pH	pH 移动范围	消耗酸碱量（ml）		变化情况
				NaOH	HCl	
盐酸去甲肾上腺素	2.2	8.6	+6.4	0.7	–	变色
洛贝林 0.3%	3.0	7.0	+4.0	0.2	–	白色混浊
利血平 0.3mg	2.9	6.3	+3.4	0.2	–	白色混浊
0.5mg	2.7	5.9	+3.2	0.25	–	白色混浊
1.0mg	2.4	5.5	+3.1	1.2	–	白色混浊
2.5mg	2.2	5.3	+3.1	1.2	–	白色混浊
马来酸麦角新碱	2.7	10.9	+8.2	2.4	–	变色
盐酸肾上腺素	4.9	11.2	+6.3	10.0	–	变色
盐酸氯丙嗪	4.6	6.3	+1.7	0.1	–	白色混浊
马来酸氯苯那敏	4.85	9.3	+4.45	0.7	–	白色混浊

续表

注射剂	注射剂 pH	变化点 pH	pH 移动范围	消耗酸碱量（ml）		变化情况
				NaOH	HCl	
葡萄糖醛酸 100mg	5.0	11.3	+6.3	5.0	–	变色
200mg	5.2	10.7	+5.5	4.54	–	变色
500mg	5.4	7.6	+2.2	3.0	–	变色
5% 异烟肼	6.1	8.9	+2.8	5.0	–	变色
葡萄糖酸钙（100mg/ml）	6.2	11.1	+4.9	12.0	–	白色混浊
异丙嗪	6.2	6.6	+0.4	0.86	–	白色混浊
盐酸苯海拉明	6.4	7.4	+1.0	0.1	–	白色混浊
利多卡因 1%	6.7	7.7	+1.0	0.9	–	白色混浊
抗坏血酸 50mg	6.7	9.9	+3.2	2.5	–	变色
100mg	6.7	10.0	+3.3	5.5	–	变色
500mg	6.7	10.0	+3.3	9.0	–	变色
细胞色素 C	4.8	12.6	+7.8	10.0	–	无变化
对氨基水杨酸钠	7.1	6.4	–0.7	–	2.0	沉淀
苯巴比妥 20%	8.6	8.3	–0.3	–	3.4	沉淀
10%	8.6	8.1	–0.5	–	4.4	沉淀
5%	9.8	8.5	–1.3	–	5.9	沉淀
磺胺嘧啶钠	9.9	9.3	–0.6	–	0.01	沉淀
异戊巴比妥钠	10.3	9.8	–0.5	–	0.8	沉淀
硫喷妥钠	11.1	8.8	–2.3	–	0.7	沉淀

（三）稳定性试验

在输液过程中经常遇到有些药物如抗生素的水溶液不稳定的情况，这是因为输液的时间较长，而且药物加入输液后的 pH 可能与原注射液不同，有时还含具有催化作用的离子等，可引起药物的降解和效价降低。若在规定的时间（如 6 小时或 24 小时）药物效价或含量的降低不超过 10% 者，一般认为是可允许的，常常需要进行配伍后的稳定性试验。

一般是将注射液按使用的浓度和用量加入输液中，混合均匀后，控制在一定温度下，记录该混合液的 pH 与外观等，并每隔一定时间取出适量溶液，测定含量或效价的变化情况，了解药物稳定性的情况。在进行这种试验时，比较重要的一个问题是选择合适的定量分析方法。所用方法应不受混合液中其他成分、降解产物的干扰，并具有较高的灵敏度。抗生素的效价测定多用微生物学方法。此外，进行实验时，还要注意防止空气、光线等因素的影响。利用光谱法可以初步鉴定产生沉淀的结构性质；色谱法具有较好的分离能力，能将药物和降解产物分离测定。近年来发展起来的气相 / 液相色谱 – 质谱联用技术，既有色谱法的分离能力，又有质谱的结构定性能力，可对降解产物进行定性。

根据化学动力学的原理可以深入了解药物分解反应的级数，求得其反应速度常数，并可了解各种因素如 pH、温度、离子强度等对分解反应的影响。

（四）药理学和药效学实验及药物动力学参数的测定

要了解药物体内的相互作用，常需进行药动学或药效学方面的实验。如果药物配伍应用后药物动力学参数、血药浓度发生变化，则说明存在着药动学相互作用；若药理学作用发生变化或出现毒副作用等，则可能是药效学相互作用。例如西咪替丁与普鲁卡因胺合用，后者的半衰期由 2.9 小时延长到 3.8 小时，其血药浓度也相应增加，这是由于西咪替丁减少了普鲁卡因胺的肾排泄。

二、配伍变化的处理原则与方法

（一）处理原则

配伍变化处理的一般原则是了解医师的用药意图，发挥制剂应有的疗效，保证用药安全。

在审查处方中发现疑问时，首先应该与处方医师联系，了解用药的意图，明确用药对象及给药途径，如患者的年龄、性别、病情及其严重程度等。对于患有并发症的患者，审方时应注意禁忌证，必须根据具体的对象与条件来判定。在明确用药意图和患者的具体情况后，再结合药物的物理、化学、药效学及药动学等性质来分析可能的不利因素和相互作用，对处方成分、剂量、发出量、服用方法等各方面要加以全面的审查、确定解决方法，必要时还需与医师联系，共同确定解决的方法，保证用药的安全和有效。

（二）处理方法

药效学和药动学方面的配伍禁忌，必须在了解医师用药意图后，与医师共同研究，加以矫正和解决。

物理的或化学的配伍禁忌的处理，一般可按以下方法进行。

1. 改变贮存条件　有些药剂在患者使用过程中，由于贮存条件如温度、水、氧、二氧化碳、光线等的影响，会加速沉淀、变色或分解，故应在密闭及避光的条件下贮于棕色瓶中，发出的剂量也不宜过多。例如含对氨基水杨酸钠、肾上腺素等的溶液容易氧化变色；含氧化镁的制剂容易吸水和二氧化碳而结块、不易分散；含氯化钠或蔗糖的复方散剂容易吸湿而失去分散性，所以在贮存中应注意。另外，一些容易水解的临时调配制剂，如金霉素滴眼液，应贮存于 5℃以下以延缓其效价下降；易分层的口服乳剂，若振摇后能复原，应告知患者摇匀后使用。

2. 改变配制次序　改变调配次序可以克服一些不应产生的配伍禁忌。在很多溶液中，混合次序能影响生产工序的繁简与成品的质量。例如将苯甲醇与三氯叔丁醇各 0.5% 在水中配伍时，由于三氯叔丁醇在冷水中溶解很慢，如先与苯甲醇混合则极易溶解，然后再加注射用水。又如将碳酸镁、枸橼酸与碳酸氢钠制成溶液型合剂时，须将枸橼酸溶解于水，先与碳酸镁混合溶解后再将碳酸氢钠溶入；若先加碳酸氢钠，则与枸橼酸中和耗尽酸液，碳酸镁不易溶解，则不能制成溶液剂。

3. 改变溶剂或添加助溶剂　改变溶剂是指改变溶剂的容量或使用混合溶剂。此法常用于防止或延缓溶液剂析出沉淀或分层。增加溶剂量并相应增加制剂的用量或添加助溶剂，可以有效地克服药物因超过溶解度而析出沉淀的情况。例如用芳香水制成的盐类溶液往往析出挥发油，但将芳香水稀释后可避免这种情况的发生；如加适当的表面活性剂也能得到澄明溶液。很多合剂，特别是含有树脂的乙醇浸出制剂，往往在储存过程中析出沉淀或变色而影响制剂的质量，可加适量乙醇（10%~20%）或聚山梨酯等加以克服。此外，甘油的溶解性能介于水与乙醇之间，且对苯酚、硼酸、硼砂有比水更好的溶解性能，故常加 10%~20% 的甘油于水性制剂中增加药物的溶解度；丙二醇的配伍性质类似于甘油，可在一些外用或口服制剂中代替甘油。

4. 调整溶液的 pH　溶液 pH 的改变能影响很多微溶性药物的稳定性。阴离子型药物，如芳香有机酸盐、巴比妥酸盐、磺胺盐、阴离子表面活性剂、酸性含汞防腐剂、青霉素盐等，在溶液 pH 降低到一定程度时能析出溶解度较小的游离酸。同样，阳离子型药物，如生物碱及其类似物、碱性抗生素、碱性维生素以及碱性局部麻醉剂等，当溶液 pH 增加到一定程度时能析出溶解度较小的游离碱。多数的多价可溶性金属盐（如硫酸锌等）在溶液中亦能因 pH 的增加而生成难溶性氢氧化物或碱性物。溶液 pH 的改变，往往能使一些药物的氧化、水解或降解作用加速或延缓。由于上述类型的药物较多，特别对于注射用药物，控制溶液的 pH 非常重要。

5. 改变药物或改变剂型　在征得医师同意的条件下，可改换药物，但改换药物的疗效应力求与原药物相类似，用法也尽量一致。例如将 0.5% 硫酸锌与 2% 硼砂配伍制成滴眼液能析出碱式硼酸锌或氢氧化锌，可用硼酸代替硼砂。又如将次硝酸铋、碳酸氢钠制成合剂，次硝酸铋可水解生成硝酸，与碳酸氢钠反应放出二氧化碳，可用次碳酸铋代替或将其中一种成分制成散剂，分别包装服用。

学习小结

药物相互作用是指药效学和药动学方面的配伍变化；药物制剂配伍变化是指制剂中或制剂间发生的物理、化学方面的配伍变化。

药动学方面的相互作用是指在吸收、分布、代谢及排泄过程中发生的药物相互作用。吸收过程的相互作用主要是药物相关的物理化学反应、胃肠道 pH 改变、影响胃肠蠕动等方面；分布过程的相互作用主要表现为对血浆蛋白结合和组织分布的影响；代谢相互作用主要由酶诱导作用和酶抑制作用引起；肾排泄过程中药物的相互作用主要是改变尿液 pH、竞争药物肾小管分泌等。药效学相互作用主要是影响了药物与受体的作用，可能出现相加或协同作用、拮抗作用等。药物制剂物理性配伍变化主要包括溶解度改变、潮解及液化和结块、分散状态或粒径变化等，化学性配伍变化会导致变色、产生混浊和沉淀、产气、分解破坏及效价下降等。注射液配伍变化主要是由溶剂组成的改变、pH 改变、缓冲容量、离子作用、直接反应、盐析作用、配合量及混合的顺序等引起。

复习题

1. 药物制剂配伍变化和药物体内相互作用的含义是什么？
2. 药动学相互作用主要表现在哪些方面？
3. 药效学方面相互作用有哪几种情况？
4. 药物制剂化学性配伍变化主要有哪些情况？
5. 注射液配伍变化的常见原因有哪些？

（张淑秋）

第二十二章

药物制剂开发研究

学习目标

1. 掌握制剂设计的目的和基本原则，处方前研究的概念，药物理化性质的测定及各参数对处方设计的意义。
2. 熟悉药物稳定性和辅料配伍研究，处方前生物药剂学研究的内容，申报新制剂的主要内容。
3. 了解给药途径的确定，处方工艺优化的方法，药品注册与分类。

第一节　概　述

药物在用于临床之前，都必须制成适合于诊断、治疗或预防应用的给药形式，即药物制剂。在药物制剂的研究与开发过程中，应根据药物本身的理化性质及临床用药的要求对制剂进行合理设计。药物制剂设计是新药研究和开发的起点，是决定药品的安全性、有效性、可控性、稳定性和顺应性的重要环节。另外，药物作用的效果不仅取决于药物本身的活性，而且还与其进入体内的形式和作用过程密切相关。因此，在创新药物研究中，制剂的设计和优化也是其中一项不可缺少的重要内容。如果剂型选择不当，处方、工艺设计不合理，对产品质量会产生一定的影响，甚至影响到产品的药效及安全性。所以，制剂研究在药物研发中占有十分重要的地位。再者，随着新型药物制剂技术和药物输送系统研究的不断深入，制剂新技术产品的设计和研发，也将成为药物制剂设计和研发的重要内容，受到广泛重视。

在实际工作中，药物制剂的设计贯穿于制剂研发的整个过程，主要包括以下内容。①处方前研究：要对药物的理化性质、药理学和生物学特性等有较全面的认识。如果某些参数是剂型设计所必需但尚未知晓，则应先进行试验，获得足够的数据后，再进行处方设计。②剂型的选择：根据药物的理化性质、生物学特性、治疗需要和用药的顺应性，结合临床前研究工作，确定给药的最佳途径，并综合各方面因素后确定剂型。③辅料或添加剂的选择：根据剂型的特点及药品给药途径的需要进行选择。④处方和制备工艺的优化：在考虑制剂的各项指标基础上，采用实验设计优化法，对处方和制备工艺进行优化。

第二节 制剂设计的基础

一、制剂设计的目的和基本原则

药物制剂的设计目的是根据疾病的性质、临床用药的需要以及药物的理化性质和生物学特征，确定合适的给药途径和药物剂型。通过对药物理化性质和生物学特性的充分调查研究，确定新制剂技术或工艺设计中应该重点解决的问题或应该达到的目标，选择合适的辅料、制备工艺，筛选制剂的最佳处方和工艺条件，确定包装，最终形成适合于工业生产和临床应用的制剂产品。

随着我国新药申报和审批制度的规范化，以及新药产品的研究重心从仿制到创新的转移，制剂设计在新药研发中的意义日益显著。一般在给药途径及剂型确定后，针对药物的基本性质及制剂的基本要求，选择适宜辅料和制备工艺，将其制成质量可靠、使用方便、成本低廉的药物制剂。无论是新化合物产品还是新制剂产品，良好的制剂设计都应以提高或不影响药物的药理活性，减少药物的刺激性、毒副作用或其他不良反应为目标。药物制剂设计的基本原则主要包括以下 5 方面。

1. 安全性（safety） 药物制剂的设计首先要考虑用药的安全性。药物制剂的安全问题主要来源于药物本身，也可能来源于辅料并且与药物制剂的设计有关。如紫杉醇本身具有一定的毒副作用，其在水溶液中溶解度也小，在制备紫杉醇注射液时需加入聚氧乙烯蓖麻油作为增溶剂，该增溶剂具有很强的刺激性。如果将紫杉醇通过制剂手段设计为脂质体制剂，则可避免使用强刺激性的增溶剂，降低不良反应。理想的制剂设计应在保证疗效的基础上使用最低的剂量，并保证药物在作用后能迅速从体内被清除而无残留，从而最大限度地避免刺激性和毒副作用。对于治疗指数低的药物宜设计成控释制剂，减少血药浓度的峰谷波动，维持较稳定的血药浓度水平，以降低毒副作用的发生率。对机体具有较强刺激性的药物，可通过适宜的剂型和合理的处方来降低药物的刺激性。为了保证药物制剂的安全性，对于改变剂型、采用新辅料或新工艺而提高了药物吸收及生物利用度的制剂，需要对制剂的剂量以及适应证予以重新审查或修正；对于毒性很大的药物或治疗指数很低的药物，不宜采用微粉化工艺加速其溶解吸收。

2. 有效性（effectiveness） 药物制剂的有效性是药物开发的前提。虽然化学原料药物是药品中发挥疗效的最主要因素，但其还与给药途径、剂型、剂量以及患者的生理病理状况有关。例如治疗心绞痛的药物硝酸甘油通过舌下、透皮等形式给药时，起效快慢与作用强度差别很大。对心绞痛进行急救，宜选用舌下给药，药物可快速被吸收，2~5 分钟起效；对于预防性的长期给药则使用缓释透皮贴剂较为合适，作用可达到 24 小时以上。同一给药途径，如果选用不同剂型，也可能产生不同的治疗效果。溶液剂、分散片、口溶片等吸收快，起效迅速，但往往维持作用时间短，需要频繁给药。

在保证用药安全的前提下，通过合理的制剂处方以及工艺设计，可以提高药物治疗的有效性。如对于在水中难溶的药物制备口服制剂时，可采用处方中加入增 / 助溶剂、微粉化、制成固体分散体、环糊精包合物、制成乳剂或微乳等方法增加其溶解度和溶出速度，促进吸收，提高其生物利用度。

3. 可控性（controllability） 药品的质量是决定其有效性与安全性的重要保证，因此制剂设计必须要重视并做到质量可控。可控性主要体现在制剂质量的可预知性与重现性。重现性指的是质量的稳定性，即不同批次生产的制剂均应达到质量标准的要求，不应有大的变异，应处于允许的变异范围内。质量可控要求在制剂设计时应选择较为成熟的剂型、给药途径与制备工艺，以确保制剂质量符合规定标准。现在国际上推行的"质量源于设计（quality by design，QbD）"的理念，是希望在剂型和处方设计之初就考虑确保质量的可控性。

4. 稳定性（stability） 药物制剂的稳定性是制剂安全性和有效性的基础。药物制剂的稳定性包括物理、化学和生物学的稳定性。在处方设计的开始就要将稳定性纳入考虑范围，不仅要考虑处方本身的配伍稳定性和工艺过程中的药物稳定性，而且还应考虑制剂在贮藏和使用期间的稳定性。因此，对新制剂的制备工艺研究过程中要进行为期 10 天的影响因素考察，即在高温、高湿和强光照射条件下考察处方及制备工艺对药物稳定性的影响，用于筛选更为稳定的处方和制备工艺。药物制剂的化学不稳定性导致有效剂量降低，形成新的具有毒副作用的有关物质；制剂的物理不稳定性可导致液体制剂产生沉淀、分层等，以及固体制剂发生形变、破裂、软化和液化等形状改变；制剂的生物学不稳定性导致制剂污损、霉变、染菌等严重安全隐患。这些问题可采用调整处方，优化制备工艺，或改变包装或贮存条件等方法来解决。

5. 顺应性（compliance）顺应性是指患者或医护人员对所用药物的接受程度，其对制剂的治疗效果也常有较大的影响。难以被患者所接受的给药方式或剂型，不利于治疗。如长期应用处方中含有刺激性成分，注射时有强烈疼痛感的注射剂；老人、儿童及有吞咽困难的患者服用体积庞大的口服固体制剂等。影响患者顺应性的因素除用药方法和给药频次外，还有制剂的外观、大小、形状、色泽、口味等各方面的影响。因此，在剂型设计时应遵循顺应性的原则，考虑采用最便捷的给药途径、减少给药频次，并在处方设计中尽量避免用药时可能给患者带来的不适或痛苦。

此外，制剂设计在保证上述原则的基础上，还应从药物经济学的角度考虑，尽可能降低成本，简化制备工艺等。

二、给药途径和剂型的确定

在临床治疗和预防疾病时，有的要求全身用药，而有的要求局部用药以避免全身吸收；有的要求快速吸收，而有的要求缓慢吸收。因此，针对疾病的种类和特点，需要有不同的给药途径和相应的剂型和制剂。适宜的制剂和剂型，对发挥药效、减少药物毒副作用、方便用药具有重要意义。不同的药物制剂，通过不同的给药途径进入体内后，药物的吸收和作用机制以及药效等有可能差异较大。因此，应根据药物开发的目标确定具体的给药途径并设计适宜的剂型。

1. 口服给药　口服给药是常用的给药途径之一，被认为是最自然、最简单、最方便和最安全的给药方式。患者依从性好，适宜长期或短期用药。适合于口服给药的常用剂型有片剂、胶囊剂、颗粒剂、丸剂等固体制剂，以及溶液、混悬液和乳状液等液体制剂，其中片剂是目前临床应用最为广泛的口服剂型。口服给药后，药物一般通过胃肠道吸收进入体循环，作用于全身。口服给药虽然方便、安全，但易受胃肠道生理因素的影响，临床疗效常有较大的波动。设计口服剂型时一般要求：①胃肠道内吸收好，良好的崩解、分散、溶出性能和吸收是发挥疗效的重要保证；②避免对胃肠道的刺激作用；③克服药物的首关效应；④具有良好的外部特征，如芳香气味、可口的味觉、适宜的大小及给药方法；⑤适于特殊用药人群，如老人和儿童等常有吞咽困难的患者，应采用液体剂型或易于吞咽的小体积剂型。口腔崩解片因其在口腔内接触唾液后能在极短的时间内崩解，不仅受到吞咽困难患者的欢迎，而且适合无水情况下服药。

2. 注射给药　注射给药途径有皮下、肌内、血管内、脊髓腔、关节腔、腹腔、眼内、颅内注射等。一般情况下，注射给药后，药物可迅速地通过体循环被运送至全身各处，起效快，生物利用度高。注射给药特别适用于急救或快速给药的情况或无法采用其他方式给药的情况。此外，对于胃肠道内易降解以及口服吸收非常差的药物，如胰岛素、紫杉醇、青霉素等，首选注射给药。注射给药的缺点是患者的顺应性较差，多数情况下不仅有疼痛感或不适感，而且需要医护人员帮助用药；注射给药后，药物瞬间到达体内，血药峰浓度有可能超过治疗窗，造成毒副反应；由于注射给药后药物直接进入组织或血液，导致用药的不安全因素增加。

注射给药的剂型较多，包括溶液剂、混悬剂、乳剂以及临用前配制的无菌粉末和浓溶液等。设计注射剂型时，应根据药物的性质与临床要求选用适宜的剂型。如需长期注射给药时，可采用缓释注射剂；在溶液中不稳定的药物，可考虑制成冻干制剂或无菌粉末等。

3. 黏膜及腔道给药　眼、鼻腔、口腔、耳道、阴道及直肠等黏膜部位或腔道的许多病变常采用局部给药，其中眼、口腔、直肠和阴道也可作为全身吸收的用药部位。黏膜或腔道给药的特点有：①用药面积小，不适宜用大体积、大剂量的药物制剂；②黏膜及腔道组织柔嫩，具有重要的生理功能，对外来异物敏感，容易受损，一般不适宜长期用药，更不易于用刺激性及损伤正常生理功能的药物或制剂；③一些腔道和黏膜组织，细胞间隙大，药物代谢酶少，血液转运不通过肝脏，作为全身用药具有特殊优势。因此，腔道或黏膜给药可作为口服吸收差的药物，或有吞咽困难的患者及儿童的用药途径。

4. 其他给药途径　药物还可以通过其他给药途径被吸收而进入体循环，如经皮吸收给药，吸入给药等。

经皮给药的目的是药物透过表皮层进入皮下毛细血管，通过体循环作用于全身。经皮给药首先要求制剂与皮肤有良好的亲和性、铺展性或黏着性，在治疗期间内不因皮肤的伸缩、外界因素的影响以及衣服的摩擦而脱落，同时无明显皮肤刺激性、不影响人体汗腺、皮脂腺的正常分泌及毛孔的正常功能。药物透过表皮层的效率与药物的分子量、亲脂性、解离状态及皮肤的生理结构有密切关系。为了提高药物的透皮量，在经皮给药制剂的处方中一般都含有透皮吸收促进剂。

气雾剂、粉雾剂和喷雾剂等主要用于小剂量药物的口腔或鼻腔吸入给药，一般需要有特殊设计的可计量的容器及装备辅助控制给药剂量。气态药物通过肺部吸入给药的效率最高；对于液态或固态的药物，则需要将其分散成亚微米级（粒径为0.5~1μm）的颗粒，再制备成吸入制剂，其肺部吸收效率较佳。

第三节 药物制剂处方设计前研究

一、概 述

药物制剂的处方前研究（preformulation）是指在设计制剂处方前，对药物的物理性质、化学性质、生物学特性和制剂的性质等一系列基本性质进行的研究。其目的是为后期研制稳定、有效，具有适宜生物学特性并符合工业化生产的制剂提供依据。处方前研究在新药的剂型设计和药物的剂型改良中逐步成为常规的研究项目，并且占有重要地位。

制剂处方前研究工作包括从文献资料中或通过实验研究得到所需的科学情报资料，如药物的物理性状、熔点、沸点、溶解度、溶出速率、多晶型、pK_a、油水分配系数和物理化学稳定性等。然后，根据药物本身的性质、剂型和工艺要求，有选择性地进行一些必要的实验，得到足够的数据资料。这些数据资料可作为研究人员在处方设计和生产开发中选择最佳剂型、工艺和质量控制的依据，使药物不但保持物理化学和生物学的稳定性，而且在药物制剂用于人体时，能够获得较高的生物利用度和最佳药效。处方设计前工作的内容主要取决于药物的种类、性质和希望制备的剂型。处方前工作的出发点是获取原料药物及其有关性质等情报，同时进行认真必要的文献检索，然后根据药物的特点，考虑有重点地开展工作。

二、资料收集和文献查阅

资料收集与文献检索是处方前工作首先面临的一个很重要的内容。随着现代医药科学的飞速发展，医药文献的数量与种类也日益增多，要迅速、准确、完整地检索到所需文献资料，必须熟悉检索工具，掌握检索方法。检索工具是指用于报道、存储和查找文献线索的工具，如按检索手段不同可分为手工检索和机器检索工具。20世纪90年代新发展的网络信息检索更为方便、简捷、经济，而且网络信息更新快。因此，现在Internet网已成为我们获取信息的最主要途径之一。现将通过Internet网可以收集到的与药学有关的资源简介如下。

1. 常用搜索引擎

（1）综合搜索引擎：Internet蕴含着丰富的信息，随着Web空间的日益庞大，为了帮助用户快捷地获取所需信息，许多公司和信息机构推出了多种Web检索工具，具有重要影响的综合搜索网址有：① http://www.google.com；② http://www.yahoo.com；③ http://www.infoseek.com；④ http:www.sohu.com 等。

（2）医药专业搜索引擎：Internet上除大量的一般主题指南和综合搜索引擎外，还有许多站点仅提供医药专业网络搜寻：① http://www.nlm.nih.gov；② http://www.healthatoz.com；③ http://www.biomednet.com；④ http://www.pharmweb.net；⑤ http://www.fastsearch.com/med 等。

2. 常用的药学网站　政府医药管理部门的网站有：① http://www.fda.gov（美国FDA）；② http://www.sfda.gov.cn（中国SFDA）；③ http://www.sipo.gov.cn（国家知识产权局）。常用的药学论坛有：① http://emuch.net/bbs（小木虫科研论坛）；② http://www.dxy.cn/bbs/（丁香园论

坛）；③ http://www.westyx.com/bbs/（西部药学论坛）等。

3. 常用 Internet 数据库检索国内的 Internet 数据库检索有：① http://epub.cnki.net/kns/（中国知网）；② http://g.wanfangdata.com.cn/（万方数据知识平台）；③ http://www.cqvip.com/（维普科技期刊数据库）等。国外的 Internet 数据库检索有：① http://www.ncbi.nlm.nih.gov（PubMed 检索系统）；② http://newfirstsearch.oclc.org（OCLC first Seach 数据库）等。

三、药物理化性质测定

药物的物理化学性质如溶解度和油 / 水分配系数等，是影响其在体内作用的重要因素。因此，全面把握药物的理化性质，找出药物在研发制剂中应重点解决的难点，才能有目的地选择适宜的剂型、辅料、制剂技术和工艺。新药的理化性质研究主要包括 pK_a、溶解度、多晶型、油 / 水分配系数、表面特征以及吸湿性等的测定。

（一）溶解度与 pK_a

一般而言，药物溶解是其吸收的前提。因此，不论通过何种途径给药，药物都需要具有一定的溶解度，这样才能被吸收进入循环系统并发挥治疗作用。对于溶解度大的药物，可以制成各种固体或液体剂型，适合于各种给药途径。对于溶解度小的难溶性药物，其溶出度是吸收的限速过程，是影响生物利用度的最主要因素。在一定温度下，将过量药物与特定溶剂混合，并且充分搅拌达到饱和后，测定溶剂中药物的浓度，即可得到该温度下药物的饱和溶解度或平衡溶解度。

药物的解离常数直接关系到其溶解性和吸收性。大多数药物是有机弱酸或有机弱碱，其在不同 pH 介质中的溶解度不同，药物溶解后存在的形式也不同，即主要以解离型和非解离型存在，对药物的吸收可能会有很大的影响。一般情况下，解离型药物不易跨过生物膜被吸收，而非解离型药物往往可有效地通过生物膜被吸收。由于溶解度与 pK_a 的测定在很大程度上影响以后许多研究工作，所以进行处方前工作开始时，必须首先测定溶解度与 pK_a。溶解度在一定程度上决定药物能否制成注射剂和溶液剂。药物的 pK_a 可使研究人员应用已知的 pH 变化解决溶解度问题或选用合适的盐，以提高制剂的稳定性。Hander–Hassellbalch 公式可以说明药物的解离状态，pK_a 和 pH 的关系：

对弱碱性药物 $$pH=pK_a+\log[A^-]/[HA] \tag{22-1}$$

对弱酸性药物 $$pH=pK_a+\log[B]/[BH^+] \tag{22-2}$$

Hander–Hassellbalch 公式可用来解决以下问题：①根据不同 pH 所对应的药物溶解度测定 pK_a；②如果已知 [HA] 或 [B] 和 pK_a，则可预测任何 pH 条件下药物的溶解度；③有助于选择药物的合适盐；④预测盐的溶解度和 pH 的关系。从上述公式可知，pH 改变 1 个单位，药物的溶解度将发生 10 倍的变化。因此，液体制剂需要特别控制体系中 pH 的变化。

pK_a 可以通过滴定法测定。如测定弱酸性药物的 pK_a 可用碱滴定，将结果以被中和的酸分数（X）对 pH 作图；同时还需滴定水，得到两条曲线。将两条曲线上每一点的差值作图，得到校正曲线。pK_a 即为 50% 的酸被中和时所对应的 pH，如图 22–1 所示。水的曲线表示滴定水所需的碱量，酸的曲线为药物的滴定曲线，两者差值的曲线为校正曲线，即纵坐标相同时，酸的曲线和水的曲线对应的横坐标值之间的差值，如图中 b 点等于 c 减去 a 的值。

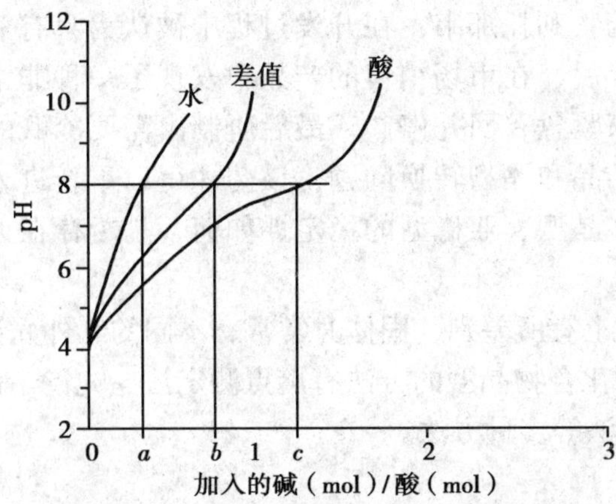

图 22-1　用滴定法测定某酸性化合物的 pK_a

对于胺类药物，其游离碱常常很难溶，pK_a 的测定可在含有机溶剂（如乙醇）的溶剂中进行测定，以不同浓度的有机溶剂（如 5%、10%、15%、20%）进行，将结果外推至有机溶剂为 0% 时，即可推算出水的 pK_a。

（二）油 / 水分配系数

药物分子必须有效地通过体内的各种生物膜屏障系统，才能到达病变部位，发挥治疗作用。生物膜相当于类脂屏障，药物分子穿透生物膜的能力与其亲脂性密切相关。由于油 / 水分配系数（partition coefficient，P）是分子亲脂特性的度量，所以在处方前研究中常用油 / 水分配系数来衡量药物分子亲脂性的大小。

油 / 水分配系数代表药物分配在油相和水相中的比例，用式（22-3）表示。

$$P=\frac{C_o}{C_w} \qquad (22\text{-}3)$$

式（22-3）中，C_o 表示药物在油相中的质量浓度，C_w 表示药物在水相中的质量浓度。

实际应用中常采用油 / 水分配系数的常用对数值，即 $\lg P$ 作为参数。$\lg P$ 值越高，说明药物的亲脂性越强；相反则药物的亲水性越强。由于正辛醇和水不互溶，且其极性与生物膜相似，所以正辛醇最常用于测定药物的油 / 水分配系数。

摇瓶法是测定药物油 / 水分配系数的常用方法之一：将药物加入到水和正辛醇的两相溶液中（实验前正辛醇相需要用水溶液饱和 24 小时以上），充分摇匀，达到分配平衡后，分别测定有机相（C_o）和水相中（C_w）药物的浓度。当某一相中药物的浓度过低时，也可通过测定另一相中药物浓度的降低来进行计算。

（三）多晶型

化学结构相同的药物，由于结晶条件不同，可得到数种晶格排列不同的晶型，这种现象称为多晶型（polymorphism）。多晶型中有稳定型、亚稳定型和无定型。稳定型的结晶熵值最小、熔点高、溶解度小、溶出速度慢；无定型溶解时不必克服晶格能，溶出最快，但在贮存过程中甚至在体内转化成稳定型；亚稳定型介于上述二者之间，其熔点较低，具有较高的溶解度和溶出速度。亚稳定型可以逐渐转变为稳定型，但这种转变速度比较缓慢，在常温下较稳定，有利于制剂的制备。晶型能影响药物吸收速度，进而反映到药理活性上，所以在药物制剂原料的选择上要注意这一性能。如果掌握了晶格转型条件，就能制成吸收性良好的药物制剂。例如抗艾滋病药物利托那韦，在开发过程中被认为只有一种晶型，因此便制成了普通胶囊投入市场。两年后，在市场销售的产品中发现了一种非常难溶的新晶型，几乎没有任何疗效。为此，厂家紧急召回并停产，最后研制出需要冷藏的混悬液制剂和软胶囊制剂，以避免在贮藏中重结晶和晶型转换问题，该药才得以重新进入市场。因此，处方前工作要研究药物是否存在多晶型、亚稳型的稳定性如何、是否存在无定型和每一种晶型的溶解度如何等问题。

各种晶型在物理性质上有所差别，固体时常常有不同的红外光谱、密度、熔点、溶解度及溶出速度。因此，鉴别化合物晶型的方法有熔点测定法、光谱学研究、显微镜观察、X射线衍射法及差示扫描量热法等多种方法。

（四）吸湿性

药物从周围环境中吸收水分的性质称为吸湿性（hygroscopicity）。一般而言，物料的吸湿程度取决于周围空气中的相对湿度。空气的相对湿度越大，露置于空气中的物料越易吸湿。药物的水溶性不同，吸湿规律也不同；水溶性药物在大于其临界相对湿度的环境中吸湿量突然增加，而水不溶性药物随空气中相对湿度的增加缓慢吸湿。

在室温下，大多数吸湿性药物在相对湿度30%~45%时与周围环境中的水分达平衡状态，在此条件下贮存的物质最稳定。此外，合适的包装在一定程度上也能防止水分的影响。处方前对物料吸湿性的研究，可以为优良、稳定的处方设计和辅料的选择提供依据。

药物的吸湿性可用测定药物的平衡吸湿曲线进行评价。具体方法为：将药物置于已知相对湿度的环境中（饱和盐溶液的干燥器中），在一定的时间间隔后，将药物取出，称重，测定吸水量。在25℃ 80%的相对湿度下放置24小时，吸水量小于2%时为微吸湿；大于15%即为极易吸湿。

（五）粉体学性质

药物的粉体学性质主要包括粒子形状、大小、粒度分布、比表面积、粉体密度、吸附性、流动性、润湿性和吸湿性等。这些性质对固体制剂工艺及剂型的稳定性、成型性、释药性能、质量控制、体内吸收和生物利用度等均有显著影响，因此多数固体制剂根据不同需要进行粒子加工以改善粉体性质来满足产品质量和粉体操作的需求。另外，用于固体制剂的辅料如填充剂、崩解剂、润滑剂等的粉体性质也可改变主药的粉体性质，如果选择不当，也可能影响制剂的质量。

四、药物稳定性和辅料配伍研究

（一）药物的稳定性与剂型设计

药物由于受到外界因素如空气、光、热、氧化、金属离子等的作用，常发生物理和化学变化，使药物的疗效降低，甚至产生未知的毒副物质。因此，处方设计前研究的一个重要内容是对药物的理化稳定性和影响药物稳定性的因素进行测定。通过对药物本身稳定性的研究，可对处方组成、制备工艺、辅料和稳定性附加剂的选用和合适的包装设计起重要的指导作用。

处方设计前研究中，对于药物在溶液中的稳定性，可以在一系列不同pH条件下检测药物在不同温度和光照条件下的降解情况；对于固态药物的稳定性，可以将药物置于加速试验条件下考察其降解情况。稳定性研究通常采用薄层色谱和高效液相色谱等方法检测化合物的含量变化和降解产物；热分析法检测多晶型物、溶剂化物及药物与辅料的相互作用；漫反射分光光度法也可用于检测药物与辅料的相互作用。

多数药物含有易被水解的酯键、酰胺、内酯、内酰胺等基团，因此水解是最常见的一种影响药物稳定性的反应。药物的水解是一个伪一级动力学过程，与溶液中的氢离子浓度有关。例如遇水稳定性较差的药物，可以选择比较稳定的剂型，如固体剂型或加隔离层，薄膜衣片可减少与外界的接触，减少药物分解。另外，影响药物不稳定的反应还有氧化反应、聚合反应、脱羧、脱氨等。在处方前研究中，应根据药物的结构和性质以及准备采用的给药途径进行分析，并在后续的稳定性研究中进行重点研究。

（二）固体制剂的配伍研究

固体制剂常用的辅料有填充剂、黏合剂、润滑剂与崩解剂等，每种辅料都具有各自的理化性质，选择适宜的辅料与药物配伍，对于制剂加工成型、外观、有效性及安全性等具有重要意义。

对于缺乏相关数据的辅料，可进行相容性研究。通常将少量药物和辅料混合，放入小瓶中，胶塞封蜡密闭（阻止水汽进入），贮存于室温以及55℃（硬脂酸、磷酸二氢钙一般用40℃）。参照药物稳定性指导原则中考察影响因素的方法，于一定时间取样检查，重点考察性状、含量、有关物质等。必要时，可用原料和辅料分别做平行对照试验，以判别是原料本身的变化还是辅料的影响。如果处方中使用了与药物有相互作用的辅料，需要用实验数据证明处方的合理性。通常情况下，口服制剂可选用若干种辅料，若辅料用量较大如稀释剂，可按主药－辅料=1∶5的比例混合；若用量较小的辅料如润滑剂，可按主药－辅料=20∶1的比例混合。

热分析方法可以简便、快速地研究和预测药物与辅料之间物理化学的相互作用。通过比较药物与辅料的混合物、药物、辅料的热分析曲线，从熔点的改变、峰形和峰面积、峰位移等变化，了解药物与辅料间理化性质的变化。

（三）液体制剂的配伍研究

液体制剂的配伍研究，一般是将药物置于不同的pH缓冲液中，考察pH与降解反应速率之间的关系，以便选择最稳定的pH和缓冲液体系。

注射剂通常直接注射进入血液循环系统，辅料的选择应具有更高的安全性。因此，对注射剂的配伍，一般是将药物置于含有附加剂的溶液中进行研究，通常是含重金属（同时含有或不含螯合剂）或抗氧剂（在含氧或氮的环境中）的条件下研究，考察药物和辅料对氧化、曝光和接触重金属时的稳定性，为注射剂处方的初步设计提供依据。

口服液体制剂的配伍研究需要考察药物与乙醇、甘油、糖浆、防腐剂和缓冲液等常用辅料的配伍情况。

五、处方前生物药剂学研究

生物药剂学通过研究药物及其剂型在体内的吸收、分布、代谢与排泄过程，从而评价药剂质量，设计合理的剂型、处方及生产工艺，并为临床合理用药提供科学依据，使药物发挥最佳的治疗作用。因此，在制剂的设计之初就必须对药物的生物药剂学性质加以考察，并根据考察的结果，合理地设计给药途径、给药频次、剂量等产品参数。

吸收是指药物从给药部位进入血液循环的过程。对于作用于全身的药物，药物的吸收是其体内药效作用的前提。所以在处方前研究中往往需要对药物的吸收机制和效率进行分析，以提高后期开发的成功率。由于肠壁可以看成一个亲脂的生物膜，因此，口服药物要具有一定的亲脂性。但同时药物又必须在水溶液中有一定的溶解度才能溶出，之后通过生物膜被吸收进入血液循环。依据口服药物的生物药剂学分类系统（biopharmaceutics classification system，BCS）可知，对于溶解度大、渗透性好的药物（BCS Ⅰ类药物）及部分溶解度大、渗透性差的药物（BCS Ⅲ类药物），可以认为在制剂开发中存在的风险较小，可以尝试开发为各种控释制剂。对于溶解度小、渗透性好的药物（BCS Ⅱ类药物）或溶解度大、渗透性差的药物（BCS Ⅲ类药物），则需要分别从改善药物的溶出速率和提高药物的透过性着手进行剂型设计。对于溶解度小、渗透性差的药物（BCS Ⅳ类药物），在改善溶出和提高透过性两方面的难度都比较大，制剂开发时风险较高，不宜作为口服制剂开发。

处方设计前研究也涉及药物自身的体内动力学性质和参数的测定，以便在后期研究中，针对药物自身的体内分布、代谢、排泄特性，结合其物理化学性质，设计合适的给药途径和剂型。药物的药动学研究可参考相关文献。

第四节　药物制剂处方设计和工艺的优化

一、概　　述

处方设计是在前期对药物和辅料的所有物理、化学和生物学性质等研究的基础上，根据剂型特点及临床需要，设计几种基本合理的处方，开展后续的研究工作。优化药物制剂的处方和工艺时，首先需要明确药品质量的关键指标。在此基础上，采用优化技术对处方和工艺因素深入研究，确定其最佳范围。一般先通过适当的预实验方法选择一定的辅料和制备工艺，然后采用优化技术对处方和工艺进行优化设计。优化处方和工艺研究不仅可以确定特定产品的处方和工艺流程，还能获得完整的影响药品质量的数据，从而科学地制定出能够确保产品质量的设计空间。

一般而言，优化过程包括：①选择可靠的优化设计方案以适应线性或非线性模型拟合；②建立效应与因素之间的数学关系式，并通过统计学检验确保模型的可信度；③优选最佳工艺条件。

二、优　化　法

常用的试验设计和优化技术有正交设计、均匀设计、单纯形优化法、拉氏优化法和效应面优化法等。上述方法都是应用多因素数学分析手段，按照一定的数学规律进行设计，再根据试验得到的数据或结果，建立一定的数学模型或应用现有数学模型对试验结果进行客观的分析和比较，综合考虑各方面因素的影响，以较少的试验次数及较短的时间确定其中最优的方案或者确定进一步改进的方向。

1. 单纯形优化法　单纯形优化法是一种动态调优的方法，方法易懂，计算简便，结果可靠、准确，不需要建立数学模型，并且不受因素个数的限制。基本原理是：若有 n 个需要优化设计的因素，单纯形则由 $n+1$ 维空间多面体所构成，空间多面体的各顶点就是试验点。比较各试验点的结果，去掉最坏的试验点，取其对称点作为新的试验点，该点称“反射点”。新试验点与剩下的几个试验点又构成新的单纯形，新单纯形向最佳目标点进一步靠近。如此不断地向最优方向调整，最后找出最佳目标点。在单纯形推进过程中，有时出现新试验点的结果最坏的情况。如果取其反射点，就又回到以前的单纯形，这样就出现单纯形的来回“摆动”，无法继续推进的现象。在此情况下，应以去掉单纯形的次坏点代替去掉最坏点，使单纯形继续推进。单纯形优化法与正交设计法相比，在相同试验次数下，单纯形法得到的结果更优。

2. 拉氏优化法　拉氏优化法是一种数学技术。对于有限制的优化问题，其函数关系必须在服从对自变量的约束条件下进行优化。此法的特点有：①直接确定最佳值，不需要搜索不可行的试验点；②只产生可行的可控变量值；③能有效地处理等式和不等式表示的限制条件；④可处理线性和非线性关系。

3. 效应面优化法　效应面优化法又称响应面优化法，是通过一定的实验设计考察自变量，即影响因素对效应的作用，并对其进行优化的方法。效应与考察因素之间的关系可用函数 $y=f(x_1, x_2, \cdots, x_k)+\varepsilon$ 表示（ε 为偶然误差），该函数所代表的空间曲面就称为效应面。效应面优化法的基本原理就是通过描绘效应对考察因素的效应面，从效应面上选择较佳的效应区，从而回推出自变量取值范围即最佳实验条件的优化法。该方法是一种新的集数学与统计学于一体，利用计算机技术数据处理的优化方法。

4. 正交设计　正交设计是一种用正交表安排多因素多水平的试验，并用普通的统计分析方法分析实验结果，推断各因素的最佳水平（最优方案）的科学方法。用正交表安排多因素、多水平的试验，因素间搭配均匀，不仅能把每个因素的作用分清，找出最优水平搭配，而且还可考虑到因素的联合作用，并可大大减少试验次数。正交试验设计的特点是在各因素的不同水平上，使试验点“均匀分散、整齐可比”。

5. 均匀设计　均匀设计法也是一种多因素试验设计方法，它具有比正交试验设计法试验次数更少的优点。进行均匀设计必须采用均匀设计表和均匀设计使用表。每个均匀设计表都配有一个使用表，指出不同因素应选择哪几列以保证试验点分布均匀。均匀设计完全采用均匀性，从而使试验次数大大减少。试验结果采用多元回归分析、逐步回归分析法得多元回归方程。通过求出多元回归方程的极值，即可求得多因素的优化条件。

第五节　新药制剂的研究与申报

为了克服过去在新药开发过程中存在的问题，根据《中华人民共和国药品管理法》、《中华人民共和国行政许可法》、《中华人民共和国药品管理法实施条例》，国家食品药品监督管理局局务会于 2007 年 6 月 18 日审议通过了新的《药品注册管理办法》，并于同年 10 月 1 日起正式施行。《药品注册管理办法》适用于在中华人民共和国境内申请药物临床研究、药品生产或药品进口，以及进行药品审批、注册检验和监督管理。

一、药品注册申请与新药的分类

药品注册是国家食品药品监督管理局依照《药品管理法》的规定，根据药品注册申请人的申请，对拟上市销售药品的安全性、有效性、质量可控性等进行审查，并决定是否同意其申请的审批过程。在药品研制、生产、流通、使用的全过程监管中，药品注册管理是从源头上对药品安全性和有效性实施监管的重要手段，其根本目的是通过科学评价，保证上市药品安全有效，保障和促进公众健康。根据《药品注册管理办法》（2007 年）规定，药品注册申请包括新药申请、仿制药申请、进口药品申请及其补充申请和再注册申请。

我国的新药指未曾在中国境内上市销售的药品，按照注册要求分为 3 类：化学药品、中药和天然药物以及生物制品。

以化学新药为例，我国对化学药品注册分类如下。

（1）未在国内外上市销售的药品：①通过合成或者半合成的方法制得的原料药及其制剂；②天然物质中提取或者通过发酵提取的新的有效单体及其制剂；③用拆分或者合成等方法制得的已知药物中的光学异构体及其制剂；④由已上市销售的多组分药物制备为较少组分的药物；⑤新的复方制剂；⑥已在国内上市销售的制剂增加国内外均未批准的新适应证。

（2）改变给药途径且尚未在国内外上市销售的制剂。

（3）已在国外上市销售但尚未在国内上市销售的药品：①已在国外上市销售的制剂及其原料药，和（或）改变该制剂的剂型，但不改变给药途径的制剂；②已在国外上市销售的复方制剂，和（或）改变该制剂的剂型，但不改变给药途径的制剂；③改变给药途径并已在国外上市销售的制剂；④国内上市销售的制剂增加已在国外批准的新适应证。

（4）改变已上市销售盐类药物的酸根、碱基（或者金属元素），但不改变其药理作用的原料药及其制剂。

（5）改变国内已上市销售药品的剂型，但不改变给药途径的制剂。

（6）已有国家药品标准的原料药或者制剂。

二、申报新制剂的主要内容

《药品注册管理办法》规定，申报新药的资料项目共 32 项，其中综述资料 6 项，药学研究资料有 9 项，药理毒理研究资料 12 项，临床试验资料 5 项。其中药物制剂研究的主要内容有：剂型选择、处方和制备工艺的筛选、检验方法、溶出度和释放度方法的研究、质量标准的确定、制剂稳定性试验和生物利用度研究等。有关详细的研究方法和要求可参见国家食品药品监督管理局发布的《化学药物制剂研究基本技术指导原则》、《化学药物稳定性研究技术指导原则》和《化学药物临床药代动力学研究基本技术指导原则》等技术资料。

学习小结

药物制剂设计是新药研究和开发的起点，其目的是根据疾病的性质、临床用药的需要以及药物的理化性质和生物学特征，确定合适的给药途径和药物剂型。药物制剂设计时应遵循的基本原则包括安全性、有效性、可控性、稳定性和顺应性。根据药物开发的目标确定具体的给药途径并设计适宜的剂型。处方前研究是在设计制剂处方前对药物的物理性质、化学性质、生物学特性和制剂的性质等进行研究，为后期研制稳定、有效、具有适宜生物学特性和符合工业化生产的制剂提供依据。处方设计是在处方前研究的基础上，根据剂型的特点及临床的需要，设计基本合理的处方，以便开展后续的优化研究工作。常用的试验设计和优化技术有正交设计、均匀设计、单纯形优化法、拉氏优化法和效应面优化法等。以新药研究的指导原则为基础，依照《药品注册管理办法》开展新药研究工作。

复习题

1. 简述制剂设计的目的和基本原则。
2. 药物制剂开发研究的内容包括哪些方面？
3. 何为药物制剂的处方前研究？处方前研究包括哪些内容？
4. 何为药物的多晶型？多晶型对于药物制剂研发的意义是什么？
5. 举例说明处方前生物药剂学研究与药物制剂研发的关系。

（赵永星）

参考文献

1. 国家药典委员会. 中华人民共和国药典. 北京：中国医药科技出版社，2010

2. 曹德英. 药剂学. 第2版. 北京：人民卫生出版社，2007

3. 崔福德. 药剂学. 第7版. 北京：人民卫生出版社，2011

4. 药品生产质量管理规范(2010年修订)解读. 北京：中国医药科技出版社，2011

5. 邹立家. 药剂学. 北京：中国医药科技出版社，2003

6. 毕殿洲. 药剂学. 第4版. 北京：人民卫生出版社，1999

7. 崔福德. 药剂学. 第5版. 北京：人民卫生出版社，2003

8. 梁文权. 药剂学. 北京：人民卫生出版社，2003

9. 朱世斌. 药品生产质量管理工程. 北京：化学工业出版社，2001

10. 梁文权. 生物药剂学与药物动力学. 第2版. 北京：人民卫生出版社，2003

11. 曹德英. 药物剂型与制剂设计. 北京：化学工业出版社，2009

12. 刘建平. 生物药剂学与药物动力学. 第4版. 北京：人民卫生出版社，2011

13. 李向荣. 药剂学. 杭州：浙江大学出版社，2010

14. 陈思，丁平田. 生物黏附制剂的研究进展. 沈阳药科大学学报，2012,29(2):85-90

15. 袁其朋. 现代药物制剂技术. 北京：化学工业出版社，2005

16. 何海冰，唐星. 莪术油纳米乳剂的制备及制备工艺影响因素考察. 沈阳药科大学学报，2005，22(3)：164-167

17. 汪国华，张文惠，陈剑. 丹皮酚复乳的药剂学研究. 药学实践杂志，2003，21(6)：373-374

18. 张强. 药剂学. 北京：北京大学医学出版社，2005

19. 王广基. 药物代谢动力学. 北京：化学工业出版社，2005

20. Banker GS. Modern Pharmaceutics. 3rd ed. New York: Marcel Dekker Inc. ,1996:564

21. Jenkle JH, Karlberg BE. Intrapulmonary administration of insulin to healthy volunteers. J Intern Med, 1996, 240: 93

22. Lachman L, Lieberman HA, Kanig JL. The theory and practice of industrial pharmacy. 2nd ed. Philadelphia: Lea & Feliger, 1976

23. 屠锡德. 药剂学. 第3版. 北京：人民卫生出版社，2002

24. 刘小清. 新型抛射剂 HFA 的应用研究. 药学进展，2003，27(2)：92-95

25. 张汝华. 工业药剂学. 北京：中国医药科技出版社，1999

26. 陆彬. 药物新剂型与新技术. 北京：人民卫生出版社，2005

27. 萧三贯. 最新国家药用辅料标准手册. 北京：中国医药科技电子出版社，2006

28. Nakamichi K, Nakano T, Yasuura H, et al. The role of the kneading paddle and the effects of screw revolution speed and water content on the preparation of solid dispersion using a twin-screw extruder. Int J Pharm, 2002, 241(2): 203

29. 王友同，吴梧桐，吴文俊. 我国生物制药产业的过去、现在和将来. 药物生物技术，2010，17(1): 1-14

30. Gilbert S Banker, Christopher T Rhodes. Modern Pharmaceutics. 4th ed. New York and Basel: Marcel Dekker, Inc, 2002:501-528

31. 平其能. 现代药剂学. 北京：中国医药科技出版社，1998

32. 姜远英. 临床药物治疗学. 北京：人民卫生出版社，2003

33. 张静华. 医院药学. 北京：中国医药科技出版社，2001

34. 潘卫三. 工业药剂学. 第 2 版. 北京：中国医药科技出版社，2010

35. 国家食品药品监督管理局执业药师资格认证中心. 国家执业药师资格应试指南——药学专业知识（二）. 北京：中国医药科技出版社，2011

36. 罗明生，高天惠. 药剂辅料大全. 第 2 版. 成都：四川出版集团·四川科学技术出版社，2007

37. 苏德森. 物理药剂学. 北京：化学工业出版社，2004

38. 魏树礼. 生物药剂学与药物动力学. 北京：北京医科大学中国协和医科大学联合出版社，1997

中英文名词对照索引

D

E

F

J

K

X

Y

Z